Bartenbach
Arbeitnehmererfindungen im Konzern
6. Auflage

Arbeitnehmererfindungen im Konzern

Von

Dr. Anja Bartenbach, LL.M.
Rechtsanwältin, Köln

6. Auflage

Carl Heymanns Verlag 2025

Zitiervorschlag: Bartenbach, Arbeitnehmererfindungen im Konzern, 5. Aufl., Rdn. 56

Bibliografische Information der Deutschen Nationalbibliothek

Die Deutsche Nationalbibliothek verzeichnet diese Publikation in der Deutschen Nationalbibliografie; detaillierte bibliografische Daten sind im Internet über http://dnb.d-nb.de abrufbar.

ISBN 978-3-452-30327-1

www.wolterskluwer.de

Umschlagkonzeption: Martina Busch, Grafikdesign, Homburg Kirrberg
Satz: Datagroup-Int SRL, Timisoara, Romania
Druck und Weiterverarbeitung: Sowa Sp. z o.o., Piaseczno, Polen

Gedruckt auf säurefreiem, alterungsbeständigem und chlorfreiem Papier.

Vorwort

Seit dem Erscheinen der 5. Auflage dieses Buches sind wiederum fast fünf Jahre vergangen, in denen die Nachfrage erfreulicherweise groß war. Dies gibt mir die Gelegenheit, die in der Zwischenzeit erfolgten Entwicklungen in der Rechtsprechung, der Praxis der Schiedsstelle für Arbeitnehmererfindungen sowie der Literatur in Bezug auf Erfindungssachverhalte innerhalb des Konzernverbundes aufzuarbeiten und das Werk entsprechend anzupassen. Diese zahlreichen Tendenzen werden anhand diverser, zum Teil auch unveröffentlichter Gerichtsentscheidungen und Einigungsvorschläge der Schiedsstelle ausführlich kommentiert. Daher reflektiert diese Neuauflage die Weiterentwicklung der Rechtsprechung und der Schiedsstellenpraxis zu erfinderrechtlichen Fragestellungen im Konzernsachverhalt.

Insbesondere die Schiedsstelle hat ihre Entscheidungspraxis zum Thema der Arbeitnehmererfindungen im Konzern in den letzten Jahren fortgeführt. Mit der Frage der Bewertung eines Konzerns als wirtschaftliche Einheit beschäftigt sich die Schiedsstelle nach wie vor. Bei der Vergütung der Benutzung einer Vielzahl technischer Schutzrechte durch zahlreiche konzernabhängige Unternehmen stellt die Schiedsstelle weiterhin ausdrücklich auf den Maßstab vernünftiger Lizenzvertragsparteien ab. Ein weiterer Aspekt, mit dem sich die Schiedsstelle in letzter Zeit beschäftigt hat, sind die Auswirkungen der Übertragung der Erfindungsrechte auf ein anderes Konzernunternehmen auf die arbeitgeberseitigen Rechte und Pflichten aus dem ArbEG.

Eine weitere Neuerung in der Schiedsstellenpraxis ist deren seit einigen Jahren ausgesprochene Empfehlung der Berücksichtigung einer aktualisierten Abstaffelungstabelle. Da die in RL Nr. 11 vorgegebene Abstaffelungstabelle seitens des Richtliniengebers nach wie vor nicht auf Euro umgestellt wurde, ist die Schiedsstelle dazu übergegangen, bei in die Zukunft gerichteten Vergütungssachverhalten eine aktualisierte Abstaffelungstabelle ohne Umrechnung mit dem amtlichen Euro-Wechselkurs zu empfehlen, um zugunsten des Arbeitnehmers den Kaufkraftverlust seit der letzten Änderung der Tabelle im Jahr 1983 auszugleichen.

Auch die Rechtsprechung hat sich in der kurzen Zeit seit Erscheinen der 5. Auflage dieses Buches fortentwickelt.

Nach wie vor beschäftigen sich die Instanzgerichte mit der praxisrelevanten Frage des Inhalts des dem Arbeitnehmer zustehenden Auskunfts- und Rechnungslegungsanspruchs. Es zeigt sich eine Tendenz der Instanzgerichte, erfindungsgemäße Umsätze von konzernverbundenen Unternehmen in die Auskunftspflicht einzubeziehen, jedenfalls dann, wenn sich solche Umsätze ohne große Schwierigkeiten feststellen lassen.

Darüber hinaus hat sich das OLG München mit der auch im Konzern relevanten Frage der Beweislast bei einer zwischen Arbeitgeber und Arbeitnehmer streitigen (Mit-) Erfinderschaft auseinandergesetzt. Es stellte fest, dass das (widerlegbare) Indiz der Erfinderbenennung in einer Patentanmeldung die (Mit-) Erfinderstellung des

Arbeitnehmers nicht beweisen könne und dieser zusätzliche Beweisantritte vorbringen müsse, um der ihm obliegenden Darlegungs- und Beweislast nachzukommen.

Eine weitergehende und detailliertere Rechtsprechung des BGH zu dem Aspekt der wirtschaftlichen Einheit des Konzerns ist nach wie vor dringend wünschenswert, um eine rechtssichere und angemessene Handhabung der Erfindervergütung in konzernverbundenen Gesellschaften zu gewährleisten.

Unabhängig davon wurde das Werk um Ausführungen zur Frage der möglichen Miterfinderstellung bei einer durch Künstliche Intelligenz (KI) generierten Erfindung und Geschäftsgeheimnissen ergänzt. Unverändert ist es auch für die 6. Auflage das Anliegen, den aktuellen Stand von Gesetzgebung, Rechtsprechung und Praxis der Schiedsstelle zu den wesentlichen im Konzernverbund auftretenden Fallgestaltungen aufzuzeigen und darauf bezogene Rechtsfragen zu kommentieren.

Köln, im Dezember 2024 Dr. Anja Bartenbach

Inhaltsübersicht

Inhaltsverzeichnis

Abkürzungen

a.A.	andere Ansicht
a.F.	alte Fassung
abl.	ablehnend
ABl. EG	Amtsblatt der Europäischen Gemeinschaft
Abs.	Absatz
AEUV	Vertrag über die Arbeitsweise der Europäischen Union
AG	Die Aktiengesellschaft
AktG	Aktiengesetz
allg.	Ansicht allgemeine Ansicht
Alt.	Alternative
Amtl. Begr.	Amtliche Begründung
AN	Arbeitnehmer
Anm.	Anmerkung
AnwBl	Anwaltsblatt
AP	Arbeitsrechtliche Praxis, Nachschlagewerk des Bundesarbeitsgerichts
ArbEG	Gesetz über Arbeitnehmererfindungen
Arbeitsverh.	Arbeitsverhältnis
ArbG	Arbeitsgericht
ArbGG	Arbeitsgerichtsgesetz
ArbNErf.	Arbeitnehmererfindung
ArbZG	Arbeitszeitgesetz
Art.	Artikel
AStG	Gesetz über die Besteuerung von Auslandsbeziehungen
AuA	Arbeit und Arbeitsrecht
AÜG	Gesetz zur Regelung der gewerbsmäßigen Arbeitnehmerüberlassung
Az.	Aktenzeichen
BAG	Bundesarbeitsgericht
BAnz.	Bundesanzeiger
BayObLG	Bayerisches Oberstes Landesgericht
BB	Betriebsberater
BBiG	Berufsbildungsgesetz
Bd.	Band
BDA	Bundesvereinigung der Deutschen Arbeitgeberverbände
BDB	Bundesverband deutscher Banken
BDI	Bundesverband der Deutschen Industrie
Beil.	Beilage
BetrAVG	Gesetz zur Verbesserung der betrieblichen Altersversorgung
BetrVG	Betriebsverfassungsgesetz
BFH	Bundesfinanzhof
BGB	Bürgerliches Gesetzbuch
BGBl.	Bundesgesetzblatt
BGH	Bundesgerichtshof

BGHZ	Entscheidungen des Bundesgerichtshof in Zivilsachen
BKR	Zeitschrift für Bank- und Kapitalmarktrecht
BlPMZ	Blatt für Patent-, Muster- und Zeichenwesen
BMBF	Bundesministerium für Bildung und Forschung
BMJ	Bundesministerium für Justiz
BMWi	Bundesministerium für Wirtschaft und Technologie
BPatG	Bundespatentgericht
BPatGE	Entscheidungen des Bundespatentgerichts
BRD	Bundesrepublik Deutschland
BRRG	Beamtenrechtsrahmengesetz
BT-Drucks.	Bundestagsdrucksache
BVerfG	Bundesverfassungsgericht
BW	Baden-Württemberg
bzgl.	bezüglich
bzw.	beziehungsweise
ca.	circa
CR	Computer und Recht
d. h.	das heißt
DAI	Deutsches Aktieninstitut
DB	Der Betrieb
ders.	derselbe
DIHK	Deutscher Industrie- und Handelskammertag
DM	Deutsche Mark
Dok. KOM	Dokument der Kommission
DPMA	Deutsches Patent- und Markenamt
DrittelbG	Drittelbeteiligungsgesetz
DStR	Deutsches Steuerrecht
EG	Europäische Gemeinschaft(en)
EGBGB	Einführungsgesetz zum Bürgerlichen Gesetzbuch
EGR	Entscheidungssammlung Arbeitnehmererfindungsrecht
EGV	EG-Vertrag
Einl.	Einleitung
Entsch. 4 ZK	Landgericht Düsseldorf, Entscheidungen der 4. Zivilkammer
EPÜ	Europäisches Patentübereinkommen
ErfK	Erfurter Kommentar zum Arbeitsrecht
Ergeb.	Ergebnis
etc.	et cetera
EU	Europäische Union
EuGH	Gerichtshof der Europäischen Gemeinschaften
EVÜ	Übereinkommen über das auf vertragliche Schuldverhältnisse anwendbare Recht
EWG	Europäische Wirtschaftsgemeinschaft
EWiR	Entscheidungen zum Wirtschaftsrecht
EzA	Entscheidungen zum Arbeitsrecht
f.	folgende
F. + E.-Kooperation	Forschungs- und Entwicklungskooperation
FA	Fachanwalt Arbeitsrecht

ff.	fortfolgende
FG	Finanzgericht
Fn.	Fußnote
FS	Festschrift
GbR	Gesellschaft bürgerlichen Rechts
GDV	Gesamtverband der Deutschen Versicherungswirtschaft
GebrMG	Gebrauchsmustergesetz
GewO	Gewerbeordnung
GmbH	Gesellschaft mit beschränkter Haftung
GmbHR	GmbH Rundschau
GmS-OBG	Gemeinsamer Senat der obersten Gerichtshöfe des Bundes
GRUR	Zeitschrift für Gewerblichen Rechtsschutz und Urheberrecht
GRUR Int.	Zeitschrift für Gewerblichen Rechtsschutz und Urheberrecht, Internationaler Teil
GRUR-RR	Zeitschrift für Gewerblichen Rechtsschutz und Urheberrecht, Rechtsprechungspraxis
GWB	Gesetz gegen Wettbewerbsbeschränkungen
h.M.	herrschende(r) Meinung
HGB	Handelsgesetzbuch
HRG	Hochschulrahmengesetz
hrsg.	Herausgegeben
InstGE	Entscheidungen der Instanzgerichte zum Recht des geistigen Eigentums
IPR	Internationales Privatrecht
IW	Institut für deutsche Wirtschaft
Kap.	Kapitel
KG	Kammergericht
krit.	kritisch
KSchG	Kündigungsschutzgesetz
KSzW	Kölner Schriften zum Wirtschaftsrecht
KWG	Gesetz über das Kreditwesen
LAG	Landesarbeitsgericht
LAGE	Entscheidungen des Landesarbeitsgerichts
LG	Landgericht
LohnFG	Gesetz über die Fortzahlung des Arbeitsentgeltes im Krankheitsfalle
m.H.a.	mit Hinweis auf
m.w.N.	mit weiteren Nachweisen
MAH	Münchener Anwaltshandbuch
Mitt.	Mitteilungen der deutschen Patentanwälte
MünchArbR	Münchener Handbuch zum Arbeitsrecht
MünchKommBGB	Münchener Kommentar zum Bürgerlichen Gesetzbuch
NachwG	Nachweisgesetz
n.F.	neue Fassung
NJOZ	Neue Juristische Online Zeitschrift
NJW	Neue Juristische Wochenschrift
NJW-RR	NJW-Rechtsprechungs-Report

Nr.	Nummer
Nrn.	Nummern
NZA	Neue Zeitschrift für Arbeitsrecht
NZA-RR	NZA-Rechtsprechungs-Report
NZG	Neue Zeitschrift für Gesellschaftsrecht
NZI	Neue Zeitschrift für das Recht der Insolvenz und Sanierung
o.J.	ohne Jahresangabe
OECD	Organisation for Economic Cooperation and Development
öffentl.	Öffentlicher
OGH	Oberster Gerichtshof (Österreich)
OLG	Oberlandesgericht
PatG	Patentgesetz
PCT	Patent Cooperation Treaty – Vertrag über die internationale Zusammenarbeit auf dem Gebiet des Patentwesens (Patentzusammenarbeitsvertrag)
PVÜ	Pariser Verbandsübereinkommen zum Schutz des gewerblichen Eigentums
RabelsZ	Zeitschrift für ausländisches und internationales Privatrecht, begründet von Ernst Rabel
RAW	Recht Automobil Wirtschaft
RdA	Recht der Arbeit
Rdn.	Randnummer(n)
RG	Reichsgericht
RGZ	Entscheidungen des Reichsgerichts
RAW	Recht Automobil Wirtschaft
RIW	Recht der Internationalen Wirtschaft
RL	Richtlinie
ROM I-VO	VO (EG) Nr. 593/2008 des Europäischen Parlaments und des Rates vom 17.6.2008 über das auf vertragliche Schuldverhältnisse anzuwendende Recht (Rom I)
S.	Seite
SAE	Sammlung arbeitsrechtlicher Entscheidungen
SE	Societas Europaea
SEEG	Gesetz zur Einführung der Europäischen Gesellschaft
SE-VO	SE-Ausführungsgesetz
SGB	Sozialgesetzbuch
Slg.	Sammlung
sog.	Sogenannte
SprAuG	Gesetz über Sprecherausschüsse der leitenden Angestellten
StBp	Die steuerliche Betriebsprüfung
Thür.	Thüringer
TRIPS	Trade Related Aspects of Intellectual Property
TVG	Tarifvertragsgesetz
Tz.	Teilziffer
u.	und
u.a.	unter anderen
UmwBerG	Gesetz zur Bereinigung des Umwandlungsrechts

UmwG	Umwandlungsgesetz
UNCTAD	United Nations Conference on Trade and Development
unterschiedl.	unterschiedliche(n)
UrhG	Gesetz über Urheberrecht und verwandte Schutzrechte
v.	vom, von
VergAnspruch	Vergütungsanspruch
VergHöhe	Vergütungshöhe
veröffentl.	veröffentlicht
VGH	Verwaltungsgerichtshof
vgl.	vergleiche
VO	Verordnung
Vorbem.	Vorbemerkung(en)
VPP	Vereinigung von Fachleuten des Gewerblichen Rechtsschutzes
WM	Wertpapiermitteilungen für Wirtschafts- und Bankrecht
WRP	Wirtschaft in Recht und Praxis
WuW	Wirtschaft und Wettbewerb
z.	zu, zum
z.B.	zum Beispiel
ZB	Zwischenbescheid
ZfA	Zeitschrift für Arbeitsrecht
ZGE	Zeitschrift für Geistiges Eigentum
ZIAS	Zeitschrift für ausländisches und internationales Arbeitsrecht
ZIP	Zeitschrift für Wirtschaftsrecht
zit.	zitiert(er)
ZPO	Zivilprozessordnung
zust.	zustimmend
zwischenbetriebl.	zwischenbetriebliche

Literaturverzeichnis

Ann	Patentrecht, 8. Aufl. 2022
Bar, v./Mankowski	Internationales Privatrecht, Band I, Allgemeine Lehren, 2. Aufl. 2003
Bartenbach	Patentlizenz- und Know-how-Vertrag, 7. Aufl. 2013
Bartenbach	Zwischenbetriebliche Forschungs- und Entwicklungskooperationen und das Recht der Arbeitnehmererfindung, 1985
Bartenbach/Volz	Arbeitnehmererfindungsgesetz, Kommentar, 7. Aufl. 2024
Bartenbach/Volz	Arbeitnehmererfindervergütung, Kommentar, 4. Aufl. 2017
Bartenbach/Volz	Arbeitnehmererfindungen, Praxisleitfaden mit Mustertexten, 8. Aufl. 2025
Bauer, H.	Das internationale Privatrecht der Arbeitnehmererfindung, Diss. 1970
Bauer, J.-H.	Unternehmensveräußerung und Arbeitsrecht, 1983
Becker/Wulfgramm	Arbeitnehmerüberlassungsgesetz, Kommentar, 3. Aufl. 1985
Baumbach/Hopt	Handelsgesetzbuch, Kommentar, 42. Aufl. 2023
Beier/Haertel/Schricker/ Straus	Europäisches Patentübereinkommen, Münchener Gemeinschaftskommentar, zit. Bearbeiter: Christopher Heath, 30. Lieferung, 2014
Benkard	Patentgesetz, Gebrauchsmustergesetz, Kommentar, zit. Bearbeiter: Hermann Deichfuß, Klaus-Jürgen Melullis, Peter Tochtermann, Eike Ullmann, 12. Aufl. 2023
Benkard	Europäisches Patentübereinkommen, Kommentar, zit. Bearbeiter: Gert Kolle, Klaus-Jürgen Melullis, 4. Aufl. 2023
Birk	Die arbeitsrechtliche Leitungsmacht, 1973
Birk/Tietmeyer	Zur Problematik multinationaler Unternehmen, 1976
Brandis/Heuermann	EStG, KStG, GewStG, Kommentar, Band 1, zit. Bearbeiter: Carsten Pohl, 166. EL, Stand 2023
Boemke/Kursawe	Gesetz über Arbeitnehmererfindungen, Kommentar, zit. Bearbeiter: Fabian Fegers, Klaus G. Göken, Markus J. Goetzmann, Désirée Heintz, Tobias Maier, Alexander Niethammer, 2. Aufl. 2024
Borgmann	Die Entsendung von Arbeitnehmern in der Europäischen Gemeinschaft, 2001
Braun/Wisskirchen	Konzernarbeitsrecht, zit. Bearbeiter: Achim Braner, Nadine Ceruti, Carsten Domke, Heiko Liebig, Martin Lützeler, Florian Scholz, 2. Aufl. 2024
Busse/Keukenschrijver	Patentgesetz und Gebrauchsmustergesetz, Kommentar, 9. Aufl. 2020
Collardin	Aktuelle Rechtsfragen der Telearbeit, 1995
Cronauer	Das Recht auf das Patent im Europäischen Patentübereinkommen, 1988
Dantz	Das Inanspruchnahmerecht an einer Diensterfindung, Diss. 1968
Emmerich/Habersack	Aktien- und GmbH-Konzernrecht, 10. Aufl. 2022
Emmerich/ Habersack	Konzernrecht, 12. Aufl. 2023

Erfurter Kommentar zum Arbeitsrecht	hrsg. v. Rudi Müller-Glöge, Ulrich Preis, Ingrid Schmidt, zit. Bearbeiter: Hartmut Oetker, Ulrich Preis, Monika Schlachter-Voll, Sebastian Roloff, 23. Aufl. 2023
Eser	Das Arbeitsverhältnis im Multinationalen Unternehmen, 2. Aufl. 2003
Fabry/Trimborn	Arbeitnehmererfindungsrecht im internationalen Vergleich, 2. Aufl. 2016
Fitting/Schmidt/Trebinger/Linsenmaier/Schelz	Betriebsverfassungsgesetz mit Wahlordnung, 31. Aufl. 2022
FS 25 Jahre BAG	Festschrift 25 Jahre Bundesarbeitsgericht, hrsg. v. Franz Gamillschegg, Götz Hueck, Herbert Wiedemann, 1979
FS 50 Jahre VPP	Festschrift 50 Jahre VPP, hrsg. v. Rolf Einsele, Erich R. Franke, 2005
FS 80 Jahre Patentgerichtsbarkeit	Festschrift 80 Jahre Patentgerichtsbarkeit in Düsseldorf, hrsg. v. Thomas Kühnen, 2016
FS 100 Jahre GRUR	Festschrift zum hundertjährigen Bestehen der Deutschen Vereinigung für gewerblichen Rechtsschutz und Urheberrecht und ihrer Zeitschrift, hrsg. von der Vereinigung durch Friedrich-Karl Beier, Alfons Kraft, Gerhard Schricker, Elmar Wadle, Band I, 1991
FS Bartenbach	Festschrift für Kurt Bartenbach zum 65. Geburtstag, hrsg. v. Manfred Haesemann, Klaus Gennen, Britta Bartenbach, Anja Bartenbach, 2005
FS Birk	Festschrift für Rolf Birk zum 70. Geburtstag, hrsg. v. Horst Konzen, Sebastian Krebber, Thomas Raab, Barbara Veit, Bernd Waas, 2008
FS Gnade	Arbeit und Recht, Festschrift für Albert Gnade zum 65. Geburtstag, hrsg. v. Wolfgang Däubler, Manfred H. Bobke, Karl Kehrmann, 1992
FS Heldrich	Festschrift für Andreas Heldrich zum 70. Geburtstag, hrsg. v. Stephan Lorenz, Alexander Trunk, Horst Eidenmüller, Christiane Wendehorst, Johannes Adolff, 2005
FS König	Materielles Patentrecht, Festschrift für Reimar König, zum 70. Geburtstag, hrsg. v. Christoph Ann, Wilfried Anders, Uwe Dreiss, Bernhard Jestaedt, Dieter Stauder, 2003
FS Moll	Festschrift für Wilhelm Moll zum 70. Geburtstag, hrsg. v. Inken Gallner, Martin Henssler, Frank Eckhoff, Martin Reufels, 2019
FS Nirk	Festschrift für Rudolf Nirk zum 70. Geburtstag, hrsg. v. Karl Bruchhausen, Wolfgang Hefermehl, Peter Hommelhoff, Herbert Messer, 1992
FS Pagenberg	Festschrift für Jochen Pagenberg zum 65. Geburtstag, hrsg. v. Dietrich Beier, Laurence Brüning-Petit, Christopher Heath, 2006
FS Quack	Festschrift für Karl-Heinz Quack zum 65. Geburtstag, hrsg. v. Harm Peter Westermann, Wolfgang Rosener, Friedrich Becker u. Kay Jacobsen, 1990

FS Reimann	Festschrift für Thomas Reimann zum 65. Geburtstag, hrsg. v. Christian Osterrieth, Martin Köhler, Klaus Haft, 2009
FS Schilling	Festschrift für Tilman Schilling zum 70. Geburtstag, hrsg. v. Marcus Grosch, Eike Ullmann, 2007
FS Steindorff	Festschrift für Ernst Steindorff zum 70. Geburtstag, hrsg. v. Jürgen F. Baur, Klaus J. Hopt, K. Peter Mailänder, 1990
FS Straus	Festschrift für Joseph Straus zum 70. Geburtstag, 2009
FS Tilmann	Festschrift für Winfried Tilmann zum 65. Geburtstag, hrsg. v. Erhard Keller, Clemens Plassmann, Andreas v. Falck, 2003
Gamillscheg	Internationales Arbeitsrecht, Tübingen 1959
Gerauer	Auslandseinsatz von Arbeitnehmern im Arbeits-, Sozialversicherungs- und Steuerrecht, 2000
Gnann/Gerauer	Arbeitsvertrag bei Auslandsentsendung, 2. Aufl. 2002
Goetzmann	Die Harmonisierung des Arbeitnehmererfindungsrechts in der Europäischen Union, Diss. 2008
Gotthardt	Arbeitsrecht nach der Schuldrechtsreform, 2. Aufl. 2003
Groß	Der Lizenzvertrag, 12. Aufl. 2020
Grün, v.-d.	Die rechtliche Stellung von Miterfindern, 2003
Grüneberg	Kommentar zum Bürgerlichen Gesetzbuch, zit. Bearbeiter: Jürgen Ellenberger, Christian Grüneberg, Karsten Thorn, Walter Weidenkaff, 83. Aufl. 2024
Hanau/Wackerbarth	Das Arbeitsrecht in der Holding, Holding-Handbuch, hrsg. v. Marcus Lutter, 4. Aufl. 2004
Heilmann	Das Arbeitsvertragsstatut, 1991
Heine/Rebitzki	Arbeitnehmererfindungen, Kommentar, 3. Aufl. 1966
Heitzer	Konzerne im Europäischen Wettbewerbsrecht, 1999
Hellebrand/Schmidt	Aktuelle Schiedsstellenpraxis, Rechtsprechungsdatenbank ArbEG, Ausgabe 2012
Henn/Pahlow	Patentvertragsrecht, 6. Aufl. 2017
Henssler	Der Arbeitsvertrag im Konzern, 1983
Henssler/Strohn	Gesellschaftsrecht, zit. Bearbeiter: Oliver Keßler, Wolfgang Servatius, 6. Aufl. 2023
Henssler/Willemsen/Kalb	Arbeitsrecht Kommentar, zit. Bearbeiter: Klaus-Günter Pods, Heinz Josef Willemsen, 11. Aufl. 2024
Henze	Konzernrecht: Höchst- und obergerichtliche Rechtsprechung, 2001
Heuser/Heidenreich/Fritz	Auslandsentsendung und Beschäftigung ausländischer Mitarbeiter, 5. Aufl. 2018
Hilber/Knorr/Müller/Schilling/Wurth	Deutsche Tochter im internationalen Konzern, 1. Aufl. 2019
Hopt/Wiedemann	Großkommentar zum Aktiengesetz, zit. Bearbeiter: Christine Windbichler, 5. Aufl. 2018
Hoyningen-Huene, v./Boemke	Die Versetzung, 1991
Hueck/Nipperdey	Lehrbuch des Arbeitsrechts, Band I, 7. Aufl. 1963
Jestaedt	Patentrecht, 2. Aufl. 2008
Junker	Internationales Arbeitsrecht im Konzern, 1992
Kegel/Schurig	Internationales Privatrecht, 9. Aufl. 2004

Kessler/Kröner/Köhler	Konzernsteuerrecht, zit. Bearbeiter: Julian Egelhof, Otto Graf Kerssenbrock, Wolfgang Kessler, Robert Risse, 3. Aufl. 2018
Kittner/Zwanziger/ Deinert/Heuschmid	Arbeitsrecht – Handbuch für die Praxis, zit. Bearbeiter: Michael Bachner, Martin Becker, Michael Kittner, Thomas Lakies, Udo Mayer, 10. Aufl. 2019
Klauer/Möhring	Patentrechtskommentar, zit. Bearbeiter: Rudolf Nirk, 3. Aufl. 1971
Knauer	Möglichkeiten und Nutzen einer Vereinheitlichung des Arbeitnehmererfindungsrechts in der Europäischen Union und Schlussfolgerungen für die diesbezügliche Gesetzgebung, Diss. 2007
Koch	Aktiengesetz, Kommentar, 17. Aufl. 2023
Kreil	Arbeitsverhältnisse im Konzern – Probleme des Individualarbeitsrechts in verbundenen Unternehmen, 1996
Kurz	Geschichte des Arbeitnehmererfindungsrechts, Diss. 1997
Lenhart	Arbeitnehmer- und Arbeitgeberbegriff im Arbeitnehmererfindungsrecht, 2002
Lindenmaier/Lüdecke	Die Arbeitnehmererfindungen, Kommentar, 1961
Lüdecke	Erfindungsgemeinschaften (Rechte und Pflichten des Miterfinders), 1962
Lutter	Umwandlungsgesetz, Kommentar, zit. Bearbeiter: Detlev Joost, Band II, §§ 152–325 UmwG, 7. Aufl. 2023
Lutter/Hommelhoff	SE-Kommentar, 2. Aufl., 2015
Marquardt	Freie Erfindungen im Arbeitsverhältnis, 2002
Maschmann/Fritz	Matrixorganisationen, zit. Bearbeiter: Christian Reiter, Thomas Steger, 2019
Mauer	Personaleinsatz im Ausland, 2003
Mayer/Butler/Molnia	Das US-Patent, 5. Aufl. 2017
McGuire	Die Lizenz, 2012
Mes	Patentgesetz, Gebrauchsmustergesetz, Kommentar, 5. Aufl. 2020
Moll	Münchener Anwaltshandbuch Arbeitsrecht, zit. Bearbeiter: Nicola Gragert, Kerstin Reiserer, 6. Aufl. 2024
Müller	Die Entsendung von Arbeitnehmern in der Europäischen Union, 1997
Müller	Homeoffice in der arbeitsrechtlichen Praxis, 3. Aufl. 2022
Münchener Handbuch zum Arbeitsrecht	hrsg. v. Heinrich Kiel, Stefan Lunk, Hartmut Oetker Band 1, Individualarbeitsrecht, zit. Bearbeiter: Frank Bayreuther, Hermann Reichold, Felipe Temming, 6. Aufl. 2024
Münchener Kommentar zum Bürgerlichen Gesetzbuch	hrsg. v. Franz Jürgen Säcker, Roland Rixecker, Hartmut Oetker, Betinna Limperg, Band 5, Schuldrecht – Besonderer Teil II, zit. Bearbeiter: Günter Spinner, 9. Aufl. 2023, Band 12, Internationales Privatrecht II, zit. Bearbeiter: Franz Jürgen Säcker, 8. Aufl. 2020
Nikisch	Arbeitsrecht Band I: Allgemeine Lehren und Arbeitsvertragsrecht, 3. Aufl. 1961

Oberklus	Die rechtlichen Beziehungen des zu einem Tochterunternehmen im Ausland entsandten Mitarbeiters zum Stammunternehmen, 1991
Pagenberg/Beier	Lizenzverträge, 6. Aufl. 2008
Pfaff/Osterrieth	Lizenzverträge, Formularkommentar, 4. Aufl. 2018
Pieper	Vertragsübernahme und Vertragsbeitritt, 1963
Portmann	Die Arbeitnehmererfindung, 1986
Preis	Der Arbeitsvertrag, 6. Aufl. 2020
Preis	Grundfragen der Vertragsgestaltung im Arbeitsrecht, 1993
Reimer/Schade/Schippel/Kaube	Das Recht der Arbeitnehmererfindung, Kommentar zum Gesetz über Arbeitnehmererfindungen und deren Vergütungsrichtlinien, zit. Bearbeiter: Ulrich Himmelmann, Dieter Leuze, Gereon Rother, Michael Trimborn, 8. Aufl. 2007
Reithmann/Martiny	Internationales Vertragsrecht, zit. Bearbeiter: Martin Hiestand, Peter Limmer, Dieter Martiny, 8. Aufl. 2015
Röpke	Arbeitsverhältnis und Arbeitnehmererfindung, o. J. (= Das Verhältnis der Verpflichtungen aus dem Arbeitsverhältnis zu den Verpflichtungen aus dem Gesetz über Arbeitnehmererfindungen, Diss. 1961)
Rüve	Internationales Arbeitnehmererfinderprivatrecht, Diss. 2009
Schaub	Arbeitsrechts-Handbuch, zit. Bearbeiter: Martina Ahrendt, Ulrich Koch, Rüdiger Linck, Ursula Rinck, Hinrich Vogelsang, 20. Aufl. 2023
Schlunck	Die Grenzen der Privatautonomie im internationalen Arbeitsrecht, 1990
Schmitt/Hörtnagl	Umwandlungsgesetz, Umwandlungssteuergesetz, 10. Aufl. 2024
Schubert/Küting	Unternehmenszusammenschlüsse, 1981
Schulte	Patentgesetz mit Europäischem Patentübereinkommen, Kommentar, zit. Bearbeiter: Rainer Moufang, 12. Aufl. 2024
Schüren/ Hamann	Arbeitnehmerüberlassungsgesetz, Kommentar, 6. Aufl. 2022
Schwab	Erfindung und Verbesserungsvorschlag im Arbeitsverhältnis, 2. Aufl. 1991
Schwab	Arbeitnehmererfinderrecht, Kommentar, 4. Aufl. 2018
Silberberger	Weiterbeschäftigungsmöglichkeit und Kündigungsschutz im Konzern, 1994
Singer/Luginbühl/Stauder	Europäisches Patentübereinkommen, Kommentar, 9. Aufl. 2022
Soergel	Bürgerliches Gesetzbuch Band 4/1, Schuldrecht III/1 (§§ 516–651), zit. Bearbeiter: Alfons Kraft, 13. Aufl. Stuttgart, Berlin, Köln 1997 Band 10, Einführungsgesetz, zit. Bearbeiter: Bernd v. Hoffmann, 13. Aufl. 1996
Staudinger	Kommentar zum Bürgerlichen Gesetzbuch mit Einführungsgesetz und Nebengesetzen §§ 611–615 BGB, 13. Bearbeitung, Berlin 1999, zit. Bearbeiter: Reinhard Richardi

EGBGB/IPR, 13. Bearbeitung, Berlin 2002, zit. Bearbeiter: Karl Firsching, Ulrich Magnus

Straus — Die internationalprivatrechtliche Beurteilung von Arbeitnehmererfindungen im europäischen Patentrecht, in: Internationales Privatrecht, internationales Wirtschaftsrecht, hrsg. v. Wolfgang Holl, Ulrich Klinke, 1985

Theisen — Der Konzern: Betriebswirtschaftliche und rechtliche Grundlagen der Konzernunternehmung, 2. Aufl. 2000

Trimborn — Erfindungen von Organmitgliedern, 1998

Troller — Immaterialgüterrecht, Band II, 3. Aufl. 1985

Ulmer — Die Immaterialgüterrechte im internationalen Privatrecht, 1975

Villinger — Materialien für eine Harmonisierung des Rechts der Arbeitnehmererfindungen, 1994

Volmer/Gaul — Arbeitnehmererfindungsgesetz, Kommentar, 2. Aufl. 1983

Volz — Das Recht der Arbeitnehmererfindungen im öffentlichen Dienst, 1985

Weber, Chr. — Das aufgespaltene Arbeitsverhältnis, Diss. 1992

Windbichler — Arbeitsrecht im Konzern, 1989

Windbichler — Arbeitsrechtliche Vertragsgestaltung im Konzern, 1990

Wolff — Das Internationale Privatrecht Deutschlands, 3. Aufl. 1954

Zöllner — Kölner Kommentar zum Aktiengesetz, Band 1 – 2. Teillieferung, §§ 1–53 AktG, zit. Bearbeiter: Hans-Georg Koppensteiner, 3. Aufl. 2012

A. Grundlagen

Übersicht Rdn.

I. Das Einzelunternehmen als »Zielgruppe« des ArbEG

1 Im Vergleich zum Ausland verfügt die Bundesrepublik mit dem am 1.10.1957 in Kraft getretenen Gesetz über Arbeitnehmererfindungen (ArbEG) vom 25.7.1957[1] über ein detailliertes und zugleich erfinderfreundliches Spezialgesetz.[2] Das ArbEG baut auf dem Erscheinungsbild des Einzelarbeitgebers und des Alleinerfinders auf. Diese Ausgangslage des Gesetzes entspricht heute im Zusammenhang mit Arbeitnehmererfindungen nur noch begrenzt der Wirklichkeit in den Unternehmen. Auf der Erfinderseite steht die Entwicklung von technischen Neuerungen im Team im Vordergrund. Auf der Unternehmerseite hat die zunehmende Globalisierung der Wirtschaftsbeziehungen und Technologiemärkte zu einer Fülle – auch länderübergreifender – Unternehmensverbindungen geführt. Diesen Entwicklungen hat auch die ArbEG-Novelle 2009,[3] die sog. kleine Reform, nicht Rechnung getragen. Allenfalls kann die neu eingefügte Fiktion der Inanspruchnahme einer Diensterfindung mit Ablauf der Inanspruchnahmefrist (§ 6 Abs. 2 ArbEG n.F.) helfen, konzernbezogene Probleme der Wahrung der Inanspruchnahmefrist zu lösen.[4]

2 Vor diesem Hintergrund werden nachfolgend die Auswirkungen der Konzernsituation auf die Rechte und Pflichten aus dem ArbEG untersucht. Im Einzelfall ist zu prüfen, ob und in welchem Umfang sich konzerntypische Einflüsse und Gestaltungsformen auf Entstehung, Zuordnung, Verwertung und Vergütung von Arbeitnehmererfindungen auswirken und inwieweit das geltende Recht sachgerechte Lösungen anbietet.

3 Das dem ArbEG zugrunde liegende Bild von Einzelarbeitgeber und Alleinerfinder ist gekennzeichnet von einem Arbeitnehmererfinder, der auf Dauer in einer bestimmten Betriebsstätte arbeitet und dem als Vertragspartner eine einzelne natürliche oder juristische Person gegenübersteht.

1 BGBl. I S. 756.

2 Zum Recht der einzelnen Staaten vgl. Bartenbach/Volz, Komm. ArbEG, Einl. Rn. 10 ff.; Bartenbach/Goetzmann, VPP-Rundbrief 2006, 73 ff.; Goetzmann, ArbNErfR in der EU, 2008; Fabry/Trimborn, ArbNErfR im internationalen Vergleich, 2007 u. Trimborn/Fabry, Mitt. 2009, 529 ff.; Villinger, Materialien für eine Harmonisierung des Rechts der Arbeitnehmererfindungen, 1994, 206 ff.; vgl. auch BGH v. 18.9.2007, GRUR 2008, 150 (151 [Tz. 12]) – *Selbststabilisierendes Kniegelenk*. Zu den Harmonisierungsbemühungen der EU-Kommission vgl. Straus, GRUR Int. 1984, 1 ff.; Sack, FS Steindorff (1990), 1333 ff.; Knauer, Diss. 2007, 77 ff.; siehe ferner Rüve, Diss. 2009; zur internationalen Harmonisierung siehe Rother, GRUR Int. 2004, 235 (238 f.).

3 Art. 7 des Gesetzes zur Vereinfachung und Modernisierung des Patentrechts v. 31.7.2009, BGBl. I S. 2521; siehe dazu Bartenbach/Volz, GRUR 2009, 997 ff.; Bayreuther, NZA 2009, 1123 ff.

4 Siehe Rdn. 444 ff.

Deutlich wird die Problematik der einzelbetrieblichen Orientierung etwa bei der Kennzeichnung der Diensterfindung in § 4 Abs. 2 ArbEG, der u.a. auf die »Erfahrungen oder Arbeiten im Betrieb« abstellt, ferner bei den dazu korrespondierenden inhaltlichen Vorgaben für die Erfindungsmeldung in § 5 Abs. 2 Satz 3 ArbEG. Das zeigt sich auch bei der Anbietungspflicht nach § 19 Abs. 1 ArbEG, wonach es darauf ankommt, ob die freie Erfindung »in den vorhandenen oder vorbereiteten Arbeitsbereich des Betriebes des Arbeitgebers fällt«. Auch das im Rahmen der Reform ersatzlos gestrichene Institut der beschränkten Inanspruchnahme mit dem betriebsbezogenen Benutzungsrecht (§ 7 Abs. 2 ArbEG a.F.) erklärte sich vor diesem Hintergrund.[5] Die vom BMA am 20.7.1959 in Ausfüllung des § 11 ArbEG unter Beteiligung der Spitzenorganisationen der Arbeitgeber und der Arbeitnehmer erlassenen »Richtlinien für die Vergütung von Arbeitnehmererfindungen im privaten Dienst« gehen ebenfalls von diesem Bild aus; exemplarisch verdeutlichen dies die betriebsbezogene Begriffsbestimmung des Sperrpatents in RL Nr. 18 sowie die auf hergebrachte Unternehmensstrukturen abstellenden Korrekturüberlegungen der RL Nr. 35 zur vergütungsrelevanten Stellung des Arbeitnehmers im Betrieb bei der Ermittlung des Anteilsfaktors.[6] 4

Dieses aus heutiger Sicht eingeengte Abstellen auf das Einzelunternehmen (»Betrieb«) erklärt sich aus der Entstehungsgeschichte des ArbEG. Vor rund 65 Jahren wurden – unter Ablösung der 1942/43 erlassenen Erfinderverordnung nebst Durchführungsverordnung[7] – die Rechtsbeziehungen zwischen dem Arbeitnehmererfinder und seinem Arbeitgeber gesetzlich geregelt.[8] Seit dieser Zeit ist das ArbEG – von sektoralen 5

5 Ausweislich der Amtlichen Begründung (BT-Drucks. II/1648, S. 23 f. = BlPMZ 1957, 218 [230 f.]) sollten damit die unerwünschten Folgen einer unbeschränkten Inanspruchnahme und des damit zusammenhängenden Anmeldezwangs bei einer sich für den Arbeitgeber wirtschaftlich nicht lohnenden Diensterfindung vermieden werden. Die Ursprünge dieses Rechtsinstituts liegen in der sog. Speer-Verordnung vom 12.7.1942, die lediglich die Möglichkeiten der unbeschränkten Inanspruchnahme der Diensterfindung und die damit verbundene Anmeldeverpflichtung beim Patentamt oder die Freigabe der Diensterfindung an den Arbeitnehmer in vollem Umfang vorsah (siehe hierzu RGBl. I S. 466; sowie Friedrich, GRUR 1958, 270 [271]). Das Institut der beschränkten Inanspruchnahme war im früheren Recht gemäß § 11 Abs. 3 DVO 1943 demgegenüber ausschließlich für den Bereich des öffentlichen Dienstes vorgesehen.

6 Siehe dazu Rdn. 700 ff.

7 Vgl. § 46 ArbEG. Zur früheren Fortgeltung der »Verordnung über die Behandlung von Erfindungen von Gefolgschaftsmitgliedern« v. 12.7.1942 (RGBl. I S. 466) und der Durchführungsverordnung v. 20.3.1943 (RGBl. I S. 257), soweit sie sich nicht auf besondere Einrichtungen des NS-Staates bezogen hatten: siehe BGH v. 23.5.1952, GRUR 1952, 573 (574) – *Zuckerdiffuseur* u. BAG v. 1.11.1956, GRUR 1957, 338; ausführlich zur Rechtsentwicklung Kurz, S. 107 ff.; Schippel, FS GRUR Bd. I (1991), 585 (611 ff.); Volmer/Gaul, Einl., Rn. 55 ff.

8 Mit Schreiben v. 18.6.1955 legte die Bundesregierung ihren überarbeiteten Entwurf eines Gesetzes über Erfindungen von Arbeitnehmern und Beamten dem Bundesrat vor (BR-Drucks. 202/55); vgl. dazu u.a. Kurz, S. 161 ff. m.w.N.

Neufassungen in § 27[9] und § 42[10] abgesehen – nahezu unverändert geblieben. Das ArbEG selbst schließt eine nahezu hundertjährige Rechtsentwicklung ab. Wesentliche konzeptionelle Überlegungen gehen bis in die Frühzeit des gewerblichen Rechtsschutzes nach der Reichsgründung von 1871 zurück,[11] also in eine Zeit, als das Arbeitsverhältnis noch vom Bild des Prinzipals und seines Dienstnehmers geprägt war.[12]

6 Seit dem Wechsel ins 21. Jahrhundert wurde an einer grundlegenden Reform des deutschen Arbeitnehmererfindungsrechts gearbeitet,[13] wohingegen die Bemühungen auf europäischer Ebene unverändert stagnieren.[14] In Deutschland konnte bis zum Ende der 16. Legislaturperiode kein Konsens über die wesentlichen Streitpunkte in Bezug auf die Kernpunkte des ArbEG gefunden werden. Erst der von der Bundesregierung am 17.10.2008 vorgelegte »Entwurf eines Gesetzes zur Vereinfachung und Modernisierung des Patentrechts«, der in Art. 7 die Änderungen zum ArbEG enthielt, hat den Deutschen Bundestag am 28.5.2009 und den Bundesrat am 10.7.2009 durchlaufen. Das Gesetz zur Vereinfachung und Modernisierung des Patentrechts vom 31.7.2009[15] – und damit auch die ArbEG-Novelle 2009 – ist nach dessen Art. 9 am 1.10.2009 in Kraft getreten.[16] Die ArbEG-Novelle 2009 hat die früheren Überlegungen der Bundesregierung zur sog. Kleinen Lösung weitgehend umgesetzt. Die wichtigsten Änderungen sind das durchgehende Ersetzen des Erfordernisses der Schriftform durch die Textform, der ersatzlose Wegfall des Instituts der beschränkten Inanspruchnahme und die Einführung der gesetzlichen Fiktion der Inanspruchnahme der Diensterfindung nach Ablauf der Inanspruchnahmefrist.[17] Nach wie vor fehlt aber eine sachgerechte Lösung konzerntypischer Fragen zum ArbEG.

---

9 Vgl. ausführlich zu § 27 ArbEG im Zuge der Reform des Insolvenzrechts: Gaul, GRUR 1986, 405 f., 498; Kelbel, GRUR 1987, 218 ff.

10 Vgl. zur Entwicklung des § 42 ArbEG n.F.: Reimer/Schade/Schippel/Leuze, § 42 ArbEG, Rn. 12 a m.w.N.; sowie die Nachweise bei Bartenbach/Volz, § 42 ArbEG, Rn. 1 ff. hinsichtlich der Gesetzesentwürfe von Bundesrat und Bundestag; Ann, Patentrecht, § 21 Rn. 131 m.w.N.

11 Vgl. zur Rechtsentwicklung Reimer/Schade/Schippel/Himmelmann, Einl., Rn. 1 ff.; Kurz, S. 14 ff.; Lenhart, S. 2 ff.

12 Vgl. hierzu Schippel, FS GRUR Bd. I (1991), 585 (590 ff.); siehe auch Lenhart, S. 83 ff. m.w.N. zum später aufkommenden Begriff des »Gefolgschaftsmitgliedes«.

13 Zur Reform des ArbEG siehe u.a. die Reformüberlegungen bei von Bredow, VPP-Rundbrief 1999, 47 ff.; Dänner, VPP-Rundbrief 1999, 31 ff.; Franke, VPP-Rundbrief 1999, 28 ff.; ders., VPP-Rundbrief 2004, 49 ff.; Hellebrand, VPP-Rundbrief 1999, 34 ff.; Kockläuner, GRUR 1999, 664 ff.; Meier, GRUR 1998, 779 ff. Zu den Vorarbeiten der zuständigen Bundesministerien, dem BMJ und BMWi (früher BMA), siehe Protokoll zum Anhörungsverfahren des BMJ und des (früheren) BMA im März 2000 in GRUR 2000, 1000 ff.; vgl. dazu auch die Stellungnahmen des Grünen Vereins in GRUR 2000, 385 ff.; Franke, FS Bartenbach (2005), 127 ff.; Teufel, FS Bartenbach (2005), 97 (107 ff.); Straus, FS Bartenbach (2005), 111 ff.

14 Siehe hierzu u.a. Keukenschrijver in Busse/Keukenschrijver, PatG, Einl. ArbEG, Rn. 4.

15 BGBl. I S. 2521.

16 Siehe Bartenbach/Volz, GRUR 2009, 997 ff.; Bayreuther, NZA 2009, 1123 ff.

17 Siehe hierzu Rdn. 433 ff.

Dies bestätigte im Jahr 2019 eine (nicht repräsentative) BDI/BDA-Umfrage[18], wonach nach nunmehr über zehn Jahren seit der Novelle 2009 viele Unternehmen weitere Modernisierungsmaßnahmen beim ArbEG für erforderlich halten.[19] Das betrifft im Interesse des Betriebsfriedens vorrangig eine Vereinfachung der Vergütungsbemessung im Sinne einer für beide Arbeitsvertragsparteien leichter nachvollziehbaren und transparenten Berechnung unter Einsatz von Pauschalsätzen; im Interesse der Rechtssicherheit wäre zudem hilfreich, den schon seit Langem in der Betriebspraxis gehandhabten »Abkauf von Formalrechten« im ArbEG zu verankern. 7

Das neue Recht gilt für alle Erfindungen, die seit dem 1.10.2009 dem Arbeitgeber (förmlich, vgl. § 5 Abs. 1 ArbEG a.F.[20]) gemeldet werden. Soweit die Konzernproblematik überhaupt von diesen Neuerungen betroffen ist, berücksichtigen die nachfolgenden Ausführungen das neue Recht. 8

Bisher bleibt es allerdings auch nach dem Inkrafttreten der ArbEG-Novelle bei der aufgezeigten Grundstruktur der Beschränkung auf die Rechtsbeziehung zwischen (Einzel-) Arbeitgeber und Arbeitnehmer. 9

Seit Inkrafttreten des ArbEG im Jahr 1957 hat sich die Unternehmenslandschaft entscheidend verändert. Der Zwang, sich auf dem europäischen bzw. weltweiten Markt behaupten zu können, erfordert vielfach – neben wirtschaftlicher Potenz und technischer Kompetenz – Unternehmensstrukturen, die nur innerhalb einer Unternehmensgruppe, insbesondere eines länderübergreifenden Konzerns, zu verwirklichen sind.[21] Dieser Wandel in der Unternehmenslandschaft hat zwangsläufige Auswirkungen für die Arbeitswelt. Die Bedeutung dieses Wandels zeigt sich darin, dass bereits vor rund 30 Jahren weltweit – wie eine Studie der UNCTAD[22] im Jahre 1994 ergab – ca. 73 Millionen Arbeitnehmer in grenzüberschreitenden Konzernunternehmen tätig gewesen sind. Damit arbeitete bereits zu diesem Zeitpunkt jeder zehnte Arbeitneh- 10

18 Die unveröffentlichte Umfrage hat der BDI/BDA – Arbeitskreis »Arbeitnehmererfindungsrecht« in 2019 im Anschluss an frühere Umfragen durchgeführt. Über 70 % der Rückmeldungen entfallen auf Unternehmen (> 500 Beschäftige) mit den Schwerpunkten Automobilindustrie (einschließlich Zulieferer), Maschinenbau sowie Chemie-/Pharmaindustrie, mit Abstand gefolgt vom Bereich Elektronik/Elektrotechnik. Je 9,5 % der Rückmeldungen sind von Unternehmen mit 51–249 Beschäftigten und größeren Unternehmen mit 250–499 Beschäftigten. Die hier und im folgenden angegebenen Prozentangaben beziehen sich auf die Gesamtzahl an Rückmeldungen.

19 Nach den (unveröffentlichten) Ergebnissen sind zwar von den Unternehmen, die sich mit Rückmeldungen beteiligt haben, über 60 % der Auffassung, die ArbEG-Reform 2009 habe den administrativen Aufwand verringert bzw. erleichtert, sehen aber weitere Erleichterungen als notwendig an. Diese betreffen vorrangig die Vergütungsbemessung und die Verringerung des Verwaltungsaufwandes (»Abkauf von Formalrechten«).

20 Siehe dazu BGH v. 12.4.2011, GRUR 2011, 733 (734 [Tz. 10]) – *Initialidee.*

21 Vgl. dazu u.a. Heitzer, S. 23 ff.

22 Studie der United Nations Conference on Trade and Development (UNCTAD) über multinationale Unternehmen, Frankfurter Allgemeine Zeitung v. 31.8.1994, S. 13.

mer in einem transnationalen Konzern.[23] Der Trend hat sich in den letzten Jahren noch dahingehend verstärkt, dass beispielsweise in den großen Dax-Unternehmen deutlich weniger als die Hälfte ihrer Mitarbeiter – rund 38 % (Stand 2018) – noch in Deutschland arbeiten.[24]

11 Die in einem solchen Unternehmensverbund tätigen Arbeitnehmer sind nicht frei von Einflüssen des Konzerns. Diese können von bloßen tatsächlichen Berührungspunkten bis hin zu arbeitsvertraglichen Beziehungen mit mehreren Konzernunternehmen reichen. Die wirtschaftliche Zusammenarbeit zwischen verbundenen Unternehmen kann es mit sich bringen, dass Arbeitnehmer für verschiedene Konzerngesellschaften tätig sind, innerhalb des Konzerns unterschiedliche Tätigkeiten wahrnehmen oder durch Entsendung, Abordnung, Versetzung oder sonst wie übergreifend bzw. wechselnd zum Arbeitseinsatz kommen.

12 Dies betrifft in der heutigen Dienstleistungs- und Wissensgesellschaft in einem besonderen Maße den Forschungs- und Entwicklungsbereich. Die Internationalisierung der Forschungs- und Innovationstätigkeit von Unternehmen hat sich in den letzten Jahrzehnten kräftig verstärkt. Wie die Bundesregierung bereits im Frühjahr 2004 festgestellt hat, nutzen rund 80 % der Großunternehmen Patente in Deutschland; die Unternehmen sehen zunehmend in Patentportfolios ein zentrales Element ihrer Innovations- und Wachstumsstrategien.[25] Der Anteil forschungsintensiver Produkte und Dienstleistungen an der Wertschöpfung war bereits im Jahr 2016 mit mehr als 45 % in keinem anderen Industrieland höher als in Deutschland.[26] Die vorläufige FuE-Quote Deutschlands, die den Anteil der Forschungs- und Entwicklungsausgaben am Bruttoinlandsprodukt (BIP) wiedergibt, lag im Jahr 2022 bei 3,13 % und überstieg damit deutlich den EU- und den OECD-Durchschnitt.[27] Insgesamt konnte Deutschland seinen Welthandelsanteil mit forschungsintensiven Waren im Verlauf der vergangenen Dekade bei 11,5 % (Stand 2018) weitgehend stabil halten.

13 Im Jahr 2021 belief sich die Zahl der im Forschungs- und Entwicklungsbereich tätigen Arbeitnehmer in Deutschland auf insgesamt rund 754 000 Personen, wobei der Anteil im Wirtschaftssektor bei ca. 58 % lag.[28] Weltweit waren nach Statistiken der UNESCO im Jahr 2016 etwa 8,7 Mio. Personen im Forschungs- und Entwicklungsbereich tätig. In den vergangenen zehn Jahren ist ihre Zahl um mehr als 40 % gestie-

23 Vgl. Matthes, IW-Trends 4/2006 m.H.a. den World Investment Report 2006, der diese Angaben im Wesentlichen bestätigt.

24 So eine Analyse der Wirtschaftswoche zum Beschäftigungsstand der Top-Unternehmen, Wirtschaftswoche v. 6.8.2019.

25 Bericht der Bundesregierung zu Innovationen und Zukunftstechnologien im Mittelstand – High-Tech-Masterplan v. 18.2.2004 in BT-Drucks. 15/2551, S. 10 f.

26 So der Bundesbericht Forschung und Innovation 2016 des Bundesministeriums für Bildung und Forschung; abrufbar im Internet unter www.bmbf.de/pub/bufi_2016.

27 Vgl. den Bundesbericht Forschung 2024 des Bundesministeriums für Bildung und Forschung, abrufbar im Internet unter www.bmbf.de/pub/bufi2024.

28 Vgl. den Bundesbericht Forschung 2024 des Bundesministeriums für Bildung und Forschung, abrufbar im Internet unter www.bmbf.de/pub/bufi2024.

gen.[29] Die deutsche Wirtschaft hat 2018 insgesamt 72,1 Mrd. € in die eigene Forschung und Entwicklung investiert,[30] im Jahr 2022 lag dieser Wert bei 81,8 Mrd. €.[31]

Eine unternehmensübergreifende Zusammenarbeit in diesem Bereich wird gerade innerhalb von Konzernen – auch angesichts einer zunehmenden Internationalität des Technologiewettbewerbs und Technologietransfers – häufig als eine Existenzfrage gesehen. In diesem Rahmen ergibt sich die Bedeutung des Arbeitnehmererfindungsrechts daraus, dass rund 80–90 % aller im Inland eingereichten Patentanmeldungen auf Arbeitnehmererfindungen beruhen.[32] 14

Um die erfinderrechtlichen Auswirkungen einer Tätigkeit im Konzern untersuchen zu können, müssen zunächst die beiderseitigen rechtlichen Rahmenbedingungen gegenübergestellt werden – also des Erfinderrechts einerseits und des für die erfinderrechtlichen Beziehungen wesentlichen Arbeitsrechts im Konzern andererseits. 15

II. Die Arbeitnehmererfindung im deutschen Rechtssystem

1. Die Funktion des ArbEG

Das deutsche Arbeitnehmererfindungsrecht übernimmt die Brückenfunktion einer Kollisionsnorm,[33] da das Arbeitsverhältnis als solches und die während des Arbeitsverhältnisses entwickelte Diensterfindung unterschiedlichen Normen unterworfen sind:[34] Das Arbeitsrecht ordnet das Arbeitsergebnis dem Arbeitgeber zu (vgl. § 950 16

29 Vgl. den Bundesbericht Forschung 2020 des Bundesministeriums für Bildung und Forschung, abrufbar im Internet unter www.bmbf.de/pub/bufi2020.

30 So der FuE-Datenreport 2018, abrufbar im Internet unter www.stifterverband.org/forschung-und-entwicklung.

31 Vgl. den Bundesbericht Forschung 2024 des Bundesministeriums für Bildung und Forschung, abrufbar im Internet unter www.bmbf.de/pub/bufi2024.

32 Die Angaben schwanken mangels genauer Statistiken, wobei die Schiedsstelle jedoch von ca. 80 % ausgeht (Schiedsstelle v. 13.9.1982, Arb.Erf. 48/81, BlPMZ 1982, 365); ebenso die Literatur: Schwab, ArbNErfR, S. 1; Ann, Patentrecht, § 21, Rn. 1 m.H.a. Untersuchungen des IFO-Instituts, Patentwesen und techn. Fortschritt, Tl. I, 1974, S. 51; vgl. auch Antwort der Bundesregierung v. 22.4.2002 in BT-Drucks. 14/8949, S. 23; ebenso der RegE zum Patentrechtsmodernisierungsgesetz v. 17.10.2008, BR-Drucks. 757/08, S. 23. Nach dem DPMA-Jahresbericht 2017, S. 8 lag im Berichtsjahr 2017 bei nur 7,2 % der Patentanmeldungen von Inländern eine Identität von Anmelder und Erfinder vor (bei ausländischen Anmeldern sogar nur bei 2,1 %), welches tendenziell eher für einen Anteil um 90 % sprechen dürfte. Ausweislich der DPMA-Pressemitteilungen v. 24.10.2022 (unter www.dpma.de) machten im Jahr 2021 »die Patentanmeldungen freier Erfinderinnen und Erfinder« (als natürliche Personen) 7,0 % der nationalen Anmeldungen aus Deutschland aus, d. h. der »weit überwiegende Teil angemeldeter Erfindungen stammt in Deutschland von Unternehmen oder Forschungseinrichtungen«.

33 So Windisch, GRUR 1985, 829 (830); siehe auch BVerfG v. 24.4.1998, NJW 1998, 3704 f. – *Induktionsschutz von Fernmeldekabeln*.

34 Zur Bedeutung des ArbEG vgl. u.a. BVerfG v. 24.4.1998, NJW 1998, 3704 (3705 f.) – *Induktionsschutz von Fernmeldekabeln*; Windisch, GRUR 1985, 829 (830); siehe auch Amtl.

BGB);[35] demgegenüber erkennt das Patentrecht in Anerkennung seiner schöpferischen Leistung mit dem in § 6 Satz 1 PatG (vgl. auch Art. 60 Abs. 1 EPÜ) verankerten Erfinderprinzip die Rechte an der Erfindung,[36] die mit der technischen Erkenntnis und deren Verlautbarung entstehen, dem Erfinder zu.[37] Diese Position erwächst dem Erfinder bereits dadurch, dass er sich selbst die Erkenntnis erschließt, wie mit bestimmten technischen Mitteln ein konkretes technisches Problem gelöst werden kann[38] und diese Erkenntnis so verlautbart, dass sie als Anweisung zu technischem Handeln genutzt werden kann.[39]

17 Insoweit gehört das Recht der Arbeitnehmererfindung »zwei verschiedenen Rechtsgebieten mit entgegengesetzten Tendenzen« an[40] und ist darauf ausgerichtet, die Wechselbeziehung zwischen Arbeitnehmererfinder und Arbeitgeber hinsichtlich der während des Arbeitsverhältnisses entwickelten Erfindungen angemessen zu regeln und die gegenseitigen Rechte und Pflichten zu bestimmen. Es soll einen gerechten Ausgleich für die Zuordnung der vermögenswerten Rechte an einer Diensterfindung zum Arbeitgeber schaffen.[41] Erreicht wird dieser Interessenausgleich durch die Zuerkennung zweier wechselseitiger Kernrechte: Einerseits wird dem Arbeitgeber das Recht zuerkannt, im Arbeitsverhältnis entstandene Diensterfindungen durch Inanspruchnahme auf sich überzuleiten (§§ 6, 7 ArbEG); als Ausgleich hierfür erhält andererseits der Arbeitnehmererfinder einen Anspruch auf angemessene Vergütung (§ 9 ArbEG).[42] Das im ArbEG geregelte ausgewogene System wechselseitiger Rechte und Pflichten entspricht insbesondere auch den gestuften verfassungsrechtlichen Anforderungen an Eingriffe in das Verfügungs- und in das Verwertungsrecht, wie sie für das allgemeine Urheberrecht entwickelt worden sind.[43] Der BGH drückt es dahingehend aus, dass die Regeln des ArbEG die Entstehung des Rechts auf das Schutzrecht in der Person

---

Begr. BT-Drucks. II/1648, S. 12 = BlPMZ 1957, 218 (224); Reimer/Schade/Schippel/Himmelmann, Einl., Rn. 26.

35 Vgl. Schaub/Koch, Arbeitsrechts-Handbuch, § 114, Rn. 9 ff.; MünchArbR/Bayreuther, § 98, Rn. 1 ff.

36 Vgl. zum Erfinderprinzip: Keukenschrijver in Busse/Keukenschrijver, PatG, § 6 PatG, Rn. 5 ff. u. BGH v. 18.5.2010, GRUR 2010, 817 (820 [Tz. 28]) – *Steuervorrichtung.*

37 BGH v. 18.5.2010, GRUR 2010, 817 (820 [Tz. 28]) – *Steuervorrichtung.*

38 Vgl. EPA v. 15.11.2006, T 154/04, Ziff. 8 (unveröffentl.) m.w.N.

39 BGH v. 18.5.2010, GRUR 2010, 817 (820 [Tz. 28]) – *Steuervorrichtung.*

40 Amtl. Begr. BT-Drucks. II/1648, S. 12 = BlPMZ 1957, 218 (224); Keukenschrijver in Busse/Keukenschrijver, PatG, Einl. ArbEG, Rn. 1.

41 Amtl. Begr. BT-Drucks. II/1648, S. 12 = BlPMZ 1957, 218 (224); vgl. hierzu ausführlich BVerfG v. 24.4.1998, NJW 1998, 3704 (3705 f.) – *Induktionsschutz von Fernmeldekabeln*; vgl. auch BGH v. 23.4.1974, GRUR 1974, 463 (464) – *Anlagengeschäft*; v. 2.6.1987, GRUR 1987, 900 (901) – *Entwässerungsanlage*; v. 15.5.1990, GRUR 1990, 667 – *Einbettungsmasse.*

42 Vgl. z.B. BVerfG v. 24.4.1998, NJW 1998, 3704 (3705 f.) – *Induktionsschutz von Fernmeldekabeln* u. BGH v. 23.4.1974, GRUR 1974, 463 (464) – *Anlagengeschäft.*

43 BVerfG v. 24.4.1998, NJW 1998, 3704 (3705) – *Induktionsschutz von Fernmeldekabeln.*

des Erfinders unberührt lassen, da sie lediglich den Bestand in der Person des Erfinders einschränken.[44]

18 Vor diesem Hintergrund wird das ArbEG als ein dem Arbeitsrecht zuzuordnendes Schutzgesetz zugunsten des in abhängiger Stellung tätigen Arbeitnehmererfinders eingestuft.[45] Daran ändert auch die Zuweisung des ArbEG zur Gesetzgebung des Bundes für den Gewerblichen Rechtsschutz nach Art. 73 Abs. 1 Nr. 9 GG nichts.[46] Aus diesem Grunde können die Vorschriften des Gesetzes nicht von vornherein zu Ungunsten des Arbeitnehmers abbedungen werden, und zwar weder durch Tarifverträge oder Betriebsvereinbarungen noch durch entsprechende Klauseln im Arbeitsvertrag (§ 22 Satz 1 ArbEG).

2. Die Grundprinzipien des ArbEG

19 Grundsätzlich erfasst das Gesetz alle Erfindungen von Arbeitnehmern im privaten und öffentlichen Dienst, von Beamten und Soldaten (§§ 1, 40–42 ArbEG), die während des Arbeits- bzw. Dienstverhältnisses entstanden sind. Die durch das ArbEG begründeten Rechte und Pflichten werden durch eine Auflösung (Beendigung) des Arbeitsverhältnisses nicht berührt (§ 26 ArbEG). Sämtliche Rechte und Pflichten aus dem ArbEG entstehen nur im Verhältnis zwischen Arbeitgeber und Arbeitnehmererfinder. Sie stellen deshalb keine dingliche Belastung der Erfindung dar und gehen bei Übertragung der Erfindungsrechte durch den Arbeitgeber nicht auf den Rechtserwerber (Einzelrechtsnachfolger) über,[47] von der insolvenzrechtlichen Sonderregelung des § 27 ArbEG einmal abgesehen.

20 In sachlicher Hinsicht ist das Gesetz auf technische Neuerungen beschränkt; erfasst werden gemäß § 2 ArbEG einerseits nur die patent- und gebrauchsmusterfähigen Erfindungen und andererseits die sogenannten qualifizierten technischen Verbesserungsvorschläge im Sinne der §§ 3, 20 Abs. 1 ArbEG. Auch in den häufigen Fällen, in denen die Patent- bzw. Gebrauchsmusterfähigkeit einer Erfindung zweifelhaft ist, bestehen die wechselseitigen Pflichten aus dem ArbEG.[48] Für die Klärung der Schutz-

44 BGH v. 4.4.2006, GRUR 2006, 754 (756 [Tz. 23]) – *Haftetikett.*

45 BGH v. 18.9.2007, GRUR 2008, 150 (151 [Tz. 12]) – *Selbststabilisierendes Kniegelenk*; Schiedsstelle v. 22.12.2016, Mitt. 2017, 561, 562 f.; AG Viersen v. 13.06.2008, VersR 2008, 1530.

46 Bartenbach/Volz, FS Melullis, GRUR 2009, 220 (223); siehe auch VGH Baden-Württemberg v. 26.9.2017, BeckRS 2017, 130319.

47 Amtl. Begr. BT-Drucks. II/1648, S. 16 = BlPMZ 1957, 218 (226); Schiedsstelle v. 26.1.1981, BlPMZ 1982, 56; v. 6.5.1996, Arb.Erf. 01/95 u. v. 9.1.2001, Arb.Erf. 69/00 (beide Datenbank Schiedsstellenpraxis); v. 15.12.2004, Arb.Erf. 52/02 (unveröffentl.); OLG Düsseldorf v. 13.9.2007, InstGE 8, 147 – *Türinnenverstärkung*; LG Düsseldorf v. 22.12.2009, Az. 4 a O 301/08 (unveröffentl.); Keukenschrijver in Busse/Keukenschrijver, PatG, § 7 ArbEG, Rn. 3; Reimer/Schade/Schippel/Rother, § 7 ArbEG, Rn. 1.

48 Vgl. BGH v. 18.3.2003, GRUR 2003, 702 (703 [Tz. 21]) – *Gehäusekonstruktion*; v. 4.4.2006, GRUR 2006, 754 (757 [Tz. 42]) – *Haftetikett* m. Anm. Scharen, VPP-Rundbrief 2007, 155 ff., Hellebrand, Mitt. 2001, 195 (197).

fähigkeit sind letztlich nicht die Arbeitsvertragsparteien zuständig, sondern das Deutsche Patent- und Markenamt (DPMA) bzw. das Europäische Patentamt (EPA) oder die sonstigen Erteilungsbehörden.

21 Eine Erfindung im weiteren Sinne ist unabhängig von der Frage ihrer Schutzfähigkeit das auf einer individuellen Geistestätigkeit beruhende Aufzeigen einer Anweisung zur wiederholten Lösung einer technischen Aufgabe mittels Nutzbarmachung von Naturgesetzlichkeiten.[49] Sie ist somit dann gemacht (fertiggestellt) im Sinne des § 4 ArbEG, wenn sich der Erfinder die Erkenntnis erschließt, wie mit bestimmten technischen Mitteln ein konkretes technisches Problem gelöst werden kann und diese Erkenntnis so verlautbart, dass sie als Anweisung zum technischen Handeln genutzt werden kann.[50]

22 Ein Zugriffsrecht wird dem Arbeitgeber nicht für jede während der Dauer des Arbeitsverhältnisses von seinen Arbeitnehmern entwickelte Erfindung eingeräumt, sondern nur für solche, die entweder aus der dem Arbeitnehmer im Betrieb obliegenden Tätigkeit entstanden sind oder maßgeblich auf Erfahrungen bzw. Arbeiten des Betriebes beruhen. Diese Erfindungen bezeichnet das ArbEG in § 4 Abs. 2 als sog. Diensterfindungen, während in der Negativabgrenzung alle anderen während des Arbeitsverhältnisses fertiggestellten Erfindungen des Arbeitnehmers sog. freie Erfindungen sind (§ 4 Abs. 3 ArbEG). Bei freien Erfindungen unterliegt der Arbeitnehmer nur der Mitteilungs- und gegebenenfalls der Anbietungspflicht nach §§ 18, 19 ArbEG.

23 Damit der Arbeitgeber Kenntnis von der Diensterfindung erlangt und über sein weiteres Vorgehen hinsichtlich dieser Erfindung entscheiden kann, hat der Arbeitnehmer dem Arbeitgeber jede Diensterfindung unverzüglich nach ihrer Fertigstellung gemäß § 5 ArbEG in Textform zu melden und eine freie Erfindung mitzuteilen (§ 18 ArbEG).

24 Da das Unternehmen an dem Zustandekommen jeder Diensterfindung regelmäßig einen erheblichen Anteil hat, kann der Arbeitgeber die Erfindungsrechte mittels Inanspruchnahme auf sich überleiten (§§ 6, 7 ArbEG). Bei Inanspruchnahme wird er Inhaber aller vermögenswerten Rechte an der Diensterfindung (§ 7 Abs. 1 ArbEG). Wegen des Rechtsübergangs auf den Arbeitgeber führt die Inanspruchnahme kraft Gesetzes für den Arbeitnehmererfinder zwangsläufig zum vollständigen Verlust seiner Verfügungs- und Verwertungsbefugnisse an der Diensterfindung aus § 6 Satz 1 PatG (§ 13 Abs. 3 GebrMG).[51]

25 Für die seit dem 1.10.2009 gemeldeten Diensterfindungen bedarf es zum Erwerb aller vermögenswerten Rechte nicht mehr einer ausdrücklichen schriftlichen Inanspruchnahmeerklärung. Vielmehr greift vier Monate nach Eingang der ordnungsgemäßen Erfindungsmeldung des Arbeitnehmers beim Arbeitgeber die gesetzliche Fiktion der

49 Schiedsstelle v. 7.3.2016, Arb.Erf. 09/14 u. v. 1.12.2016, Arb.Erf. 42/14 (beide www.dpma.de); vgl. auch Schulze/Moufang, PatG, § 1 PatG, Rn 15; zum Begriff siehe auch Bunke, Mitt. 2009, 169 ff.

50 BGH v. 18.5.2010, GRUR 2010, 817 (820 [Tz. 28]) – *Steuervorrichtung*.

51 BVerfG v. 24.4.1998, NJW 1998, 3704 (3705) – *Induktionsschutz von Fernmeldekabeln*.

Inanspruchnahme der Diensterfindung, sofern der Arbeitgeber nicht zuvor die Freigabe der Erfindung in Textform erklärt (§ 6 Abs. 2 ArbEG).

Zum Ausgleich für den mit der Rechtsüberleitung der Erfindung verbundenen Rechtsverlust hat der Arbeitnehmererfinder nach § 9 ArbEG einen Anspruch auf eine angemessene Vergütung. Dieser Grundsatz, dass dem Erfinder für die Vermittlung eines Monopolrechts eine angemessene Vergütung zusteht, ist ein Ausfluss des im deutschen Arbeitnehmererfindungsrecht verankerten Monopolprinzips;[52] er gehört zu den tragenden, von Verfassung wegen gebotenen[53] Prinzipien des deutschen Arbeitnehmererfindungsrechts. Zur (schwierigen) Ermittlung der angemessenen Vergütung sollen – über die gesetzlichen Vorgaben in § 9 Abs. 2 ArbEG hinaus – die Amtlichen Richtlinien für die Vergütung von Arbeitnehmererfindungen im privaten Dienst[54] (vgl. § 11 ArbEG) dienen. Sie sind dem gesetzlichen Auftrag des § 11 ArbEG folgend nach Anhörung der Spitzenorganisationen der Arbeitgeber und der Arbeitnehmer erlassen worden; bei § 11 ArbEG handelt es sich jedoch nicht um eine Verordnungsermächtigung im Sinne von Art. 80 GG. Die Vergütungsrichtlinien stellen daher kein Gesetz im materiellen Sinne dar und können deshalb auch keine Anspruchsgrundlagen, insbesondere nicht für Vergütungsansprüche neben dem ArbEG,[55] enthalten. Vielmehr stellen sie ein auf die Tatbestandsmerkmale der Vorschriften des ArbEG bezogenes unverbindliches Hilfsmittel dar[56] (vgl. RL Nr. 1). Die Richtlinien begründen keine Rechte und Pflichten,[57] werden aber in der betrieblichen Praxis regelmäßig angewandt und auch von der Schiedsstelle und den Gerichten in Streitfällen (§§ 28 ff., 37 ff. ArbEG) zur Ermittlung der angemessenen Vergütung herangezogen.[58] Die Anwendung der Vergütungsrichtlinien als Anhaltspunkt zur Ermittlung der angemessenen Vergütung von Diensterfindungen ist nach der Rechtsprechung des BVerfG verfassungsrecht- 26

52 Das Monopolprinzip ist Ausdruck der durch die Erfindung vermittelten Möglichkeit, für die erfinderische Lehre ein durch Patent oder Gebrauchsmuster abgesichertes, gegenüber jedermann wirkendes Ausschlussrecht zu erhalten (vgl. § 9 Satz 2 PatG, § 11 Abs. 1 Satz 2 GebrMG). Zur Übernahme des Monopolprinzips in das ArbEG und Ablehnung des auf Belohnung ausgerichteten Sonderleistungsprinzips siehe Amtl. Begr. BT-Drucks. II/1648, S. 26 = BlPMZ 1957, 218 (232); siehe im Übrigen Kurz, S. 10; Schiedsstelle v. 4.11.2003, BlPMZ 2005, 83, 84, 86; 31.1.2008, Arb.Erf. 01/07 (Datenbank Schiedsstellenpraxis) u. v. 9.10.2012, Arb.Erf. 39/11 (unveröffentl.); v. Falckenstein, FS Bartenbach (2005), S. 73, 80 f.; Keukenschrijver, FS Bartenbach (2005), S. 243, 246; vgl. auch BFH v. 21.10.2009, DB 2010, 87, 89; einschränkend Meier-Beck, FS Reimann (2009), S. 309.

53 Siehe BVerfG v. 24.4.1998, NJW 1998, 3704 f. – *Induktionsschutz von Fernmeldekabeln*.

54 V. 20.7.1959; Beil. z. BAnz. Nr. 156 v. 18.8.1959 = BlPMZ 1959, 300.

55 Schiedsstelle v. 15.7.2016, Arb.Erf. 26/14 (www.dpma.de).

56 BGH v. 4.10.1988, GRUR 1990, 271 (273) – *Vinylchlorid*; Schiedsstelle v. 19.9.2016, Arb.Erf. 05/17 (www.dpma.de).

57 Siehe BVerfG v. 24.4.1998, NJW 1998, 3704 (3706) – *Induktionsschutz von Fernmeldekabeln*; BGH v. 4.10.1988, GRUR 1990, 271 – *Vinylchlorid*; OLG Düsseldorf v. 4.3.2004, InstGE 4, 165 (169 [64]) – *Spulkopf II*; Schiedsstelle v. 28.6.1962, BlPMZ 1963, 16.

58 Vgl. u.a. BGH v. 4.10.1988, GRUR 1990, 271 – *Vinylchlorid*; Schiedsstelle v. 24.7.2003, Arb. Erf. 74/01 u. v. 24.1.2006, Arb.Erf. 02/05 (beide unveröffentl.); Schiedsstelle v. 24.1.1984, BlPMZ 1984, 151 (152); Bartenbach/Volz, § 11 ArbEG, Rn. 5.

lich unbedenklich.[59] Dies schließt unternehmenseigene Richtlinien nicht aus – ein Umstand, dem im Konzernbereich besondere Bedeutung zukommt.[60]

27 Vergütungszahlungen erhält der Erfinder im Regelfall erst, wenn die Erfindung vom Arbeitgeber verwertet wird, sei es im eigenen Unternehmen, im Konzern oder auf sonstige Weise, insbesondere durch Vergabe von Lizenzen (vgl. RL Nrn. 14, 15) bzw. durch Verkauf der Erfindungsrechte bzw. darauf bezogener Schutzrechtspositionen an Dritte (vgl. RL Nr. 16).

28 Art und Höhe der Vergütung sollen die Arbeitsvertragsparteien durch Vereinbarung regeln (§ 12 Abs. 1 ArbEG). Kommt eine solche Vereinbarung nicht zustande, ist der Arbeitgeber berechtigt und zugleich verpflichtet, die Vergütung einseitig festzusetzen (§ 12 Abs. 3 ff. ArbEG). Die Vergütungsfestsetzung hat in Textform zu erfolgen und muss begründet sein, also die wesentlichen Bemessungskriterien aufführen. Ist der Arbeitnehmer mit der einseitig zu treffenden Vergütungsfestsetzung nicht einverstanden, hat er die Möglichkeit, ihr innerhalb von 2 Monaten in Textform zu widersprechen (§ 12 Abs. 4 ArbEG). Widerspricht der Arbeitnehmer nicht, so wird die Festsetzung für beide Teile verbindlich. Widerspricht er, bleibt die Vergütungshöhe letztlich in der Schwebe; der Arbeitgeber ist aber verpflichtet, den von ihm festgesetzten Vergütungsbetrag zu zahlen.

29 Bereits an die Erfindungsmeldung, und nicht erst an die Inanspruchnahme, knüpft die Pflicht des Arbeitgebers an, gemäß § 13 ArbEG zur Wahrung der Prioritätsrechte[61] eine gemeldete Erfindung – ggfs. mit der Unterstützung des Arbeitnehmererfinders (§ 15 Abs. 2 ArbEG) – zur Erteilung eines Schutzrechts im Inland anzumelden. Denkbar ist alternativ auch eine Behandlung als Betriebsgeheimnis (§ 17 ArbEG). Das Recht zur Auslandsanmeldung erwirbt der Arbeitgeber dagegen erst mit der Inanspruchnahme der Diensterfindung (§ 14 ArbEG).

30 Der Arbeitgeber muss sich vor Ablauf des Prioritätsjahres entscheiden, ob und in welchen Auslandsstaaten er Schutzrechte anmelden will; im Übrigen ist er verpflichtet, die Erfindung dem Arbeitnehmer für die übrigen Auslandsstaaten freizugeben, damit dieser Auslandsschutzrechte entweder selbst erwirbt oder diese Befugnis auf Dritte übertragen kann. In jedem Fall kann sich der Arbeitgeber jedoch für die freigegebenen Auslandsstaaten ein (unternehmensbezogenes, also nicht auf konzernverbundene Unternehmen übertragbares) Nutzungsrecht für sein Unternehmen vorbehalten (§ 14 Abs. 3 ArbEG).[62]

31 Will der Arbeitgeber eine ihm gemeldete Diensterfindung nicht übernehmen, hat er nach § 6 Abs. 2 ArbEG die Möglichkeit, diese innerhalb der Inanspruchnahmefrist durch Erklärung in Textform gegenüber dem Arbeitnehmer freizugeben. Mangels

59 BVerfG v. 24.4.1998, NJW 1998, 3704 (3706) – *Induktionsschutz von Fernmeldekabeln*; im Anschluss daran BGH v. 6.3.2012, Mitt. 2012, 285 – *Antimykotischer Nagellack I.*

60 Siehe dazu Rdn. 936.

61 Schiedsstelle v. 27.2.1984, BlPMZ 1984, 301 (302).

62 Siehe dazu Rdn. 609 ff.

einer ausdrücklichen Freigabeerklärung greift jedenfalls die Fiktionswirkung des § 6 Abs. 2 ArbEG, wonach die Inanspruchnahme als erklärt gilt, wenn der Arbeitgeber die Diensterfindung nicht bis zum Ablauf von 4 Monaten nach Eingang der ordnungsgemäßen Meldung (§ 5 Abs. 2, Satz 1 und 3) gegenüber dem Arbeitnehmer durch Erklärung in Textform freigibt.

Gleichzeitig ist es auch nach Ablauf der Freigabefrist des § 6 Abs. 2 ArbEG möglich, dass der Arbeitgeber dem Arbeitnehmer die bereits in Anspruch genommene Erfindung einseitig nach § 8 ArbEG in Textform ausdrücklich freigibt, wenn die Erfindung zu diesem Zeitpunkt noch nicht zum Schutzrecht angemeldet worden ist.[63] Mit der Freigabeerklärung entfällt die Inanspruchnahmewirkung kraft Gesetzes ex nunc und der Arbeitnehmererfinder wird wieder Inhaber der Erfindungsrechte.[64] Ist auf die in Anspruch genommene Diensterfindung bereits eine Schutzrechtsanmeldung eingereicht worden, scheidet eine Freigabe nach § 8 ArbEG aus. In diesem Fall greift § 8 ArbEG nicht ein, sondern der Arbeitgeber hat die Schutzrechtsposition nach § 16 ArbEG anzubieten.[65]

Über eine freigewordene Diensterfindung kann der Arbeitnehmer frei verfügen (§ 8 32
Satz 2 ArbEG).

Von einer solchen freigewordenen Diensterfindung zu unterscheiden ist die von Anfang 33
an freie Erfindung eines Arbeitnehmers (§ 4 Abs. 3 ArbEG).

Das ArbEG kennt kein allgemeines Rückfallrecht der Diensterfindung an den Arbeit- 34
nehmererfinder. Vielmehr ist die Diensterfindung mit der Inanspruchnahme den Einflussmöglichkeiten des Arbeitnehmers entzogen und der Arbeitgeber kann damit nach Belieben verfahren, nur eingeschränkt durch das Willkürverbot.[66] Nur soweit der Arbeitgeber kein Interesse an dem Erwerb oder der Aufrechterhaltung von Schutzrechtspositionen hat, kennt das Gesetz Freigabe- bzw. Anbietungspflichten (vgl. § 14 Abs. 2, § 16 Abs. 1 ArbEG); hinzukommen Sonderrechte bei der Insolvenz des Arbeitgebers (§ 27 ArbEG).

Dabei ist zu beachten, dass das ArbEG als Schutzgesetz zugunsten des Arbeitnehmer- 35
erfinders[67] eine allgemeine, von der einzelnen Erfindung losgelöste einzelvertragliche bzw. kollektivrechtliche Regelung nicht zulässt (vgl. § 22 Satz 1 ArbEG). Die damit jedenfalls bis zur Erfindungsmeldung (vgl. § 22 Satz 1 ArbEG) weitgehend zwingenden Vorschriften des ArbEG bilden folglich den Maßstab, an dem die Beziehung eines in einem Konzern beschäftigten Arbeitnehmererfinders zu seinem Arbeitgeber

63 So auch die Schiedsstelle v. 29.6.2017, Arb.Erf. 62/16; v. 24.1.2018, Arb.Erf. 39/16 u. v. 13.11.2018, Arb.Erf. 71/16 (alle www.dpma.de).

64 Siehe Schiedsstelle v. 24.1.2018, Arb.Erf. 39/16 u. v. 13.1.1.2018, Arb.Erf. 71/16 (beide www.dpma.de).

65 Vgl. hierzu Rdn. 643 ff.

66 Vgl. u.a. BGH 17.4.1973, GRUR 1973, 649, 651 – *Absperrventil*; Bartenbach/Volz, § 7 ArbEG, Rn. 21; zust. Boemke/Kursawe/Kursawe, § 7 ArbEG, Rn. 16.

67 Siehe hierzu Rdn. 18.

bzw. zu anderen Konzerngesellschaften auszurichten ist. Ergänzend ist für die ab Erfindungsmeldung zulässigen, konkret erfindungsbezogenen Vereinbarungen die Unbilligkeitsschranke des § 23 ArbEG zu beachten.[68]

36 Im Interesse des Betriebsfriedens und mit Blick auf die schwierige Rechtsmaterie enthält das ArbEG besondere Verfahrensvorschriften. Dazu gehört einmal das Verfahren vor der speziell eingerichteten »Schiedsstelle für Arbeitnehmererfindungen beim Deutschen Patent- und Markenamt« (DPMA) in München; das kostenfreie Schiedsstellenverfahren (§§ 28 ff. ArbEG) dient der gütlichen Einigung.[69] Die vorherige Anrufung der Schiedsstelle ist während eines bestehenden Arbeitsverhältnisses grundsätzlich zwingende Prozessvoraussetzung für eine Klage zwischen den Arbeitsvertragsparteien (vgl. § 37 Abs. 1 ArbEG). § 39 Abs. 1 ArbEG begründet eine ausschließliche Zuständigkeit der Patentstreitkammern bei den für Patentstreitsachen zuständigen Landgerichten[70] bei Streitigkeiten zwischen Arbeitgeber und Arbeitnehmer.

III. Die erfinderrechtlichen Beziehungen im Konzern

1. Ausgangspunkt des ArbEG

37 Mit der Fertigstellung der Arbeitnehmererfindung entsteht gemäß § 4 ArbEG ein gesetzliches Schuldverhältnis,[71] das seinen Ursprung im Arbeitsverhältnis hat.[72] Das gesetzliche Schuldverhältnis begrenzt das ArbEG auf die Rechtsbeziehung zwischen dem Arbeitnehmererfinder und seinem Arbeitgeber, also – wie es die Amtliche Begründung ausdrückt[73] – auf das Innenverhältnis der Arbeitsvertragsparteien. Nur in diesem Verhältnis können die Rechte und Pflichten aus dem ArbEG entstehen;[74] nur in diesem Verhältnis gelten sie fort. Dieses System der Arbeitgeber-Arbeitnehmer-Beziehung wird nicht durch die Beendigung des Arbeitsverhältnisses abgebrochen, sondern

68 Vgl. dazu u.a. BGH v. 4.10.1988, GRUR 1990, 271 (272) – *Vinylchlorid*; Schiedsstelle v. 23.10.1969, BlPMZ 1971, 141 u. v. 25.10.2012, Arb.Erf. 36/11 (unveröffentl.).

69 Zum Schiedsstellenverfahren siehe insbesondere Kaube/Volz, RdA 1981, 213 ff.; siehe auch Schiedsstelle v. 5.3.2015, Arb.Erf. 27/08 (www.dpma.de).

70 Siehe dazu die Übersicht in BlPMZ 2001, 306 u. GRUR 2000, 36 u. 390.

71 H. M., vgl. u.a. OLG Frankfurt v. 19.12.1991, GRUR 1993, 910 – *Bügelverschließmaschinen*; Reimer/Schade/Schippel/Himmelmann, § 9 ArbEG, Rn. 20 m.H.a. Schiedsstelle v. 4.4.1997, Arb.Erf. 64/95 (unveröffentl.); vgl. auch BGH v. 2.6.1987, GRUR 1987, 900 (901 f.) – *Entwässerungsanlage* u. v. 6.2.2002, GRUR 2002, 609 (611 [Tz. 29]) – *Drahtinjektionseinrichtung*. Entgegen der h.M. ging die Schiedsstelle zuvor von der Entstehung des Schuldverhältnisses erst mit der (unbeschränkten) Inanspruchnahme der Diensterfindung aus, vgl. hierzu Schiedsstelle v. 26.2.1993, GRUR 1996, 49 (53) – *Gießereimaschinen* u. v. 4.6.1993, GRUR 1994, 615 (618) – *Anspruchsentstehung*.

72 Bartenbach/Volz, § 1 ArbEG, Rn. 160.

73 BT-Drucks. II/1648, S. 22 (zu § 4 des Entwurfs – jetzt § 5 ArbEG) = BlPMZ 1957, 226 (229).

74 Schiedsstelle v. 30.3.1995, Arb.Erf. 87/93 (Datenbank Schiedsstellenpraxis); Reimer/Schade/Schippel/Rother, § 6 ArbEG, Rn. 3; vgl. auch OLG Frankfurt v. 30.4.1992, GRUR 1992, 852 (854) – *Simulation von Radioaktivität*.

besteht fort; nach § 26 ArbEG werden die Rechte und Pflichten aus dem ArbEG durch die Auflösung des Arbeitsverhältnisses nicht berührt.

Eine Übertragung der Erfindungsrechte auf einen Dritten ändert an dem Rechtsverhältnis zwischen Arbeitgeber und Arbeitnehmererfinder nichts; die Rechte und Pflichten aus dem ArbEG stellen keine dingliche Belastung dar und gehen grundsätzlich nicht auf den Rechtserwerber über.[75] Ausschließlich den Arbeitgeber trifft die Vergütungspflicht für seine bisherigen Nutzungshandlungen und für den Erfindungsverkauf,[76] es sei denn, auf vertraglicher Basis wird – unter Einbeziehung des Erfinders – eine Schuldübernahme vereinbart.[77] 38

Im Hinblick auf die hier im Fokus stehende Konzernproblematik ist die Tatsache zu berücksichtigen, dass das ArbEG weder den Begriff des Arbeitsverhältnisses noch den des Arbeitgebers bzw. des Arbeitnehmers eigenständig definiert. Vielmehr werden diese Rechtsbegriffe vorausgesetzt.[78] Hier gelten deshalb die allgemeinen Kriterien des Arbeitsrechts, d.h. für das ArbEG ist der Begriff des Arbeitnehmers ebenso wie der des Arbeitgebers[79] dem Arbeitsrecht zu entnehmen.[80] Die arbeitsrechtlichen Verflechtungen, die eine Tätigkeit im Konzern mit sich bringt, finden im ArbEG, das nur vom Begriff des Einzelarbeitgebers ausgeht, keine ausdrückliche Berücksichtigung. Im Einzelfall zu klären ist deshalb stets, wie sich die arbeitsrechtlichen Beziehungen bei einer Konzernbindung darstellen und ob die Konzernsituation Abweichungen von 39

75 Siehe Amtl. Begr. BT-Drucks. II/1648, S. 16 = BlPMZ 1957, 218 (226); im Anschluss daran u.a. Schiedsstelle v. 26.1.1981, BlPMZ 1982, 56; siehe auch LG Mannheim v. 3.12.2019, 2 O 76/18 (unveröffentl.) – *Brillenglas*; LG Düsseldorf v. 28.4.2016, Düsseldorfer Entscheidungen Nr. 2518 – *Elektrische Glühlampen*; vgl. auch BGH v. 2.6.1987, GRUR 1987, 900 (901) – *Entwässerungsanlage*; Schiedsstelle v. 5.7.1991, GRUR 1992, 499 (500) – *Einheitliches Arbeitsverhältnis*; v. 19.12.1991, GRUR 1992, 847 (848) – *Geschäftsaktivitäten-Veräußerung*; v. 12.1.2011, Arb.Erf. 12/08 u. v. 20.2.2017, Arb.Erf. 34/15 (beide www.dpma.de); ebenso Reimer/Schade/Schippel/Rother, § 7 ArbEG, Rn. 1; Keukenschrijver in Busse/Keukenschrijver, PatG, § 7 ArbEG, Rn. 3.

76 Allg. Ansicht, vgl. BGH v. 2.6.1987, GRUR 1987, 900 (901) – *Entwässerungsanlage*; Schiedsstelle v. 6.10.2006, Arb.Erf. 10/06 (www.dpma.de); Bartenbach/Volz, § 9 ArbEG, Rn. 4 ff.; auch der Rechtsprechung zur Vergütungspflicht im Konzern liegt dieser Ausgangspunkt zugrunde, vgl. BGH v. 17.11.2009, GRUR 2010, 223 (226 [Tz. 31, 39 f.]) – *Türinnenverstärkung* (siehe hierzu Rdn. 688 ff.).

77 Vgl. Schiedsstelle v. 26.1.1981, BlPMZ 1982, 56 u. v. 4.2.2003, Arb.Erf. 57/01 (Datenbank Schiedsstellenpraxis) – dort konkludente Schuldübernahme. Zum Sonderfall des § 613a BGB siehe Rdn. 158 ff., zum Insolvenzfall siehe § 27 Nr. 1 und 7 Satz 3 ArbEG.

78 Vgl. Volmer, GRUR 1978, 329 (dort zum Arbeitnehmerbegriff).

79 Vgl. Amtl. Begr. BT-Drucks. II/1648, S. 22 (zu § 4 d. Entwurfs – jetzt § 5 ArbEG) = BlPMZ 1957, 218 (230); Volmer, GRUR 1978, 393 (394); Volmer/Gaul, § 1 ArbEG, Rn. 108 ff.

80 So die allg. Ansicht, vgl. BGH v. 22.10.1964, GRUR 1965, 302 – *Schellenreibungskupplung* u. v. 24.10.1989, GRUR 1990, 193 – *Auto-Kindersitz*; OLG Hamburg v. 6.11.1958, GRUR 1960, 487 (488) – *Geruchsbeseitigungsverfahren*; LG Düsseldorf v. 12.9.2019, Düsseldorfer Entscheidungen Nr. 2945 – *DNA-Methylierungsgradbestimmung*; Reimer/Schade/Schippel/Rother, § 1 ArbEG, Rn. 2; Keukenschrijver in Busse/Keukenschrijver, PatG, § 1 ArbEG, Rn. 2.

diesem erfinderrechtlichen Grundsatz der Beschränkung des Rechtsverhältnisses auf die Arbeitsvertragsparteien erfordert. Insoweit kommt der Feststellung des Arbeitgebers im Konzern wesentliche Bedeutung zu.

2. Das Arbeitsverhältnis im Konzern

40 Nach der auch für das ArbEG maßgebenden arbeitsrechtlichen Definition ist Arbeitgeber jede natürliche oder juristische Person sowie Personengesamtheit, in deren Dienst wenigstens ein in persönlich abhängiger Stellung Tätiger (Arbeitnehmer) steht,[81] die also die Leistung von Arbeit von einem Arbeitnehmer kraft Arbeitsvertrags verlangen kann und zugleich Schuldner des Arbeitsentgelts ist (vgl. § 611a Abs. 1 BGB).[82]

41 Bei Arbeitsverträgen mit einer juristischen Person ist diese Arbeitgeber; die durch den Arbeitsvertrag vermittelten Weisungsbefugnisse übt sie jedoch durch ihre Organe, etwa bei der AG durch den Vorstand, bei der GmbH durch den/die Geschäftsführer aus. Diese Organmitglieder nehmen also Arbeitgeberfunktionen wahr, sind somit einerseits keine Arbeitnehmer im Sinne des ArbEG,[83] andererseits – sofern keine Delegation z.B. auf die Patentabteilung erfolgt – Adressat der Meldepflicht des Arbeitnehmers gemäß § 5 ArbEG. Das europäische Recht erfordert im Rahmen des ArbEG keine andere Beurteilung, da das ArbEG weder auf EU-Recht beruht, noch Vorgaben des EU-Rechts umsetzt.[84]

a) Die Bestimmung des Arbeitgebers im Konzern

42 Um die Frage der Arbeitgeberstellung im Konzern beurteilen zu können, müssen vorab der Konzernbegriff und die wesentlichen Konzernarten aus Sicht des Arbeitsrechts konkretisiert werden. Auch erfinderrechtlich verbleibt es bei der aktienrechtlichen Begriffsbestimmung.[85]

81 GmS – OBG v. 27.9.2010, NZA 2011, 534 (535 [Tz. 17]); BAG v. 21.1.1999, AP Nr. 9 zu § 1 Konzern u. v. 25.9.2013, ZIP 2014, 239 (240 f.); Schiedsstelle v. 5.2.2009, Arb. Erf. 25/09 (Datenbank Schiedsstellenpraxis); Schaub/Rinck, Arbeitsrechts-Handbuch, § 16, Rn. 1.

82 BAG v. 9.9.1982, AP Nr. 1 zu § 611 BGB – *Hausmeister*; v. 7.9.2012, NJW 2013, 1692 (1694) u. v. 27.9.2012, DB 2013, 1364, 1365; ErfK/Preis, § 611a BGB, Rn. 202; zum Unternehmensbegriff siehe § 14 BGB.

83 Allg. A. BGH v. 22.10.1964, GRUR 1965, 302 (304) – *Schellenreibungskupplung*; v. 24.10.1989, GRUR 1990, 193 – *Auto-Kindersitz*; OLG Düsseldorf v. 10.6.1999, GRUR 2000, 49; LG Düsseldorf v. 3.2.2005, InstGE 5, 100 u. v. 25.8.2011, Az. 4a O 142/10 (unveröffentl.); A. Bartenbach/Fock, GRUR 2005, 384 ff.; Zimmermann, FS Schilling (1973), 415 (416 ff.).

84 BAG v. 27.9.2012, DB 2013, 1364 (1365 [Tz. 17]).

85 Siehe BGH v. 16.4.2002, GRUR 2002, 801 (802 [Tz. 18]) – *Abgestuftes Getriebe*.

aa) Konzernarten

Das Arbeitsrecht kennt keinen eigenen Konzernbegriff, sondern greift auf den in § 18 Abs. 1 AktG normierten gesellschaftsrechtlichen Begriff des Konzerns zurück.[86] Dies wird u.a. durch den Bezug auf § 18 AktG in § 1 Abs. 3 Nr. 2 AÜG deutlich, ferner in § 54 BetrVG und § 21 Abs. 1 SprAuG. Verwendet der Gesetzgeber solche Begriffe ohne nähere Erläuterung, liegt darin in der Regel eine Bezugnahme auf die gesetzliche Definition.[87] Diese Definitions- und Vermutungsbestimmungen der §§ 15–18 AktG gelten im Grundsatz auch für internationale Unternehmensverbindungen.[88] 43

Gemeinsame Voraussetzung ist danach eine Zusammenfassung mehrerer rechtlich selbständiger Unternehmen unter einheitlicher Leitung,[89] wobei sodann zwischen dem Unterordnungskonzern (§ 18 Abs. 1 AktG) und dem Gleichordnungskonzern (§ 18 Abs. 2 AktG) unterschieden wird. Bei dem Unterordnungskonzern obliegt die einheitliche Leitung einem herrschenden Unternehmen (auch Dach-, Mutter- oder Obergesellschaft genannt[90]) gegenüber einem oder mehreren abhängigen Unternehmen.[91] Die – in der Unternehmenspraxis relativ seltene[92] – Konzernart des Gleichordnungskonzerns ist durch die Zusammenfassung mehrerer rechtlich selbständiger Unternehmen gekennzeichnet, ohne dass zwischen ihnen ein Beherrschungs- bzw. Abhängigkeitsverhältnis besteht. Unterordnungs- und Gleichordnungskonzerne unterscheiden sich dadurch, dass in einem Unterordnungskonzern die unter einheitlicher 44

86 ErfK/Preis, § 611a BGB, Rn. 216; MünchArbR/Temming, § 25, Rn. 1. Vgl. auch BAG v. 21.10.1980, AP Nr. 1 zu § 54 BetrVG 1972; LAG Hessen v. 5.2.2004, Az. 9 TaBV 64/03 (unveröffentl.); BAG v. 9.2.2011, NZA 2011, 1169 u. v. 11.2.2015, AP Nr. 18 zu § 54 BetrVG 1972. Soweit in anderen Rechtsgebieten auf den Konzern Bezug genommen wird (vgl. etwa § 1 Abs. 6–9 KWG, §§ 2b, 10a, 12a, 13b KWG; § 23 Abs. 1 Satz 2 GWB; §§ 290–314 HGB) sind etwaige von § 18 AktG abweichende Inhalte arbeitsrechtlich nicht relevant, vgl. Kittner in Kittner/Zwanziger, § 7, Rn. 56 ff. siehe auch Schäfer, NZA Beil. 1/1988, 31 f. m.w.N.

87 Vgl. BGH v. 16.4.2002, GRUR 2002, 801 (802 [Tz. 18]) – *Abgestuftes Getriebe.*

88 Kort, NZA 2009, 464 (468); Koch, § 15 AktG, Rn. 7; Buchner, FS Birk (2008), 11 (12).

89 Vgl. § 17 Abs. 1, § 18 Abs. 2 AktG.

90 Vgl. etwa Kreil, S. 16 f.

91 Vgl. hierzu ausführlich Braun/Wisskirchen/Braun/Schreiner, Konzernarbeitsrecht, Teil I, Kap. 2, Rn. 5 ff.

92 Vgl. Kerssenbrock in Kessler/Kröner/Köhler, Konzernsteuerrecht, § 2, Rn. 90 m.w.N.; Emmerich/Habersack/Lüdeking, § 4 (§ 18 AktG), Rn. 32.

Leitung[93] zusammengefassten Unternehmen zugleich im Sinne des § 17 AktG abhängig sind, während im Gleichordnungskonzern eine solche Abhängigkeit nicht existiert.[94]

45 Letztlich handelt es sich bei einem Konzern um einen Zusammenschluss von Unternehmen, die wirtschaftlich durch Vertrag oder kapitalmäßige Beherrschung unter einheitlicher Leitung stehen, ohne ihre rechtliche Selbständigkeit zu verlieren.[95] Alle unter einheitlicher Leitung stehenden Unternehmen sind Konzernunternehmen.

46 Der für die Ausfüllung des Konzernbegriffs maßgebliche Begriff des Unternehmens ist rechtsformneutral,[96] d.h. Rechtsträger von Konzernunternehmen können natürliche und juristische Personen jeder Art, einschließlich der juristischen Personen des öffentlichen Rechts, sein,[97] ebenso Personengesellschaften im handelsrechtlichen Sinne. Die für diese Definition erforderliche Unternehmensverbindung ist nur dann gegeben, wenn alle daran Beteiligten Unternehmensqualität aufweisen.[98] Für die gesamte Rechtsordnung gibt es zwar keinen allgemein verbindlichen Unternehmensbegriff, jedoch sind die grundsätzlichen gesellschaftsrechtlichen Vorgaben, wie z.B. ein einheitlicher Rechtsträger,[99] zu beachten.[100]

47 Nach der Begriffsbestimmung des BGH ist (herrschendes) Unternehmen im Sinne des Konzernrechts jeder Gesellschafter, bei dem zu seiner Beteiligung an der Gesellschaft wirtschaftliche Interessenverbindungen außerhalb der Gesellschaft hinzukommen, die stark genug für die ernste Besorgnis sind, der Gesellschafter könne um ihretwillen seinen Einfluss zum Nachteil der Gesellschaft geltend machen.[101] Dieser Begriff erfasst

93 Hinsichtlich des zweiten zentralen Tatbestandsmerkmals des Unterordnungskonzerns, der einheitlichen Leitung, besteht mangels näherer gesetzlicher Definition nach wie vor keine Einigkeit (vgl. die Meinungsübersicht bei Emmerich/Habersack/Lüdeking, § 4 (§ 18 AktG), Rn. 13 ff.; Braun/Wisskirchen/Braun/Schreiner, Konzernarbeitsrecht, Teil I, Kap. 2, Rn. 7 ff.). Entscheidend ist mit Blick auf den engen Zusammenhang mit den in §§ 16, 17 AktG geregelten Begriffen der Mehrheitsbeteiligung und Abhängigkeit die Einflussnahme des herrschenden Unternehmens zu dem Zweck, in den verbundenen Unternehmen über den Einzelfall hinaus eine einheitliche Konzernpolitik zu entwickeln und durchzusetzen (vgl. Koch, § 18 AktG, Rn. 12).

94 MünchArbR/Temming, § 25, Rn. 6; Emmerich/Habersack/Lüdeking, § 4 (§ 18 AktG), Rn. 30.

95 Emmerich/Habersack/Lüdeking, § 4 (§ 18 AktG), Rn. 1; Theisen, Der Konzern, S. 19 ff.; Klein, BB 1995, 225 ff.; siehe aber auch EuGH v. 30.4.2014, WuW 2014, 736 ff. – *FLSmith/Kommission*.

96 Kerssenbrock in Kessler/Kröner/Köhler, Konzernsteuerrecht, § 2, Rn. 11; siehe auch BAG v. 5.5.1988, AP Nr. 8 zu § 1 AÜG; v. 27.10.2010, NZA 2011, 524 u. v. 9.2.2011, NZA 2011, 866.

97 Vgl. z.B. den Sachverhalt bei BGH v. 17.3.1997, ZIP 1997, 887; siehe auch Henze, Konzernrecht, Rn. 12 ff. m.w.N.; Emmerich/Habersack/Lüdeking, § 4 (§ 18 AktG), Rn. 1.

98 Henze, Konzernrecht, Rn. 6 ff.; Emmerich/Habersack/Lüdeking, § 2 (§ 15 AktG), Rn. 5.

99 BAG v. 23.8.1989, AP Nr. 7 zu § 106 BetrVG 1972.

100 BAG v. 5.12.1975, AP Nr. 1 zu § 47 BetrVG 1972.

101 Siehe BGH v. 13.10.1977, BGHZ 69, 334 (336 ff.); v. 8.5.1979, BGHZ 74, 359 (365); v. 16.2.1977, BGHZ 80, 69 (70); v. 13.9.1991, BGHZ 115, 187 (189 ff.) u. v. 17.3.1997, BGHZ 135, 107 (113).

im Ergebnis jeden Gesellschafter, der außerhalb seiner Gesellschaft unternehmerische Interessen verfolgt bzw. wegen seiner maßgeblichen Beteiligung die Möglichkeit einer solchen Einflussnahme hat.[102]

Die in der Unternehmenspraxis vorherrschende Art des Unterordnungskonzerns umfasst drei Erscheinungsformen: den Eingliederungskonzern[103] (§ 18 Abs. 1 Satz 2 AktG), den Vertragskonzern[104] im Sinne des § 18 Abs. 1 Satz 2 AktG und den faktischen Konzern[105] im Sinne des § 18 Abs. 1 Satz 3 AktG. In allen Fällen ist das wichtigste Merkmal die Zusammenfassung mehrerer rechtlich selbständiger Unternehmen unter einer einheitlichen Leitung. Dabei wird die Möglichkeit eines »Konzerns im Konzern« zwar im mitbestimmungsrechtlichen Schrifttum als Möglichkeit im Rahmen des § 5 Abs. 1 MitbestG betriebsverfassungsrechtlich, nicht jedoch aktienrechtlich anerkannt.[106] 48

102 Kerssenbrock in Kessler/Kröner/Köhler, Konzernsteuerrecht, § 2, Rn. 11; vgl. zum Konzernbetriebsrat BAG v. 25.9.2012, NZA 2013, 275 ff. u. v. 25.4.2012, NZA 2013, 277 ff.; Salomon, NZA 2013, 708 ff.

103 Die Eingliederung ist die engste Verbindung, die rechtlich selbständige Unternehmen haben können (Schubert/Küting, Unternehmenszusammenschlüsse, S. 310; Theisen, Der Konzern, S. 43), die entweder durch Eingliederung einer 100 %-igen Tochtergesellschaft nach § 320 AktG oder durch Mehrheitsbeschluss nach den §§ 320–320b AktG stattfindet.

104 Ein aktienrechtlicher Vertragskonzern entsteht durch den Abschluss eines Beherrschungsvertrages im Sinne des § 291 Abs. 1 Satz 1 AktG. Sowohl beim Eingliederungskonzern wie auch beim Vertragskonzern besteht nach § 18 Abs. 1 Satz 2 AktG die unwiderlegbare Vermutung für das Vorliegen eines Unterordnungskonzerns. Beim Eingliederungskonzern beruht die unwiderlegbare Vermutung auf dem Umstand, dass die Obergesellschaft auf die eingegliederte Gesellschaft eine umfassende Weisungsbefugnis ausübt, während die einheitliche Leitung beim Vertragskonzern durch den Beherrschungsvertrag fingiert wird (vgl. Henze, Konzernrecht, Rn. 34 ff. u. 51 m.w.N.; Theisen, Der Konzern, S. 43 f. u. 48).

105 Ein faktischer Konzern liegt vor, wenn sich die Leitungsmacht der Obergesellschaft allein aus faktischen Gründen des Einzelfalls ergibt, die es erwarten lassen, dass sich die Geschäftsleitung der Untergesellschaft den Einflüssen der Konzernspitze nicht widersetzen wird (vgl. Koch, § 18 AktG, Rn. 13 u. Keßler in Henssler/Strohn, Gesellschaftsrecht, § 18 AktG, Rn. 11). Bereits aus der personellen Verflechtung der Verwaltung kann sich diese Koordination der Leitung ergeben (vgl. Emmerich/Habersack/Lüdeking, § 24, Rn. 1 ff.). Die Existenz eines faktischen Konzerns setzt voraus, dass ein Unternehmen im Mehrbesitz eines anderen Unternehmens steht, weder der Abschluss eines Beherrschungsvertrages noch eine Eingliederung stattgefunden haben und die Vermutung der Abhängigkeit nicht widerlegt werden kann. Seine Rechtsprechung zur Zulässigkeit des Sonderfalls des sog. qualifizierten faktischen Konzerns hat der BGH mit seinem »Bremer-Vulkan-Urteil« (BGH v. 17.9.2001, GmbHR 2001, 1036; bestätigt durch BGH v. 25.2.2002, GmbHR 2002, 549 (552); siehe hierzu auch BAG v. 15.1.2013, GmbHR 2013, 747 (750)) wegen einer festgestellten rechtswidrigen Einwirkung auf die abhängige Gesellschaft aufgegeben. Vgl. auch Schneider, GmbHR 2014, 113 ff. zum faktischen GmbH-Konzern.

106 H. M., siehe Henze, Konzernrecht, Rn. 65 m.w.N.; vgl. Emmerich/Habersack/Lüdeking, § 4 (§ 18 AktG), Rn. 21 f.; Keßler in Henssler/Strohn, Gesellschaftsrecht, § 18 AktG, Rn. 7; Koch, § 18 AktG, Rn. 14. Hintergrund für diese Form der Unternehmensbildung ist die offenkundig § 18 Abs. 1 Satz 1 AktG zugrunde liegende Vorstellung, dass im Unterordnungskonzern typischerweise eine oder mehrere abhängige Gesellschaften

49 Der häufig auftretende Begriff der »Holding«[107] beschreibt einen Gemeinschaftsbetrieb mehrerer rechtlich selbständiger Unternehmen, die einen einheitlichen Leitungsapparat zur Erfüllung der in der organisatorischen Einheit zu verfolgenden arbeitstechnischen Zwecke geschaffen haben.[108] Dabei sagt dieser Begriff jedoch nichts über die Konzernform aus.[109] Die Holdinggesellschaft selbst ist jedenfalls immer dann Unternehmen im Sinne des Konzernrechts, wenn sie an mehreren anderen Gesellschaften maßgeblich beteiligt ist, und wenn sie ihren Beteiligungsbesitz selbst verwaltet.[110]

50 Das Gemeinschaftsunternehmen (joint venture) stellt einen Sonderfall einer mehrfachen Abhängigkeit dar. Von einem solchen Unternehmen spricht man, wenn zwei Muttergesellschaften mit gleichem Gewicht auf die Geschäftspolitik des Unternehmens Einfluss nehmen können, etwa durch je 50% Kapitalbeteiligung.[111] Die Mutterunternehmen sind somit bei der einheitlichen Leitung aufeinander angewiesen; ein Alleinbestimmungsrecht besteht nicht.[112] Die mehrfache Abhängigkeit bedeutet, dass dieses Abhängigkeitsverhältnis in konzernrechtlich relevanten Beziehungen zu jeder einzelnen der ihm gegenüber als Einheit auftretenden Muttergesellschaft besteht und nicht etwa nur zu einer zwischen den Muttergesellschaften anzunehmenden BGB-Gesellschaft.[113]

---

unter der einheitlichen Leitung einer Obergesellschaft als Konzernspitze zusammengefasst sind. Damit stellt sich das Problem, ob es im Unterordnungskonzern auch eine mehrfache Konzernzugehörigkeit und damit einen sog. »Konzern im Konzern« geben kann (ausf. zur Problematik: Windbichler, Arbeitsrecht im Konzern, S. 318 ff. sowie Röder/Powietzka, DB 2004, 542 (543 f.); Spindler, AG 2020, 681 ff.; siehe auch BAG v. 16.5.2007, NZA 2008, 320 ff. u. LAG Nürnberg v. 21.7.2016, BB 2016, 2367 ff.). Solches wird insbesondere in der Praxis des Mitbestimmungsrechts bejaht, um die Etablierung eigener Konzernbetriebsräte und damit eine möglichst umfassende Beteiligung von Arbeitnehmervertretern sowohl beim herrschenden Unternehmen des Gesamtkonzerns wie auch demjenigen des Unterkonzerns zu sichern (vgl. BAG v. 21.10.1980, AP Nr. 1 zu § 54 BetrVG 1972 u. v. 14.02.2007, NZA 2007, 999; Emmerich/Habersack/Lüdeking, § 4 (§ 18 AktG), Rn. 21; siehe auch Kort, NZA 2009, 81 (82)).

107 Vgl. hierzu Lorenz/John, BKR 2019, 386 ff.; vgl. zur irreführenden Verwendung des Begriffs »Gruppe« und dem diesbezüglichen Verstoß gegen § 18 Abs. 2 Satz 1 HGB: Thür. OLG v. 14.10.2013, ZIP 2014, 375 f.

108 BAG v. 29.4.1999, NZA 1999, 932 (933).

109 Kreil, S. 16.

110 Kerssenbrock in Kessler/Kröner/Köhler, Konzernsteuerrecht, § 2, Rn. 13; vgl. auch § 2 Abs. 1 Nr. 1 des Kapitalanlagegesetzbuchs (KAGB).

111 So in dem Fall BAG v. 18.6.1970, AP Nr. 20 zu § 76 BetrVG.

112 MünchArbR/Temming, § 24, Rn. 41 m.w.N.; wie auch Emmerich/Habersack/Lüdeking, § 3 (§§ 16, 17 AktG), Rn. 34 ff. mit zahlreichen Nachweisen.

113 Vgl. nur Emmerich/Habersack/Lüdeking, § 3 (§§ 16, 17 AktG), Rn. 36; siehe auch Henssler, ZIAS 1995, 550 ff.

Daneben gibt es weitere Formen eines Konzerns, die arbeitsrechtlich,[114] jedenfalls aber erfinderrechtlich, vernachlässigt werden können.[115] 51

bb) Der Konzern als Arbeitgeber

aaa) Arbeitsrechtliche Bewertung

Allein der Umstand, dass ein Arbeitgeber mit anderen rechtlich selbständigen Unternehmen als Konzern verbunden ist, hat unmittelbar keine Auswirkungen auf das Arbeitsverhältnis.[116] Auch wenn der Arbeitnehmer – wie regelmäßig – mit einem bestimmten Konzernunternehmen einen Arbeitsvertrag geschlossen hat, sieht er sich wegen des Konzernbezugs im Rahmen seiner Tätigkeit einem Verbund rechtlich selbständiger Unternehmen gegenüber. Es stellt sich damit die Frage, ob hierdurch ein Arbeitsverhältnis zu dem Konzernverbund als Gesamtheit in Betracht kommen kann.[117] 52

Ausgehend von dem auch im Arbeitsrecht geltenden aktienrechtlichen Konzernbegriff[118] bleiben die einzelnen Konzernunternehmen als solche rechtlich selbständig, bilden aber wegen der gemeinsamen Leitung eine wirtschaftliche Einheit.[119] Eine einheitliche Leitung ist regelmäßig bei bestimmenden Leitungs- und Planungsentscheidungen des herrschenden Unternehmens, insbesondere bei der einheitlichen Finanzplanung und -kontrolle der abhängigen Unternehmen, gegeben.[120] 53

Dennoch reicht diese wirtschaftliche Einheit zur Anerkennung einer Arbeitgebereigenschaft nicht aus. Der Konzern selbst besitzt gemäß § 18 AktG keine eigene Rechtspersönlichkeit und scheidet daher mangels Rechtssubjektivität als Arbeitgeber grundsätzlich aus.[121] 54

Ausnahmsweise kann eine Arbeitgebereigenschaft allerdings bei Vorliegen eines Gleichordnungskonzerns in Betracht kommen. Hier bilden die Konzernunternehmen eine 55

114 Siehe Kreil, S. 15 ff.

115 Vgl. zu den übrigen Konzernformen u.a. Kerssenbrock in Kessler/Kröner/Köhler, Konzernsteuerrecht, § 2, Rn. 75 ff.

116 Braun/Wisskirchen/Braner/Ceruti, Konzernarbeitsrecht, Teil I, Kap. 3, Rn. 2 m.w.N.

117 Birk, ZGR 1984, 23 (27), spricht bei den Unklarheiten über die Arbeitgeberstellung im Konzern – frei nach Proust – von der »Suche nach dem verlorenen Arbeitgeber« und wählt die Formulierung »patron introuvable«; siehe auch Windbichler, NZG 2018, 1241, 1243.

118 Siehe oben Rdn. 43 ff.

119 Zum erfindervergütungsrechtlichen Begriff der wirtschaftlichen Einheit siehe nachfolgend Rdn. 60, 692.

120 KölnKomm/Koppensteiner, § 18 AktG, Rn. 25; GroßKomm/Windbichler, § 18 AktG, Rn. 24 ff.; Koch, § 18 AktG, Rn. 18 ff.

121 Birk in Birk/Tietmeyer, Zur Problematik multinationaler Unternehmen, 29 (46); Braun/Wisskirchen/Braner/Ceruti, Konzernarbeitsrecht, Teil I, Kap. 3, Rn. 4; Windbichler, Arbeitsrecht im Konzern, S. 68; Henssler, S. 38; Konzen, RdA 1984, 65 (68); Kreil, S. 22; ErfK/Preis, § 611a BGB, Rn. 216; Schaub/Rinck, Arbeitsrechts-Handbuch, § 16, Rn. 19; MünchArbR/Temming, § 25, Rn. 2; BAG v. 11.12.2013, BeckRS 2013, 68165 u. v. 11.2.2015, AP Nr. 18 zu § 54 BetrVG 1972; siehe auch Reiter, NZA-Beil. 2014, 22.

Gesellschaft bürgerlichen Rechts.[122] Eine Gesellschaft bürgerlichen Rechts kann selbst Arbeitgeber sein, soweit sie als Außengesellschaft am Rechtsverkehr teilnimmt und eigene Rechte und Pflichten begründet.[123]

56 Ansonsten haben die Bindungen des Arbeitgebers an andere verbundene Unternehmen unmittelbar keine Auswirkungen auf das Arbeitsverhältnis; die Zugehörigkeit eines Arbeitnehmers zu einer Unternehmensgruppe ist kein selbständiger Geltungsgrund für die Begründung von Rechten und Pflichten.[124] Die Konzernobergesellschaft wird nicht allein aufgrund der Konzernabhängigkeit anderer Konzernunternehmen Arbeitgeber der bei den abhängigen Konzernunternehmen beschäftigten Arbeitnehmer.[125] Das gilt selbst bei besonders eng miteinander verbundenen Gesellschaften wie einem Eingliederungskonzern.[126] Grundsätzlich kann die Obergesellschaft nur für die eigenen in ihrem Unternehmen tätigen Mitarbeiter Arbeitsverträge abschließen. Auch eine konzerninterne Einheitlichkeit hinsichtlich des betrieblichen Vorschlagswesens vermag der Konzernmutter keine Arbeitgeberstellung gegenüber den Arbeitnehmern der Tochtergesellschaften einzuräumen.[127] Insbesondere die Wahrnehmung von erfinderrechtlichen Angelegenheiten durch die Konzernmutter macht diese erfinderrechtlich nicht zum Arbeitgeber.[128] Auch in den Fällen, in denen der Arbeitgeber (vorab) Erfindungsrechte an die Konzernmutter oder andere Konzernunternehmen abgetreten hat, findet kein Wechsel der Arbeitgeberstellung statt.[129]

57 Ein Konzern wird auch nicht dadurch zum Arbeitgeber, dass Arbeitnehmer bestimmten Betriebsteilen[130] oder Betriebsabteilungen zugeordnet sind.[131] Solche Einheiten, wie etwa mehrere Einzelhandelsgeschäfte eines Unternehmens,[132] haben keine selbstständige Zwecksetzung und keine selbständige, in sich geschlossene Organisation, sondern

122 Emmerich/Habersack/Lüdeking, § 4 (§ 18 AktG), Rn. 36; ErfK/Oetker, § 18 AktG, Rn. 5; Koch, § 18 AktG, Rn. 20.

123 BGH v. 29.1.2001, NJW 2001, 1056 (1058) u. v. 18.2.2002, NJW 2002, 1207 (1208); vgl. auch BVerfG v. 2.9.2002, NJW 2002, 3533; BAG v. 1.12.2004, AP Nr. 14 zu § 50 ZPO; ausführlich zur Arbeitgeberfähigkeit der GbR Lessner/Klebeck, ZIP 2002, 1385 ff.; Diller, NZA 2003, 401; Schmidt, NJW 2001, 993 ff.

124 MünchArbR/Temming, § 18, Rn. 9; Karamarias, RdA 1983, 353 (355); Windbichler, Arbeitsrecht im Konzern, S. 70; Wendeling-Schröder, FS Gnade (1992), S. 369; vgl. auch BAG v. 26.11.1975, AP Nr. 19 zu § 611 BGB – *Abhängigkeit*; siehe auch Schlunck, S. 98.

125 Braun/Wisskirchen/Braner/Ceruti, Konzernarbeitsrecht, Teil I, Kap. 3, Rn. 3.

126 Windbichler, Arbeitsrecht im Konzern, S. 69.

127 So ausdrücklich Schiedsstelle v. 10.10.1989, Arb.Erf. 37/89 (unveröffentl.).

128 So etwa LG Frankfurt v. 13.3.2019, 2–06 O 108/18 (unveröffentl.).

129 LG Düsseldorf v. 28.4.2016, Düsseldorfer Entscheidungen Nr. 2518 – *Elektrische Glühlampen*. Siehe hierzu auch Rdn. 793.

130 Zum Begriff des Betriebsteils vgl. BAG v. 17.12.2009, NZA 2010, 499 ff. sowie v. 18.1.2012, DB 2012, 1754 f.

131 Vgl. hierzu auch BAG v. 20.4.2005, NZA 2005, 1006 (1007) sowie Oetker, EWiR § 2 DrittelbG 1/02, 859.

132 Vgl. BAG v. 26.8.1971, AP Nr. 1 zu § 23 KSchG 1969; vgl. zum Begriff des Betriebes BAG v. 3.6.2004, BB 2005, 48.

sind in Zielsetzung und Organisation regelmäßig in einen Betrieb und damit in ein Unternehmen als rechtlich unselbständiger Unternehmensteil eingegliedert.[133] Das bedeutet, dass eine unselbständige »Konzernniederlassung« immer einem bestimmten Unternehmen und damit auch dem Arbeitgeber zugehörig ist, der mit den in dieser Betriebsabteilung beschäftigten Arbeitnehmern die Arbeitsverträge abgeschlossen hat.[134] Die Niederlassung selbst kann nicht Vertragspartner des Arbeitnehmers sein; die Rechte und Pflichten aus dem Arbeitsverhältnis treffen nur das hinter der Niederlassung stehende Unternehmen.

Festzuhalten bleibt damit, dass einem Konzern als solchem arbeitsrechtlich – von der eventuellen Ausnahme beim Gleichordnungskonzern abgesehen – keine Arbeitgeberstellung zukommt.[135] 58

Immer häufiger treten sog. Matrixstrukturen[136] innerhalb eines Konzerns auf, die ihren Ursprung in der zunehmenden Vernetzung, der Komprimierung von Aufgaben sowie der globalen Zusammenarbeit haben. Matrixstrukturen bauen nicht auf einer hierarchischen Gliederung und der gesellschaftsrechtlichen Struktur[137] eines Konzerns auf, sondern sollen diesen nach Funktions- und Produktbereichen organisieren. Unterhalb der Konzernleitung als erster Hierarchieebene ist der Konzern nach bestimmten Funktionen (Forschung und Entwicklung, Produktion, Marketing, Personal, Finanzen), Produkten (Produkt A, B, C usw.) und Regionen (Amerika, Europa, Deutschland usw.) gegliedert.[138] Diese funktionalen, regionalen oder produktspezifisch definierten Konzernbereiche werden von Matrixmanagern geleitet, die jeweils für ihre Funktionen, Regionen oder Produkte konzernweit gültige Entscheidungen treffen, so dass die Besonderheit darin besteht, dass üblicherweise nicht der Vertragsarbeitgeber das Weisungsrecht ausübt, sondern der jeweilige Fachvorgesetzte der Matrixstruktur, der 59

133 Schaub/Koch, Arbeitsrechts-Handbuch, § 187, Rn. 1; BAG v. 19.2.2002, AP Nr. 13 zu § 4 BetrVG 1972; BAG v. 9.2.1989, Az. 2 AZR 405/88 (unveröffentl.); LAG Brandenburg v. 12.10.2001, NZA-RR 2002, 520 (521).

134 Braun/Wisskirchen/Lützeler/Scholz, Konzernarbeitsrecht, Teil I, Kap. 7, Rn. 211. Vgl. hierzu auch Schaub/Ahrendt, Arbeitsrechts-Handbuch, § 17, Rn. 8.

135 Siehe auch BGH v. 16.4.2002, GRUR 2002, 801 (802 [Tz. 18]) – *Abgestuftes Getriebe*; Rolfs, NZA 2015, 213; Reiter, NZA Beil. 2014, 22; Birk in Birk/Tietmeyer, Zur Problematik multinationaler Unternehmen, 29 (46); Windbichler, Arbeitsrecht im Konzern, S. 68; Henssler, S. 38; Konzen, RdA 1984, 65 (68); Kreil, S. 22; ErfK/Preis, § 611a BGB, Rn. 216.

136 Vgl. zum Begriff Kort, NZA 2013, 1318 ff.; Hilber/Knorr/Müller/Schilling/Wurth, Konzerntochter, B., Rn. 2 f. Siehe auch Steger in Maschmann/Fritz, Matrixorganisationen, Rn. 4, der darunter eine Klasse innerhalb möglicher Organisationsformen versteht, bei denen sich zwei oder mehr Führungs-, Berichts- oder Kommunikationsdimensionen überlagern, die sich auf dasselbe Element (Organisationseinheit) beziehen und dadurch eine Mehrfachunterstellung dieses Elements begründen. Somit können Abweichungen zwischen den faktisch geltenden und gesellschaftsrechtlich vorgegebenen Strukturen entstehen.

137 Schubert, NZA 2022, 145 (146); siehe auch Reiserer, DStR 2023, 411 ff.

138 Schaub/Koch, Arbeitsrechts-Handbuch, § 187, Rn. 1.

Matrixmanager.[139] Allerdings ändert die Matrixstruktur nichts an der arbeitsrechtlichen Einordnung des Arbeitsverhältnisses.[140] Der Ausgangspunkt ist auch hier die vertragliche Anbindung des Arbeitnehmers an eine Konzerngesellschaft, mit der der Arbeitsvertrag geschlossen wurde.[141] Die Umsetzung dieser Organisationsstruktur hat zur Folge, dass die Arbeitnehmer zwei Vorgesetzte mit unterschiedlichen Aufgaben haben. Der sog. disziplinarische Vorgesetzte ist regelmäßig Mitarbeiter des Vertragsarbeitgebers und für die Begründung, Durchführung und Beendigung des Vertrags im eigentlichen Sinne zuständig. Der sog. fachliche Vorgesetzte, der auch einem anderen Unternehmen angehören kann, übt das Weisungsrecht hinsichtlich der Erbringung der Arbeitsleistung in seinem Geschäftsbereich aus.[142] Dies erfolgt in der Regel im Wege der Stellvertretung oder aufgrund einer Ermächtigung. Solange der Arbeitnehmer in der Matrix dem Betrieb des Vertragsarbeitgebers angehört und lediglich der Vorgesetzte aus einem anderen Betrieb oder Unternehmen auch für diesen Arbeitnehmer zuständig ist, liegt kein drittbezogener Personaleinsatz vor.

bbb) Erfinderrechtliche Bewertung

60 Es fragt sich allerdings, ob erfinderrechtlich eine andere Betrachtung greifen kann. So neigen die Schiedsstelle und die Gerichte dazu, bei enger wirtschaftlicher Verflechtung,[143] insbesondere in den Fällen arbeitsteiliger Aufspaltung der Entwicklungs-, Herstellungs- und Vertriebsvorgänge den Konzern als wirtschaftliche Einheit[144] anzusehen, so dass z.B. eine Übertragung von Erfindungsrechten innerhalb eines Konzerns erfinderrechtlich, insbesondere vergütungsrechtlich, nicht als Veräußerung von Rechten bewertet wird.[145] Dies gilt etwa dann, wenn der Arbeitgeber eine allein zu Zwecken der Forschung und Entwicklung gegründete Tochtergesellschaft ist[146] oder wenn die

139 Maschmann, NZA 2017, 1557; ders. in Maschmann/Fritz, Matrixorganisationen, Rdn. 3 ff.; Hilber/Knorr/Müller/Schilling/Wurth, Konzerntochter, B., Rn. 3.

140 Bauer/Herzberg, NZA 2011, 713 (714); Hilber/Knorr/Müller/Schilling/Wurth, Konzerntochter, B., Rn. 30.

141 Braun/Wisskirchen/Lützeler/Scholz, Konzernarbeitsrecht, Teil I, Kap. 7, Rn. 179.

142 Schubert, NZA 2022, 145 (146); BAG v. 12.6.2019, NZA 2019, 1288.

143 OLG Frankfurt v. 7.12.2017, GRUR-RS 2017, 138234 – *Mark Up* im Anschluss an Urteil v. 27.9.2007, 6 U 176/06 – *Insulinprodukt* (www.laredo.hessenrecht.hessen.de); LG Düsseldorf v. 28.4.2016, Düsseldorfer Entscheidungen Nr. 2518 – *Elektrische Glühlampen.* Vgl. hierzu auch LG München I v. 6.5.2009, InstGE 11, 239 (246 [Tz. 43]) – *LP-Coverfoto.*

144 Zum Begriff siehe OLG Hamburg v. 25.4.1985, GRUR 1985, 923 – *Imidazol* u. LG Frankfurt v. 1.11.2006, Az. 2–06 O 647/05 (unveröffentl.). Vgl. zu den Auswirkungen einer zentral gesteuerten Arbeitsteilung im Konzern auf die Verantwortlichkeiten im Fall einer Patentverletzung LG Düsseldorf v. 30.6.2022, GRUR-RS 2022, 17713 – Schiebedach.

145 Schiedsstelle v. 25.7.1983, Arb.Erf. 14/82 u. v. 20.1.2009, Arb.Erf. 40/06 (beide unveröffentl.); vgl. auch Schiedsstelle v. 21.10.2005, Arb.Erf. 18/04 (www.dpma.de); vgl. auch LG Frankfurt v. 1.11.2006, Az. 2–06 O 647/05 (unveröffentl.); OLG München v. 8.2.2001, GRUR-RR 2001, 103 (104 [Tz. 84]) – *Verankerungsmittel*; vgl. hierzu auch Rdn. 792 ff.

146 BGH v. 16.4.2002, GRUR 2002, 801 (804 [Tz. 35]) – *Abgestuftes Getriebe* m.H.a. Schade, GRUR 1978, 569 (572); OLG Frankfurt v. 7.12.2017, GRUR-RS 2017, 138234 – Mark Up.

einzelnen Konzerngesellschaften (Forschungs-, Produktions- und Vertriebsgesellschaft) wie unselbständige Abteilungen eines einheitlichen Unternehmens geführt werden[147] oder wenn der Arbeitgeber nach der Organisationsstruktur des Konzerns hauptsächlich für Forschung und Entwicklung tätig ist und erfindungsgemäße Produkte ausschließlich von den anderen Konzernunternehmen hergestellt und verkauft werden.[148] Ferner ist die Schiedsstelle von einer wirtschaftlichen Einheit für den Fall ausgegangen, dass der Arbeitgeber im Anschluss an ein Forschungs-Joint-Venture, dessen einziges Ziel die mit der Diensterfindung verwirklichte Entwicklung einer neuen Produktionsmethode für eigene Zwecke der am Joint-Venture beteiligten Konzernunternehmen war, die Produktion nicht selbst durchgeführt hat, sondern in eine gemeinsam neu gegründete Gesellschaft mit eigener Rechtsform auslagert, die dann den Arbeitgeber und andere Konzernunternehmen zu festen Preisen »beliefert« hat; für die Ermittlung der Erfindervergütung hat die Schiedsstelle auf die Umsätze der benutzenden Konzernunternehmen abgestellt, da sich diese arbeitsteilige Konstellation letztlich als wirtschaftliche Einheit darstellt, bei der der Hauptzweck der Inanspruchnahme in der Nutzung im Konzernbereich lag.[149] Ebenso hat die Schiedsstelle den Umsatz einer 100 %-igen Tochtergesellschaft dann einbezogen, wenn der Arbeitgeber diese gezielt zur Steigerung seines Marktanteils auf dem erfindungsrelevanten Produktmarkt übernommen hatte, diese nach Vorgabe des (beherrschenden) Arbeitgebers identische Produkte hergestellt und auf dem gleichen Markt vertrieben hat und ferner deren Umsätze vom Arbeitgeber ohne tatsächliche und rechtliche Schwierigkeiten ermittelt werden konnten.[150] Eine wirtschaftliche Einheit liegt nach Ansicht der Schiedsstelle auch dann vor, wenn die Produktion erfindungsgemäßer Gegenstände einem eigens dafür gegründetem Tochterunternehmen mit identischer Eigentümer-, Führungs- und Vertriebsstruktur in Lizenz vergeben wird.[151]

Eine solche wirtschaftliche Einheit wurde allerdings abgelehnt bei einer Entwick- 61
lungsgesellschaft (Arbeitgeber), die eine ausländische Konzernmutter in Deutschland gegründet hat, um Entwicklungsarbeiten von ihrem Sitz im Auslandsstaat nach Deutschland zu verlagern, wobei die Entwicklungsarbeiten nach jeweiliger Vereinbarung entlohnt wurden.[152] Ist der Arbeitgeber neben der Forschung auch mit der Herstellung und mit dem Vertrieb erfindungsgemäßer Produkte befasst, spricht dies ebenfalls gegen eine Konzerneinheit, selbst wenn der Verkauf der erfindungsgemäßen

147 BGH v. 16.4.2002, GRUR 2002, 801 (804 [Tz. 35]) – *Abgestuftes Getriebe* u. OLG Frankfurt v. 27.9.2007, Az. 6 U 176/06 u. v. 7.12.2017, Az. 6 U 205/16 (beide unveröffentl.); siehe auch LG Düsseldorf v. 28.4.2016, Düsseldorfer Entscheidungen Nr. 2518 – *Elektrische Glühlampen*; bejaht von Schiedsstelle in EV v. 20.1.2009, Arb.Erf. 40/06 (unveröffentl.).

148 So Schiedsstelle v. 12.1.2011, Arb.Erf. 12/08 (www.dpma.de, dort nur LS 3).

149 Schiedsstelle v. 6.6.2014, Arb.Erf. 54/12 (www.dpma.de). Vgl. auch LG Hamburg v. 7.5.2020, GRUR-RS 2020, 15486 – Datenübertragungssystem für Luftfahrzeuge.

150 Schiedsstelle v. 10.3.2016, Arb.Erf. 23/12 (www.dpma.de).

151 Schiedsstelle v. 21.11.2017, Arb.Erf. 06/15 sowie v. 12.10.2022, Arb.Erf. 45/19 (beide www.dpma.de.).

152 OLG München v. 8.2.2001, GRUR-RR 2001, 103 (104 [Tz. 88]) – *Verankerungsmittel*; a.A. OLG Frankfurt v. 7.12.2017, GRUR-RS 2017, 138234 – *Mark Up*.

Produkte über die Hälfte des Gesamtumsatzes ausmacht und dabei der Lieferanteil an nicht verbundene Dritte gering ist.[153] Ferner reicht die im Konzernbereich nicht selten anzutreffende Verpflichtung der verbundenen Unternehmen, ihre Schutzrechte (unentgeltlich) auf die Muttergesellschaft zu übertragen oder in einen Schutzrechtspool bei einer eigenständigen konzernverbundenen Patentverwertungsgesellschaft einzubringen, nicht zur Annahme einer Einheit aus.[154]

62 Die Schiedsstelle betont, dass sich zwei verbundene Unternehmen bei wirtschaftlicher Betrachtung nicht als Einheit darstellen, wenn die Unternehmen jeweils entsprechende eigene Entwicklungs- und Vertriebsabteilungen unterhalten, so dass es an einer arbeitsteiligen Aufspaltung, insbesondere von Entwicklungs-, Herstellungs- und Vertriebsvorgängen, zwischen diesen Unternehmen fehlt.[155]

63 Die Rechtsprechung neigt etwa dann zur Annahme einer arbeitsteiligen Aufspaltung, wenn die Entwicklungstätigkeit aus dem Unternehmensverbund herausgelöst wird.[156] Aus der bloßen Tatsache, dass die Muttergesellschaft den verbundenen Unternehmen ein Gesamtforschungsbudget zur Verfügung stellt, aus dem dann die einzelnen Unternehmen einen Anteil abfordern können, folgt noch keine Einheit des Gesamtkonzerns, sofern jede der Tochtergesellschaften im Rahmen ihres Anteils zur Erbringung der Forschungstätigkeit unabhängig ist. Für die Beurteilung der Frage, ob sich ein Gesamtkonzern als wirtschaftliche Einheit darstellt, kommt es auf die Grundstruktur des Unternehmensverbundes an, unabhängig von der tatsächlichen Abwicklung der Entwicklungstätigkeit für ein einzelnes Produkt.[157]

64 Zu weitgehend dehnt das OLG Düsseldorf[158] mit Bestätigung des BGH[159] die Betrachtung des Konzerns als wirtschaftliche Einheit aus: Danach liegt eine Einheit bereits in den Fällen vor, in denen ein die erfindungsgemäßen Produkte selbst erstellender konzernangehöriger Arbeitgeber zugleich anderen produzierenden Konzernunternehmen die Nutzung der Diensterfindung gestattet, in dem die Erfindungsrechte – entsprechend den für den Gesamtkonzern geltenden Vorgaben der Konzernmutter – in einen durch alle Konzernunternehmen lizenzgebührenfrei nutzbaren Patentpool eingebracht werden. Die wirtschaftliche Einheit wurde im Wesentlichen daraus hergeleitet, dass

153 OLG Frankfurt v. 27.9.2007, Az. 6 U 176/06 in Bestätigung v. LG Frankfurt v. 1.11.2006, Az. 2 – 06 O 647/05 (beide unveröffentl.).

154 Im Ergebn. so wohl auch BGH v. 16.4.2002, GRUR 2002, 801 (804 [Tz. 35]) – *Abgestuftes Getriebe*; LG Frankfurt v. 1.11.2006, Az. 2–06 O 647/05 (unveröffentl.).

155 Schiedsstelle v. 6.12.2012, Arb.Erf. 34/10 (unveröffentl.); siehe auch OGH v. 2.2.2005, RdW 2005, 437 u. v. 29.1.2013, Az. 9 ObA 87/12b – 4 (unveröffentl.).

156 LG Frankfurt v. 1.11.2006, Az. 2–06 O 647/05 (unveröffentl.). Siehe auch Schiedsstelle v. 6.12.2012, Arb.Erf. 34/10 (unveröffentl.) m.H.a. Schiedsstelle v. 20.1.2009, Arb.Erf. 40/06 (Datenbank Schiedsstellenpraxis); v. 12.10.2010, Arb.Erf. 23/09 (www.dpma.de); v. 10.5.2012, Arb.Erf. 42/11 (unveröffentl.); vgl. auch Schiedsstelle v. 12.1.2011, Arb. Erf. 12/08 (www.dpma.de).

157 LG Frankfurt v. 1.11.2006, Az. 2–06 O 647/05 (unveröffentl.).

158 Urteil v. 13.9.2007, InstGE 8, 147 (150 f. [Tz. 27]) – *Türinnenverstärkung*.

159 BGH v. 17.11.2009, GRUR 2010, 223 (227 [Tz. 39]) – *Türinnenverstärkung*.

diese Einbringung der zielgerichteten, arbeitsteiligen Vergabe von Nutzungsrechten einem anderen, ebenfalls mit der Produktion betrauten Konzernunternehmen dient.

Auch die Sichtweise des OLG Frankfurt, wonach – ohne eine weitere Differenzierung – eine wirtschaftliche Einheit bejaht wird, wenn der konzernangehörige Arbeitgeber ausschließlich für andere Konzernunternehmen Entwicklungsarbeiten erbringt[160], reicht m.E. nicht aus. Selbst der Umstand, dass der Arbeitgeber mit anderen Konzerngesellschaften und externen Dienstleistern im Wettbewerb steht, soll den Ausnahmefall der wirtschaftlichen Einheit nicht entfallen lassen. Falls die Argumentation des OLG Frankfurt Bestand haben sollte, würde faktisch kein Raum mehr bleiben, eine konzernverbundene Forschungs- und Entwicklungsgesellschaft auf der Ebene der Erfindervergütung mit der Situation gleichzustellen, die für ein nicht verbundenes Unternehmen gilt.[161] 65

Sind tatsächlich und rechtlich die Voraussetzungen einer wirtschaftlichen Einheit gegeben, bemisst sich folgerichtig dann ein Vergütungsanspruch des Arbeitnehmererfinders nicht nach den wirtschaftlichen Vorteilen seines Arbeitgebers aus der Nutzung der Erfindung, also z.B. einem (fiktiven) Veräußerungserlös aus der Übertragung von Erfindungsrechten, sondern nach dem Umfang der Verwertungshandlungen aller konzernverbundenen Unternehmen (Konzernaußenumsatz).[162] 66

Diesen Überlegungen folgt die Schiedsstelle und stimmt damit einer weit verbreiteten Auffassung im Schrifttum zur vergütungsrechtlichen Einordnung von Konzernnutzungen zu.[163] Sie will damit jedoch – auch erfinderrechtlich – keine Veränderung der zuvor dargestellten arbeitsrechtlichen Grundsätze bewirken. Dies wird schon daraus deutlich, dass sie auch bei der Annahme einer wirtschaftlichen Einheit ausschließlich den Arbeitgeber des Arbeitnehmererfinders als Schuldner des Vergütungsanspruchs ansieht. Ihr Ansatz einer wirtschaftlichen Konzerneinheit dient allein – unter wirtschaftlicher Betrachtung – einer leichteren und transparenteren Ermittlung der Berechnungsgrundlagen für die Ermittlung der Erfindervergütung. 67

Der BGH steht der Annahme einer wirtschaftlichen Einheit im Grundsatz zu Recht zurückhaltend gegenüber.[164] Er betont, dass eine solche Annahme nicht von Gesetzes wegen gilt. Deshalb macht er eine Einbeziehung der Umsätze anderer Konzernunternehmen mit dem Gegenstand einer Erfindung zu den erfindungsgemäßen Umsätzen 68

160 OLG Frankfurt v. 7.12.2017, GRUR-RS 2017, 138234 – *Mark Up*.

161 Siehe hierzu auch Rdn. 826 ff.

162 OLG Düsseldorf v. 7.5.1992, Az. 2 U 117/91 (unveröffentl.); OLG Frankfurt v. 7.12.2017, GRUR-RS 2017, 138234 – *Mark Up*; Schiedsstelle v. 19.9.2012, Arb.Erf. 29/12 (www.dpma.de).

163 Reimer/Schade/Schippel/Himmelmann, § 11 ArbEG RL Nr. 17, Rn. 1; Bartenbach/Volz, § 9 ArbEG, Rn. 188; Keukenschrijver in Busse/Keukenschrijver, PatG, § 11 ArbEG, Rn. 9.

164 BGH v. 16.4.2002, GRUR 2002, 801 (804 [Tz. 35]) – *Abgestuftes Getriebe*.

des Arbeitgebers allgemein davon abhängig, was vernünftige Lizenzvertragsparteien im Einzelfall vereinbart hätten.[165]

69 Dabei kommt dem vom Arbeitgeber mit der Überleitung der Erfindungsrechte durch die Inanspruchnahme verfolgten Zweck wesentliche Bedeutung zu: Ein Rückgriff auf die Umsätze der tatsächlich nutzenden Konzernunternehmen kann aus Sicht vernünftiger Lizenzvertragsparteien nach Auffassung des BGH[166] insbesondere dann nahe liegen, wenn in der Benutzung durch die anderen Konzernunternehmen der Hauptzweck der Inanspruchnahme liegt, wenn sich diese wirtschaftlich als Lizenznahme durch den Unterlizenznehmer darstellt, die Hauptlizenz also – etwa aus steuerlichen oder unternehmensorganisatorischen Gründen – nur zwischengeschaltet ist. Es kommt nach dieser Rechtsprechung demnach darauf an, ob der Arbeitgeber – bei wirtschaftlicher Betrachtung – die Inanspruchnahme der Diensterfindung vorrangig deshalb erklärt hat, um die Erfindung selbst zu nutzen, oder ob es ihm hauptsächlich auf Verwertungsmöglichkeiten durch andere Konzernunternehmen (als »wirtschaftliche Lizenznehmer«) ankommt; (nur) im letztgenannten Fall kann eine Bemessung der Lizenzgebühr nach der gesamten Konzernnutzung nahe liegen.[167] Eine Benutzung durch andere Konzernunternehmen als Hauptzweck der Inanspruchnahme kann nach dem BGH insbesondere aus steuerlichen und/oder unternehmensorganisatorischen Gründen veranlasst sein,[168] wie etwa bei der rechtlichen Verselbständigung einer Forschungs- und Entwicklungsabteilung in einer eigenen Gesellschaft. Nach dem OLG Düsseldorf[169] soll dies auch dann gelten, wenn alle Konzerntöchter aus unternehmensorganisatorischen Gründen die bei ihnen gemachten und übergeleiteten Erfindungen an die Konzernmutter abtreten müssen, die ihrerseits ein anderes Konzernunternehmen mit der Schutzrechtsanmeldung und -verwaltung betraut, aber allein über die Vergabe von Nutzungsrechten an Konzernunternehmen bzw. Dritte entscheidet.

70 Andererseits liegt die Berücksichtigung der Verwertung der Konzernunternehmen nach der BGH-Rechtsprechung umso ferner, je größer die tatsächlichen und/oder wirtschaftlichen Schwierigkeiten der Feststellung einer Nutzung bei den einzelnen Konzernunternehmen für den Arbeitgeber sind, etwa wenn die Erfindung in einen Schutzrechtskomplex einbezogen ist, der (weltweit) von einer großen Zahl von Unternehmen in unterschiedlichem Umfang und unterschiedlicher Art genutzt wird.[170]

---

165 BGH v. 16.4.2002, GRUR 2002, 801 (804 [Tz. 35]) – *Abgestuftes Getriebe*; ebenso Schiedsstelle v. 7.3.2016, Arb.Erf. 09/14 u. v. 10.3.2016, Arb.Erf. 23/12 (beide www.dpma.de); vgl. auch Keukenschrijver in Busse/Keukenschrijver, PatG, § 11 ArbEG, Rn. 9. Offen gelassen für Österreich OGH (Wien) v. 24.1.2013, 8 ObA 45/12v (www.ris.bka.gv.at).

166 BGH v. 16.4.2002, GRUR 2002, 801 (804 [Tz. 35]) – *Abgestuftes Getriebe*; ihm folgend u.a. OLG Düsseldorf v. 13.9.2007, InstGE 8, 147 ff. [Tz. 27] – *Türinnenverstärkung*.

167 Bartenbach/Volz, Praxisleitfaden, Rn. 62.

168 BGH v. 16.4.2002, GRUR 2002, 801 (802 [Tz. 35]) – *Abgestuftes Getriebe*.

169 OLG Düsseldorf v. 13.9.2007, InstGE 8, 147 ff. [Tz. 27] – *Türinnenverstärkung*.

170 So der Sachverhalt bei BGH v. 16.4.2002, GRUR 2002, 801 (804) – *Abgestuftes Getriebe*; ebenso Schiedsstelle v. 6.12.2012, Arb.Erf. 34/10 (Datenbank Schiedsstellenpraxis).

Mit dieser Rechtsprechung stellt der BGH nur auf erfindervergütungsrechtliche Gesichtspunkte ab, die darauf gerichtet sind, den Nutzungsschwerpunkt in einem Konzern zu ermitteln. Ist ein solcher gegeben, werden die tatsächlich nutzenden Konzerngesellschaften wie dritte Lizenznehmer behandelt, die keine Arbeitgeberposition einnehmen und daher auch nicht dieselben Rechte und Pflichten ausüben können, die einem Arbeitgeber durch das ArbEG zugewiesen werden. Eine solche Lizenznehmereigenschaft eines Konzernunternehmens begründet keine Arbeitgebereigenschaft. Der Arbeitnehmererfinder ist vergütungsrechtlich an den seinem Arbeitgeber aus einer solchen Lizenzvergabe tatsächlich zufließenden oder (mangels Gegenleistung) fiktiv zu berechnenden Lizenzeinnahmen zu beteiligen. Insoweit kann sich eine Arbeitgebereigenschaft eines Konzerns nicht aus erfinderrechtlichen Gesichtspunkten ergeben. 71

Bei kostenfreier Überlassung von abgespaltenen Erfindungsrechten an ausländische Konzerntöchter zwecks Auslandsanmeldungen hat die Schiedsstelle einen Erfindungswert auf Basis eines fiktiven Kaufpreises berechnet (RL Nr. 16) und dessen Höhe auf Grundlage der bekannten Auslandsumsätze geschätzt.[171] 72

Da – wie festgestellt[172] – die Rechte und Pflichten aus dem ArbEG ausschließlich im Verhältnis Arbeitgeber und Arbeitnehmer bestehen, ergibt sich als Zwischenresultat, dass der Unterordnungskonzern als solcher – auch bei erfinderrechtlicher Betrachtung – kein Arbeitgeber sein kann.[173] Dagegen kann der Gleichordnungskonzern Träger von Rechten und Pflichten aus dem ArbEG sein, wenn er im Rechtsverkehr nach außen als Arbeitgeber auftritt und ein bei ihm angestellter Arbeitnehmer eine Erfindung entwickelt.[174] 73

Fehlt die Arbeitgebereigenschaft, können folgerichtig weder das herrschende Unternehmen (Konzernmutter, Dachgesellschaft) noch ein anderes Konzernunternehmen Rechte aus dem ArbEG geltend machen.[175] Umgekehrt kann der Arbeitnehmer solche Unternehmen auch nicht wegen seiner Rechte aus dem ArbEG in Anspruch nehmen, es sei denn, es läge die Situation eines Schuldbeitritts (Schuldmitübernahme) oder einer befreienden Schuldübernahme (§§ 414 ff. BGB)[176] vor. 74

Mangels anderslautender Vereinbarungen mit dem Erfinder (§ 415 BGB) ist und bleibt allein der konzernverbundene Arbeitgeber bei der Geltendmachung von Vergütungsansprüchen oder sonstigen Rechten aus dem ArbEG passiv legitimiert.[177] 75

171 Schiedsstelle v. 19.5.2011, Arb.Erf. 04/10 (www.dpma.de) u. v. 15.11.2012, Arb.Erf. 01/12 (unveröffentl.); siehe auch BGH v. 16.4.2002, GRUR 2002, 801 (803 f.) – *Abgestuftes Getriebe*; Schiedsstelle v. 7.5.2015, Arb.Erf. 71/11 (www.dpma.de).

172 Siehe oben Rdn. 37 ff.

173 So im Ergebnis auch Schaub, FS Bartenbach (2005), 229 (239).

174 Schaub, FS Bartenbach (2005), 229 (239).

175 Zustimmend Schiedsstelle v. 9.12.2008, Arb.Erf. 19/08 (unveröffentl.).

176 Schiedsstelle v. 12.1.2011, Arb.Erf. 12/08 (www.dpma.de).

177 OLG Düsseldorf v. 13.9.2007, InstGE 8, 147 (149 [Tz. 27]) – *Türinnenverstärkung*; hiervon ist auch der BGH in seinem Revisionsurteil v. 17.11.2009, GRUR 2010, 223 f. [Tz. 40] – *Türinnenverstärkung* – ohne weitere Ausführungen ausgegangen.

cc) Die arbeitsrechtliche Leitungsmacht als Kriterium einer Arbeitgeber-Eigenschaft

76 Insbesondere im Bereich des Individualarbeitsrechts wird nach einer verbreiteten Auffassung für die Kennzeichnung des Arbeitgebers auf diejenige Person abgestellt, die sowohl Vertragspartei des Arbeitnehmers als auch Inhaber der arbeitsrechtlichen Leitungsmacht ist.[178] Gerade bei einer Arbeitnehmerleistung für verschiedene Unternehmen – z.B. dem Einsatz eines Arbeitnehmererfinders in verschiedenen Konzernunternehmen – ist diese Unterscheidung zur Bestimmung der einzelnen Arbeitsverhältnisse notwendig.

aaa) Das Begriffserfordernis der arbeitsrechtlichen Leitungsmacht

77 Die arbeitsrechtliche Leitungsmacht zeichnet sich dadurch aus, dass sie es dem Arbeitgeber oder einem von ihm Bevollmächtigten gestattet, gegenüber den Arbeitnehmern verhaltenslenkende Anordnungen (Weisungen) zu treffen (Lenkungsfunktion).[179] Ausüben können eine solche Leitungsmacht nur eine natürliche Person bzw. die Organvertreter der juristischen Personen.[180]

78 Gerade innerhalb eines Konzerns ist es üblich, Arbeitnehmer in anderen als dem Unternehmen zu beschäftigen, mit dem er den Arbeitsvertrag abgeschlossen hat, ohne dass für eine solche Tätigkeit ein (zusätzlicher) Vertrag mit dem anderen Konzernunternehmen zustande gekommen sein muss.[181] Für die Ausübung dieser Tätigkeit ist es zwar notwendig, dass das den Arbeitnehmer zeitweise übernehmende Konzernunternehmen die Möglichkeit hat, diesem Arbeitnehmer Weisungen zu erteilen und dadurch die reibungslose Eingliederung des (ausgeliehenen) Arbeitnehmers in die betrieblichen Abläufe des übernehmenden Konzernunternehmens gewährleistet wird.[182] Aus der bloßen Eingliederung des Mitarbeiters in den Betrieb des Dritten ergibt sich aber nicht bereits dessen arbeitsrechtliche Leitungsmacht.[183] Eine solche Annahme würde der herrschenden Vertragstheorie, wonach ein Arbeitsverhältnis als Rechts-

178 Henssler, S. 36; MünchArbR/Temming, § 23, Rn. 2, dort allerdings »betriebliche Organisationsmacht« genannt; a.A. Rspr. des BAG zu § 613a BGB, wonach es der besonderen Übertragung einer irgendwie gearteten Leitungsmacht zum Betriebsübergang nicht bedarf. Allerdings tritt kein Inhaberschaftswechsel ein, wenn der »neue« Inhaber den Betrieb nicht führt. Vgl. hierzu: BAG v. 12.11.1998, AP Nr. 186 zu § 613a BGB; v. 18.3.1999, AP Nr. 189 zu § 613a BGB; v. 21.2.2008, NZA 2008, 825 u. v. 18.1.2012, DB 2012, 1754 f.; zust. ErfK/Preis, § 613a BGB, Rn. 50 ff.; HWK/Willemsen, § 613a BGB, Rn. 68 f.; Krause, ZfA 2001, 67 (116).

179 So Birk, Die arbeitsrechtliche Leitungsmacht, S. 18 ff.; bei Martens, FS 25 Jahre BAG (1979), 367 (373) arbeitsrechtliches Weisungsrecht genannt.

180 Birk, Die arbeitsrechtliche Leitungsmacht, S. 146.

181 Siehe Rdn. 110.

182 Hanau/Wackerbarth in Lutter, Holding-Handbuch, G 11, S. 277.

183 So aber Nikisch, Arbeitsrecht I, S. 81.

verhältnis durch einen Arbeitsvertrag begründet wird, widersprechen.[184] Somit kann sich grundsätzlich eine mehrfache Arbeitgeberstellung bei wechselndem Einsatz von Arbeitnehmern innerhalb eines Konzerns nur im Falle eines Vertragsbeitritts oder durch Abschluss eines weiteren Arbeitsvertrages ergeben.[185]

Unabhängig von diesem Grundsatz ist es aber möglich, einzelne Arbeitgeberrechte, wie die arbeitsrechtliche Leitungsmacht, auf andere Personen überzuleiten, um in Fällen, in denen Arbeitnehmer ohne einen weiteren Vertragsschluss oder einen Vertragsbeitritt in anderen Unternehmen tätig werden, Weisungen des übernehmenden Unternehmens gegenüber diesen Arbeitnehmern zu ermöglichen. Der Dritte, in dessen Unternehmen diese Arbeitnehmer tätig sind, ist daher hinsichtlich dieser Arbeitnehmer und für den von ihm zu bestimmenden Arbeitsbereich ebenfalls Inhaber der arbeitsrechtlichen Leitungsmacht.[186] 79

Birk schließt daraus zugleich auf die Arbeitgeberstellung des Dritten, wobei er das ursprüngliche Arbeitsverhältnis als Arbeitsvertragsverhältnis und das andere als ein Arbeitsverhältnis auf besonderer rechtlicher Grundlage bezeichnet, welches in seinem rechtlichen Bestand durch die abgeleitete Leitungsmacht von dem ersten Arbeitsverhältnis abhängig sei.[187] Die Arbeitgebereigenschaft des Dritten soll sich aus der vom ursprünglichen Arbeitgeber abgeleiteten, arbeitsrechtlichen Leitungsmacht ergeben; zwischen dem Arbeitnehmer und dem Dritten bestehe aufgrund dieser Leitungsmacht ein Arbeitsverhältnis.[188] Vergleichbar wird in diesem Zusammenhang von der »Aufspaltung der Arbeitgeberstellung« gesprochen.[189] *Windbichler* betont demgegenüber, dass die Rechtsgrundlage für die Ausübung der abgeleiteten Leitungsmacht ein arbeitsrechtliches Schutzverhältnis sei, auch wenn der Dritte gerade kein Arbeitgeber sei.[190] 80

Ungeachtet der rechtlichen Bezeichnung dieser Konstruktion besteht insoweit Einigkeit darüber, dass das Recht des Dritten zur Ausübung der arbeitsrechtlichen Leitungsmacht kein originäres Recht darstellt, sondern lediglich ein abgeleitetes, sei es durch Abtretung[191] oder durch eine sog. Ausübungsermächtigung, die vergleichbar mit der Einziehungsermächtigung im Forderungsrecht ist.[192] Aus dem Charakter als ledig- 81

184 Vgl. nur Hueck/Nipperdey I, § 21 II; BAG v. 8.8.1958, AP Nr. 3 zu § 611 BGB – *Mittelbares Arbeitsverhältnis*, zitiert nach Henssler, S. 40.

185 Windbichler, Arbeitsrecht im Konzern, S. 80; vgl. ausführlich zu diesen Konstruktionen Rdn. 182.

186 Insoweit sind sich Windbichler, Arbeitsrecht im Konzern, S. 80; Henssler, S. 40 u. Birk, Die arbeitsrechtliche Leitungsmacht, S. 145 einig. Vgl. auch Maschmann, NZA 2017, 1557 ff., der zwischen dem fachlichen und dem disziplinarischen Weisungsrecht bei Matrix-Strukturen im Konzern unterscheidet.

187 Birk, Die arbeitsrechtliche Leitungsmacht, S. 147.

188 Birk, Die arbeitsrechtliche Leitungsmacht, S. 185.

189 Henssler, S. 70 ff.

190 Windbichler, Arbeitsrecht im Konzern, S. 78 ff.; 88; so auch Rüthers/Bakker, ZfA 1990, 245 (281).

191 So Hanau/Wackerbarth in Lutter, Holding-Handbuch, G 12, S. 278.

192 Rüthers/Bakker, ZfA 1990, 245 (274 f.).

lich abgeleitetes Recht folgt auch, dass der ursprüngliche Arbeitgeber seine Position und sein originäres arbeitsrechtliches Leitungsrecht nicht verliert, was insbesondere hinsichtlich der Möglichkeit eines Rückrufs des Arbeitnehmers in das eigene Unternehmen zu berücksichtigen ist.[193] Durch die Ausübung der arbeitsrechtlichen Leitungsmacht unterliegt der Dritte regelmäßig auch gewissen Schutzpflichten – sowohl solchen nach den Vorschriften des öffentlich-rechtlichen Arbeitsschutzes, wie auch besonderen Rücksichtnahmepflichten – gegenüber den für ihn tätigen Arbeitnehmern anderer Unternehmen.[194] Allerdings bleibt die abgeleitete Leitungsmacht des Dritten auf dessen betriebliche Sphäre beschränkt.[195]

82 Konsequenz der Ausübung der arbeitsrechtlichen Leitungsmacht durch eine andere Person als den ursprünglichen Arbeitgeber ist, dass durch diese Aufteilung der Charakter der Leitungsmacht als arbeitsrechtliches Direktionsrecht nicht verloren geht.[196]

83 Als Zwischenergebnis bleibt festzuhalten: Besteht eine originäre Inhaberschaft der arbeitsrechtlichen Leitungsmacht und sind einzelne Arbeitgeberrechte auf ein drittes Unternehmen übertragen, d.h. verteilen sie sich auf unterschiedliche (juristische) Personen, können ausnahmsweise – abhängig von den Umständen des Einzelfalls – sowohl derjenige, der Partner des Arbeitsvertrages ist, als auch derjenige, der die abgeleitete Leitungsmacht innehat, Arbeitgeber sein.[197]

bbb) Folgerungen für Arbeitsverhältnisse im Konzern

84 Bezogen auf den Konzerneinsatz ist die arbeitsrechtliche Leitungsmacht von der konzernrechtlichen Leitungsmacht abzugrenzen. Insbesondere weisen die konzernrechtliche Leitungsmacht und das arbeitsrechtliche Weisungsrecht eines Arbeitgebers qualitative Unterschiede auf.[198]

85 Zwar folgt bei den Unterordnungskonzernen aus dem engen Zusammenhang, der mit den in den §§ 16, 17 AktG geregelten Begriffen der Mehrheitsbeteiligung und der Abhängigkeit besteht, dass das herrschende Unternehmen tatsächlichen Einfluss auf die Personalpolitik der abhängigen Gesellschaft nehmen kann. Die Untergesellschaften verlieren infolge der Einbindung in den Konzern jedoch nicht ihre rechtliche, sondern lediglich ihre wirtschaftliche Selbständigkeit, sofern der beherrschende Einfluss durch die Muttergesellschaft tatsächlich ausgeübt wird und nicht auf die bloße

193 Rüthers/Bakker, ZfA 1990, 245 (274, 276); Birk, Die arbeitsrechtliche Leitungsmacht, S. 185; Windbichler, Arbeitsrecht im Konzern, S. 92 ff.; differenzierend Hanau/Wackerbarth in Lutter, Holding-Handbuch, G 14 f., S. 278 f.

194 Ausführlich hierzu Windbichler, Arbeitsrecht im Konzern, S. 85 ff.

195 Birk, Die arbeitsrechtliche Leitungsmacht, S. 185; so auch Windbichler, Arbeitsrecht im Konzern, S. 83 f.

196 So auch Hanau/Wackerbarth in Lutter, Holding-Handbuch, G 12, S. 278.

197 Birk, Die arbeitsrechtliche Leitungsmacht, S. 141 ff.

198 Vgl. Birk, Die arbeitsrechtliche Leitungsmacht, S. 128 – allerdings ohne Berücksichtigung des Konzernzusammenhangs; siehe auch Karamarias, RdA 1983, 353 (357); Martens, FS 25 Jahre BAG (1979), 367 (373).

Möglichkeit der Einflussnahme beschränkt ist.[199] In einem Unterordnungskonzern ist der Arbeitgeber in seiner unternehmerischen Planungs-, Organisations- und Leitungsautonomie nicht nur durch die Zusammenfassung mit anderen Unternehmen unter einheitlicher Leitung eingeschränkt; vielmehr kommt noch die Abhängigkeit von dem Mutterunternehmen als entscheidendes Element der Fremdbestimmung und des Außeneinflusses hinzu.[200] Ein solches Abhängigkeitsverhältnis liegt vor, wenn das herrschende Unternehmen in der Lage ist, dem abhängigen Unternehmen Weisungen für die Geschäftsführung zu erteilen und deren Befolgung zu erzwingen.[201]

Die seitens der Konzernleitung gegenüber abhängigen Gesellschaften ausgeübte Leitungsmacht greift nicht unmittelbar in die bei konzernabhängigen Unternehmen bestehenden Arbeitsverhältnisse ein, sondern wirkt sich nur mittelbar aus.[202] Die Konzernleitungsmacht räumt der Konzernobergesellschaft kein arbeitsrechtliches Weisungsrecht gegenüber den Arbeitnehmern der konzernabhängigen Unternehmen ein.[203] Primär übt die Muttergesellschaft ihre Leitungsmacht zur Veränderung wirtschaftlicher Rahmenbedingungen dieser Unternehmen aus, was für das Arbeitsverhältnis zwar bezüglich der inhaltlichen Ausgestaltung, wie z.B. der Lohnbestimmung, bedeutend sein kann, aber individualarbeitsrechtlich nicht relevant wird.[204] Adressat der konzernrechtlichen Leitungsmacht ist lediglich die Geschäftsleitung des abhängigen Unternehmens und nicht der einzelne Arbeitnehmer.[205] Die Konzernleitungsmacht der Muttergesellschaft vermittelt kein arbeitsrechtliches Weisungsrecht gegenüber Arbeitnehmern konzernabhängiger Unternehmen.[206] Der Abschluss eines Beherrschungsvertrages nach § 308 AktG vermag weder die rechtliche Selbständigkeit des abhängigen Unternehmens zu beseitigen, noch dem herrschenden Unternehmen die Arbeitgebereigenschaft zu vermitteln.[207] Die Rechte und Pflichten aus dem Arbeitsverhältnis werden durch eine Konzernbindung des Arbeitgebers in der Regel nicht berührt.[208] Arbeitsvertragliche Bindungen zwischen der Muttergesellschaft und den abhängigen Tochtergesellschaften bestehen nicht.[209] 86

199 Kerssenbrock in Kessler/Kröner/Köhler, Konzernsteuerrecht, § 2, Rn. 76.
200 Windbichler, Arbeitsrecht im Konzern, S. 309.
201 Vgl. hierzu ausführlich Emmerich/Habersack/Lüdeking, § 3 (§§ 16, 17 AktG), Rn. 17 ff.
202 Martens, FS 25 Jahre BAG (1979), 367 (371).
203 Braun/Wisskirchen/Braner/Ceruti, Konzernarbeitsrecht, Teil I, Kap. 3, Rn. 8.
204 Martens, FS 25 Jahre BAG (1979), 367 (372); vgl. auch Adam-Caumeil, RIW 2012, 838 zur »Mitarbeitergebestellung« im französischen Recht.
205 So auch BAG v. 29.4.1999, NZA 1999, 932 (933); Hanau/Wackerbarth in Lutter, Holding-Handbuch, G 3, S. 274; Braun/Wisskirchen/Braun/Schreiner, Konzernarbeitsrecht, Teil I, Abschn. 2, Rn. 7 ff.
206 Karamarias, RdA 1983, 353 (357); Hanau/Wackerbarth in Lutter, Holding-Handbuch, G 3; Zöllner, ZfA 1983, 93 (100).
207 Karamarias, RdA 1983, 353 (355).
208 ErfK/Preis, § 611a BGB, Rn. 216.
209 Vgl. Karamarias, RdA 1983, 353 (357); Martens, FS 25 Jahre BAG (1979), 363 (373).

87 Auch hier ist zu prüfen, ob sich erfinderrechtlich eine andere Betrachtung anbieten kann. So hat das LG Braunschweig in einem Zwischenurteil[210] in Bezug auf das Tätigwerden eines Arbeitnehmererfinders »für einen ganzen Konzern« ohne nähere Herleitung der Problematik die sich hieraus stellende Frage, wer dessen Arbeitgeber ist, damit beantwortet, dass bei einer engen wirtschaftlichen Verschmelzung mehrerer Konzernunternehmen, bei der der Arbeitnehmererfinder nicht mehr zu erkennen vermag, für welches Unternehmen er wirklich tätig ist, erfinderrechtlich derjenige als Arbeitgeber und Vergütungsschuldner gelten soll, der die Diensterfindung erkennbar in Anspruch nimmt.

88 Die Formulierung »für den ganzen Konzern« scheint zu breit ausgelegt. Allein ein Tätigwerden des Arbeitnehmers auch in anderen Konzerngesellschaften ohne ausdrücklichen oder konkludenten Abschluss eines (weiteren) Arbeitsvertrages macht diese Gesellschaften nicht automatisch zu weiteren Arbeitgebern.[211]

89 Das Inanspruchnahmerecht nach § 6 ArbEG steht nur dem ursprünglichen Arbeitgeber zu. Deshalb bedarf es im Streitfall der Aufklärung, wer als (ursprünglicher) Arbeitgeber in Betracht kommt. Der bloße Umstand, dass z.B. die Muttergesellschaft eine bei einer Tochtergesellschaft entwickelte Diensterfindung »in Anspruch nimmt« bzw. zum Patent anmeldet, mag aus der faktischen Beherrschungssituation nachvollziehbar sein; hieraus kann aber noch nicht auf eine tatsächlich bestehende, aus dem Arbeitsverhältnis hergeleitete Berechtigung geschlossen werden. Nicht der ist Arbeitgeber, der bestimmte Handlungen tatsächlich ausführt, sondern nur der, der wegen seiner Arbeitgeberstellung hierzu berechtigt ist.

90 Das Inanspruchnahmerecht des Arbeitgebers kann auch nicht durch eine Abtretungsvereinbarung auf andere konzernverbundene Gesellschaften übertragen werden. Erst nach wirksamer Inanspruchnahme durch den Arbeitgeber sind die dadurch auf ihn übergeleiteten Erfindungsrechte (vgl. § 7 Abs. 2 ArbEG) innerhalb des Konzerns übertragbar.

91 Der Qualifikation des Inanspruchnahmerechts als nicht übertragbares höchstpersönliches Recht des Arbeitgebers stimmt insoweit auch das OLG Karlsruhe zu.[212] Dieses hatte über einen Sachverhalt zu entscheiden, bei dem der Insolvenzverwalter von der Muttergesellschaft der insolventen Schuldnerin im Wege der Insolvenzanfechtung die Übertragung von Patenten und Patentanmeldungen verlangte. Diese beruhten auf Diensterfindungen eines Arbeitnehmers der Schuldnerin und waren von der Schuldnerin vor der Insolvenz auf ihre Mutter übertragen worden. Allerdings handelte es sich hierbei um Arbeitnehmererfindungen, auf die das ArbEG in seiner bis zum 30.9.2009 geltenden Fassung[213] anwendbar war; eine unbeschränkte Inanspruchnahme der Diensterfindungen gemäß § 6 Abs. 2 ArbEG a.F. durch den

210 V. 1.7.1975, GRUR 1976, 585 – *Polyisocyanatgemisch.* Vgl. auch den Beispielsfall bei Rid, NZA 2011, 1121 (1124).

211 So Henssler, S. 150; Reiter, NZA-Beil. 2014, 22.

212 V. 26.9.2012, NZI 2012, 983.

213 Vgl. hierzu Rdn. 6 ff.

später insolventen Arbeitgeber war nicht erfolgt, die Erfindungsrechte also nach § 8 Abs. 1 Nr. 3 ArbEG a.F. freigeworden.

Im Ergebnis hatte die Klage des Insolvenzverwalters keinen Erfolg, da die Schuldnerin zu keinem Zeitpunkt Inhaberin von Rechten war, die sie auf ihre Muttergesellschaft hätte übertragen können. Nach Ablauf der Inanspruchnahmefrist bestanden seitens der Schuldnerin keine Rechte an den Erfindungen und den hierauf beruhenden Schutzrechtsanmeldungen, so dass ihr Vermögen insoweit nicht geschmälert werden konnte. Die Übertragung der auf den Erfindungen beruhenden Patent- und Gebrauchsmusterrechte von der Schuldnerin auf ihre Muttergesellschaft ging ins Leere. Damit musste auch die Anfechtung des Insolvenzverwalters ins Leere gehen. 92

Auch eine Übertragung von Rechten vor Ablauf der Inanspruchnahmefrist hat aus Sicht des OLG Karlsruhe nicht erfolgen können. Denn dann hätte die Schuldnerin zwar das Inanspruchnahmerecht noch gehabt. Dieses ist aber nach Ansicht des OLG Karlsruhe kein dingliches Anwartschaftsrecht, sondern ein höchstpersönliches Aneignungsrecht des Arbeitgebers, das nicht übertragbar ist.[214] 93

Zweifelhaft ist allerdings die Begründung des OLG Karlsruhe, das insoweit eine Parallele zur Behandlung einer Erfindung des insolventen Schuldners selbst (wenn es sich um eine natürliche Person handelt) zieht: Macht der Schuldner selbst eine Erfindung, so unterliegt diese bereits vor der Anmeldung zum Patent der Zwangsvollstreckung und fällt damit in die Insolvenzmasse. Das gilt allerdings erst dann, wenn der Erfinder selbst kundgetan hat, die Erfindung wirtschaftlich nutzen zu wollen. Entscheidet sich der Schuldner gegen eine wirtschaftliche Verwertung, lässt er sie also ungenutzt, besteht die Möglichkeit des Insolvenzbeschlags nicht. Diese Wertung überträgt das OLG auf das Arbeitnehmererfinderrecht: Erst in der Erklärung der Inanspruchnahme nach § 6 ArbEG liegt die Entscheidung des Arbeitgebers, die ihm gemeldete Erfindung seines Arbeitnehmers für die Zwecke seines Unternehmens verwerten zu wollen.[215] 94

Die Frage, ob es sich bei dem Inanspruchnahmerecht des Arbeitgebers um ein höchstpersönliches und damit nicht übertragbares Recht handelt, kann aber nicht durch einen Vergleich mit den Rechten des Erfinders in der Insolvenz beantwortet werden. Zum einen stellt sich diese Problematik nicht ausschließlich im insolvenzrechtlichen Zusammenhang, zum anderen – und das ist entscheidend – kommt es bezüglich der rechtlichen Bewertung nicht allein auf die Position des Erfinders an, sondern auf das im ArbEG spezialgesetzlich geregelte besondere Verhältnis zwischen Arbeitnehmererfinder und Arbeitgeber und den nach Meldung einer Diensterfindung während der Inanspruchnahmefrist bestehenden sondergesetzlichen Rechten und Pflichten zwischen diesen Parteien. So folgt insbesondere aus dem Charakter des ArbEG als arbeitsrechtliches Schutzgesetz, dass eben allein der Arbeitgeber das Inanspruchnahmerecht haben soll.[216] 95

214 OLG Karlsruhe v. 26.9.2012, NZI 2012, 983; zustimmend Kunzmann, NZI 2012, 995; vgl. BGH v. 19.5.2005, GRUR 2005, 761 (762) – *Rasenbefestigungsplatte*.

215 OLG Karlsruhe v. 26.9.2012, NZI 2012, 983.

216 Insoweit zweifelnd: Hofmann, GRUR-RR 2013, 233.

96 Insoweit sind also auch die Überlegungen des LG Braunschweig nicht geeignet, aus Sicht des ArbEG ein Abweichen von der arbeitsrechtlichen Betrachtung zu rechtfertigen, wonach arbeitsrechtlich eine bloße Konzernbindung kein Arbeitsverhältnis zur Muttergesellschaft oder zu sämtlichen verbundenen Konzernunternehmen begründet.

97 Ein Arbeitsverhältnis wird durch Vertrag zwischen den Arbeitsvertragsparteien begründet, nicht durch tatsächliche Einflussnahme, die Übernahme von Lohnzahlungen oder die Ausübung abgeleiteter Arbeitgeberrechte (vgl. auch die Auslegungsregel des § 613 Satz 2 BGB).[217] Insoweit verbleibt es dabei, dass das ArbEG keinen eigenen Arbeitgeberbegriff schafft, sondern zu dessen Bestimmung an die allgemeine Betrachtung des Arbeitsrechts anknüpft.

98 Als Zwischenergebnis ergibt sich: Die konzernrechtliche Leitungsmacht begründet keine arbeitsrechtlichen Beziehungen zu den Arbeitnehmern des abhängigen Unternehmens. Folglich bestehen auch die Rechte und Pflichten aus dem ArbEG ausschließlich im Rechtsverhältnis zwischen dem abhängigen konzernverbundenen Beschäftigungs-Unternehmen als Arbeitgeber und dem Arbeitnehmererfinder.

dd) Stellvertretung durch das herrschende Unternehmen oder eine verbundene Personalgesellschaft

aaa) Grundsatz

99 Zu prüfen bleibt, ob ein Arbeitsverhältnis durch ein einzelnes Konzernunternehmen mit Wirkung für alle bzw. mehrere verbundene Unternehmen begründet werden kann. Ausgangspunkt für eine solche Überlegung ist, dass auch bei Arbeitsverträgen die Möglichkeit besteht, Dritte als Stellvertreter im Sinne der §§ 164 ff. BGB einzuschalten.[218]

100 Einschränkend ist zunächst festzuhalten, dass – wie auch die §§ 709, 714 BGB und § 1357 BGB zeigen – allein eine enge Bindung grundsätzlich nicht die Annahme einer umfassenden Bevollmächtigung bzw. Vertretungsmacht rechtfertigt. Folglich genügt der Umstand einer wirtschaftlich engen Verknüpfung von Unternehmen oder auch die bloße Begründung eines Beherrschungsverhältnisses für sich allein nicht, eine (stillschweigende) Bevollmächtigung zu begründen.[219] Die Konzernleitungsmacht der Muttergesellschaft vermittelt auch kein unmittelbares arbeitsrechtliches Weisungsrecht gegenüber den Arbeitnehmern der konzernangehörigen Unternehmen.[220] Allein die Einbindung in einen Konzernverbund bzw. das Verhältnis zwischen beherrschendem

---

217 BAG v. 29.6.1988, AP Nr. 1 zu § 25 HRG; v. 5.5.1988, AP Nr. 8 zu § 1 AÜG; v. 13.7.1973, AP Nr. 1 zu § 242 BGB – *Ruhegehalt-Konzern*; siehe auch Kreil, S. 23; siehe jedoch auch die in Rdn. 77 ff. dargestellten Argumente von Birk, Die arbeitsrechtliche Leitungsmacht, S. 145, 147.

218 Vgl. statt aller ErfK/Preis, § 611a BGB, Rn. 342 m.w.N.

219 Windbichler, Arbeitsrecht im Konzern, S. 105.

220 Siehe oben Rdn. 52 ff.

und abhängigem Unternehmen als solches begründet auch keine Vermutung für eine Stellvertretung und kann die Bevollmächtigung ebenfalls nicht ersetzen.[221]

In der Regel fehlt auch ein Verpflichtungswille der anstellenden Konzerngesellschaft, 101
andere Unternehmen desselben Konzerns in den Vertrag mit einzubeziehen. An diesem Kriterium des fehlenden Willens, im fremden Namen zu handeln, scheitern auch Rechtsscheintatbestände.[222] Der objektive Empfängerhorizont lässt beim Abschluss eines Arbeitsvertrages mit einer einzelnen Konzerngesellschaft nicht auf eine konkludente Vertretung der übrigen Unternehmen des Konzerns schließen.[223] Dies gilt insbesondere in vielgliedrigen internationalen Konzernen. Eine andere Wertung würde zu nicht mehr steuerbaren Verhältnissen führen, wie etwa beim Personaleinsatz, einer Kündigung etc. Die Entscheidung über eine Kündigung könnte nur von einer Zentrale getroffen werden, was auch betriebsverfassungsrechtlich zu einem langwierigen und komplizierten Ablauf solcher Kündigungsverfahren führen würde. Außerdem wären die Interessen der Arbeitnehmer an einer organisatorischen Trennung der Konzerngesellschaften nicht mehr ausreichend gewahrt.[224] Aus diesem Grund ist auch die von *Henssler*[225] vorgeschlagene Begründung einer Arbeitgeberposition, die lediglich auf der Grundlage eines bestehenden Vertrauens zu einer anderen Konzerngesellschaft basiert, abzulehnen.

Erfolgt also eine Einstellung von Mitarbeitern durch die Muttergesellschaft, so ent- 102
steht – sofern nichts anderes vereinbart wird – eine arbeitsvertragliche Bindung nicht im Namen des gesamten Konzerns oder für eine Konzerntochter; sondern nur im eigenen Namen,[226] was auch regelmäßig nur so beabsichtigt sein dürfte.

bbb) Personalgesellschaft

Zu untersuchen bleibt die Auswirkung der Einschaltung einer sog. Personalgesell- 103
schaft. Es geht dabei insbesondere um Konzerngesellschaften, die ausschließlich bzw. vorrangig mit Personalangelegenheiten befasst sind.[227] Auch hier können allein die Aufgabenstellung und die Einbindung in den Konzern keine (stillschweigende) Vollmachtserteilung durch die anderen Konzernunternehmen rechtfertigen. Sie können also Arbeitsverhältnisse mit Wirkung für andere Konzernunternehmen solange nicht begründen, wie eine gesetzlich erforderliche Vertretungsmacht fehlt.[228] Nur wenn die Vollmacht erteilt bzw. das Handeln genehmigt wird (§ 177 BGB), kommt der Arbeitsvertrag mit dem vertretenen Unternehmen zustande. Ob hier Rechtsscheinaspekte stärker zum Tragen kommen können, ist einzelfallbezogen zu entscheiden.

221 Windbichler, Vertragsgestaltung im Konzern, S. 7 m.H.a. BAG v. 13.7.1973, AP Nr. 1 zu § 242 BGB – *Ruhegehalt-Konzern.*
222 Windbichler, Arbeitsrecht im Konzern, S. 69.
223 So Martens, FS 25 Jahre BAG (1979), 367 (371); Henssler, S. 41.
224 So Henssler, S. 42.
225 Henssler, S. 47 ff.
226 Kreil, S. 21; Windbichler, Arbeitsrecht im Konzern, S. 69.
227 Weber, S. 129 m.H.a. Birk, ZGR 1984, 23 (58 ff.); Konzen, ZfA 1982, 259 (267).
228 Vgl. BAG v. 13.7.1973, AP Nr. 1 zu § 242 BGB – *Ruhegehalt Konzern.*

ccc) Zwischenergebnis

104 Somit bleibt bei Unterordnungskonzernen zusammenfassend festzuhalten, dass der Konzern als solcher mangels Rechtssubjektivität und unter Gesichtspunkten des Arbeitnehmerschutzes keine Arbeitgebereigenschaften besitzt. Folgerichtig sind weder das herrschende Unternehmen (Konzernmutter, Dachgesellschaft) noch ein anderes Konzernunternehmen Träger von Arbeitgeberrechten, soweit nicht für Tätigkeiten einzelner Arbeitnehmer in einem anderen Konzernunternehmen die arbeitsrechtliche Leitungsmacht ausdrücklich übernommen wurde.

105 Damit können weder die Konzernmutter noch ein anderes Konzernunternehmen Träger eigener Rechte und Pflichten aus dem ArbEG sein, sofern sie nicht selbst Partei des Arbeitsverhältnisses mit dem Arbeitnehmererfinder sind.[229]

b) Einzelne Konzerngesellschaften als Partner des Arbeitsvertrages

aa) Das Arbeitgeber-Unternehmen als Gläubiger der Arbeitsleistung

106 Wie bereits erörtert, beziehen sich die Rechte und Pflichten aus dem Arbeitsverhältnis und damit auch aus dem ArbEG ausschließlich auf den Arbeitgeber, also das Unternehmen, das Partei des Arbeitsvertrages und Gläubiger der Arbeitsleistung ist.[230] Von dieser rechtlichen Vorgabe ist auch bei der Beschäftigung eines Arbeitnehmers in einem einzelnen Konzernunternehmen auszugehen. Der Arbeitnehmer hat in seinem Arbeitsvertrag allein das Einstellungsunternehmen als Vertragspartner anerkannt.[231] Die Beurteilung unternehmensübergreifender Sachverhalte im Konzern richtet sich somit maßgeblich nach arbeitsrechtlichen Grundsätzen.[232]

107 Grundsätzlich wird die Hauptleistungspflicht des Arbeitnehmers zur Erbringung seiner Arbeitsleistung nicht durch die Konzernzugehörigkeit seines Arbeitgebers berührt; der Anspruch auf Arbeitsleistung ist nach § 613 Satz 2 BGB im Zweifel nicht übertragbar. Soweit nichts anderes vereinbart, hat nur die Konzerngesellschaft, mit der das Arbeitsverhältnis besteht, einen Anspruch auf die Erbringung der Arbeitsleistung.[233] Das arbeitgeberseitige Direktionsrecht (§ 106 GewO, § 315 Abs. 1 BGB) räumt dem

229 Volmer/Gaul, § 1 ArbEG, Rn. 140 f.; Bartenbach/Volz, § 1 ArbEG, Rn. 129; LG Düsseldorf v. 29.12.1999, Entsch. 4. ZK. 2000, 8 (10) – *Abfallsammelbehälter*; Schiedsstelle v. 9.12.2008, Arb.Erf. 19/08 (unveröffentl.).

230 BAG v. 14.10.1982, DB 1982, 2635; Schiedsstelle v. 10.10.1989, Arb.Erf. 37/89 (unveröffentl.); Martens, FS 25 Jahre BAG (1979), 367 (368); Hanau/Wackerbarth in Lutter, Holding-Handbuch, G 1; a.A. Ramm, ZfA 1973, 263 (276) u. Coen, RdA 1983, 348 (349), die eine Ermittlung des Arbeitgebers nicht aus gesellschaftsrechtlichen Aspekten, sondern aus dem sozialen Schutzgedanken fordern.

231 ArbG Köln v. 7.3.1996, DB 1996, 1342; Birk, Die arbeitsrechtliche Leitungsmacht, S. 407; Maschmann, RdA 1996, 24 (35); Abbrent, BB 1988, 756 (758).

232 MünchArbR/Temming, § 23, Rn. 5.

233 Braun/Wisskirchen/Braner/Ceruti, Konzernarbeitsrecht, Teil I, Kap. 3, Rn. 7; vgl. BAG v. 9.9.1982, AP Nr. 1 zu § 611 BGB – *Hausmeister*; siehe auch BAG v. 26.1.2016, NZA 2016, 498 (500).

Arbeitgeber ohne einen entsprechenden vertraglichen Vorbehalt nicht das Recht ein, das Weisungsrecht auf ein anderes Konzernunternehmen zu übertragen.[234]

Entsprechendes gilt auch im Kündigungsfall bei der Frage der Weiterbeschäftigung des gekündigten Arbeitnehmers auf einem freien Arbeitsplatz im Konzern. Auch das Kündigungsschutzgesetz geht von einem Unternehmensbezug und nicht von einem Konzernbezug aus.[235] 108

bb) Abdingbarkeit – Erstreckung der Pflicht zur Arbeitsleistung

Der Grundsatz der ausschließlich arbeitgeberbezogenen Leistungspflicht ist allerdings abdingbar.[236] Insoweit stellt § 613 Satz 2 BGB bereits nach seinem Wortlaut lediglich eine Auslegungsregel dar.[237] Folglich kann der Arbeitnehmer sich – mit seiner bereits im Arbeitsvertrag erklärten (Konzernversetzungsklausel[238]) oder später erteilten Zustimmung – dazu verpflichten, seine Arbeitsleistung bei Dritten, etwa bei einem anderen Konzernunternehmen, zu erbringen.[239] Dies ist auch stillschweigend möglich.[240] 109

aaa) Vorübergehender Arbeitseinsatz in einem anderen Konzernunternehmen

Gerade im Bereich des Konzernverbundes besteht häufig ein praktisches Bedürfnis für eine vorübergehende Beschäftigung von Mitarbeitern in einem anderen Konzernunternehmen, etwa im Rahmen von Projektarbeiten, zwischenbetrieblichen Kooperationen oder zur Auftragserfüllung, ferner mit Blick auf die Vorbereitung von Organisationsänderungen. Dies kann einmal seinen Grund darin haben, dass es sich bei dem Arbeitnehmer um eine Spezialkraft handelt und solche Spezialisten nicht in unbegrenzter Zahl im Konzernverbund zur Verfügung stehen. Weitere Aspekte sind das Tätigwerden bei verbundenen Unternehmen aus Gründen der Personalentwicklung, etwa als Bestandteil der Laufbahnplanung dieses Mitarbeiters, aus Qualifizierungsgründen, zur Entwicklung eines globalen Bewusstseins im Konzern und im Interesse einer besseren Unternehmenskommunikation.[241] Nicht selten sind Anlass ein gemeinsames Forschungsprojekt, ein unternehmensübergreifendes Entwicklungsprogramm oder eine Kooperation auf bestimmten Technologiefeldern. Auch kann dies der Förderung eines Know-how-Transfers dienen. 110

234 LAG Hamm v. 11.12.2008, BeckRS 2009, 53973.

235 BAG v. 23.3.2006, AP Nr. 13 zu § 1 KSchG 1969 – *Konzern*; v. 23.11.2004, AP Nr. 132 zu § 1 KSchG 1969 – *Betriebsbedingte Kündigung*; zust. ErfK/Oetker, § 1 KSchG, Rn. 211.

236 Statt aller z.B. BAG v. 17.1.1979, AP Nr. 2 zu § 613 BGB; ErfK/Preis/Greiner, § 613 BGB, Rn. 3.

237 Zur Tragweite siehe u.a. Schaub/Linck, Arbeitsrechts-Handbuch, § 45, Rn. 3.

238 Siehe dazu BAG v. 23.3.2006, AP Nr. 13 zu § 1 KSchG 1969 – *Konzern* u. v. 13.4.2010, AP Nr. 45 zu § 307 BGB.

239 Rüthers/Bakker, ZfA 1990, 245 (260 f.); Henssler, S. 52 ff.; Hanau/Wackerbarth in Lutter, Holding-Handbuch, G 18.

240 ErfK/Preis, § 611a BGB, Rn. 216.

241 Siehe hierzu im Einzelnen: Mauer, Personaleinsatz im Ausland, Rn. 3 ff. u. Reiter, NZA-Beil. 2014, 22 ff.

111 Die vorübergehende Beschäftigung in einem anderen konzernverbundenen Unternehmen wird häufig mit den Begriffen »Abordnung« oder »Entsendung« umschrieben,[242] wobei allerdings die Terminologie gerade im Hinblick auf den Fortbestand des Arbeitsverhältnisses uneinheitlich ist.[243]

112 Für den Begriff des vorübergehenden Arbeitseinsatzes kann zunächst auf die Argumente der früheren Diskussion dieses Merkmals in § 1 Abs. 3 Nr. 2 AÜG a.F. zurückgegriffen werden[244], nachdem der Gesetzgeber in der alten Fassung der Vorschrift auf die Angabe einer konkreten zeitlichen Grenze verzichtet hatte. In der seit dem 1.4.2017 geltenden Fassung hat der Gesetzgeber wieder eine Überlassungshöchstdauer von 18 Monaten eingeführt.[245] Nach wie vor müssen die Umstände des Einzelfalls berücksichtigt werden, um konkretisieren zu können, wann eine Arbeitnehmerüberlassung als »vorübergehend« anzusehen ist.[246] Das trägt dem Anliegen des Gesetzgebers Rechnung, die sinnvolle Einweisung und Ausbildung innerhalb des Konzerns nicht über eine Beschränkung der Überlassungsdauer zu erschweren.[247] Demnach kommt es darauf an, ob der Arbeitnehmer nach der zugrundeliegenden Vereinbarung in sein ursprüngliches Vertragsunternehmen zurückkehren oder endgültig ausscheiden und damit ein Arbeitgeberwechsel stattfinden soll.[248] Beispielsweise wird eine Überlassung von Arbeitnehmern dann als nicht mehr »vorübergehend« eingestuft, wenn die verliehenen Arbeitnehmer auf Dauerarbeitsplätzen eingesetzt werden[249] bzw. wenn durch den Verleih ein reiner Dauerbeschäftigungsbedarf abgedeckt werden soll.[250] Entscheidend ist, ob die Parteien bei der Vereinbarung einer Entsendung einen Rückkehrwillen im Fall des Arbeitnehmers bzw. einen Rücknahmewillen im Fall des Arbeitgebers

242 Vgl. Windbichler, RdA 1988, 95 (97); Junker, S. 207 ff.; Reiter, NZA-Beil. 2014, 22; Maschmann, RdA 1996, 24 (25 ff.); Frank/Heine, NJOZ 2020, 1540 ff.; Freckmann, RIW 2012, 662; Heuser/Heidenreich/Fritz, Auslandsentsendung, Rn. 2; Braun/Wisskirchen/Braner/Ceruti, Konzernarbeitsrecht, Teil I, Kap. 3, Rn. 43; für den »normativ nicht belasteten« Begriff der Entsendung sprechen sich auch MünchArbR/Reichold, § 40, Rn. 54 m.H.a., Birk, Die arbeitsrechtliche Leitungsmacht, S. 408 aus.

243 So wird wohl überwiegend die Abordnung als vorübergehender Einsatz unter Fortbestand des Arbeitsverhältnisses angesehen (so u.a. Windbichler, RdA 1988, 95 (97); Gerauer, BB 1999, 2083; Maschmann, RdA 1996, 24 (26)).

244 Vgl. hierzu beispielsweise Schüren/Hamann, § 1 AÜG, Rn. 293 ff.

245 Siehe hierzu Rn. 138.

246 V. Hoyningen-Huene/Boemke, S. 216; B. Gaul, BB 1996, 1224; ErfK/Roloff, § 1 AÜG, Rn. 48; Reithmann/Martiny, Int. VertragsR, Rn. 4853 m.w.N.; siehe auch Frank/Heine, NJOZ 2020, 1540 ff.

247 Amtl. Begr. BT-Drucks. 10/3206, S. 33.

248 Martens, DB 1985, 2144 (2149); ErfK/Roloff, § 1 AÜG, Rn. 48; B. Gaul, BB 1996, 1224; Wiedemann, Anm. zu BAG v. 5.5.1988, AP Nr. 8 zu § 1 AÜG; dagegen wird bei BAG v. 21.3.1990, AP Nr. 15 zu § 1 AÜG auch eine Grenze gezogen, wenn sich der Schwerpunkt des Arbeitsverhältnisses auf den Entleiher verlagert hat. Vgl. zum neuen Recht LAG BW v. 22.11.2012, Az. 11 Sa 84/12 (unveröffentl.).

249 LAG Berlin-Brandenburg v. 9.1.2013, NZA-RR 2013, 234 (238).

250 LAG Berlin-Brandenburg v. 16.10.2012, ZIP 2013, 844 (846).

haben.[251] Ist die Rückkehr des Arbeitnehmers daher von Anfang an geplant, so ist unabhängig von der Dauer der Abordnung von einem nur vorübergehenden Einsatz auszugehen.[252] Dies ist in der Regel dann anzunehmen, wenn das Arbeitsverhältnis mit dem Stammarbeitgeber ruhend gestellt wurde oder der Einsatz in dem anderen Konzernunternehmen befristet ist.[253] Der Arbeitnehmer selbst kann also entscheiden, ob und wann ein endgültiger Wechsel des Arbeitsplatzes und damit auch ein Arbeitgeberwechsel stattfinden sollen.

Zutreffend definiert auch *Birk* das Gegenteil von »vorübergehend« nicht mit »länger dauernd«, sondern mit »endgültig«.[254] 113

Diese Abgrenzung stimmt weitgehend mit der h.L. zum Begriff der »vorübergehenden Entsendung« (an einen ausländischen Arbeitsort) im Sinne des Art. 8 ROM I-Verordnung[255] (ROM I-VO) überein, wonach ebenfalls zwischen vorübergehend und endgültig gewollter Entsendung differenziert wird.[256] Danach ist eine Tätigkeit dann als vorübergehend zu bewerten, wenn der Arbeitnehmer seine ursprüngliche Arbeit im Herkunftsland nach seinem Auslandseinsatz wieder aufnehmen will.[257] Dabei handelt es sich zwar um eine mitbestimmungspflichtige Versetzung im Sinne des § 99 BetrVG; jedoch hat die zeitliche Schranke des § 95 Abs. 3 BetrVG von einem Monat keine allgemeine, über das BetrVG hinausgehende Bedeutung, sondern erklärt sich aus der betriebsverfassungsrechtlichen Zweckbestimmung.[258] 114

Ein vorübergehender Einsatz liegt regelmäßig auch bei einer Forschungs- und Entwicklungskooperation zwischen Konzernunternehmen vor, bei der – unter Beibehaltung der Arbeitgeberposition – lediglich eine Abordnung einzelner Mitarbeiter zu einem der Kooperationspartner erfolgt. Die Situation, dass die Kooperation selbst nach außen hin im Rechtsverkehr als eine BGB-Gesellschaft auftritt und zwischen ihr und den Arbeitnehmern ein Arbeitsverhältnis begründet wird, ist in der Praxis äußerst selten und im Konzernbereich atypisch. Hier kommt regelmäßig nur die Kooperation 115

251 Schlachter, NZA 2000, 57 (59); Reithmann/Martiny, Int. VertragsR, Rn. 4853; Deinert, Int. ArbeitsR, § 9, Rn. 102; siehe auch Meyer, NZA 2013, 1326 (1327); zur Auslegung einer Rückkehrzusage vgl. BAG v. 15.10.2013, NZA-RR 2014, 119 ff.

252 So auch Maschmann in Maschmann/Fritz, Matrixorganisationen, Rn. 61.

253 So Braun/Wisskirchen/Braner/Ceruti, Konzernarbeitsrecht, Teil I, Kap. 3, Rn. 48.

254 MünchArbR/Birk, 2. Aufl. § 19, Rn. 37, 38; Reiter, NZA Beil. 2014, 22 (24); siehe auch Reiter in Maschmann/Fritz, Matrixorganisationen, Rn. 797; ebenso LAG Hessen v. 26.5.2000, DB 2000, 1968; a.A. Gamillscheg, ZfA 1983, 307 (333).

255 VO (EG) Nr. 593/2008 des Europäischen Parlaments und des Rates vom 17.6.2008 über das auf vertragliche Schuldverhältnisse anzuwendende Recht (Rom I), ABl. EU 2008 L177/6.

256 Vgl. u.a. ErfK/Schlachter, Art. 8 Rom I-VO, Rn. 13 m.w.N., Einzelheiten aber streitig; vgl. BAG v. 7.12.1989, AP Nr. 27 zu Internationales Privatrecht – *Arbeitsrecht.*

257 Siehe Erwägungsgrund 36 der Rom I-VO.

258 Vgl. Schaub/Ahrendt, Arbeitsrechts-Handbuch, § 240, Rn. 26 m.H.a. BAG v. 29.9.2020, AP Nr. 58 zu § 99 BetrVG 1972 Versetzung; BAG v. 26.5.1988, AP Nr. 13 zu § 95 BetrVG 1972 u. v. 8.8.1989, AP Nr. 18 zu 95 BetrVG 1972.

als bloße BGB-Innengesellschaft in Betracht, d.h. die Kooperationspartner bleiben unverändert Arbeitgeber der von ihnen für das Gemeinschaftsunternehmen abgeordneten Arbeitnehmer.[259] Die Rechtsbeziehungen beschränken sich ausschließlich auf das Innenverhältnis der Kooperationspartner und haben keine arbeitsrechtlichen Wirkungen auf die Rechtsverhältnisse gegenüber den jeweiligen Arbeitnehmern.

116 Die Zulässigkeit eines vorübergehenden Konzerneinsatzes ist unstreitig gegeben, wenn der Arbeitnehmer einem solchen ausdrücklich zustimmt.[260] Das erforderliche Einverständnis des Arbeitnehmers kann allerdings auch allgemein erklärt werden, insbesondere im Arbeitsvertrag aufgrund einer sog. Abordnungsklausel[261] bzw. einer sog. Konzernversetzungsklausel.[262] In einer solchen Klausel, mit der der Arbeitnehmer sein Einverständnis zum Arbeitplatzwechsel bereits bei Unterzeichnung des Arbeitsvertrages erklärt, behält sich der Arbeitgeber einen konzernweiten Einsatz des Arbeitnehmers vor.[263] Derartige Vereinbarungen, die auf einen möglichst flexiblen Personaleinsatz abzielen, sind im Grundsatz jedenfalls insoweit zulässig, als es um einen (nur) vorübergehenden Arbeitseinsatz in einem anderen Konzernunternehmen geht.[264]

117 Ob darüber hinaus auch ohne ausdrückliche Abrede ein Einsatz bei einem anderen Konzernunternehmen zulässig sein kann, ist streitig. M.E. ist nur auf den vorübergehenden Einsatz eines Arbeitnehmers in einem anderen Konzernunternehmen abzustellen. In Literatur und Rechtsprechung wird die Zulässigkeit eines solchen Einsatzes ohne ausdrückliche Vereinbarung entweder nur pauschal bejaht[265] oder verneint;[266] eine differenzierte Behandlung dieses Problems findet sich selten.[267] Unabhängig davon, ob eine kurzfristige Tätigkeit oder ein dauerhafter Einsatz des Arbeitnehmers bei einem

259 Vgl. Schippel, Anm. zu Schiedsstelle v. 1.3.1961, GRUR 1962, 191 (192); Bartenbach/Volz, § 1 ArbEG, Rn. 106.1.

260 ErfK/Preis § 611a BGB, Rn. 217; siehe im Übrigen die Nachweise bei Rdn. 122 (Fn. 280).

261 MünchArbR/Reichold, § 36, Rn. 36 ff.; Martens, DB 1985, 2144 (2147); Schaub/Linck, Arbeitsrechts-Handbuch, § 45, Rn. 61; Preis, Grundfragen der Vertragsgestaltung, S. 83, 322.

262 Vgl. zu der kündigungsrechtlichen Problematik einer solchen Konzernversetzungsklausel: Rid, NZA 2011, 1120 (1121 f.).

263 Pohl, NZA 1998, 735 (738); Maschmann, RdA 1996, 24 (32); v. Hoyningen-Huene/Boemke, S. 216; Schaub/Koch, Arbeitsrechts-Handbuch, § 120, Rn. 6.

264 Maschmann, RdA 1996, 24 (27 f.), so auch Windbichler, Arbeitsrecht im Konzern, S. 97; so auch Braun/Wisskirchen/Braner/Ceruti, Konzernarbeitsrecht, Teil I, Kap. 3, Rn. 52 m.H.a. BAG v. 18.06.1997, AP Nr. 24 zu § 1 TVG Tarifverträge: Lufthansa.

265 Vgl. BAG v. 14.10.1982, v. 22.5.1986 u. v. 27.11.1991 AP Nrn. 1, 4 u. 6 zu § 1 KSchG 1969 – *Konzern*; v. Hoyningen-Huene/Boemke, S. 216 – für eine Pflicht des Arbeitnehmers zur vorübergehenden Tätigkeit in einem anderen Unternehmen; Preis, Grundfragen der Vertragsgestaltung, S. 322; Schaub/Linck, Arbeitsrechts-Handbuch, § 45, Rn. 61.

266 Vgl. v. Hoyningen-Huene/Boemke, S. 218 – gegen eine grundsätzliche Verpflichtung des Arbeitnehmers hinsichtlich einer dauerhaften Beschäftigung bei einem anderen Konzernunternehmen.

267 Windbichler, Arbeitsrecht im Konzern, S. 95 ff.; Martens, FS 25 Jahre BAG (1979), 363 (367); Maschmann, RdA 1996, 24 (26 ff.); Rüthers/Bakker, ZfA 1990, 245 (260 ff.).

anderen Konzernunternehmen gewollt ist, wird ohne eine bereits im Arbeitsvertrag getroffene Absprache grundsätzlich die Zustimmung des Arbeitnehmers einzuholen sein.[268] Dies folgt schon aus der Tatsache, dass der Arbeitnehmer bei Eingehen des Arbeitsverhältnisses mit dem Einstellungsunternehmen nur dieses als seinen Vertragspartner anerkannt hat.[269] Auch die Konzernleitungsmacht des Mutterunternehmens gibt dieser kein Weisungsrecht bezüglich des (dauerhaften) Einsatzes eines Arbeitnehmers in einem anderen Konzernunternehmen als seinem Einstellungsunternehmen.[270]

Bei einer Abordnung im Inland wird regelmäßig mit dem aufnehmenden Konzernun- 118
ternehmen, zu dem der Arbeitnehmer abgeordnet wird, kein eigenes Arbeitsverhältnis begründet. Die arbeitsvertragliche Beziehung zum abordnenden Konzernunternehmen bleibt bestehen, so dass die Kontinuität der Vertragsbeziehung im Vordergrund steht.[271] Die nur vorübergehende Beschäftigung in einem anderen Konzernunternehmen hat keinen Arbeitgeberwechsel zur Folge. Es kommt allerdings zu einer Aufspaltung der Arbeitgeberfunktion, d.h. das abordnende Konzernunternehmen nimmt einzelne Rechte aus dem Arbeitsverhältnis nicht im eigenen Unternehmen wahr.[272] Typischer Anwendungsfall ist, dass der Arbeitgeber seinen Anspruch auf Erbringung der Arbeitsleistung nicht im eigenen Unternehmensbereich umsetzen lässt, sondern bei einem verbundenen Drittunternehmen.[273] Die Aufspaltung der Arbeitgeberfunktion konkretisiert sich in der Zuordnung bestimmter Arbeitgeberrechte und -pflichten zu dem aufnehmenden Konzernunternehmen.[274] Bestimmte Rechte und Pflichten gegenüber einem Arbeitnehmer werden delegiert.[275] Auch die arbeitsrechtliche Leitungsmacht soll im Grundsatz beim abordnenden Arbeitgeber verbleiben,[276] während dem Dritten ein abgeleitetes Weisungsrecht bezüglich der erforderlichen Eingliederung des Arbeitnehmers in die betrieblichen Abläufe eingeräumt wird.[277] Beispielsweise bleibt der abordnende Arbeitgeber Schuldner des Arbeitslohns; die praktische Abwicklung der Lohnzahlung wird dagegen gegebenenfalls vom aufnehmenden Konzernunternehmen übernommen.[278]

268 Vgl. Birk, Die arbeitsrechtliche Leitungsmacht, S. 407; Abbrent, BB 1988, 756 (758); Henssler, S. 41; Windbichler, Arbeitsrecht im Konzern, S. 95; Pohl, NZA 1998, 735 (738).

269 Vgl. Rdn. 106 ff.

270 Vgl. Karamarias, RdA 1983, 353 (357); Konzen, RdA 1984, 65 (85); Martens, FS 25 Jahre BAG (1979), S. 373; MünchArbR/Temming, § 25, Rn. 25.

271 ErfK/Preis, § 611a BGB, Rn. 218; Windbichler, Arbeitsrecht im Konzern, S. 95; Braun/Wisskirchen/Braner/Ceruti, Konzernarbeitsrecht, Teil I, Kap. 3, Rn. 46.

272 Weber, S. 142.

273 Windbichler, Arbeitsrecht im Konzern, S. 78 f.

274 Weber, S. 142.

275 Vgl. auch Ramm, ZfA 1973, 263 (292), wonach eine »Aufteilung« der Rechte und Pflichten erfolgt.

276 Birk, Die arbeitsrechtliche Leitungsmacht, S. 145, 185, vgl. auch die Ausführungen zur Leitungsmacht in Rdn. 77 ff.

277 Windbichler, Vertragsgestaltung im Konzern, S. 17.

278 Windbichler, Vertragsgestaltung im Konzern, S. 17; vgl. auch BFH v. 19.2.2004, BB 2004, 1089 (1090) zur steuerrechtlichen Problematik bei solchen vorübergehenden Entsendungen in konzernangehörige Gesellschaften.

119 Die Begründung eines eigenen Arbeitsverhältnisses mit dem Drittunternehmen ist dagegen insbesondere in Fällen einer auf längere Zeit angelegten Entsendung ins Ausland anzutreffen.[279] Korrespondierend ruhen die wesentlichen Rechte und Pflichten aus dem Arbeitsverhältnis mit dem entsendenden Konzernunternehmen.[280] Hier kann sich das anzuwendende Recht nach unterschiedlichen Rechtsordnungen richten.[281]

120 Festzuhalten bleibt also, dass allein die Tatsache einer Konzernbindung keinen vom Arbeitgeber einseitig angeordneten vorübergehenden Einsatz in einem anderen Konzernunternehmen – etwa im Rahmen einer Forschungs- oder Entwicklungskooperation – zulässt; vielmehr bedarf es einer (gegebenenfalls stillschweigenden) Zustimmung des Arbeitnehmers, etwa aufgrund einer arbeitsvertraglichen Konzernabordnungs- bzw. Konzernversetzungsklausel oder im Rahmen einer einzelfallbezogenen Vertragsabsprache.[282]

bbb) Endgültiger Arbeitseinsatz in einem anderen Konzernunternehmen/ Versetzung

121 Ein endgültiger Arbeitseinsatz in einem anderen Konzernunternehmen wird als Wechsel des Arbeitgebers angesehen, also als Begründung eines neuen Arbeitsverhältnisses.[283] Das kann in der Form der Vertragsübernahme[284] oder durch Beendigung des alten und Begründung eines neuen Arbeitsverhältnisses vollzogen werden.[285] Charakteristikum dieser Art der Arbeitnehmermobilität ist also der konzerninterne Arbeitgeberwechsel.[286] Dieser konzerninterne Arbeitgeberwechsel wird – abweichend vom betriebs-

---

279 Vgl. z.B. BAG v. 21.1.1999 AP Nr. 9 zu § 1 KSchG 1969 – *Konzern.*

280 BAG v. 26.2.1987, AP Nr. 15 zu § 1 KSchG 1969 – *Soziale Auswahl.*

281 Siehe hierzu Rdn. 1042 ff.

282 Dafür spricht sich auch Windbichler, Arbeitsrecht im Konzern, S. 114 ff. aus.

283 Ausführlich hierzu Windbichler, RdA 1988, 95 (96); Maschmann, RdA 1996, 24 (33 ff.) Braun/Wisskirchen/Braner/Ceruti, Konzernarbeitsrecht, Teil I, Kap. 3, Rn. 54 ff.

284 Ausführlich zur Vertragsübernahme bei Versetzung eines Arbeitnehmers: Maschmann, RdA 1996, 24 (34 f.).

285 Windbichler, Arbeitsrecht im Konzern, S. 115; dies., Vertragsgestaltung im Konzern, S. 21; Lingemann/v. Steinau-Steinrück, DB 1999, 2161 (2162); Pohl, NZA 1998, 735 (738); Meyer, NZA 2013, 1326 (1327); vgl. aber auch BAG v. 25.4.2002, NZG 2003, 223 (224), welches von der Vermutung einer konkludenten Aufhebung des bisherigen Arbeitsverhältnisses ausgeht, wenn ein leitender Angestellter einen Geschäftsführer-Dienstvertrag abschließt und sich dadurch die vertraglichen Konditionen – insbesondere in finanzieller Hinsicht – für den bisherigen Arbeitnehmer als Geschäftsführer verbessern.

286 Maschmann, RdA 1996, 24 (26); Meyer, NZA 2013, 1326 (1327).

verfassungsrechtlichen Begriff[287] – häufig als Versetzung bezeichnet,[288] obwohl auch hier die Begriffshandhabung uneinheitlich ist.[289] Davon ist auch hier der Sonderfall der Arbeitnehmerüberlassung zu trennen.[290]

Die dauerhafte Versetzung eines Arbeitnehmers in ein anderes Konzernunternehmen ist vom allgemeinen Direktionsrecht (§ 106 Satz 1 GewO) nicht umfasst, da der Arbeitnehmer nicht gegen seinen Willen zu einem Arbeitgeberwechsel gezwungen werden kann.[291] Insoweit bedarf der Arbeitgeberwechsel innerhalb eines Konzerns der Zustimmung des Arbeitnehmers im konkreten Einzelfall. Ob insoweit auch eine mit ihm vereinbarte Konzernversetzungsklausel im Einzelfall ausreichend sein kann, ist umstritten.[292] 122

Umstritten ist dabei, ob ein vorbehaltener Arbeitgeberwechsel – losgelöst von der Geltung des § 309 BGB wegen arbeitsrechtlicher Besonderheiten (z.B. § 613 Satz 2, § 613a BGB) nach § 310 Abs. 4 Satz 2 BGB[293] – der Wertung des § 309 Nr. 10 BGB entspricht. Dies hätte zur Folge, dass die Unternehmen, zu denen die Versetzung vorbehalten wird, im Einzelnen in der Konzernversetzungsklausel aufzuführen wären.[294] Das in § 309 Nr. 10 BGB normierte Klauselverbot bezüglich des Wechsels des Vertragspartners bei Kauf-, Dienst- oder Werkverträgen lässt sich auf Arbeitsverträge nicht übertragen.[295] Bereits für den gedachten Zweck, einen Missbrauch im Zeitschriftengeschäft oder bei Fernunterrichtsverträgen zu verhindern, wird die Norm als kaum Schutz bietend bewertet, was sodann erst recht für Arbeitsverhält- 123

287 Der Begriff der Versetzung ist zwar mit der Legaldefinition in § 95 Abs. 3 BetrVG durch das kollektive Arbeitsrecht geprägt worden (vgl. MünchArbR/Reichold, § 40, Rn. 33). Danach ist unter einer Versetzung die Zuweisung eines anderen Arbeitsbereichs zu verstehen, die voraussichtlich die Dauer eines Monats überschreitet, oder die mit einer erheblichen Änderung der Umstände verbunden ist, unter denen die Arbeit zu leisten ist. Wie Maschmann (RdA 1996, 24 (26)) zutreffend herausstellt, ist im betriebsverfassungsrechtlichen Versetzungsbegriff nicht die Dauer der anderweitigen Beschäftigung das vorrangige Kriterium, sondern die Zuweisung eines anderen Arbeitsbereichs ausreichend.

288 So u.a. Maschmann, RdA 1996, 24 (26); ErfK/Preis, § 611a BGB, Rn. 218; Reiter, NZA-Beil. 2014, 22 (23).

289 So Windbichler, RdA 1988, 95 (96).

290 Siehe dazu Rdn. 141 ff.

291 Fliss, NZA-RR 2008, 225, 228 m.w.N.

292 Ausführlich Gotthardt, ArbR nach der Schuldrechtsreform, Rn. 285; Bernhardt/Barthel, AuA 2007, 410 (412); zust. wohl auch BAG v. 23.3.2006, NZA 2007, 30; vgl. zur Zulässigkeit einer Konzernversetzungsklausel auch BAG v. 13.4.2010, NJOZ 2010, 2625 ff.

293 Vgl. dazu u.a. BAG v. 4.3.2004, NZA 2004, 727 ff. m. Anm. Joost, ZIP 2004, 1981 ff. u. Morgenroth/Leder, NJW 2004, 2797; ErfK/Preis, § 310 BGB, Rn. 86 m.w.N.

294 Braun/Wisskirchen/Braner/Ceruti, Konzernarbeitsrecht, Teil I, Kap. 3, Rn. 60 m.w.N.

295 Eine Anwendung bejahend PdSR/Henssler, § 310 BGB, Rn. 19; Boudon, ArbRB 2003, 150 (153); ablehnend HWK/Gotthardt, § 309 BGB, Rn. 13; ErfK/Preis, § 305 BGB, Rn. 86; Schaub/Linck, Arbeitsrechts-Handbuch, § 45, Rn. 61; Frank/Heinze, NJOZ 2020, 1540 (1541).

nisse gilt. *Gotthardt*[296] stellt nachvollziehbar dar, dass auch die in § 309 Nr. 10a BGB genannte Ausnahme der namentlichen Beschreibung des eintretenden Vertragspartners einen Widerspruch zum zwingenden Kündigungsrecht bezüglich des Vertrages zum ersten Arbeitgeber bedeuten würde. Ebenso widerspräche die zweite Alternative der Einräumung eines Lösungsrechts vom Vertrag gemäß § 309 Nr. 10b BGB dem Bestandschutzbedürfnis des Arbeitnehmers.[297]

124 Es darf nicht übersehen werden, dass eine Versetzung lediglich einen konzerninternen Arbeitgeberwechsel und nicht den Verlust des Arbeitsplatzes bedeutet.[298] Dabei wird nicht verkannt, dass Änderungen in den arbeitsrechtlichen Rahmenbedingungen eintreten können.[299] Andererseits hat bereits die Versetzungsklausel als solche Relevanz für die Sozialauswahl.[300] Sie hat die Grenzen der Billigkeitskontrolle des § 315 BGB zu beachten.[301] Beachtlich ist letztlich, dass die Beendigung des bisherigen Arbeitsverhältnisses immer im Zusammenhang mit der Begründung eines neuen Arbeitsverhältnisses mit einem anderen Konzernmitglied betrachtet werden muss, so dass die generelle Zulässigkeit zu bejahen ist.[302] Dieser grundsätzlichen Zulässigkeit steht auch nicht die Vorschrift des § 613 Satz 2 BGB entgegen, wonach der Anspruch auf die Dienstleistung im Zweifel nicht übertragbar ist. Diese bloße Auslegungsregel ist erst dann anzuwenden, wenn die Vertragsparteien keine ausdrückliche Vereinbarung getroffen haben.[303] Hinzu kommt, dass sich diese Norm nicht darauf bezieht, ob die Dienstleistung beim Dienstberechtigten oder bei einem Dritten zu erfolgen hat.[304]

125 Der arbeitsvertragliche Konzernvorbehalt ist als vertraglich vereinbartes Gestaltungsrecht des Arbeitgebers zur einseitigen Leistungsbestimmung nach § 315 BGB zu

---

296 ZIP 2002, 277 (284).

297 Vgl. auch Moll/Gragert, MAH Arbeitsrecht, § 12, Rn. 40, der sich mit Hinweis auf die Rspr. des BAG gegen eine Überprüfung von Versetzungsklauseln anhand von § 308 Nr. 4 BGB ausspricht.

298 Lingemann/v. Steinau-Steinrück, DB 1999, 2161 (2162); Braun/Wisskirchen/Braner/Ceruti, Konzernarbeitsrecht, Teil I, Kap. 3, Rn. 59 m.w.N.; vgl. auch Preis, Grundfragen der Vertragsgestaltung, S. 322; Birk, Die arbeitsrechtliche Leitungsmacht, S. 407; Konzen, RdA 1984, 65 (73).

299 Vgl. hierzu Mauer, Personaleinsatz im Ausland, Rn. 367 ff.

300 Vgl. dazu BAG v. 27.11.1991 u. 21.1.1999, AP Nrn. 6 u. 9 zu § 1 KSchG 1969 – *Konzern*; vgl. auch BAG v. 15.12.2005, NZA 2006, 590.

301 Maschmann, RdA 1996, 24 ff.

302 Vgl. zur Zulässigkeit solcher Konzernversetzungsklauseln auch BAG v. 14.10.1982, 22.5.1986, 27.11.1991 u. 21.1.1999, AP Nrn. 1, 4, 6 u. 9 zu § 1 KSchG 1969 – *Konzern*; Birk, ZGR 1984, 23 (67); Henssler, S. 52 ff.; Martens, DB 1985, 2144 (2147); Schaub/Linck, Arbeitsrechts-Handbuch, § 45, Rn. 61; Kittner in Kittner/Zwanziger, § 7, Rn. 84. Nach ErfK/Preis, § 310 BGB, Rn. 86 ist eine Konzernversetzungsklausel mit Arbeitgeberwechsel anhand von § 305c Abs. 1, § 307 BGB zu prüfen; siehe auch Preis/Preis, Arbeitsvertrag, Rn. 244.

303 Grüneberg/Weidenkaff, § 613 BGB, Rn. 4.

304 ErfK/Preis/Greiner, § 613 BGB, Rn. 3.

qualifizieren.[305] Die Rechtmäßigkeit und damit auch die Verbindlichkeit der Versetzungsklausel für den Arbeitnehmer richten sich somit nach dem Maßstab des billigen Ermessens. Das Gleichgewicht von Leistung und Gegenleistung darf durch den Vorbehalt nicht grundlegend gestört werden. So muss die Art der Tätigkeit in einem anderen Konzernunternehmen unter Fortzahlung der vereinbarten Vergütung gleichwertig sein.[306] Haben sich die Verhältnisse im Konzern gegenüber dem Zeitpunkt des Vertragsschlusses und der Vereinbarung des Konzernvorbehalts erheblich geändert, hat der Arbeitnehmer die Möglichkeit, dem Arbeitseinsatz in einem anderen Konzernunternehmen aus sachbezogenen Gründen zu widersprechen.[307]

Festzuhalten bleibt, dass der Arbeitnehmer nur aufgrund seines Einverständnisses 126 oder eines von ihm bei Begründung des Arbeitsverhältnisses akzeptierten Konzern- oder Versetzungsvorbehaltes zu einem Einsatz in anderen Konzernunternehmen bzw. einem Arbeitgeberwechsel innerhalb des Konzerns verpflichtet ist.[308]

Ist die Versetzung – etwa aufgrund einer unwirksamen Konzernversetzungsklausel – 127 unwirksam, stellt sich die Frage, welche Auswirkungen sich hieraus ergeben. Zu klären ist insbesondere, ob für das unwirksame (neue) Arbeitsverhältnis die Grundsätze des fehlerhaften (faktischen) Arbeitsverhältnisses greifen und ob das bisherige Arbeitsverhältnis fortbesteht bzw. wiederauflebt.

Grundsätzlich wird ein unwirksames Arbeitsverhältnis insbesondere wegen der Schwie- 128 rigkeit einer Rückabwicklung von Rechtsprechung und Lehre hinsichtlich der tatsächlich geleisteten Tätigkeit wie ein fehlerfrei zustande gekommenes Arbeitsverhältnis behandelt.[309] Insoweit kann jedenfalls auf die Grundsätze über das fehlerhafte (faktische) Arbeitsverhältnis zurückgegriffen werden. Auch im Konzernverbund finden diese Grundsätze Anwendung.[310]

Da somit die gleichen Rechte und Pflichten wie in einem wirksamen Arbeitsverhältnis 129 bestehen,[311] löst eine in diesem Zeitraum fertiggestellte Erfindung alle Rechte und Pflichten aus dem ArbEG aus.[312]

305 Rüthers/Bakker, ZfA 1990, 245 (261); vgl. auch BAG v. 13.4.2010, NJOZ 2010, 2625 (2627).

306 Vgl. BAG v. 11.6.1958, 20.1.1960, 14.12.1961, 19.7.1965 u. 28.2.1968, AP Nrn. 2, 8, 17, 18 u. 19 zu § 611 BGB – *Direktionsrecht*; v. 14.11.1990, AP Nr. 25 zu § 611 BGB – *Arzt-Krankenhaus-Vertrag*; v. 21.4.1993, AP Nr. 34 zu § 2 KSchG 1969.

307 Kittner in Kittner/Zwanziger, § 7, Rn. 88.

308 So auch MünchArbR/Temming, § 25, Rn. 26.

309 So schon BAG v. 5.12.1957, AP Nr. 2 zu § 123 BGB; v. 7.6.1972, AP Nr. 18 zu § 611 BGB – *Faktisches Arbeitsverhältnis*; v. 16.2.2000, AP Nr. 70 zu § 2 ArbGG 1979; v. 3.11.2004, NZA 2005, 1409 u. v. 26.9.2007, NZA 2007, 1422; BGH v. 16.1.1995, BB 1995, 536; Schaub/Linck, Arbeitsrechts-Handbuch, § 34, Rn. 49; ErfK/Preis, § 611a BGB, Rn. 145; einschränkend Beuthien, RdA 1969, 161 ff.

310 Windbichler, Arbeitsrecht im Konzern, S. 113 f.

311 BAG v. 15.1.1986, AP Nr. 66 zu § 1 LohnFG.

312 Bartenbach/Volz, § 1 ArbEG, Rn. 12; Reimer/Schade/Schippel/Rother, § 1 ArbEG, Rn. 2.

ccc) Abgrenzung

130 Ob eine Versetzung oder eine nur vorübergehende Überlassung des Arbeitnehmers an ein anderes Konzernunternehmen (Abordnung, Entsendung, Konzernleihe) stattfinden soll, ist Sache der Parteien und bei unklarer Fallgestaltung unter Berücksichtigung der Umstände des Einzelfalls festzustellen.[313] Die mit einer Versetzung des Arbeitnehmers verbundene endgültige Lösung vom Einstellungsunternehmen ist sowohl für den Arbeitnehmer wie aber auch für den bisherigen Arbeitgeber eine einschneidende Maßnahme. Für den Arbeitgeber bedeutet sie den vollständigen Verlust seines arbeitsrechtlichen Weisungsrechts gegenüber diesem Arbeitnehmer;[314] für den Arbeitnehmer den Wechsel zu einem ihm unter Umständen fremden Arbeitgeber und ggfs. nicht unbeachtliche Veränderungen im persönlichen Umfeld. Bestehen Zweifel, welche Art der Arbeitnehmermobilität durch die Klausel vorbehalten wurde, ist zugunsten des Arbeitnehmers allenfalls von der weniger einschneidenden Maßnahme einer vorübergehenden Abordnung (Entsendung) auszugehen.[315]

131 Demgegenüber ist ein Indiz dafür, dass der Bestand des Arbeitsverhältnisses zum Einstellungsunternehmen nicht aufrechterhalten wird, z.B. die Übernahme von Daueraufgaben durch den Arbeitnehmer in einem anderen Konzernunternehmen, die, würden sie von einem neu einzustellenden Arbeitnehmer erledigt, eine Befristung des Arbeitsvertrages nicht rechtfertigen könnten.[316] Eine Versetzung kommt außerdem in Betracht, wenn die Initiative zum konzerninternen Arbeitgeberwechsel vom Arbeitnehmer ausgeht, z.B. indem er sich auf eine konzerninterne Stellenausschreibung für eine Tätigkeit bei einer anderen Konzerngesellschaft beworben hat.[317]

132 Welche Vertragsgestaltung von den Parteien gewählt wurde, ergibt sich entweder aus den ausdrücklichen Vertragsregelungen oder ist durch Auslegung der Umstände zu ermitteln.[318] Das BAG nimmt eine Vertragsübernahme nur an, wenn die Identität des Arbeitsverhältnisses nicht verändert wird;[319] wenn also der Übergang eines Arbeitsverhältnisses von den Beteiligten als Ganzes, also eine Kontinuität, gewollt sei, die sich in der Identität des Arbeitsverhältnisses zeige; wo diese Identität nicht gegeben sei, fehlten die für eine Vertragsübernahme notwendigen Kontinuitätsmerkmale.[320] Dagegen wendet *Maschmann*[321] nicht zu Unrecht ein, dass eine solche vollständige Identität der Arbeitsbedingungen selten vorkomme und es deshalb, um das Institut

313 Pohl, NZA 1998, 735 (738) m.H.a. LAG Hamm v. 22.3.1974, DB 1974, 877.
314 Maschmann, RdA 1996, 24 (27).
315 MünchArbR/Reichold, § 40, Rn. 34.
316 BAG v. 21.3.1990, AP Nr. 15 zu § 1 AÜG.
317 Windbichler, Arbeitsrecht im Konzern, S. 116; Maschmann, RdA 1996, 24 (26).
318 Pieper, S. 124; Maschmann, RdA 1996, 24 (26); Windbichler, Arbeitsrecht im Konzern, S. 96.
319 BAG v. 24.10.1972, AP Nr. 31 zu § 74 HGB; ähnlich bereits BAG v. 1.2.1971, AP Nr. 2 zu § 282 ZPO.
320 BAG v. 24.10.1972, AP Nr. 31 zu § 74 HGB.
321 RdA 1996, 24 (32); ähnlich Blomeyer, Anm. zu BAG v. 1.2.1971, AP Nr. 2 zu § 282 ZPO; Kreil, S. 60.

der Vertragsübernahme nicht leerlaufen zu lassen, ausreiche, die wesentlichen Elemente des alten Arbeitsverhältnisses, wie z.B. die Arbeitszeit und das Arbeitsentgelt, ggfs. auch die Funktion, zu erhalten. Grundsätzlich wird in einem solchen Fall der ursprüngliche Arbeitgeber von den bereits vorhandenen Verbindlichkeiten und Pflichten frei, wobei eine Fortsetzung der Haftung aufgrund einer Vereinbarung möglich ist.[322]

Der Arbeitgeberwechsel ist bei der üblichen Gestaltungsform, also einer einvernehmlichen Trennung durch einen Aufhebungsvertrag und Abschluss eines neuen Arbeitsvertrages – was beides auch stillschweigend geschehen kann – unproblematisch. Auch hier ist entweder eine unternehmensübergreifende Versetzungsklausel im Arbeitsvertrag erforderlich oder das ausdrückliche bzw. konkludent durch widerspruchloses Weiterarbeiten zum Ausdruck gebrachte Einverständnis des Arbeitnehmers.[323] 133

ddd) Erfinderrechtliche Beziehungen

Da für die erfinderrechtlichen Beziehungen die arbeitsvertraglichen Regelungen maßgebend sind,[324] und dabei die Stellung als Arbeitgeber von entscheidender Bedeutung ist, kommt es bei den vorgenannten Fallgestaltungen der Abordnung bzw. Entsendung oder der Versetzung darauf an, wer im Zeitpunkt des Wechsels Arbeitgeber des Arbeitnehmererfinders ist und wann, d.h. in welchem Arbeitsverhältnis, eine Arbeitnehmererfindung gemacht, d.h. fertig gestellt, wird. 134

Besteht im Falle der Abordnung das Arbeitsverhältnis – wie üblich – ausschließlich mit dem abordnenden Arbeitgeber fort, kann nur dieser Träger der Rechte und Pflichten aus dem ArbEG sein. Im Verhältnis zu ihm bestimmt sich auch, ob eine Diensterfindung vorliegt. Bei einer (vorübergehenden) Abordnung eines Arbeitnehmererfinders in eine Forschungs- und Entwicklungskooperation bleibt es bei dem bisherigen Arbeitsverhältnis; allein der ursprüngliche Arbeitgeber ist unverändert als Gläubiger der Erbringung der Arbeitsleistung auch nach dem ArbEG berechtigt und verpflichtet.[325] Hier können sich allerdings insbesondere hinsichtlich der Aufgabenstellung und der betrieblichen Erfahrungen im Sinne des § 4 Abs. 2 ArbEG für die Feststellung, ob überhaupt eine Diensterfindung vorliegt, Besonderheiten ergeben.[326] 135

Wird bei einer Entsendung, insbesondere ins Ausland, ein zusätzliches Arbeitsverhältnis begründet, können sich aus beiden Arbeitsverhältnissen erfinderrechtliche Beziehungen ergeben. Insoweit gelten weitgehend die allgemeinen Grundsätze zu Arbeitnehmererfindungen bei mehreren Arbeitsverhältnissen (Doppelarbeitsverhält- 136

322 Pieper, S. 215.

323 V. Hoyningen-Huene/Boemke, S. 216; Windbichler, Arbeitsrecht im Konzern, S. 98 m.H.a. BAG v. 18.10.1976, AP Nr. 3 zu § 1 KSchG 1969 – *Betriebsbedingte Kündigung* u. v. 14.10.1982, AP Nr. 1 zu § 1 KSchG 1969 – *Konzern.*

324 Siehe Rdn. 37 ff.

325 Volmer, GRUR 1978, 393 (402); Lüdecke, Erfindungsgemeinschaften, S. 113; Bartenbach, Zwischenbetriebl. F. + E.-Kooperation, S. 68.

326 Siehe dazu Rdn. 360 ff. u. Rdn. 371 ff.

nisse).[327] Zusätzlich kann sich hier das internationale Privatrecht der Arbeitnehmererfindung auswirken.[328]

137 Bei einer wirksamen Versetzung findet ein Arbeitgeberwechsel statt. Für Erfindungen, die nach der Versetzung fertiggestellt werden, wird das ArbEG im Verhältnis zum neuen Arbeitgeber relevant. Erfolgt die Versetzung ins Ausland, richten sich die Fragen der Zuordnung der Erfindungsrechte und weitere erfinderrechtliche Fragen wiederum nach dem internationalen Privatrecht der Arbeitnehmererfindung. Die Behandlung von Erfindungen, die vor der Versetzung fertiggestellt worden sind, bestimmt sich ausschließlich im Verhältnis zum früheren Arbeitgeber. Dies gilt ungeachtet der Beendigung des Arbeitsverhältnisses und folgt unmittelbar aus § 26 ArbEG.

138 Schließlich ist noch die Frage zu klären, welche erfinderrechtlichen Auswirkungen es hat, wenn die Begründung des neuen Arbeitsverhältnisses im Einzelfall – etwa mangels zulässiger Versetzung – rechtsunwirksam ist.

139 Greifen hier hinsichtlich der neuen Tätigkeit die Grundsätze des fehlerhaften (faktischen) Arbeitsverhältnisses und besteht das frühere Arbeitsverhältnis nicht fort,[329] so ergeben sich die gleichen Rechte und Pflichten wie in einem wirksamen Arbeitsverhältnis,[330] so dass sich auch erfinderrechtlich die Rechte und Pflichten bei einer in diesem neuen Tätigkeitszeitraum fertiggestellten Erfindung nach dem ArbEG, ggfs. nach der für eine Auslandstätigkeit geltenden Rechtsordnung, bestimmen.[331] Insoweit gilt das Konzernunternehmen, mit dem der unwirksame neue Arbeitsvertrag abgeschlossen wurde, auch erfinderrechtlich als Arbeitgeber. Die Erfindung ist – bezogen auf dieses Konzernunternehmen – daraufhin zu überprüfen, ob es sich um eine Diensterfindung handelt.

140 Besteht dagegen das frühere Arbeitsverhältnis fort und gelten für den »Fremdeinsatz« zugleich die Grundsätze des fehlerhaften (faktischen) Arbeitsverhältnisses,[332] so greifen erfinderrechtlich die allgemeinen Grundsätze zu Arbeitnehmererfindungen bei mehreren Arbeitsverhältnissen (Doppelarbeitsverhältnisse).[333]

cc) Arbeitnehmerüberlassung im Konzern

141 Eine Abordnung bzw. Entsendung kann sich auch als Arbeitnehmerüberlassung im Sinne des § 1 Abs. 1 AÜG darstellen.[334] Nach der (früheren) Definition seitens der Rechtsprechung liegt eine Arbeitnehmerüberlassung vor, wenn ein Arbeitgeber (Verleiher) bei ihm angestellte Arbeitnehmer (Leiharbeitnehmer) vorübergehend einem

327 Siehe dazu Rdn. 196 ff.
328 Siehe Rdn. 1042 ff.
329 Siehe dazu Rdn. 127 f.
330 BAG v. 15.1.1986, AP Nr. 66 zu § 1 LohnFG u. v. 3.11.2004, NZA 2005, 1409 (1410).
331 Bartenbach/Volz, § 1 ArbEG, Rn. 12; Reimer/Schade/Schippel/Rother, § 1 ArbEG, Rn. 2.
332 Siehe dazu Rdn. 127 f.
333 Siehe dazu Rdn. 196 ff.
334 Vgl. zur Abgrenzung zwischen »echtem Drittauftrag« in Gestalt eines Werk- oder Dienstvertrages und der Arbeitnehmerüberlassung Annuß, RAW 2013, 2 ff.

Dritten (Entleiher) überlässt, die in dessen Betrieb voll eingegliedert werden und ihre Arbeit allein nach Weisungen des Entleihers und in dessen Interesse ausführen.[335] Seit dem 1.4.2017[336] enthält das AÜG eine Legaldefinition der Arbeitnehmerüberlassung in § 1 Abs. 1 S. 2 AÜG. Danach liegt eine Arbeitnehmerüberlassung vor, wenn Arbeitnehmer »in die Organisation des Entleihers eingegliedert sind und seinen Weisungen unterliegen«. Die Legaldefinition deckt sich nicht vollständig mit der genannten Definition der Arbeitnehmerüberlassung in der Rechtsprechung[337], aber es ist mit dem neuen Gesetzeswortlaut keine Änderung des Begriffs der Arbeitnehmerüberlassung beabsichtigt. Der Gesetzgeber wollte lediglich entsprechend der bisherigen Rechtsprechung regeln, unter welchen Voraussetzungen ein Arbeitnehmer überlassen wird.[338] Die Reform soll die Zeitarbeit als Instrument zur zeitlich begrenzten Deckung eines Arbeitskräftebedarfs schärfen, den Missbrauch von Zeitarbeit verhindern, die Stellung von Leiharbeitnehmern stärken und die Arbeit der Betriebsräte im Entleiherbetrieb erleichtern. Gleichzeitig soll die Bedeutung tarifvertraglicher Vereinbarungen als wesentliches Element einer verlässlichen Sozialpartnerschaft gestärkt werden.[339]

Auch nach der Novelle ist ein Leiharbeitsverhältnis also dann gegeben, wenn ein selbständiger Unternehmer (Verleiher) einen Arbeitnehmer einstellt und zur vorübergehenden Arbeitsleistung an einen Dritten (Entleiher) abgibt. Daran fehlt es beispielsweise beim Einsatz eines Arbeitnehmers des Mutterunternehmens bei einer Tochtergesellschaft, wenn die Tochtergesellschaft über keine eigene Betriebsorganisation verfügt oder mit der Muttergesellschaft einen Gemeinschaftsbetrieb führt.[340] In diesen Fällen besteht – Wirksamkeit vorausgesetzt (vgl. § 10 AÜG) – das Arbeitsverhältnis nur zwischen »Leiharbeitnehmer« und »Verleiher« (Muttergesellschaft) und nicht zum »Entleiher«, auch wenn dieser Arbeitgeberfunktionen wahrnimmt.[341] 142

Diese Kennzeichnung des Arbeitsverhältnisses im Rahmen der Arbeitnehmerüberlassung kann im Hinblick auf die Fiktionswirkung des § 11 Abs. 7 AÜG (bei Erfindungen gilt der Entleiher als Arbeitgeber) von Bedeutung sein. Maßgebend ist, ob Verleiher oder Entleiher Zugriff auf die während des Leiharbeitsverhältnisses gemachten Erfindungen des Leiharbeitnehmers haben. 143

Nach § 11 Abs. 7 AÜG wird unwiderlegbar fingiert, dass für Erfindungen, die von Leiharbeitnehmern während des Zeitraums der Tätigkeit in dem Unternehmen des Entleihers gemacht werden, der Entleiher – obwohl mit ihm keine arbeitsvertragliche Beziehung besteht – als Arbeitgeber im Sinne des ArbEG gilt. Demnach werden

335 Vgl. nur BAG v. 15.4.2014, AP Nr. 71 zu § 1 BetrAVG u. v. 13.8.2008, DB 2007, 1034 ff.
336 Änderung durch das AÜG-ÄndG v. 21.2.2017 (BGBl. I Nr. 8, S. 258).
337 Vgl. hierzu Wank, RdA 2017, 100 (102); Henssler, RdA 2017, 83 (87); Thüsing DB 2016, 2663 (2664).
338 BT-Drucks. 18/9232, 19.
339 BT-Drs. 18/9232, 1.
340 BAG v. 3.12.1997, AP Nr. 24 zu § 1 AÜG.
341 ErfK/Roloff, § 1 AÜG, Rn. 12. Birk, Die arbeitsrechtliche Leitungsmacht, S. 185 leitet die Arbeitgebereigenschaft des Entleihers aus dessen eigener Leitungsmacht, die er gegenüber dem entliehenen Arbeitnehmer hat, ab, ohne dabei einen Bezug zum AÜG aufzustellen.

dem Entleiher die Rechte und Pflichten, die eigentlich dem Verleiher als Arbeitgeber vorbehalten sind, eingeräumt. Durch den Umstand, dass die während der Tätigkeit in dem entleihenden Unternehmen gemachte Erfindung grundsätzlich immer in den Tätigkeitsbereich des Entleihers fällt, ist es nur konsequent, wenn der Entleiher die Möglichkeit hat, die Inanspruchnahme der Erfindung zu erklären und diese insoweit auf sich überzuleiten.[342] Ob es sich um eine dem Inanspruchnahmerecht des Entleihers unterliegende Diensterfindung im Sinne des § 4 Abs. 2 ArbEG handelt, ist mit Bezug auf die Verhältnisse beim Entleiher zu klären (Aufgaben- oder Erfahrungserfindung). Durch § 11 Abs. 7 AÜG trifft den Entleiher neben dem Recht der Nutzung auch die Pflicht zur Vergütung nach § 9 ArbEG.[343] Diese Arbeitgeberfunktion begründet auch die sachliche Zuständigkeit der Schiedsstelle für Arbeitnehmererfindungen beim DPMA.[344] Eine weitere Folge ist zum Beispiel, dass es bei der Ermittlung des der Vergütungsberechnung zugrunde zu legenden Anteilsfaktors auf die tatsächliche Stellung des Arbeitnehmers im Entleiherunternehmen ankommt.[345]

aaa) Das Konzernprivileg

144 Für den Bereich des Konzerns enthielt das AÜG in seiner bisherigen (auch nach der Reform im April 2017 unveränderten) Fassung des § 1 Abs. 3 Nr. 2 eine Ausnahme, wonach eine Arbeitnehmerüberlassung zwischen Konzernunternehmen grundsätzlich nicht dem AÜG unterliegt, wenn der Arbeitnehmer seine Arbeit vorübergehend nicht bei seinem Arbeitgeber leistet (sog. Konzernprivileg).[346] Wenn die Voraussetzungen des Konzernprivilegs vorliegen, fällt die Überlassung von Arbeitnehmern nicht in den Anwendungsbereich des AÜG und bedarf damit auch keiner entsprechenden Überlassungserlaubnis nach § 1 Abs. 1 S. 1 AÜG. Trotz der europarechtlichen Bedenken[347] gilt das in § 1 Abs. 3 Nr. 2 AÜG normierte Konzernprivileg weiterhin, das bedeutet, dass ausnahmsweise eine Genehmigung für eine konzerninterne Entleihung nicht erforderlich ist. Eine vorübergehende Arbeitnehmerüberlassung (unter Beachtung der Überlassungshöchstdauer) zwischen Konzernunternehmen wird aber nur dann aus dem Anwendungsbereich des AÜG ausgegrenzt, wenn sie Arbeitnehmer betrifft, die nicht zum Zweck der Überlassung eingestellt und beschäftigt werden. Sinn und Zweck dieses Ausnahmetatbestandes ist es, bürokratische Förmlichkeiten beim Per-

342 Einschränkend fordert Schaub, FS Bartenbach (2005), 229 (240), dass die Fiktion des § 11 Abs. 7 AÜG nur greift, soweit die Erfindung im Zusammenhang mit der Arbeitnehmerüberlassung steht und nicht ausschließlich im Zusammenhang mit dem Verleiher.

343 Siehe auch Schiedsstelle v. 10.12.2020, Arb.Erf. 63/18 (www.dpma.de).

344 Schiedsstelle v. 15.1.2009, Arb.Erf. 51/07 (www.dpma.de).

345 Siehe Schiedsstelle v. 10.12.2020, Arb.Erf. 63/18 (www.dpma.de).

346 Vgl. zum Streit über einen eventuellen Verstoß des Konzernprivilegs gegen Gemeinschaftsrecht vor dem Hintergrund der Gesetzesänderung: ErfK/Roloff, § 1 AÜG, Rn. 8 u. Lembke, NZA 2011, 319 (320).

347 So Hilber/Knorr/Müller/Schilling/Wurth, Konzerntochter, B., Rn. 55; siehe auch BAG v. 20.1.2015, NZA 2015, 816 (818), welches die Europarechtskonformität des Konzernprivilegs offengelassen hat. Zur fortgesetzten Rechtsanwendung siehe auch LAG Niedersachsen v. 12.1.2023, NZA-RR 2023, 289.

sonalaustausch zu vermeiden.[348] Maßgebend für den Gesetzgeber war, dass bei der Entsendung und dem Austausch von Arbeitnehmern verschiedener Unternehmen innerhalb des Konzerns nur der interne Arbeitsmarkt des Konzerns betroffen und eine soziale Gefährdung der Leiharbeitnehmer im allgemeinen Arbeitsmarkt nicht gegeben ist.[349] Der vorübergehend verliehene Arbeitnehmer muss über die konkrete Überlassung hinaus deshalb von seinem Arbeitgeber (Verleiher) eingesetzt werden können.[350]

Voraussetzung dieses Konzernprivilegs ist es, dass Verleiher und Entleiher demselben 145 Konzern im Sinne des § 18 AktG angehören und die Arbeitnehmerüberlassung nur vorübergehend (unter Beachtung der neu eingeführten Überlassungshöchstdauer)[351] erfolgt. Das Gesetz verweist selbst auf § 18 AktG; bei der Vorschrift des § 1 Abs. 3 Nr. 2 AÜG handelt es sich um eine rechtsformneutrale Verweisung, d.h. es ist nicht notwendig, dass die Unternehmen in einer bestimmten Rechtsform betrieben werden.[352] Erforderlich ist lediglich, dass der Austausch zwischen Konzernunternehmen stattfindet, wenn also die materiellen Merkmale eines Konzerns vorliegen. Dabei ist es unerheblich, ob vom Mutterunternehmen an das abhängige Tochterunternehmen ausgeliehen wird oder umgekehrt.[353] Auch ist es nicht erforderlich, dass es sich um einen rein inländischen Konzern handelt. Ausreichend ist es, wenn eines der beteiligten Unternehmen seinen Sitz im Inland hat und in einer Rechtsform organisiert ist, die im Inland anerkannt ist.[354]

Erfolgt eine – auch individualrechtlich zulässige – Arbeitnehmerüberlassung zwi- 146 schen einem Gemeinschaftsunternehmen und einem herrschenden Leitungsunternehmen, ist § 1 Abs. 3 Nr. 2 AÜG anwendbar und eine Erlaubnis nach dem AÜG nicht einzuholen.[355] Jedoch greift § 1 Abs. 3 Nr. 2 AÜG nicht ein, wenn der Austausch der Arbeitskräfte zwischen den gleichberechtigt herrschenden Unternehmen (Muttergesellschaften des Gemeinschaftsunternehmens) vorgenommen wird, denn diese bilden mit dem Gemeinschaftsunternehmen jeweils verschiedene Konzerne, so dass eine konzerninterne Überlassung zu verneinen wäre.[356] Auch erstreckt sich der Anwendungsbereich des Konzernprivilegs nach § 1 Abs. 3 Nr. 2 AÜG nur auf die

348 So die BT-Drucks. 10/3206, S. 33; ErfK/Roloff, § 1 AÜG, Rn. 74; siehe auch BAG v. 5.5.1988, AP Nr. 8 zu § 1 AÜG.

349 Amtl. Begr. BT-Drucks. 10/3206, S. 33; so auch HWK/Pods/Kalb, § 1 AÜG, Rn. 53 f.; siehe auch Moll/Reiserer/Christ, MAH Arbeitsrecht, § 66, Rn. 126.

350 Schüren, BB 2007, 2346 (2349).

351 Vgl. hierzu Rn. 141.

352 BAG v. 5.5.1988, AP Nr. 8 zu § 1 AÜG; Schaub/Koch, Arbeitsrechts-Handbuch, § 120, Rn. 25.

353 ErfK/Roloff, § 1 AÜG, Rn. 75; Braun/Wisskirchen/Braner/Ceruti, Konzernarbeitsrecht, Teil I, Kap. 4, Rn. 15.

354 LAG Saarland v. 26.3.2014, BeckRS 2014, 69191.

355 Vgl. Martens, DB 1985, 2144 (2149); Moll/Reiserer, MAH Arbeitsrecht, § 63, Rn. 66.

356 Siehe dazu Windbichler, Arbeitsrecht im Konzern, S. 315 ff.; ErfK/Roloff, § 1 AÜG, Rn. 75 m.H.a. Schüren/Hamann, § 1 AÜG, Rn. 643.

Überlassung solcher Leiharbeitnehmer, die nicht zum Zweck der Überlassung eingestellt und beschäftigt werden.[357]

147 Nach § 1 Abs. 1 Satz 2 AÜG in der ab 1.12.2011 geltenden Fassung durfte die Arbeitnehmerüberlassung nur vorübergehend erfolgen, ohne dass die Vorschrift diese Grenze näher ausgestaltet hat.[358] Zum 1.4.2017 hat der Gesetzgeber, um das Merkmal »vorübergehend« zu konkretisieren und dadurch Rechtssicherheit zu schaffen, in § 1 Abs. 1b Satz 1 AÜG n.F. eine Überlassungshöchstdauer von grundsätzlich 18 aufeinanderfolgenden Monaten aufgenommen. Maßgeblich ist die Dauer des tatsächlichen Einsatzes, bezogen auf den konkreten Leiharbeitnehmer, der an denselben Entleiher überlassen wird, beim Entleiher. Dabei werden auch Zeiten der Überlassung desselben Arbeitnehmers von verschiedenen Verleihern (entleiherbezogen) zusammengerechnet.[359] Kurzzeitige Unterbrechungen haben keinen Einfluss auf die Berechnung der Überlassungshöchstdauer. Überlassungen zu demselben Entleiher bleiben erst unberücksichtigt, wenn die Unterbrechungen drei Monate übersteigen (§ 1 Abs. 1b Satz 1 AÜG n.F.).[360] Die individualrechtlichen Rechtsfolgen bei einer Überschreitung der Überlassungshöchstdauer ergeben sich aus § 9 Abs. 1 Nr. 1b, § 10 AÜG. Nicht geregelt hat der Gesetzgeber hingegen das rechtliche Schicksal des Arbeitnehmerüberlassungsvertrags zwischen Verleiher und Entleiher.[361]

148 Unter Berücksichtigung der Intention des Gesetzgebers, die missbräuchliche Nutzung der Arbeitnehmerüberlassung zu verhindern, wurde bisher vertreten, das Merkmal »vorübergehend« lediglich einer Missbrauchskontrolle zu unterwerfen.[362] Demzufolge sei der Einsatz eines Leiharbeitnehmers nur dann nicht »vorübergehend«, wenn die Entscheidung unsachlich, unvernünftig oder willkürlich erfolgte, d.h. wenn es für die Entscheidung zugunsten des Einsatzes keinen plausiblen Grund gibt.[363] Es kam maßgeblich nicht auf eine bestimmte Zeitangabe, sondern darauf an, dass anhand von konkreten Umständen der Rückkehrzeitpunkt bestimmbar ist; im Zeitpunkt der Überlassung musste bereits feststehen, dass der Einsatz im fremden Unternehmen lediglich befristet ist.[364] Dieses Merkmal konnte bisher auch einen Zeitraum von mehreren

---

357 Schüren/Hamann, § 1 AÜG, Rn. 615.

358 BAG v. 3.6.2014, BB 2014, 3007 ff. u. v. 10.12.2013, NZA 2014, 196 ff.; Gerlach, RIW 2014, 53 (56) m.H.a. BAG v. 10.7.2013, NZA 2013, 1296 ff.; siehe hierzu auch Seel, MDR 2014, 812 ff.

359 Schaub/Koch, Arbeitsrechts-Handbuch, § 120, Rn. 8; siehe auch BAG v. 8.11.2022, NZA 2023, 505 (508 [Tz. 20 ff.]), v. 14.9.2022, NZA 2023, 305 (306 [Tz. 12 ff.]) u. v. 14.9.2022, NZA 2023, 313 (314 [Tz. 14 ff.]).

360 Zu weiteren Einzelheiten vgl. Schaub/Koch, Arbeitsrechts-Handbuch, § 120, Rn. 8 ff.; Lembke, NZA 2017, 1 ff.

361 Lembke, NZA 2017, 1 (6).

362 Hamann, NZA 2011, 70 (74).

363 Hamann, NZA 2011, 70 (74). Siehe auch LAG Berlin-Brandenburg v. 16.10.2012, ZIP 2013, 844 ff. Rechtsmissbrauch verneint; LAG Berlin-Brandenburg v. 9.1.2013, ZIP 2013, 840 ff. – Rechtsmissbrauch auch bejahend.

364 BAG v. 20.4.2005, NZA 2005, 1006 (1008); BAG v. 21.3.1990, NZA 1991, 269 (273); ErfK/Roloff, § 1 AÜG, Rn. 45.

Jahren umfassen.[365] Nach Ansicht des BAG setzte die vorübergehende Überlassung im Konzern vor der Einführung der Überlassungshöchstdauer zumindest voraus, dass der Arbeitnehmer seine Arbeitsleistung »normalerweise« gegenüber seinem Vertragsarbeitgeber erbringe und lediglich anlassbezogen einer anderen Konzerngesellschaft zur Arbeitsleistung überlassen werde.[366] Lediglich die endgültig geplante Arbeitnehmerüberlassung wurde insoweit von der Anwendung des AÜG ausgenommen.[367] Es bleibt abzuwarten, ob die Neuregelung in § 1 Abs. 1b Satz 1 AÜG n.F. bedeuten soll, dass jede Überlassung zulässig ist, gleichgültig zu welchem Zweck, solange sie nur weniger als 18 Monate beträgt, oder ob auch weiterhin der Zweck der Überlassung zu prüfen ist und dass bei 18 Monaten in jedem Fall eine Grenze liegt.[368] Die Wahl des Gesetzgebers, das Erfordernis der nur vorübergehenden Überlassung in Satz 4 des § 1 Abs. 1 AÜG beizubehalten und gleichzeitig in Abs. 1b die vorübergehende Überlassung durch einen Zeitraum von bis zu 18 Monaten zu konkretisieren, spricht dafür, dass auch weiterhin der Zweck der Überlassung zu prüfen ist, und dass bei 18 Monaten in jedem Fall eine Grenze liegen soll.[369] Nach Einführung des neuen Wortlauts hat der EuGH in Bestätigung seiner diesbezüglichen bisherigen Rechtsprechung[370] klargestellt, dass der in Art. 1 Abs. 1 RL 2008/104/EG des Europäischen Parlaments und des Rates vom 19.11.2008 über Leiharbeit verwendete Begriff »vorübergehend« der Überlassung eines Arbeitnehmers, der ein Arbeitsverhältnis mit einem Leiharbeitsunternehmen hat, an ein entleihendes Unternehmen, die zur Beschäftigung auf einem dauerhaft vorhandenen und nicht nur vertretungsweise zu besetzenden Arbeitsplatz erfolgt, nicht entgegensteht.[371] Hintergrund dieser Entscheidung war die Frage, ob der Einsatz auf Dauerarbeitsplätzen dem »vorübergehenden« Einsatz widersprechen würde.[372] Dies hat der EuGH eindeutig mit »nein« beantwortet und stellt damit klar, dass der Einsatz eines Leiharbeitnehmers auf einem Dauerarbeitsplatz nach der Richtlinie möglich ist. Der EuGH begründet diese Auslegung mit dem Wortlaut »vorübergehend«, der sich nicht auf die Art des Arbeitsplatzes, sondern die Dauer der Überlassung bezieht.[373]

---

365 BAG v. 20.4.2005, NZA 2005, 1006.

366 BAG v. 18.7.2012, NZA 2012, 1369.

367 LAG Hessen v. 26.5.2000, DB 2000, 1968 u. v. 21.5.2013, ZTR 2013, 679; LAG Niedersachsen v. 14.11.2012, ArbR 2013, 137; vgl. auch Nießen/Fabritius, NJW 2014, 263 m.H.a. BT-Drucks. 17/4804, S. 8, wonach der Begriff »vorübergehend« als flexible Zeitkomponente zu verstehen ist und insbesondere auf genau bestimmte Höchstüberlassungsfristen verzichtet wird.

368 ErfK/Roloff, § 1 AÜG, Rn. 48 m.H.a. EuGH v. 17.3.2022, NZA 2022, 549 u. BAG v. 14.9.2022, NZA 2023, 305 sowie Wank, RdA 2017, 100 (107).

369 So ErfK/Roloff, § 1 AÜG, Rn. 45.

370 EuGH v. 14.10.2020 NZA 2020, 1463 ff.

371 EuGH v. 17.3.2022, NZA 2022, 549 ff.

372 Vgl. die Vorlageentscheidung des LAG Berlin-Brandenburg v. 13.5.2020, NZA-RR 2020, 398 ff.

373 EuGH v. 17.3.2022, NZA 2022, 549 ff.

149 Soweit die Vorschrift des § 1 Abs. 3 Nr. 2 AÜG und damit das Konzernprivileg eingreifen, bedarf es zu der Überlassung von Arbeitskräften innerhalb eines Konzerns keiner Erlaubnis. Liegen demgegenüber die Voraussetzungen des § 1 Abs. 3 Nr. 2 AÜG nicht vor, findet das AÜG vollständig Anwendung. Dies hat zur Folge, dass eine Arbeitnehmerüberlassungserlaubnis erforderlich ist, wenn zum Beispiel keine Rückkehr zur entsendenden Konzerngesellschaft geplant ist.[374] Hat ein endgültiger Wechsel zu einem anderen Konzernunternehmen stattgefunden, eventuell auch zum Ausdruck gebracht durch konkludentes Verhalten, z.B. bei einem mit dem Arbeitsplatzwechsel verbundenen Umzug, ändert sich dadurch auch die Person des Arbeitgebers. Demnach bestehen für den Arbeitnehmer, der einen endgültigen Wechsel zu einem anderen Konzernunternehmen vollzogen hat, für danach fertig gestellte Diensterfindungen eventuelle erfinderrechtliche Bezugspunkte allein zu seinem neuen Arbeitgeber.

bbb) Ausnahmen vom Konzernprivileg

150 Die sog. Personaldienstleistungsgesellschaft, die nur den Zweck der Einstellung und Beschäftigung von Arbeitnehmern mit der späteren Entsendung an andere Konzernunternehmen verfolgt, soll, soweit die Gesellschaft mit Gewinnerzielungsabsicht, also gewerbsmäßig, handelt,[375] weiterhin den allgemeinen Vorschriften des AÜG unterliegen und nicht von § 1 Abs. 3 Nr. 2 AÜG erfasst werden.[376] Bei solchen Verleihunternehmen ist gerade eine planmäßige und wiederholte,[377] aber keine »vorübergehende« Überlassung von Arbeitnehmern gegeben.[378] Als Personaldienstleistungsgesellschaften konzipierte Verleihunternehmen werden auch dann nicht nach § 1 Abs. 3 Nr. 2 AÜG privilegiert, wenn sie neben dem Verleih weitere Unternehmensaufgaben wahrnehmen, da es nach dem Gesetzeswortlaut und dem Zweck der Vorschrift nicht auf den überwiegenden Unternehmenszweck, sondern auf das jeweilige Arbeitsverhältnis ankommt.[379]

---

374 LAG Hessen v. 26.5.2000, DB 2000, 1968; vgl. auch LAG Berlin-Brandenburg v. 10.4.2013, NZA-RR 2013, 527 (530) – »kein dauerhafter Beschäftigungsbedarf beim Entleiher«.

375 Schaub/Koch, Arbeitsrechts-Handbuch, § 120, Rn. 27; ErfK/Roloff, § 1 AÜG, Rn. 45.

376 BAG v. 20.4.2005, NZA 2005, 1006 (1008); Schubel, BB 1985, 1606 (1607); Schüren/Hamann, § 1 AÜG, Rn. 625; Schaub/Koch, Arbeitsrechts-Handbuch, § 120, Rn. 15, 17; Junker, S. 224; Moll/Reiserer/Christ, MAH Arbeitsrecht, § 66, Rn. 126 m.H.a. Hamann, NZA 2011, 70 (76); Willemsen/Annuß, BB 2005, 437 (438) mit Blick auf die Beschlussempfehlung und den Bericht des Ausschusses für Arbeit und Sozialordnung v. 17.1.1995, BT-Drucks. 10/3206, S. 33; zur Situation konzerneigener »Verleihunternehmen« zwecks Kostensenkung über abgesenkte Tariflöhne vgl. Brors/Schüren, BB 2004, 2745 ff. gegen Melms/Lipinski, BB 2004, 2409 ff.; zur Zulässigkeit konzernangehöriger Verleihunternehmen, die nur den internen Konzernarbeitsmarkt bedienen vgl. BAG v. 21.5.2008, NZA 2009, 144 ff.

377 So Schaub/Koch, Arbeitsrechts-Handbuch, § 120, Rn. 10.

378 BAG v. 20.4.2005, NZA 2005, 1006 (1008) m.H.a. Beschlussempfehlung und den Bericht des Ausschusses für Arbeit und Sozialordnung v. 17.1.1995, BT-Drucks. 10/3206, S. 33.

379 Schüren/Hamann, § 1 AÜG, Rn. 625.

Auch bei sog. konzerninternen Beschäftigungs- und Auffanggesellschaften, die Arbeitnehmer nach Umstrukturierungsmaßnahmen im Konzern zur Vermeidung betriebsbedingter (Massen-) Entlassungen einstellen, handelt es sich um eine Arbeitnehmerüberlassung, die nicht von dem Privileg des § 1 Abs. 3 Nr. 2 AÜG gedeckt ist.[380] Demgegenüber ist ein konzerninterner Verleih in der Weise zulässig, dass ein Konzernunternehmen als gewerbsmäßiger Verleiher allein zur Personalversorgung eines anderen Konzernunternehmens eingesetzt wird.[381] 151

Umstritten ist nach wie vor, ob das Konzernprivileg des § 1 Abs. 3 Nr. 2 AÜG auch für multinationale Konzernunternehmen und die grenzüberschreitende Arbeitnehmerüberlassung gilt. *Becker/Wulfgramm*[382] wollen die Vorschrift auf solche Konzerne beschränken, bei denen sowohl das verleihende wie auch das entleihende Unternehmen ihren Sitz im Inland haben. Dies hätte zur Folge, dass der Personaleinsatz in ausländischen Konzerngesellschaften anders behandelt werden müsste, als die Arbeitnehmermobilität im Inland.[383] Für die Einbeziehung der grenzüberschreitenden Arbeitnehmerüberlassung spricht dagegen die Ergänzung der Ausnahmeregelungen durch § 1 Abs. 3 Nr. 3 AÜG (Verleih an deutsch-ausländische Gemeinschaftsunternehmen im Ausland). Zu Recht ist damit die Rechtsprechung der Ansicht, dass der Verweis auf § 18 AktG keine Inlandsbeschränkung bedeutet.[384] *Reiserer*[385] geht davon aus, dass das AÜG – unter Berücksichtigung der allgemeinen Versagungsgründe in § 3 Abs. 2, 3 AÜG – auch dann Anwendung findet, wenn die Arbeitnehmerüberlassung durch einen ausländischen Verleiher mit Sitz im Ausland im Inland betrieben wird, unabhängig davon, ob der ausländische Verleiher nach den gesetzlichen Bestimmungen seines Heimatlandes eine Erlaubnis zur Arbeitnehmerüberlassung besitzt oder nach seinem Recht nicht benötigt.[386] Andere Stimmen weisen darauf hin, dass das Verleihunternehmen seinen Sitz im Inland haben muss.[387] Teilweise wird auch betont, dass auch ausländische Unternehmensformen und Überlassungen von einem deutschen Konzernunternehmen an ein ausländisches Unternehmen und vice versa von dem Konzernprivileg umfasst sind.[388] 152

380 Schüren/Hamann, § 1 AÜG, Rn. 627.

381 LAG Niedersachsen v. 28.2.2006, BB 2007, 2352.

382 § 1 AÜG, Rn. 116; nicht eindeutig Rüthers/Bakker, ZfA 1990, 245 (298): (»... sofern deutsches Recht anwendbar ist ...«).

383 Junker, S. 229; Schubel, BB 1985, 1606 (1608); offengelassen v. Birk, RdA 1989, 201 (205).

384 BAG v. 5.5.1988, AP Nr. 8 zu § 1 AÜG m. Anm. v. Wiedemann.

385 Moll/Reiserer, MAH Arbeitsrecht, § 63, Rn. 70.

386 So auch BayObLG v. 26.2.1999, DB 1999, 1019.

387 Z.B. Hoch, BB 2015, 1717 (1718) m.H.a. die Fachlichen Weisungen der Bundesagentur für Arbeit (Stand August 2019), dort Ziff. 1.4.2 Abs. 6.

388 Braun/Wisskirchen/Braner/Ceruti, Konzernarbeitsrecht, Teil I, Kap. 4, Rn. 15 m.H.a. LAG Saarland v. 26.3.2014 – 1 TaBV 9/12, BeckRS 2014, 69191; Schüren/Hamann, § 1 AÜG, Rn. 655 u. Fachliche Weisungen der Bundesagentur für Arbeit (Stand Januar 2025), dort Ziff. 1.4.2 Abs. 6.

ccc) Erfinderrechtliche Auswirkungen

153 Erfinderrechtlich folgt aus dem Vorstehenden, dass im Konzern für eine Anwendung der erfinderrechtlichen Fiktion des § 11 Abs. 7 AÜG nur eingeschränkt Raum verbleibt.

154 Kommt das Konzernprivileg zum Tragen, greift die Fiktion des § 11 Abs. 7 AÜG nicht, da diese Vorschrift gemäß § 1 Abs. 3 Nr. 2 AÜG keine Anwendung findet. Folglich gelten erfinderrechtlich die allgemeinen Grundsätze. Ausschließlich das verleihende Konzernunternehmen ist Arbeitgeber, ausschließlich im Verhältnis zu diesem ist festzustellen, ob eine vom Arbeitnehmer gemachte Erfindung eine Diensterfindung oder eine freie Erfindung ist.[389]

155 Findet dagegen das Konzernprivileg keine Anwendung, etwa weil es sich um eine nicht nur vorübergehende Überlassung handelt,[390] und liegt eine wirksame Arbeitnehmerüberlassung vor, greift die Fiktion des § 11 Abs. 7 AÜG, d.h. das entleihende Konzernunternehmen gilt bei Vorliegen einer Erfindung erfinderrechtlich als Arbeitgeber.

c) Fallsituationen einer Rechtsnachfolge

156 In der Konzernlandschaft ergibt sich nicht selten die Notwendigkeit von gesellschaftsrechtlichen Veränderungen, konzerninternen Verlagerungen von Aufgaben und Arbeitsbereichen bzw. deren Ausgliederung, sowie von sonstigen organisatorischen oder strukturellen Änderungen. Diese Maßnahmen können ebenfalls Einfluss auf die Bestimmung der Arbeitgeberstellung haben.

157 Solche Umstrukturierungsmaßnahmen können einmal Umwandlungen im Sinne des UmwG darstellen, mit den sich daraus ergebenden Rechtsfolgen für die Arbeitsverhältnisse. Gegebenenfalls können sie auch Fälle eines bloßen Betriebsübergangs im Sinne des § 613a BGB außerhalb von Umwandlungen bilden.

aa) Betriebsübergang im Konzern

158 Geht ein Betrieb oder Betriebsteil durch Rechtsgeschäft auf einen anderen Betriebsinhaber über (Einzelrechtsnachfolge),[391] so tritt dieser gemäß § 613a Abs. 1 BGB kraft Gesetzes in die Rechte und Pflichten aus den im Zeitpunkt des Übergangs bestehenden Arbeitsverhältnissen ein, sofern der einzelne Arbeitnehmer der Überleitung des Arbeitsverhältnisses nicht fristgerecht widerspricht. Der Arbeitnehmer kann dem Übergang innerhalb eines Monats nach Zugang der Unterrichtung über den Übergang (§ 613a Abs. 5 BGB) schriftlich gegenüber dem bisherigen Arbeitgeber oder

---

389 Siehe dazu Rdn. 351 ff.

390 Siehe zur Abgrenzung oben Rdn. 130 ff.

391 Zum Begriff des Betriebsübergangs siehe Betriebsübergangsrichtlinie 2001/23/EG (ABl. EU 2001 Nr. L 82, S. 16); Franzen, NZA-Beil. 4/2008, 139; Willemsen, NZA-Beil. 4/2008, S. 155 ff.; zum Betriebsübergang bei Übertragung von Patent- und Gebrauchsmusterrechten s. LAG Hamm v. 28.3.1979, DB 1979, 1365, und bei Übernahme des Know-hows BAG v. 9.2.1994, NJW 1995, 73 f.

dem neuen Inhaber widersprechen (§ 613a Abs. 6 BGB). Auf Dienstverhältnisse von Organmitgliedern von Kapitalgesellschaften ist § 613a BGB nicht anwendbar.[392]

Ein Betriebsübergang liegt vor, wenn ein neuer Rechtsträger eine wirtschaftliche Einheit des Betriebes oder Betriebsteils unter Wahrung seiner Identität fortführt.[393] Ein Betriebsübergang ist der Übergang einer ihre Identität bewahrenden wirtschaftlichen Einheit im Sinne einer organisatorischen Zusammenfassung von Ressourcen zur Verfolgung einer wirtschaftlichen Haupt- oder Nebentätigkeit. Entscheidend ist, dass durch eine (Teil-)Übertragung eines technisch und organisatorisch eigenständigen Betriebs(teils) eine im Wesentlichen unveränderte Fortführung der bisher in dieser abgrenzbaren Einheit geleisteten Tätigkeit und damit auch die unverändert weitere Auswertung der Diensterfindung möglich ist, der betriebliche Erwerber das Geschäftsfeld oder Teile davon weiter führt.[394] Auch Art. 1 Nr. 1 lit b. RL 2001/23/EG spricht von einem Übergang einer ihre Identität bewahrenden wirtschaftlichen Einheit im Sinne einer »organisierten Zusammenfassung von Ressourcen zur Verfolgung einer wirtschaftlichen Haupt- oder Nebentätigkeit«.[395] Von einem Fortbestand der Identität ist auch dann noch auszugehen, wenn der Betrieb oder Betriebsteil in seiner bisherigen Organisationsform aufgelöst wird und die übernommenen Betriebsmittel in die bereits beim Erwerber bestehende Arbeitsorganisation eingebunden und mit gleicher Zweckbestimmung weiter verwertet werden.[396] Eine Einheit hat ihre Identität auch dann bewahrt, wenn der Betrieb oder Betriebsteil tatsächlich weitergeführt oder wieder aufgenommen und dabei praktisch nicht unterbrochen wird, auch wenn die bisherige Organisation in die Struktur des übernehmenden Unternehmens eingegliedert wird.[397] 159

Im Sinne einer analogen[398] Geltung der Regelungen über den Betriebsübergang geht die Schiedsstelle bei einem Betriebsübergang eines Arbeitnehmers nach § 613a Abs. 1 160

392 BGH v. 11.4.2000, GRUR 2000, 788 (792) – *Gleichstromsteuerschaltung*.

393 Ständ. Rspr., z.B. BAG v. 26.7.2007, ZIP 2008, 428 (429); v. 21.2.2008, NZA 2008, 825 (826); v. 23.10.2010, NZA 2011, 197 (198); v. 26.5.2011, BB 2012, 577 (579); v. 10.5.2012, NZA 2012, 1161 (1164); v. 22.1.2015, NZA 2015, 1325 (1326) u. v. 25.8.2016, NZA-RR 2017, 123. Siehe dazu im Einzelnen die ausführlichen Erläuterungen z.B. in ErfK/Preis, § 613a BGB, Rn. 5 ff.

394 Schiedsstelle v. 21.7.2016, Arb.Erf. 36/13 (www.dpma.de); siehe auch Schiedsstelle v. 30.11.2021, Arb.Erf. 20/20 (www.dpma.de).

395 Zur Frage, ob eine solche wirtschaftliche Einheit voraussetzt, dass ihr bestimmte Mitarbeiter zugeordnet (gewesen) sein müssen oder ob eine entsprechende Einheit auch durch wechselndes oder routierendes Personal gebildet werden kann, das mit einer bestimmten Aufgabe eingesetzt wird, siehe BAG v. 27.2.2020, NZA 2020, 1303 u. v. 14.5.2020, NZA 2020, 1092.

396 EuGH v. 12.2.2009, NZA 2009, 251 – Klarenberg.

397 BAG v. 27.2.2020, NZA 2020, 1390.

398 In ihrer neueren Entscheidungspraxis ist die Schiedsstelle von ihrer jahrelangen Anerkennung der unmittelbaren Geltung des § 613a BGB abgekehrt, vgl. hierzu z.B. Schiedsstelle v. 8.12.2016, Arb.Erf. 14/13 u. v. 17.10.2022, Arb.Erf. 44/21 (beide www.dpma.de); v. 22.2.2017, Arb.Erf. 45/15 (unveröffentl.).

Satz 1 BGB und einer parallelen Übertragung seiner Diensterfindung davon aus, dass der neue Betriebsinhaber vollumfänglich nach § 613a Abs. 2 BGB analog auch in bereits vor dem Betriebsübergang geschlossene Vergütungsvereinbarungen eintritt und deshalb an bereits vereinbarte Vergütungsfaktoren gebunden ist[399], vorbehaltlich einer Überprüfung der Unbilligkeit nach § 23 ArbEG. Einer solchen – jedenfalls analogen – Anwendung des § 613a BGB auf die Rechte und Pflichten aus dem ArbEG ist zuzustimmen. Sinn und Zweck der Vorschrift des § 613a BGB ist der Bestandschutz des Arbeitsverhältnisses und die Sicherung der vor dem Betriebsübergang erworbenen Rechtspositionen des Arbeitnehmers in ihrem konkreten Umfang, so dass hierzu auch die Rechte und Pflichten aus dem ArbEG gehören müssen.[400]

161 Zunächst ist zu klären, ob bei der besonderen Situation, dass bei Umstrukturierungen innerhalb eines Konzerns ein Übergang eines Betriebes oder Betriebsteils zwischen zwei Gesellschaften desselben Konzerns mit demselben Eigentümer und eventuell mit demselben Management, denselben Gebäuden und derselben Arbeit stattfindet, die Vorschriften über den Betriebsübergang überhaupt anwendbar sind.

162 Der EuGH hat eine Anwendbarkeit der Richtlinie 77/187/EWG, nach deren Vorbild die Vorschrift des § 613a BGB entwickelt worden ist, auf einen Betriebsübergang zwischen zwei Tochtergesellschaften desselben Konzerns bejaht, da diese Tochtergesellschaften gesonderte juristische Personen darstellen und – und das ist der entscheidende Punkt – jeweils spezifische Arbeitsverhältnisse mit ihren Arbeitnehmern eingegangen sind.[401] Auch der EuGH spricht in diesem Zusammenhang von dem Begriff der »wirtschaftlichen Einheit«[402] innerhalb eines Konzerns, jedoch hält er es nicht für gerechtfertigt, aus einem einheitlichen Verhalten der Muttergesellschaft und ihrer Tochtergesellschaften in wettbewerbsrechtlicher Hinsicht Rückschlüsse zu ziehen, die der förmlichen Trennung der Gesellschaften als jeweils eigene Rechtspersönlichkeiten widersprechen. Aufgrund dieser Trennung ist ein Übergang zwischen Gesellschaften desselben Konzerns vom Anwendungsbereich der Richtlinie und damit auch von § 613a BGB erfasst. Dadurch, dass durch die rechtliche Selbständigkeit der Tochtergesellschaften keine Identität zwischen Veräußerer und Erwerber besteht, liegt ein Wechsel des Rechtsträgers vor, so dass diese Voraussetzung des Betriebsübergangs erfüllt ist.[403]

163 Neben dem Wechsel des Betriebsinhabers verlangt § 613a BGB weiterhin einen rechtsgeschäftlichen Übergang, um diesen von dem Übergang im Wege der Gesamtrechtsnachfolge abzugrenzen.[404] Darüber hinaus muss eine Übertragung von Betrie-

399 Schiedsstelle v. 22.2.2017, Arb.Erf. 45/15 (unveröffentl.).

400 Vgl. hierzu auch die Ausführungen in Rdn. 169 ff.

401 EuGH v. 2.12.1999, NZA 2000, 587 (588); siehe hierzu auch BAG v. 22.1.2015, NZA 2015, 1325 (1326).

402 Vgl. exemplarisch BAG v. 22.7.2004, NZA 2004, 1383 (1385 f.) sowie v. 2.3.2006, NZA 2006, 1105 (1106) m.w.N.; siehe zu diesem Begriff auch bereits Rdn. 53 ff.

403 So auch Rüthers/Bakker, ZfA 1990, 245 (253); Junker, S. 231 ff.

404 Siehe nur ErfK/Preis, § 613a BGB, Rn. 58 m.H.a. BAG v. 2.3.2006, NZA 2006, 848 ff.

ben oder Betriebsmitteln unter Wahrung ihrer Identität stattfinden, wobei diese von einer bloßen Funktionsverlagerung bzw. Funktionsnachfolge zu unterscheiden ist.[405] Insbesondere bei konzerninternen Organisationsänderungen können sog. schleichende Funktionsverlagerungen vorkommen, die durch die fehlende Übertragung der Produktionsmittel auf andere Konzerngesellschaften gekennzeichnet sind.[406] Beispielsweise kann ein Konzernbetrieb allmählich stillgelegt oder aufgelöst werden, während dessen Funktion und Aufgaben von den Betrieben anderer Konzerngesellschaften mit deren eigenen Betriebsmitteln übernommen werden.[407] In einem solchen Fall liegt mit einer bloßen Funktionsverlagerung kein Übergang von Betriebsmitteln und damit auch kein Fall des § 613a BGB vor. Ebenso begründet allein ein Wechsel der Gesellschafter noch keinen Betriebsübergang.

In aktuellen Einigungsvorschlägen betont die Schiedsstelle, dass es bei einem sog. 164
Share Deal (Übertragung von Beteiligungen), bei dem ein Unternehmen durch einen Erwerb der Unternehmensanteile übertragen und unverändert mitsamt seinem operativen Geschäft und ohne Auswirkungen auf die Arbeitsverhältnisse fortgeführt wird, keiner Anwendung der Regelungen zum Betriebsübergang nach § 613a BGB, weder direkt noch analog, bedarf.[408] Denn bei einem solchen Share Deal bleibe die Arbeitgebereigenschaft des Unternehmens im Sinne von § 9 Abs. 1 ArbEG erhalten. Das Unternehmen bestehe (ggfs. zwar umfirmiert, aber dem Grunde nach aber selbst bei Formwechsel unverändert) fort, so dass rechtlich hinsichtlich des Patents bzw. der Erfindung kein Inhaberwechsel stattfände, der als Anknüpfungspunkt für einen Vergütungsanspruch dienen könnte. Damit bestehe der Vergütungsanspruch gegen das übertragene Unternehmen auch bei beendetem Arbeitsverhältnis fort und der ausgeschiedene Arbeitnehmer sei nicht auf Grundlage der Veräußerung der Unternehmensanteile abschließend zu vergüten, sondern weiterhin an Vorteilen aus Verwertungshandlungen des übertragenen Unternehmens zu beteiligen. Nach Auffassung der Schiedsstelle sei bzw. bliebe Vergütungsschuldnerin das übertragene Unternehmen für vergangene und zukünftige Verwertungen. Deshalb blieben die Vergütungsansprüche des Arbeitnehmers auch dann bestehen, wenn er den Eigentümerwechsel zum Anlass nimmt, das Unternehmen zu verlassen. Die Veräußerung der Unternehmensanteile

405 Vgl. dazu u.a. BAG v. 22.7.2004, NZA 2004, 1383 (1385 f.); v. 24.5.2005, NZA 2005, 31 m.w.N. u. v. 26.7.2007, ZIP 2008, 428 (429); vgl. BAG v. 26.5.2011, NZA 2011, 1143 (1146), wonach eine Betriebsverlagerung ins Ausland einen Betriebsübergang im Sinne des § 613a BGB darstellen kann. Siehe auch Meyer, NZA 2013, 1326 (1330).

406 Rüthers/Bakker, ZfA 1990, 245 (255).

407 Vgl. die Fälle bei BAG v. 14.10.1982, AP Nr. 1 zu § 1 KSchG 1969 – *Konzern* u. v. 22.5.1985, AP Nr. 42 zu § 613a BGB, in denen das BAG auch eine analoge Anwendung des § 613a BGB auf Funktionsverlagerungen ausdrücklich ablehnt. Siehe auch BAG v. 4.5.2006, DB 2006, 2127 (2128) m.w.N. u. v. 21.6.2012, BB 2012, 3144 (3146), dort zu einem IT-Service-Betrieb.

408 Schiedsstelle v. 30.11.2020, Arb.Erf. 20/20 u. v. 14.6.2023, Arb.Erf. 23/21 (beide www.dpma.de); v. 26.2.2024, Arb.Erf. 22/22 (unveröffentl.).

löst daher keinen Vergütungsanspruch auf Kaufpreisbasis aus und beendet den laufenden Vergütungsanspruch nicht.[409]

Demgegenüber hängt bei einem sog. Asset Deal (Übertragung von Wirtschaftsgütern wie Anlagen, Grundstücke, Maschinen, Kundenstamm, Patente etc. zum Zweck des Unternehmensverkaufs) der arbeitnehmererfinderrechtliche Vergütungsanspruch davon ab, ob im Rahmen von § 613a BGB auch das Arbeitsverhältnis übergegangen ist. Findet ein solcher Übergang des Arbeitsverhältnisses nicht statt, ist der Arbeitnehmer aus dem auf die Diensterfindung entfallenden Kaufpreisanteil abschließend zu vergüten.[410] Geht das Arbeitsverhältnis auf den Erwerber über, begründet dies keinen Vergütungsanspruch auf Kaufpreisbasis, sondern der laufende Vergütungsanspruch besteht analog § 613a BGB fort. Der Erfinder ist in diesem Fall an dem nach der Lizenzanalogie zu ermittelnden Erfindungswert der vergangenen, laufenden und zukünftigen Umsätze und ggfs. an einem Vorratserfindungswert vor und nach dem Eigentümerwechsel im Rahmen seines Miterfinderanteils und seines Anteilsfaktors solange zu beteiligen, wie eine patentrechtliche Monopolstellung besteht, unabhängig davon, wem die Unternehmensanteile gerade gehören. Die Veräußerung der Unternehmensanteile selbst löst in dieser Konstellation keinen Vergütungsanspruch auf Kaufpreisbasis aus und beendet den laufenden Vergütungsanspruch deshalb nicht.[411]

165 Maßgebend ist also die im Wesentlichen unveränderte Fortführung der übertragenen wirtschaftlichen Einheit.[412] Diese Identität der wirtschaftlichen Einheit wird nicht gewahrt, wenn der Erwerber wesentliche Änderungen des bisherigen Konzepts oder der bisher bestehenden Strukturen vornimmt.[413] Werden bei einem Herstellungsbetrieb nur Schutzrechte und Konstruktionsunterlagen sowie sonstiges Know-how übertragen, ohne die zugehörigen sächlichen Mittel und die für die Umsetzung des Know-hows maßgeblichen Mitarbeiter, so scheidet eine Anwendbarkeit des § 613a BGB selbst dann aus, wenn aufgrund der übertragenen immateriellen Betriebsmittel ein bestimmtes Produktionsprogramm fortgeführt werden könnte.[414] Demgegenüber ist die Übernahme des wesentlichen Know-how-Trägers ein starkes Indiz für eine Betriebsübernahme.[415] Auch die Übernahme der Hauptbelegschaft stellt ein

409 Schiedsstelle v. 14.6.2023, Arb.Erf. 23/21 (www.dpma.de) u. v. 26.2.2024, Arb.Erf. 22/22 (unveröffentl.).

410 Schiedsstelle v. 14.6.2023, Arb.Erf. 23/21 (www.dpma.de) u. v. 26.2.2024, Arb.Erf. 22/22 (unveröffentl.).

411 So auch zutreffend Bartenbach/Volz, § 1 ArbEG, Rn. 114.

412 BAG v. 6.4.2006, BB 2006, 2192 (2193) u. v. 25.8.2016, NZA-RR 2017, 123 (126).

413 BAG v. 21.5.2008, DB 2009, 291 u. v. 21.5.2008, NZA 2009, 144 (146).

414 Schiedsstelle v. 24.7.1985, BlPMZ 1989, 225; BAG v. 13.10.2011, BB 2012, 1798 (1801 f.); LG Düsseldorf v. 13.4.2010, Mitt. 2010, 541 (544 f.) – *Beschichtung für Solarabsorber*; siehe auch Fühlrott, NZA 2013, 183 ff., dort auch zum anderweitigen Einsatz von Know-how-Trägern durch den Betriebserwerber, z.B. als freie Mitarbeiter, Leiharbeitnehmer.

415 BAG v. 9.2.1994, NZA 1994, 612.

gewichtiges Indiz für das Vorliegen eines Betriebsübergangs dar.[416] Dies trifft auch bei der Übernahme eines nach Zahl und Sachkunde wesentlichen Teils des Personals zu, insbesondere wenn der Betrieb durch Spezialkenntnisse und Qualifikation seiner Mitarbeiter geprägt ist, wie beispielsweise bei einem IT-Dienstleister.[417] Allerdings stellt die Übernahme von Patenten und Know-how für sich betrachtet noch keine organisatorische Gesamtheit dar.[418] Übernimmt ein Lizenzgeber mit Beendigung eines Lizenzvertrages von dem die Lizenz allein ausübenden Lizenznehmer Kunden- und Lieferantenbeziehungen sowie eine umfangreiche technische Dokumentation und nutzt er nunmehr erstmals das Schutzrecht, können dies auf einen Betriebsübergang hindeutende Hilfstatsachen sein;[419] dies gilt auch dann, wenn Mitarbeiter des Lizenznehmers nicht übernommen werden.

Bei einem rechtsgeschäftlichen Betriebsübergang erlischt das Arbeitsverhältnis nicht, 166
sondern besteht mangels Widerspruchs des Arbeitnehmers (vgl. § 613a Abs. 6 BGB) mit dem neuen Betriebsinhaber unverändert fort.[420] Dieser tritt als neuer Arbeitgeber – auch in Bezug auf das Arbeitnehmererfindungsrecht – in alle bestehenden Rechte und Pflichten ein und wird damit auch Schuldner aller bisher entstandenen und fällig gewordenen Ansprüche aus dem Arbeitsverhältnis.[421] Die Rechte und Pflichten bestehen so weiter, als hätte es den Betriebsübergang nicht gegeben.[422]

bb) Umwandlungen im Sinne des UmwG

Das UmwG regelt den Betriebsübergang kraft Gesetzes, der sich durch Verschmelzung 167
oder Spaltung von Unternehmen sowie Vermögensübertragung vollzieht. Insoweit enthält das UmwG Legaldefinitionen der einzelnen Umwandlungsfälle. Der Unterschied zu § 613a BGB besteht darin, dass hier der Betriebsübergang ohne einen rechtsgeschäftlichen Übertragungsakt geschieht.[423] Der Gesetzgeber ist davon ausgegangen, dass auch die übertragende Umwandlung, sofern durch die Umwandlung der Übergang von Betrieben oder Betriebsteilen bewirkt wird und es zu einem Wechsel der

416 EuGH v. 11.7.2018, NZA 2018, 1053 (1055 [Tz. 37]) – *Hermo u.a../. Fogasal.*

417 BAG v. 21.6.2012, NZA-RR 2012, 6 (10 [Tz. 41]), dort ca. 57,5 % des Personals.

418 BAG v. 13.10.2011, BB 2012, 1798 (1801 f.), dort wurde ein Betriebsübergang i.S.v. § 613a BGB trotz gleichzeitiger Übernahme von einigen Arbeitnehmern verneint, da diese »nicht für eine bestimmte organisatorische Einheit identitätsprägend« waren.

419 Vgl. BAG v. 21.5.2008, NZA 2008, 753.

420 H. M.; vgl. nur Grüneberg/Weidenkaff, § 613a BGB, Rn. 18–22 m.w.N.; siehe auch EG-Richtlinie 2001/23 (EG v. 12.3.2001, ABl. EG L 82 v. 22.3.2001, 16 ff.) zum Betriebsübergang und Unternehmensübergang.

421 Schiedsstelle v. 12.5.1987/26.01.1988, Blatt 1988, 349 (350 f.); bestätigt durch Schiedsstelle v. 4.7.1989, Arb.Erf. 110/88; v. 26.10.1993, Arb.Erf. 105/92; v. 4.7.1995, Arb.Erf. 3 (B)/93; v. 2.12.1999, Arb.Erf. 45/98; v. 10.11.2004, Arb.Erf. 47/03 u. v. 15.12.2004, Arb.Erf. 52/02 (alle unveröffentl.); v. 17.1.2006, Arb.Erf. 45/04 (Datenbank Schiedsstellenpraxis); v. 26.2.2015, Arb.Erf. 59/12 (www.dpma.de).

422 BAG v. 11.12.2008, NJW 2009, 2153.

423 ErfK/Preis, § 613a BGB, Rn. 58; ausführlich zum Merkmal »durch Rechtsgeschäft«: HWK/Willemsen, § 324 UmwG, Rn. 8 ff.

rechtlichen Identität des Arbeitgebers kommt,[424] wie eine Vermögensübertragung kraft Rechtsgeschäftes im Sinne des § 613a BGB zu behandeln ist.[425] Daraus folgt, dass die Arbeitsverhältnisse auch bei gesellschaftsrechtlichen Umwandlungen nach § 613a BGB übergehen und darüber hinaus die sonstigen Rechtsgrundsätze des § 613a BGB gelten.[426] Die Vorschrift des § 613a BGB ist somit nicht nur auf rechtsgeschäftliche Betriebsübergänge beschränkt, sondern findet – wie § 324 UmwG a.F. bzw. der seit dem 1.3.2023 geltende, ohne inhaltliche Änderung an dessen Stelle getretene § 35a Abs. 2 UmwG n.F.[427] zeigen – auch bei einer Verschmelzung nach §§ 2 ff. UmwG Anwendung.[428]

Bei einer Verschmelzung werden verschiedene Rechtsträger miteinander mit der Folge vereint, dass nur noch einer der Rechtsträger fortbesteht (Verschmelzung zur Aufnahme) oder die bisherigen Rechtsträger erlöschen und ein neuer Rechtsträger entsteht (Verschmelzung zur Neugründung). Als Gegenleistung erhalten die ursprünglichen Anteilsinhaber Anteile des übernehmenden oder des neuen Rechtsträgers. Es erfolgt somit keine gesonderte Übertragung einzelner Vermögensgegenstände wie beim Asset Deal, sondern das Vermögen der übertragenden Rechtsträger geht gemäß § 20 Nr. 1 UmwG im Wege der Gesamtrechtsnachfolge einschließlich der Verbindlichkeiten auf den übernehmenden Rechtsträger über.[429]

Trotz unglücklicher Formulierung[430] bestimmte § 324 UmwG a.F. bzw. bestimmt § 35a Abs. 2 UmwG n.F., dass § 613a Abs. 1, 4–6 BGB bei einer Verschmelzung zur Anwendung kommt.[431]

Dies gilt nicht nur für die Verschmelzung, sondern auch für die Spaltung nach den §§ 123 ff. UmwG, da auch bei dieser Fallkonstellation – anders als beim Asset Deal – keine gesonderte Übertragung einzelner Vermögensgegenstände stattfindet, sondern das Vermögen des übertragenden Rechtsträgers im Wege der Gesamtrechtsnachfolge einschließlich der Verbindlichkeiten gemäß § 131 Abs. 1 UmwG auf den übernehmenden Rechtsträger übergeht.[432]

---

424 Willemsen, NZA 1996, 791 (798).

425 Bachner in Kittner/Zwanziger, § 114, Rn. 44 m.H.a. Bauer/Lingemann, NZA 1994, 1057.

426 Vgl. zu der uneingeschränkten Anwendbarkeit des § 613a Abs. 1, 4 bis 6 BGB auch BT-Drucks. 14/7760, S. 20.

427 Vgl. die Amtl. Begründung zum Entwurf eines Gesetzes zur Umsetzung der Umwandlungsrichtlinie BT-Drucks. 20/3822, S. 72 (zu Art. 1 Nr. 12-E); siehe auch BGBl. I Nr. 51.

428 So auch ausdrücklich das BAG v. 25.5.2000, ZIP 2000, 1630 (1634) mit zust. Anm. von Bauer/Mengel.

429 Vgl. Schiedsstelle v. 14.6.2023, Arb.Erf. 23/21 (www.dpma.de).

430 »§ 613a Abs. 1, 4 bis 6 BGB bleibt durch die Wirkungen der Eintragung einer Verschmelzung, Spaltung oder Vermögensübertragung unberührt.«.

431 Ausführlich hierzu Schaub/Ahrendt, Arbeitsrechts-Handbuch, § 116, Rn. 11; siehe auch BAG v. 21.2.2008, NZA 2008, 815 (817 [Tz. 20]) u. v. 19.10.2017, NZA 2018, 370 (373 [Tz. 26]).

432 Vgl. hierzu Schiedsstelle v. 14.6.2023, Arb.Erf. 23/21 (www.dpma.de) u. v. 26.2.2024, Arb.Erf. 22/22 (unveröffentl.).

Die Schiedsstelle stellt klar, dass zu diesen Verbindlichkeiten auch die Vergütungsansprüche des Arbeitnehmererfinders zählen, wenn auf Diensterfindungen beruhende Schutzrechtspositionen Gegenstand der Gesamtrechtsnachfolge waren, mit der Folge, dass der Arbeitnehmererfinder weiterhin an Vorteilen aus Verwertungshandlungen des aufnehmenden/neuen Unternehmens zu beteiligen ist.[433] Vergütungsschuldner für vergangene und zukünftige Verwertungen ist dann das aufnehmende oder das neue Unternehmen.[434]

Da § 324 UmwG a.F. bzw. § 35a Abs. 2 UmwG n.F. den Charakter einer Rechts- 168
grundverweisung hat, ist es erforderlich, dass infolge einer Umwandlungsmaßnahme ein Betrieb oder Betriebsteil auf einen anderen Rechtsträger übergeht.[435] Insoweit ist auf die obigen Ausführungen zu verweisen. Die Bedeutung des § 613a BGB im Umwandlungsrecht zeigt sich bei Verschmelzungen von Unternehmen, bei denen zwar die Arbeitsverhältnisse bereits kraft Gesamtrechtsnachfolge übergehen, aber nicht zwingend die bislang bestehenden kollektivrechtlichen Vereinbarungen erfasst werden. Der Bestand der kollektivrechtlichen Regelungen – einer der Schutzzwecke des § 613a BGB[436] – wird durch die Geltung des Abs. 1 Sätze 2 bis 4 des § 613a BGB auch bei Verschmelzungen gewährleistet.[437]

cc) Erfinderrechtliche Auswirkungen

Rechtsfolge des § 613a BGB ist – sofern kein Widerspruch des einzelnen Arbeitneh- 169
mers erfolgt (vgl. § 613a Abs. 5 u. 6 BGB) – der Übergang der bestehenden Arbeitsverhältnisse der betroffenen Arbeitnehmer auf die Konzerngesellschaft als Betriebsnachfolger.[438] Da auch bei Umstrukturierungen im Konzern wie z.B. Verschmelzung, Vermögensübertragung oder Unternehmenskauf die Arbeitnehmerschutzregeln zum Betriebsübergang zu beachten sind, ist zu klären, wie sich ein solcher Betriebsübergang in einem Konzern auf das Verhältnis von Arbeitgeber und Arbeitnehmererfinder auswirkt.

Erfinderrechtlich ist maßgeblich, ob auch die Rechte und Pflichten, die sich aus dem 170
ArbEG ergeben, unter den in § 613a Abs. 1 BGB verwendeten Begriff »der Rechte und Pflichten aus den im Zeitpunkt des Übergangs bestehenden Arbeitsverhältnissen« zu subsumieren sind.

433 Schiedsstelle v. 14.6.2023, Arb.Erf. 23/21 (www.dpma.de) u. v. 26.2.2024, Arb.Erf. 22/22 (unveröffentl.).
434 Schiedsstelle v. 14.6.2023, Arb.Erf. 23/21 (www.dpma.de).
435 BAG v. 25.5.2000, NZA 2000, 1115 (1117) u. v. 12.6.2019, NZA 2019, 1203.
436 ErfK/Preis, § 613a BGB, Rn. 2.
437 Vgl. Schmitt/Hörtnagl/Stratz, § 324 UmwG a.F., Rn. 2; HWK/Willemsen, § 324 UmwG a.F., Rn. 19 ff.
438 Vgl. zu den steuerrechtlichen Folgen Kamlah, BB Beil. 2003, 109 (112).

171 Diese Frage ist sowohl im Fall des Betriebsübergangs als auch in den Fällen der Umwandlung relevant, soweit § 613a BGB aufgrund der Rechtsgrundverweisung in § 324 UmwG a.F.[439] bzw. § 35a UmwG n.F. zur Anwendung kommt.

172 Eine höchstrichterliche Klärung steht noch aus. Jedoch umfasst nach der herrschenden Meinung in der Instanzrechtsprechung und im Schrifttum[440] und auch nach der Auffassung der Schiedsstelle der Begriff der »Rechte und Pflichten« in § 613a BGB ebenfalls die »Rechte und Pflichten« aus dem ArbEG, wobei die Schiedsstelle in ihrer früheren Praxis von einer direkten Geltung[441] des § 613a BGB ausging, während sie nunmehr eine analoge Anwendung[442] annimmt. Die Geltung des § 613a BGB ist nach Ansicht der Schiedsstelle auch bei einem Betriebsübergang im Rahmen eines Konzerns zu bejahen.[443]

173 Diesen Überlegungen ist zu folgen. Auch wenn das Rechtsverhältnis zwischen Arbeitgeber und Arbeitnehmererfinder nicht unmittelbar aus dem Arbeitsvertrag entsteht, so hat es dennoch seinen Ursprung und Rechtsgrund im Arbeitsverhältnis. Diese Auffassung ist auch mit dem Sinn und Zweck der Vorschrift des § 613a BGB zu vereinbaren, dem Arbeitnehmer die vor dem Betriebsübergang erworbenen Rechtspositionen zu sichern,[444] indem das Arbeitsverhältnis mit seinem konkreten Umfang an Rechten und Pflichten auf den Betriebserwerber übergehen soll (Bestandsschutz).[445] Auch in der Amtlichen Begründung zum ArbEG finden sich Anhaltspunkte, dass der Gesetzgeber grundsätzlich davon ausgegangen ist, dass der Erwerber des Betriebes auch in erfinderrechtlicher Hinsicht in die Stellung des früheren Betriebsinhabers

---

439 BAG v. 25.5.2000, ZIP 2000, 1630 (1636) mit zust. Anm. Bauer/Mengel u. BAG v. 12.6.2019, NZA 2019, 1203.

440 LG Düsseldorf v. 13.4.2010, Mitt. 2010, 541 (544) – *Beschichtung für Solarabsorber*; LG Mannheim v. 3.12.2019, 2 O 76/18 (unveröffentl.) – *Brillenglas*; Bartenbach/Volz, § 1 ArbEG, Rn. 114 ff.; Keukenschrijver in Busse/Keukenschrijver, PatG, § 9 ArbEG, Rn. 8; Oster, GRUR 2012, 467 (468 ff.); Kästle/Schmoll, BB 2018, 820 (822); Trimborn, Mitt. 2007, 208 ff. u. Mitt. 2012, 70 (72 f.); Schaub, FS Bartenbach (2005), 229 (232); Reimer/Schade/Schippel/Rother, § 5 ArbEG, Rn. 13 a; a.A. Gaul, GRUR 1987, 590 (594 f.) u. GRUR 1981, 379 (384 f.); ders. differenzierend GRUR 1994, 1 ff.; siehe auch Villinger, GRUR 1990, 169 ff.

441 Schiedsstelle v. 12.5.1987/26.1.1988, BlPMZ 1988, 349 (350 f.); v. 4.7.1989, Arb.Erf. 110/88; v. 26.10.1993, Arb.Erf. 105/92; v. 4.7.1995, Arb.Erf. 3 (B)/93; v. 2.12.1999, Arb.Erf. 45/98 u. v. 17.1.2006, Arb.Erf. 45/04 (alle unveröffentl.); siehe auch Schiedsstelle v. 26.2.2015, Arb.Erf. 59/17 (www.dpma.de).

442 Schiedsstelle v. 8.12.2016, Arb.Erf. 14/13 (www.dpma.de) u. v. 22.2.2017, Arb.Erf. 45/15 (unveröffentl.).

443 Schiedsstelle v. 15.12.2004, Arb.Erf. 52/02 (Datenbank Schiedsstellenpraxis) u. v. 26.2.2015, Arb.Erf. 59/17 (www.dpma.de).

444 Grüneberg/Weidenkaff, § 613a BGB, Rn. 2; BAG v. 19.3.2009, NZA 2009, 1091 (1093 [Tz. 26]).

445 Birk, Anm. zu BAG v. 26.1.1977, EzA Nr. 11 zu § 613a BGB; BAG v. 10.8.1994, BB 1995, 521 (522).

eintreten sollte.[446] Zwar hat es bei Inkrafttreten des ArbEG im Jahre 1957 noch keine dem § 613a BGB entsprechende Regelung gegeben; indes zeigt doch die an § 613a BGB für den Insolvenzfall orientierte, neu gefasste Vorschrift des § 27 Nr. 1 ArbEG, dass der Gesetzgeber nunmehr auch ausdrücklich von der grundsätzlichen Geltung des § 613a BGB hinsichtlich des ArbEG ausgeht.[447] Das wird vom BAG in seinem grundlegenden Urteil zur Fortgeltung der begrenzten Haftung des Betriebserwerbers im Insolvenzverfahren bestätigt; das BAG sieht gerade in § 27 Nr. 1 ArbEG den Beweis, dass der Gesetzgeber an der teleologischen Reduktion der Haftungsfunktion des § 613a BGB bei einem Betriebsübergang nach Eröffnung des Insolvenzverfahrens festhalten will.[448]

Selbst wenn der Begriff der »Rechte und Pflichten aus dem Arbeitsverhältnis« im 174
Sinne des § 613a BGB nicht in diesem weiten Sinne zu verstehen sein sollte, ist jedenfalls – ausgehend von seinem Normzweck, das Arbeitsverhältnis in seinem konkreten Umfang an Rechten und Pflichten auf den Erwerber übergehen zu lassen[449] – eine analoge Anwendung des § 613a BGB geboten. Für eine analoge Anwendung des § 613a BGB auf die gesetzlichen Ansprüche aus dem ArbEG spricht sich auch die Schiedsstelle aus.[450] Da § 613a BGB dem Arbeitnehmer Schutz vor einer für ihn nachteiligen Veränderung des Arbeitsvertragsinhalts bieten soll, unterfielen ihm gesetzliche Schuldverhältnisse wie solche aus dem ArbEG resultierende nicht unmittelbar.[451] Letztlich seien die arbeitnehmerrechtlichen Vergütungsansprüche eine Kompensation für einen patentrechtlichen Rechtsverlust und kein mit der Arbeitsleistung korrespondierendes Arbeitsentgelt.

Im Falle eines Betriebsübergangs und des damit verbundenen Fortbestandes des Arbeits- 175
verhältnisses mit dem Betriebserwerber gehen demnach die vor dem Betriebsübergang entstandenen Rechte und Pflichten aus dem ArbEG auf den Erwerber gemäß § 613a Abs. 1 BGB über, allerdings nur, soweit auch die jeweiligen Erfindungsrechte und die darauf bezogenen Schutzrechtspositionen mit übertragen worden sind. Bei dieser Fallgestaltung kommen die an die Beendigung des Arbeitsverhältnisses anknüpfenden Regeln des ArbEG, wie etwa § 23 Abs. 2 ArbEG, § 26 ArbEG nicht zum Zuge, und zwar weder im Verhältnis zum »neuen« noch zum bisherigen Arbeitgeber.

Daraus folgt, dass der neue Arbeitgeber auch die nunmehr ihm zustehenden Rechte – 176
wie z.B. die Erfüllung noch offener Melde-, Informations- und Anbietungspflichten wie auch etwaige darauf bezogene Inanspruchnahmerechte – gegenüber dem Arbeitnehmererfinder geltend machen kann. Zugleich findet – von der Mithaftung des

446 Amtl. Begr. BT-Drucks. II/1648, S. 16 (zu V.) = BlPMZ 1957, 218 (226).
447 Vgl. Bartenbach/Volz, § 1 ArbEG, Rn. 115.
448 Urteil v. 20.6.2002, NZA 2003, 318 (323).
449 BAG v. 10.8.1994, BB 1995, 521 (522).
450 EV v. 8.12.2016, Arb.Erf. 14/13 u. v. 17.10.2022, Arb.Erf. 44/21 (beide www.dpma.de); v. 22.2.2017, Arb.Erf. 45/15 (unveröffentl.) unter Abkehr von ihrer bisherigen langjährigen Anerkennung der unmittelbaren Geltung des § 613a BGB.
451 Schiedsstelle v. 8.12.2016, Arb.Erf. 14/13 (www.dpma.de); a.A. Schaub, FS Bartenbach (2005), 229, (232).

bisherigen Arbeitgebers nach § 613a Abs. 2 BGB abgesehen – ein Schuldnerwechsel statt, d.h. der neue Betriebsinhaber haftet für die Vergütungsansprüche aus dem ArbEG für die Zukunft[452] und für die Vergangenheit, also auch, soweit sie vor dem Betriebsübergang entstanden sind.[453]

177 Widerspricht allerdings der Arbeitnehmererfinder der Fortführung seines Arbeitsverhältnisses mit dem Betriebserwerber nach § 613a Abs. 6 BGB, bleibt seine arbeitsvertragliche Bindung zum bisherigen Arbeitgeber bestehen.[454] In einem solchen Fall ergeben sich keine erfinderrechtlichen Besonderheiten; nach wie vor bleibt der bisherige Arbeitgeber auch Träger aller Rechte und Pflichten, die sich aus dem ArbEG ergeben. Der Arbeitnehmererfinder hat nur gegen seinen bisherigen Arbeitgeber Vergütungsansprüche, nicht jedoch gegen den Betriebserwerber.[455] Den bisherigen Arbeitgeber trifft auch die Pflicht zur – beim Unternehmensverkauf allerdings häufig schwierig zu ermittelnden[456] – Vergütung für den Verkauf der Erfindungsrechte,[457] z.B. an den Betriebserwerber.

178 Der Vergütungsanspruch gegenüber dem Arbeitgeber bestimmt sich nach RL Nr. 16 als Beteiligung an dem erfindungsbezogenen Kaufpreis(-anteil). Gleiches gilt nach allgemeinen Grundsätzen (§ 26 ArbEG) auch dann, wenn das Arbeitsverhältnis bereits vor Betriebsübergang beendet war und deshalb nicht von § 613a BGB erfasst werden kann.[458] Ansprüche gegen den Betriebserwerber hat der Arbeitnehmererfinder nicht, auch wenn der Arbeitgeber die Erfindungsrechte auf den Betriebserwerber übertragen hat.

179 Anders liegt der Fall, wenn die Erfindungsrechte beim bisherigen Betriebsinhaber verbleiben, jedoch die betroffenen Arbeitsverhältnisse mit dem Zeitpunkt des Betriebsübergangs auf den Erwerber übergehen. In diesen Fällen soll der Betriebserwerber

---

452 Schiedsstelle v. 15.12.2004, Arb.Erf. 52/02 (Datenbank Schiedsstellenpraxis); LG Düsseldorf v. 13.4.2010, Mitt. 2010, 541 (544) – *Beschichtung für Solarabsorber*; Kästle/Schmoll, BB 2018, 820 (823); vgl. auch Keukenschrijver in Busse/Keukenschrijver, PatG, § 9 ArbEG, Rn. 8; vgl. zur Weitergeltung von Konzernbetriebsvereinbarungen beim Betriebsübergang Gaul/Krause, RdA 2013, 39 (45).

453 Schaub, FS Bartenbach (2005), 229 (237); Bartenbach/Volz, § 1 ArbEG, Rn. 118.2 m.H.a. Schiedsstelle v. 12.5.1987/26.1.1988, BlPMZ 1988, 349 (350 f.); v. 4.7.1989, Arb.Erf. 110/88 u. v. 26.10.1993, Arb.Erf. 152/92 (beide unveröffentl.).

454 H. M., BAG v. 24.7.2008, NZA 2009, 294; vgl. nur ErfK/Preis, § 613a BGB, Rn. 101; Grüneberg/Weidenkaff, § 613a BGB, Rn. 53.

455 Schiedsstelle v. 19.5.2012, Arb.Erf. 04/10 (Datenbank Schiedsstellenpraxis).

456 Vgl. etwa Schiedsstelle v. 19.12.1991, GRUR 1992, 847, 848 f. – *Geschäftsaktivitäten-Veräußerung* u. v. 26.2.1993, GRUR 1996, 49, 51 f. – *Gießereimaschinen* m. Anm. v. Bartenbach/Volz; vgl. zur Bestimmung der Erfindervergütung beim Unternehmensverkauf auch OLG Karlsruhe v. 13.10.2021, Az. 6 U 130/19, juris, Rn. 74, 77 – Planetengehäuse.

457 Keukenschrijver in Busse/Keukenschrijver, PatG, § 9 ArbEG, Rn. 9; Gaul, GRUR 1994, 1 (3, 6).

458 A.A. aber LG Düsseldorf v. 13.4.2010, Mitt. 2010, 541 (544) – *Beschichtung für Solarabsorber* m. Anm. Bach/Körfer.

über § 613a Abs. 1, 2 BGB neben dem bisherigen Betriebsinhaber gesamtschuldnerisch für Vergütungsansprüche aus Nutzungshandlungen vor dem Betriebsübergang haften.[459] Für Nutzungen nach dem Betriebsübergang haftet aber allein der frühere Arbeitgeber. Das folgt aus § 26 ArbEG.

Bei Unternehmensumwandlungen nach dem UmwG führt die Nichtgeltung des 180
§ 613a Abs. 2 und 3 BGB zu einigen unterschiedlichen Rechtsfolgen. Für die bei der Umwandlung bereits bestehenden Arbeitnehmeransprüche – wozu auch der Vergütungsanspruch nach § 9 ArbEG gehört – konkurrieren die umwandlungsrechtliche Haftung nach § 22 UmwG bei der Verschmelzung und die Haftung nach §§ 133, 134 UmwG bei der Spaltung des Unternehmens mit der »arbeitsrechtlichen« Haftung nach § 613a BGB. Dies hat lediglich Auswirkungen auf die Haftung des bisherigen Rechtsträgers. Arbeitsrechtlich haftet der bisherige Arbeitgeber neben dem neuen Inhaber als Gesamtschuldner für die Verbindlichkeiten aus dem Arbeitsverhältnis, die zum Zeitpunkt des Betriebsübergangs bereits bestanden haben oder vor Ablauf eines Jahres nach dem Zeitpunkt des Übergangs fällig werden (vgl. § 613a Abs. 2 BGB). Demgegenüber tritt gemäß § 133 Abs. 1 UmwG eine gesamtschuldnerische Haftung der an der Spaltung beteiligten Rechtsträger für vor der Spaltung entstandene Ansprüche ein. Eine Begrenzung dieser umwandlungsrechtlichen Haftung folgt aus § 133 Abs. 3 UmwG, wonach diejenigen Rechtsträger, denen die entsprechenden Verbindlichkeiten im Spaltungs- oder Übernahmevertrag nicht zugewiesen worden sind, für diese Ansprüche nur dann haften, wenn sie innerhalb von fünf Jahren nach der Spaltung fällig und gerichtlich geltend gemacht werden.

Das Umwandlungsrecht stellt die Gläubiger – und damit auch die Arbeitnehmer – 181
erheblich besser als das Arbeitsrecht.[460] Offenkundig sind die beiden Haftungssysteme nicht miteinander vereinbar, was zu der Frage führt, ob § 613a Abs. 2 BGB im Falle der Spaltung eines Unternehmens im Wege der Gesamtrechtsnachfolge überhaupt gilt. Die Gesetzesfassung gibt keinen Lösungsansatz für diese Frage.[461] Auch der Wortlaut des § 324 UmwG a.F. bzw. des diesen inhaltlich ersetzenden § 35a Abs. 2 UmwG n.F., der nur auf § 613a Abs. 1 und Abs. 4 BGB verweist, kann hier nicht dahingehend ausgelegt werden, dass die arbeitsrechtliche Haftung nicht gelten soll. Denn nach der Änderung des § 613a Abs. 3 BGB durch Art. 2 UmwBerG wird nunmehr die Anwendung des § 613a Abs. 2 BGB für den Fall des Erlöschens des bisherigen Rechtsträgers ausgeschlossen. Daraus könnte man schließen, dass bei Bestehenbleiben des ursprünglichen Rechtsträgers nach der Spaltung § 613a Abs. 2 BGB zur Anwendung gelangen soll.[462] Das Konkurrenzverhältnis zwischen den beiden Vorschriften kann jedoch über den der Vorschrift des § 613a BGB innewohnenden Schutzzweck – die Besserstellung der Arbeitnehmer gegenüber der Rechtslage,

459 Schiedsstelle v. 6.10.2004, Arb.Erf. 007/03 u. v. 19.5.2012, Arb.Erf. 04/10 (beide Datenbank Schiedsstellenpraxis); Bauer, Unternehmensveräußerung und Arbeitsrecht, S. 69.
460 Joost, ZIP 1995, 976 (981).
461 So Lutter/Joost, § 324 UmwG a.F., Rn. 44.
462 Vgl. ErfK/Preis, § 613a BGB, Rn. 133.

die ohne die Existenz des § 613a BGB bestehen würde[463] – gelöst werden. Durch die mit den umwandlungsrechtlichen Regelungen bezweckte Mithaftung des neuen Rechtsträgers wird die Stellung der Arbeitnehmer in solchen Fällen verbessert und stellt eine Privilegierung der Arbeitnehmer und nicht des bisherigen Arbeitgebers dar.[464] Da § 613a BGB grundsätzlich eine Besserstellung des Arbeitnehmers im Verhältnis zu allgemeinen Regeln erreichen will, richtet sich die Haftung des bisherigen Rechtsträgers nach § 133 UmwG und nicht nach § 613a BGB.[465]

d) Mehrpersonale Arbeitsverhältnisse

182 Gerade im Konzernbereich haben sich in der Praxis auf der Grundlage von Vereinbarungen besondere arbeitsvertragliche Formen herausgebildet, bei denen mehrere Konzernunternehmen als Arbeitgeber in ein Vertragsverhältnis einbezogen werden oder ein zusätzliches Arbeitsverhältnis begründet wird.

aa) Einheitliches Arbeitsverhältnis mit mehreren Arbeitgebern

aaa) Begriff und Zulässigkeit

183 Von einem einheitlichen Arbeitsverhältnis wird regelmäßig dann gesprochen, wenn rechtlich ein einzelner (einheitlicher) Arbeitsvertrag besteht, an dem auf der Arbeitgeberseite mehrere (natürliche oder juristische) Personen beteiligt sind.[466]

184 Auch wenn in der Praxis eine solche Konstellation in einem Konzernverbund selten auftreten wird,[467] so kann bereits bei Eintritt in einen Konzern für den Arbeitnehmer ein einheitliches Arbeitsverhältnis mit mehreren Arbeitgebern begründet werden. Denkbar ist jedoch auch die Fallgestaltung, dass erst im Verlauf des Arbeitsverhältnisses ein zusätzlicher Arbeitgeber »hinzutritt«. Dies unterscheidet die Situation von einer Abordnung, Entsendung oder Konzernleihe im hier verstandenen Sinn,[468] bei denen das Arbeitsverhältnis mit dem einzelnen Arbeitgeber unverändert fortbesteht.

---

463 Vgl. nur Grüneberg/Weidenkaff, § 613a BGB, Rn. 2.

464 Vgl. auch Art. 3 Abs. 1 Satz 1 der Richtlinie 77/187/EWG v. 14.2.1977.

465 So im Ergeb. auch Schaub, FS Bartenbach (2005), 229 (240); ErfK/Oetker, § 35a UmwG, Rn. 5; allgemein für einen solchen Vorrang der umwandlungsrechtlichen Haftung: Wlotzke, DB 1995, 40 (43); Bachner in Kittner/Zwanziger, § 115, Rn. 68; ErfK/Preis, § 613a BGB, Rn. 181; Lutter/Joost, § 324 UmwG a.F., Rn. 45; ders., ZIP 1995, 976 (981); dagegen Kallmeyer, ZIP 1995, 550 (552); Willemsen, NZA 1996, 791 (800); unklar Bauer/Lingemann, NZA 1995, 1057 (1062).

466 BAG v. 27.3.1981, AP Nr. 1 zu § 611 BGB – *Arbeitgebergruppe*; Reiter, NZA Beil. 2014, 22 (23); Lange, NZA 2012, 1121 (1122); Meyer, NZA 2013, 1326 (1329).

467 Darauf weisen Kort, NZA 2013, 1318 (1320); Wisskirchen/Bissels, DB 2007, 340 (341) sowie Lambrich/Schwab, NZA-RR 2013, 169 (170) hin.

468 Siehe zu den Begriffen Rdn. 110 u. Rdn. 141 f.

Nach der bisherigen Rechtsprechung des BAG[469] kommt ein einheitliches Arbeitsverhältnis mit mehreren Arbeitgebern dann in Betracht, wenn zumindest eine tatsächliche Einflussnahme der verschiedenen Arbeitgeber auf den Abschluss oder die Durchführung der vom Arbeitnehmer mit dem jeweils anderen Arbeitgeber abgeschlossenen Vereinbarung besteht.[470] Für die Annahme eines einheitlichen Arbeitsverhältnisses ist nicht Voraussetzung, dass die Arbeitgeber zueinander in einem bestimmten – insbesondere gesellschaftsrechtlichen – Rechtsverhältnis stehen, einen gemeinsamen Betrieb führen oder den Arbeitsvertrag gemeinsam abschließen.[471] Die Rechtsprechung lässt einen allgemeinen, rechtlichen Zusammenhang zwischen den arbeitsrechtlichen Beziehungen des Arbeitnehmers zu den einzelnen Arbeitgebern ausreichen. Entscheidend ist, ob diese Beziehungen selbst miteinander derart zusammenhängen, dass die Rechtsordnung – anders als beim eigenständige, voneinander unabhängige Arbeitsverhältnisse begründenden Doppelarbeitsverhältnis[472] – eine isolierte rechtliche Betrachtung dieser Beziehungen verbietet.[473] Für ein solches einheitliches Arbeitsverhältnis sollen die Vereinbarungen des Arbeitsvertrages nach dem Willen der Vertragsparteien nur gemeinsam gelten und müssen derart miteinander verbunden sein, dass sie miteinander stehen und fallen.[474] 185

Ein solcher rechtlicher Zusammenhang ist nach Ansicht der Schiedsstelle gegeben, wenn den Arbeitnehmer eine Arbeitspflicht in gegenseitiger Abstimmung aller Beteiligten trifft, Rechte und Pflichten der Beteiligten in einem einheitlichen Anstellungsvertrag vereinbart und infolge fehlender Differenzierung der beiden oder mehreren Arbeitgeber, z.B. bei der Geheimhaltungspflicht des Arbeitnehmers gegenüber »der Gesellschaft«, untrennbar miteinander verwoben sind und diese Arbeitgeber dem Arbeitnehmer ein Arbeitszeugnis gemeinsam ausstellen, aus dem sich ergibt, dass der Arbeitnehmer die ihm obliegenden Projekte in Abstimmung aller an dem Anstellungsvertrag Beteiligten durchgeführt hat, und worin die Arbeitsleistungen des Arbeitnehmers in allen Unternehmen zusammen bewertet werden.[475] Besteht ein solches einheitliches 186

469 BAG v. 27.3.1981, AP Nr. 1 zu § 611 BGB – *Arbeitgebergruppe* m. krit. Anm. Wiedemann; krit. ebenso Schwerdtner, ZIP 1982, 900; Schulin, SAE 1983, 294; vgl. auch BGH v. 6.11.1980, NJW 1981, 274 (275) zur Einheitlichkeit von Bau- und Grunderwerbsvertrag.

470 So auch die Schiedsstelle v. 5.7.1991, GRUR 1992, 499 (501 f.) – *Einheitliches Arbeitsverhältnis*; Braun/Wisskirchen/Braner/Ceruti, Konzernarbeitsrecht, Teil I, Kap. 3, Rn. 39.

471 Schiedsstelle v. 3.5.2011, Arb.Erf. 10/09 (Datenbank Schiedsstellenpraxis).

472 Siehe hierzu nachfolgend Rdn. 196 ff.

473 BAG v. 27.3.1981, AP Nr. 1 zu § 611 BGB – *Arbeitgebergruppe*; v. 19.4.2012, NZA 2012, 27 (30) u. v. 10.4.2014, NZA 2015, 162; Schiedsstelle v. 3.5.2011, Arb.Erf. 10/09 (Datenbank Schiedsstellenpraxis).

474 BAG v. 27.3.1981, AP Nr. 1 zu § 611 BGB – Arbeitgebergruppe.

475 Schiedsstelle v. 3.5.2011, Arb.Erf. 10/09 (Datenbank Schiedsstellenpraxis); siehe auch BAG v. 19.4.2012, NZA 2013, 27 (28 [Tz. 16]) u. v. 20.6.2013, NZA 2013, 1137 (1140 [Tz. 34]).

Arbeitsverhältnis, haften die mehreren Arbeitgeber hinsichtlich der Hauptpflichten, also der Beschäftigungs- und der Vergütungspflicht, als Gesamtschuldner.[476]

187 Zu beachten ist allerdings, dass der 2. Senat des BAG – unabhängig von der Ablehnung des Instituts durch die Literatur[477] – in seiner Entscheidung vom 21.1.1999 die Frage des Bestehens eines einheitlichen Arbeitsverhältnisses bei vertraglichen Verbindungen des Arbeitnehmers mit zwei Konzerngesellschaften offengelassen hat.[478]

188 Geht man von der bisherigen grundsätzlichen Möglichkeit eines einheitlichen Arbeitsverhältnisses aus, so bedarf es zur Begründung nicht nur der gegenseitigen tatsächlichen Einflussnahme, sondern auch einer dahingehenden Vereinbarung;[479] besteht sie nicht von vornherein, so ist dies nachträglich durch einen Vertragsbeitritt weiterer Konzernunternehmen zum Arbeitsvertrag des ersten Arbeitgebers desselben Arbeitsverhältnisses möglich.[480] Nach zivilrechtlichen Grundsätzen erfordert dies die Zustimmung des betroffenen Arbeitnehmers, denn dieser erhält dadurch nicht nur einen neuen zusätzlichen Schuldner, sondern auch einen weiteren Gläubiger.[481]

189 Maßgeblich ist damit, ob nach dem Willen aller Beteiligten über den bisherigen Arbeitgeber hinaus als weiterer Vertragspartner auch andere Konzerngesellschaften als Arbeitgeber in das Vertragsverhältnis einbezogen werden sollen. Insoweit ist die Zugehörigkeit der mehreren Arbeitgeber zu demselben Konzernverbund ein Anhaltspunkt für das durch Auslegung des Vertrages zu ermittelnde Bestehen eines einheitlichen Arbeitsverhältnisses.[482] Der rechtliche Zusammenhang, d.h. die gesellschaftliche Verbundenheit der Arbeitgeber untereinander, kann dazu führen, dass auch nur einzelne Rechtsfolgen unter dem Gesichtspunkt der Einheitlichkeit des Arbeitsverhältnisses betrachtet werden.[483]

190 Ein derartiges Vertragsverhältnis kann auch über den sog. dreiseitigen Konzernarbeitsvertrag (Konzernvertrag)[484] erreicht werden, der insbesondere bei einem stark von der Muttergesellschaft gesteuerten Personaleinsatz gehandhabt wird. Vertrags-

---

476 ErfK/Preis, § 611a BGB, Rn. 191.

477 Schwerdtner, ZIP 1982, 900 ff.; Lenhart, S. 238 f.; Wiedemann, Anm. zu BAG v. 27.3.1981, AP Nr. 1 zu § 611 BGB – *Arbeitgebergruppe*; Lingemann/v. Steinau-Steinrück, DB 1999, 2161 (2165); dagegen wiederum Jahnke, Anm. zu BAG v. 9.9.1982, AP Nr. 1 zu § 611 BGB – *Hausmeister*.

478 BAG v. 21.1.1999, NZA 1999, 539 ff.; ausführlich hierzu Thüsing, NZA 2003, 1303; vgl. auch Grosjean, DB 2004, 2422 (2423), der in der Praxis eine Trennung der Einzelverträge in der Regel für vorzugswürdiger hält.

479 Grosjean, DB 2004, 2422 (2423); Schiedsstelle v. 3.5.2011, Arb.Erf. 10/09 (Datenbank Schiedsstellenpraxis); Braun/Wisskirchen/Braner/Ceruti, Konzernarbeitsrecht, Teil I, Kap. 3, Rn. 64.

480 Maschmann in Maschmann/Fritz, Matrixstrukturen, Rn. 330; Windbichler, Arbeitsrecht im Konzern, S. 71; Henssler, S. 56 f., 60; Junker, S. 211.

481 Kreil, S. 76.; Braun/Wisskirchen/Braner/Ceruti, Konzernarbeitsrecht, Teil I, Kap. 3, Rn. 39.

482 Vgl. Schiedsstelle v. 5.7.1991, GRUR 1992, 499 (501 f.) – *Einheitliches Arbeitsverhältnis*.

483 BAG v. 27.3.1981, AP Nr. 1 zu § 611 BGB – *Arbeitgebergruppe*.

484 Mauer, Personaleinsatz im Ausland, Rn. 370 f.; Günther/Pfister, ArbRAktuell 2014, 532.

parteien sind der entsendende Stammarbeitgeber, die jeweilige verbundene (ausländische) Konzerngesellschaft und der Mitarbeiter. Der Stammarbeitgeber behält sich regelmäßig die Entscheidung über die Einsatzdauer und die Übertragung anderer gleichwertiger Tätigkeiten des Arbeitnehmers im Konzernverbund vor. Über einen solchen dreiseitigen Konzernvertrag behält der Stammarbeitgeber seinen Arbeitgeberstatus und zugleich entsteht dieser – wechselnd – für die jeweilige aufnehmende Konzerngesellschaft (Ortsgesellschaft).[485]

Das einheitliche Arbeitsverhältnis kann nur von und gegenüber allen Arbeitgebern 191
einheitlich gekündigt werden.[486]

bbb) Erfinderrechtliche Auswirkungen

Erfinderrechtliche Folge ist, dass die mehreren Arbeitgeber zunächst bezüglich der 192
Arbeitgeber-Ansprüche aus dem ArbEG Gesamtgläubiger sind (§ 428 BGB) und wegen der erfinderrechtlichen Verpflichtungen als Gesamtschuldner haften (§ 421 BGB).[487] Im Übrigen führt dies grundsätzlich dazu, dass die Rechtsverhältnisse bezüglich der jeweiligen Arbeitnehmererfindung einheitlich zu regeln sind. Unter Bezug auf das BAG geht die Schiedsstelle davon aus, dass jedenfalls die Vergütungsverpflichtung nach § 9 ArbEG in einem solchen Fall einheitlich, also für alle Arbeitgeber gleich, zu regeln ist.[488] Eine einheitliche Regelung führt z.B. dazu, dass die Meldung einer Diensterfindung gegenüber allen Arbeitgebern zu erfolgen hat, oder dass alle Arbeitgeber wirksam die Inanspruchnahme der Erfindung erklären können bzw. die Fiktion der Inanspruchnahme (§ 6 Abs. 2 ArbEG) jedem Arbeitgeber gegenüber eintritt, evtl. auch dann, wenn die Erfindungsmeldung – einvernehmlich – nur an einen Arbeitgeber gerichtet war.

Dies hat die Schiedsstelle auch für die Inanspruchnahme betont. Wenn die Wir- 193
kung eines einheitlichen Arbeitsverhältnisses in dieser einheitlichen Wahrnehmung der Rechte und Pflichten des ArbEG durch beide Arbeitgeber besteht, muss eine von einem an einem einheitlichen Arbeitsverhältnis beteiligten Arbeitgeber erklärte Inanspruchnahme einer Diensterfindung auch für die Arbeitgeber Wirkung entfalten, die die Inanspruchnahme gegenüber dem Arbeitnehmer nicht erklärt haben.[489]

Dabei ist zu beachten, dass die Voraussetzungen einer Diensterfindung auch im Ver- 194
hältnis zu jedem der beteiligten Arbeitgeber bestehen müssen; stellt sich eine Erfindung nur im Verhältnis zu einem Arbeitgeber als Diensterfindung dar, kann sich die Situation eines einheitlichen Arbeitsverhältnisses im Einzelfall doch im Sinne einer einheitli-

485 Braun/Wisskirchen/Braner/Ceruti, Konzernarbeitsrecht, Teil I, Kap. 3, Rn. 39.

486 HWK/Thüsing, vor § 611 BGB, Rn. 125; Maschmann in Maschmann/Fritz, Matrixstrukturen, Rn. 331.

487 So auch Schiedsstelle v. 3.5.2011, Arb.Erf. 10/09 (Datenbank Schiedsstellenpraxis).

488 Schiedsstelle v. 5.7.1991, GRUR 1992, 499 (501 f.) – *Einheitliches Arbeitsverhältnis*, wobei es sich nach dem Sachverhalt um eine Vergütungsverpflichtung gemäß § 9 ArbEG handelte.

489 Schiedsstelle v. 3.5.2011, Arb.Erf. 10/09 (Datenbank Schiedsstellenpraxis).

chen Bewertung und Behandlung auswirken.[490] Aus dieser einheitlichen Behandlung schließt die Schiedsstelle sogar, dass jedenfalls derjenige Arbeitgeber innerhalb des Konzernverbundes Schuldner des Vergütungsanspruchs ist, der die Diensterfindung in Anspruch genommen, als Schutzrecht angemeldet und benutzt hat, selbst wenn die Diensterfindung kurz vor der Begründung des einheitlichen Arbeitsverhältnisses und während des Bestehens eines Arbeitsverhältnisses nur mit einem anderen Arbeitgeber gemacht worden ist.[491] Hintergrund hierfür ist sicherlich das einvernehmliche konkludente Einbringen der Erfindungsrechte in das einheitliche Arbeitsverhältnis.

195 Kollisionsrechtlich können der Einsatz eines Arbeitnehmers bei einem ausländischen Unternehmen und ein damit verbundener Vertragsbeitritt des aufnehmenden Unternehmens gegebenenfalls zu einem Statutenwechsel führen.[492]

bb) Mehrere miteinander verbundene Arbeitsverhältnisse (Doppelarbeitsverhältnisse)

aaa) Begriff

196 Bei einem Doppelarbeitsverhältnis liegen im Gegensatz zum einheitlichen Arbeitsverhältnis jeweils eigenständige Arbeitsverhältnisse mit allen Rechten und Pflichten vor, die zwar voneinander unabhängig sind, deren Zusammenhang jedoch in zahlreichen Einzelfragen zum Tragen kommt.[493] Es handelt sich um eigenständige (Teilzeit-)Arbeitsverhältnisse mit verschiedenen Arbeitgebern.[494] Der Unterschied zu einem einheitlichen Arbeitsverhältnis besteht darin, dass bei einem Doppelarbeitsverhältnis eine »Verdoppelung« der Arbeitsverhältnisse erfolgt; der Arbeitnehmer wird nur für den jeweiligen Arbeitgeber und nicht zugleich für den weiteren Arbeitgeber tätig. Demgegenüber bewendet es bei dem einheitlichen Arbeitsverhältnis bei *einem* Arbeitsvertrag mit einer Mehrheit von Arbeitgebern.

197 Ein solches Doppelarbeitsverhältnis liegt z.B. dann vor, wenn ein Arbeitnehmer Mitarbeiter der Konzernobergesellschaft ist und zugleich eine (leitende) Funktion in einer der Tochtergesellschaften innehat. Diese Form der »Verdoppelung« der Arbeitsverhältnisse wird gegebenenfalls dann gewählt, wenn ein Arbeitnehmer bei einem anderen Konzernunternehmen ein neues Arbeitsverhältnis begründet, während das ursprüngliche Arbeitsverhältnis mit der Muttergesellschaft als ein ruhendes fortbesteht;[495] letzteres wird Rumpfarbeitsverhältnis oder Stammhausbindungsverhältnis

---

490 Bartenbach/Volz, § 1 ArbEG, Rn. 129.1.

491 Schiedsstelle v. 5.7.1991, GRUR 1992, 499 (501 f.) – *Einheitliches Arbeitsverhältnis*; zust. Keukenschrijver in Busse/Keukenschrijver, PatG, § 9 ArbEG, Rn. 7.

492 Vgl. hierzu ausführlich Rdn. 1028 ff.

493 Siehe auch Wiedemann, Anm. zu AP Nr. 1 zu § 611 BGB – Arbeitgebergruppe; vgl. auch Rid, NZA 2011, 1121 (1122) u. Freckmann, BB 2011, 1.

494 Vgl. auch den Sachverhalt bei Schiedsstelle v. 18.8.2022, Arb.Erf. 14/20 (www.dpma.de).

495 Siehe Rdn. 1035.

genannt.[496] Denkbar ist auch, dass ein Hochschulwissenschaftler im Rahmen genehmigter Nebentätigkeit[497] bei einer Konzerngesellschaft tätig wird.[498]

Den Bezug der nebeneinanderstehenden Arbeitsverhältnisse zueinander ergeben Vereinbarungen, z.B. über Rückrufrechte, Ruhensvereinbarungen, Rückkehrberechtigungen etc.[499] Auch kann das Zweitarbeitsverhältnis befristet oder auflösend bedingt sein, z.B. für den Fall, dass der Erstarbeitgeber den Arbeitnehmer wieder benötigt.[500] Dank des Fortbestandes des Erstarbeitsverhältnisses ist es dem Arbeitnehmer vielfach erst zumutbar, das Risiko eines weiteren Arbeitsverhältnisses mit einem anderen Konzernunternehmen einzugehen.[501] Besondere Rechtsfragen ergeben sich bei grenzüberschreitenden Doppelarbeitsverhältnissen, also etwa einem Inlandsvertrag und einem einer ausländischen Rechtsordnung unterworfenen Arbeitsvertrag mit einem ausländischen Arbeitgeber.[502] 198

bbb) Erfinderrechtliche Auswirkungen

Erfinderrechtlich ist das Doppelarbeitsverhältnis durch die Möglichkeit gekennzeichnet, dass zu jedem Arbeitgeber gesonderte gesetzliche Schuldverhältnisse nach dem ArbEG und/oder einer für das zweite Arbeitsverhältnis vereinbarten oder geltenden Rechtsordnung entstehen und fortbestehen können. Macht der Arbeitnehmer eine Erfindung, stellen sich zwangsläufig Fragen nach ihrer Zuordnung, beginnend mit der Prüfung, im Verhältnis zu welchem Arbeitgeber eine Diensterfindung vorliegt. Hiervon hängt ab, welchem Arbeitgeber die Erfindung zu melden bzw. mitzuteilen ist, wer sie gegebenenfalls in Anspruch nehmen kann etc. 199

Die Lösung sieht die h.M. zu Recht in der sog. Sphärentheorie: Danach entscheidet sich die Zuordnung einer in einem solchen Arbeitsverhältnis geschaffenen Erfindung danach, in welcher Eigenschaft bzw. auf welcher Grundlage der Erfinder die Entwicklung getätigt hat.[503] Maßgeblich für die Abgrenzung ist, ob ein und welcher Arbeitgeber die durch die Erfindung gelöste Aufgabe gestellt hat bzw. auf wessen betriebliche 200

---

496 Reiter, NZA Beil. 2014, 22 (23); Braun/Wisskirchen/Braner/Ceruti, Konzernarbeitsrecht, Teil I, Kap. 3, Rn. 36; Mankowski, RIW 2004, 133 (134) m.H.a. Lingemann/v. Steinau-Steinrück, DB 1999, 2161.

497 Siehe hierzu Bartenbach/Volz, § 42 ArbEG, Rn. 36 f.

498 So der Sachverhalt bei Schiedsstelle v. 18.8.2022, Arb.Erf. 14/20 (www.dpma.de).

499 Kreil, S. 77.

500 Ausführlich hierzu Windbichler, Arbeitsrecht im Konzern, S. 75 ff.

501 Vgl. hierzu BAG v. 28.11.1968, AP Nr. 19 zu § 1 KSchG – *Betriebsbedingte Kündigung* mit Anm. Hueck.

502 Siehe Rdn. 1028 ff.

503 Volmer, GRUR 1978, 329 (332); Schiedsstelle v. 5.7.1991, GRUR 1992, 499 (501 f.) – *Einheitliches Arbeitsverhältnis*; Schiedsstelle v. 1.7.1999, Arb.Erf. 49/97 (Datenbank Schiedsstellenpraxis); LG München v. 11.11.2010, Az. 7 O 20114/08 (unveröffentl.); die abweichende Auffassung des BGH im Urteil v. 24.10.1989, GRUR 1990, 193 (194) – *Auto-Kindersitz*, ist im Bereich des Doppelarbeitsverhältnisses nicht einschlägig, da sie die Sondersituation der Zuordnung der Erfindungen eines Organmitglieds, das zugleich

Erfahrungen die Erfindung entscheidend zurückzuführen und ob der Erfinder dabei im Verhältnis zu diesem Betrieb als Arbeitnehmer tätig geworden ist.[504]

201 Im Anschluss an die Feststellung, welches Arbeitsverhältnis nach der Sphärentheorie entscheidend für das Zustandekommen der Erfindung war, ist bezogen auf dieses Arbeitsverhältnis die anzuwendende Rechtsordnung festzustellen. Nach diesem materiellen Recht sind sämtliche Fragen des Arbeitnehmererfindungsrechts zu beantworten, angefangen von der Meldung der Erfindung über die Rechtszuordnung bis zur Frage einer Erfindervergütung.

202 In diesem Zusammenhang ist zu beachten, dass die Sphärentheorie im Hinblick auf solche Doppelarbeitsverhältnisse entwickelt worden ist, die beide derselben materiellen Rechtsordnung unterliegen.[505] Die Sphärentheorie lässt sich aber auch bei anderen grenzüberschreitenden Sachverhalten anwenden, wenn also zwei unterschiedliche nationale Rechtsordnungen miteinander kollidieren. In diesem Fall ist also zunächst nach der jeweils in Betracht kommenden Rechtsordnung zu bestimmen, welches Arbeitsverhältnis zu dem Zustandekommen der Diensterfindung beigetragen hat.

203 Kommt die Abgrenzung zu dem Ergebnis, dass die Erfindung im Verhältnis zu beiden Arbeitgebern eine Diensterfindung darstellt, ergibt sich auf der Grundlage des deutschen Arbeitnehmererfindungsrechts, dass die Meldung der Diensterfindung gegenüber jedem Arbeitgeber zu erfolgen hat, so dass die Rechte an der Diensterfindung nach der jeweiligen Inanspruchnahme bzw. dem Wirksamwerden der Inanspruchnahmefiktion (§ 6 Abs. 2 ArbEG) allen Arbeitgebern – entsprechend §§ 741 ff. BGB[506] – gemeinschaftlich zustehen.[507]

204 Angesichts der unterschiedlichen Regelungen in den einzelnen nationalen Rechtsordnungen zum Arbeitnehmererfindungsrecht[508] ergeben sich erfinderrechtlich erhebliche Zusatzfragen. So räumen die nationalen Rechtsordnungen in unterschiedlichem Umfang dem Arbeitgeber Zugriffsmöglichkeiten auf Arbeitnehmererfindungen ein und ein solch unterschiedlicher Umfang kann sich zum einen aus der Klassifizierung der Erfindungen ergeben, da der Begriff der Diensterfindungen u.U. unterschiedlich definiert wird, und zum anderen aus den unterschiedlichen Wegen einer möglichen Rechtszuordnung zum Arbeitgeber (originärer Rechtserwerb, derivativer Rechtser-

---

in einem Arbeitsverhältnis mit einer Gesellschafterin stand, betraf und seine Funktionen faktisch nicht trennbar waren.

504 Volmer, GRUR 1978, 329 (332).

505 Bartenbach/Volz/Goetzmann, FS Straus (2009), 307 (309).

506 Zur Bruchteilsgemeinschaft siehe Rdn. 292 ff.

507 Gaul/Bartenbach, GRUR 1979, 750 (752); Ann, Patentrecht, § 21 Rn. 62; im Ergebnis auch Boemke/Kursawe/Boemke, § 1 ArbEG, Rn. 43.

508 Siehe dazu Rdn. 1045.

werb, geteilter Rechtserwerb, Nutzungsrechte).[509] Im Anschluss hieran sind die u.U. sehr unterschiedlichen Vergütungsregelungen zu überprüfen.[510]

Anschaulich behandelt dies ein Einigungsvorschlag der Schiedsstelle, bei dem sich die Frage der Vergütung für einen Erfinder stellte, der neben seinem Arbeitsverhältnis zusätzlich bei einer Hochschule tätig war. Vom Grundsatz her berechnet sich die von der Hochschule zu leistende Erfindungsvergütung nach § 42 Nr. 4 ArbEG und die von dem Arbeitgeber zu leistende Erfindungsvergütung nach § 9 Ab. 2 ArbEG. Gleichzeitig bestand allerdings zwischen der Hochschule, dem parallelen Arbeitgeber und einer Verwertungsgesellschaft eine Patentverwaltungs- und Verwertungsvereinbarung, die nach Auffassung der Schiedsstelle als – dem Grundsatz der Privatautonomie unterliegendem und nach § 22 ArbEG zulässigem – Vertrag zugunsten Dritter, also des Erfinders, nach § 328 BGB auszulegen war.[511] Insoweit konnte der Verwertungsvertrag dahingehend ausgelegt werden, dass dem Erfinder die höhere Vergütung nach § 42 Nr. 4 ArbEG zugesprochen wurde.

Bei solchen Doppelarbeitsverhältnissen ist ggfs. zu klären, ob z.B. der deutsche Arbeit- 205
geber noch ein Inanspruchnahmerecht nach §§ 6, 7 ArbEG hat, wenn nach ausländischem lokalen Recht bereits mit der Fertigstellung einer Erfindung ein originärer Rechtserwerb zu diesem Arbeitgeber stattfindet. Auch das Zugriffsrecht auf freie Erfindungen kann unterschiedlich geregelt sein.

Derartige Rechtsfragen lassen sich letztlich nur durch eine sorgfältige Ausarbeitung 206
der üblicherweise ein Doppelarbeitsverhältnis begründenden Entsendungsvereinbarung zwischen Arbeitnehmer und deutschem Arbeitgeber klären, möglichst unter Einbeziehung des aufnehmenden ausländischen Unternehmens. Nur durch eine solche gemeinsame Abstimmung zwischen allen beteiligten Parteien durch einen dreiseitigen Vertrag ist eine rechtssichere Durchführung einer grenzüberschreitenden Forschungs- und Entwicklungstätigkeit gewährleistet. In diesem Vertragsverhältnis wäre insbesondere zu klären, wer der Adressat einer Meldeverpflichtung sein soll, welchem Arbeitgeber in welchem Umfang die Erfindung nach ihrer Meldung zugeordnet wird und wer letztlich vergütungspflichtig sein soll. Selbstverständlich sind bei solchen Vereinbarungen stets die sich aus der jeweils anwendbaren nationalen Rechtsordnung ergebenden Schranken der Vertragsfreiheit zu beachten (vgl. etwa § 22 Satz 1 ArbEG).

cc) Mittelbares Arbeitsverhältnis

Eine weitere Erscheinungsform der Aufspaltung von Arbeitgeberfunktionen kann das 207
sog. mittelbare Arbeitsverhältnis sein, dessen praktische Bedeutung in der heutigen Zeit nicht mehr groß ist.[512]

509 Vgl. hierzu im Einzelnen Bartenbach/Goetzmann, VPP-Rundbrief, 2006, 73 (75); Goetzmann, ArbNErfR in der EU, S. 118, 128.

510 Siehe hierzu Goetzmann, ArbNErfR in der EU, S. 119–145.

511 Schiedsstelle v. 18.8.2022, Arb.Erf. 14/20 (www.dpma.de).

512 Kreil, S. 25; ErfK/Preis, § 611a BGB, Rn. 172 ff.; ausführlich zum mittelbaren Arbeitsverhältnis Silberberger, S. 171 ff.

208 Ein mittelbares Arbeitsverhältnis entsteht, wenn ein Arbeitnehmer seinerseits zur Erfüllung der ihm gegenüber seinem Arbeitgeber obliegenden Dienste im eigenen Namen Arbeitskräfte einstellt, deren Arbeit wirtschaftlich nicht ihm allein, sondern auch seinem Arbeitgeber zugutekommt.[513] Darin liegt ein Ausnahmetatbestand zu § 613 BGB, wonach der zur Dienstleistung Verpflichtete die Dienste im Zweifel in Person zu erbringen hat.[514] Als Beispiel sei der Wissenschaftler genannt, der im Rahmen eines Forschungsprojektes im eigenen Namen (als mittelbarer Arbeitgeber) einen Arbeitsvertrag mit einem wissenschaftlichen Mitarbeiter schließt, der (teilweise) seine Arbeitspflichten erfüllt (vgl. § 25 Abs. 5 Satz 3 HRG).[515]

209 Der Arbeitgeber hat ein Weisungsrecht sowohl gegenüber seinem unmittelbaren (Mittelsperson) als auch gegenüber dem mittelbar beschäftigten Arbeitnehmer. Vertragliche Beziehungen – und damit auch erfinderrechtliche Rechte und Pflichten – bestehen indes nur zwischen Letzterem und der Mittelsperson. Im Verhältnis zur Mittelsperson müsste geklärt werden, ob eine Diensterfindung vorliegt; sie wäre der Adressat für die Erfindungsmeldung und auch zur Erfüllung der Vergütungsansprüche verpflichtet.

210 Angesichts der aufgezeigten Möglichkeiten der Aufspaltung der Arbeitgeberfunktion bedarf es im Konzern dieser Gestaltung als mittelbares Arbeitsverhältnis nicht.

3. Societas Europaea (SE)

211 Für in verschiedenen Mitgliedstaaten tätige Unternehmen steht nach Verabschiedung der SE-Verordnung (SE-VO)[516] seit 2004 eine supranationale Rechtsform zur Verfügung[517]: die Societas Europaea (SE), die zu wesentlichen Erleichterungen im Aufbau eines grenzüberschreitenden Konzerns führt. Zum einen bietet sie die Möglichkeit, innerhalb der EU als eine rechtliche Einheit aufzutreten, zum anderen können europaweit tätige Firmen dadurch ihre Geschäfte zusammenfassen, anstatt für jedes Land eine eigene Gesellschaft zu gründen.

212 Da es sich bei der SE um eine Rechtsform des Gemeinschaftsrechts handelt, basiert sie auf verschiedenen Rechtsgrundlagen, d.h. sowohl auf Europarecht als auch auf nationalem Recht. Vorrangige Rechtsgrundlage für die SE ist zunächst die SE-VO. Da auf die SE ergänzend oder ausführend auch das jeweilige nationale Recht anwendbar ist, kann sie je nach gewähltem Sitzstaat im Detail unterschiedlich ausgestaltet sein.[518]

213 In Deutschland wurde die SE-VO durch das nationale Gesetz zur Einführung der Europäischen AG (SEEG) ergänzt, ein Artikelgesetz, das sowohl einen aktienrechtli-

513 Volmer, GRUR 1978, 393 (399).

514 Darauf weist ErfK/Preis, § 611 BGB, Rn. 172 hin.

515 BAG v. 29.6.1988, AP NR. 1 zu § 25 HRG.

516 Verordnung (EG) Nr. 2157/2001 des Rates v. 8.10.2001 über das Statut der Europäischen Gesellschaft (SE), ABl. EG Nr. L 294 v. 10.11.2001.

517 Vgl. hierzu auch Schuberth/von der Höh, AG 2014, 439 ff.

518 Kessler/Risse/Egelhof in Kessler/Kröner/Köhler, Konzernsteuerrecht, § 2, Rn. 189; siehe auch Servatius in Henssler/Strohn/Servatius, Gesellschaftsrecht, Int. GesR, Rn. 232.

chen Teil, nämlich die Ausführung der SE-Verordnung (SE-Ausführungsgesetz), als auch einen mitbestimmungsrechtlichen Teil über die Beteiligung der Arbeitnehmer nach der Richtlinie (SE-Beteiligungsgesetz) enthält.[519]

Die SE ist nicht nur als Rechtsform für große Konzerne, sondern auch im mittel- 214 ständischen Bereich einsetzbar. Aufgrund ihrer Gründungsvoraussetzungen findet sie gerade im grenzüberschreitenden Konzernzusammenhang ihren Haupteinsatzbereich. Die SE eröffnet neben dem europaweit einheitlichen Auftreten eines Unternehmens v. a. die vorher nur vereinzelt bestehende Möglichkeit der Sitzverlegung in das europäische Ausland ohne Auflösung und Liquidation der Gesellschaft.[520] Mit der SE ergeben sich neue Herausforderungen im Bereich des bislang auf rein nationale Sachverhalte begrenzten Konzernrechts.[521]

Dieses Statut bietet Unternehmen, die in mehreren Mitgliedsstaaten tätig sind, die 215 Möglichkeit, eine Unternehmensverfassung nach dem Gemeinschaftsrecht zu wählen und so überall in der EU auf einheitliche Regeln, eine einheitliche Geschäftsführung und ein einheitliches Gerichtssystem zurückgreifen zu können. Durch eine solche Vorgehensweise lassen sich kostenaufwendige Gründungen von Tochtergesellschaften in den jeweiligen Mitgliedstaaten und die damit verbundene Geltung zahlreicher unterschiedlicher Rechtsordnungen vermeiden.[522]

Die SE stellt eine juristische Person mit eigener Rechtspersönlichkeit dar, für deren 216 Verbindlichkeiten nur das Gesellschaftsvermögen haftet. Damit weist die SE die gleichen Begriffsmerkmale wie eine deutsche Aktiengesellschaft auf.[523] Die Gründung einer SE kann auf unterschiedliche Arten erfolgen: durch Verschmelzung, Errichtung einer SE-Holding oder einer SE-Tochter und durch Umwandlung, wobei die Gründung der SE-Tochter die Regelsituation widerspiegelt.[524]

Die Verordnung über das Statut der Europäischen Gesellschaft gibt keine einheitliche 217 Ausgestaltung der Europäischen Gesellschaft vor,[525] sondern nur eine Rahmenregelung, die durch das jeweilige nationale Gesellschaftsrecht des Sitzstaates ausgefüllt wird (Art. 9 SE-VO). Dies führt in jedem EU-Mitgliedsstaat (einschließlich der EWR-Ver-

519 SEEG v. 22.12.2004, BGBl. I 2004, 3675 ff.

520 Louven/Ernst, BB 2014, 324; siehe auch Kloster, EuZW 2003, 294 ff.

521 Vgl. z.B. Braun/Wisskirchen/Liebig, Konzernarbeitsrecht, Teil II, Kap. 5, Rn. 155a.

522 Lutter in Lutter/Hommelhoff, Einl. SE-VO, Rn. 32 mit Hinweis auf die Erwägungsgründe 1, 4 und 8 der SE-VO. Vgl. hierzu auch Louven/Ernst, BB 2014, 324 (325).

523 Thoma/Leuering, NJW 2002, 1449 (1450); Lutter in Lutter/Hommelhoff, Einl. SE-VO, Rn. 43; Braun/Wisskirchen/Liebig, Konzernarbeitsrecht, Teil II, Kap. 5, Rn. 240. Siehe auch Art. 10 SE-VO, wonach vorbehaltlich der Bestimmungen der SE-VO eine SE in jedem Mitgliedsstaat wie eine AG behandelt wird.

524 Kersting, DB 2001, 2079 (2082); vgl. zu den Einsatzmöglichkeiten der Societas Europaea im Konzern auch ausführlich Seibt/Saame, AnwBl. 2005, 225 (227) u. Brandi, NZG 2003, 889 (891 ff.).

525 Vgl. Bayer, BB 2004, 1 (5), der über diesen Punkt hinaus noch weitere Zweifel hinsichtlich einer praktischen Umsetzung äußert.

tragsstaaten) zu jeweils eigenen Formen der SE.[526] Diese Minimalharmonisierung war angesichts der Vielfalt der nationalen Gesellschaftsrechte der einzige Weg zur SE.[527] Hinsichtlich des anwendbaren nationalen Rechts ist zwischen dem speziellen Einführungsrecht, das der nationale Gesetzgeber zur Einführung der SE in die nationale Rechtsordnung schafft, in Deutschland also das SE-Einführungsgesetz (SEEG), und dem allgemeinen Kapitalgesellschaftsrecht, das ergänzend gilt (Art. 9 Abs. 1c, i und ii SE-VO), zu unterscheiden. Damit gelten in Deutschland das AktG und das UmwG, worauf auch der Wortlaut des SEEG an mehreren Stellen (beispielsweise in §§ 3, 5, 7 SEEG) verweist. Nach Art 17 Abs. 2 SE-VO erfolgt etwa die Verschmelzung nach den Vorgaben des UmwG, so dass auf die zuvor dargestellten Voraussetzungen und Rechtsfolgen verwiesen werden kann.[528]

218 Eine Auswirkung des Statuts der SE auf die zuvor dargestellten Arbeitgeberstellungen innerhalb eines Konzerns bleibt nach wie vor abzuwarten.[529] Das Arbeitsrecht und die damit verbundenen Prinzipien über die Beziehungen zwischen Arbeitgeber und Arbeitnehmer sind von dieser Rechtsform unabhängig. Da das Aktienrecht nicht selbständige Arbeitgeberbegriffe verwendet, kann davon ausgegangen werden, dass sich an bestehenden Arbeitgeberpositionen in den Konzerngesellschaften nichts ändert. Durch die Zusammenfassung einzelner nationaler Unternehmen in dieser europäischen Rechtsform kann sich allerdings ein europaweit einheitliches Auftreten eines Unternehmens ergeben und damit auch die Bündelung mehrerer, bisher in unterschiedlichen Gesellschaften bestehender Arbeitsverhältnisse bei einem Unternehmen.

---

526 Seibt/Saame, AnwBl. 2005, 225; vgl. auch Spitzbart, RNotZ 2006, 369 (373).

527 Darauf weist Horn, DB 2005, 147 hin. Vgl. auch Brandt, BB 2005, 1, 7 m.w.N.

528 Siehe Rdn. 167 f. Ausführlich zu den einzelnen Gründungstatbeständen Brandt, BB 2005, 1 ff., Seibt/Saame, AnwBl 2005, 225 (228 f.) sowie Hirte, DStR 2005, 653 ff.

529 Vgl. bereits die gemeinsame Stellungnahme von BDI, BDB, BDA, DIHK, GDV und DAI v. 3.5.2004 zum Referentenentwurf, worin diese Verbände aufgrund des deutschen Mitbestimmungssystems gravierende Standortnachteile für die Beteiligung von deutschen Gesellschaften an einer Europäischen Aktiengesellschaft sehen.

B. Der Arbeitnehmer als Erfinder

Übersicht Rdn.

Wie dargestellt,[530] bestehen die Rechtsbeziehungen aus dem ArbEG ausschließlich zwischen Arbeitgeber und Arbeitnehmer. Das ArbEG erfasst nur Erfindungen von Arbeitnehmern – unabhängig davon, ob sie im privaten oder öffentlichen Dienst tätig sind. 219

I. Der Begriff des Arbeitnehmers

Eine eigene Bestimmung des Arbeitnehmerbegriffs enthält das ArbEG nicht.[531] Auch insoweit wird auf die allgemeine Begriffsbestimmung des Arbeitsrechts zurückgegriffen.[532] Arbeitnehmer ist danach diejenige natürliche Person, die aufgrund eines privatrechtlichen Vertrages einem Dritten weisungsgebunden (vgl. § 106 GewO) und in persönlicher Abhängigkeit zur fremdbestimmten Arbeit gegen Vergütung verpflichtet ist.[533] Diese Begriffsbestimmung hat der Gesetzgeber in Gesetzesform gebracht und der Legaldefinition des Arbeitsvertrages in § 611a Abs. 1 Satz 1 BGB n.F. zugrunde gelegt.[534] Voraussetzung eines Arbeitsverhältnisses ist grundsätzlich die arbeitsvertragliche Begründung der Arbeitspflicht, mit der Folge, dass allein die tatsächliche 220

530 Siehe oben Rdn. 37 ff.

531 Siehe hierzu auch LG Düsseldorf v. 10.11.2020, Düsseldorfer Entscheidungen Nr. 3080 – Fotografisches Fahrzeugabbildungsverfahren.

532 Wohl heute allgemeine Ansicht, z.B. BGH v. 24.10.1989 GRUR 1990, 193 – *Auto-Kindersitz*; Schiedsstelle v. 6.2.1987, BlPMZ 1987, 362 (363) u. v. 17.1.2017, Arb.Erf. 32/14 (www.dpma.de); LG Düsseldorf v. 12.9.2019, Düsseldorfer Entscheidungen Nr. 2945 – *DNA-Methylierungsgradbestimmung*; Keukenschrijver in Busse/Keukenschrijver, PatG, § 1 ArbEG, Rn. 1; Schaub/Koch, Arbeitsrechts-Handbuch, § 114, Rn. 6; MünchArbR/Schneider, § 18, Rn. 2.

533 Vgl. z.B. BAG v. 15.3.1978, AP Nr. 26 zu § 611 BGB – *Abhängigkeit*; v. 22.4.1998, NZA 1998, 1275 u. 1277; v. 14.3.2007, AP Nr. 13 zu § 611 BGB – *Arbeitnehmerähnlichkeit*; v. 13.3.2013, NZA 2013, 789 ff.; v. 22.11.2016, NZA 2017, 581 u. v. 17.1.2017, AP Nr. 40 zu § 1 AÜG; Rebhahn, RdA 2009, 154 – rechtsvergleichend für EU-Mitgliedsstaaten; siehe auch BVerfG v. 18.2.2000, NZA 2000, 653; Schiedsstelle v. 5.2.2009, Arb.Erf. 25/08 (Datenbank Schiedsstellenpraxis); hinsichtlich der streitigen Einzelheiten vgl. ErfK/Preis, § 611a BGB, Rn. 41 ff.; Schaub/Rinck, Arbeitsrechts-Handbuch, § 8, Rn. 1 ff.; BAG v. 30.9.1998, NZA 1999, 374.

534 Vgl. auch BAG v. 21.11.2017, NZA 2018, 448; v. 21.1.2019, NJW 2019, 1627 u. v. 3.11.2020, NZA 2020, 1729; Preis, NZA 2018, 817 ff.; Hromadka, NZA 2018, 1583 ff.

Erbringung von Arbeitsleistungen und die Eingliederung in den Betrieb nicht auf einen konkludenten Abschluss eines Arbeitsvertrages und damit auf einen Arbeitnehmerstatus schließen lassen.[535]

221 Der EuGH legt dem Arbeitnehmerbegriff eine eigene unionsrechtliche Bedeutung zugrunde (siehe Art. 45 AEUV).[536] Allerdings ist beim ArbEG vom allgemeinen nationalen und nicht von einem erweiterten bzw. eigenständigen Arbeitnehmerbegriff nach europäischem Recht auszugehen.[537] Der Schutzzweck des ArbEG erfordert keine Abweichung vom nationalen Arbeitnehmerbegriff, da dort der Interessenausgleich zwischen den Arbeitsvertragsparteien bei erfinderischen Arbeitnehmerleistungen und nicht das soziale Schutzbedürfnis von Beschäftigten im Vordergrund steht.[538]

222 Erfinderrechtlich kommt es auf die Art des Arbeitsverhältnisses nicht an,[539] so dass Angestellte und Arbeiter gleichermaßen darunter fallen. Auch die Differenzierung zwischen leitenden Angestellten (§ 5 Abs. 3, 4 BetrVG) und sonstigen Angestellten ist für die Anwendbarkeit des ArbEG ohne Belang.[540] Gleichgültig ist auch der Umfang der Beschäftigung, ob also eine Teilzeit- oder eine geringfügige Beschäftigung[541] vorliegen. Auch Auszubildende fallen unter das ArbEG (vgl. § 3 Abs. 2 BBiG).

II. Besonderheiten bei nicht dem ArbEG unterliegenden Erfindern

223 Auch wenn es Ziel des ArbEG ist, das Gebiet der Arbeitnehmererfindung hinsichtlich des persönlichen Anwendungsbereichs möglichst umfassend und abschließend zu regeln,[542] findet das Gesetz auf die Personengruppen, die nicht unter den Arbeitnehmerbegriff fallen, keine Anwendung.

224 Nachfolgend sind die wichtigsten dieser Personengruppen aufgezeigt.

1. Freie Mitarbeiter

225 Eine große Gruppe, für die die Regelungen des ArbEG nicht gelten, ist die der freien Mitarbeiter.[543] Der freie Mitarbeiter leistet im Gegensatz zum Arbeitnehmer in größerem Maße selbstbestimmte Arbeit, und ist dadurch in keinem vergleichbaren

535 BAG v. 26.4.2022, NZA 2022, 1333.

536 Vgl. u.a. EuGH v. 10.9.2014, NVwZ 2014, 1508 – *Iraklis Haralambidis/Carlogero Casilli*; siehe auch Lunk/Rodenbusch, GMbHR 2012, 188 ff.

537 Vgl. allg. BAG v. 21.1.2019, NJW 2019, 1627; siehe auch BAG v. 8.2.2022, NZA 2022, 403 – beide zu § 5 ArbGG.

538 Siehe allg. BAG v. 21.1.2019, NJW 2019, 1627 (1628 [Tz. 14]).

539 Vgl. ausf. Gaul, RdA 1982, 268 ff.; teilweise differenzierend Volmer, GRUR 1978, 329 ff.; vgl. auch Bayreuther, GRUR 2003, 570 ff.; zu im Inland tätigen ausländischen Arbeitnehmern siehe Bartenbach/Volz, § 1 ArbEG, Rn. 32 ff. m.w.N.

540 Siehe hierzu auch Schiedsstelle v. 22.10.2018, Arb.Erf. 04/16 (www.dpma.de).

541 Siehe hierzu auch Schiedsstelle v. 16.4.2015, Arb.Erf. 02/13 (www.dpma.de).

542 So die Amtl. Begr. BT-Drucks. II/1648, S. 14 = BlPMZ 1957, 218 (225).

543 H. M., vgl. nur Gaul, RdA 1982, 268 (275 f.); Reimer/Schade/Schippel/Rother, § 1 ArbEG, Rn. 3; Bartenbach/Volz, § 1 ArbEG, Rn. 44; Keukenschrijver in Busse/Keukenschrij-

persönlichen Abhängigkeitsverhältnis.[544] Das typische Abgrenzungsmerkmal für die Fremd- bzw. Selbstbestimmung der Arbeit gibt § 84 Abs. 1 Satz 2 HGB vor. Danach arbeitet selbständig, wer seine Tätigkeit und Arbeitszeit im Wesentlichen frei gestalten und bestimmen kann. Für die Abgrenzung entscheidend sind insbesondere die Eigenart der jeweiligen Tätigkeit und der Umstand, ob der Vertragspartner innerhalb eines bestimmten zeitlichen Rahmens über die Arbeitsleistung des Mitarbeiters verfügen kann.[545] Wesentliches Indiz für die selbstbestimmte Tätigkeit eines freien Mitarbeiters ist es, inwieweit der Einzelne seine schöpferische Leistung auch ohne Hilfe des technischen Apparates seines Auftragsgebers und unabhängig von einer dort vorgegebenen Organisation, wie z.B. einem Forschungsteam, erbringen kann.[546]

Freie Mitarbeiterverhältnisse sind insbesondere denkbar mit Mitarbeitern von Entwicklungs- und Ingenieurfirmen,[547] mit Hochschulangehörigen für Forschungsaufgaben außerhalb der Hochschultätigkeit und Pensionären. Mit einem Konzernverbund kann ein freier Mitarbeiter z.B. dann in Verbindung kommen, wenn der Konzern einen Forschungsauftrag an eine Hochschule erteilt und diese Hochschule Diplomanden und Doktoranden zur Erfüllung dieses Auftrages einsetzt. Im Gegensatz zur Forschungs- und Entwicklungskooperation fehlt bei einer Auftragsforschung die eine Kooperation kennzeichnende Absicht der Partner, aus dem Forschungs- und Entwicklungsergebnis beiderseitig Nutzen zu ziehen.[548] Das Interesse im Hinblick auf das Forschungsergebnis liegt bei einem Forschungsauftrag eindeutig beim Auftraggeber, hier also etwa beim beauftragenden Konzernunternehmen. 226

Ein Doktorandenverhältnis (vgl. früher § 21 HRG)[549] ist mangels persönlicher, weisungsgebundener Abhängigkeit und wegen seiner öffentlich-rechtlichen Ausrichtung – auch erfinderrechtlich – einem Arbeitsverhältnis nicht gleichzustellen.[550] § 42 ArbEG findet keine Anwendung.[551] Die Vergleichbarkeit mit einem freien Mitarbeiter erfolgt gerade durch das Merkmal der fehlenden weisungsgebundenen Abhängigkeit. Auch Diplomanden sind mangels Arbeitnehmereigenschaft nicht als Arbeitnehmer ein- 227

ver, PatG, § 1 ArbEG, Rn. 2; siehe auch BGH v. 10.9.2009, GRUR 2010, 47 (48 [Tz. 20]) – *Füllstoff*; OLG Frankfurt v. 3.3.2016, Mitt. 2016, 241 (242) – *Freier Mitarbeiter*.

544 BAG v. 7.2.1990, EzA Nr. 31 zu § 611 BGB – *Arbeitnehmerbegriff*; v. 21.1.2019, NJW 2019, 1267 u. v. 21.5.2019, NZA 2019, 1412.

545 BAG v. 9.6.1993, DB 1994, 787; v. 25.5.2005, ZTR 2006, 43 (45); v. 20.1.2010, DB 2010, 788 u. v. 21.5.2019, NZA 2019, 1412; vgl. auch BAG v. 3.6.1998, DB 1998, 2274.

546 Bartenbach/Volz, § 1 ArbEG, Rn. 45.

547 Siehe hierzu BGH v. 6.4.1995, NJW 1995, 2629 betreffend einen als freier Mitarbeiter tätigen Projektingenieur für Mess- und Regelungstechnik.

548 Bartenbach, Zwischenbetriebl. F. + E.-Kooperation, S. 11; zur Abgrenzung siehe auch die Mustervereinbarungen für Forschungs- und Entwicklungskooperationen 2010, S. 14 ff., hrsg. v. BMWi.

549 Vgl. dazu BGH v. 14.12.1959, JZ 1960, 366 u. Schiedsstelle v. 13.9.2006, Arb.Erf. 19/05 (unveröffentl.).

550 Vgl. zu § 42 ArbEG a.F. ausführlich Wimmer, GRUR 1961, 449 (452).

551 So Amtl. Begr. zu § 42 ArbEG Fassung 2002 in BT-Drucks. 14/5975 S. 6 (zu Art. 1 Nr. 2 des Entwurfs).

zustufen. Etwas anderes könnte bei beiden Personengruppen nur gelten, wenn sie zeitgleich in einem (Teilzeit-)Arbeitsverhältnis stehen, etwa ein Student als wissenschaftliche Hilfskraft oder ein Doktorand im Rahmen einer Beschäftigung als wissenschaftlicher Assistent.

228 Bei einem Status der Doktoranden und Diplomanden als freie Mitarbeiter kommt es innerhalb der Forschungs- und Entwicklungskooperation häufig zu einer Zusammenarbeit zwischen Konzernarbeitnehmern und freien Mitarbeitern, so dass hier hinsichtlich der erfinderrechtlichen Rechtsfolgen zu unterscheiden ist.

229 Da das ArbEG auf diesen Personenkreis keine Anwendung findet, bleiben freie Mitarbeiter Inhaber aller Rechte an von ihnen geschaffenen Erfindungen bzw. Erfindungsanteilen (§ 6 PatG).[552] Freie Mitarbeiter sind grundsätzlich nicht verpflichtet, diese Rechte an ihren Auftraggeber abzutreten.[553] Die Erfüllung des erteilten Auftrages und die Entgegennahme des Werklohnes oder sonstiger Vergütungen ziehen grundsätzlich nicht die Pflicht zur Übertragung der Erfindungsrechte nach sich. Ein (eigenständiger) Forschungsauftrag zur Lösung eines technischen Problems muss nicht eine dahingehende Verpflichtung des freien Mitarbeiters enthalten, die innerhalb dieses Auftrages gemachten Erfindungen auf den Auftraggeber zu übertragen.[554] Mangels einer weitergehenden Absprache wird der freie Mitarbeiter aber jedenfalls gehalten sein, seinem Auftraggeber ein Nutzungsrecht an einer auf den Auftragsgegenstand bezogenen Erfindung einzuräumen.[555]

230 Mangels einer Anbietungs- oder Übertragungspflicht bedarf es für die Übertragung der Erfindung eines freien Mitarbeiters auf den Auftraggeber daher grundsätzlich einer ausdrücklichen oder zumindest klar erkennbaren stillschweigenden – den Einschränkungen der §§ 22, 23 ArbEG nicht unterliegenden – Vertragsabsprache.[556]

231 Arbeiten Arbeitnehmer eines Konzerns und freie Mitarbeiter gemeinsam an einem Forschungsauftrag, bedarf es hinsichtlich der Personen, die freie Mitarbeiter sind und daher nicht in den persönlichen Anwendungsbereich des ArbEG fallen, einer Vereinbarung zwischen dem Konzernunternehmen und dem einzelnen freien Mitarbeiter, durch die dessen Anteil an den Erfindungsrechten auf den Auftraggeber übertragen wird, um eine uneingeschränkte Verwertung der Erfindungsrechte zu ermöglichen.[557]

232 Auch hinsichtlich der Vergütung sind Besonderheiten zu beachten. Grundsätzlich gelten die durch das ArbEG gewährten Vergütungsansprüche nur für die Arbeitnehmererfinder gegenüber ihrem eigenen Arbeitgeber, jedoch nicht für freie Mitarbeiter.

552 Vgl. nur Bartenbach/Volz, § 1 ArbEG, Rn. 48.

553 Vgl. z.B. den Sachverhalt beim Hanseatisches OLG v. 18.11.1949, GRUR 1950, 90; siehe auch BGH v. 10.9.2009, GRUR 2010, 47 (49 [Tz. 20]) – *Füllstoff.*

554 Benkard/Melullis, § 6 PatG, Rn. 94; vgl. auch BGH v. 21.3.1961, GRUR 1961, 432 (435) – *Klebemittel.*

555 Vgl. auch BGH v. 21.03.1961, GRUR 1961, 432, 435 – *Klebemittel.*

556 BGH v. 20.2.1979, GRUR 1979, 540 (542) – *Biedermeiermanschetten*; BGH v. 25.1.1983, GRUR 1983, 237 (238) – *Brückenlegepanzer I.*

557 So auch Lüdecke, Erfindungsgemeinschaften, S. 76.

Ein freier Mitarbeiter erhält – soweit keine ausdrückliche Vereinbarung zwischen den Beteiligten besteht – eine im Rahmen der §§ 315, 316 BGB zu ermittelnde, billige oder angemessene Vergütung gemäß § 612 Abs. 2, § 632 Abs. 2 BGB für die Ausübung einer nicht routinemäßigen wissenschaftlichen Tätigkeit[558], unter Beachtung der unternehmerischen Beiträge zur Fertigstellung der Erfindung (betriebliche Anstöße zur Entwicklung, technische und personale Unterstützung etc.).

Ist eine übliche Vergütung im Sinne des § 612 Abs. 2 BGB nicht feststellbar – was 233
naheliegt –, sind nach der Auffassung des BGH[559] die §§ 316 und 315 Abs. 1 BGB heranzuziehen, wonach dann der (freie) Erfinder seine Vergütung selbst nach billigem Ermessen festsetzen kann. Generell ist der vom BGH aufgestellte Erfahrungssatz zu beachten, dass im Allgemeinen ein freier Erfinder im Falle einer Übertragungspflicht einen Anspruch auf angemessenen finanziellen Ausgleich hat, da er ohne einen derartigen Ausgleich sein Recht nicht aufgeben würde.[560] Im Einzelfall kann es naheliegen, zur Vergütung auf die Grundsätze zurückzugreifen, die der BGH zu Organerfindern entwickelt hat.[561] Dabei können wertend die im Allgemeinen geringeren persönlichen Bindungen zwischen Unternehmen und freiem Mitarbeiter sowie dessen fehlende organisatorische Eingliederung in das Unternehmen herangezogen werden. Neben dem Gegenstand und der Qualität der Erfindung können auch der Wert der erbrachten Dienstleistungen und deren Ausgestaltung einschließlich der Entlohnung wesentlich sein.[562]

Das OLG Frankfurt[563] leitet einen Vergütungsanspruch aus § 612 Abs. 1 BGB her, 234
wonach eine Vergütung als stillschweigend vereinbart gilt, wenn die Dienstleistung den Umständen nach nur gegen Vergütung zu erwarten ist. Für außergewöhnliche Leistungen eines freien Mitarbeiters, die über den vertraglichen Rahmen hinausgehen, gebühre ihm auch ohne besondere Absprache in der Regel eine Vergütung. Maßgeblich sei ausschließlich der Inhalt der Absprachen zwischen den Parteien.[564] Hinsichtlich der Anspruchsgrundlage des § 612 Abs. 1 BGB hat der BGH ausgeführt[565], dass es für das Bestehen eines Vergütungsanspruchs keine tatsächliche Vermutung gibt, und zwar weder gegen noch für eine Vergütungspflicht. Entsprechendes muss m.E. bei

558 BGH v. 21.3.1961, GRUR 1961, 432 (435) – *Klebemittel* m. Anm. Schippel; v. 26.9.2006, GRUR 2007, 52 [Tz. 19] – *Rollenantriebseinheit II*; OLG München v. 15.3.2007, DB 2007, 2198; OLG Frankfurt v. 3.3.2016, Mitt. 2016, 241 (242) – *Freier Mitarbeiter*; siehe hierzu auch Friemel/Kamlah, BB 2008, 613; Bartenbach/Volz, § 1 ArbEG, Rn. 49.

559 BGH v. 26.9.2006, GRUR 2007, 52 (53 [Tz. 20]) – *Rollenantriebseinheit II*, dort zur Organerfindung.

560 BGH v. 26.9.2006, GRUR 2007, 52 (53 [Tz. 16]) – *Rollenantriebseinheit II*; vgl. auch BGH v. 4.4.2006, GRUR 2006, 754 (759 [Tz. 33]) – *Haftetikett*, dort zur freigewordenen Diensterfindung.

561 Siehe dazu Bartenbach/Volz, § 1 ArbEG, Rn. 75 ff.

562 Siehe BGH v. 26.9.2006, GRUR 2007, 52 (54 [Tz. 20]) – *Rollenantriebseinheit II.*

563 Urteil v. 3.3.2016, Mitt. 2016, 241 – *Freier Mitarbeiter.*

564 Vgl. BGH v. 22.10.1964, GRUR 1965, 302 (304) – *Schellenreibungskupplung*; u. v. 17.10.2000, GRUR 2001, 226.

565 Vgl. BGH v. 26.9.2006, GRUR 2007, 52 (53 [Tz. 16]) – *Rollenantriebseinheit II.*

gleicher Interessenlage für Erfindungen freier Mitarbeiter (z.B. hochspezialisierter technischer Berater) gelten. Anhaltspunkte für das Bestehen einer Vergütungspflicht ergeben sich u.a. dann, wenn die Parteien bereits über andere Erfindungen Vergütungsvereinbarungen abgeschlossen haben. Zu prüfen ist auch, ob im Rahmen des Dienstverhältnisses vereinbarte Bezüge zugleich die Vergütung für die Übertragung der Rechte an Erfindungen abdecken.

235 Besteht zwischen Arbeitnehmererfindern und einem freien Mitarbeiter eine Miterfinderschaft, beeinflusst dies die dem Arbeitnehmererfinder gemäß dem ArbEG zustehende Vergütung nicht: Zunächst wird der Gesamterfindungswert, also der Wert der gesamten Erfindung, berechnet und sodann ist für jeden Miterfinder der jeweilige Miterfinderanteil hierauf zu beziehen.[566]

2. Arbeitnehmerähnliche Personen

236 Auch arbeitnehmerähnliche Personen sind wegen der fehlenden Eingliederung in eine betriebliche Organisation und wegen ihrer freien Zeitbestimmung nicht in gleichem Maße persönlich abhängig wie Arbeitnehmer.[567] An die Stelle der persönlichen Abhängigkeit und Weisungsgebundenheit tritt das Merkmal der wirtschaftlichen Abhängigkeit von bestimmten Unternehmen, z.B. mehreren verbundenen Unternehmen.[568] Ein Beispiel für arbeitnehmerähnliche Personen innerhalb eines Konzerns sind Franchisenehmer.[569] Dieser Personenkreis wird aufgrund von Dienst- und Werkverträgen für den Dienstberechtigten in wirtschaftlich abhängiger Stellung tätig.[570]

237 Wesentliche Rechtsfolge bei Bestehen einer arbeitnehmerähnlichen Stellung ist die grundsätzliche Nichtanwendbarkeit des Arbeitsrechts.[571]

238 Da der Wortlaut des § 1 ArbEG nur Arbeitnehmer erfasst, ist eine unmittelbare Anwendung des Gesetzes auf arbeitnehmerähnliche Personen ausgeschlossen; aber auch eine analoge Anwendung der Vorschriften des ArbEG auf diesen Personenkreis verbietet sich.[572] Insbesondere der Wortlaut des § 12a TVG macht deutlich, dass der

566 Vgl. zur Vergütung einer Miterfinderschaft innerhalb eines Konzerns Rdn. 306 ff.

567 BGH v. 27.1.2000, NZA 2000, 390; MünchKommBGB/Spinner, § 611a BGB, Rn. 130.

568 Vgl. die Legaldefinition in § 12a TVG; vgl. zum Begriff BAG v. 21.6.2011, NZA-RR 2012, 365 (367 [Tz. 31]); BAG v. 21.1.2019, NZA 2019, 490 (494 [Tz. 31 ff.]).

569 Zum Begriff siehe Art. 1 Nr. 3 a) EG – GruppenfreistellungsVO 4087/88 v. 30.11.1988 a.F.; abgelöst durch GruppenfreistellungsVO Nr. 330/2010 für vertikale Vereinbarungen v. 20.4.2010, ABl. EG L 102/1 v. 23.4.2010; siehe zur Anwendbarkeit auf Franchise-Verhältnisse BGH v. 11.11.2008, WRP 2009, 208 – *Bau und Hobby*; Einzelheiten bei Bartenbach/Volz, Patentlizenz- und Know-how-Vertrag, Rn. 1010 ff.; siehe auch BAG v. 16.7.1997, AP Nr. 37 zu § 5 ArbGG 1979 unter Aufhebung von LAG Rheinland-Pfalz v. 9.7.1996, LAGE Nr. 32 zu § 611 BGB – *Arbeitnehmerbegriff*; BGH v. 4.11.1998, NZA 1999, 53 (55); BGH v. 20.3.2003, NJW 2003, 3049 u. v. 16.10.2002, NJW-RR 2003, 277.

570 Siehe auch BAG v. 20.6.2020, Az. 2 AZR 374/19, juris Rn. 28.

571 BAG v. 8.5.2007, AP NR. 15 zu § 611 BGB – *Arbeitnehmerähnlichkeit.*

572 Ann, Patentrecht, § 21, Rn. 34; Jestaedt, PatR III, 2, Rz. 391; v. Olenhusen, GRUR 2002, 11, Bartenbach/Volz; § 1 ArbEG, Rn. 25; Schiedsstelle v. 17.1.2017, Arb.Erf.

Gesetzgeber gerade keine grundsätzliche Gleichheit von Arbeitnehmern und arbeitnehmerähnlichen Personen beabsichtigt hat.[573] Auch ist zu bedenken, dass das ArbEG neben arbeitnehmergünstigen Regelungen auch solche enthält, die einen Rechtsverlust für den Arbeitnehmer bedeuten, wie z.B. das Recht des Arbeitgebers zur Inanspruchnahme der gemeldeten Erfindung und den damit verbundenen Rechtsverlust des Arbeitnehmers. Aufgrund dessen sollten arbeitnehmerähnliche Personen das freie Entscheidungsrecht darüber haben, ob eine von ihnen gemachte Erfindung dem Anwendungsbereich des ArbEG zugeordnet werden soll oder nicht,[574] es sei denn, dass bereits aus dem zugrundeliegenden Vertragsverhältnis eine dahingehende Verpflichtung besteht. Arbeitnehmererfinderrechtliche Vorschriften knüpfen nicht an die Schutzbedürftigkeit des Beschäftigten, sondern an die Zuordnung von patentrechtlich relevanten Arbeitsergebnissen im Arbeitsverhältnis an und gelten deshalb nicht für arbeitnehmerähnliche Personen.[575]

3. Pensionäre

Die Vollendung eines bestimmten Lebensalters bedeutet zwar nicht automatisch die 239
Beendigung des Arbeitsverhältnisses,[576] jedoch wird grundsätzlich individual- bzw. kollektivrechtlich für diesen Fall ein Auflösungsgrund vereinbart (vgl. § 41 SGB VI). Ist der Arbeitnehmer aus dem Arbeitsverhältnis ausgeschieden, besteht zwischen ihm als Pensionär und dem Arbeitgeber kein die Betriebszugehörigkeit vermittelndes Arbeitsverhältnis mehr.[577]

Schließt der Arbeitgeber mit seinem Mitarbeiter für die Zeit nach Erreichen der 240
Altersgrenze einen (zumeist befristeten) sog. Beratervertrag, ist im Einzelfall zu prüfen, ob diesem der Status eines freien Mitarbeiters[578] zukommt, oder ob durch eine

32/14 u. v. 3.8.2017, Arb.Erf. 12/15 (beide www.dpma.de); LG Düsseldorf v. 10.11.2020, Düsseldorfer Entscheidungen Nr. 3080, insb. Rn. 54 ff. – Fotographisches Fahrzeugabbildungsverfahren; a.A. Keukenschrijver in Busse/Keukenschrijver, PatG, § 1 ArbEG, Rn. 1; Gaul, GRUR 1977, 686 (689); ders., RdA 1982, 268 (274); HK-ArbR/Kronisch, Rn. 1 zu § 1; Schwab, ArbNErfR, § 1 Rn. 4; Herschel, DB 1977, 1185 (1189); nach den Umständen des Einzelfalls differenzierend: Reimer/Schade/Schippel/Rother, § 1 ArbEG, Rn. 6; offen gelassen von OLG Düsseldorf v. 24.10.2013, Mitt. 2014, 475 (477) – *Haltesystem für Werbeprints II.*

573 So Bartenbach/Volz, § 1 ArbEG, Rn. 25; nach den Umständen des Einzelfalls differenzierend: Reimer/Schade/Schippel/Rother, § 1 ArbEG, Rn. 6; sowie Herschel, DB 1977, 1185 (1189).

574 Bartenbach/Volz, § 1 ArbEG, Rn. 26.

575 Schiedsstelle v. 17.1.2017, Arb.Erf. 32/14 (www.dpma.de).

576 BAG v. 28.9.1961, AP Nr. 1 zu § 1 KSchG = NJW 1962, 73.

577 BAG (GS) v. 16.3.1956, NJW 1956, 1086 (1087); Schiedsstelle v. 25.5.2007, Arb.Erf. 23/05 (unveröffentl.).

578 Siehe LG Düsseldorf v. 20.3.2013, Düsseldorfer Entscheidungen Nr. 2024 – *Rückhalteprofil*; siehe auch Rdn. 225 ff.

mit einem solchen Beratervertrag eventuell verbundene persönliche Abhängigkeit nicht weiterhin bzw. erneut ein Arbeitsverhältnis begründet wird.[579]

241 Der Personenkreis der Pensionäre ist aus dem Anwendungsbereich des ArbEG ausgeschlossen, soweit Erfindungen betroffen sind, die nach dem Ausscheiden aus dem Arbeitsverhältnis fertiggestellt worden sind.[580]

242 Ein Pensionär kann über seine Erfindungen, die nach der Beendigung des Arbeitsverhältnisses fertiggestellt werden, frei – ohne die Beschränkungen der §§ 18, 19 ArbEG – verfügen, auch wenn es sich um Erfahrungserfindungen handelt.

243 Dies gilt auch bei einem Ruhestandsverhältnis, wenn also der Arbeitgeber dem Pensionär Versorgungsleistungen (betriebliche Altersversorgung, sonstige Vorruhestands- bzw. Übergangsleistungen) als Entgelt für die bis zum Eintritt in den Ruhestand erbrachten Dienste zahlt.[581] Das freie Verfügungsrecht über nach Beendigung des Arbeitsverhältnisses gemachte Erfindungen könnte allenfalls im Einzelfall durch eine bestehende Treuepflicht gegenüber dem früheren Arbeitgeber eingeschränkt sein, wodurch der Pensionär zur Mitteilung der Entwicklung gegenüber seinem ehemaligen Arbeitgeber verpflichtet sein könnte, ohne dass der frühere Arbeitgeber gleichzeitig eine Übertragung der Erfindungsrechte verlangen kann.[582] Diese Verpflichtung ist jedoch nicht der in § 18 ArbEG geregelten Mitteilungspflicht bei freien Erfindungen gleichzusetzen. § 18 ArbEG dient vor allem der Erhaltung des Arbeitsfriedens und dem Schutz des Arbeitnehmererfinders vor etwaigen Ersatzansprüchen bei unzutreffender Bewertung einer Diensterfindung als »freie« Erfindung.[583] Daher verbietet sich mangels einer vergleichbaren Rechtssituation die Anerkennung einer Mitteilungspflicht des Pensionärs entsprechend § 18 ArbEG.[584]

244 Unabhängig davon steht es den Arbeitsvertragsparteien jedoch frei, die Anwendbarkeit einzelner oder aller Vorschriften des ArbEG für Erfindungen eines Pensionärs zu vereinbaren.[585]

245 Hinsichtlich der Altersteilzeit ist zu berücksichtigen, dass das Arbeitsverhältnis nach wie vor fortbesteht, wenn sich die Altersteilzeit entweder durch eine gleichmäßige

---

579 Schiedsstelle v. 5.12.2002, Arb.Erf. 80/01 (Datenbank Schiedsstellenpraxis).

580 OLG Düsseldorf v. 26.5.1961, BlPMZ 1962, 193 = EGR Nr. 2 zu § 1 ArbEG; Schiedsstelle v. 13.9.1994, Arb.Erf. 20/94 (unveröffentl.) u. v. 19.3.2009, Arb.Erf. 24/06 (www.dpma.de); Volmer/Gaul, § 1 ArbEG, Rn. 81 ff.

581 So Volmer/Gaul, § 1 ArbEG, Rn. 81; Gaul, RdA 1982, 268 (275); ebenso für den Ruhestandsbeamten Schiedsstelle v. 19.11.1985, Arb.Erf. 50/85 (unveröffentl.); siehe auch BAG v. 15.6.1993, NZA 1994, 502 (505).

582 Vgl. zur Treuepflicht BAG v. 7.5.1966, AP Nr. 109 zu § 242 BGB – *Ruhegehalt*.

583 Vgl. die Amtl. Begr. BT-Drucks. II/1648, S. 36 = BlPMZ 1957, 218 (238).

584 Bartenbach/Volz, § 1 ArbEG, Rn. 79; Volmer/Gaul, § 1 ArbEG, Rn. 84; a.A. Röpke, Arbeitsverh. u. ArbNErf., S. 78 sowie Reimer/Schade/Schippel/Rother, § 26 ArbEG, Rn. 10, die auch die Anbietungspflicht nach § 19 ArbEG analog auf Pensionäre anwenden wollen.

585 Siehe dazu Bartenbach/Volz, § 1 ArbEG, Rn. 92 ff.

Reduzierung der (wöchentlichen) Arbeitszeit oder durch das sog. Blockmodell, dem Wechsel aus einer (aktiven) Arbeitsphase in eine (passive) Freistellungsphase vollzieht.[586] Das BAG betont, dass Altersteilzeitverhältnisse als Teilzeitarbeitsverhältnisse in Form eines (nachträglich) befristeten Arbeitsverhältnisses während der Freistellungsphase im Blockmodell weiterbestehen und das Arbeitsverhältnis in diesem Zeitraum nicht ruht, da wegen der fortbestehenden Vergütungspflicht des Arbeitgebers keine vollständige Freistellung von beiderseitigen Hauptpflichten (Arbeits- und Vergütungspflicht) vorliegt.[587] Deshalb sind auch Erfindungen in einer passiven Phase der Altersteilzeit uneingeschränkt Arbeitnehmererfindungen im Sinne des § 4 ArbEG, wobei jedoch – wegen der Nichtausübung der Arbeitspflicht – grundsätzlich nur eine Diensterfindung gemäß § 4 Abs. 2 Nr. 2 ArbEG in Form der Erfahrungserfindung in Betracht kommen wird[588].

4. Organmitglieder

Organmitglieder, also die gesetzlichen Vertreter von juristischen Personen, sind nach allgemeiner Auffassung keine Arbeitnehmer und unterliegen damit nicht – auch nicht analog – dem persönlichen Anwendungsbereich des ArbEG.[589] Sie sind selbst weisungsunabhängig[590] und üben die Weisungsbefugnis der von ihnen vertretenen juristischen Personen aus (vgl. § 78 Abs. 1 AktG, § 35 Abs. 1 GmbHG, § 24 GenG). Hieran ändern weder die Weisungsgebundenheit des GmbH-Geschäftsführers gegenüber den Gesellschaftern (§ 37 GmbHG)[591] noch das Aufsichtsrechts des Aufsichtsrates über den Vorstand einer AG (§ 84 Abs. 3, § 111 AktG) etwas. Auch eine konzernrecht- 246

586 Vgl. Bartenbach/Volz, § 26 ArbEG, Rn. 18; Schiedsstelle v. 25.10.2012, Arb.Erf. 36/11 (unveröffentl.); siehe auch allg. Schaub/Vogelsang, Arbeitsrechts-Handbuch, § 83, Rn. 1 ff.

587 BAG v. 30.10.2008, NZA 2009, 432 (434 [Tz. 19]) u. v. 25.6.2019, AP Nr. 71 zu § 1 TVG – Altersteilzeit.

588 Im Ergebn. zust. Boemke/Kursawe/Boemke, § 1 ArbEG, Rn. 46.

589 BGH v. 11.7.1953, BGHZ 10, 187; v. 9.2.1978, NJW 1978, 1435 u. v. 22.2.2011, GRUR 2011, 509 (510) [Tz. 13]) – *Schweißheizung*; BAG v. 25.10.2007, NZA 2008, 168; OLG Düsseldorf v. 10.6.1999, GRUR 2000, 49; LG Düsseldorf v. 3.2.2005, InstGE 5, 100 – *Geschäftsführer-Erfindung II* u. v. 25.8.2011, Az. 4a O 142/10 (unveröffentl.); OLG Düsseldorf v. 22.8.2019, GRUR-RS 2019, 45772 – Stapelbox; LG München v. 15.1.2021, Az. 21 O 10149/19 (juris, Rn. 47) – S.-Bremsscheiben; Schiedsstelle v. 22.10.2018, Arb.Erf. 58/16 (www.dpma.de); siehe auch A.Bartenbach/Fock, GRUR 2005, 384 ff.; ausführl. zur Abgrenzung zw. Organmitglied u. Arbeitnehmer: Mankowski, RIW 2004, 167 ff. m.w.N.; Schaub/Rinck, Arbeitsrechts-Handbuch § 14 Rn. 2 ff.; Henssler, RdA 1992, 289; ErfK/Preis, § 611a BGB, Rn. 88 f. Vgl. auch BAG v. 19.5.2010, NZA 2010, 530, wonach der Geschäftsführer einer GmbH dann Verbraucher im Sinne des § 13 BGB ist, wenn er nicht zugleich als Gesellschafter über zumindest eine Sperrminorität verfügt und Leitungsmacht über die Gesellschaft ausüben kann.

590 Siehe nur BAG v. 21.2.2019, NZA 2019, 490.

591 Vgl. hierzu Reiserer, DB 2011, 2262 ff. m.H.a. die Entscheidung »Danosa« des EuGH v. 11.11.2010; BAG v. 21.1.2019, NJW 2019, 1627 (1629 [Tz. 23 ff.]) u. v. 8.2.2022, NZA 2022, 403; siehe hierzu auch Schiedsstelle v. 22.10.2018, Arb.Erf. 58/16 (www.dpma.de).

liche Weisungsbefugnis reicht für die Annahme der Arbeitnehmereigenschaft eines Vorstandsmitglieds einer konzernabhängigen Gesellschaft nicht aus.[592] Einschränkend geht das BAG davon aus, dass der Geschäftsführer einer Komplementär-GmbH Arbeitnehmer der GmbH & Co. KG. sein kann;[593] gleiches soll für nicht allein vertretungsberechtigte, weisungsabhängige Mitgeschäftsführer einer Mehrpersonen-Geschäftsführung gelten.[594] Hiervon abweichend ist der Sachverhalt zu behandeln, dass z.B. ein Geschäftsführer einer konzernabhängigen Gesellschaft gleichzeitig Arbeitnehmer der Konzernobergesellschaft ist.[595]

247 Gerade im Konzernverbund ist es nicht untypisch, dass ein Arbeitnehmer neben seiner Organstellung in einem Arbeitsverhältnis zu einem anderen konzernverbundenen Unternehmen steht (hier gelten dann die Grundsätze des Doppelarbeitsverhältnisses[596]); denkbar ist auch der Wechsel aus seiner Arbeitnehmerstellung in eine Organstellung oder der Widerruf einer Organstellung z.B. bei einer Tochtergesellschaft. Bestand vor der Berufung in die Organstellung ein Arbeitsverhältnis mit dem Unternehmen, wird mit Abschluss eines schriftlichen Organvertrages grundsätzlich das zuvor bestehende Arbeitsverhältnis einvernehmlich beendet.[597] Wird später die Organstellung widerrufen, wandelt sich der zugrunde liegende Dienstvertrag nicht (wieder) in einen Arbeitsvertrag; es entsteht kein neues Arbeitsverhältnis.[598] Hiervon abweichende Regelungen sind im Grundsatz zulässig. Allerdings muss beachtet werden, dass z.B. eine unveränderte Weiterführung des Vertragsverhältnisses eines Vorstands einer AG als Arbeitsverhältnis über die Fristen des § 84 Abs. 1 AktG hinaus eine objektive Gesetzesumgehung sein kann. Durch eine solche Vertragsklausel kommt kein Arbeitsverhältnis zustande (§ 134 BGB).[599] Eine in diesem Zeitraum fertiggestellte Erfindung unterliegt den Grundsätzen eines fehlerhaften (faktischen) Dienst- und nicht eines Arbeitsverhältnisses.

248 Allerdings ist unter der Geltung deutschen Arbeitsrechts die Regelung des § 623 BGB zu beachten, wonach die Aufhebung eines Arbeitsverhältnisses der schriftlichen Vereinbarung zwischen Arbeitgeber und Arbeitnehmer bedarf, da anderenfalls der Arbeitsvertrag fortbesteht. Nach Auffassung des BAG liegt in dem Abschluss eines

---

592 Schaub/Rinck, Arbeitsrechts-Handbuch, § 14 Rn. 3; siehe auch BAG v. 21.1.2019, NJW 2019, 1627 (1629 [Tz. 23 ff.]).

593 BAG v. 15.4.1982, NJW 1983, 2405; v. 13.5.1992, ZIP 1992, 1496.

594 BAG v. 26.5.1999, NZA 1999, 987; einschränkend Schaub/Rinck, Arbeitsrechts-Handbuch § 14 Rn. 3.

595 Schaub/Rinck, Arbeitsrechts-Handbuch § 14 Rn. 3 m.H.a. BAG v. 20.10.1995, NZA 1996, 200; v. 25.10.2007, NZA 2008, 168.

596 Siehe hierzu Rdn. 196 ff.

597 BAG v. 5.6.2008, NJW 2008, 3514 u. v. 3.2.2009, NZA 2009, 669 (670).

598 BAG v. 5.6.2008, NJW 2008, 3514; v. 3.2.2009, NZA 2009, 669 (670) u. v. 15.3.2011, NZA 2011, 874.

599 BAG v. 26.8.2009, MDR 2010, 92.

Geschäftsführer-Dienstvertrages durch den bisherigen Mitarbeiter im Zweifel die konkludente Aufhebung des bisherigen Arbeitsverhältnisses. Der schriftliche Geschäftsführer-Dienstvertrag wahre insoweit regelmäßig das Formerfordernis des § 623 BGB für den Vertrag über die Auflösung des Arbeitsverhältnisses.[600] Das BAG betont allerdings in seinem Urteil vom 24.10.2013,[601] dass diese Grundsätze nur dann zur Anwendung kommen, wenn die Vertragsparteien des Geschäftsführer-Dienstvertrages gleichzeitig die Parteien des Arbeitsvertrages sind, was bei einer Konzernsituation nicht unbedingt gegeben sein muss. Werden die Verträge zwischen unterschiedlichen Vertragsparteien getroffen, gibt es nach Ansicht des BAG kein schriftliches Rechtsgeschäft zwischen Arbeitgeber und Arbeitnehmer, in dem die Vereinbarung über die Aufhebung des Arbeitsverhältnisses liegen könne. Insoweit sind also bei solchen Fallgestaltungen des Vertragsabschlusses mit verschiedenen Konzerngesellschaften getrennte Vereinbarungen oder jedenfalls eindeutige Vollmachtsverhältnisse zweckmäßig.[602] Eine abstrakt-generelle Klausel, nach der mit Abschluss des Geschäftsführer-Dienstvertrages auch alle »etwaigen Arbeits- oder Dienstverhältnisse mit anderen Konzerngesellschaften« beendet werden, ist unwirksam.[603]

249 Zu beachten ist – und dies ist für den internationalen Konzern von Bedeutung –, dass das zuvor dargestellte Verständnis des deutschen Arbeitsvertragsrechts, das Organmitglied nicht als Arbeitnehmer zu betrachten, nicht allen europäischen oder sonstigen Rechtsordnungen entspricht. So wird in der Rechtsprechung des EuGH die Arbeitnehmereigenschaft daran festgemacht, ob die jeweilige Organperson Weisungen anderer (insbesondere der Gesellschafterversammlung, des Aufsichtsrats oder der Konzernmuttergesellschaft) unterworfen ist oder nicht; ist dies zu bejahen, werden sie zum Teil als Arbeitnehmer behandelt.[604] Bezogen auf den Bereich der EU kann Ausgangspunkt der Bewertung die Auslegung des Arbeitnehmerbegriffs nach Art. 45 AEUV = Ex-Art. 39 EGV sein.[605] Hierbei ist der Arbeitnehmerbegriff nicht eng auszulegen.[606]

250 Diese differenzierende Wertung kann z.B. beachtlich sein, wenn ein bei der deutschen Konzernmutter beschäftigter (leitender) Arbeitnehmer als Geschäftsführer zu einer ausländischen Tochtergesellschaft entsandt wird und dort eine Diensterfindung fertig stellt. Je nachdem, ob das deutsche ArbEG oder die entsprechende ausländische Rechtsordnung gilt, kann von dieser Bewertung des Arbeitnehmerstatus abhängen, ob der Erfinder in den persönlichen Anwendungsbereich des Gesetzes fällt.

251 Organmitglieder juristischer Personen unterliegen nicht dem ArbEG; sie können aus den vorgenannten Gründen der mangelnden Weisungsgebundenheit und der Reprä-

600 BAG v. 19.7.2007, NZA 2007, 1095 [Tz. 23].
601 DB 2014, 1081 [Tz. 25 ff.].
602 BAG v. 24.10.2013, DB 2014, 1081 [Tz. 26]; siehe auch Reinfelder, RdA 2016, 87 (93).
603 Gaul, Aktuelles Arbeitsrecht 2014, 150 f.
604 Ausführlich hierzu Mankowski, RIW 2004, 167 ff.; ErfK/Schlachter, Art. 45 AEUV, Rn. 13; Schmitt-Rolfes, NZA-Beil. 2014, 37 (40).
605 So zutreffend Mankowski, RIW 2004, 167 (168 f.).
606 EuGH v. 23.4.2004, AP Nr. 14 zu Art. 39, Rn. 26 – *Collins*; Schmitt-Rolfes, NZA-Beil. 2014, 37 (40).

sentantenstellung für den Arbeitgeber sowie ihres Einflusses auf die Unternehmensgeschicke nicht den Arbeitnehmern im Sinne des ArbEG gleichgestellt werden.[607]

252 Auch analog ist das ArbEG nicht auf diesen Personenkreis anwendbar;[608] eine ursprünglich im Regierungsentwurf von 1952 vorgesehene Anwendbarkeit des ArbEG auf Organmitglieder wurde ausdrücklich im Gesetzesentwurf von 1955 zur Vermeidung von Interessengegensätzen wieder verworfen.[609]

253 Die Folge dieser Nichtanwendbarkeit ist, dass für Organmitglieder – mangels einer dahingehenden dienstvertraglichen Regelung – im Grundsatz keine Pflicht zur Entwicklung von Erfindungen besteht, auch dann nicht, wenn die Forschung und Entwicklung bzw. der Gesamtbereich der Technik in deren Zuständigkeitsbereich fallen.[610] Dem Organmitglied steht eine von ihm (mit-)entwickelte Erfindung im Umfang seines Erfindungsanteils persönlich zu (vgl. § 6 Satz 1 PatG).[611] Allerdings können sich aus dem Dienstvertrag/Geschäftsführer-Dienstvertrag Anbietungspflichten ergeben. Da das ArbEG nicht anwendbar ist, unterliegen Erfindungen von Organmitgliedern der freien Vereinbarung. Eine einseitige Überleitung auf die Gesellschaft im Wege der (fiktiven) Inanspruchnahme scheidet aus.

254 Falls zwischen der Gesellschaft und dem Organmitglied keine Vereinbarung über eine Übertragung der Erfindungsrechte und eine eventuell zu zahlende Vergütung

607 Siehe nur BGH v. 24.10.1989, GRUR 1990, 193 – *Auto-Kindersitz*; BGH v. 22.10.1964, GRUR 1965, 302 (304) – *Schellenreibungskupplung* u. v. 26.9.2006, GRUR 2007, 52 (54 [Tz. 19]) – *Rollenantriebseinheit II*; OLG Düsseldorf v. 10.6.1999, GRUR 2000, 49; LG Düsseldorf v. 3.2.2005, InstGE 5, 100 u. v. 25.8.2011, Az. 4a O 142/10 (unveröffentl.); Schaub/Koch, Arbeitsrechts-Handbuch § 114, Rn. 6; Zimmermann, FS Schilling (2007), 415 (416 ff.); Keukenschrijver in Busse/Keukenschrijver, PatG, § 1 ArbEG, Rn. 1; vgl. ausführlich hierzu A. Bartenbach/Fock, GRUR 2005, 384 ff.; vgl. zur Abgrenzung zwischen Organmitglied und Arbeitnehmer Mankowski, RIW 2004, 167 ff. m.w.N.

608 Amtl. Begr. BT-Drucks. II/1648, S. 17 = BlPMZ 1957, 218 (227); BGH v. 24.10.1989, GRUR 1990, 193 – *Auto-Kindersitz*; v. 21.12.2005, GRUR 2006, 401 (402) – *Zylinderrohr* u. v. 22.2.2011, GRUR 2011, 509 (510 [Tz. 13]) – *Schweißheizung*; OLG Düsseldorf v. 10.6.1999, GRUR 2000, 49 (50 [Tz. 35]) – *Geschäftsführer-Erfindung*; OLG Hamm v. 18.9.1985, NJW-RR 1986, 780; LG Düsseldorf v. 8.8.2002, Az. 4 a O 153/02 (unveröffentl.); Bartenbach/Volz, § 1 ArbEG, Rn. 69; Reimer/Schade/Schippel/Rother, § 1 ArbEG, Rn. 4 m.H.a. BGH v. 21.5.1963, Az. Ta ZR 104/63 (unveröffentl.); Zimmermann, FS Schilling (2007), 415 (417); Trimborn, Erfindungen von Organmitgliedern, S. 91 ff.

609 Vgl. Amtl. Begr. BT-Drucks. II/1648, S. 17 = BlPMZ 1957, 218 (227).

610 OLG Düsseldorf v. 8.6.2006, NJOZ 2007, 1587 – *Strangpressprofilbehandlung*; Busche, FS Reimann (2009), 37 (43); siehe auch OLG Düsseldorf v. 10.6.1999, GRUR 2000, 49 (50) – *Geschäftsführer-Erfindung*.

611 BGH v. 16.11.1954, GRUR 1955, 286 – *Schnellkopiergerät*; OLG Düsseldorf v. 10.6.1999, GRUR 2000, 49 (50 [Tz. 36]) – *Geschäftsführer-Erfindung*; so auch A. Bartenbach/Fock, GRUR 2005, 384; zur Vertragsgestaltung siehe Friemel/Kamlah, BB 2008, 613.

besteht, kann nicht automatisch von einer Verpflichtung zur Übertragung der Rechte ausgegangen werden.[612]

Ob und in welchem Umfang (vollständige Rechtsübertragung oder Einräumung eines bloßen Nutzungsrechts) ein Organmitglied zur Rechtseinräumung verpflichtet ist, bestimmt sich zunächst nach dem Inhalt des Dienstvertrages (§§ 611 ff. BGB) bzw. des Gesellschaftsvertrages. Fehlt eine ausdrückliche Regelung, hängt eine Pflicht zur Rechtseinräumung von den Umständen des Einzelfalls ab.[613] So kann sich eine Übertragungspflicht aus dem Zweck des Dienstvertrages ergeben, etwa wenn das Organmitglied die Aufgabe hat, um technische Neuerungen bemüht zu sein.[614] 255

In diesem Sinne hat auch das Bundesarbeitsgericht bereits in einer Entscheidung – der allerdings kein Konzernsachverhalt zugrunde lag – aus dem Jahre 1980[615] bei Mehrfachfunktionen einer Person nach den zugrunde liegenden Rechtsverhältnissen differenziert und für die Beurteilung jeweils dasjenige Rechtsverhältnis als das maßgebliche herausgestellt, aus dem der streitige Anspruch hergeleitet wird. 256

Stellt die Erfindung bzw. die Tätigkeit im Forschungs- und Entwicklungsbereich eine laut Dienstvertrag zugewiesene Aufgabe dar, so ist die technische Neuentwicklung als Erfüllung des Vertragsinhaltes anzusehen. Sie wird dem Unternehmen zugeordnet und ist im Regelfall bereits durch die vereinbarten Dienstbezüge abgegolten.[616] Die Rechtsprechung[617] ist dieser Ansicht überwiegend gefolgt und hat die Übertragungspflicht und die Abgeltung der Erfindervergütung durch die dienstvertraglichen Bezüge auch dann bejaht, wenn dem Organmitglied die Verpflichtung obliegt, seine Arbeitskraft unter anderem auch dem technischen Unternehmensbereich zu widmen, insoweit also die Unternehmenszwecke zu fördern[618] und die Erfindung auch tatsächlich im Tätigkeitsbereich des Unternehmens bzw. im Unternehmensinteresse liegt.[619] 257

612 BGH v. 16.11.1954, GRUR 1955, 286 – *Schnellkopiergerät*; BGH v. 30.10.1990, GRUR 1991, 127 – *Objektträger*.

613 Vgl. hierzu A. Bartenbach/Fock, GRUR 2005, 384 (385 f.) m.w.N.

614 BGH v. 11.4.2000, GRUR 2000, 788 (790) – *Gleichstromsteuerschaltung*; v. 22.10.1964, GRUR 1965, 302 (304) – *Schellenreibungskupplung*; v. 24.6.1952, GRUR 1953, 29 (30) – *Plattenspieler I*; OLG Düsseldorf v. 10.6.1999, GRUR 2000, 49 (50 [Tz. 37]) – *Geschäftsführer-Erfindung* u. v. 28.2.2014, Mitt. 2014, 337 – *Rapssaatenschälung*; LG Düsseldorf v. 14.9.1999, Entsch. 4. ZK. 2000, 3 (7) – *Ozonerzeuger*; vgl. auch BGH v. 26.9.2006, GRUR 2007, 52 (53 [Tz. 15]) – *Rollenantriebseinheit II*; Busche, FS Reimann (2009), 37 (41); Benkard/Melullis, § 6 PatG, Rn. 93; auch Gaul, GRUR 1977, 686 (691), der aus der »engen organschaftlichen Beziehung« bzw. aus dem Dienstvertrag eine generelle Anbietungspflicht herleitet (ähnlich Heine/Rebitzki, § 1 ArbEG, Rn. 4).

615 BAG v. 10.7.1980, GmbHR 1981, 1132 (1134).

616 So Bartenbach/Volz, § 1 ArbEG, Rn. 75.3; Jestaedt, FS Nirk (1992), 493 (503).

617 BGH v. 11.4.2000, GRUR 2000, 788 (791) – *Gleichstromsteuerschaltung*; OLG Düsseldorf v. 10.6.1999, GRUR 2000, 49 (50 [Tz. 67]) – *Geschäftsführer-Erfindung*; siehe auch LG Düsseldorf v. 14.9.1999, Entsch. 4. ZK. 2000, 3 (7 f.) – *Ozonerzeuger*.

618 LG Düsseldorf v. 21.12.1995, Az. 4 O 161/95 (unveröffentl.).

619 OLG Hamm v. 18.9.1985, NJW-RR 1986, 780 (781).

258 Auch aus der Pflicht zur Rücksichtnahme auf die Unternehmens- bzw. Konzerninteressen[620] kann sich eine entsprechende Zuordnungspflicht ergeben. Dies gilt etwa dann, wenn die Erfindung überwiegend auf Mitteln, Erfahrungen und Vorarbeiten des Unternehmens beruht[621] bzw. das Organmitglied in eine konzernweite Entwicklungstätigkeit eingebunden ist.

259 Der BGH hat sich in der Entscheidung »Rollenantriebseinheit II« mit der Frage beschäftigt, nach welchen Grundsätzen sich die Vergütung für Erfindungen von Geschäftsführern richtet, die sie ihrem Unternehmen überlassen haben. Darin führt er aus, dass die Vergütungspflicht für Erfindungen des Geschäftsführers gemäß § 612 Abs. 2 BGB nur besteht, wenn im Dienstvertrag mit ihm oder anderweitig keine abweichende Vereinbarung getroffen worden ist.[622] In Bezug auf das »Ob« des Vergütungsanspruchs weist der BGH auf die Einschränkung hin, dass dem Geschäftsführer nicht per se eine Erfindervergütung zustehen soll, sondern vielmehr im Wege der ergänzenden Vertragsauslegung zunächst festzustellen ist, ob überhaupt ein Vergütungsanspruch in Betracht kommt.[623] Vor diesem Hintergrund sollte in Geschäftsführerverträgen das konkrete Aufgabenfeld klar umrissen werden, insbesondere soweit der Geschäftsführer maßgeblich mit der Entwicklung von Produkten bzw. der Leitung der Forschungs- und Entwicklungsabteilung etc. befasst sein soll etc. Auf diesem Wege lassen sich die Unwägbarkeiten der ergänzenden Vertragsauslegung zumindest teilweise ausräumen. Die Beschreibung des Tätigkeitsfeldes im Vertrag dürfte gerade vor dem Hintergrund eine besondere Bedeutung erlangen, dass nach dem Standpunkt des BGH Vergütungsansprüche gerade dann ausgeschlossen sein können, wenn der Geschäftsführer mit dem Ziel beschäftigt wird, auf technische Neuerungen hinzuarbeiten. In diesem Fall könnte es sich bei der Entwicklung der technischen Neuerung um eine durch die vereinbarten Dienstbezüge abgegoltene Vertragserfüllung handeln.

260 Für den Fall, dass eine Vergütungspflicht anzunehmen ist, kommt der Stellung des Erfinders in dem Unternehmen, auf das er seine Erfindung übertragen hat, eine besondere Bedeutung zu. Auch wenn der BGH keine analoge Anwendung des ArbEG auf Geschäftsführer annimmt, indiziert die Entscheidung des BGH, dass die maßgeblichen Grundsätze des ArbEG im Rahmen der vorzunehmenden ergänzenden Vertrags-

620 Siehe zum Konflikt zwischen Gesellschafts- und Konzerninteressen Hilber/Knorr/Müller/Schilling/Wurth, Konzerntochter, A, Rn. 8 ff.

621 So OLG Frankfurt v. 13.4.2017, GRUR-RR 2017, 294 – *Transportwerkzeuge*; siehe auch BGH v. 16.11.1954, GRUR 1955, 286 (289) – *Schnellkopiergerät*; BGH v. 11.4.2000, GRUR 2000, 788 (791) – *Gleichstromsteuerschaltung*; BGH v. 30.10.1990, GRUR 1991, 127 (129) – *Objektträger*; BGH v. 22.10.1964, GRUR 1965, 302 (304) – *Schellenreibungskupplung*; OLG Hamm v. 18.9.1985, NJW-RR 1986, 780 (781); OLG Düsseldorf v. 10.6.1999, GRUR 2000, 49 (50 [Tz. 37]) – *Geschäftsführer-Erfindung*; Jestaedt, FS Nirk (1992), 493 (500 ff.); zuletzt BGH v. 26.9.2006, GRUR 2007, 52 [Tz. 15 f.] – *Rollenantriebseinheit II*.

622 BGH v. 26.9.2006, GRUR 2007, 52 (54 [Tz. 19]) – *Rollenantriebseinheit II*; siehe auch Busche, FS Reimann (2009), 37 (41) m.H.a. OLG München BeckRS 2008, 065065.

623 Vgl. hierzu auch Zimmermann, FS Schilling (2007), 415 (429).

auslegung in die Berechnung einer Geschäftsführervergütung einfließen müssen.[624] Keinesfalls kann das Organmitglied die Vergütung als freier Erfinder fordern, wenn die Entwicklung der Diensterfindung (wesentlich) auf betriebliche Einflüsse zurückzuführen ist, sei es durch Anregungen aus dem Unternehmen oder dem Kundenkreis, den Rückgriff auf betriebliche Vorarbeiten und die Unterstützung durch Mitarbeiter des Unternehmens wie auch die Entwicklung während der vereinbarten Dienstzeit. Von Bedeutung kann auch sein, in welchem Umfang der »Bezug zur Technik« des Organmitglieds durch seine Organvergütung abgedeckt ist.[625]

Die vorstehenden Grundsätze gelten auch für einen Gesellschafter, der wie ein Geschäfts- 261
führer in die Leitung der Gesellschaft eingebunden ist. Macht er im Zusammenhang mit dieser Tätigkeit eine Erfindung, kann für ihn nach den Gesamtumständen die Pflicht bestehen, diese Erfindung der Gesellschaft (entschädigungslos) anzudienen, wenn die Leitungsfunktion des Gesellschafters auch den technischen Bereich betraf, die Erfindung dem Geschäftsgegenstand der Gesellschaft zuzuordnen ist und die Erfindung überwiegend auf Mitteln, Erfahrungen und Vorarbeiten des Unternehmens beruhte.[626] Verstößt der Gesellschafter gegen eine ihn treffende Andienungspflicht und meldet er die Erfindung im eigenen Namen zum Schutzrecht an, steht der Gesellschaft ein Anspruch auf Übertragung der Anmeldung bzw. des erteilten Schutzrechts zu, ggf. Zug um Zug gegen Zahlung der Kosten für die Anmeldung und Aufrechterhaltung des Schutzrechts.[627]

---

624 Vgl. zur Bestimmung der angemessenen Vergütung A. Bartenbach/Fock, GRUR 2005, 384 (387 ff.), die vorschlagen, bei der Berechnung einen die Vergütung mindernden, mit dem Anteilsfaktor nach RL Nrn. 30–38 vergleichbaren »Unternehmens-Faktor« von ca. 5–15% zu berücksichtigen, der den Einfluss des Organmitglieds auf das Zustandekommen der Erfindung charakterisiert und dessen niedrige Einstufung bei der Bewertung seiner beruflichen Position wiedergeben soll; Bartenbach/Volz, § 1 ArbEG, Rn. 76.

625 Busche, FS Reimann (2009), 37 (47); A. Bartenbach/Fock, GRUR 2005, 384 (388 f.).

626 OLG Frankfurt v. 13.4.2017, GRUR-RR 2017, 294 – *Transportwerkzeuge*; ebenso OLG Düsseldorf v. 28.2.2014, Mitt. 2014, 337 – *Rapssaatenschälung*.

627 OLG Frankfurt v. 13.4.2017, GRUR-RR 2017, 294 – *Transportwerkzeuge*; ebenso OLG Düsseldorf v. 28.2.2014, Mitt. 2014, 337 – *Rapssaatenschälung*.

C. Besonderheiten bei Arbeitnehmer-Miterfindern aus mehreren Konzerngesellschaften und bei Gemeinschaftserfindungen

Übersicht

I. Begriff der Miterfinderschaft

262 Der Einzelerfinder stellt in der betrieblichen Praxis eine Ausnahme dar, so dass die Miterfinderschaft insbesondere im Konzernzusammenhang im Vordergrund steht.

263 Grundsätzlich keine Besonderheiten ergeben sich in den Fällen, in denen ausschließlich Miterfinder eines einzelnen Konzernunternehmens am Zustandekommen der Erfindung beteiligt sind. Dann unterscheidet sich die Rechtslage kaum von der Situation bei nicht verbundenen Unternehmen. Wesentlich ist vielmehr die in der Betriebswirklichkeit nicht seltene Fallgestaltung, dass mehrere Erfinder aus unterschiedlichen Konzerngesellschaften zusammenarbeiten.

264 Dabei ist grundsätzlich zwischen den Arbeitnehmererfindern, die in einer deutschen Konzerngesellschaft tätig sind und denen, die Mitarbeiter von ausländischen konzernangehörigen Unternehmen sind, zu unterscheiden. Soweit nicht die vertragliche Anwendbarkeit des ArbEG vereinbart ist, unterliegen die im Ausland beschäftigten Miterfinder entsprechend den von ihnen abgeschlossenen nationalen Arbeitsverträgen den jeweiligen nationalen Regelungen, es sei denn, für das Arbeitsverhältnis gilt nach den Regeln des internationalen Privatrechts deutsches Recht. Nachfolgend wird auf die Besonderheiten der Miterfinderschaft nach dem deutschen ArbEG eingegangen.

265 Bei überbetrieblicher konzernbezogener Entwicklungstätigkeit innerhalb eines internationalen Konzerns kann sich häufig eine Miterfinderschaft mehrerer Arbeitnehmererfinder, die unterschiedlichen Konzernunternehmen angehören, ergeben.[628]

628 Solche Arbeitnehmererfindungsgemeinschaften werden aufgrund der rechtlichen Selbständigkeit der einzelnen Unternehmen mehrbetriebliche Erfindungsgemeinschaften genannt (vgl. v. d. Grün, Stellung von Miterfindern, S. 12 m.w.N.).

Das Arbeitnehmererfindungsrecht setzt – wie auch § 5 Abs. 1 Satz 2 und § 12 Abs. 2, 5 ArbEG zeigen – den Begriff der Miterfinderschaft voraus.[629] Folglich kommen – wie auch bei der Alleinerfinderschaft – die Maßstäbe des Patentrechts zur Anwendung (vgl. § 6 Satz 2 PatG). Erfinder ist diejenige natürliche[630] Person, die »selbst sich die Erkenntnis erschließt, wie mit bestimmten technischen Mitteln ein konkretes technisches Problem gelöst werden kann«.[631] Insoweit wird als (Allein-)Erfinder derjenige bezeichnet, der tatsächlich der Urheber der Erfindung ist, d.h. der den Erfindungsgedanken erkannt und in schöpferischer Tätigkeit zu einer Anweisung zum technischen Handeln entwickelt hat.[632] 266

Zu der Frage, ob ein System Künstlicher Intelligenz (KI) Erfinder in patentrechtlicher Hinsicht sein kann, hat der BGH in einer aktuellen Entscheidung Stellung genommen. Hier bestätigte er im Einklang mit der internationalen Mehrheitsmeinung die Auffassung des BPatG[633], dass ein Erfinder, der nach § 37 Abs. 1 PatG in einer Schutzrechtsanmeldung benannt wird, nur eine natürliche Person sein könne.[634] Der BGH begründet dies für das deutsche Recht mit einem Verweis auf § 6 PatG, an den die Erfinderbenennung nach § 37 Abs. 1 PatG anknüpft. § 6 PatG setze voraus, dass der Erfinder Träger von Rechten sein kann. Eine KI kann aber weder Träger des Rechts auf das Patent sein, noch kommt dem KI-System ein Erfinderpersönlichkeitsrecht zu, mit der Folge, dass ausschließlich die Benennung einer natürlichen Person als Erfinder zulässig sei. Eine solche Erfinderbenennung sei auch dann möglich und zumutbar, wenn eine KI einen wesentlichen Beitrag zum Auffinden der technischen Lehre geleistet habe. Denn nach der ständigen Rechtsprechung des BGH genüge auch beim Einsatz von KI ein menschlicher Beitrag, der den Gesamterfolg wesentlich beeinflusst habe, unabhängig von der Art und Intensität dieses Beitrags. Die Benennung einer natürlichen Person als Erfinder sei auch dann möglich und erforderlich, wenn zum Auffinden der beanspruchten technischen Lehre ein KI-System eingesetzt worden ist. Insoweit scheitert eine Patentanmeldung – und damit auch eine patent-

---

629 Vgl. u.a. v. d. Grün, Stellung von Miterfindern, S. 15 f. m.H.a. Bartenbach/Volz, Praxisleitfaden, Rn. 76.

630 Vgl. hierzu BGH v. 11.6.2024, GRUR 2024, 1315 – *DABUS*.

631 BGH v. 18.5.2010, GRUR 2010, 817 (819 [Tz. 28]) – *Steuervorrichtung*; vgl. auch LG Düsseldorf v. 12.09.2019, Düsseldorfer Entscheidungen Nr. 2945, Rn. 59 – *DNA-Methylierungsgradbestimmmung*.

632 So OLG Düsseldorf v. 22.8.2019, GRUR-RS 2019, 45772 – *Stapelbox*; Benkard/Mellulis/Koch, EPÜ, Art. 60 Rn. 13.

633 BPatG v. 11.11.2021, Mitt. 2022, 217 (220) – *FOOD CONTAINER/DABUS*; siehe hierzu auch Köllner, Mitt. 2022, 193 ff. u. Kim, GRUR Int. 2022, 1162 ff.

634 BGH v. 11.6.2024, GRUR 2024, 1315 (1316 [Tz. 24 ff.]) – *DABUS* mit Darstellung des diesbezüglichen Meinungsstandes. Vgl. zur Problematik der Künstlichen Intelligenz (KI) als Erfinder auch Bartenbach/Volz/Kinting, Mitt. 2023, 429 ff. u. 477 ff.; Lauber-Rönsberg/Hetmank, GRUR Int. 2019, 641 ff.; Stierle, GRUR Int. 2020, 918 ff. u. GRUR Int. 2021, 115 ff.; Meitinger, Mitt. 2020, 49 ff.; Dornis, GRUR 2021, 784 ff.; Dornis, GRUR 2023, 14 ff.

rechtliche Gemeinfreiheit von »KI-Erfindungen« wegen Fehlens einer natürlichen Person als Erfinder an der mangelnden Schutzfähigkeit.[635]

267 Nach der für das deutsche Patentrecht maßgeblichen Rechtsprechung des BGH ist derjenige Miterfinder, der einen bestimmbaren[636] erfinderischen bzw. schöpferischen Beitrag zu einer gemeinschaftlichen Erfindung geleistet hat.[637] Wesentlich sind dabei die sich in der Erfindung niederschlagende (kausale) geistige Mitarbeit und das selbständige, nicht weisungsgebundene Handeln.[638] Abzugrenzen ist die Miterfinderposition von einer bloßen handwerklichen Mitarbeit und technischen Hilfestellungen sowie solchen Beiträgen, die sich in der Bereitstellung von Personal, Hilfsmitteln oder finanziellen Mitteln erschöpfen.[639] Erforderlich ist zumindest eine gewisse geistige Mitarbeit bei der Problemlösung; nicht ausreichend ist es dagegen, wenn der Beitrag den Gesamterfolg überhaupt nicht beeinflusst hat bzw. lediglich auf Weisungen des Erfinders oder eines Dritten beruht.[640] Um zum Kreis der Miterfinder zu gehören, ist es bei mehreren Beteiligten nicht immer erforderlich, dass der Beitrag eines Erfinders für sich allein betrachtet alle Voraussetzungen einer patentfähigen Erfin-

635 So auch Bartenbach/Volz/Kinting, Mitt. 2023, 429 (435 f.).

636 Schiedsstelle v. 12.10.2022, Arb.Erf. 45/19 u. v. 12.10.2022, Arb.Erf. 46/20 (beide www.dpma.de).

637 BGH v. 17.10.2000, GRUR 2001, 226 (227 [Tz. 11]) – *Rollenantriebseinheit I*; v. 16.9.2003, GRUR 2004, 50 (52 [Tz. 21]) – *Verkranzungsverfahren*; v. 26.9.2006, GRUR 2007, 52 (53 [Tz. 13]) – *Rollenantriebseinheit II*; siehe auch BGH v. 12.3.2009, GRUR 2009, 657 [Tz. 13 ff.] – *Blendschutzbehang*; v. 18.6.2013, Mitt. 2013, 551 (552 [Tz. 8]) – *Flexibles Verpackungsbehältnis*; v. 20.10.2015, GRUR 2016, 265 (267 [Tz. 22]) – *Kfz-Stahlbauteil* u. v. 4.8.2020, GRUR 2020, 1186 (1189 [Tz. 39]) – *Mitralklappenprothese*; OLG Düsseldorf v. 30.11.2017, Az. 2 U 77/16 (www.justiz-nrw.de/nrwe, Rn. 64) – *Retardtablette II* u. v. 3.5.2018, BeckRS 2018, 47496; Schiedsstelle v. 15.6.2016, Mitt. 2017, 502 (503); v. 6.7.2016, Arb.Erf. 23/13 u. v. 6.7.2016, Arb.Erf. 51/16 (beide www.dpma.de); siehe auch Schwab, GRUR 2018, 670 f.

638 BGH v. 20.6.1978, GRUR 1978, 583 (585) – *Motorkettensäge* m. Anm. Harmsen; v. 17.1.1995, Mitt. 1996, 16 (18 [Tz. 41]) – *Gummielastische Masse I*; OLG Karlsruhe v. 13.4.2018, GRUR 2018, 1030 – *Rohrleitungsprüfung*; OLG Düsseldorf v. 30.11.2017, Az. 2 U 77/16 (www.justiz-nrw.de/nrwe, Rn. 64) – *Retardtablette II*; Schiedsstelle v. 23.4.1979, BlPMZ 1980, 233 (234); vgl. auch BGH v. 26.9.2006, GRUR 2007, 52 (53 [Tz. 13]) – *Rollenantriebseinheit II*.

639 BGH v. 17.10.2000, GRUR 2001, 226 (227 [Tz. 11]) – *Rollenantriebseinheit I*, OLG Karlsruhe v. 13.7.1983, GRUR 1984, 42 (44 f.) – *Digitales Gaswarngerät*; BGH v. 17.5.2011, GRUR 2011, 903 (904 [Tz. 14]) – *Atemgasdrucksteuerung* u. v. 18.6.2013, Mitt. 2013, 551 (Tz. 8) – *Flexibles Verpackungsbehältnis*.

640 BGH v. 4.8.2020, GRUR 2020, 1186 (1189 [Tz. 39]) – *Mitralklappenprothese* u. v. 26.7.2022, GRUR 2022, 1302 (1308 [Tz. 114]) – *Brustimplantat*; OLG Düsseldorf v. 30.11.2017, Az. 2 U 77/16 (www.justiz-nrw.de/nrwe, Rn. 64) – *Retardtablette II* u. v. 22.8.2019, 2 U 29/17 (www.justiz.nrw.de, Rn. 101); LG Düsseldorf v. 12.9.2019, Düsseldorfer Entscheidungen Nr. 2945 Rn. 60 ff. – *DNA-Methylierungsgradbestimmung*; Volmer/Gaul, § 2 ArbEG, Rn. 191; zustimmend Reimer/Schade/Schippel/Rother, § 5 ArbEG, Rn. 26; ebenso Schiedsstelle v. 23.4.1979, BlPMZ 1980, 233 (234) u. v. 21.9.1993, Arb.Erf. 52/92 (Datenbank Schiedsstellenpraxis).

dung erfüllt.[641] Der Einzelbeitrag muss aber wesentlich in Bezug auf die schutzfähige Lösung sein.[642] Auch Hinweise auf technische Zwangsläufigkeiten, die sich für den Durchschnittsfachmann aus der gestellten Aufgabe aufdrängen,[643] genügen ebenso wenig wie Ratschläge mit allgemein geläufigen Erkenntnissen.[644] Auch das Beisteuern eines Ausführungsbeispiels nach Vorliegen der fertigen Erfindung oder die Ausgestaltung einer fertigen Erfindung mit einer dem Stand der Technik entnommenen bekannten Maßnahme bzw. die Mithilfe bei der Abfassung der Anmeldeunterlagen genügen nicht.[645] Der Beitrag muss über die reine Anwendung von Bekanntem bzw. Vorgegebenem nachvollziehbar hinausgehen. Deshalb reicht beispielsweise die Anwendung eines bereits vorhandenen Verfahrens nach entsprechenden Vorgaben ebenso wenig für eine Miterfinderschaft aus wie die Erstellung eines Computerprogramms als bewusstes übliches Hilfsmittel zur Analyse von Schnittmengen, die dann Dritte zu der erfinderischen Idee geführt haben.[646]

Andererseits ist nicht erforderlich, dass der Beitrag selbständig erfinderische Qualität bzw. eigenständig erfinderischen Gehalt hat und für sich allein betrachtet alle Voraussetzungen einer patentfähigen Erfindung zu erfüllt.[647] Die Anerkennung als Miterfinder kann nicht mit der Begründung versagt werden, der geleistete Beitrag betreffe »nicht den springenden Punkt« der Erfindung.[648] Im Grundsatz reicht es aus, wenn die Beiträge der Miterfinder in nicht nur durchschnittlicher, handwerklicher Weise kausal für die erfindungsgemäße Lösung des technischen Problems gewesen sind bzw. ihnen hinsichtlich der gelösten Aufgabe eine mehr als unwesentliche 268

641 Ständ. Rspr., z.B. BGH v. 16.9.2003, GRUR 2004, 50 (51) – *Verkranzungsverfahren*; v. 17.5.2011, GRUR 2011, 903 (904 [Tz. 14]) – *Atemgasdrucksteuerung*; v. 18.6.2013, Mitt. 2013, 551 (552 [Tz. 8]) – *Flexibles Verpackungsbehältnis* u. v. 26.7.2022, GRUR 2022, 1302 (1308 [Tz. 114]) – *Brustimplantat*; ebenso LG Düsseldorf v. 9.1.2019, Düsseldorfer Entscheidungen Nr. 2845, Rn. 90 – *Erfinderbenennung*.

642 Schiedsstelle v. 12.10.2022, Arb.Erf. 45/19 u. v. 12.10.2022, Arb.Erf. 46/20 (beide www.dpma.de).

643 Vgl. etwa LG Düsseldorf v. 19.12.2017, Düsseldorfer Entscheidungen Nr. 2734 Rn. 118 – *Kathederballonbeschichtungsverfahren*.

644 Vgl. hierzu LG Düsseldorf v. 12.5.2022, Düsseldorfer Entscheidungen Nr. 3216 Rn. 110 – *Messrolle*.

645 OLG Düsseldorf v. 26.4.2012, Az. I-2 U 24/11 – (www.jusitz.nrw.de/nrwe Rz. 51 f.) – *Klebstoffzusammensetzung* u. LG Düsseldorf v. 3.11.2016, Az. 4c O 87/15 (juris); LG München I v. 26.10.2022, GRUR-RS 2022, 42048 – Setzgerät; siehe auch BGH v. 26.7.2022, GRUR 2022, 1302 (1308 [Tz. 113 ff.]) – *Brustimplantat*.

646 Vgl. LG Düsseldorf v. 12.9.2019, Düsseldorfer Entscheidungen Nr. 2945 – *DNA-Methylierungsgradbestimmung*.

647 BGH v. 17.10.2000, GRUR 2001, 226 (227 [Tz. 11]) – *Rollenantriebseinheit I*; v. 17.5.2011, GRUR 2011, 903 (904 f. [Tz. 14 ff.]) – *Atemgasdrucksteuerung* u. v. 18.6.2013, Mitt. 2013, 551 (Tz. 8, 10 f.) – *Flexibles Verpackungsbehältnis*; Hellebrand, FS Bartenbach (2005), 141 (144).

648 BGH v. 18.6.2013, Mitt. 2013, 551 (552 [Tz. 8]) – *Flexibles Verpackungsverhältnis*.

oder untergeordnete Bedeutung zukommt.[649] Die Rechtsprechung stellt insoweit nur geringe Anforderungen an den Erwerb einer Beteiligung an einer Erfindung.[650] Eine Alleinerfinderschaft wird in der Regel nur dann gegeben sein, wenn ein »weiterer Erfindungsanteil« keinen beachtenswerten Beitrag zum Gegenstand der Anmeldung oder des Schutzrechts leistet.[651]

269 Der BGH betont, dass von einer schöpferischen Förderung einer Erfindung nicht erst dann und nur dann die Rede sein könne, wenn sie in die endgültige Fassung der Ansprüche Eingang gefunden habe.[652] Vielmehr könne ausreichen, wenn damit auf dem Wege zur endgültigen Gestalt der Erfindung beigetragen wurde. Eine erfinderische Leistung komme nur dann nicht mehr als schöpferischer Beitrag in Betracht, wenn sie nach Modifikation der Patentansprüche außerhalb des patentrechtlich geschützten Gegenstandes liegt und deshalb eine Miterfinderschaft an diesem nicht mehr begründet werden kann.[653]

270 Auch die Schiedsstelle bejaht eine Miterfinderschaft dann, wenn eigene qualitative Beiträge vorliegen, die nicht auf weisungsgemäß ausgeführten Arbeiten beruhen.[654] Dabei geht die Schiedsstelle – wie auch die Rechtsprechung – davon aus, dass an die Qualität des Beitrages kein zu strenger Maßstab angelegt werden darf.[655] Die gesamte Diensterfindung und deren Zustandekommen (Erfindungsgeschichte) sind Grundlage für die Bestimmung des Miterfinderanteils.[656] Wesentlich ist der Gegenstand der Erfindung[657], wie er in der Schutzrechtsanmeldung und in dem endgültig erteilten Schutzrecht seine Konkretisierung gefunden hat. Folgerichtig ist nicht allein der Gegenstand der Patentansprüche, sondern die gesamte im Patent beschriebene Erfindung in den Blick zu nehmen und zu prüfen, mit welcher Leistung der Einzelne zu der in ihrer Gesamtheit zu betrachtenden Erfindung beigetragen hat.[658] Dabei gilt der allgemeine patentrechtliche Grundsatz, dass auch bekannte Elemente

---

649 BGH v. 20.6.1978, GRUR 1978, 583 (585) – *Motorkettensäge*; bestätigt durch BGH v. 17.1.1995, Mitt. 1996, 16 (18 [Tz. 43]) – *Gummielastische Masse I* u. BGH v. 17.10.2000, GRUR 2001, 226 (227 [Tz. 12]) – *Rollenantriebseinheit I*; OLG Frankfurt v. 28.1.1982, Az. 6 U 234/79 (unveröffentl.); Bartenbach/Volz, § 5 ArbEG, Rn. 50.

650 Zuletzt bestätigt dies der BGH in seiner Entscheidung *Atemgasdrucksteuerung* (v. 17.5.2011, GRUR 2011, 903 (904 [Tz. 15 ff., 23 ff.])).

651 Vgl. auch BGH v. 5.5.1966, GRUR 1966, 558 – *Spanplatten*.

652 BGH v. 20.10.2015, GRUR 2016, 265 (268 [Tz. 31]) – *KfZ-Stahlbauteil*.

653 BGH v. 17.5.2011, GRUR 2011, 903 (904 [Tz. 16]) – *Atemgasdrucksteuerung*.

654 Schiedsstelle v. 23.4.1979, BlPMZ 1980, 233 (234).

655 Schiedsstelle v. 21.9.1993, Arb.Erf. 52/92 (Datenbank Schiedsstellenpraxis).

656 BGH v. 18.6.2013, Mitt. 2013, 551 (Tz. 9) – *Flexibles Verpackungsbehältnis* m.H.a. BGH v. 20.2.1979, GRUR 1979, 540 – *Biedermeiermanschetten*; vgl. ferner BGH v. 17.5.2011, GRUR 2011, 903 (904 [Tz. 16]) – *Atemgasdrucksteuerung* u. v. 26.7.2022, GRUR 2022, 1302 (1308 [Tz. 113 ff.]) – *Brustimplantat*.

657 Vgl. BGH v. 16.9.2003, GRUR 2004, 50 (51) – *Verkranzungsverfahren*.

658 BGH v. 18.6.2013, Mitt. 2013, 551 (Tz. 9 ff.) – *Flexibles Verpackungsbehältnis* u. v. 14.2.2017, GRUR 2017, 504 (506 [Tz. 34]) – *Lichtschutzfolie*; Schiedsstelle v. 15.6.2016, Arb.Erf. 60/13 (www.dpma.de); vgl. auch Hellebrand, Mitt. 2013, 433 (435 ff.).

einen Beitrag zur Verwirklichung des geschützten Erfindungsgedankens leisten können.[659] Der schöpferische Beitrag muss von den Miterfindern nicht notwendig in enger Zusammenarbeit geleistet werden; Miterfinderschaft kann auch als sukzessive Miterfinderschaft gegeben sein. Hierfür reicht aus, wenn jeder in Zuordnung zur Gesamtlösung einzelne Beiträge selbst erbringt.[660] Eine sukzessive Miterfinderschaft kann auch vorliegen, wenn bei einer Erfindung auf noch nicht offenbarte Ergebnisse eines früheren Entwicklungsprojektes bzw. in einer firmeninternen Datenbank gespeicherte Entwicklungsergebnisse zurückgegriffen wird.[661] Nach der Rechtsprechung des BGH kann auch eine bereits fertige Erfindung durch eine Weiterentwicklung ergänzt werden, was zu einer Änderung der Miterfinderanteile führen kann.[662]

Auch im Konzernbereich werden immer häufiger Diensterfindungen entwickelt, die unter Einsatz von Künstlicher Intelligenz (KI)[663] zustande kommen, wobei sich bei solchen Entwicklungssachverhalten dann die Frage nach der Bestimmung einer Miterfinderschaft stellt. Selbst wenn für die auf Basis der zuvor dargestellten allgemeinen Grundsätze des BGH nur geringe Anforderungen an einen solchen Miterfinderbeitrag geknüpft werden, ist nach wie vor ein eigener schöpferischer – nicht unbedingt selbständig erfinderischer – Beitrag notwendig. Wie zuvor dargestellt, ist der patentrechtliche Bezugspunkt für die Feststellung der Miterfinderschaft die Lösung eines konkreten technischen Problems mit bestimmten technischen Mitteln. Der BGH betont, dass nur eine natürliche Person gemäß § 37 Abs. 1 PatG als Erfinder in einer Schutzrechtsanmeldung benannt werden kann, da eine KI nicht Träger des Rechts auf das Patent sein kann und ihr kein Erfinderpersönlichkeitsrecht zukomme.[664] In der Sache ist es im Ergebnis berechtigt, eine ausschließlich durch KI entwickelte Erfindung nicht zur Erteilung eines Patents zuzulassen, weil die Bewertung der Patentwürdigkeit solcher Entwicklungen, insbesondere im Hinblick auf die erfinderische Tätigkeit, schwerlich mit den gleichen Maßstäben getroffen werden kann, wie sie für natürliche Personen als Entwickler gelten.[665] 271

Hinsichtlich der Frage der Miterfinderstellung bei einer KI-generierten Erfindung[666] ist insoweit insbesondere die Entwicklung der KI zu berücksichtigen, so dass es je nach

659 Siehe allg. BGH v. 8.11.2022, GRUR 2023, 47 (49 [Tz. 39]) – Scheibenbremsen II m.H.a. BGH v. 4.5.2004, GRUR 2004, 758 (761) – *Flügelradzähler*.

660 Vgl. OLG München v. 17.9.1992, GRUR 1993, 661 (663) – *Verstellbarer Lufteinlauf.*

661 Quodbach, IPkompakt 9/2017, S. 5 f.; vgl. auch Schiedsstelle v. 12.5.2016, Arb.Erf. 41/13 (www.dpma.de).

662 BGH v. 14.2.2017, GRUR 2017, 504 (506 [Tz. 34]) – *Lichtschutzfolie* m.H.a. BGH v. 5.10.2005, GRUR 2006, 141 (142 [Tz. 17 ff.]) – *Ladungsträgergenerator*; einschränkend Hellebrand, Mitt. 2008, 433 ff. u. Mitt. 2013, 432 (435) u. Schiedsstelle v. 2.2.2010, Arb.Erf. 15/09 (www.dpma.de) = Weiterentwicklung ist lediglich Arbeitsergebnis.

663 Siehe hierzu auch die Quellen in Fn. 7 zu Rdn. 266.

664 BGH v. 11.6.2024, GRUR 2024, 1315 (1316 [Tz. 24 ff.]) – DABUS mit Darstellung des diesbezüglichen Meinungsstandes.

665 Darauf weist Benkard/Mellulis, § 6 PatG, Rn. 32a hin.

666 Vgl. zur Bestimmung des Miterfinderanteils bei einer solchen Erfindung mit KI-Einsatz Bartenbach/Volz, § 12 ArbEG, Rn. 33.1.

Lage des Einzelfalls sowohl um die Beteiligung an der KI als auch um deren Einsatz beim Auffinden der technischen Lösung oder das Erkennen der Patentierbarkeit eines generierten Ergebnisses gehen kann.[667] Diese Frage ist nach rein objektiven Gesichtspunkten zu beurteilen.[668] Nach dem derzeitigen wissenschaftlichen Stand sind beim Einsatz von KI schutzwürdige geistige Leistungen des Menschen weiterhin erforderlich.[669] Diese schutzwürdige geistige Leistung kann unter anderem in der Auswahl oder Entwicklung eines geeigneten KI-Systems (einschließlich der mathematischen Modellierung des Problems, Festlegung der Hyperparameter etc.), der Auswahl und Strukturierung geeigneter Trainingsdaten sowie der Optimierung gewählter Metriken, oder etwa in einem klugen prompt engineering im Rahmen der Anwendung generativer Modelle liegen.[670] Es ist weiterhin möglich und maßgeblich, auf einen menschlichen Fachmann abzustellen, der sich nun aber eben (auch) KI-Systeme bedient und dadurch über erweiterte kognitive und technische Fähigkeiten verfügt.[671]

Miterfinder einer solchen KI-generierten Erfindung ist allerdings nur derjenige, der schöpferisch zu der unter Einsatz von KI zustande gekommenen Erfindung beigetragen hat, und zwar unabhängig davon, in welcher Weise und in welchem Entwicklungsstadium der Beitrag bis zur Fertigstellung der Erfindung erbracht worden ist, sofern dieser Beitrag einen konkreten, nicht unwesentlichen Bezug zu der technischen Lösung aufweist.[672] Dies ist zu verneinen bei solchen Personen, die – ohne einen zusätzlichen schöpferischen Beitrag zur technischen Lösung – lediglich die zu lösende Aufgabe für die KI vorgeben, die Anforderungen an die Software ohne detaillierten Bezug zur späteren technischen Lösung festgelegt[673] oder die lediglich Daten vorbereitend (handwerklich) aufgearbeitet (z.B. anonymisiert bzw. sonst wie verschlüsselt) und zur Verfügung gestellt haben.[674] Mangels schöpferischen Beitrags ist ebenfalls unzureichend, wenn der Einsatz von KI als einfaches Werkzeug bei der Entwicklung genutzt wurde und sich damit deren Einsatz nicht von einer bloßen (handwerklichen) Anwendung von Vorhandenem abhebt.[675]

Demgegenüber ist eine schöpferische Mitwirkung – und damit eine Miterfinderposition bei einer KI-generierten Erfindung – bereits in einem Vorstadium, etwa der Konzeption des KI-Systems, denkbar, wenn der Beitrag in den Schöpfungsprozess der Gesamtlösung eingeflossen ist. Auch ist eine sukzessive Miterfinderschaft infolge schöpferischer Mitwirkung im Stadium zwischen (unfertigem) Erfindungsgedanken

667 Bartenbach/Volz/Kinting, Mitt. 2023, 429 (443).
668 Vgl. Gajeck/Scheibe, RDi 2023, 408 (409).
669 Siehe Kim et al., GRUR Int. 2022, 295 (298).
670 Leistner/Stadler, RDi 2024, 454 (457).
671 So zutreffend Krausen, GRUR 2023, 841 (847 f.).
672 Vgl. hierzu Gajeck/Scheibe, RDi 2023, 408 (411); Dornis, GRUR 2023, 14 (15 f.).
673 Bomhard/Gajek RDi 2021, 472 (476), dort zum Urheberrecht.
674 Siehe die Nachweise in Bartenbach/Volz, § 5 ArbEG, Rn. 52.1.
675 Vgl. z.B. LG Düsseldorf v. 12.9.2019, Düsseldorfer Entscheidungen Nr. 2945 Rn. 60, 63 ff. – DNA-Methylierungsgradbestimmmung, dort Computerprogramm als reines Hilfsmittel.

und Fertigstellung bzw. Verlautbarung einer ausführbaren Lehre zum technischen Handeln denkbar. Möglich ist eine Stellung als Miterfinder beispielsweise auch im Rahmen einer gezielten Programmierung mit Ausrichtung und Steuerung der eingesetzten KI auf die Lösung des erfindungsspezifischen technischen Problems, wobei sich die Programmierung sich also nicht lediglich auf allgemeine Fragestellungen und unspezifische Lösungsansätze beschränken darf.[676] Gleiches gilt für denjenigen, der die KI gezielt zur Lösung einer konkreten technischen Aufgabe einsetzt, wobei nach wie vor ein eigener schöpferischer Beitrag zur technischen Lösung notwendig ist, etwa in Form der gezielten Anpassung oder Fortentwicklung des eingesetzten KI-Systems.[677] Das (nicht offensichtliche) Erkennen (Identifizieren) der erfinderischen Lösung aufgrund der Programmgestaltung und der Auswertung der nach dem KI-Einsatz erzielten Ergebnisse kann ebenfalls zur Miterfinderschaft führen.[678]

Insgesamt kommen für eine Miterfinderstellung bei einer KI-generierten Erfindung mehrere mögliche Beiträge von der Idee und Entwicklung der eingesetzten KI bis hin zur Feststellung von schutzfähigen Ergebnissen und deren Verlautbarung in Betracht, wenn diese Tätigkeit den seitens der Rechtsprechung an einen solchen Miterfinder geknüpften Voraussetzungen – jeder nicht unwesentliche schöpferische Beitrag zum Zustandekommen der Erfindung – entspricht.

Zur Bestimmung des Beitrags, den der Miterfinder zur Erfindung beigesteuert hat, 272
sind die Einzelbeiträge der Beteiligten am Zustandekommen der Erfindung festzustellen und deren Gewicht im Verhältnis zueinander und zur erfinderischen Gesamtleistung abzuwägen (Merkmalanalyse).[679]

Die Darlegungs- und Beweislast für das Bestehen einer Miterfinderschaft – und 273
damit auch des eigenen schöpferischen Beitrages an der Erfindung – liegt wie bei der Alleinerfinderschaft bei demjenigen, der eine (Mit-)Berechtigung an einer Erfindung in Anspruch nimmt.[680] Die Nennung einer natürlichen Person in einer Schutz-

676 So Bartenbach/Volz/Kinting, Mitt. 2023, 429 (443).

677 Vgl. Schulte/Moufang, § 6 PatG, Rn. 18; Bartenbach/Volz/Kinting, Mitt. 2023, 429 (444); Köllner Mitt. 2022, 193 (201).

678 Bomhard/Gajek RDi 2021, 472, 477; Benkard/Mellulis, § 6 PatG, Rn. 32; siehe auch Staehelin, GRUR 2022, 1569 (1571); ablehnend Dornis, GRUR 2021, 784 (790).

679 BGH v. 20.2.1979, GRUR 1979, 540 (541) – *Biedermeiermanschetten*; bestätigt durch BGH v. 17.10.2000, GRUR 2001, 226 (228) – *Rollenantriebseinheit I*; v. 17.5.2011, GRUR 2011, 903 (904 [Tz. 16]) – *Atemgasdrucksteuerung* u. v. 22.11.2011, GRUR 2012, 380 (381 [Tz. 25 f.]) – *Ramipril II*.

680 BGH v. 4.4.2006, GRUR 2006, 754 (756 [Tz. 17]) – *Haftetikett*; OLG München v. 17.9.1992, GRUR 1993, 661 (663) – *Verstellbarer Lufteinlauf*; OLG Karlsruhe v. 13.4.2018, GRUR 2018, 1030 – *Rohrleitungsprüfung*; LG Düsseldorf v. 9.1.2019, Düsseldorfer Entscheidungen Nr. 2845, Rn. 93 ff. – Erfinderbenennung; LG Leipzig v. 20.2.2019 – 05 O 1278/16, (unveröffentl.); LG München I v. 26.6.2020, GRUR-RS 2020, 27403 (Rn. 47) – Druckgussvorrichtung; siehe auch BGH v. 5.10.2005, GRUR 2006, 141 (142 [Tz. 12]) – *Ladungsträgergenerator*; Schiedsstelle v. 12.5.2016, Arb.Erf. 41/13 (www.dpma.de).

rechtsanmeldung, die auf eine Diensterfindung zurückgeht, ist ein erhebliches bzw. zusätzliches Indiz für die Erfindereigenschaft des Genannten, zumal der anmeldende Arbeitgeber nach dem Recht des jeweiligen Schutzrechtslandes stets gehalten ist, die Erfinder wahrheitsgemäß zu benennen (§ 124 PatG).[681] Die Indizwirkung ist aber widerlegbar und begründet keinen Anscheinsbeweis und auch keine Beweislastumkehr.[682] Allein eine Erfinderbenennung ersetzt diese Darlegungslast allerdings nicht,[683] denn diese Benennung begründet nicht die Erfinderschaft, sondern setzt diese naturgemäß voraus.[684] Diese (Mit-)Erfinderbenennung darf auch ein Gericht im Rahmen der Beweiswürdigung (§ 286 ZPO) berücksichtigen.[685] Allerdings ist der Arbeitgeber nicht zwingend an seine frühere Erfinderbenennung gegenüber den Schutzrechtserteilungsbehörden gebunden.[686] Es widerspricht insbesondere nicht dem Grundsatz von Treu und Glauben (§ 242 BGB), wenn der Arbeitgeber einen zunächst von ihm angenommenen, später als unrichtig erkannten Standpunkt ändert, insbesondere wenn er bei Eingang der Erfindungsmeldung mögliche Nachforschungen unterlassen und die Angaben der Arbeitnehmererfinder in der Erfindungsmeldung ohne eigene Prüfung übernommen hat.[687] Grundsätzlich unterliegt der Arbeitgeber insoweit auch keiner Überprüfungspflicht.[688]

---

681 BGH v. 4.4.2006, GRUR 2006, 754 (Tz. 18) – *Haftetikett*; dem folgend OLG Karlsruhe v. 13.4.2018, GRUR 2018, 1030 (Tz. 33) – *Rohrleitungsprüfung*; vgl. auch LG Leipzig v. 20.2.2019, 05 O 1278/16 (unveröffentl.); LG München I v. 26.6.2020, GRUR-RS 2020, 27403 (Rn. 50) – *Druckgussvorrichtung*; relativierend aber das Berufungsurteil OLG München v. 22.6.2023, 6 U 4165/20 (unveröffentl.). Vgl. auch BGH v. 26.2.2009, GRUR 2009, 1046, (1048 ff.) – *Kranhäuser*, dort zur Miturheberschaft.

682 Vgl. hierzu OLG Düsseldorf v. 26.4.2012, I-2 U 24/11 (www.justiz.nrw.de/nrwe, Rn. 116) – Klebstoffzusammensetzung u. v. 3.5.2018, 2 U 79/16 (www.justiz.nrw.de/nrwe, Rn. 111) – Retardtablette II. Soweit das LG München I v. 26.6.2020, GRUR-RS 2020, 27403 (Rn. 55 ff.) – Druckgussvorrichtung weitergehend ausnahmsweise von einer Umkehr der Beweislast bzgl. der Erfinderstellung infolge eines erstmals nach mehreren Jahren, erst nach Ausscheiden der Erfinder sowie nach vorausgegangenen Vergütungszahlungen erfolgten Bestreitens der Erfinderschaft ausgehen will, ist dem das OLG München im Berufungsurteil v. 22.6.2023 – 6 U 4165/20, (unveröffentl.) zu Recht ausdrücklich nicht gefolgt.

683 Im Ergebnis so auch OLG München v. 22.6.2023, Az. 6 U 4165/20 (unveröffentl.).

684 Schiedsstelle v. 22.7.2020, Arb.Erf. 50/18 (www.dpma.de).

685 BGH v. 4.4.2006, GRUR 2006, 754 (756 [Tz. 18]) – *Haftetikett*; ebenso ständige Praxis der Schiedsstelle, z.B. v. 30.11.1993, Arb.Erf. 140/92 (Datenbank Schiedsstellenpraxis).

686 OLG Düsseldorf v. 26.4.2012, 2 U 24/11 (www.justiz.nrw.de, Rn. 116) – *Klebstoffzusammensetzung* u. v. 30.11.2017, Düsseldorfer Entscheidungen Nr. 2583 – *Retardtablette II*; BGH v. 18.3.2003, GRUR 2003, 702 (704) – *Gehäusekonstruktion*; im Ergebn. auch OLG München v. 22.6.2023, Az. U 4165/20 (unveröffentl.); Schiedsstelle v. 18.11.2009, Arb.Erf. 28/04 (unveröffentl.); ferner Schiedsstelle v. 12.5.2016, Arb.Erf. 41/13 u. v. 15.6.2016, Arb.Erf. 60/13 (beide www.dpma.de).

687 BGH v. 20.6.1978, GRUR 1978, 583 (584) – *Motorkettensäge*; siehe auch OLG Düsseldorf v. 26.4.2012, I-2 U 24/11 (www.justiz.nrw.de/nrwe, Rn. 116) – *Klebstoffzusammensetzung*; LG Düsseldorf v. 30.11.2017, Düsseldorfer Entscheidungen Nr. 2583 – *Retardtablette II*.

688 LG Düsseldorf v. 3.11.2016, Düsseldorfer Entscheidungen Nr. 2582 – *Retardtablette I*.

Diese an das Entstehen einer Erfindung im Inland anknüpfende und wegen des reinen Inlandssachverhalts vom deutschen Recht ausgehende Begriffsbestimmung hat regelmäßig dann Bedeutung, wenn sich das Recht auf das Patent nach dem Recht Deutschlands als Schutzrechtsland bestimmt.[689] Einflüsse ausländischen Rechts können sich insbesondere dann ergeben, wenn aufgrund der Entstehung der Erfindung oder aufgrund des Auslandsstaates als Schutzrechtsland ausländisches Recht zur Anwendung kommt. Dies bestimmt sich nach der jeweiligen ausländischen Schutzrechtsordnung.[690] 274

Unterliegen einzelne Miterfinder nicht den Regeln des ArbEG, sondern abweichenden Miterfinderdefinitionen sowie Form- und Fristvorgaben des für ihr Arbeitsverhältnis jeweils geltenden nationalen Rechts, ist diesen unterschiedlichen rechtlichen Vorgaben und der Klärung der Einzelheiten der jeweiligen Miterfinderschaft (schöpferischer Beitrag, Gewichtung des Miterfinderanteils, ordnungsgemäße und fristgerechte Überleitung der jeweiligen Erfindungsrechte) Rechnung zu tragen. 275

II. Doppelerfindungen

Abzugrenzen ist die Miterfinderschaft von der sog. Doppelerfindung. Letztere ist dann gegeben, wenn mehrere Erfinder unabhängig voneinander ein- und dieselbe Erfindung entwickelt haben (vgl. § 6 Satz 3 PatG bzw. Art. 60 Abs. 2 EPÜ).[691] Das gleiche Leistungsergebnis wird also von mehreren Erfindern mehrfach und aufgrund von verschiedenen, gesonderten (Entwicklungs-)Erfindungsprozessen erzielt.[692] Wird eine Doppelerfindung bejaht, liegt keine Miterfinderschaft vor. 276

Auch wenn diese Konstellation in der Praxis selten auftritt, muss innerhalb eines Konzernverbundes mit einer solchen Situation gerechnet werden, sofern Arbeitnehmer in unterschiedlichen Tochterunternehmen, die dem selben Produktzweig angehören, – etwa auf Weisung der Konzernmutter – ähnliche oder sogar identische Entwicklungsarbeiten durchführen und daher parallel zu identischen Entwicklungsergebnissen kommen können. 277

1. Grundsatz der innerbetrieblichen Priorität

Konflikte zwischen Parallelerfindern regelt das deutsche Recht in folgender Weise: Entstehen Doppelerfindungen im Bereich eines einzelnen Arbeitgebers, ist der Grundsatz der innerbetrieblichen Priorität entscheidend. Es kommt darauf an, welcher Erfinder 278

689 Siehe Keukenschrijver in Busse/Keukenschrijver, PatG, § 6 PatG, Rn. 5; siehe auch OLG Karlsruhe v. 28.4.2010, 6 U 147/08 (unveröffentl.).

690 Vgl. etwa für die USA Mayer, Das US-Patent, Rn. 26 ff.

691 LG Mannheim v. 21.8.2020, GRUR-RS 2020, 22342 – PSMA-Verbindungen. Abzugrenzen ist eine solche betriebliche Doppelerfindung wiederum von der auch sukzessiv möglichen Miterfinderschaft und der bewussten oder unbewussten Aneignung fremden Gedankenguts. Vgl. hierzu OLG München v. 17.9.1992, GRUR 1993, 661 (663) – *Verstellbarer Lufteinlauf.*

692 V. d. Grün, Stellung von Miterfindern, S. 14.

zuerst die Meldung der Erfindung gegenüber dem Arbeitgeber vorgenommen hat.[693] Das gilt jedenfalls dann, wenn sich an diese Erfindungsmeldung bereits Außenwirkungen anschließen, z.B. durch Schutzrechtsanmeldungen,[694] Lizenzvergaben oder die Anerkennung der Schutzfähigkeit im Sinne des § 17 ArbEG. Der nachmeldende Erfinder kann dann seinem Arbeitgeber keine Grundlage mehr für eine wirksame Schutzrechtsanmeldung und damit auch keine mit der Anmeldung verbundene Monopolposition bieten, da diese Rechtsposition schon durch den erstmeldenden Arbeitnehmererfinder vermittelt worden ist.[695]

279 Fehlt es noch an einer Außenwirkung für die gemachte Erfindung, ist eine einzelfallbezogene Entscheidung unter Berücksichtigung des Grundsatzes von Treu und Glauben vorzunehmen. Dabei ist nicht außer Acht zu lassen, dass die Erfindungsmeldung letztlich das einzige förmliche Mittel zur Sicherung der innerbetrieblichen Priorität ist, welches der Arbeitnehmererfinder unter Berücksichtigung des in § 5 Abs. 1 Satz 1 ArbEG verankerten Unverzüglichkeitsgebots zu erfüllen verpflichtet ist.[696]

2. Auswirkungen des Konzernverbundes

280 Bezogen auf den Konzernverbund bedeutet dies: Auch hier gelten die vorstehenden, auf die Doppelerfindung innerhalb eines Einzelunternehmens bezogenen Grundsätze, sofern es sich um Vorgänge innerhalb eines einzelnen Konzernunternehmens handelt.

281 Zu dieser Fallgruppe gehört auch die Situation, dass ein Arbeitnehmererfinder zu einem anderen Konzernunternehmen abgeordnet wird[697] und dort eine (Doppel-)Erfindung entwickelt. Hat er die Weisung, während der Abordnung fertiggestellte Erfindungen nur dem Konzernunternehmen zu melden, in dem er gerade seine Tätigkeit ausübt, und nicht seinen ursprünglichen Arbeitgeber von der Erfindung zu unterrichten, gilt ebenfalls der Grundsatz der innerbetrieblichen Priorität. Abzustellen ist also auch hier auf den Zeitpunkt des Zugangs der Erfindungsmeldung.

282 Dagegen kann der Grundsatz der innerbetrieblichen Priorität dann nicht gelten, wenn mehrere Arbeitnehmererfinder, die getrennt voneinander dieselbe Erfindung entwickelt haben, unterschiedlichen Konzernunternehmen angehören. Denn aufgrund ihrer Selbständigkeit sind die einzelnen Konzerngesellschaften nicht als ein Betrieb bzw. ein Unternehmen im Rechtssinn anzusehen.[698] Haben die Arbeitnehmererfin-

693 H.M.: siehe nur Reimer/Schade/Schippel/Rother, § 5 ArbEG, Rn. 28.

694 Hier greift das sog. »first-to-file«-Prinzip des § 6 Satz 3 PatG ein, Keukenschrijver in Busse/Keukenschrijver, PatG, § 6 PatG, Rn. 49.

695 Bartenbach/Volz, § 5 ArbEG, Rn. 60 m.H.a. OLG München v. 17.9.1992, GRUR 1993, 661 (663) – *Verstellbarer Lufteinlauf* u. LG Düsseldorf v. 29.12.1999, Entsch. 4. ZK. 2000, 8 (12) – *Abfallsammelbehälter*. Vgl. auch LG Düsseldorf v. 12.5.2022, Düsseldorfer Entscheidungen Nr. 3216 Rn. 111 – Messrolle.

696 Bartenbach/Volz, § 5 ArbEG, Rn. 60; vgl. zur Beweislast hinsichtlich der innerbetrieblichen Priorität insbesondere Dörner, GRUR 1962, 169 ff.

697 Vgl. hierzu Rdn. 110.

698 Vgl. hierzu bereits u.a. Rdn. 52 ff.

der unterschiedliche Arbeitgeber, ergeben sich durch die Parallelität der Erfindung keine erfinderrechtlichen oder arbeitsrechtlichen Besonderheiten.[699] Entscheidend ist hier nach § 6 Satz 3 PatG (Art. 60 Abs. 2 EPÜ), welcher Arbeitgeber als Erster die Erfindung zum Schutzrecht anmeldet und damit eine prioritätsbegründende Außenwirkung erreicht (»first-to-file«-Prinzip).[700]

Die Situation, dass eine Erfindung von einem Arbeitnehmererfinder zwar seinem Arbeitgeber gemeldet, diese Meldung von diesem aber nicht unverzüglich an eine zentrale Konzern-Patentverwertungsgesellschaft weitergeleitet wurde und dadurch die Meldung einer identischen Erfindung eines Arbeitnehmererfinders aus einem anderen Konzernunternehmen früher bei der Patentverwertungsgesellschaft eingeht, ändert nichts an diesem Grundsatz des Erfordernisses der Außenwirkung. Die Außenwirkung mittels Schutzrechtsanmeldung ist allein entscheidend für die Prioritätsfrage. Folglich ist die Mitteilung an die Patentverwertungsgesellschaft ein rein interner Vorgang, der noch keine der Schutzrechtsanmeldung entsprechende Außenwirkung begründet.[701] 283

Davon zu unterscheiden ist die Frage, inwieweit Schadensersatzpflichten des erst später anmeldenden Arbeitgebers bestehen. Hat der Arbeitnehmererfinder seine Pflicht zur unverzüglichen Meldung[702] der Diensterfindung gegenüber seinem Arbeitgeber erfüllt, so kann sich die Frage der Schadensersatzpflicht seines Arbeitgebers nur danach bestimmen, ob letzterer seine Pflicht zur unverzüglichen Schutzrechtsanmeldung aus § 13 ArbEG verletzt hat.[703] Im Hinblick auf § 13 Abs. 1 Satz 3 ArbEG wie auch aus seiner Fürsorgepflicht heraus hat der konzerngebundene Arbeitgeber dafür Sorge zu tragen, dass die Erfindungsmeldung ohne schuldhaftes Zögern weitergeleitet und bearbeitet wird, um gerade die Priorität der Erfindungsmeldung zu sichern.[704] Das Ergebnis, dass die jeweils beim eigenen Arbeitgeber zuerst gemeldete Erfindung nach dem »first-to-file«-Prinzip Priorität erhält, auch wenn sie später bei der zentralen Patentabteilung eingeht, kann durch Organisationsmaßnahmen innerhalb des Konzerns erreicht werden.[705] 284

699 So Bartenbach, Zwischenbetriebl. F. + E.-Kooperation, S. 85.

700 Davon zu unterscheiden ist die Frage, inwieweit die anderen Arbeitgeber nach der jeweiligen Schutzrechtsordnung ein Vorbenutzungsrecht gegenüber dem Schutzrecht haben (vgl. etwa § 12 PatG).

701 Vgl. LG Düsseldorf v. 29.12.1999, Entsch. 4. ZK. 2000, 8 (12) – *Abfallsammelbehälter*. Siehe auch LG Düsseldorf v. 12.5.2022,Düsseldorfer Entscheidungen Nr. 3216 Rn. 111 – *Messrolle*.

702 Vgl. hierzu nachfolgend Rdn. 393.

703 Vgl. hierzu Rdn. 546 ff.

704 Vgl. Schiedsstelle v. 27.2.1984, Arb.Erf. 54/83 (Datenbank Schiedsstellenpraxis).

705 Bartenbach/Volz, § 5 ArbEG, Rn. 60, schlagen in einer ähnlichen Situation unter Bewertung der beiden Erfindungen als zeitgleich und ihrer Zusammenfassung zu einer einheitlichen Erfindung eine Behandlung der Erfinder als Miterfinder vor. Dies wäre zwar innerhalb des Konzerns aufgrund der gemeinsamen Verfolgung von Unternehmenszielen durchaus zweckmäßig; für die Erfinder, insbesondere für den erstmeldenden Erfinder, bezüglich der Vergütung allerdings nachteilig und daher bedenklich (vgl. § 23 ArbEG) und mit § 6 Satz 3 PatG schwer vereinbar.

III. Rechtsverhältnisse der Miterfinder untereinander

285 Da weder im ArbEG noch im PatG eine Vorschrift existiert, die das Verhältnis der Miterfinder untereinander regelt, muss auf die §§ 741 ff. BGB für die Bruchteilsgemeinschaft sowie auf die §§ 705 ff. BGB für die bürgerlich-rechtliche Gesellschaft zurückgegriffen werden.[706] Der Anlass der Zusammenarbeit entscheidet darüber, welches der beiden Rechtsinstitute vorliegt. Ist der Grund für die Zusammenarbeit eine auf die Verfolgung eines gemeinsamen Zwecks gerichtete Vereinbarung, nämlich die Entwicklung der Erfindung, z.B. bei einer Forschungs- und Entwicklungskooperation, so greifen die Regeln über die bürgerlich-rechtliche Gesellschaft ein.[707] Im Regelfall jedoch – bei Fehlen eines besonderen Vertrages – entsteht mit der Fertigstellung der Erfindung zwischen den Miterfindern eine Bruchteilsgemeinschaft.[708] Dieses Gemeinschaftsverhältnis wird – mangels besonderer Vereinbarung – aufgrund der bloßen Tatsache der gemeinsamen erfinderischen Tätigkeit begründet[709] und endet mit der Inanspruchnahme aller Erfindungsanteile durch den Arbeitgeber.[710]

286 Sowohl bei der Gesellschaft bürgerlichen Rechts wie auch bei der Bruchteilsgemeinschaft können Verfügungen über das gemeinsame Erfindungsrecht nur gemeinschaftlich nach § 718 Abs. 1 BGB bzw. § 747 Satz 2 BGB vorgenommen werden.[711] Dies gilt insbesondere für Schutzrechtsanmeldungen. Analog § 432 BGB ist aber jeder

---

706 Ganz h.M.: vgl. nur BGH v. 17.10.2000, GRUR 2001, 226 (227 [Tz. 15]) – *Rollenantriebseinheit I*; v. 18.3.2003, GRUR 2003, 702 (704) – *Gehäusekonstruktion*; v. 22.3.2005, GRUR 2005, 663 (664 [Tz. 7]) – *Gummielastische Masse II*; v. 21.12.2005, GRUR 2006, 401 (402 [Tz. 9]) – *Zylinderrohr* u. v. 4.4.2006, GRUR 2006, 754, (755 [Tz. 10]) – *Haftetikett*; v. 27.9.2016, GRUR 2016, 1257 (1258 [Tz. 17]) – *Beschichtungsverfahren* u. v. 9.6.2020, GRUR 2020, 986 (987 [Tz. 22]) – *Penetrometer*; OLG Düsseldorf v. 25.8.2005, GRUR-RR 2006, 118 (119) – *Drehschwingungstilger* u. v. 26.7.2018, GRUR 2018, 1037 (1039 [Tz. 91]) – *Flammpunktprüfungsvorrichtung*; vgl. auch BGH v. 12.3.2009, GRUR 2009, 657 [Tz. 18]) – *Blendschutzbehang*.

707 RG v. 18.8.1937, GRUR 1938, 256; BGH v. 20.2.1979, GRUR 1979, 540 (542) – *Biedermeiermanschetten*.

708 BGH v. 17.10.2000, GRUR 2001, 226 (227 [Tz. 15]) – *Rollenantriebseinheit I*, v. 18.3.2003, GRUR 2003, 702 (704 [Tz. 21]) – *Gehäusekonstruktion*; v. 22.3.2005, GRUR 2005, 663 (664 [Tz. 7]) – *Gummielastische Masse II*; v. 21.12.2005, GRUR 2006, 401 (402 [Tz. 9]) – *Zylinderrohr*; v. 16.5.2017, GRUR 2017, 890 ff. – *Sektionaltor II*; v. 27.9.2016, Mitt. 2016, 549 (Tz. 17) – *Beschichtungsverfahren* u. v. 9.6.2020, GRUR 2020, 986 (987 [Tz. 22]) – *Penetrometer*; OLG Düsseldorf v. 25.8.2005, GRUR-RR 2006, 118 (119 [Tz. 37]) – *Drehschwingungstilger* u. v. 26.7.2018, GRUR 2018, 1037 (1039 [Tz. 91]) – *Flammpunktprüfungsvorrichtung*; OLG München v. 23.10.2003, GRUR 2004, 323; siehe auch OLG Frankfurt am Main v. 22.7.2021, GRUR 2021, 1504 (1505 [Tz. 12]) – Kunststoffsack; Bartenbach, Zwischenbetriebl. F. + E.-Kooperation, S. 62 f.; Chakraborty/Tilmann, FS König (2003), 63 (73 ff.); siehe auch OLG Frankfurt v. 30.4.1992, GRUR 1992, 852 (854) – *Simulation von Radioaktivität*.

709 BGH v. 17.10.2000, GRUR 2001, 226 (227 [Tz. 15]) – *Rollenantriebseinheit I* m.H.a. Benkard/Melullis, § 6 PatG, Rn. 34b.

710 Vgl. hierzu weiter unten Rdn. 290 ff.

711 BGH v. 17.10.2000, GRUR 2001, 226 (227 [Tz. 15]) – *Rollenantriebseinheit I*.

Miterfinder als Teilhaber klagebefugt, um Ansprüche aus der Verletzung des gemeinsamen Rechts für alle Teilhaber geltend zu machen.[712] Bei einer Bruchteilsgemeinschaft sind die Teilhaber auch befugt, über ihren eigenen Anteil an der Erfindung frei zu disponieren (§ 747 Satz 1 BGB).[713]

Umstritten ist, ob ein einzelner Teilhaber berechtigt ist, Dritten die Nutzung der Erfindung aufgrund der ihm nach § 743 Abs. 2 BGB zustehenden Gebrauchsbefugnis oder aufgrund eines gemäß § 745 Abs. 1 BGB gefassten Mehrheitsbeschlusses zu gestatten. Der BGH lässt diese Frage ausdrücklich offen.[714] Er betont, dass eine solche Gestattung jedenfalls nur dann wirksam sei, wenn sie sich in den durch § 743 Abs. 2 BGB und § 745 BGB gezogenen Grenzen hält. Nach § 745 Abs. 3 Satz 2 BGB könne durch eine Verwaltungsentscheidung das Recht des einzelnen Teilhabers auf einen seinem Anteil entsprechenden Bruchteil der Nutzungen nicht ohne seine Zustimmung beeinträchtigt werden. Mit dieser Bestimmung unvereinbar sei ein Mehrheitsbeschluss, der die aus dem gemeinschaftlichen Gegenstand gezogenen Gebrauchsvorteile, etwa das Entgelt für dessen Benutzung, zulasten der Minderheit verteilt. Der BGH stellt klar, dass diese Grundsätze auch für die gemeinsame Nutzung eines Patents gelten und die Nutzungsmöglichkeiten eines einzelnen Teilhabers nicht ohne Weiteres dadurch beschränkt werden, dass andere Teilhaber oder mit deren Zustimmung Dritte die Erfindung ebenfalls nutzen. Ein für die Gestattung der Nutzung geschuldetes oder gezahltes Entgelt gehöre aber gemäß § 99 Abs. 3 BGB zu den Früchten und damit gemäß § 100 BGB zu den Nutzungen des gemeinschaftlichen Rechts. Daran stehe gemäß § 743 Abs. 1 BGB jedem Teilhaber ein seinem Anteil entsprechender Bruchteil zu. Das Recht eines Teilhabers daran könne gemäß § 745 Abs. 3 Satz 2 BGB nicht ohne dessen Zustimmung beeinträchtigt werden. 287

Jeder Teilhaber an der Bruchteilsgemeinschaft, also der Miterfinder bei einer frei gewordenen Diensterfindung oder der Arbeitgeber, auf den die Erfindungsrechte übergeleitet worden sind, hat nach § 743 Abs. 2 BGB ein eigenes Verwertungsrecht an der gemeinsamen Rechtsposition.[715] 288

Der Konzernsachverhalt wirkt sich nicht auf die Rechtsverhältnisse zwischen den einzelnen Miterfindern aus, d.h. auch hier ist im Regelfall von einer Bruchteilsgemeinschaft zwischen den Miterfindern auszugehen. 289

712 BGH v. 4.4.2006, GRUR 2006, 754 (755 [Tz. 10]) – *Haftetikett*.

713 BGH v. 20.2.1979, GRUR 1979, 540 (542) – *Biedermeiermanschetten*; BGH v. 17.10.2000, GRUR 2001, 226 (227 [Tz. 15]) – *Rollenantriebseinheit I*.

714 BGH v. 9.6.2020, GRUR 2020, 986 (988 [Tz. 27]) – *Penetrometer*.

715 BGH v. 12.3.2009, GRUR 2009, 657 (659) – *Blendschutzbehang*; v. 14.2.2017, GRUR 2017, 504 (508 [Tz. 67]) – *Lichtschutzfolie* u. v. 9.6.2020, GRUR 2020, 986 (987 [Tz. 22]) – *Penetrometer*; OLG Düsseldorf v. 8.3.2012, GRUR-RR 2012, 319 (320) – *Einstiegshilfe für Kanalöffnungen*; LG Düsseldorf v. 13.4.2010, Mitt. 2010, 541 (543) – *Beschichtung für Solarabsorber*; Schiedsstelle v. 31.8.2008, Arb.Erf. 01/07 u. v. 23.11.2010, Arb. Erf. 23/09 (beide Datenbank Schiedsstellenpraxis); siehe auch Schiedsstelle v. 11.4.2018, Arb.Erf. 27/16 (www.dpma.de).

IV. Rechtsverhältnisse der Konzernunternehmen nach Inanspruchnahme

290 Jeder einzelne Arbeitnehmer-Miterfinder ist in seiner rechtlichen Beziehung zum Arbeitgeber von den anderen Miterfindern unabhängig, so dass folgerichtig jede Erfindungsmeldung eines Miterfinders (siehe auch § 5 Abs. 1 Satz 2 ArbEG) eine gesonderte Inanspruchnahmefrist hinsichtlich seines Miterfinderanteils auslöst.[716] Eine Inanspruchnahme wirkt nur gegenüber dem Miterfinder, demgegenüber sie erklärt worden ist,[717] es sei denn, dieser ist zur Entgegennahme der Erklärung für alle Miterfinder bevollmächtigt. Ein Arbeitgeber kann also sämtliche Rechte an einer Erfindung nur erlangen, wenn er seine Inanspruchnahmeerklärung an jeden Miterfinder richtet bzw. jedem Miterfinder gegenüber die Inanspruchnahmefiktion greift.

291 Nimmt ein Arbeitgeber alle Erfindungsanteile in Anspruch, endet die zwischen den Miterfindern bestehende Bruchteilsgemeinschaft. Der Arbeitgeber rückt jedoch dann in die Bruchteilsgemeinschaft mit ein, wenn er einzelnen Miterfindern eine Freigabe der Diensterfindung nach § 6 Abs. 2 ArbEG erklärt und den anderen Miterfindern gegenüber die Inanspruchnahmefiktion wirksam wird.[718] In diesem sicherlich sehr seltenen Fall hat der Arbeitgeber im Grundsatz – worauf noch einzugehen ist – ein aus § 743 Abs. 2 BGB folgendes Eigennutzungsrecht an dem Gegenstand der gesamten Erfindung, ist aber durch das Bestehen der Gemeinschaft an diese gebunden, so dass er ohne wirksame Einwilligung der Miterfinder nicht über die Erfindung als Ganzes, etwa durch einen Verkauf der Erfindungsrechte oder eine Lizenzvergabe, verfügen kann.[719]

292 Bei mehrbetrieblichen Arbeitnehmererfindergemeinschaften – wie innerhalb eines Konzernverbundes üblich –, zum Beispiel bei einer konzerninternen Forschungs- und Entwicklungszusammenarbeit[720] oder einem Lieferauftrag[721] hat jeder Arbeitgeber nur hinsichtlich der ideellen Erfindungsanteile seiner Arbeitnehmer-Miterfinder ein Inanspruchnahmerecht. Ein Arbeitgeber kann das Recht zur Inanspruchnahme der Erfindung wegen des höchstpersönlichen Charakters dieses Rechts nicht auf die ande-

716 Vgl. OLG Düsseldorf v. 26.7.2018, GRUR 2018, 1037 (1041 [Tz. 107]) – *Flammpunktprüfungsvorrichtung*; Schiedsstelle v. 23.4.1979, BlPMZ 1980, 233; Volmer/Gaul, § 5 ArbEG, Rn. 60 f.

717 Schiedsstelle v. 23.4.1979, BlPMZ 1980, 233; Keukenschrijver in Busse/Keukenschrijver, PatG, § 7 ArbEG, Rn. 1.

718 Allg. A.; z.B. BGH v. 21.12.2005, GRUR 2006, 401 (402) – *Zylinderrohr*; OLG Düsseldorf v. 25.8.2005, GRUR-RR 2006, 118 (119) – *Drehschwingungstilger* u. v. 1.10.2010, Az. I 2 U 41/07 (unveröffentl.); Schiedsstelle v. 16.5.2007, Arb.Erf. 12/06 (unveröffentl.).

719 Bartenbach/Volz, § 6 ArbEG n.F., Rn. 141.

720 Siehe hierzu allg. OLG München v. 7.12.2017, Az. 6 U 4503/16 (www.gesetze.bayern.de, Rn. 80, 109).

721 Siehe hierzu allg. den Fall bei BGH v. 4.8.2020, GRUR 2020, 1186 – *Mitralklappenprothese*.

ren Arbeitgeber übertragen.[722] Üben alle Arbeitgeber ihr Inanspruchnahmerecht aus, bilden sie untereinander eine Bruchteilsgemeinschaft im Sinne der §§ 741 ff. BGB.[723]

Bei Vorliegen einer Bruchteilsgemeinschaft bezüglich einer technischen Erfindung 293
und bei Fehlen einer entsprechenden Abrede zwischen den Teilhabern entspricht es der h.M., dass jeder Teilhaber unter patentrechtlichen Gesichtspunkten die gesamte gemeinschaftliche Erfindung bzw. später das entsprechende Schutzrecht in den Formen der betrieblichen Eigennutzung benutzen kann, ohne dass die Mitinhaber gegen ihn patentrechtliche Verbietungsrechte geltend machen können.[724] Dieses Nutzungsrecht wird von der überwiegenden Meinung aus § 743 Abs. 2 BGB hergeleitet, der anordnet, dass sich das Gebrauchsrecht jedes Teilhabers auf den ganzen Gegenstand bezieht; eine Beschränkung tritt nur durch die konkurrierenden Gebrauchsrechte der übrigen Teilhaber ein.[725] Folglich ist jeder Teilhaber grundsätzlich befugt, die in § 9 PatG aufgeführten Benutzungshandlungen vorzunehmen, also etwa den Erfindungsgegenstand herzustellen oder anzubieten.[726]

Das Recht zum eigenen Gebrauch des gemeinschaftlichen Erfindungsgegenstandes 294
kann bei Bruchteilsgemeinschaften oft aus tatsächlichen Gründen nicht ausgeübt werden. Daher stellt sich bei einer unterschiedlich gewichteten Nutzung die Frage, ob ein nicht oder wenig nutzender Teilhaber gegen einen nutzenden bzw. intensiver nutzenden Teilhaber von Gesetzes wegen einen Ausgleichsanspruch geltend machen kann[727].

722 Keukenschrijver in Busse/Keukenschrijver, PatG, § 6 ArbEG, Rn. 4; Reimer/Schade/Schippel/Rother, § 6 ArbEG, Rn. 3; vgl. auch BPatG v. 25. 2.1960, BPatGE 10, 207 (213).

723 Ganz h.M., u. a. BGH v. 22.3.2005, GRUR 2005, 663 (664) – *Gummielastische Masse II*; v. 21.12.2005, GRUR 2006, 401 (402 [Tz. 9]) – *Zylinderrohr*; v. 4.4.2006, GRUR 2006, 754 (755 [Tz. 10]) – *Haftetikett*; v. 16.5.2017, GRUR 2017, 890 – *Sektionaltor II* u. v. 27.9.2016, GRUR 2016, 1257 (1258 [Tz. 17]) – *Beschichtungsverfahren*; OLG Düsseldorf v. 25.8.2005, GRUR-RR 2006, 118 (119) – *Drehschwingungstilger* u. v. 24.10.2013, Mitt. 2014, 475 (477) – *Haltesystem für Werbeprints II*; Schiedsstelle v. 7.5.2015, Arb.Erf. 71/11 u. v. 11.4.2018, Arb.Erf. 27/16 (beide www.dpma.de); Bartenbach, Zwischenbetriebliche F.+E.-Kooperation, 1985, 62 f.

724 Gennen, FS Bartenbach (2005), 335 (339) m.w.N.; vgl. zum Meinungsstand bzgl. des Bestehens eines Verwertungsrechts v. d. Grün, Stellung von Miterfindern, S. 64 ff. sowie Chakraborty/Tilmann, FS König (2003), 63 (75 ff.); siehe auch Schiedsstelle v. 21.7.2020, Arb.Erf. 22/19 (www.dpma.de).

725 Vgl. nur Ann, Patentrecht, § 19, Rn. 57; Chakraborty/Tilmann, FS König (2003), 63 (75 ff.); siehe auch BGH v. 22.3.2005, GRUR 2005, 663 (664 [Tz. 10]) – *Gummielastische Masse II*; v. 21.12.2005, GRUR 2006, 401 (402 ff. [Tz. 10]) – *Zylinderrohr* u. v. 12.3.2009, GRUR 2009, 657 (659) – *Blendschutzbehang*; OLG Düsseldorf v. 8.3.2012, GRUR-RR 2012, 319 (320 [Tz. 51]) – *Einstiegshilfe für Kanalöffnungen*; LG Düsseldorf v. 13.4.2010, Mitt. 2010, 541 (543 [Tz. 51]) – *Beschichtung für Solarabsorber*.

726 So Benkard/Melullis, § 6 PatG, Rn. 62; v. d. Grün, Stellung von Miterfindern, S. 71. Vgl. Chakraborty/Tilmann, FS König (2003), 63 (77 f.) zur Frage, ob das Gebrauchsrecht auch die Befugnis beinhaltet, an dem jeweiligen Miterfinderanteil eine Lizenz zu erteilen. Siehe zur Lizenzvergabe bei einer Mitinhaberschaft an einem Patent auch Schiedsstelle v. 23.11.2004, Arb.Erf. 24/03 (Datenbank Schiedsstellenpraxis).

727 BGH v. 16.5.2017, GRUR 2017, 890 ff. – *Sektionaltor II*.

295 Innerhalb des Konzernverbundes kann eine solche Problematik in zwei Situationen auftreten:

296 Zunächst kann eine mehrbetriebliche Erfindergemeinschaft im Konzern entstehen, wenn beispielsweise zwei Konzernunternehmen die Miterfinderanteile ihrer jeweiligen Arbeitnehmererfinder in Anspruch genommen haben und damit eine solche Gemeinschaft bilden. Nutzt in einem solchen Fall nur einer der Arbeitgeber die Erfindungsrechte, so wird diese Nutzung regelmäßig bereits die für die Verfolgung der Konzernzwecke optimale Nutzung bedeuten, so dass der Geltendmachung eines Ausgleichsanspruchs schon die gemeinsamen Unternehmensziele entgegenstehen. Gegenläufige Interessen, die einen Ausgleichsanspruch in Betracht kommen lassen würden, bestehen nicht. Folglich kann der bei der nichtnutzenden Konzerngesellschaft beschäftigte Arbeitnehmererfinder auch hier keine Beteiligung an einem gegebenenfalls fiktiv zu berechnenden Ausgleichsanspruch gegenüber seinem Arbeitgeber geltend machen. Auch hier gilt der allgemeine Grundsatz, dass nur der Nutzen seines Arbeitgebers vergütungspflichtig ist.[728]

297 Davon zu unterscheiden ist die Situation, dass ein Arbeitnehmererfinder mangels einer Inanspruchnahme durch seinen Arbeitgeber Inhaber seines Miterfinderanteils bleibt und dann mit anderen konzernabhängigen Arbeitgebern eine Bruchteilsgemeinschaft bildet. Ein solcher Sachverhalt wäre aber nach dem Wegfall der Obliegenheit der Inanspruchnahme durch den Arbeitgeber (vgl. § 6 Abs. 2, § 7 Abs. 1 ArbEG a.F.) und dem daran anknüpfenden Freiwerden der Diensterfindung (§ 8 Abs. 1 Nr. 3 ArbEG a.F.) eine absolute Ausnahme. Aufgrund der nunmehrigen Inanspruchnahmefiktion des § 6 Abs. 2 ArbEG kann diese Situation nur entstehen, wenn der Arbeitgeber den ihm gemeldeten Miterfinderanteil innerhalb der Inanspruchnahmefrist durch Erklärung in Textform frei gibt (§ 6 Abs. 2 ArbEG n.F.). Dieser Sachverhalt kann sich aber selbstverständlich bei freigewordenen Alterfindungen stellen, also bei allen bis zum 30.9.2009 gemeldeten Diensterfindungen. Schöpft dann ein Arbeitgeber sein Nutzungsrecht voll aus, während die Nutzung der Erfindung durch den Arbeitnehmererfinder unterbleibt, weil ihm aufgrund seiner wirtschaftlichen Möglichkeiten das Verwertungspotenzial fehlt, ist zu klären, ob der wenig oder gar nicht nutzende Teilhaber, hier also der Arbeitnehmererfinder, gegen den nutzenden Teilhaber – den konzernangehörigen Arbeitgeber – einen gesetzlichen Ausgleichsanspruch geltend machen kann.

298 Nach Auffassung des BGH[729] kann der nicht nutzende Teilhaber einen Ausgleichsanspruch gegen den Nutzenden nur dann geltend machen, wenn entweder ein Mehrheitsbeschluss nach § 745 Abs. 1 BGB, der dem nicht nutzenden Teilhaber den seinem

728 Siehe dazu Rdn. 712 ff.

729 BGH v. 22.3.2005, GRUR 2005, 663 (664 [Tz. 11]) – *Gummielastische Masse II* u. v. 21.12.2005, GRUR 2006, 401 (402 [Tz. 16]) – *Zylinderrohr* u. v. 12.3.2009, GRUR 2009, 657 (659 [Tz. 18]) – *Blendschutzbehang*; so auch Schiedsstelle v. 12.10.2010, Arb. Erf. 23/09 (unveröffentl.); s. auch Kasper, Mitt. 2005, 488 f. u. Heide, Mitt. 2004, 499 (502 ff.).

Anteil entsprechenden Bruchteil der Gebrauchsvorteile belässt (§ 745 Abs. 3 Satz 2 BGB), vorliegt oder dieser eine entsprechende Vereinbarung im Sinne des § 745 Abs. 2 BGB durchgesetzt hat. Für die letztere Anspruchsgrundlage wird wiederum vorausgesetzt, dass der nicht nutzende Teilhaber gegenüber den anderen Teilhabern den Anspruch auf Abschluss einer Benutzungsregelung geltend gemacht hat und diese dem billigen Ermessen entspricht. Solange ein Teilhaber von den Möglichkeiten nach § 745 Abs. 1 und 2 BGB keinen Gebrauch macht, steht ihm allerdings kein finanzieller Ausgleich zu.[730] Eine rückwirkende Geltendmachung ist nicht möglich.[731] Entscheidend soll nach Ansicht des BGH also sein, ob und wenn ja, wann der nicht nutzende Teilhaber von den übrigen Teilhabern erstmalig verlangt hat, dass deren Benutzung nur gegen eine seinem Anteil entsprechende Lizenzgebühr erfolgen dürfe und ob dieses Verlangen dem Interesse aller Teilhaber Rechnung tragenden billigen Ermessen entspricht.[732] Wann eine erstmalige Beanspruchung einer Benutzungsregelung vorliegt, ist wiederum eine Frage des Einzelfalls, wobei eine solche spätestens in dem mit der Klage gestellten Antrag auf Ausgleichszahlung gesehen werden kann.[733]

Nach der Entscheidung »Sektionaltor II« des BGH kann die Frage, ob einem Mitbe- 299
rechtigten für die Nutzung einer Erfindung durch einen anderen Mitberechtigten im Rahmen der Billigkeit ein Ausgleich in Geld zusteht, auch von den Gründen abhängen, aus denen der Anspruchsteller von einer eigenen Nutzung der Erfindung abgesehen hat.[734] Eine Ausgleichspflicht desjenigen Mitberechtigten, der von der Erfindung durch eigene Produktions- oder Vertriebstätigkeit in erheblichem Umfang Gebrauch macht, bejaht der BGH beispielsweise in den – im Konzern immer wieder auftretenden – Fällen, in denen die Möglichkeiten zur Nutzung der Erfindung schon aus strukturellen Gründen, etwa aufgrund des angestammten Betätigungsfelds oder der zur Verfügung stehenden Ressourcen, grundlegend unterschiedlich sind. In solchen Fällen braucht der andere Mitberechtigte, der nicht über vergleichbare Erfahrung oder Ressourcen verfügt, wie auch ein Einzelerfinder, der die ihm zustehenden Rechte typischerweise durch Vergabe von Nutzungsrechten nutzt, grundsätzlich nicht näher zu den Grün-

730 BGH v. 22.3.2005, GRUR 2005, 663 (664 [Tz. 11]) – *Gummielastische Masse II* unter Aufhebung von OLG München v. 23.10.2003, GRUR 2004, 323 (324 [Tz. 51]) – *Dentalabdruckmasse*; siehe auch Schiedsstelle v. 12.10.2010, Arb.Erf. 23/09 (unveröffentl.) u. v. 9.3.2017, Arb.Erf. 07/15 (www.dpma.de); krit. hierzu Bartenbach/Kunzmann, FS 80 Jahre Patentgerichtsbarkeit Düsseldorf (2016), 37 (44); Henke, GRUR 2007, 89 (91 ff.), der gleichzeitig praktische Vorschläge zur Bewältigung des Problems des »interessengemäßen Ausgleichs« nennt.

731 OLG Düsseldorf v. 25.8.2005, GRUR-RR 2006, 118 (119 [Tz. 38]) – *Drehschwingungstilger* m.H.a. BGH, NJW 1966, 1708 (1709).

732 BGH v. 22.3.2005, GRUR 2005, 663 (664 [Tz. 11]) – *Gummielastische Masse II* u. v. 16.5.2017, GRUR 2017, 890 (891 [Tz. 20]) – *Sektionaltor II*; siehe auch OLG Düsseldorf v. 1.10.2009, 2 U 41/07 – *Glasverbundplatten*, dargestellt bei Trimborn, Mitt. 2010, 461 (466).

733 Vgl. BGH v. 15.9.1997, NJW 1998, 372 (373); siehe auch BGH v. 16.5.2017, GRUR 2017, 890 (891 [Tz. 29 ff.]) – *Sektionaltor II*; vgl. auch Zigann in FS Meier-Beck, GRUR 2021, 401 (402 ff.).

734 BGH v. 16.5.2017, GRUR 2017, 890 (891 [Tz. 29 ff.]) – *Sektionaltor II*.

den vorzutragen, aus denen er von einer anderweitigen Verwertung abgesehen hat. Wenn die Mitberechtigten sich demgegenüber als Wettbewerber gegenüberstehen, entspricht es nicht ohne weiteres der Billigkeit, einem von ihnen nur deshalb einen Ausgleichsanspruch und den damit verbundenen Anspruch auf Rechnungslegung zuzusprechen, weil er von einer eigenen Nutzung abgesehen hat. Für einen Ausgleichsanspruch bedarf es in solchen Fällen näherer Informationen, weshalb es dem Teilhaber nicht möglich war, die Erfindung (in vergleichbarem Umfang) zu nutzen, oder weshalb er von einer bestehenden Möglichkeit nicht Gebrauch gemacht hat. Dies gilt insbesondere für den Fall, dass sein Anteil an der Erfindung und der daraus resultierende Beitrag zu dem vom anderen Mitberechtigten erzielten wirtschaftlichen Erfolg eher gering zu bemessen ist.

300 Die Berechnung des Ausgleichsanspruchs erfolgt gemäß dem BGH nach den Grundsätzen der Lizenzanalogie[735], wie dies auch beispielsweise beim Entschädigungsanspruch nach Offenlegung einer Patentanmeldung in § 33 Abs. 1 PatG oder im Recht der Arbeitnehmererfindungen[736] vorgesehen ist. Allerdings wird hier nicht berücksichtigt, dass der selbstnutzende Teilhaber eines Patents aufgrund eigenen Rechts zur Benutzung berechtigt ist und hierin der entscheidende Unterschied zur Benutzung einer fremden Patentanmeldung sowie zur Benutzung der Diensterfindung eines Arbeitnehmers durch den Arbeitgeber liegt. Die Lizenzgebühr wird dort für die Einräumung eines Nutzungsrechts gezahlt, während der nutzende Teilhaber einer Bruchteilsgemeinschaft bereits ein eigenes Nutzungsrecht aus § 743 Abs. 2 BGB hat.[737]

301 Demgegenüber hat die Schiedsstelle in einem vereinzelt gebliebenen Einigungsvorschlag[738] zunächst festgestellt, dass eine Beeinträchtigung des nicht nutzenden Miterfinders nicht gegeben war, und dann den Standpunkt vertreten, innerhalb des § 743 Abs. 2 BGB bestehe kein vernünftiger Anlass zu einer Beteiligung an den wirtschaftlichen Vorteilen des allein Nutzenden.

302 M. E. stößt die Anerkennung eines Ausgleichsanspruchs innerhalb einer Miterfindergemeinschaft auf Bedenken:

303 Zunächst sprechen wirtschaftliche Argumente gegen die Annahme eines Ausgleichsanspruchs. In der bereits geschilderten Situation, in der sich ein nicht nutzender Arbeitnehmererfinder mit einem konzernabhängigen Arbeitgeber in einer Bruchteilsgemeinschaft befindet, würde ein Ausgleichsanspruch bedeuten, dass der Teilhaber, der eine Nutzung schlicht unterlässt, ohne eigene Anstrengungen und ohne eigenes Risiko am wirtschaftlichen Erfolg des nutzenden Teilhabers partizipieren könnte. Zudem könnte ein Ausgleichanspruch in der Wirkung faktisch einem Nutzungsverbot zu Lasten des nutzenden Teilhabers nahe kommen, weil der untätige Teilhaber durch einen Ausgleichsanspruchs die wirtschaftlichen Vorteile des nutzenden Teil-

735 BGH v. 16.5.2017, GRUR 2017, 890 (891 [Tz. 52]) – *Sektionaltor II*.
736 Siehe Rdn. 715.
737 So Bartenbach/Kunzmann, FS 80 Jahre Patentgerichtsbarkeit Düsseldorf (2016), 37 (46).
738 Schiedsstelle v. 1.3.1961, Arb.Erf. 30/60 (unveröffentl.).

habers abschöpfen könnte.[739] Dagegen wird innerhalb der Grenzen des § 743 Abs. 2 BGB gerade ein Wettbewerb zwischen den Teilhabern akzeptiert. Von einem Wettbewerb kann aber nicht mehr die Rede sein, wenn die Teilhaber faktisch zu einer ausschließlich gemeinschaftlichen Verwertung verpflichtet würden. Dies widerspräche dem Sinn und Zweck einer Bruchteilsgemeinschaft, dem faktischen Zusammenwirken ohne eine besondere gesellschaftsrechtliche Bindung. Übertragen auf den Konzernverbund würde dies bedeuten, dass der nicht nutzende Arbeitnehmererfinder aufgrund seines frei gewordenen Miterfinderanteils wirtschaftlich an den Umsätzen, die das nutzende Konzernunternehmen mit seinem Anteil macht, zu beteiligen wäre, ohne eigene Bemühungen anstellen zu müssen.

Das Argument,[740] der allein nutzende Teilhaber nutze das Recht »über seinen Anteil hinaus«, kann nicht überzeugen, da die Höhe des eigenen Anteils im Bereich des § 743 Abs. 2 BGB und hinsichtlich des Umfangs des dort eingeräumten Nutzungsrechts keine Rolle spielt.[741] Auch der Sinn und Zweck des § 743 Abs. 2 BGB, aus dem das Nutzungsrecht hergeleitet wird, spricht gegen die Annahme einer Ausgleichsverpflichtung des Nutzenden. Denn jeder Teilhaber ist insoweit zum Gebrauch befugt, als nicht der Mitgebrauch der übrigen Teilhaber beeinträchtigt wird. Unter einer Beeinträchtigung im Sinne des § 743 Abs. 2 BGB versteht der Gesetzgeber lediglich die tatsächliche Beeinträchtigung in Form einer Hinderung an der Nutzung.[742] Daraus folgt, dass einzelne Teilhaber, die aus freien Stücken die ihnen erlaubte Nutzung der Gemeinschaftserfindung unterlassen, keiner Übervorteilung oder Störung unterliegen können und daher auch keinen aus § 743 Abs. 2 BGB hergeleiteten Ausgleichsanspruch besitzen.[743] Der Mitgebrauch des einen Teilhabers wird aber nicht notwendig dadurch beeinträchtigt, dass ein anderer Teilhaber die Erfindung für sich benutzt.[744] Auch der Umstand, dass ein Erfindungsgegenstand auf dem Markt im Wettbewerb zu den patentgemäßen Erzeugnissen der anderen Teilhaber steht, ist keine unzumutbare Beeinträchtigung und kein Verstoß gegen das in § 743 Abs. 2 BGB enthaltene Rücksichtnahmegebot.[745] Wesentlich dafür, ob einem Teilhaber überhaupt ein Ausgleichsanspruch zustehen kann, sollte dagegen die Prüfung sein, warum der den Ausgleich begehrende Teilhaber eine Nutzung unterlassen hat bzw. warum seine Nutzungshandlungen geringer ausfallen als die 304

739 Siehe hierzu auch BGH v. 16.5.2017, GRUR 2017, 890 (891 [Tz. 29 ff.]) – *Sektionaltor II*; siehe auch Zigann in FS Meier-Beck, GRUR 2021, 401 (402 ff.).

740 OLG München v. 23.10.2003, GRUR 2004, 323 (324 [Tz. 56]) – *Dentalabdruckmasse*; so auch LG Nürnberg-Fürth v. 10.3.2004, Az. 3 O 11074/02 (unveröffentl.).

741 Darauf weisen auch Bartenbach/Kunzmann, FS 80 Jahre Patentgerichtsbarkeit Düsseldorf (2016), 37 (44) hin. Vgl. hierzu auch BGH v. 29.6.1966, NJW 1966, 1707 (1708); BGH v. 13.1.1993, WM 1993, 849 (851) u. v. 15.9.1997, WM 1997, 2049 (2050).

742 Siehe BGH v. 29.6.1966, NJW 1966, 1707 (1708).

743 So Gennen, FS Bartenbach (2005), 335 (340).

744 V. d. Grün, Stellung von Miterfindern, S. 68.

745 Darauf weisen Chakraborty/Tilmann, FS König (2003), 63 (76) hin.

des potentiellen Anspruchsgegners.[746] Schon aufgrund der Terminologie verfolgt ein Ausgleichsanspruch aber den Zweck, einem vermeintlich schlechter Gestellten einen ihm gebührenden Anteil zukommen zu lassen.[747]

305 Nicht unbeachtet sollte schließlich die Tatsache bleiben, dass auch der Arbeitnehmer-Miterfinder die Möglichkeit der Verwertung seines Anteils hat. So kann er namentlich – wenn ihm selbst das wirtschaftliche Potenzial zur Eigennutzung fehlt – seinen Anteil jederzeit frei veräußern (§ 747 Satz 1 BGB).[748] Auch die Veräußerung des Miterfinderanteils an einen Konkurrenten des konzernabhängigen Arbeitgebers – oder gar des gesamten Konzerns – wäre durchaus zulässig. Somit sollten Ausgleichsansprüche des nicht nutzenden Arbeitnehmer-Miterfinders auf solche Fälle beschränkt werden, in denen er tatsächlich an der Nutzung in der Ausübung seines Nutzungsrechtes gehindert wird.

V. Übersicht über die wesentlichen erfinderrechtlichen Auswirkungen

306 Das Bestehen einer Miterfinderschaft zwischen Arbeitnehmererfindern unterschiedlicher Konzerngesellschaften verändert regelmäßig die Arbeitgeberstellung des jeweiligen Konzernunternehmens gegenüber den bei ihm beschäftigten Arbeitnehmern nicht.[749] Der jeweilige Arbeitgeber allein bleibt grundsätzlich Träger aller Rechte und Pflichten aus dem ArbEG im Verhältnis zu seinen Arbeitnehmererfindern. Auch für die Arbeitnehmererfinder ändert die Beteiligung an einer Erfindungsentwicklung als Miterfinder nichts an der eigenen Rechtsbeziehung zu ihrem jeweiligen Arbeitgeber, unabhängig von der Beziehung der übrigen Miterfinder zu ihrem Arbeitgeber.

307 Nachfolgend sollen lediglich solche erfinderrechtlichen Aspekte einer Miterfinderschaft dargestellt werden, auf die der Konzernverbund besondere Auswirkungen hat.

1. Vergütungsfragen

308 Wenn die Erfindung von mehreren Arbeitnehmererfindern entwickelt wurde, ist die Vergütung nach § 12 Abs. 2, 3 und 5 ArbEG für jeden einzelnen Miterfinder gesondert festzustellen bzw. festzusetzen. Jeder Miterfinder hat gegen seinen Arbeitgeber einen eigenen, selbständigen Vergütungsanspruch, den er unabhängig von den übrigen Miterfindern geltend machen kann.[750] Der Anspruch ist nicht davon abhängig, ob und in welchem Umfang von dem schöpferischen Beitrag des einzelnen Miterfinders

746 So Bartenbach/Kunzmann, FS 80 Jahre Patentgerichtsbarkeit Düsseldorf (2016), 37 (44) sowie Zigann in FS Meier-Beck, GRUR 2021, 401 (402 ff.); siehe auch BGH v. 16.5.2017, GRUR 2017, 890 (91 [Tz. 29 ff.]) – *Sektionaltor II.*

747 So Gennen, FS Bartenbach (2005), 335 (352).

748 Vgl. auch BGH v. 17.10.2000, GRUR 2001, 226 (227 [Tz. 15]) – *Rollenantriebseinheit I* sowie BGH v. 9.6.2020, GRUR 2020, 986 (988 [Tz. 26]) – *Penetrometer.*

749 Vgl. nur Bartenbach, Zwischenbetriebl. F. + E.-Kooperation, S. 103.

750 BGH v. 2.12.1960, GRUR 1961, 338 (341) – *Chlormethylierung* u. v. 18.3.2003, GRUR 2003, 702 (703 [Tz. 21]) – *Gehäusekonstruktion.*

zur Erfindung Gebrauch gemacht wird.[751] Der jeweilige Vergütungsanspruch richtet sich allein nach dem tatsächlichen Nutzungsumfang bei dem jeweiligen Arbeitgeber, auch wenn die Nutzung der Erfindung bei den einzelnen Unternehmen unterschiedlich ausfällt.[752]

Bezüglich der Übertragung von Rechten aus Gemeinschaftserfindungen ist zwischen der Übertragung auf die Gesamthand und der Übertragung auf andere Konzerngesellschaften, die keine Miterfinder bezüglich der Erfindung beschäftigen, zu unterscheiden. 309

Besteht eine Kooperationsbindung einzelner Konzerngesellschaften, folgt deren Recht zur Eigennutzung der Gemeinschaftserfindung nicht unmittelbar aus ihrer durch die Inanspruchnahme bewirkten Rechtsinhaberschaft an den Erfindungsrechten; vielmehr bedarf es einer ausdrücklichen oder stillschweigenden Nutzungsrechtseinräumung durch die Bruchteilsgemeinschaft.[753] Eine Nutzung durch sonstige verbundene Unternehmen bedarf der jeweiligen Rechtseinräumung, etwa durch Übertragung des Erfindungsanteils (vgl. § 747 Satz 1 BGB). Denn der jeweilige Arbeitgeber erwirbt die Erfindungsrechte nicht für den Konzern, sondern im eigenen Namen oder – bei entsprechender Bevollmächtigung – für eine andere Konzerngesellschaft.[754] Da insbesondere der Vergütungsanspruch keine dingliche Belastung der Erfindung darstellt und dementsprechend im Falle der Übertragung des Erfindungsanteils durch den Arbeitgeber nicht auf den Erwerber übergeht,[755] bewirkt diese Rechtsübertragung keine Ansprüche des Arbeitnehmererfinders gegen die Gesamthandgesellschaft; die vergütungsrechtlichen Auswirkungen dieses Übertragungsvorgangs betreffen vielmehr allein das Verhältnis zwischen Arbeitgeber und Arbeitnehmer. 310

Erhält der Arbeitgeber für die Übertragung des Erfindungsanteils auf die Gesamthand einen Kaufpreis oder einen sonstigen geldwerten Vorteil, ist der Arbeitnehmererfinder an diesem dem Arbeitgeber zufließenden Verkaufserlös – entsprechend der RL Nr. 16 – zu beteiligen.[756] Erwächst dem Arbeitgeber dagegen aus der Übertragung des Erfindungsanteils zunächst kein unmittelbarer geldwerter Vorteil, bewirkt die Übertragung vielmehr – mangels tatsächlicher Nutzung – lediglich einen Zuwachs des Gesamthandsvermögens, so erscheint es im Grundsatz nicht gerechtfertigt, den Arbeitnehmer hieran vergütungsrechtlich zu beteiligen. 311

751 BGH v. 22.11.2011, GRUR 2012, 380 (381 [Tz 25 f.]) – *Ramipril II*; siehe LG Düsseldorf v. 18.1.2022 – 4a O 22/20, (www.justiz.nrw.de/nrwe, Rn. 137) – Schmiermittelinjektor (insoweit nicht Gegenstand von OLG Düsseldorf v. 6.10.2022, GRUR-RS 2022, 34795.

752 Schiedsstelle v. 21.3.2002, Arb.Erf. 16/00 (Datenbank Schiedsstellenpraxis).

753 So Bartenbach, Zwischenbetriebl. F. + E.-Kooperation, S. 122 hinsichtlich der einzelnen Kooperationspartner.

754 Siehe Rdn. 472 f.

755 Vgl. hierzu Rdn. 468 ff.

756 Siehe hierzu Rdn. 792 ff.

312 Darüber hinaus bewirkt der Umstand, dass es sich um eine Gemeinschaftserfindung handelt, keine Unterschiede zu den Ausführungen bezüglich einer Übertragung der Erfindungsrechte an einer Einzelerfindung.[757]

313 Der Miterfinderanteil[758] kommt als dritter Faktor für die Berechnung der Vergütung neben dem Erfindungswert (E) und dem Anteilsfaktor (A) hinzu, so dass sich die Vergütung nach der Formel

$(V = E \times M \times A)$

bestimmt. Bei der Ermittlung der Vergütung für die einzelnen Miterfinder muss grundsätzlich zunächst der Gesamterfindungswert berechnet werden. Sodann ist für jeden Miterfinder festzustellen, wie er – in Prozenten ausgedrückt – quotenmäßig an der Erfindung beteiligt ist.[759]

a) Bestimmung des Miterfinderanteils

314 Der Miterfinderanteil drückt letztlich aus, in welchem Umfang der Miterfinder – im Verhältnis zu den anderen Miterfindern – am Zustandekommen der (Dienst-) Erfindung beteiligt ist.

315 Haben sich – wie häufig – die Miterfinder untereinander über ihre jeweiligen Miterfinderanteile verständigt, so kann der Arbeitgeber von der Richtigkeit dieser Anteile jedenfalls dann ausgehen, wenn er keine Anhaltspunkte über die Unrichtigkeit oder Unverbindlichkeit der Abrede hat. Dieser vom BGH aufgestellte Grundsatz[760] gilt auch im Konzern, und zwar selbst im Falle einer unternehmensübergreifenden Miterfinderschaft.

316 Fehlt eine abschließende Vereinbarung der Miterfinder über den jeweiligen Umfang ihrer Miterfinderanteile, so kann die Feststellung des Miterfinderanteils an sich abschließend erst auf der Grundlage eines auf die Diensterfindung erteilten Schutzrechts erfolgen, da eine Änderung des Schutzrechtsumfangs im Erteilungsverfahrens nicht ausgeschlossen ist.[761] Die Rechtsprechung fordert allerdings, dass nicht allein das Schutzrecht bei der Größenbestimmung berücksichtigt wird, sondern die gesamte, dem Schutzrecht zugrunde liegende Erfindung und deren Zustandekommen.[762] Um das Gewicht der Einzelbeiträge der einzelnen Arbeitnehmererfinder an der Erfindung beurteilen zu können, muss demnach eine Abwägung zwischen dem Gegenstand der

757 Siehe hierzu Rdn. 792 ff.

758 Vgl. hierzu Rdn. 709 ff.

759 Bartenbach/Volz, Komm.RL, Einl., Rn. 129.

760 BGH v. 17.5.1994, GRUR 1994, 898 (902) – *Copolyester I.*

761 BGH v. 2.12.1960, GRUR 1961, 338 (341) – *Chlormethylierung*; v. 12.3.2009, GRUR 2009, 657 (659 [Tz. 18]) – *Blendschutzbehang* u. v. 17.5.2011, GRUR 2011, 903 (905 [Tz. 18]) – *Atemgasdrucksteuerung*; siehe auch Schiedsstelle v. 12.1.2005, Arb.Erf. 21/02 (Datenbank Schiedsstellenpraxis).

762 BGH v. 20.2.1979, GRUR 1979, 540 (541) – *Biedermeiermanschetten* u. v. 17.5.2011, GRUR 2011, 903 (904 [Tz. 16 ff.]) – *Atemgasdrucksteuerung.*

Erfindung und den Einzelleistungen der Miterfinder stattfinden.[763] Dabei dürfen auch technische Gesichtspunkte wie z.B. unterschiedliche Wertschätzung im Markt oder die Bevorzugung einer bestimmten Konstruktion (technischen Variante) bei der Nutzung des Erfindungsgegenstandes nicht außer Acht gelassen werden, soweit diese Punkte bekannt und objektiv bestimmbar sind.[764]

Ist der Miterfinderanteil einmal wirksam festgestellt bzw. festgesetzt (§ 12 ArbEG), 317
ist jeder Miterfinder seinem Anteil entsprechend zu vergüten, und zwar unabhängig davon, inwieweit die Merkmale, die er zur Erfindung beigesteuert hat, tatsächlich verwertet werden.[765] Nach § 12 Abs. 2 Satz 2 ArbEG ist der Arbeitgeber verpflichtet, allen Miterfindern die Gesamthöhe der Vergütung und die in Prozenten ausgedrückten Anteile der einzelnen Erfinder schriftlich oder mündlich bekanntzugeben. Eine solche Vorgehensweise soll gewährleisten, dass jeder beteiligte Miterfinder Klarheit über die rechtmäßige Festlegung der Anteile und Kenntnis von der Bemessung seiner eigenen Erfinderleistung erhält, um Misstrauen unter den Miterfindern zu vermeiden.[766]

Diese Grundsätze gelten auch für die Vergütung der Diensterfindung im Konzern. 318
Besonderheiten können sich allerdings hier im Falle einer unternehmensübergreifenden Miterfindergemeinschaft ergeben.

b) Berücksichtigung des Miterfinderanteils bei unternehmensübergreifender Miterfindergemeinschaft

Sind Miterfinder mehrerer Konzernunternehmen an der Diensterfindung beteiligt, 319
werden nach einer verbreiteten Auffassung bei der Berechnung der Vergütung für den Miterfinder eines Arbeitgebers die Miterfinderanteile der übrigen Miterfinder anderer Arbeitgeber insoweit nicht berücksichtigt, als dem Arbeitgeber bereits die Miterfinderanteile seines eigenen Arbeitnehmers über § 743 Abs. 2 BGB ein volles innerbetriebliches Nutzungsrecht vermitteln und der Arbeitgeber davon Gebrauch macht.[767] Korrigierend wird dem Umstand, dass der Arbeitgeber sein Benutzungsrecht

763 BGH v. 20.2.1979, GRUR 1979, 540 (541) – *Biedermeiermanschetten*; v. 17.10.2000, GRUR 2001, 226 (228 [Tz. 21]) – *Rollenantriebseinheit I*; v. 22.11.2011, GRUR 2012, 380 (381 [Tz. 25]) – *Ramipril II* u. v. 4.8.2020, GRUR 2020, 1186 (1190 [Tz. 40]) – *Mitralklappenprothese*; LG Düsseldorf v. 12.5.2022, Düsseldorfer Entscheidungen Nr. 3216 Rn. 111 – *Messrolle*.

764 Im Ergeb. Schiedsstelle v. 3.5.1985, Arb.Erf. 61/84 (unveröffentl.); so auch BGH v. 17.10.2000, GRUR 2001, 226 (228 [Tz. 21]) – *Rollenantriebseinheit I*; Lüdecke, Erfindungsgemeinschaften, S. 62 ff.

765 Bartenbach/Volz, § 12 ArbEG, Rn. 32.1; BGH v. 22.11.2011, GRUR 2012, 380 (381 [Tz. 25]) – *Ramipril II*.

766 BGH v. 2.12.1960, GRUR 1961, 338 (341) – *Chlormethylierung*; Amtl. Begr. BT-Drucks. II 1648 S. 30 = BlPMZ 1957, 234.

767 Bartenbach, Zwischenbetriebl. F. + E.-Kooperation, S. 123 ff.; Reimer/Schade/Schippel/Himmelmann, § 9 ArbEG, Rn. 52; vgl. auch Schiedsstelle v. 16.4.1991, BlPMZ 1993, 114; v. 19.10.2007, Arb.Erf. 14/06; v. 31.1.2008, Arb.Erf. 01/07 u. v. 23.11.2010, Arb.Erf. 33/09 (alle unveröffentl.); v. 27.4.2016, Arb.Erf. 53/13; v. 11.4.2018, Arb.

mit anderen Teilhabern des Schutzrechts »teilen« muss, dadurch Rechnung getragen, dass wegen der »geteilten« Monopolstellung im Rahmen der Vergütungsbemessung eine Minderung des Erfindungswertes (etwa durch Minderung des sonst üblichen Lizenzsatzes) erfolgt.[768]

320 Dieselbe Situation ergibt sich, wenn – anstelle von Miterfindern anderer konzernverbundener Unternehmen – Miterfinder konzernfremder Drittunternehmen oder freie Erfinder an der Gemeinschaftserfindung beteiligt sind.

321 Dagegen sind die Anteile der Miterfinder bei den übrigen Konzernunternehmen dann einzubeziehen, wenn Maßstab für die Vergütungsbemessung nicht der Umsatz des einzelnen Arbeitgebers ist, sondern der Gesamtumsatz aller Teilhaber[769] (z.B. bei einem Abstellen auf den gesamten Konzernaußenumsatz). Dies schlägt die Schiedsstelle vor, wenn der Arbeitgeber zum Beispiel bei der Berechnung der Erfindervergütung auch die Umsatzanteile zugrunde legt, die er an den Mitinhaber und Arbeitgeber des anderen Arbeitnehmererfinders weiterleiten muss.[770] Ein solcher Sachverhalt lag einer aktuellen Entscheidung des LG Düsseldorf zugrunde, bei der die Arbeitnehmer die Diensterfindung gemeinsam mit Miterfindern aus anderen Konzernunternehmen entwickelt haben und für deren Vergütung der Konzernumsatz bzw. der Umsatz der beiden Konzernunternehmen herangezogen wird, und zwar unabhängig davon, inwieweit den Miterfindern des anderen (z.B. ausländischen) Konzernunternehmens eine Vergütung geschuldet wird.[771] Gleiches gilt, wenn die Diensterfindung gemeinsam genutzt wird, etwa im Rahmen eines Patentaustauschvertrages[772] oder mittels Lizenzvergabe.[773]

322 Der h.M. ist zu folgen. Grundsätzlich vermittelt jeder Miterfinder seinem Arbeitgeber mit der Inanspruchnahme der Erfindung eine Nutzungsbefugnis an der gesamten Erfindung (vgl. § 743 Abs. 2 BGB). Insoweit ist die Erfindung nicht real teilbar.[774] Angesichts dieses vollen Nutzungsrechts des Arbeitgebers als Teilhaber an der Gemeinschaftserfindung ist es folgerichtig, wenn die Schiedsstelle Arbeitnehmer-Miterfinder

---

Erf. 27/16; v. 21.11.2018, Arb.Erf. 18/17; v. 2.5.2019, Arb.Erf. 16/17 u. v. 21.7.2020, Arb.Erf. 22/19 (alle www.dpma.de); abweichend Kroitzsch, GRUR 1974, 177 (183 ff.).

768 Siehe Schiedsstelle v. 2.4.1997, Arb.Erf. 61/95 (unveröffentl.); v. 11.4.2018, Arb.Erf. 27/16; v. 25.10.2018, Arb.Erf. 16/17 u. v. 2.5.2019, Arb.Erf. 16/17 (alle www.dpma.de); ferner Schiedsstelle v. 21.7.2020, Arb.Erf. 22/19 (www.dpma.de), dort bis zu einer Halbierung des marktüblichen Lizenzsatzes.

769 Bartenbach/Volz, § 9 ArbEG, Rn. 315 m.H.a. OLG Frankfurt v. 30.4.1992, GRUR 1992, 852 (854) – *Simulation von Radioaktivität*. Siehe auch Schiedsstelle v. 27.4.2016, Arb.Erf. 53/13 (www.dpma.de).

770 Vgl. hierzu Schiedsstelle v. 27.4.2016, Arb.Erf. 53/13 (www.dpma.de).

771 LG Düsseldorf v. 1.3.2023, Düsseldorfer Entscheidungen Nr. 3275, Rn. 64 f. – *Lacosamid-Synthese*.

772 Vgl. Bartenbach/Volz, § 9 ArbEG, Rn. 314; vgl. auch Schiedsstelle v. 23.7.1991, BlPMZ 1993, 114 (115) – *Mischer* u. v. 16.4.1991, BlPMZ 1993, 114 – *Austauschvertrag*.

773 Vgl. Bartenbach, Zwischenbetriebl. F. + E.-Kooperation, S. 121.

774 Vgl. statt vieler Hellebrand, FS Bartenbach (2005), 141 ff. (insbesondere 142).

eines Arbeitgebers im Verhältnis zu ihrem Arbeitgeber bei der Vergütungsberechnung so behandelt, als seien sie insgesamt die alleinigen Erfinder; der Miterfinderanteil der Arbeitnehmer anderer Arbeitgeber bleibt also unberücksichtigt.[775] Allein der Nutzen, der dem jeweiligen Arbeitgeber zufließt, wird der Bemessung zugrunde gelegt,[776] ohne Rücksicht darauf, was der andere Arbeitgeber bei der Erfindungsnutzung an wirtschaftlichen Vorteilen aus dem gemeinschaftlichen Schutzrecht erzielt.[777] Daraus folgt, dass ein Erfinder, der zwar im Vergleich zu Miterfindern anderer Unternehmen nur Miterfinder, aber in dem Unternehmen seines Arbeitgebers der einzige Miterfinder ist, mit einem Erfinderanteil von 100 %, also mit dem vollen Erfindungswert, den die Nutzung dieser Erfindung für seinen Arbeitgeber hat, bei seiner Vergütungsberechnung zu berücksichtigen ist.[778] Die Berechtigung folgt aus § 9 ArbEG. Danach bestimmt sich die Vergütung nach den wirtschaftlichen Vorteilen, die dem Arbeitgeber – und nicht Dritten – zufließen.[779] Vermittelt der Miterfinder dem Arbeitgeber die wirtschaftlichen Vorteile allein mittels seines Miterfinderanteils, unterscheidet sich diese Situation nicht von der des Alleinerfinders. Dieser Gedanke muss auch bei einer Miterfinderschaft innerhalb eines Konzernverbundes herangezogen werden, wenn ebenfalls lediglich der wirtschaftliche Nutzen des jeweiligen Arbeitgebers für die Ermittlung des Erfindungswertes maßgeblich ist, während die Umsätze der anderen Konzernunternehmen unberücksichtigt bleiben.

Der wirtschaftliche »Ausgleich« erfolgt durch die Berücksichtigung der »geteilten 323
Monopolstellung« des Arbeitgebers, der seine (Mit-)Inhaberschaft an der Erfindung mit den anderen Arbeitgebern der übrigen Erfinder teilen muss. Diese »geteilte Monopolstellung« führt etwa bei der Berechnung des Erfindungswertes nach der Lizenzanalogie zu einem (entsprechend) geminderten Lizenzsatz. Im wirtschaftlichen Ergebnis muss das vergütungsrechtliche Abstellen auf eine »Alleinerfinderschaft« also nicht zu einer höheren Vergütung führen.

Der Grundsatz der arbeitgeberbezogenen Bestimmung des Miterfinderanteils bei 324
Gemeinschaftserfindungen wird zutreffend bei folgenden Nutzungssituationen durchbrochen:

---

775 Schiedsstelle v. 6.12.1983, Arb.Erf. 02/83 (unveröffentl.); v. 20.1.1995, Arb.Erf. 12/94 (Datenbank Schiedsstellenpraxis); v. 5.6.1998, Arb.Erf. 81/96; v. 19.10.2007, Arb.Erf. 14/06; v. 31.1.2008, Arb.Erf. 01/07 u. v. 23.11.2010, Arb.Erf. 33/09 (alle unveröffentl.); v. 11.4.2018, Arb.Erf. 27/16; v. 21.11.2018, Arb.Erf. 18/17; v. 2.5.2019, Arb.Erf. 16/17 (alle www.dpma.de); siehe auch Schiedsstelle v. 16.4.1991, BlPMZ 1993, 114 – *Austauschvertrag*; ausführlich hierzu Bartenbach, Zwischenbetriebl. F.+ E.-Kooperation, S. 123 ff.

776 Vgl. den Hinweis der Schiedsstelle v. 7.2.1985, Arb.Erf. 71/84 (unveröffentl.) auf den Lösungsansatz in mehreren Einigungsvorschlägen, bei Fehlen einer Vereinbarung »bei Inhaberschaft verschiedener Firmen jede Firma nur die Erfindervergütung für ihre eigene Diensterfindung zahlen zu lassen, und zwar im Umfang ihrer eigenen Nutzung«; vgl. auch Schiedsstelle v. 23.7.1991, BlPMZ 1993, 114 (115) – *Mischer*; Schiedsstelle v. 11.1.2018, Arb.Erf. 41/16 u. v. 11.4.2018, Arb.Erf. 27/16 (beide www.dpma.de).

777 Schiedsstelle v. 20.1.1995, Arb.Erf. 12/94 (Datenbank Schiedsstellenpraxis).

778 Schiedsstelle v. 20.1.1995, Arb.Erf. 12/94 (Datenbank Schiedsstellenpraxis).

779 Siehe dazu Rdn. 655 ff.

325 Bei Einbringung der Diensterfindung in einen Schutzrechtspool geht die Schiedsstelle davon aus, dass der dem Schutzrechtspool zugrundeliegende Austauschvertrag so geschlossen worden ist, dass sich die Vor- und Nachteile bezüglich der Lizenzeinnahmen aus den verschiedenen Schutzrechten ausgleichen. Aus diesem Grund soll jeder Erfinder in einer solchen Situation ungeachtet der Aufteilung der Lizenzeinnahmen zwischen den Arbeitgebern mit seinem tatsächlichen Miterfinderanteil an der Diensterfindung entsprechend an den Lizenzeinnahmen beteiligt werden.[780]

326 Darüber hinaus sind die Miterfinderanteile auch dann insgesamt bei der Vergütungsberechnung zu berücksichtigen, wenn die Nutzung der Erfindung durch alle Vertragspartner bzw. alle Arbeitgeber gemeinschaftlich erfolgt und deshalb die Ermittlung des Erfindungswertes auf dieser Grundlage stattfindet.[781]

2. Sonstige Rechte und Pflichten

327 Außer im Rahmen der Vergütung kann sich die besondere Konzernsituation auch auf die sonstigen Rechte und Pflichten der Beteiligten bei einer Miterfinderschaft auswirken.

a) des Arbeitgebers

328 Grundsätzlich hat der Arbeitgeber alle Erklärungen, die er bei einer Alleinerfinderschaft eines Arbeitnehmers diesem gegenüber abzugeben hat, im Falle einer Miterfinderschaft gegenüber jedem einzelnen Miterfinder abzugeben. Nur dadurch können die Erklärungen die entsprechenden Rechtsfolgen nach sich ziehen.

329 Da z.B. eine Inanspruchnahme bei einer Miterfinderschaft jeweils nur den Anteil des einzelnen Miterfinders erfasst (vgl. § 747 Satz 1 BGB), ist für eine vollständige Rechtsüberleitung auch die Inanspruchnahmeerklärung gegenüber jedem einzelnen Miterfinder erforderlich bzw. ein entsprechendes Wirksamwerden der Inanspruchnahmefiktion gegenüber jedem Miterfinder.[782]

330 Die Pflicht zur unverzüglichen Schutzrechtsanmeldung im Inland besteht nach § 13 Abs. 1 ArbEG[783] gegenüber jedem Arbeitnehmer-Miterfinder. Sind die Miterfinder in verschiedenen konzernangehörigen Unternehmen angestellt, können deren Arbeitgeber die Schutzrechtsanmeldung im Inland im Hinblick auf § 744 Abs. 1 BGB nur gemeinschaftlich vornehmen. Das lediglich formelle Anmelderecht nach § 13 Abs. 1 ArbEG kann den einzelnen Konzernarbeitgebern keine andere Befugnis vermitteln, als sie den Arbeitnehmer-Miterfindern als Teilhaber an der mit Fertigstellung der Erfindung entstandenen Bruchteilsgemeinschaft selbst zustünde.[784]

---

780 Schiedsstelle v. 16.4.1991, BlPMZ 1993, 114 – *Austauschvertrag.*

781 OLG Frankfurt v. 30.4.1992, GRUR 1992, 852 (854) – *Simulation von Radioaktivität.*

782 Siehe nur OLG Düsseldorf v. 26.7.2018, GRUR 2018, 1037 (1041 [Tz. 107]) – *Flammpunktprüfungsvorrichtung.*

783 Siehe hierzu Rdn. 546 ff.

784 Bartenbach, Zwischenbetriebl. F. + E.-Kooperation, S. 108. Der BGH hat die Geltung des § 744 Abs. 2 BGB allerdings in der Entscheidung »Beschichtungsverfahren« (v. 27.9.2016,

Sind dagegen die jeweiligen Erfindungsanteile von den einzelnen Arbeitgebern in Anspruch genommen und z.B. auf eine Konzernpatentgesellschaft übertragen worden, liegt das Anmelderecht auch nur bei diesem Rechtserwerber. Die konzernverbundenen Arbeitgeber werden mit der Rechtsübertragung von ihrer Anmeldepflicht – und zugleich ihrem Anmelderecht (vgl. § 6 Satz 1 PatG) – frei.[785] Das erwerbende Konzernunternehmen ist auch befugt, mehrere Diensterfindungen zu einer Schutzrechtsanmeldung zusammenzulegen und damit den Erfindungsgegenstand sachgerecht zu erweitern. 331

Die Bindung der Miterfinder bzw. ihrer jeweiligen (Konzern-) Arbeitgeber nach Inanspruchnahme (vgl. § 6 Satz 2 PatG) wirkt sich auch bei dem Recht auf Schutzrechtsanmeldungen im Ausland (§ 14 ArbEG) aus.[786] Schutzrechtsanmeldungen im Ausland (§ 14 Abs. 2 ArbEG) beschränken sich notwendigerweise auf den jeweiligen, vom Arbeitgeber übergeleiteten Miterfinderanteil.[787] Die Pflicht entfällt wiederum im Falle der Übertragung der Erfindungsrechte an dem jeweiligen Miterfinderanteil auf ein konzernangehöriges Unternehmen bzw. einen sonstigen Dritten.[788] 332

Auch die Mitteilung im Sinne des § 16 Abs. 1 ArbEG, ein Schutzrecht aufgeben zu wollen, muss gegenüber jedem einzelnen Miterfinder erklärt werden.[789] In diesem Zusammenhang ist zu beachten, dass diese Mitteilung die durch die Inanspruchnahme der Erfindung aufgehobene Bruchteilsgemeinschaft zwischen den Miterfindern nicht wieder aufleben lässt.[790] Die ex-nunc-Wirkung, mit der der Arbeitnehmer zum Zeitpunkt der von ihm geforderten Abtretung seines Miterfinderanteils Rechtsnachfolger wird, lässt demgegenüber eine neue Bruchteilsgemeinschaft zwischen den einzelnen, die Rechtsposition übernehmenden Beteiligten entstehen.[791] 333

Soweit der Arbeitgeber bei Verzicht einzelner Miterfinder auf die Übertragung ihres Anteils die Rechtsinhaberschaft bezüglich dieser Anteile behält,[792] wird er ab diesem Zeitpunkt Teil der neuen, zwischen den übrigen (übernehmenden) Miterfindern entstehenden Bruchteilsgemeinschaft.[793] Aufgrund des Umstands, dass der Übertragungsanspruch im Sinne des § 16 Abs. 2 ArbEG die Kehrseite des Rechts des 334

GRUR 2016, 1257 (1258 [Tz. 19 ff.])) offengelassen, aber bei Anmeldung durch einzelne Teilhaber jedenfalls deren schadensersatzbewehrte Rechtspflicht zur Anmeldung auf den Namen aller Teilhaber unter vollständiger Benennung aller Miterfinder klargestellt.

785 Siehe dazu Rdn. 504 ff.

786 Siehe hierzu Rdn. 582 ff.

787 Bartenbach/Volz, § 14 ArbEG, Rn. 82.

788 Vgl. Rdn. 592 ff.

789 Schiedsstelle v. 13.12.1993, Arb.Erf. 127/92 (Datenbank Schiedsstellenpraxis); Reimer/Schade/Schippel/Trimborn, § 16 ArbEG, Rn. 9.

790 Bartenbach/Volz, § 16 ArbEG, Rn. 94.

791 So auch LG Berlin v. 12.8.1997, 16 O 67/97 (unveröffentl.).

792 Schiedsstelle v. 13.12.1993, Arb.Erf. 127/92 (Datenbank Schiedsstellenpraxis); Keukenschrijver in Busse/Keukenschrijver, PatG, § 16 ArbEG, Rn. 21.

793 H.M., z.B. OLG Karlsruhe v. 22.1.2014, 6 U 127/18 (unveröffentl.) u. v. 24.6.2020, GRUR 2021, 52 – Zündlanze; Schiedsstelle v. 22.5.2017, Arb.Erf. 21/15 (www.dpma.de); so auch Schwab, GRUR 2019, 670 (672).

Arbeitgebers aus der Inanspruchnahme nach §§ 6, 7 ArbEG darstellt,[794] können die übrigen Miterfinder nicht die Übertragung der beim Arbeitgeber verbleibenden Restanteile verlangen.[795] Andernfalls könnte ein Arbeitnehmererfinder die Übertragung von Rechten verlangen, die ihm nicht zustehen. Insoweit kann der Arbeitnehmererfinder nicht mehr verlangen, als er früher erbracht hat und ihm infolge der Inanspruchnahme seines Miterfinderanteils genommen worden ist.[796] Während die Miterfinder, die ausdrücklich oder durch Verstreichenlassen der Frist auf die Übertragung ihres Anteils verzichtet haben, dies nicht mehr rückgängig machen können, bleibt der Arbeitgeber in der Entscheidung frei, ob er selbst Rechtsinhaber bleibt oder diese Erfindungsrechte auf einen anderen (zur Übernahme bereiten) Miterfinder oder einen Dritten überträgt.[797]

335 Die Schiedsstelle ist zu Recht der Auffassung, dass dann, wenn mehrere Arbeitgeber eine Inanspruchnahme der Erfindungsanteile ihrer Arbeitnehmer erklärt und eine gemeinsame Schutzrechtsanmeldung durchgeführt haben, die Vorschrift des § 16 ArbEG für jeden dieser Arbeitgeber, der sich von seiner Schutzrechtsposition trennen will, in Bezug auf seine Arbeitnehmererfinder zu beachten ist, ohne dass eine eventuell bestehende Bindung des Arbeitgebers an Kooperationspartner bzw. an andere Konzerngesellschaften maßgeblich ist.[798] Überträgt ein konzernverbundener Arbeitgeber seine Anteile auf seine Arbeitnehmererfinder, so setzt sich die Bruchteilsgemeinschaft dann zwischen diesen und den übrigen Konzernunternehmen bzw. – bei paralleler Aufgabe – deren Arbeitnehmern fort.[799]

336 Die Geheimhaltungspflicht des Arbeitgebers nach § 24 Abs. 1 ArbEG[800] ist – aus der Sache heraus – gegenüber Miterfindern insoweit eingeschränkt, als die Miterfinder bereits aufgrund ihrer Miterfindereigenschaft Kenntnis vom Erfindungsgegenstand erhalten haben. Eine weitere Einschränkung kann sich bei einer auf mehrere Konzernunternehmen erstreckten Miterfinderschaft ergeben, da diese notwendigerweise einen umfassenden Informationsaustausch erfordert.

b) des Arbeitnehmers

337 Jeder Miterfinder muss seine Meldepflicht nach § 5 ArbEG selbst erfüllen; die Meldung durch einen anderen Miterfinder befreit die übrigen Miterfinder nicht von dieser

794 KG Berlin v. 27.7.1999, 5 U 7477/97 (unveröffentl.).

795 Volmer/Gaul, § 16 ArbEG, Rn. 235; Bartenbach/Volz, § 16 ArbEG, Rn. 95; Schiedsstelle v. 14.10.2010, Arb.Erf. 34/08 (Datenbank Schiedsstellenpraxis); v. 1.12.2010, Arb.Erf. 47/08 (unveröffentl.) u. v. 22.5.2017, Arb.Erf. 21/15 (www.dpma.de), a.A. Boemke/Kursawe/Niethammer/Maier, § 16 ArbEG, Rn. 135.

796 Schiedsstelle v. 14.10.2010, Arb.Erf. 34/08 (Datenbank Schiedsstellenpraxis).

797 Schiedsstelle v. 13.12.1993, Arb.Erf. 127/92 (Datenbank Schiedsstellenpraxis).

798 Schiedsstelle v. 7.2.1985, Arb.Erf. 71/84 (unveröffentl.).

799 So Bartenbach/Volz, § 16 ArbEG, Rn. 100.

800 Siehe hierzu Rdn. 954 ff.

Pflicht.[801] Im Rahmen der Geltung des ArbEG räumt § 5 Abs. 1 Satz 2 ArbEG den Miterfindern jedoch die Möglichkeit der gemeinsamen Meldung ein, sei es durch entsprechende Erklärung einer gemeinsamen Meldung in Textform bzw. durch eigenhändige Unterzeichnung der gemeinsamen Meldung oder durch Bevollmächtigung eines Miterfinders zur Abgabe einer gemeinsamen Meldung. Die Meldepflicht ist auch dann erfüllt, wenn die die Erfindungsmeldung nicht unterzeichnenden Miterfinder nicht nur als Beteiligte am Zustandekommen der Erfindung, sondern in der Meldung zugleich – aufgrund einer Bevollmächtigung – namentlich als Meldende bzw. Absender der Meldung aufgeführt werden.[802] Wird nachträglich ein Miterfinder bekannt, so hat dieser seine Erfindungsmeldung unverzüglich nachzuholen.[803] Eine voneinander unabhängige Meldung der Erfindung ist auch vor dem Hintergrund, dass der Arbeitgeber für die Bestimmung der Miterfinderanteile bei der Erfindervergütung auf die Informationen der einzelnen Miterfinder hinsichtlich des Umfangs ihres jeweiligen Beitrags an der Erfindung angewiesen ist, zweckmäßig.[804]

Sind einzelne Miterfinder aus unterschiedlichen Konzerngesellschaften an der Erfindung beteiligt, haben sie auch unterschiedliche Arbeitgeber. In einem solchen Fall kann ein Miterfinder seiner Meldepflicht nur gegenüber dem eigenen Arbeitgeber nachkommen.[805] In diesem Zusammenhang betont die Schiedsstelle, dass der Gedanke der Einheit des Konzerns bzw. die Rechtsprechung des BGH in der Entscheidung »Abgestuftes Getriebe«[806] mittels der Kunstfigur der »vernünftigen Lizenzvertragsparteien« unter bestimmten Voraussetzungen lediglich einen Rückgriff auf außerhalb des Unternehmens liegende Umsätze als Berechnungsgrundlage für den Erfindungswert ermöglicht. Eine eventuelle Einheit des Konzerns ändert jedoch nichts an den vom Arbeitnehmererfindergesetz vorgegebenen Rechte- und Pflichtenzuordnungen in Bezug auf die natürliche Person Arbeitnehmer und die natürliche oder juristische Person Arbeitgeber, die wiederum im Arbeitsvertrag festgelegt sind. Wenn in einer Konzernstruktur der deutsche Erfinder eine Erfindung nur der amerikanischen Muttergesellschaft, nicht aber dem deutschen Arbeitgeber meldet und die amerikanische Konzernmutter daraufhin ein Patent (in den USA) anmeldet, liegen selbst dann die Voraussetzungen für das Freiwerden der Erfindung im Hinblick auf den deutschen Arbeitgeber nach der Rechtsprechung des BGH nicht vor, wenn solche Meldungen mit einer konzerninternen EDV erfolgen, die möglicherweise einen konzernweiten Zugriff auf die Eingaben ermöglicht.[807] Steht der Arbeitnehmer in einem weiteren Arbeitsverhältnis zu einer anderen Konzerngesellschaft, während das Arbeitsver- 338

801 Schiedsstelle v. 15.1.1997, Arb.Erf. 39/95 (Datenbank Schiedsstellenpraxis); siehe auch BGH v. 12.4.2011, GRUR 2011, 733 (736 [Tz. 21]) – *Initialidee.*

802 Vgl. OLG Frankfurt am Main v. 22.7.2021, GRUR 2021, 1504 (1506 [Tz. 22]) – Kunststoffsack; so auch BGH v. 14.11.2023, GRUR 2024, 454 (458 [Tz. 73 ff.]) – Kunststoffsack.

803 Keukenschrijver in Busse/Keukenschrijver, PatG, § 5 ArbEG, Rn. 19; OLG Düsseldorf v. 28.2.1950, GRUR 1950, 524.

804 Vgl. den Wortlaut des § 5 Abs. 2 Satz 2 ArbEG.

805 Vgl. nur Bartenbach, Zwischenbetriebl. F. + E.-Kooperation, S. 83 f.

806 Vgl. hierzu Rdn. 69.

807 Schiedsstelle v. 18.12.2014, Arb.Erf. 61/10 (www.dpma.de).

hältnis mit seinem bisherigen Arbeitgeber ruht (Doppelarbeitsverhältnis[808]), so steht der Arbeitnehmer sowohl gegenüber seinem bisherigen sowie gegenüber dem neuen Arbeitgeber in der Verpflichtung zur Meldung der Erfindung.[809]

339 Besteht eine zentrale Patentverwertungsgesellschaft, die zur Entgegennahme der Erfindungsmeldungen bevollmächtigt ist, ist diese Bevollmächtigung allen Miterfindern mitzuteilen.

808 Siehe hierzu Rdn. 196 ff.

809 Bartenbach/Volz, § 5 ArbEG, Rn. 9.2.

D. Die Zuordnung der Arbeitnehmererfindung im Konzern

Übersicht Rdn.

Die rechtliche Zuordnung einer patent- oder gebrauchsmusterfähigen Arbeitnehmererfindung bestimmt sich nach deren Charakter, also danach, ob es sich um eine Diensterfindung (§ 4 Abs. 2 ArbEG) oder eine freie Erfindung (§ 4 Abs. 3 ArbEG) des Arbeitnehmers handelt. Nur Diensterfindungen unterliegen den Beschränkungen der §§ 5–17 ArbEG, insbesondere dem Inanspruchnahmerecht des Arbeitgebers bzw. der Wirkung der Inanspruchnahmefiktion (§ 6 Abs. 2 ArbEG), während die freien Erfindungen, also solche, die ohne oder nur mit unbedeutendem Einfluss des 340

Unternehmens entwickelt worden sind,[810] im Grundsatz beim Arbeitnehmererfinder verbleiben.

I. Der Begriff der Diensterfindung – Auswirkungen des Konzernverbundes

341 Nach der Legaldefinition des § 4 Abs. 2 ArbEG sind Diensterfindungen solche Erfindungen, die entweder aus der dem Arbeitnehmer im Betrieb oder in der öffentlichen Verwaltung obliegenden Tätigkeit entstanden sind (§ 4 Abs. 2 Nr. 1 ArbEG) oder maßgeblich auf Erfahrungen oder Arbeiten des Betriebes oder der öffentlichen Verwaltung beruhen (§ 4 Abs. 2 Nr. 2 ArbEG). Kennzeichen einer Diensterfindung ist damit, dass deren Zustandekommen zu einem erheblichen Teil auf Initiativen oder Leistungen des Arbeitgebers beruht.[811] Die schöpferische Leistung des Arbeitnehmers muss in Abhängigkeit zum Arbeitsverhältnis gesehen werden – ein Umstand, der sich zwangsläufig im Vergütungsanspruch nach § 9 ArbEG niederschlägt.[812] Die Qualifizierung als Diensterfindung ist weder davon abhängig, ob sie dem Arbeitgeber nützlich ist, noch ob sie in den Arbeitsbereich des Unternehmens fällt, dort also verwendet bzw. verwertet werden kann.[813]

Da zwingende Voraussetzung für eine Diensterfindung ein schöpferischer Beitrag und damit eine geistige Leistung einer natürlichen Person ist, wird eine Erfinderschaft einer Künstlichen Intelligenz (KI)[814] – soweit ersichtlich, zumindest im (hier maßgeblichen) deutschen Recht – regelmäßig nicht anerkannt.[815]

342 Liegt – wie im Konzernbereich die Regel – eine Miterfinderschaft vor, ist die Einstufung als Diensterfindung in Bezug auf jeden einzelnen Miterfinder durchzuführen.[816]

1. Schutzfähigkeit

a) Patent- und Gebrauchsmusterfähigkeit

343 Als Erfindungen gelten nach § 2 ArbEG nur solche, die patent- oder gebrauchsmusterfähig sind. Diese Schutzfähigkeit bestimmt sich ausschließlich nach dem Patent- und Gebrauchsmusterrecht. In erster Linie ist damit auf das deutsche Patentgesetz (vgl. §§ 1–5 PatG) bzw. das Gebrauchsmustergesetz (vgl. §§ 1–3 GebrMG) abzu-

810 So Bartenbach/Volz, § 4 ArbEG, Rn. 1; vgl. hierzu Rdn. 999 ff.

811 BGH v. 4.4.2006, GRUR 2006, 754 (756 [Tz. 23]) – *Haftetikett.*

812 Vgl. BGH v. 16.4.2002, GRUR 2002, 801 (802 [Tz. 21]) – *Abgestuftes Getriebe.*

813 Vgl. Amtl. Begr. BT-Drucks. II/1648, S. 19 = BlPMZ 1957, 228.

814 Siehe hierzu auch Rdn. 266 sowie Rdn. 271.

815 Vgl. zum Meinungsstand bei einer KI als Erfinder: Krausen, Künstl. Intelligenz als Erf. u. Erfinder (2023), S. 119 ff., 182 ff., 250 f.; Gärtner GRUR 2022, 207 ff.; siehe auch Bartenbach/Volz/Kinting, Mitt. 2023, 429 u. 477.

816 Siehe dazu Rdn. 262 ff.

stellen.[817] Dem entspricht über Art. 66 EPÜ die Patentfähigkeit nach europäischem Recht (Art. 52–57 EPÜ).[818]

344 Eine gleiche Wirkung als Arbeitnehmererfindung im Sinne von § 2 ArbEG hat auch das EU-Einheitspatent (offiziell: Europäisches Patent mit einheitlicher Wirkung[819]). Maßgebliche Rechtsgrundlagen sind die EPVO[820] und das am 1.6.2023 in Kraft getretene EPGÜ.[821] Als neue alternative Patentart neben dem nationalen und dem europäischen Patent entfaltet das EU-Einheitspatent in allen teilnehmenden Mitgliedsstaaten eine einheitliche Wirkung. Es basiert auf einem nach dem EPÜ erteilten europäischen (Bündel-)Patent, d.h. dass der Inhaber eines europäischen Patents nach dessen Erteilung im Interesse eines einheitlichen Schutzes in den teilnehmenden Staaten einen Antrag auf einheitliche Wirkung stellen kann, so dass sich erfinderrechtlich in der Phase vor Erteilung grundsätzlich nichts ändern dürfte (vgl. Art. 9 Abs. 1 lit. g i.V.m. Art. 149 EPÜ u. Art. 3 EPVO). Diese zwingende Einheitlichkeit des Patents setzt voraus, dass die Benennungsstaaten des europäischen Patents alle teilnehmenden Staaten umfassen und das europäische Patent für diese Staaten dieselben Ansprüche haben muss (Art. 3 Abs. 1 i.V.m. Erwägungsgrund 7 EPVO, Regel 5 DOEPS).[822] Das EU-Einheitspatent wird nach Art. 7 Abs. 1 EPVO in seinen Rechtswirkungen wie ein nationales Patent desjenigen Staates behandelt, in dem der Patentanmelder zum Zeitpunkt der Einreichung der europäischen Anmeldung seinen Wohnsitz oder den Sitz seiner Hauptniederlassung, ggfs. einer Niederlassung, hat.

345 In Bezug auf das EU-Einheitspatent können sich mit Blick auf die Auslandsanmeldung (§ 14 ArbEG), die Schutzrechtsaufgabe (§ 16 ArbEG) und die Erfindervergütung Auswirkungen ergeben. Da das EU-Einheitspatent auf einem nach dem EPÜ erteilten europäischen Patent beruht, werden durch eine europäische Anmeldung mit dem Ziel eines EU-Einheitspatents die Anmeldepflichten des Arbeitgebers nach § 13 ArbEG vollumfänglich erfüllt. In Bezug auf die Aufgabe einer Schutzrechtsposition nach § 16 ArbEG ist zu beachten, dass das EU-Einheitspatent nur als »Block« aufgegeben oder übertragen werden könnte (vgl. Art. 3 Abs. 2 EPVO). Diese Schutzrechtsalternative

817 Vgl. Bayerischer VGH v. 31.3.1982, GRUR 1982, 559 (560) – *Albalonga*; zur Gleichstellung von Patent und Gebrauchsmuster s. BGH v. 20.6.2006, Mitt. 2006, 512 [Tz. 19] – *Demonstrationsschrank*.

818 Ganz h.M., Windisch, GRUR 1985, 829 (834 f.).

819 Siehe hierzu ausführlich dazu u.a. Tilmann, GRUR 2013, 157 f.; Teschemacher, Mitt. 2013, 153 ff.; Pagenberg, GRUR 2012, 582 ff.; Lutz, GRUR-Int. 2012, 331 f.; siehe auch EPA (Hrsg.), Leitfaden zum Einheitspatent – Erlangung, Aufrechterhaltung und Verwaltung des Einheitspatents, 2. Aufl. 2022.

820 VO (EU) Nr. 1257/2012 v. 17.12.2012 des Europäischen Parlaments und des Rates über die Umsetzung der Verstärkten Zusammenarbeit im Bereich der Schaffung eines einheitlichen Patentschutzes (ABl. EU L 361 v. 31.12.2012, S. 1).

821 Übereinkommen über ein Einheitliches Patentgericht v. 11.01.2013 (ABl. EU C 175 v. 20.6.2013, S. 1).

822 Siehe Amtl. Begr. zum Entwurf eines Gesetzes zur Anpassung patentrechtlicher Vorschriften auf Grund der europäischen Patentreform in BT-Drucks. 18/8827, S. 20.

bedeutet für den Arbeitgeber also den Zwang, ohne Differenzierungsmöglichkeit die gesamte Schutzrechtsposition für alle teilnehmenden EU-Staaten anbieten zu müssen.[823]

346 Im Grundsatz ergeben sich bei der Vergütung eines EU-Einheitspatents keine Unterschiede zur Vergütung z.B. eines europäischen Patents. Abzuwarten bleibt, ob und inwieweit ein EU-Einheitspatent mit seinem erweiterten Geltungsraum allgemeine Auswirkungen auf die Höhe des Lizenzsatzes und damit auf den Erfindungswert haben wird.

347 Die Wirkungen des ArbEG sind zunächst nicht von dem Nachweis abhängig, dass ein Patent oder Gebrauchsmuster erteilt wird; vielmehr reicht die einer Erfindung von vornherein anhaftende Fähigkeit aus, dass hierfür ein Schutzrecht erteilt werden kann.[824] Es ist zunächst Sache des Arbeitnehmers, mit der Art der Mitteilung zu entscheiden, ob es sich bei der von ihm entwickelten technischen Neuerung um einen (nicht schutzfähigen) technischen Verbesserungsvorschlag (§ 3 ArbEG) oder um eine schutzfähige Erfindung (§ 2 ArbEG) handelt. Er hat eine vorläufige Entscheidungsbefugnis und Verantwortung darüber, wie er diese von ihm fertiggestellte technische Neuerung meldet.[825] Die Entscheidung über die Schutzfähigkeit einer Erfindung treffen die Erteilungsbehörden im dafür vorgesehenen Erteilungsverfahren. Solange die mangelnde Schutzfähigkeit einer Diensterfindung nicht im Erteilungsverfahren rechtsbeständig geklärt ist bzw. ein erteiltes Schutzrecht nicht rechtskräftig widerrufen bzw. für nichtig erklärt wird, kann sich der Arbeitgeber grundsätzlich nicht mit Erfolg auf eine mangelnde Schutzfähigkeit der Erfindung berufen[826] und sich den gesetzlichen Regelungen des ArbEG entziehen.[827] Denn die Wirkungen des ArbEG knüpfen an die Fähigkeit einer als Diensterfindung gemeldeten technischen Lehre

---

823 Siehe dazu Bartenbach/Volz, FS Moll (2019), S. 11 ff.

824 Vgl. BGH v. 28.6.1962, GRUR 1963, 135 (136) – *Cromegal*; v. 2.6.1987, GRUR 1987, 900 (901 f.) – *Entwässerungsanlage* u. v. 15.5.1990, GRUR 1990, 667 (668) – *Einbettungsmasse*; OLG Düsseldorf v. 15.3.2007, InstGE 7, 210 [Tz. 35] – *Türbänder*; siehe auch Schiedsstelle v. 7.3.2016, Arb.Erf. 09/14 u. v. 24.1.2018, Arb.Erf. 39/16 (beide www.dpma.de); Meier-Beck, FS Reimann (2009), 309 (314 ff.).

825 Bartenbach/Volz, § 5 ArbEG, Rn. 22 ff.; siehe zur Mitteilung einer technischen Neuerung als qualifizierter technischer Verbesserungsvorschlag nach § 20 Abs. 1 ArbEG Schiedsstelle v. 27.02.2013, Arb.Erf. 20/10 (Datenbank Schiedsstellenpraxis).

826 Ständ. Rspr. z.B. BGH v. 6.2.2002, GRUR 2002, 609 (610 [Tz. 46]) – *Drahtinjektionseinrichtung* m.H.a. BGH v. 15.5.1990, GRUR 1990, 667 (668) – *Einbettungsmasse*; LG Düsseldorf v. 18.1.2018, Düsseldorfer Entscheidungen Nr. 2741 – *Photovoltaikanlage I*; Schiedsstelle v. 7.3.2016, Arb.Erf. 09/14 u. v. 24.10.2018, Arb.Erf. 39/16 (beide www.dpma.de); einschränkend Bartenbach/Volz, § 2 ArbEG, Rn. 19 für den Fall, dass eine Schutzfähigkeit im Einzelfall offensichtlich ausgeschlossen ist; im Ergeb. auch Keukenschrijver in Busse/Keukenschrijver, PatG, § 13 ArbEG, Rn. 3 sowie Schiedsstelle v. 7.12.2020, Arb.Erf. 46/19 (www.dpma.de) bei offenkundig fehlender erfinderischer Tätigkeit auf dem Gebiet der Technik bzw. einer naheliegenden Entnahme aus dem Stand der Technik.

827 Schiedsstelle v. 7.3.2016, Arb.Erf. 09/14 (www.dpma.de).

an, dass hierfür ein Schutzrecht erteilt werden kann.[828] Der Arbeitgeber kann nicht selbst verbindlich feststellen, ob eine gemeldete Diensterfindung schutzfähig ist oder nicht.[829] Der Arbeitgeber hat – neben einer Freigabe (§ 6 Abs. 2, § 8 Abs. 1 ArbEG) – nur die Möglichkeit, nach § 13 Abs. 2 Nr. 2 ArbEG die Zustimmung des Arbeitnehmererfinders zur Nichtanmeldung einzuholen oder bei Behandlung der technischen Lehre als Betriebsgeheimnis nach § 17 ArbEG zur Klärung der Schutzfähigkeit die Schiedsstelle anzurufen (§ 17 Abs. 2 ArbEG).

Wird in einem dazu vorgesehenen amtlichen oder gerichtlichen Verfahren die Schutz- 348
unfähigkeit einer Erfindung rechtsbeständig festgestellt, entfallen ab diesem Zeitpunkt die auf eine Diensterfindung bezogenen gegenseitigen Rechte und Pflichten aus dem ArbEG. Die Feststellung der Schutzunfähigkeit wirkt im Grundsatz zwar ex tunc (vgl. § 58 Abs. 2 PatG).[830] Aber erst ab dem Zeitpunkt der Feststellung der Schutzunfähigkeit kann der Arbeitgeber die nicht schutzfähige Erfindung wie jedes andere Arbeitsergebnis frei von Vergütungsansprüchen aus § 9 ArbEG nutzen.[831] Für Nutzungen der Erfindung bis zur Klärung der Schutzfähigkeit geschuldete und erbrachte Vergütungen können nicht verweigert oder zurückverlangt werden (§ 12 Abs. 6 Satz 2 ArbEG). Etwas anderes gilt nur dann, wenn eine offenbar oder wahrscheinlich vernichtbare Schutzrechtsposition von den Wettbewerbern des Arbeitgebers nicht mehr beachtet wird, der Arbeitgeber also nicht mehr über eine Vorzugsstellung aufgrund des Ausschließlichkeitsrechts verfügt.[832]

b) Konzernbezug

Im Regelfall ergeben sich hier keine Besonderheiten im Konzernbezug. Allerdings 349
kann sich, insbesondere bei multinationalen Konzernen, die Frage der Schutzfähigkeit lediglich nach ausländischem Recht ergeben. Ob bei mangelnder Schutzfähigkeit nach deutschem Patent- oder Gebrauchsmusterrecht eine nur nach dem Recht eines ausländischen Staates bestehende Schutzfähigkeit als Grundlage insbesondere für Erfindervergütungsansprüche ausreicht, ist sehr umstritten.[833] Diese Frage kann

---

828 Grundlegend BGH v. 28.6.1962, GRUR 1963, 135, 136 – Cromegal; OLG Düsseldorf v. 15.3.2007, InstGE 7, 210 – Türbeschläge; folgend auch Schiedsstelle, z.B. v. 12.6.2013, Arb.Erf. 61/11; v. 22.3.2017, Arb.Erf. 15/15; v. 12.9.2017, Arb.Erf. 05/16; v. 24.1.2018, Arb. Erf. 39/16 u. v. 13.2.2019, Arb.Erf. 18/18 (alle www.dpma.de).

829 Schiedsstelle v. 8.2.1991, GRUR 1991, 753 (755) – *Spindeltrieb* u. v. 7.3.2016, Arb. Erf. 09/14 (www.dpma.de).

830 Vgl. nur OLG Karlsruhe v. 13.4.2018, GRUR 2018, 1030 (1037 [Tz. 55]) – Rohrleitungsprüfung.

831 So z.B. Schiedsstelle v. 9.10.2012, Arb.Erf. 39/11 u. v. 13.2.2019, Arb.Erf. 47/18 (beide www.dpma.de).

832 OLG Düsseldorf v. 15.3.2007, InstGE 7, 210 [Tz. 41] – *Türbänder.*

833 Bejahend Schiedsstelle v. 19.1.1970, BlPMZ 1970, 426; v. 26.4.1976, BlPMZ 1977, 202; v. 25.7.2007, Arb.Erf. 27/04 u. v. 23.2.2010, Arb.Erf. 37/08 (beide unveröffentl.); v. 3.8.2022, Arb.Erf. 51/20 (www.dpma.de); Reimer/Schade/Schippel/Trimborn, § 14 ArbEG, Rn. 12; Sack, RIW 1989, 612 (613); verneinend Volmer/Gaul, § 2 ArbEG, Rn. 86 u. Bartenbach/Volz, § 2 ArbEG, Rn. 25; differenzierend Keukenschrijver in Bus-

im Konzernbereich etwa dann relevant werden, wenn die deutsche bzw. europäische Patentanmeldung mangels erfinderischer Tätigkeit zurückgewiesen wird, dagegen in Auslandsstaaten, in denen parallele Patente angemeldet worden sind, die Patenterteilung durchgesetzt werden kann. Angesichts des Bezuges auf das deutsche Recht in § 2 ArbEG erscheint ein Festhalten an dem Erfordernis der Schutzfähigkeit nach deutschem Recht geboten. Folglich reichen allein im Ausland erteilte Schutzrechte nicht aus, um eine schutzfähige Diensterfindung im Sinne des § 4 Abs. 2 ArbEG anzunehmen. Diese Entwicklungsergebnisse stehen vielmehr als bloße Arbeitsergebnisse dem Arbeitgeber zur Verfügung. Nutzungshandlungen in einem geschützten Auslandsstaat können nach §§ 3, 20 Abs. 1 ArbEG gegebenenfalls als qualifizierter Verbesserungsvorschlag vergütungspflichtig sein.[834]

350 Demgegenüber nimmt die Schiedsstelle trotz der von ihr angenommenen grundsätzlichen Gleichbehandlung von In- und Auslandsschutzrechten bei mangelndem Inlandsschutz eine Minderung des Erfindungswertes für das ausländische Schutzrecht an.[835] Ergibt sich in einem ausländischen Patenterteilungsverfahren die mangelnde Schutzfähigkeit einer parallelen Schutzrechtsposition, besteht die Vermutung, dass auch das deutsche Schutzrecht zukünftig keinen Bestand haben kann[836] und umgekehrt.[837]

2. Fertigstellung während des Arbeitsverhältnisses

a) Grundsätze

351 Für das Zugriffsrecht eines Arbeitgebers auf eine Diensterfindung ist erforderlich, dass die Erfindung während der (rechtlichen) Dauer des Arbeitsverhältnisses gemacht wurde.

352 »Gemacht«, also fertig gestellt, ist eine Erfindung dann, wenn sich dem Erfinder die Kenntnis erschließt, wie mit bestimmten technischen Mitteln ein konkretes technisches Problem gelöst werden kann[838] und die der Erfindung zugrundeliegende Lehre als Anweisung zum technischen Handeln technisch ausführbar ist, wenn also der Durchschnittsfachmann nach den Angaben des Erfinders ohne eigene erfinderische Überlegungen notfalls mit Hilfe orientierender, das übliche Maß nicht übersteigender Versuche mit Erfolg arbeiten kann.[839] Irrtum oder Unkenntnis des Erfinders über die

---

se/Keukenschrijver, PatG, § 2 ArbEG, Rn. 2; Keukenschrijver, FS Bartenbach (2005), 243 (247 f.).

834 Bartenbach/Volz, § 9 ArbEG, Rn. 15.

835 Schiedsstelle v. 25.7.2007, Arb.Erf. 27/04 (unveröffentl.) – dort Minderung um 50 %.

836 OLG Düsseldorf v. 15.3.2007, InstGE 7, 210 (218) – *Türbeschläge* m.H.a., BGH v. 8.12.1981, GRUR 1982, 227 – *Absorberstab-Antrieb II.*

837 BGH v. 10.7.1979, GRUR 1979, 869, 872 – *Oberarmschwimmringe.*

838 Schiedsstelle v. 7.3.2016, Arb.Erf. 09/14 (www.dpma.de).

839 BGH v. 10.11.1970, GRUR 1971, 210 (212) – *Wildverbissverhinderung* m. Anm. Fischer; ähnl. OLG Thür. v. 7.12.2011, Mitt. 2012, 364 (366) – *Allwettertrittschicht*; OLG Karlsruhe v. 28.4.2010, GRUR 2011, 318 (320) – *Initialidee*; ständige Praxis der Schiedsstelle, z.B. v. 27.6.1991, Arb.Erf. 96/89 (unveröffentl.); v. 10.4.2008, Arb.Erf. 43/06; v. 6.11.2008, Arb.Erf. 39/07 (beide Datenbank Schiedsstellenpraxis); v. 28.7.2009, Arb.Erf. 29/06

technische Ausführbarkeit der Erfindung sind unbeachtlich.[840] Zur patentrechtlichen Qualität als fertige Erfindung gehört auch eine »Verlautbarung« der erfinderischen Lehre, ohne dass diese an eine besondere Form gebunden (z.B. mündliche Mitteilung an den Vorgesetzten) ist.[841]

Diese Fertigstellung muss in die Zeit des Arbeitsverhältnisses fallen. Dies ist die Zeitspanne, die mit dem ersten Tag des Arbeitsverhältnisses beginnt und mit dessen letztem Tag aufhört. Dabei kommt es auf die rechtliche und nicht die tatsächliche Dauer des Arbeitsverhältnisses an.[842] Im Rahmen der Altersteilzeit besteht das (rechtliche) Arbeitsverhältnis auch während der passiven Freistellungsphase fort.[843] 353

Gleichgültig ist, wann der Arbeitnehmer seine Arbeit tatsächlich aufgenommen hat und ob er bis zum letzten Tag tatsächlich tätig war; auch kommt es nicht darauf an, inwieweit die Erfindung während der Arbeitszeit (vgl. § 2 Abs. 1 ArbZG) fertiggestellt worden ist.[844] Ist die Erfindung dagegen bereits vor Begründung des Arbeitsverhältnisses fertiggestellt, handelt es sich um die Erfindung eines freien Erfinders[845] oder eine Erfindung, die der frühere Arbeitgeber beanspruchen kann. Dabei ist es ohne Bedeutung, dass eine Schutzrechtsanmeldung erst während des Bestandes des Arbeitsverhältnisses erfolgt.[846] Sind allerdings nur wesentliche Vorarbeiten vor Beginn des Arbeitsverhältnisses erbracht, kommt es maßgeblich auf die Fertigstellung im neuen Arbeitsverhältnis an.[847] 354

Die Beweislast für die Fertigstellung der Erfindung während der Dauer des Arbeitsverhältnisses trägt der Arbeitgeber.[848] 355

(unveröffentl.); v. 12.6.2013, Arb.Erf. 61/11 (www.dpma.de); vgl. auch LG Düsseldorf v. 23.4.2002, InstGE 2, 100 (102) – *Korrosionsschutzmittel* u. v. 18.1.2011, InstGE 12, 264 – *Krankheitsvorhersage*; siehe auch BGH v. 21.6.2022, GRUR 2022, 1501 (1505 [Tz. 72]) – Datensendeleistung m.H.a. BGH v. 3.2.2015, GRUR 2015, 472 (475 [Tz. 35]) – Stabilisierung der Wasserqualität u. v. 29.3.2022, GRUR 2022, 813 (819 [Tz. 69]) – Übertragungsleistungssteuerungsverfahren.

840 BGH v. 10.11.1970, GRUR 1971, 210 (212) – *Wildverbissverhinderung* m. Anm. Fischer.

841 Vgl. etwa BGH v. 18.5.2010, GRUR 2010, 817 (819 [Tz. 28]) – Steuervorrichtung u. LG Hamburg v. 21.7.2022, GRUR-RS 2022, 28491 (Rn. 31) – Rohrfertigungsanlage.

842 BGH v. 18.5.1971, GRUR 1971, 407 (408) – *Schlussurlaub* m. zust. Anm. Schippel; Schiedsstelle v. 10.4.2008, Arb.Erf. 43/06 (Datenbank Schiedsstellenpraxis).

843 Schiedsstelle v. 25.10.2012, Arb.Erf. 36/11 (unveröffentl.).

844 Reimer/Schade/Schippel/Rother, § 4 ArbEG, Rn. 16.

845 BGH v. 20.2.1979, GRUR 1979, 540 (542) – *Biedermeiermanschetten* u. v. 22.2.2011, GRUR 2011, 509 [Tz. 28 f.] – *Schweißheizung*.

846 OLG Thür. v. 7.12.2011, Mitt. 2012, 364 (366) – *Allwettertrittschicht*.

847 BGH v. 22.2.2011, GRUR 2011, 509 (512 [Tz. 29]) – *Schweißheizung*; Schiedsstelle v. 10.4.2008, Arb.Erf. 43/06 (Datenbank Schiedsstellenpraxis).

848 BGH v. 21.10.1980, GRUR 1981, 128 – *Flaschengreifer* (dort auch zur Schadensersatzpflicht des Arbeitnehmers wegen unterlassener Entwicklungsarbeiten). Vgl. auch LG Düsseldorf v. 23.4.2002, InstGE 2, 100 (102) – *Korrosionsschutzmittel*; siehe auch LG Düsseldorf v. 12.9.2019, Düsseldorfer Entscheidungen Nr. 2945 – *DNA-Methylierungsgradbestimmung*. Wird eine Erfindung kurz nach Beendigung des Arbeitsverhältnisses

356 Ist die Fertigstellung der Erfindung während der Dauer des Arbeitsverhältnisses erfolgt, bleiben die daran begründeten Rechte und Pflichten von einer Beendigung des Arbeitsverhältnisses unberührt (§ 26 ArbEG).

b) Konzernbezug

357 Die Feststellung der Fertigstellung einer Erfindung kann im Konzern insbesondere in den Fällen eines Fremdeinsatzes des Erfinders Probleme bereiten. Besteht das Arbeitsverhältnis bei Abordnung, Entsendung oder (gegebenenfalls) Versetzung – wie dargestellt[849] – mit dem bisherigen Arbeitgeber unverändert fort und wird auch kein weiteres Arbeitsverhältnis begründet, ist das Merkmal der Fertigstellung während der Dauer des Arbeitsverhältnisses – bezogen auf den bisherigen Arbeitgeber – stets erfüllt.

358 Schließt der Arbeitnehmer für die Dauer seines Konzerneinsatzes mit einem anderen Konzernunternehmen einen weiteren Arbeitsvertrag, so bestimmt sich die Frage, in welchem Arbeitsverhältnis die Fertigstellung der Erfindung erfolgt ist, nach den Grundsätzen des Doppelarbeitsverhältnisses.[850]

359 Besteht ein einheitliches Arbeitsverhältnis unter Beteiligung des bisherigen Arbeitgebers, spielt es für die Frage der Fertigstellung der Erfindung keine Rolle, bei welchem Arbeitgeber diese erfolgt ist. Mit der Fertigstellung erwachsen beiden Arbeitgebern die Rechte und Pflichten aus dem gesetzlichen Schuldverhältnis nach dem ArbEG als Gesamtgläubiger (vgl. § 428 BGB).[851]

3. Aufgabenerfindung

360 Das Recht des Arbeitgebers zur Aneignung der vermögenswerten Rechte an einer Erfindung, also sein Inanspruchnahmerecht, ist davon abhängig, dass es sich bei einer während der Dauer des Arbeitsverhältnisses gemachten Erfindung um eine Diensterfindung gemäß § 4 Abs. 2 ArbEG handelt. Nach der Legaldefinition sind Diensterfindungen Aufgabenerfindungen (Nr. 1) oder Erfahrungserfindungen (Nr. 2).

361 Aufgabenerfindungen sind solche Arbeitnehmererfindungen, die »aus der dem Arbeitnehmer im Betrieb obliegenden Tätigkeit entstanden sind« (§ 4 Abs. 2 Nr. 1 ArbEG).

362 Je nach Fallgestaltung kann sich bei einer Miterfinderschaft eine Erfindung für einen Arbeitnehmererfinder als Diensterfindung und für den anderen als freie Erfindung darstellen, wenn sein schöpferischer Beitrag die Voraussetzungen des § 4 Abs. 2 ArbEG

---

zum Patent angemeldet, sollen die Grundsätze des prima-facie-Beweises zur Anwendung kommen, vgl. Keukenschrijver in Busse/Keukenschrijver, PatG, § 4 ArbEG, Rn. 9 m.w.N.; vgl. zur Akteneinsicht des früheren Arbeitgebers BPatG v. 20.2.2003 – Az. 10 W [pat] 34/02 –, abrufbar über JURIS.

849 Siehe hierzu Rdn. 110 ff.

850 Siehe hierzu Rdn. 196 ff.

851 Keukenschrijver in Busse/Keukenschrijver, PatG, § 9 ArbEG, Rn. 7; Bartenbach/Volz, § 1 ArbEG, Rn. 129.1; Schiedsstelle v. 5.7.1991, GRUR 1992, 499 (501) – *Einheitliches Arbeitsverhältnis.*

nicht ausfüllt. Derartige gemischte Erfindungsgemeinschaften[852] sind wegen der gegebenen zahlreichen Fallgestaltungen und Ausgangssituationen insbesondere im Konzernbereich denkbar.

a) Obliegende Tätigkeit

Eine Aufgabenerfindung liegt immer dann vor, wenn der Arbeitnehmer arbeitsvertrag- 363
lich oder kraft Direktionsrechts seines Arbeitgebers ausdrücklich oder stillschweigend einen bestimmten Forschungs- oder Entwicklungsauftrag erhalten hat und aus dieser Tätigkeit eine Erfindung hervorgeht.[853] Maßgeblich sind nicht die im Arbeitsvertrag festgelegten Aufgaben, sondern die tatsächlich zugewiesene und konkret ausgeübte Tätigkeit.[854] Die Erfindung muss damit im tatsächlichen Pflichtenkreis des Arbeitnehmers liegen.[855] Insoweit kann auch die Tätigkeit in einem bestimmten »erfindungsnahen« Arbeitsbereich, insbesondere im Forschungs-, Entwicklungs- oder Konstruktionsbereich, auf eine Aufgabenerfindung schließen lassen.[856]

Ganz allgemein gehaltene Anweisungen, um Erfindungen bemüht zu sein, reichen 364
dagegen grundsätzlich nicht als Aufgabenstellung aus.[857] Gleiches gilt grundsätzlich dann, wenn das durch die Erfindung gelöste technische Problem von der erteilten Aufgabenstellung gänzlich abweicht; allerdings kann dieser Anstoß aus der Sphäre des Konzerns gegebenenfalls eine betriebliche Erfahrung im Sinne des § 4 Abs. 2 Nr. 2 ArbEG sein.

b) Konzernbezug

Zu klären ist in diesem Zusammenhang, wie sich etwaige Aufgabenstellungen, die 365
nicht unmittelbar aus dem eigenen Unternehmen des Arbeitgebers stammen, sich jedoch aus der Sphäre des Konzerns ergeben, auf die Bewertung als Aufgaben- und damit als Diensterfindung auswirken.

Erhalten beispielsweise die Mitarbeiter konzernverbundener Unternehmen unmit- 366
telbar von einem anderen Konzernunternehmen, insbesondere von der Muttergesell-

852 Siehe dazu und zu den Rechtsfolgen: Bartenbach/Volz, § 4 ArbEG, Rn. 50.

853 Bartenbach/Volz, § 4 ArbEG, Rn. 22 m.H.a. LG Düsseldorf v. 4.12.1973, GRUR 1974, 275 – *Mischröhre*; vgl. auch BGH v. 23.5.1952, GRUR 1952, 573 – *Zuckerdiffuseur*; Schiedsstelle v. 10.4.2008, Arb.Erf. 43/06 (Datenbank Schiedsstellenpraxis) u. v. 7.3.2016, Arb.Erf. 09/14 (www.dpma.de); ferner Amtl. Begr. BT-Drucks. II/1648, S. 19 = BlPMZ 1957, 218 (228).

854 Allg. Ansicht, z.B. Schiedsstelle v. 6.2.1987, BlPMZ 1987, 362 (363) u. v. 10.4.2008, Arb.Erf. 43/06 (Datenbank Schiedsstellenpraxis); Reimer/Schade/Schippel/Rother, § 4 ArbEG, Rn. 8.

855 Keukenschrijver in Busse/Keukenschrijver, PatG, § 4 ArbEG, Rn. 3 m.H.a. Schiedsstelle v. 3.10.1961, BlPMZ 1962, 54.

856 LG Düsseldorf v. 4.12.1973, GRUR 1974, 275 – *Mischröhre*; siehe auch OLG Düsseldorf v. 6.10.2022, 2 U 52/22 (juris) – *Schmiermittelinjektor*.

857 LG Düsseldorf v. 30.4.1996, Entsch. 4. ZK. 1996, 44 (48) – *Farbbandkassetten*.

schaft, bestimmte Entwicklungsanweisungen, so können diese nur dann als betriebliche Aufgabenstellung angesehen werden, wenn sie dem Arbeitgeber zuzurechnen sind. Dies kann entweder in der Form geschehen, dass sich der Arbeitgeber diese »zu eigen macht«, indem er sich der Anweisung anschließt oder den Arbeitnehmer von anderen Aufgaben entbindet. Gleiches gilt, wenn diese Anweisungen im Rahmen einer abgestimmten Unternehmenspolitik erfolgen. Fehlt es dagegen bei einer solchen Anweisung eines Dritten an dem notwendigen Arbeitgeberbezug, kann sie – je nach Inhalt – z.B. bei einer über einen bloßen Auftrag hinausgehenden Darstellung technischer Probleme eine »Erfahrung des Betriebes« im Sinne des § 4 Abs. 2 Nr. 2 ArbEG darstellen. Ganz allgemein gehaltene Entwicklungsappelle (»Unser Konzern muss innovativer werden«) reichen dagegen keinesfalls aus.

367 Eine diensterfindungsbezogene Aufgabenstellung kann aber dann gegeben sein, wenn ein Mitarbeiter im Forschungs- und Entwicklungsbereich tätig ist – insbesondere in Leitungsfunktion – und er die generelle Aufgabe hat, bei im Unternehmen bekannt werdenden Mängeln und Bedürfnissen nach Abhilfe zu suchen.[858] In diesem Rahmen kann es keinen Unterschied machen, ob Anregungen oder Mängelhinweise von Kunden, Geschäfts- oder Kooperationspartnern des Arbeitgebers oder aus dem Konzernumfeld kommen.

368 Wird der Arbeitnehmer im Rahmen einer vorübergehenden Beschäftigung bei einem anderen Konzernunternehmen tätig, so können dort geleistete Entwicklungstätigkeiten eine Aufgabenerfüllung gegenüber seinem »entsendenden« Arbeitgeber darstellen.[859] Eine aufgabenbezogene Erfindung ist insbesondere dann anzunehmen, wenn die Entwicklungstätigkeit bei dem anderen Konzernunternehmen gerade Zweck des Fremdeinsatzes war. Gleiches gilt, wenn die Tätigkeit bei dem anderen Konzernunternehmen in die Aufgaben beim eigenen Arbeitgeber eingebunden ist, z.B. um bestimmte Versuche unter den dort gegebenen technischen, klimatischen, organisatorischen Bedingungen durchzuführen. Angesichts einer generellen, auf solche Entwicklungstätigkeiten ausgerichteten Aufgabenstellung durch den eigenen Arbeitgeber ist eine eventuelle Einbindung in die Betriebsorganisation des aufnehmenden Unternehmens und eine dort gegebene tatsächliche Weisungsgebundenheit des Arbeitnehmers ohne Einfluss. Auch kann es darauf, ob der Einsatz im Rahmen einer wirksamen Konzernversetzungsklausel erfolgt, nicht ankommen.[860] Auch auf unwirksamer Rechtsgrundlage gegebene Aufgaben und Weisungen können zu einer Aufgabenerfindung führen.

369 Schwieriger zu beurteilen sind aber die Fälle, in denen ein Entwicklungsauftrag bzw. ein Auftrag zur Erfüllung von erfindungsrelevanten Aufgaben seitens des »entsendenden« Arbeitgebers fehlt:

370 Die bloße Zuweisung zu einem anderen Konzernunternehmen kann für eine Aufgabenstellung nicht ausreichen, etwa wenn die vorübergehende Beschäftigung aus

858 Vgl. etwa LG Düsseldorf v. 4.12.1973, GRUR 1974, 275 – *Mischröhre*.
859 Vgl. auch allgemein BAG v. 17.1.1979, AP Nr. 2 zu § 613 BGB.
860 Siehe oben Rdn. 122 ff.

unternehmenspolitischen Überlegungen der Personalentwicklung erfolgt. Denn dann würde man den gesetzlichen Rahmen der Aufgabenerfindungen zu Lasten des »Konzern-Erfinders« erweitern. Hier kann aber gegebenenfalls eine Erfahrungserfindung vorliegen.[861] Führt der Arbeitnehmererfinder dagegen eine ihm vom aufnehmenden Konzernunternehmen vor Ort gestellte Aufgabe aus, handelt es sich regelmäßig um eine Aufgabenerfindung. Die Anweisung des aufnehmenden Konzernunternehmens leitet sich aus der Aufspaltung der Arbeitgeberfunktionen ab[862] und ist damit dem »entsendenden« Arbeitgeber zuzurechnen.

4. Erfahrungserfindung

Eine »maßgeblich auf Erfahrungen oder Arbeiten des Betriebes beruhende« Erfahrungserfindung (§ 4 Abs. 2 Nr. 2 ArbEG) ist dann anzunehmen, wenn der innerbetriebliche Stand der Technik eines Unternehmens in erheblichem Maße zum Zustandekommen der Erfindung beigetragen hat.[863] 371

a) Maßgebliches Beruhen auf Erfahrungen oder Arbeiten des Betriebes

Unter den weit zu fassenden Begriff[864] der »Erfahrungen« bzw. »Arbeiten« sind alle betriebsbezogenen Informationen und Kenntnisse, das gesamte Know-how, Übungen und ähnliches zu verstehen, somit auch das gesamte beim Arbeitgeber vorhandene Wissen auf technischem Gebiet, z.B. Fabrikationsgeheimnisse, Kenntnisse von Produktionsabläufen und Fertigungsmethoden, Kunstgriffe, praktische Kniffe, Rezepturen, Verfahrensweisen usw.[865] Zu den Erfahrungen zählt auch das vom Arbeitnehmer selbst im Rahmen seiner bisherigen Tätigkeit im Unternehmen (oder bei verbundenen Konzernunternehmen) entwickelte bzw. seitens des Arbeitgebers von Dritten durch Einkauf von Know-how oder durch Abschluss von Lizenzverträgen erworbene Erfahrungsgut.[866] 372

Dazu gehören auch Erkenntnisse aus einem Erfahrungsaustausch[867], sei es z.B. mit Kollegen, Kunden,[868] Lieferanten und sonstigen Geschäftspartnern[869] oder innerhalb eines Mitarbeiterkreises, auch aus verbundenen Unternehmen. Auch bei der Konzern- 373

861 Siehe dazu unten Rdn. 371 ff.
862 Siehe dazu oben Rdn. 110 ff.
863 Vgl. Reimer/Schade/Schippel/Rother, § 4 ArbEG, Rn. 11.
864 Keukenschrijver in Busse/Keukenschrijver, PatG, § 4 ArbEG, Rn. 4 m.H.a. Schiedsstelle v. 22.5.2001, Arb.Erf. 75/98 (Datenbank Schiedsstellenpraxis); siehe auch Schiedsstelle v. 7.3.2016, Arb.Erf. 09/14 u. v. 13.2.2019, Arb.Erf. 18/18 (beide www.dpma.de); einschränkend MünchArbR/Bayreuther, § 98, Rn. 10.
865 Bartenbach/Volz, § 4 ArbEG, Rn. 39 m.H.a. Schiedsstelle v. 20.5.1994, Arb.Erf. 149/92 (Datenbank Schiedsstellenpraxis).
866 OLG Frankfurt v. 22.1.2009, GRUR-RR 2009, 291 (292 [Tz. 21]) – *Erfindungsmeldung*.
867 OLG Düsseldorf v. 9.10.2014, Az. I-2 U 15/13 (www.justiz.nrw.de/nrwe, Rn. 341 ff.) – Scharniereinrichtung.
868 Schiedsstelle v. 13.2.2019, Arb.Erf. 18/18 (www.dpma.de).
869 So im Ergebnis Schiedsstelle v. 9.11.1987, Arb.Erf. 98/86 (unveröffentl.).

muttergesellschaft durchgeführte Testfahrten, die zu einer Weiterentwicklung des Verbesserungsvorschlages eines bei einer Tochtergesellschaft angestellten Versuchsfahrers geführt haben, stellen eine Erfahrungserfindung dar.[870] Die Schiedsstelle geht ebenfalls davon aus, dass Kenntnisse, die durch eine Tätigkeit in einem anderen Unternehmen erlangt werden, zu den Erfahrungen zählen,[871] so dass auch der Austausch von Erfahrungen mit Kooperationspartnern (Konzernunternehmen) zu berücksichtigen ist.[872] Nur wenn das Wissen ausschließlich aus Umständen herrührt, die keinen unmittelbaren Bezug zum Unternehmen aufweisen, fehlen betriebliche Erfahrungen.[873]

374 Nach dem Gesetzeswortlaut muss die Erfindung »maßgeblich« auf diesem betrieblichen Wissen beruhen, d.h. dieses Wissen muss in erheblichem Maße zum Zustandekommen der Erfindung beigetragen haben. Unerheblich ist es, ob der Anstoß bzw. die Anregung für die Erfindung aus dem privaten Bereich stammt.[874] So kann es eine Erfahrungserfindung darstellen, wenn ein Arbeitnehmer seine außerhalb des Arbeitsverhältnisses entstandene Idee auf der Grundlage betrieblicher Bedürfnisse und technischer Gegebenheiten des Arbeitgebers fortentwickelt.[875] Dies setzt in jedem Fall die Zugänglichkeit für den Arbeitnehmer voraus, und dies nicht nur in dem Sinne einer abstrakten Zugänglichkeit, etwa im Konzernbereich. Erforderlich ist vielmehr, dass er in seinem Tätigkeitsbereich diese Erfahrungen sammeln und nutzen konnte.[876] Darüber hinaus darf dieses Wissen nicht nur Anstoß für die erfinderischen Arbeiten gewesen sein; es muss vielmehr erkennbar in der Erfindung Niederschlag gefunden haben.[877] An der Maßgeblichkeit des betrieblichen Wissens fehlt es demgegenüber, wenn die Überlegungen der vom Arbeitnehmer entwickelten neuen technischen Lehre erheblich über den Bereich hinausgehen, in welchem er tätig war und seine Erfahrungen sammeln konnte,[878] oder wenn sich die Erfindung im Ergebnis als alleinige Leistung des Arbeitnehmers darstellt.[879]

b) Konzernbezug

375 Hinsichtlich der Erfahrungen des »Betriebes« ist der Begriff des »Betriebes« nicht in rechtlichem, sondern im »unternehmerischen« Sinne zu verstehen.[880] Er bezieht sich auf den gesamten Bereich des Unternehmens eines Arbeitgebers und nicht auf die

870 Schiedsstelle v. 7.3.2016, Arb.Erf. 09/14 (www.dpma.de).
871 Schiedsstelle v. 4.6.1997, Arb.Erf. 82/95 (Datenbank Schiedsstellenpraxis); Reimer/Schade/Schippel/Rother, § 4 ArbEG, Rn. 11 m.H.a. BGH v. 14.1.1966, Az. I a ZR 58/64 (unveröffentl.).
872 So auch Bartenbach/Volz, § 4 ArbEG, Rn. 39.
873 Vgl. auch Bartenbach, Zwischenbetriebl. F. + E.-Kooperation, S. 75 f.
874 Schiedsstelle v. 18.4.2005, Arb.Erf. 41/04 (unveröffentl.).
875 BPatG v. 26.6.2008, GRUR 2009, 587 (592) – *Schweißheizung für Kunststoffrohrmatten.*
876 Schiedsstelle v. 30.9.1993, Arb.Erf. 176/92 (Datenbank Schiedsstellenpraxis).
877 Ann, Patentrecht, § 21 Rn. 51.
878 Schiedsstelle v. 30.9.1993, Arb.Erf. 176/92 (Datenbank Schiedsstellenpraxis).
879 Schiedsstelle v. 13.2.2019, Arb.Erf. 18/18 (www.dpma.de).
880 Bartenbach/Volz, § 4 ArbEG, Rn. 37.

Betriebsstätte, in der der Erfinder tätig ist. Kennzeichnend für den Konzern ist die Zusammenfassung rechtlich selbständiger Unternehmen unter einheitlicher Leitung.[881] Vor dem Hintergrund, dass sich die einzelnen Unternehmen trotz dieser einheitlichen Konzernleitung ihre rechtliche Selbständigkeit dennoch bewahrt haben, stellt sich die Frage, ob sich der Begriff des »Betriebes« auch auf einzelne, konzernangehörige Unternehmen oder auf den gesamten Konzern als solchen bezieht.

Maßgebliches Kriterium hierfür muss die Zugänglichkeit dieses Wissens für den Arbeitnehmer sein. Da es für die Feststellung einer Erfahrungserfindung auf den Beitrag aus der Sphäre des Arbeitgebers ankommt, kann zu den »Erfahrungen und Arbeiten des Betriebes« letztlich all das zählen, was aus dem Bereich des Konzerns an den Arbeitnehmererfinder herangetragen wird oder ihm zugänglich ist. Soweit etwa im Konzern ein Informationsaustausch durch eine gemeinsame Entwicklungstätigkeit, die gemeinsame Abwicklung von Kundenaufträgen oder sonst durch Intranet, Veranstaltungen, schriftliche oder mündliche Unterrichtung etc. stattfindet, ist dieses Wissen dem Bereich der »betrieblichen Erfahrungen« ebenso zuzurechnen, wie das Erfahrungswissen des Arbeitnehmererfinders aus Tätigkeiten bei anderen verbundenen Unternehmen. 376

Somit kommen bei dieser weiten Auslegung der beiden Begriffe der Aufgabenstellung und der Erfahrungen auch Aufgabenstellungen bzw. die Nutzung von Erfahrungen aus dem Konzernverbund in Betracht, um Grundlage für Diensterfindungen im Sinne des § 4 Abs. 2 ArbEG zu sein.[882] 377

5. Besonderheiten bei Doppelarbeitsverhältnissen im Konzern

Erfolgt ein Einsatz des Mitarbeiters bei einem weiteren Konzernunternehmen auf der Grundlage eines mit diesem geschlossenen zusätzlichen Arbeitsvertrags (Doppelarbeitsverhältnis[883]), ist zu prüfen, in welcher betrieblichen Funktion bzw. Eigenschaft der Arbeitnehmer eine Erfindung entwickelt hat (Sphärentheorie).[884] Werden dabei die in dem ursprünglichen Arbeitsverhältnis begründeten Rechte und Pflichten für den Zeitraum des Einsatzes bei dem anderen Arbeitgeber »zum Ruhen gebracht«, spricht dies regelmäßig gegen eine Zuordnung zum ursprünglichen Arbeitgeber. 378

Für eine Aufgabenerfindung ist maßgeblich, ob einer der beiden Arbeitgeber und welcher von ihnen die durch die Erfindung gelöste Aufgabe gestellt hat. Sind durch beide Arbeitgeber gleichlautende oder sich ergänzende Aufgabenstellungen erfolgt, die für die Erfindung ursächlich waren, stellt die Erfindung im Verhältnis zu jedem Arbeitgeber eine Aufgabenerfindung dar und ist sie jedem Arbeitgeber zu melden 379

881 Siehe ausführlich Rdn. 43 ff.

882 Siehe auch Schiedsstelle v. 7.3.2016, Arb.Erf. 09/14 (www.dpma.de).

883 Siehe hierzu Rdn. 196 ff.

884 So Volmer, GRUR 1978, 329 (332); Bartenbach/Volz, § 1 ArbEG, Rn. 20; zust. Schiedsstelle v. 5.7.1991, GRUR 1992, 499 (501) – *Einheitliches Arbeitsverhältnis*; siehe auch Schiedsstelle v. 1.7.1999, Arb.Erf. 49/97 (Datenbank Schiedsstellenpraxis).

(§ 5 ArbEG). Dabei ist nicht entscheidend, wessen Anstoß für die Entwicklung der Erfindung »prioritätsbegründend« ursächlich war.[885]

380 Ergibt sich bei Überprüfung der betrieblichen Funktionen und des jeweiligen Einsatzes des Arbeitnehmers, dass die Erfindung nur im Verhältnis zu einem Arbeitgeber eine Aufgabenerfindung ist (Nr. 1) und auch Erfahrungen des anderen Arbeitgebers keine maßgebliche Rolle gespielt haben (Nr. 2), ist die Erfindung nur im Verhältnis zu diesem einen Arbeitgeber eine Diensterfindung.

381 Ist die Erfindung keine Aufgabenerfindung, stellt sich die Frage, ob eine Erfahrungserfindung vorliegt und auf welchen Erfahrungen und Arbeiten die Erfindung maßgeblich beruht. Soweit maßgebliches Erfahrungsgut eindeutig einem Konzernunternehmen zugerechnet werden kann, liegt eine Diensterfindung im Verhältnis zu diesem Konzernunternehmen vor. Sind die Erfahrungen und Arbeiten nicht trennbar – wie dies bei einem intensiven Technologieaustausch in einem Konzern der Fall sein kann –, liegt es nahe, eine Diensterfindung im Verhältnis zu dem jeweiligen Konzernunternehmen anzunehmen, d.h. sie wäre dann diesen Arbeitgebern zu melden und im Falle der Inanspruchnahme durch diese stünden sie in einer Bruchteilsgemeinschaft (§ 741 BGB).[886]

382 Der unterschiedliche Einfluss der »betrieblichen Anteile« der einzelnen Arbeitgeber kann sich allerdings bei der Bemessung der auf die mehreren Konzernarbeitgeber in eine Bruchteilsgemeinschaft übergegangenen Anteile an den Erfindungsrechten niederschlagen.[887]

383 Verzichtet ein Arbeitgeber durch Freigabeerklärung in Textform (§ 6 Abs. 1, § 8 Satz 1 ArbEG) zugunsten seines Arbeitnehmers auf sein Inanspruchnahmerecht, so wird die Erfindung insoweit entsprechend § 8 Satz 2 ArbEG frei. Der Arbeitnehmererfinder tritt dann in eine Bruchteilsgemeinschaft mit dem anderen Arbeitgeber, wenn dieser den auf ihn entfallenden Erfindungsanteil in Anspruch genommen hat.

384 Ist die gemeldete Diensterfindung nur im Verhältnis zu einem konzernverbundenen Arbeitgeber eine Diensterfindung, so muss sie nur diesem gemeldet werden. Dem anderen Arbeitgeber ist sie entsprechend § 18 ArbEG mitzuteilen, damit dieser von seinem Kontrollrecht aus § 18 Abs. 2 ArbEG Gebrauch machen kann. Liegt insoweit eine freie Erfindung vor bzw. macht der Arbeitgeber von seinem Recht zum Bestreiten nach § 18 Abs. 2 ArbEG oder seinem Inanspruchnahmerecht keinen Gebrauch, bildet der Erfinder im Falle der Inanspruchnahme durch den anderen Arbeitgeber mit diesem wiederum eine Bruchteilsgemeinschaft.

385 Übernimmt ein Arbeitnehmer unter Fortbestand seines bisherigen Arbeitsverhältnisses bei einem anderen inländischen Konzernunternehmen die Stellung eines (nicht dem ArbEG unterliegenden) Organmitglieds (z.B. als GmbH-Geschäftsführer), so

885 Vgl. Gaul/Bartenbach, GRUR 1979, 750 f.; abw. Volmer, GRUR 1978, 329 (332).
886 Siehe hierzu Rdn. 290 ff.
887 Bartenbach/Volz, § 1 ArbEG, Rn. 21; vgl. auch Ann, Patentrecht, § 21 Rn. 73.

kann die Sphärentheorie ebenfalls herangezogen werden.[888] Auch hier ist zu klären, in welcher Funktion bzw. Eigenschaft die Erfindung von ihm entwickelt worden ist. Entwickelt er Erfindungen im Rahmen seiner Organstellung, unterliegt die Frage der Zuordnung solcher Erfindungen nicht mehr dem ArbEG.[889]

II. Die Meldung der Diensterfindung

Sobald der Arbeitnehmer eine Diensterfindung gemacht hat, ist er verpflichtet, diese 386
dem Arbeitgeber unverzüglich in Textform zu melden (§ 5 Abs. 1 ArbEG). Diese zentrale Pflicht des Arbeitnehmers ist durch die ArbEG-Novelle 2009 unverändert geblieben; für ab 1.10.2009 gemeldete Diensterfindungen (siehe § 43 Abs. 3 ArbEG) ist lediglich die bisherige Schriftform durch die Textform ersetzt worden.[890] Zweck der entsprechend kenntlich gemachten Erfindung ist es, dass die vom Arbeitnehmer insoweit vorgelegten Unterlagen es den Arbeitgeber aus sich heraus eindeutig erkennen lassen, dass es sich um die Meldung einer Diensterfindung handelt und der Arbeitgeber daher Klarheit darüber gewinnen kann, dass er sich nun zwischen einer Inanspruchnahme und einer Freigabe der Diensterfindung entscheiden muss.[891]

Da das ArbEG selbst zur Textform keine besonderen Vorgaben trifft, gelten hierfür 387
die allgemeinen Grundsätze des § 126b BGB. Danach erfordert dieser Formtyp der lesbaren, aber unterschriftlosen Erklärung, dass die Erklärung in einer Urkunde oder auf andere zur dauerhaften Wiedergabe in Schriftzeichen geeignete Weise abgegeben, die Person des Erklärenden genannt und der Abschluss der Erklärung durch Nachbildung der Namensunterschrift oder anders erkennbar gemacht werden.[892]

Im Unterschied zur Schriftform ist die Textform dank des Verzichts auf eine eigen- 388
händige Unterschrift nicht an das Papier gebunden, sondern kann daneben auch in einem elektronischen Dokument erfüllt werden.[893] Dazu gehört auch das breite Spektrum der heutigen Kommunikationsmittel, soweit diese eine textliche Fixierung erlauben, insbesondere Computerfax, USB-Stick oder E-Mail.[894] Dem Lesbarkeitser-

888 A. A. BGH v. 24.10.1989, GRUR 1990, 193 (194) – *Auto-Kindersitz* bzgl. nicht voneinander trennbarer Funktionen des Erfinders.

889 Siehe hierzu Rdn. 246 ff.

890 Siehe hierzu ausführlich Bartenbach/Volz, § 5 ArbEG, Rn. 3.2, 35 ff. Zur ArbEG-Reform und zur Stichtagsbestimmung siehe Rdn. 8.

891 BGH v. 12.4.2011, GRUR 2011, 733 (736 [Tz. 25]) – *Initialidee*; Bartenbach/Volz, § 5 ArbEG, Rn. 41; LG Düsseldorf v. 3.11.2016, Az. 4c O 37/15 (unveröffentl.); OLG Karlsruhe v. 13.4.2018, GRUR 2018, 1030 (1035 [Tz. 44]) – Rohrleitungsprüfung; so auch die Praxis der Schiedsstelle, z.B. v. 22.3.2017, Arb.Erf. 15/15 (www.dpma.de).

892 Vgl. Grüneberg/Ellenberger, § 126b BGB, Rn. 2 ff.

893 Vgl. Amtl. Begr. zum Entwurf eines Gesetzes zur Anpassung der Formvorschriften des Privatrechts u. anderer Vorschriften an den modernen Rechtsverkehr BT-Drucks. 14/4987, S. 10, 12, 19.

894 Siehe die Beispiele in Amtl. Begr. zum Patentrechtsmodernisierungsgesetz in BR-Drucks. 757/08, S. 49 (zu Art. 7 Nr. 1 d. Entw.) sowie Grüneberg/Ellenberger, § 126b BGB, Rn. 3.

fordernis wird bereits genügt, wenn der Empfänger (Arbeitgeber) den Text auf seinem Bildschirm lesen kann.[895] Eine elektronische Übermittlung erfüllt die Voraussetzungen des Zugangs nach § 130 BGB grundsätzlich nur dann, wenn der Empfänger der Meldung, also der Arbeitgeber, sein (ausdrückliches oder konkludentes) Einverständnis mit der elektronischen Übermittlung rechtserheblicher Erklärungen zu erkennen gegeben hat.[896] Unverändert erfüllt selbstverständlich auch die bisherige Schriftform die Formvorgabe des § 5 Abs. 1 ArbEG n.F.

389 Die Meldepflicht kann ausnahmsweise entfallen, wenn der Arbeitgeber sowohl auf die Erfindungsmeldung als auch auf das Inanspruchnahmerecht verzichtet hat.[897] Darüber hinaus entfällt die Meldepflicht, wenn der Arbeitgeber eine Diensterfindung, von der er auf sonstige Weise Kenntnis erlangt hat, freigibt. Selbst wenn der Arbeitgeber von Anfang an über alle in seinem Unternehmen durchgeführten Versuche und Entwicklungsergebnisse[898] bzw. über die Produktentwicklung und deren Markteinführung[899] voll informiert ist, verbleibt es gleichwohl bei der Pflicht zur Meldung darauf bezogener Erfindungen. Auch eine bloße Bekanntgabe von Versuchsergebnissen ist nicht geeignet, den Arbeitgeber auf eine Erfindung aufmerksam zu machen; hinzukommen muss zumindest der Hinweis, dass der Arbeitnehmer die Versuche für bedeutsam und als Ausdruck eines ggfs. patentfähigen allgemeinen Lösungsprinzips oder als eine Erfindung ansieht.[900] Demzufolge reichen mündliche Hinweise über erfinderische Lösungen ebenso wenig aus wie Zwischen- oder Abschlussberichte über erfolgreiche Forschungsarbeiten oder sonstige Mitteilungen über Arbeitsergebnisse.[901]

390 Nach der Rechtsprechung des BGH konnte für sog. Alterfindungen[902] die Meldepflicht ausnahmsweise dann entfallen, wenn der Arbeitgeber die Diensterfindung mit dem Inhalt der – ihm auf sonstige Weise zur Kenntnis gelangten – erfinderischen Lehre zum technischen Handeln zum Patent (Schutzrecht) anmeldet und dabei zugleich seine Kenntnis über den/die Erfinder nach außen dokumentiert[903], in dem er gegen-

895 Amtl. Begr. zum Patentrechtsmodernisierungsgesetz in BR-Drucks. 757/08, S. 49 (zu Art. 7 Nr. 1 d. Entw.).

896 Grüneberg/Ellenberger, § 126b BGB, Rn. 3; MünchKomm/Einsele, § 126b BGB, Rn. 12.

897 Siehe im Einzelnen Bartenbach/Volz, § 5 ArbEG, Rn. 30.

898 BGH v. 17.1.1995, Mitt. 1996, 16 (17) – *Gummielastische Masse I.*

899 Schiedsstelle v. 22.9.2021, Arb.Erf. 09/20 (www.dpma.de).

900 BGH v. 17.1.1995, Mitt. 1996, 16 (17) – *Gummielastische Masse I*; bestätigt durch BGH v. 12.4.2011, GRUR 2011, 733 [Tz. 12] – *Initialidee*; LG Düsseldorf v. 13.4.2010, Mitt. 2010, 541 (545) – *Beschichtung für Solarabsorber.*

901 Vgl. BGH v. 12.4.2011, GRUR 2011, 733 [Tz. 17 ff.] – *Initialidee* u. v. 14.2.2017, GRUR 2017, 504 (505 [Tz. 13]) – *Lichtschutzfolie.*

902 Siehe Rdn. 8.

903 Siehe hierzu aber auch OLG Düsseldorf v. 26.11.2020, Az. I – 2 U 60/19 (unveröffentl.) – *Vorschaltgerät für Leuchten*; siehe auch KG v. 17.3.2019, 5 U 23/15, BeckRS 2017, 131412 (Rn. 6 ff.), dort für eine Diplomarbeit; Schiedsstelle v. 12.7.2018, Arb. Erf. 50/16 u. v. 22.10.2018, Arb.Erf. 58/16 (beide www.dpma.de).

über der Erteilungsbehörde alle an der Entwicklung beteiligten Erfinder nennt.[904] Einer Schutzrechtsanmeldung durch den Arbeitgeber wird es gleichgestellt, wenn die Diensterfindung von einem Rechtserwerber erkennbar unter unmittelbarer Beteiligung des Arbeitgebers angemeldet wird.[905] Das gilt auch bei einer Schutzrechtsanmeldung durch eine Konzernmutter, an die die verbundenen Unternehmen ihre Erfindungen im Rahmen einer Vorausabtretung übertragen hatten. Nach Ansicht der Schiedsstelle führt diese Rechtsprechung im Ergebnis dazu, dass der Arbeitnehmererfinder trotz Verletzung eigener, zudem erfinderrechtlich initialer Mitwirkungspflichten das Recht auf das Patent in vollem Umfang zur freien Verfügung gestellt bekommt, obgleich der Arbeitgeber stets einen, zumeist erheblichen, Beitrag dazu geleistet hat, dass es überhaupt zu einer patentfähigen Erfindung gekommen ist.[906]

Die Meldepflicht erwächst aus dem arbeitsrechtlichen Treueverhältnis[907] und gehört zu 391
den grundlegenden Pflichten des Arbeitnehmers aus dem ArbEG. Die Meldung der Diensterfindung hat erhebliche praktische Bedeutung, da hieran zahlreiche Rechtsfolgen anknüpfen.[908] So wird der Arbeitgeber auf diesem Weg in die Lage versetzt, die technische Neuerung in Erfahrung zu bringen und eine sachgerechte Entscheidung über eine Inanspruchnahme und die Festsetzung einer Vergütung gegenüber allen Miterfindern zu treffen.[909] Rechtliche Bedeutung erhält die Meldung der Erfindung insbesondere insoweit, als sie die Frist für die Möglichkeit der Inanspruchnahme durch den Arbeitgeber einschließlich der Inanspruchnahmefiktion (§ 6 Abs. 2 ArbEG) nach §§ 6, 7 ArbEG auslöst. Ferner verpflichtet sie den Arbeitgeber zur unverzüglichen Schutzrechtsanmeldung im Inland (§ 13 ArbEG). Insoweit dient die Erfindungsmeldung als Grundlage für die Ausarbeitung einer Schutzrechtsanmeldung, ergänzt durch die Informationspflichten des Arbeitnehmers gemäß § 15 Abs. 2 ArbEG.[910] Mit dem

904 BGH v. 4.4.2006, GRUR 2006, 754 (757 [Tz. 26]) – *Haftetikett*; konkretisierend BGH v. 12.4.2011, GRUR 2011, 733 [Tz. 15, 19, 21] – *Initialidee* u. v. 14.2.2017, GRUR 2017, 504 (505 [Tz. 14]) – *Lichtschutzfolie*; a.A. Hellebrand, Mitt. 2001, 195 (196) u. Schiedsstelle v. 1.10.2009, Arb.Erf. 36/06 (Datenbank Schiedsstellenpraxis); v. 22.7.2013, Arb.Erf. 40/11 u. v. 21.7.2022, Arb.Erf. 16/21 (beide www.dpma.de).

905 Vgl. OLG Karlsruhe v. 26.9.2012, Mitt. 2013, 91 (92) – *Formatkreissäge*.

906 So Schiedsstelle v. 31.1.2024, Arb.Erf. 59/20 (vorgesehen für Veröffentlichung in www.dpma.de) mit grundsätzlicher Kritik an der Haftetikett-Entscheidung des BGH.

907 BGH v. 18.3.2003, GRUR 2003, 702 (703 [Tz. 19]) – *Gehäusekonstruktion*; Schiedsstelle v. 7.3.2014, Arb.Erf. 09/14 u. v. 12.5.2016, Arb.Erf. 41/13 (beide www.dpma.de); vgl. auch Röpke, Arbeitsverh. u. ArbNErf., S. 32 ff.

908 Siehe Hellebrand, Mitt. 2001, 195 (197).

909 Vgl. BGH v. 18.3.2003, GRUR 2003, 702 (703 [Tz. 21]) – *Gehäusekonstruktion* u. v. 4.4.2006, GRUR 2006, 754 (757 [Tz. 26]) – *Haftetikett*; v. 5.10.2005, GRUR 2006, 141 ff. [Tz. 19] – *Ladungsträgergenerator* u. v. 12.4.2011, GRUR 2011, 733 [Tz. 11, 14] – *Initialidee*; ebenso OLG Frankfurt v. 22.1.2009, GRUR-RR 2009, 291 (292 [Tz. 28]) – *Erfindungsmeldung*; OLG Karlsruhe v. 13.4.2018, GRUR 2018, 1030 (1035 [Tz. 44]) – *Rohrleitungsprüfung*; so auch ständ. Praxis der Schiedsstelle, z.B. v. 22.3.2017, Arb.Erf. 15/15 (www.dpma.de).

910 BGH v. 18.3.2003, GRUR 2003, 702 (704 [Tz. 20]) – *Gehäusekonstruktion*; Schiedsstelle v. 18.6.2015, Arb.Erf. 17/13 (www.dpma.de).

Zeitpunkt des Zugangs der Erfindungsmeldung beim Arbeitgeber sind Vereinbarungen über die konkrete Diensterfindung auch zu Ungunsten des Arbeitnehmererfinders zulässig (vgl. § 22 Satz 2 ArbEG).

392 Die besondere Beweisfunktion der Erfindungsmeldung wirkt sich auch hinsichtlich der in § 5 Abs. 2 ArbEG geforderten Angaben zur Erfindungsgeschichte aus. Hierdurch erhält der Arbeitgeber wichtige Anhaltspunkte zur Qualifizierung der Erfindung als Diensterfindung oder freie Erfindung, zur Prüfung der (Mit-) Erfindereigenschaft und zur Bestimmung des Miterfinderanteils sowie zur Vergütungsbemessung, insbesondere des Anteilsfaktors (vgl. RL Nrn. 30 ff.).

1. Die Erfordernisse der Erfindungsmeldung

393 Die Meldepflicht hat der Arbeitnehmer unverzüglich zu erfüllen, sobald er die Diensterfindung fertiggestellt hat;[911] das ergibt sich aus den Worten »eine Erfindung gemacht« in Abs. 1 des § 5 ArbEG. Meldet ein Arbeitnehmer eine unfertige Erfindung, so liegt keine wirksame Meldung vor und die Rechtsfolgen werden nicht ausgelöst.[912] Setzt der Arbeitnehmer nach Rückkehr aus einem Konzerneinsatz seine früheren Entwicklungstätigkeiten bei seinem bisherigen Arbeitgeber fort und stellt er die Erfindung erst zu einem späteren Zeitpunkt fertig, so ist er auch erst dann zur unverzüglichen Meldung verpflichtet.[913]

394 Unverzüglich ist eine Meldung erfolgt, wenn sie nach der Legaldefinition des § 121 Abs. 1 Satz 1 BGB ohne schuldhaftes Zögern eingereicht wurde. Dies ist nicht mit »sofort« gleichzusetzen; dem Arbeitnehmer ist eine angemessene Überlegungsfrist, die sich nach den Umständen des Einzelfalls bemisst, einzuräumen.[914]

395 Nach Auffassung des BGH ist die Erfindungsmeldung keine Willenserklärung[915] und kein (einseitiges) Rechtsgeschäft. Er begründet dies mit dem Hinweis auf die von der Meldung bezweckte Wissensvermittlung, ohne diese jedoch einer »Wissenserklärung« –

---

911 Siehe dazu Rdn. 351 ff.; vgl. zu den Rechtsfolgen bei einer erheblich verspäteten Erfindungsmeldung: Schütt/Böhnke, GRUR 2013, 785 ff.

912 Schiedsstelle v. 19.4.1960, BlPMZ 1960, 280; BGH v. 17.1.1995, Mitt. 1996, 16 [Tz. 36] – *Gummielastische Masse I.*

913 Vgl. zur Realteilung der Gemeinschaftserfindung Hellebrand, FS Bartenbach (2005), 141 ff.

914 Siehe Grüneberg/Ellenberger, § 121 BGB, Rn. 3 m.H.a. BGH v. 15.3.2005, NJW 2005, 1869; siehe auch Schiedsstelle v. 19.6.2012, Arb.Erf. 35/11; v. 11.12.2012, Arb.Erf. 46/11; v. 9.1.2013, Arb.Erf. 16/10 u. v. 22.7.2013, Arb.Erf. 40/11 (alle www.dpma.de).

915 BGH v. 4.4.2006, GRUR 2006, 754 (757 [Tz. 26]) – *Haftetikett* sowie v. 14.11.2023, GRUR 2024, 454 (458 [Tz. 75]) – *Kunststoffsack*; Keukenschrijver in Busse/Keukenschrijver, PatG, § 5 ArbEG, Rn. 5; vgl. auch BGH v. 18.5.2010, GRUR 2010, 817 (819 [Tz. 25]) – *Steuervorrichtung*; Schiedsstelle v. 18.6.2015, Arb.Erf. 17/13 (www.dpma.de); vgl. ferner Matthes, Mitt. 2009, 135 f.; a.A. Hellebrand, Mitt. 2001, 195 (196) u. Schiedsstelle v. 1.10.2009, Arb.Erf. 36/06 (Datenbank Schiedsstellenpraxis). Die Meldepflicht unterliegt damit nicht der Verjährung oder Verwirkung (zutreffend Schütt/Böhnke, GRUR 2013, 785 (790 f.)).

etwa vergleichbar der Auskunft (§ 259 BGB) – gleichzustellen.[916] Mit der h.M. ist die Erfindungsmeldung als auf einen tatsächlichen Erfolg gerichtete Erklärung eine Rechtshandlung,[917] in Form einer »geschäftsähnlichen Handlung«,[918] deren Rechtsfolgen kraft Gesetzes eintreten. Auf die Erfindungsmeldung sind nach Auffassung des BGH die Vorschriften über unterbliebene oder mangelhafte Willenserklärungen nicht ohne weiteres anwendbar.[919]

Adressat der Erfindungsmeldung ist der Arbeitgeber.[920] Die Erfindungsmeldung muss 396
ihm zugehen; der Zugang bestimmt sich grundsätzlich nach § 130 BGB. Zugegangen ist die Erfindungsmeldung dann, wenn sie derart in den Bereich des Arbeitgebers gelangt ist, dass dieser unter gewöhnlichen Verhältnissen die Möglichkeit der Kenntnisnahme hat.[921] Bezogen auf die Textform bedeutet dies, dass die Erfindungsmeldung das E-Mail-Postfach oder – beim Fax – das Faxgerät erreichen muss. Der Zugang ist erst vollendet, sobald dem Arbeitgeber als Empfänger die Kenntnisnahme des Dokuments möglich und diese nach den Verkehrsgepflogenheiten zu erwarten ist. Die erforderliche dauerhafte, unveränderte und lesbare Wiedergabe ist bereits zu bejahen, wenn der Empfänger (bei der Erfindungsmeldung: der Arbeitgeber) den an ihn gerichteten, aufbewahrungs- bzw. speicherfähigen Text auf seinem Bildschirm lesen kann[922] bzw. der Text beim Empfangsgerät vollständig gespeichert wird,[923] gleichgültig, ob der Empfänger ihn tatsächlich gelesen und/oder ausgedruckt hat.[924]

Die Erfindungsmeldung hat gesondert und seit dem Inkrafttreten der ArbEG-Novelle 397
2009 in Textform (§ 126b BGB) zu erfolgen und ist als Erfindungsmeldung kenntlich zu machen (§ 5 Abs. 1 Satz 1 ArbEG). Im Interesse der Rechtssicherheit sind

---

916 So zutreffend Matthes, Mitt. 2009, 135; siehe auch OLG Düsseldorf v. 1.10.2010, Az. I 2 U 41/07 (unveröffentl.) – *Glasverbundplatten*.

917 BGH v. 24.11.1961, GRUR 1962, 305 (307) – *Federspannvorrichtung*; OLG München v. 13.1.1977, Mitt. 1977, 239 (240); abweichend geht auch die Schiedsstelle von einer »Wissenserklärung« aus (v. 18.6.2015, Arb.Erf. 17/13 (www.dpma.de)).

918 H.M.: LG Düsseldorf v. 29.2.2000, Entsch. 4. ZK 2000, 32 (37) – *Müllbehältergreifvorrichtung*; Fricke/Meier-Beck, Mitt. 2000, 199 (201); Hellebrand, Mitt. 2006, 486; Matthes, Mitt. 2009, 135; Keukenschrijver in Busse/Keukenschrijver, PatG, § 5 ArbEG, Rn. 5.

919 BGH v. 4.4.2006, GRUR 2006, 754 (757 [Tz. 26]) – *Haftetikett*; a.A. Hellebrand, Mitt. 2001, 195 (196).

920 Siehe dazu Rdn. 414 ff.

921 Siehe im Einzelnen Bartenbach/Volz, § 5 ArbEG, Rn. 10 ff.; Grüneberg/Ellenberger, § 130 BGB, Rn. 4 ff.

922 Amtl. Begr. in BR-Drucks. 757/08 S. 49 (= BlPMZ 2009, 322).

923 Vgl. allg. BGH v. 8.5.2007, NJW 2007, 2045 (2046 [Tz. 12]) zum Telefax; siehe BGH v. 6.10.2022, NJW 2022, 3791 (3792 [Tz. 17 ff.]) zur E-Mail.

924 Vgl. Grüneberg/Ellenberger, § 126b BGB Rn. 3; so zur E-Mail BGH v. 6.10.2022, NJW 2022, 3791 (3792 [Tz. 17 ff.]); so zum Telefax BGH v. 8.5.2007, NJW 2007, 2045 (2046 [Tz. 12]); anders die h.M. zur Internet-Homepage ohne Download, vgl. etwa OLG Naumburg v. 13.7.2007, NJW-RR 2008, 776 (777 f.); OLG Köln v. 24.8.2007, CR 2008, 44 (45) u. OLG München v. 6.4.2017, VersR 2017, 1270, jeweils m.w.N. zum Meinungsstand; siehe auch BGH v. 15.3.2014, NJW 2014, 2857 (2858 [Tz. 19]).

an diese Erfordernisse strenge Anforderungen zu stellen.[925] Sie dienen der Beweiserleichterung und dem Schutz beider Parteien. Soweit eine der drei genannten Formvoraussetzungen nicht beachtet und auf diese Voraussetzung nicht wirksam verzichtet worden ist, ist von einer unwirksamen Meldung der Erfindung auszugehen, die die Inanspruchnahmefrist nicht auslöst[926] und auch nicht der Fiktionswirkung des § 5 Abs. 3 ArbEG unterliegt. Selbstverständlich ist anstelle der Textform die Verwendung der Schriftform (§ 126 BGB) weiterhin zulässig.

398 § 5 Abs. 1 Satz 1 ArbEG fordert eine gesonderte Meldung; damit darf die Meldung also nicht eingefügt – und damit quasi versteckt – in anderen Berichten eingereicht werden.[927] Auf diese gesonderte Form der Meldung kann seitens der Parteien nicht verzichtet werden.[928] Das Tatbestandsmerkmal der gesonderten Meldung soll der Gefahr vorbeugen, dass der Arbeitgeber eine Erfindungsmeldung in der Fülle des innerbetrieblichen Schriftverkehrs nicht rechtzeitig als solche erkennt.[929] Dabei ist es unschädlich, wenn in der Meldung unterschiedliche Konzepte, Verfahren oder Formen für das zu lösende technische Problem aufgezeigt werden.[930] Auch ist es irrelevant, wenn einzelne für die Beurteilung wesentliche Informationen nicht unmittelbar im Meldungs-Schreiben bzw. in der Meldungs-Email selbst, sondern in beigefügten Anlagen enthalten sind.[931] Die Informationen müssen die Früchte einer von den Erfindern unternommenen Forschungstätigkeit unverkennbar präsentieren.[932]

399 Die vom Arbeitnehmer eingereichten Unterlagen müssen schließlich eindeutig den Charakter der Erfindungsmeldung erkennen lassen.[933] Der Arbeitgeber soll – ebenso wie durch die Pflicht zur gesonderten Meldung – auf die vom Arbeitnehmer entwickelte Neuerung und deren Qualifizierung als Diensterfindung mit Blick auf die

925 OLG München v. 17.9.1992, GRUR 1993, 661 (663) – *Verstellbarer Lufteinlauf*; Schiedsstelle v. 8.2.1991, GRUR 1991, 753 (754) – *Spindeltrieb*; siehe auch OLG Frankfurt v. 22.1.2009, GRUR-RR 2009, 291 (292 [Tz. 26 f.]) – *Erfindungsmeldung*.

926 Vgl. Schiedsstelle v. 22.8.1985, BlPMZ 1986, 205; Keukenschrijver in Busse/Keukenschrijver, PatG, § 5 ArbEG, Rn. 5; Reimer/Schade/Schippel/Rother, § 5 ArbEG, Rn. 15.

927 BGH v. 12.4.2011, GRUR 2011, 733 (734, 735 [Tz. 12, 19]) – *Initialidee* m.H.a. Amtl. Begr. BT-Drucks. II/1648, S. 21 = BlPMZ 1957, 230; BGH v. 17.12.2019, GRUR 2020, 388 (389 [Tz. 26]) – *Fesoterodinhydrogenfumarat*; ferner LG Düsseldorf v. 3.11.2016, Düsseldorfer Entscheidungen Nr. 2582 – *Retardtablette I* u. v. 30.11.2017, Düsseldorfer Entscheidungen Nr. 2583 – *Retardtablette II*; OLG Düsseldorf v. 9.7.2020, GRUR-RS 2020, 53261 – *Fesoterodinhydrogenfumarat II*; Schiedsstelle v. 22.4.1992, Arb.Erf. 45/91 u. v. 6.11.2008, Arb.Erf. 39/07 (beide Datenbank Schiedsstellenpraxis); v. 18.11.2009, Arb.Erf. 28/04 u. v. 28.1.2010, Arb.Erf. 56/08 (beide unveröffentl.).

928 BGH v. 17.1.1995, Mitt. 1996, 16 (17 [Tz. 36]) – *Gummielastische Masse I*.

929 BGH v. 17.12.2019, GRUR 2020, 388 (389 [Tz. 26]) – *Fesoterodinhydrogenfumarat*.

930 BGH v. 17.12.2019, GRUR 2020, 388 (389 [Tz. 25]) – *Fesoterodinhydrogenfumarat*.

931 BGH v. 17.12.2019, GRUR 2020, 388 (389 [Tz. 26]) – *Fesoterodinhydrogenfumarat*.

932 OLG Düsseldorf v. 9.7.2020, GRUR-RS 2020, 53261 – *Fesoterodinhydrogenfumarat*.

933 Vgl. dazu u.a. Reimer/Schade/Schippel/Rother, § 5 ArbEG, Rn. 17; vgl. etwa OLG Düsseldorf v. 9.7.2020, GRUR-RS 2020, 53261 – *Fesoterodinhydrogenfumarat II* im Nachgang zu BGH v. 17.12.2019, GRUR 2020, 388 – *Fesoterodinhydrogenfumarat*.

damit zu treffende Entscheidung über deren Inanspruchnahme oder Freigabe hingewiesen werden (Warnfunktion).[934] Unter Verweis auf das Urteil »Fesoterodinhydrogenfumarat« des BGH[935] betont das OLG Düsseldorf, dass die Erfindungsmeldung deutlich machen soll, dass es sich um eine neue und (jedenfalls möglicherweise) auf erfinderischer Tätigkeit beruhende technische Lehre handelt.[936] Zur Bekanntgabe von Versuchsergebnissen oder anderer technischer Daten müsse daher der Hinweis hinzukommen, dass der Arbeitnehmer die mitgeteilten Informationen für bedeutsam erachtet und als Ausdruck eines gegebenenfalls patentfähigen allgemeinen Lösungsprinzips oder einer Erfindung ansieht.

Es ist ausreichend, wenn für den Arbeitgeber eindeutig erkennbar wird, dass eine Erfindung gemeldet werden soll. Hierfür kann beispielsweise die Kennzeichnung als »Entwurf einer Patentanmeldung« ausreichen, wenn sie auch die anderen Merkmale des § 5 Abs. 1 ArbEG erfüllt.[937] Für ein Kenntlichmachen genügt es, wenn in irgendeiner Weise ersichtlich wird, dass eine Lehre zum technischen Handeln gefunden worden ist; es muss für den Arbeitgeber erkennbar werden, dass ihm der Arbeitnehmer eine Erfindung nahebringen will und nicht etwa ein normales Arbeitsergebnis oder ein Verbesserungsvorschlag gemeldet werden soll.[938] Maßgebend ist der eindeutige Hinweis darauf, dass der Meldende glaubt, bei der dargestellten technischen Lösung eine Erfindung gemacht zu haben. 400

Nicht ausreichend ist die Vorlage von Konstruktionszeichnungen, Laborberichten etc., da dies von der Bekanntgabe üblicher Versuchsergebnisse nicht unterschieden werden kann. Gleiches gilt für Tätigkeitsberichte ohne nähere Hinweise auf ihre spezielle Bedeutung.[939] Übliche Arbeitsprotokolle und Laborberichte erfüllen nach Auffassung des BGH ebenfalls nicht die Voraussetzungen einer Erfindungsmeldung, da sie im Regelfall nur einen Sachstand bzw. erreichte Arbeitsergebnisse und ggfs. Vorstellungen über ein eventuelles weiteres zweckmäßiges Vorgehen wiedergeben.[940] Nach Auffassung der Schiedsstelle genügt auch die bloße Kennzeichnung als »neue technische Innovation«[941] oder die Vorstellung von Entwicklungsergebnissen im Rah- 401

934 Siehe BGH v. 12.4.2011, GRUR 2011, 733 (734 [Tz. 12]) – *Initialidee*; ferner LG Düsseldorf v. 3.11.2016, Düsseldorfer Entscheidungen Nr. 2852 – *Retardtablette I*; Schiedsstelle v. 7.3.2016, Arb.Erf. 39/14 (www.dpma.de).

935 BGH v. 17.12.2019, GRUR 2020, 388 (391 [Tz. 55 – 57]).

936 OLG Düsseldorf v. 9.7.2020, GRUR-RS 2020, 53261 – *Fesoterodinhydrogenfumarat II.*

937 Schiedsstelle v. 19.4.1960, BlPMZ 1960, 280 (281); einschränkend Schiedsstelle v. 6.5.2003, Arb.Erf. 34/01 (unveröffentl.).

938 Schiedsstelle v. 7.3.2016, Arb.Erf. 09/14 (www.dpma.de).

939 BGH v. 17.1.1995, Mitt. 1996, 16 (17 [Tz. 36]) – *Gummielastische Masse I.*

940 BGH v. 12.4.2011, GRUR 2011, 733 [Tz. 18 f.] – *Initialidee*; siehe auch BGH v. 17.1.1995, Mitt. 1996, 16 (17) – *Gummielastische Masse I*; LG Düsseldorf v. 3.11.2016, Düsseldorfer Entscheidungen Nr. 2852 – *Retardtablette I.* Vgl. auch Schiedsstelle v. 19.9.2013, Arb. Erf. 29/12, wo die Schiedsstelle nochmals betont, dass eine Dokumentation des Wissens des Arbeitgebers über die Erfindung in einer mit einer Erfindungsmeldung vergleichbaren anderweitigen Form vorliegen muss.

941 Schiedsstelle v. 8.8.2017, Mitt. 2019, 419 (420).

men einer Powerpoint-Präsentation an Fachvorgesetzte unter Ablage auf dem IT-Projektlaufwerk[942] nicht für eine Kenntlichmachung als Erfindungsmeldung. Auch dem Einstellen einer technischen Idee im Intranet in ein unternehmenseigenes bzw. konzernweites Ideen-Portal (»Idea-Tracker«) soll nach Ansicht der Schiedsstelle der formale Charakter als Meldung fehlen, zumal dieses weder die inhaltlichen Anforderungen an eine Erfindungsmeldung erfülle, noch explizit an den Arbeitgeber gerichtet war.[943] Auch die Vorlage einer Diplomarbeit ist nicht als eine der schriftlichen Erfindungsmeldung gleichgestellte Wissensdokumentation anzusehen.[944] Nicht ausreichend ist ferner die Kennzeichnung als »Verbesserungsvorschlag«.[945] Gleiches gilt für die Einstellung eines Vorschlags in das betriebliche Vorschlagswesen ohne Adressierung an den Arbeitgeber bzw. an einen Empfangsberechtigten für Erfindungsmeldungen.[946] Dies folgt schon aus der im ArbEG in den §§ 2 und 3 erfolgten klaren Trennung von Erfindungswesen und Vorschlagswesen und zudem aus der in der Betriebspraxis zumindest größerer Unternehmen traditionell vorgegebenen organisatorischen Trennung zwischen Erfindungs- und Vorschlagswesen (Ideenmanagement).[947] Bei einer nicht eindeutigen Kennzeichnung besteht die Gefahr einer Zuleitung an eine unzuständige Fachabteilung. Zudem wird eine als Verbesserungsvorschlag angesehene Erklärung des Arbeitnehmers üblicherweise wegen des regelmäßig geringeren Stellenwerts solcher Vorschläge und deren von vornherein bestehender originärer Zuordnung zum Arbeitgeber häufig einer anderen tatsächlichen und rechtlichen Behandlung zugeführt.[948]

Eine eigenständige und damit regelmäßige Prüfungspflicht, einen mitgeteilten Verbesserungsvorschlag auf seine Qualität als (Dienst-)Erfindung hin zu prüfen, trifft den Arbeitgeber nach der zutreffenden Auffassung der Schiedsstelle nicht[949] und zwar auch nicht unter dem Aspekt der Fürsorgepflicht (§ 241 Abs. 2 BGB).[950] Auch bei einer bloß formlosen Unterrichtung über sonstige betriebliche Entwicklungen durch den Arbeitnehmer ist eine solche Prüfungspflicht des Arbeitgebers nicht zu bejahen.[951]

402 Wie zuvor dargestellt,[952] kann die Meldepflicht entfallen, wenn der Arbeitgeber (ausdrücklich oder konkludent) auf eine förmliche Erfindungsmeldung als auch auf sein Inanspruchnahmerecht verzichtet. Die zuvor dargestellte Entscheidung »Haftetikett«

---

942 Schiedsstelle v. 12.7.2018, Arb.Erf. 50/16 (www.dpma.de).
943 Schiedsstelle v. 5.3.2021, Arb.Erf. 03/20 (www.dpma.de).
944 KG Berlin v. 17.3.2017, BeckRS 2017, 131412.
945 Vgl. nur Schiedsstelle v. 21.6.2006, Arb.Erf. 38/05 (Datenbank Schiedsstellenpraxis); v. 7.3.2016, Arb.Erf. 09/14 u. v. 25.7.2017, Arb.Erf. 13/16 (beide www.dpma.de).
946 Schiedsstelle v. 21.7.2022, Arb.Erf. 16/21 (www.dpma.de).
947 Schiedsstelle v. 7.3.2016, Arb.Erf. 09/14 (www.dpma.de).
948 Schiedsstelle v. 7.3.2016, Arb.Erf. 09/14 (www.dpma.de).
949 Schiedsstelle v. 25.7.2017, Arb.Erf. 13/16 u. v. 12.9.2017, Arb.Erf. 05/16 (beide www.dpma.de); so auch Keukenschrijver in Busse/Keukenschrijver, PatG, § 20 ArbEG, Rn. 12.
950 Schiedsstelle v. 21.7.2022, Arb.Erf. 16/21 (www.dpma.de).
951 Vgl. Schiedsstelle v. 22.9.2021, Arb.Erf. 09/20 u. v. 2.11.2022, Arb.Erf. 40/20 (beide www.dpma.de).
952 Siehe Rdn. 389 f.

des BGH,[953] wonach die Meldepflicht ausnahmsweise auch dann entfallen soll, wenn der Arbeitgeber die Diensterfindung mit dem Inhalt der ihm auf sonstige Weise zur Kenntnis gelangten erfinderischen Lehre zum technischen Handeln zum Schutzrecht anmeldet und dabei alle an der Entwicklung beteiligten Erfinder benennt, ist auf massive Kritik der Schiedsstelle[954] wie auch im Schrifttum[955] gestoßen. Sie war nicht zuletzt zusätzlicher Anstoß für die Einführung der Inanspruchnahmefiktion im Rahmen der ArbEG-Novelle 2009.[956] Dieses Urteil stellt eine nicht verallgemeinerbare Einzelfallentscheidung dar.[957] Dies verkennen die insoweit unzutreffend an das »Haftetikett«-Urteil anknüpfenden Entscheidungen des LG Mannheim[958] und des OLG München.[959] Zutreffend weist das OLG Frankfurt darauf hin, dass eine Wissensvermittlung, welche zwar die Diensterfindung beinhaltet, die jedoch den besonderen Erfordernissen des § 5 Abs. 1 ArbEG nicht gerecht wird, nicht als Wissensvermittlung im Sinne der »Haftetikett«-Entscheidung angesehen werden kann.[960]

Soweit der BGH in der seine »Haftetikett«-Rechtsprechung bestätigenden Entscheidung »Initialidee«[961] betont, dass es ausreicht, wenn der Arbeitgeber gegenüber jedem Miterfinder deutlich macht, dass er Kenntnis vom Gegenstand der Diensterfindung und den beteiligten Miterfindern hat, bleibt nach wie vor abzuwarten, bei welchen Fallkonstellationen von den Instanzgerichten zukünftig von einer solchen Dokumentation des nach § 5 ArbEG zu vermittelnden Wissens ausgegangen wird. In seinem 403

953 BGH v. 4.4.2006, GRUR 2006, 754 (757 [Tz. 26]) – *Haftetikett* m. zust. Anm. Scharen, VPP-Rundbrief 2007, 155 ff.; bestätigt durch BGH v. 12.4.2011, GRUR 2011, 733 [Tz. 15]) – *Initialidee*; ebenso OLG Düsseldorf v. 1.10.2009, Az. 2 U 41/07 (unveröffentl.) – *Glasverbundplatten*; a.A. Hellebrand, Mitt. 2001, 195 (196).

954 Schiedsstelle v. 6.11.2008, Arb.Erf. 39/07 (Datenbank Schiedsstellenpraxis); v. 1.10.2009, Arb.Erf. 39/07 u. v. 21.10.2010, Arb.Erf. 21/09 (beide unveröffentl.); v. 22.7.2013, Arb.Erf. 40/11 u. v. 31.1.2024, Arb.Erf. 59/20 (beide www.dpma.de). In einem neueren Einigungsvorschlag spricht die Schiedsstelle von einer mit § 5 Abs. 1 Satz 1, § 6 Abs. 2 Satz 2 HS 2 ArbEG a.F. nicht zu vereinbarenden Rechtsprechung (Schiedsstelle v. 19.9.2013, Arb.Erf. 29/12 [www.dpma.de]). Dem BGH wiederum folgend aber die heutige Schiedsstellenpraxis, z.B. Schiedsstelle v. 5.3.2021, Arb.Erf. 03/20; v. 22.9.2021, Arb.Erf. 09/20 u. v. 21.7.2022, Arb.Erf. 16/21 (alle www.dpma.de).

955 Hellebrand, Mitt. 2006, 486; Reimer/Schade/Schippel/Himmelmann, Einl. ArbEG, Rn. 31 u. Reimer/Schade/Schippel/Rother, § 5 ArbEG, Rn. 15; Bartenbach/Volz, § 5 ArbEG, Rn. 31.1.

956 Vgl. Amtl. Begr. in BR-Drucks. 757/08 S. 50 f. = BlPMZ 2009, 323; s. auch Bayreuther, NZA 2009, 1123 (1124); Bartenbach/Volz, Praxisleitfaden, Rn. 107.

957 Scharen, VPP-Rundbrief 2007, 155 (160); OLG Frankfurt v. 22.1.2009, GRUR-RR 2009, 291 (292 [Tz. 29]) – *Erfindungsmeldung*; so auch Schiedsstelle v. 31.1.2024, Arb. Erf. 2024, Arb.Erf. 59/20 (www.dpma.de).

958 V. 30.9.2008, Mitt. 2009, 133 (134) m. zutreffender Ablehnung Matthes, Mitt. 2009, 135 f; siehe auch OLG Karlsruhe v. 28.4.2010, GRUR 2011, 318 – *Initialidee*, aufgehoben durch BGH v. 12.4.2011, GRUR 2011, 733 – *Initialidee*.

959 OLG München v. 10.7.2008, GRUR-RR 2009, 219 (220 f.) – *Vliesproduktion*.

960 OLG Frankfurt v. 22.1.2009, GRUR-RR 2009, 291 (292) – *Erfindungsmeldung*.

961 V. 12.4.2011, GRUR 2011, 733 (736 [Tz. 25]); siehe hierzu bereits Rdn. 389 f.

Urteil »Lichtschutzfolie« vom 14.2.2017[962] hat der BGH seine »Haftetikett«-Rechtsprechung nochmals bestätigt. Die von ihm entwickelten Grundsätze sollen auch dann gelten, wenn der Arbeitnehmer – auf Aufforderung des Arbeitgebers – nach der Einreichung der Patentanmeldung eine formgerechte Erfindungsmeldung nachreicht. Insoweit stellt der BGH die Einreichung einer Patentanmeldung durch den Arbeitgeber einer formell und inhaltlich ordnungsgemäßen Erfindungsmeldung im Sinne von § 5 ArbEG gleich. Nach wie vor muss gelten, dass eine Erfindungsmeldung, die der gesetzlich vorgeschriebenen (früheren Schrift-, jetzt Text-)Form ermangelt, wegen Verstoßes gegen § 125 BGB nicht rechtswirksam ist und erfinderische Folgen nicht auslösen kann. Zutreffend wurde die »Haftetikett«-Entscheidung seinerzeit als Einzelfallentscheidung verstanden[963], die dann greift, wenn ein jahrelanges passives Verhalten des Arbeitgebers ohne jeden Bezug zum ArbEG gegeben ist, also ein konsequentes Nichtbeachten sämtlicher Regelungen des ArbEG, insbesondere auch der Erfindervergütungspflicht. Fordert aber der Arbeitgeber nach Einreichung einer die Priorität sichernden Schutzrechtsanmeldung die Einhaltung der förmlichen Vorgaben des ArbEG von seinen Arbeitnehmererfindern ein, und reagiert er dann fristgerecht mit einer Inanspruchnahmeerklärung nach früherem Recht auf deren förmliche Erfindungsmeldung, kann dies nicht zu seinen Lasten gehen.

404 Es ist in der Praxis davon auszugehen, dass in Fallkonstellationen ohne eine förmliche Erfindungsmeldung die Inanspruchnahmefrist nach § 6 Abs. 2 ArbEG a.F. bzw. die Frist für die Fiktion der Inanspruchnahme nach § 6 Abs. 2 ArbEG n.F. auch dann läuft, wenn eine arbeitgeberseitige Wissendokumentation, insbesondere eine Schutzrechtsanmeldung durch den Arbeitgeber mit vollständiger Erfinderbenennung, erfolgt ist, nachdem der BGH seine Rechtsprechung mit den der »Haftetikett«-Entscheidung folgenden Urteilen »Initialidee« und »Lichtschutzfolie« bestätigt hat und die Instanzgerichte dem gefolgt sind.[964]

405 Nach § 5 Abs. 2 ArbEG muss der Arbeitnehmer in der Meldung die technische Aufgabe, ihre Lösung und das Zustandekommen der Diensterfindung detailliert beschreiben und erläutern.[965] Dabei hat der Arbeitnehmer nicht nur Miterfinder, sondern auch sonstige am Zustandekommen der Erfindung beteiligten Personen, sog. Erfindungsgehilfen, anzugeben.[966] Die Informationen über diese Fakten stehen nicht im

962 GRUR 2017, 504 (506 [Tz. 22]).

963 Siehe Scharen, VPP-Rundbrief 2007, 155, 160; siehe auch die Kritik der Schiedsstelle an der Entscheidung des BGH in EV v. 31.1.2024, Arb.Erf. 59/20 (vorgesehen für Veröffentlichung in www.dpma.de).

964 OLG Karlsruhe v. 26.9.2012, Mitt. 2013, 91 – *Formatkreissäge* u. v. 13.4.2018, GRUR 2018, 1030 (1035 [Tz. 44 f.]) – *Rohrleitungsprüfung*; OLG Frankfurt v. 22.1.2009, GRUR-RR 2009, 291 (292) – *Erfindungsmeldung*; LG Düsseldorf v. 13.4.2010, Mitt. 2010, 541 (545) – *Beschichtung für Solarabsorber*.

965 Vgl. BGH v. 4.4.2006, GRUR 2006, 754 (757 [Tz. 26]) – *Haftetikett*, wonach der BGH die Erfindungsmeldung als Wissensvermittlung einstuft.

966 BGH v. 18.3.2003, GRUR 2003, 702 (704 [Tz. 22]) – *Gehäusekonstruktion*.

Ermessen des Arbeitnehmers.[967] Der Arbeitgeber ist so zu unterrichten, dass er das Wesen der Erfindung verstehen und deren Brauchbarkeit ggf. durch einen Sachverständigen begutachten lassen kann.[968]

Sind die in § 5 Abs. 2 ArbEG vorgeschriebenen Angaben nicht oder nur unvollständig enthalten, kann der Arbeitgeber die Erfindungsmeldung gemäß § 5 Abs. 3 ArbEG innerhalb von zwei Monaten dem Erfinder gegenüber beanstanden. Unterlässt er eine Beanstandung, gilt die Erfindungsmeldung kraft gesetzlicher Fiktion selbst dann als ordnungsgemäß, wenn der Arbeitnehmer keine Angaben über die Erfindung im Sinne des § 5 Abs. 2 ArbEG gemacht hat.[969] In der Beanstandung ist konkret zu erklären, in welcher Art und Weise die Meldung einer Ergänzung bedarf.[970] 406

Zu beachten ist, dass es – nach Ansicht des BGH[971] – bei einer Weiterentwicklung jedenfalls dann einer erneuten Erfindungsmeldung bedarf, wenn der Erfindungsgegenstand eigenständig schöpferisch ist oder zumindest durch schöpferische Ergänzung wesentlich verändert und infolgedessen auch eine wesentliche Änderung der Miterfinderanteile bewirkt wird. 407

Bei Miterfindern geht § 5 Abs. 1 Satz 2 ArbEG davon aus, dass die Meldepflicht jeden einzelnen Arbeitnehmer-Miterfinder trifft und eine gemeinsame Meldung möglich, aber nicht zwingend ist. Eine gemeinsame Erfindungsmeldung ist auch bei Meldung in Textform möglich, sofern deutlich wird, dass es sich um eine gemeinsame Meldung handelt und die Personen der Erklärenden genannt sind.[972] Wird der Meldende von den anderen Miterfindern bevollmächtigt, die Meldung zugleich in ihrem Namen abzugeben, ist dies in der gemeinsamen Meldung deutlich zu machen.[973] Dies ist insbesondere dann sinnvoll, wenn die Miterfinder in unterschiedlichen Konzern- 408

---

967 BGH v. 18.3.2003, GRUR 2003, 702 (703 [Tz. 21]) – *Gehäusekonstruktion*; v. 5.10.2005, GRUR 2006, 141 (142 [Tz. 19]) – *Ladungsträgergenerator*; v. 12.4.2011, GRUR 2011, 733 [Tz. 13]) – *Initialidee* u. v. 17.12.2019, GRUR 2020, 388 (390 [Tz. 26]) – *Fesoterodinhydrogenfumarat*; abl. Hellebrand, Mitt. 2008, 433 (435 f.); kritisch auch Schiedsstelle v. 28.1.2009, Arb.Erf. 34/06 (Datenbank Schiedsstellenpraxis); v. 2.2.2010, Arb. Erf. 15/09 (unveröffentl.).

968 OLG Nürnberg v. 24.8.1967, GRUR 1968, 147 (148) – *Farbnebel.*

969 BGH v. 18.3.2003, GRUR 2003, 702 (703 [Tz. 23]) – *Gehäusekonstruktion*; siehe auch allg. Schiedsstelle v. 13.11.2018, Arb.Erf. 71/16 (www.dpma.de).

970 Schiedsstelle v. 8.4.1993, Mitt. 1996, 245 f. – *Vorführbereite Mustergeräte*; so auch Schiedsstelle v. 9.10.2020, Arb.Erf. 36/18 (www.dpma.de).

971 BGH v. 5.10.2005, GRUR 2006, 141 (142 f. [Tz. 18 f.]) – *Ladungsträgergenerator* sowie v. 14.2.2017, GRUR 2017, 504 (506 [Tz. 34]) – *Lichtschutzfolie*; Scharen, VPP-Rundbrief 2007, 145 (148); ähnlich Keukenschrijver in Busse/Keukenschrijver, PatG, § 5 ArbEG, Rn. 1; einschränkend Hellebrand, Mitt. 2008, 433 ff. u. Schiedsstelle v. 2.2.2010, Arb. Erf. 15/09 (unveröffentl.) = bloße Informationspflicht für Arbeitsergebnisse.

972 Siehe Bartenbach/Volz, Praxisleitfaden, Rn. 109, 118.

973 BGH v. 5.10.2005, GRUR 2006, 141 (143 [Tz. 26]) – *Ladungsträgergenerator*; siehe auch OLG Frankfurt am Main v. 22.7.2021, GRUR 2021, 1504 (1506 [Tz. 22]) – Kunststoffsack, bestätigend BGH v. 14.11.2023, GRUR 2024, 454 (459 [Tz. 73 ff.]) – Kunststoffsack.

unternehmen tätig sind. Darüber hinaus soll ein Miterfinder in der Meldung auch hervorheben, was er als seinen eigenen (Miterfinder-) Anteil ansieht;[974] hier reicht es bereits aus, wenn für den Arbeitgeber aus der Erfindungsmeldung ersichtlich ist, dass Miterfinder beteiligt waren und wie er diese und deren Miterfinderanteile ermitteln kann.[975] Eine gemeinschaftliche Meldung empfiehlt sich auch vor dem Hintergrund, dass hierdurch von vornherein Widersprüche, insbesondere zur Miterfinderbeteiligung, vermieden werden können. Gleichzeitig gewährleistet sie eine umfassende Gewichtung der auf die einzelnen Erfinder entfallenden Anteile an der Erfindung.

409 Jeder Miterfinder ist für die Erfüllung seiner eigenen Meldepflicht verantwortlich. Die Meldung eines anderen Miterfinders in einer Erfindungsmeldung unter bloßer Benennung weiterer Miterfinder ist grundsätzlich kein Ersatz für deren eigene Erfindungsmeldung[976] und befreit nicht von der eigenen Pflicht zur Meldung.[977]

410 Melden einzelne Erfinder nicht, läuft ihnen gegenüber bezüglich ihres Miterfinderanteils keine Frist zur Inanspruchnahme bzw. zur Inanspruchnahmefiktion. Wird nachträglich ein Miterfinder bekannt, hat dieser seine Erfindungsmeldung unverzüglich nachzuholen.

411 Erfüllt der Arbeitnehmer seine ihm kraft Gesetzes auferlegte Meldepflicht nicht, kann der Arbeitgeber einen Erfüllungsanspruch geltend machen. Mit diesem Erfüllungsanspruch korrespondiert ein Auskunftsanspruch des Arbeitgebers, der durch die Geheimhaltungspflicht nach § 24 Abs. 2 ArbEG abgesichert ist.[978] Darüber hinaus kann ein solches Verhalten Schadensersatzansprüche gemäß § 280 Abs. 1 BGB[979] und §§ 823, 826, 1004 BGB nach sich ziehen.[980]

412 Verwendet der Arbeitnehmer ein vom Arbeitgeber vorgegebenes unternehmensspezifisches Formular zur Erfindungsmeldung[981] nicht, kann dies ein arbeitsrechtlich relevanter Verstoß gegen eine betriebliche Ordnung sein.[982] Im Rahmen des ArbEG hat

974 Vgl. BGH v. 17.5.1994, GRUR 1994, 898 (902) – *Copolyester I*, wonach auch eine Einigung der Miterfinder untereinander über den Umfang ihrer Miterfinderanteile in der Meldung möglich ist.

975 BGH v. 17.12.2019, GRUR 2020, 388 (390 [Tz. 30 f.]) – *Fesoterodinhydrogenfumarat.*

976 BGH v. 5.10.2005, GRUR 2006, 141 (143 [Tz. 26]) – *Ladungsträgergenerator* u. v. 12.4.2011, GRUR 2011, 733 [Tz. 21] – *Initialidee*; ferner BGH v. 17.12.2019, GRUR 2020, 388 (390 [Tz. 32]) – *Fesoterodinhydrogenfumarat.*

977 BGH v. 12.4.2011, GRUR 2011, 733 [Tz. 21] – *Initialidee.*

978 OLG München v. 10.9.1992, GRUR 1994, 625 (626) – *Prägemaschine*; Keukenschrijver in Busse/Keukenschrijver, PatG, § 5 ArbEG, Rn. 1.

979 Siehe hierzu Schiedsstelle v. 18.6.2021, Arb.Erf. 37/19 u. v. 22.9.2021, Arb.Erf. 09/21 (beide www.dpma.de).

980 Vgl. hierzu im einzelnen Bartenbach/Volz, § 5 ArbEG, Rn. 94 ff.; siehe auch BGH v. 19.5.2005, GRUR 2005, 761 (762 [Tz. 12]) – *Rasenbefestigungsplatte.*

981 Zur Zulässigkeit vgl. BGH v. 5.10.2005, GRUR 2006, 141 (142 [Tz. 28]) – *Ladungsträgergenerator.*

982 Bartenbach/Volz, Praxisleitfaden, Rn. 108.

dies allerdings keine rechtlichen Konsequenzen, sofern der Arbeitnehmer bei seiner Erfindungsmeldung die gesetzlichen Vorgaben des § 5 ArbEG beachtet.[983]

2. Auswirkungen des Konzernverbundes

413 Entsprechend den Konzerneinflüssen auf die Einstufung als Diensterfindung[984] können sich auch bei der Erfindungsmeldung konzernspezifische Auswirkungen ergeben.

a) Der Adressat der Meldung im Konzernverbund

414 Bei der Meldung einer Diensterfindung durch den Arbeitnehmer ist von maßgeblicher Bedeutung, wem die Arbeitgeberposition zukommt, denn gemäß § 5 ArbEG hat die Meldung ausschließlich gegenüber dem Arbeitgeber zu erfolgen. Insoweit kann auf die obigen Ausführungen verwiesen werden.[985] Aus dem Umkehrschluss aus § 5 ArbEG folgt, dass Mitteilungen gegenüber nicht bevollmächtigten Dritten nicht als Meldung im Sinne dieses Gesetzes angesehen werden können.[986]

aa) Der Arbeitgeber als Adressat

415 Soweit im Konzernverbund ein einzelnes Arbeitsverhältnis besteht, ist Adressat der Meldung der betreffende Arbeitgeber. Eine Meldung gegenüber anderen (nicht bevollmächtigten) Konzernunternehmen genügt nicht und wäre nach § 24 Abs. 1 ArbEG auch unzulässig.[987] Das gilt selbstverständlich in den Fällen eines Unterordnungskonzerns auch bei Meldung an die Muttergesellschaft.[988]

416 Bei Tätigkeiten in mehreren Arbeitsverhältnissen – z.B. bei einem Doppelarbeitsverhältnis – ist entscheidend, im Verhältnis zu welchem Arbeitgeber eine Diensterfindung vorliegt.[989] Adressat der Meldung ist ausschließlich dieser Arbeitgeber. Stellt sich heraus, dass die Erfindung in Bezug auf beide Arbeitgeber eine Diensterfindung darstellt, muss der Arbeitnehmer auch beiden Arbeitgebern die Diensterfindung gemäß § 5 ArbEG melden.[990]

417 Bei einem einheitlichen Arbeitsverhältnis folgt aus § 428 Satz 1 BGB, dass der Arbeitnehmer die Meldung nach seinem Belieben an einen der Arbeitgeber richten kann, es sei denn, es besteht eine abweichende vertragliche Vorgabe. Besteht eine Miterfinderschaft und gehören die Miterfinder unterschiedlichen Konzernunternehmen an, ist jeder Miterfinder zur Meldung gegenüber seinem Arbeitgeber verpflichtet.[991]

983 Schiedsstelle v. 18.4.2005, Arb.Erf. 41/04 (unveröffentl.).
984 Siehe oben Rdn. 357 ff.
985 Siehe oben Rdn. 52 ff.
986 Schiedsstelle v. 30.11.1981, Arb.Erf. 33/80 (unveröffentl.).
987 So auch Schiedsstelle v. 12.7.2018, Arb.Erf. 50/16 (www.dpma.de); siehe dazu Rdn. 951 ff.
988 Zu den Fällen der Bevollmächtigung siehe Rdn. 418 f.
989 Siehe dazu Rdn. 196 ff.
990 Zu den Auswirkungen in grenzüberschreitenden Doppelarbeitsverhältnissen siehe Rdn. 1028 ff.
991 Einzelheiten siehe Rdn. 337 ff.

bb) Die Vertretung des Arbeitgebers

418 Wie dargestellt, ist eine Vertretung auch bei der Entgegennahme der Erfindungsmeldung zulässig. Die Bevollmächtigung hat insbesondere im Konzernbereich eine erhebliche Bedeutung. Soweit die Meldung gegenüber einem vom Arbeitgeber allgemein oder für den Einzelfall zur Entgegennahme Bevollmächtigten erfolgt, bewirkt der Zugang an diesen zugleich den Zugang an den Arbeitgeber, ohne dass es auf dessen Kenntnisnahme ankommt.[992] Dies ist auch dann zu bejahen, wenn die Erfindungsmeldung entsprechend einem firmenintern vorgegebenen Verfahren nicht an den Arbeitgeber, sondern an ein konzernangehöriges Unternehmen (zum Beispiel an die zentrale Patentabteilung der Muttergesellschaft) zu erfolgen hat.[993] Die weisungsgemäße Meldung einer Diensterfindung an die Patentabteilung der Muttergesellschaft des Arbeitgebers gilt als Zugang beim Arbeitgeber, da die Patentabteilung insoweit als Empfangsvertreterin des Arbeitgebers fungiert.[994]

419 Der Arbeitgeber ist, da es sich bei der Bevollmächtigung Dritter zur Entgegennahme der Erfindungsmeldungen um eine mitbestimmungsfreie Maßnahme handelt, aufgrund seines Direktionsrechts (§ 106 GewO) befugt, den Personenkreis, der die Meldungen entgegennehmen soll, zu beschränken.[995] § 22 Satz 1 ArbEG, der die Unabdingbarkeit der Vorschriften des ArbEG regelt, steht einem solchen Vorgehen mangels Schlechterstellung des Arbeitnehmererfinders nicht entgegen. Jedoch muss der betroffene Arbeitnehmer von einer Einschränkung des Vertreterkreises, z.B. durch Einzelhinweis, durch Aushang am schwarzen Brett, Hausmitteilung oder Intranet-Information, in Kenntnis gesetzt werden. Liegen weder ein einheitliches Arbeitsverhältnis[996] noch eine Vertretungssituation zur Entgegennahme der Erfindungsmeldung vor, bleibt der Arbeitnehmer gehalten, die Erfindungsmeldung ausschließlich an seinen Arbeitgeber zu richten. Meldet dagegen der Arbeitnehmererfinder eine Erfindung z.B. der Muttergesellschaft, ohne seinen Arbeitgeber zu informieren, meldet daraufhin die Muttergesellschaft ein Schutzrecht an, konnte dies auch bei »Alterfindungen« nicht zu einem Freiwerden der Erfindungsrechte nach der »Haftetikett«-Rechtsprechung des BGH[997] führen. Die »Haftetikett«-Rechtsprechung des BGH setzt ein Verhalten des Arbeitgebers voraus, mit dem er deutlich kundtut, dass er den gesetzlichen Schutz des § 5 Abs. 1 ArbEG nicht mehr benötigt. Dies ist auch nach der Rechtsprechung des BGH nur dann der Fall, wenn der Arbeitgeber formell nach außen hin dokumentiert, dass er das Wissen und die Erkenntnismöglichkeiten hat, die ihm vom Erfinder nach § 5 ArbEG vermittelt werden müssen. Nur dann steht fest, dass

---

992 Siehe Schiedsstelle v. 10.1.2018, Arb.Erf. 49/16 (www.dpma.de) sowie allgemein BAG v. 13.10.1976, DB 1977, 546; BAG v. 16.1.1976, DB 1976, 1018.

993 Schiedsstelle v. 13.7.2018, Arb.Erf. 43/16 (www.dpma.de).

994 Schiedsstelle v. 10.1.2018, Arb.Erf. 49/16 (www.dpma.de.

995 Vgl. Schiedsstelle v. 6.11.2008, Arb.Erf. 39/07 (Datenbank Schiedsstellenpraxis) u. v. 1.10.2009, Arb.Erf. 36/06 (unveröffentl.); siehe auch Schiedsstelle v. 10.1.2018 Arb. Erf. 49/16 u. v. 13.7.2018, Arb.Erf. 43/16 (beide www.dpma.de).

996 Siehe dazu Rdn. 183 ff. u. Rdn. 417.

997 Siehe dazu Rdn. 390 u. Rdn. 402 f.

er einer Meldung in der nach § 5 ArbEG vorgeschriebenen Form nicht mehr bedarf. Dies ist jedoch nicht der Fall bei einem Arbeitgeber, der von der (Mit-)Erfinderschaft seines Arbeitnehmers gar nichts weiß, selbst wenn er auf Grund der Einstellung von Erfindungsmeldungen in einer konzerninternen EDV über die Möglichkeit verfügen sollte, diese zu recherchieren.[998]

b) Zentralisierung des Patentwesens

Um die fachliche Kompetenz zu bündeln und damit zugleich die Effizienz und Qualität der Schutzrechtsverwaltung zu steigern, wird vielfach im Konzernverbund die Bearbeitung von Schutzrechtsanmeldungen bei einer oder mehreren Stellen konzentriert, sei es bei einer zentralen Patentabteilung der Konzernmutter, einzelnen Konzernunternehmen oder einer zentralen Patentverwertungsgesellschaft. Besonderer Vorteil einer solchen Zentralisierung ist – neben der Sicherstellung der Einhaltung aller Fristen aus dem ArbEG –, dass eine zentrale Patentstelle auch übergreifend über das einzelne verbundene Unternehmen hinaus zielgerichteter beurteilen kann, ob der Gegenstand einer Erfindungsmeldung im Konzernverbund genutzt werden kann und wie die Absicherung durch Schutzrechtspositionen sinnvollerweise zu erfolgen hat. Zu bedenken bleibt aber stets, dass eine technische Lehre häufig nur »rudimentär« gemeldet wird, deren Umsetzung in eine Schutzrechtsanmeldung im Zweifel den unmittelbaren, persönlichen Kontakt mit dem Erfinder »vor Ort« erfordert. 420

Ist das Patentwesen zentralisiert, erscheint es zur Vermeidung von Verzögerungen auch ratsam, ausschließlich diese Stelle als Adressaten von Erfindungsmeldungen zu bestimmen und sie entsprechend bevollmächtigen zu lassen. Diese Bevollmächtigung kann sich entweder auf die Patentabteilung des Arbeitgeberunternehmens, die zentrale Patentabteilung der Konzernmutter oder auch auf eine andere Konzerngesellschaft beziehen, die diese Aufgaben für den gesamten Konzern übernimmt. Der BGH hat bestätigt, dass die Erfindungsmeldung an den Leiter der Patentabteilung des Arbeitgeberunternehmens einen wirksamen Zugang bewirken kann.[999] Die z.B. nach § 167 Abs. 1 BGB vom verbundenen Unternehmen erteilte Vollmacht wirkt nach § 164 Abs. 1 Satz 1 BGB unmittelbar für dieses Unternehmen.[1000] Darüber hinaus ist die zentrale Patentabteilung bei entsprechender Bevollmächtigung Empfangs- und Erklärungsvertreter der einzelnen Konzernunternehmen (vgl. auch § 166 BGB). In den Fällen, in denen die Erfindungsmeldung wegen firmeninterner Vorgaben nicht an den Arbeitgeber, sondern an ein konzernangehöriges Unternehmen zu erfolgen hat, ist infolge dieser Weisungslage gemäß §§ 167 Abs. 1, 164 Abs. 3 BGB das konzernangehörige Unternehmen Empfangsvertreter im Sinne von § 5 Abs. 1 ArbEG für den Arbeitgeber mit unmittelbarer Wirkung diesem gegenüber.[1001] 421

998 Schiedsstelle v. 18.12.2014, Arb.Erf. 61/10 (www.dpma.de).

999 BGH v. 17.12.2019, GRUR 2020, 388 (389 [Tz. 21 f.]) – *Fesoterodinhydrogenfumarat*.

1000 Schiedsstelle v. 15.12.2009, Arb.Erf. 16/09 (unveröffentl.); v. 10.1.2018, Arb.Erf. 49/16 u. v. 13.7.2018, Arb.Erf. 43/16 (beide www.dpma.de).

1001 Schiedsstelle v. 13.7.2018, Arb.Erf. 43/16 (www.dpma.de).

422 § 24 ArbEG steht dem nicht entgegen, da im Rahmen der Bevollmächtigung auch die Geheimhaltungspflicht aus § 24 Abs. 3 ArbEG greift.[1002]

423 Eine Bevollmächtigung z.B. einer zentralen Patentabteilung zur Entgegennahme von Erfindungsmeldungen bedeutet noch nicht, dass auch andere Handlungen oder Erklärungen von der Patentabteilung vorgenommen werden können, wie z.B. ein Verzicht auf die Schriftform der Erfindungsmeldung.[1003] Die Vollmacht muss, damit der jeweilige Mitarbeiter der zentralen Patentabteilung im Verhältnis zu dem einzelnen Arbeitnehmererfinder umfassend tätig werden kann, darauf gerichtet sein, dass ein bestimmtes Unternehmen im Konzernverbund zur Wahrnehmung aller Rechte und Pflichten der einzelnen Arbeitgeber aus dem ArbEG in deren Namen berechtigt ist.[1004] Der Umfang einer solchen Bevollmächtigung muss für den jeweils betroffenen Arbeitnehmer erkennbar sein.[1005] Im Hinblick auf § 174 BGB, wonach ein einseitiges Rechtsgeschäft eines Bevollmächtigten unwirksam ist, wenn der Bevollmächtigte eine Vollmachtsurkunde nicht vorlegt und der andere das Rechtsgeschäft aus diesem Grund unverzüglich zurückweist, ist eine vorherige Unterrichtung der betreffenden Arbeitnehmererfinder über die Bevollmächtigung notwendig (vgl. auch §§ 167, 174 Satz 2 BGB).[1006] Der Arbeitgeber trägt das »spezifische Organisationsrisiko«, muss also etwaige zusätzliche Versandkosten sowie ein zusätzliches Verlustrisiko übernehmen.[1007] Er hat selbst dafür Sorge zu tragen, dass die Erfindungsmeldungen ohne schuldhaftes Zögern weitergeleitet und bearbeitet werden.[1008] Die Beweislast für den Eingang der Meldung liegt allerdings bei dem Arbeitnehmererfinder.[1009] Diese Beweislast wird auch nicht deshalb umgekehrt und dem Arbeitgeber aufgebürdet, wenn der Arbeitgeber dem Arbeitnehmer den Zeitpunkt des Eingangs der Erfindungsmeldung nicht unverzüglich nach § 5 Abs. 1 Satz 3 ArbEG schriftlich bestätigt.[1010]

424 Im Rahmen einer solchen Zentralisierung des Erfindungswesens im Konzernverbund stellt sich auch die Frage, ob der Arbeitgeber kraft seines Direktionsrechts eine einheitliche Betriebssprachenregelung vorgeben kann, also z.B. die Pflicht an die deutschen Arbeitnehmererfinder, Erfindungsmeldungen in englischer Sprache vorzulegen.

1002 Vgl. Bartenbach/Volz, § 24 ArbEG, Rn. 49. Zur Situation bei der Schutzrechtsanmeldung siehe Rdn. 542 ff.

1003 So Schiedsstelle v. 21.5.1982, Arb.Erf. 14/81 (unveröffentl.).

1004 So auch Schade, GRUR 1978, 569 (571).

1005 Siehe unten Rdn. 449.

1006 Vgl. Bartenbach/Volz, § 6 ArbEG a.F., Rn. 29 m.w.N. Die in § 174 Satz 1 BGB angesprochene Alternative der Vorlage der Vollmachtsurkunde wäre im Konzernbereich – wegen der notwendigen Vorlage des Originals der Urkunde (vgl. BGH v. 10.2.1994, NJW 1994, 1472) – nicht praktisch.

1007 Bartenbach/Volz, § 5 ArbEG, Rn. 16.

1008 Ähnlich Volmer/Gaul, § 5 ArbEG, Rn. 49.

1009 Ständ. Praxis der Schiedsstelle, z.B. v. 10.6.2005, Arb.Erf. 68/03 (Datenbank Schiedsstellenpraxis); v. 6.11.2008, Arb.Erf. 39/07; v. 25.4.2008, Arb.Erf. 95/04 u. v. 23.7.2009, Arb.Erf. 47/05 (alle unveröffentl.).

1010 Schiedsstelle v. 1.10.2009, Arb.Erf. 36/06 (unveröffentl.).

Es entspricht wohl allgemeiner Auffassung, dass der Arbeitgeber die auf die Arbeitspflicht bezogene Arbeitssprache im Rahmen seines Direktionsrechts (§ 106 GewO) vorgeben kann, wenn auch nur im Rahmen billigen Ermessens in Abwägung der Arbeitnehmer- und Arbeitgeberinteressen.[1011] Soll hingegen die Betriebssprache als einheitliche Konzernsprache vorgegeben werden, kann dies letztlich nur im Rahmen der Vertragsfreiheit mit den jeweiligen Arbeitnehmern frei vereinbart werden, etwa durch eine ausdrückliche Regelung im Arbeitsvertrag. Streitig ist dabei, inwieweit Mitbestimmungsrechte des Betriebsrats nach § 87 Abs. 1 Nr. 1 BetrVG zu beachten sind[1012], ob es sich also um allgemeine Ordnungsregeln im Betrieb handelt. 425

Legt ein (ausländischer) Arbeitnehmer dem deutschen Arbeitgeber eine englischsprachige Erfindungsmeldung vor, kann dies nach Auffassung der Schiedsstelle[1013] vom Arbeitgeber beanstandet werden. Nach §§ 5, 15 Abs. 2 ArbEG habe der Arbeitnehmer die Pflicht, den Arbeitgeber bei der Anmeldung zum Patent auf dessen Verlangen hin – entsprechend der Forderung des § 35 PatG nach einer deutschsprachigen Patentanmeldung beim DPMA – mittels einer deutschsprachigen Erfindungsmeldung zu unterstützen, wenn dies der Arbeitgeber so einfordere. Auch unter dem Aspekt, dass ein nicht deutschsprachiger Miterfinder an einer Diensterfindung beteiligt ist, könne sich nichts Anderes ergeben, da die Meldepflicht nach § 5 Abs. 1 Satz 1 ArbEG jeden Erfinder persönlich treffe und die Möglichkeit einer gemeinsamen Erfindungsmeldung nach § 5 Abs. 1 Satz 2 ArbEG lediglich eine Kann-Bestimmung darstelle. 426

III. Die Inanspruchnahme der Diensterfindung

1. Begriff und Bedeutung der Inanspruchnahme

Nach dem Erfinderprinzip (§ 6 Satz 1 PatG) entsteht das Recht an der Erfindung in der Person des Erfinders.[1014] Dies gilt auch, wenn die Erfindung im Arbeitsverhältnis entsteht. Folgerichtig scheidet ein originärer Rechtserwerb des Arbeitgebers an einer Diensterfindung aus. Mit Rücksicht auf den Beitrag des Arbeitgebers zum Zustandekommen einer Diensterfindung sieht das Gesetz in § 6 Abs. 1 ArbEG aber das Recht des Arbeitgebers vor, eine Diensterfindung durch Erklärung gegenüber dem Arbeitnehmer in Anspruch zu nehmen und damit alle vermögenswerten Rechte an der Diensterfindung auf sich überzuleiten (§ 7 Abs. 1 ArbEG).[1015] Dieses Recht auf ihre Inanspruchnahme erlangt der Arbeitgeber mit Fertigstellung einer Diensterfin- 427

1011 Siehe dazu Müller/Deeg, Arbeitsrecht aktuell 2009, S. 9; Vogt/Oltmanns, NZA 2014, 181.
1012 Vgl. dazu etwa LAG Köln v. 9.3.2009, LAGE, § 98 ArbGG 1979 Nr. 53 u. LAG Nürnberg v. 18.6.2020, NZA-RR 2020, 528 m. Anm. Herbert, NZA-RR 2020, 532; siehe auch Braun/Wisskirchen/Wolf, Konzernarbeitsrecht, Teil II, Kap. 4, Rn. 523 m.w.N.
1013 Schiedsstelle v. 18.6.2015, Arb.Erf. 17/13 (www.dpma.de).
1014 Siehe oben Rdn. 16.
1015 Vgl. hierzu OLG Düsseldorf v. 9.10.2014 – I-2 U 15/13, (www.justiz.nrw.de, Rn. 324) – Scharniereinrichtung; folgend u. a. auch Schiedsstelle v. 30.3.2017, Arb.Erf. 11/15 u. v. 13.2.2019, Arb.Erf. 18/18 (beide www.dpma.de); siehe auch Schiedsstelle v. 10.12.2020, Arb.Erf. 63/18 (www.dpma.de).

dung. Das Inanspruchnahmerecht ist kein dingliches Anwartschaftsrecht,[1016] sondern ein Recht eigener Art, ein gesetzliches Optionsrecht.[1017]

428 Als Ausgleich für eine Inanspruchnahme erhält der Arbeitnehmererfinder einen Anspruch auf angemessene Vergütung (§ 9 ArbEG). Dieser Vergütungsanspruch gehört zum Kernbereich der Eigentumsgarantie[1018] und gewährleistet die grundsätzliche Zuordnung des wirtschaftlichen Wertes der Erfindung an den Erfinder.

429 Im Rahmen der ArbEG-Novelle 2009 ist das Institut der Inanspruchnahme für alle seit dem 1.10.2009 gemeldeten Diensterfindungen in zwei Aspekten grundlegend verändert worden.

430 Die Möglichkeit der beschränkten Inanspruchnahme (§ 6 Abs. 1, § 7 Abs. 2 ArbEG a.F.) ist im Rahmen der ArbEG-Reform ersatzlos gestrichen worden, so dass nunmehr nur noch die frühere unbeschränkte Inanspruchnahme (§ 6 Abs. 1, § 7 Abs. 1 ArbEG a.F.) als einzige Form der Inanspruchnahme zur Verfügung steht. Soweit das ArbEG nunmehr von einer Inanspruchnahme spricht, ist damit stets die frühere unbeschränkte Inanspruchnahme – und damit die vollumfängliche Überleitung aller vermögenswerten Erfindungsrechte – gemeint (§ 7 Abs. 1 ArbEG n.F.).

431 Die zweite Neuerung besteht darin, dass bei Ablauf einer viermonatigen Frist nach Eingang einer ordnungsgemäßen Erfindungsmeldung eine Inanspruchnahme kraft gesetzlicher Fiktion als erklärt gilt (§ 6 Abs. 2 ArbEG n.F.). Die Inanspruchnahme muss damit nicht mehr ausdrücklich erklärt werden, sondern das Gesetz begründet eine gesetzliche Fiktion der Inanspruchnahme, sofern der Arbeitgeber nicht bis zum Ablauf der viermonatigen Frist gegenüber dem Arbeitnehmer die Freigabe der Erfindungsrechte in Textform erklärt.

432 Die nachfolgenden Ausführungen berücksichtigen die Änderungen, die aufgrund der ArbEG-Novelle 2009 für alle seit dem 1.10.2009 gemeldeten Diensterfindungen gelten (§ 43 Abs. 3 ArbEG). Für die Rechtslage, die für vor dem 1.10.2009 gemeldete Diensterfindungen gilt, wird auf die entsprechenden Ausführungen in der 1. Auflage verwiesen.[1019]

a) Ausdrückliche Inanspruchnahmeerklärung und Inanspruchnahmefiktion

433 Auch nach der Reform 2009 sieht das Gesetz nach wie vor die Inanspruchnahme einer Diensterfindung durch (ausdrückliche) Erklärung gegenüber dem Arbeitnehmer vor (§ 6 Abs. 1 ArbEG). Die Inanspruchnahmeerklärung ist ein einseitiges, gestaltendes

---

1016 H.M., vgl. nur OLG Karlsruhe v. 26.9.2012, Mitt. 2013, 91 (92) – *Formatkreissäge*; a.A. Hofmann, GRUR-RR 2013, 233 (235); Dantz, S. 22 ff.

1017 Bartenbach, Mitt. 1971, 232 (233); Keukenschrijver in Busse/Keukenschrijver, PatG, § 6 ArbEG, Rn. 4.

1018 BVerfG v. 24.4.1998, NJW 1998, 3704 – *Induktionsschutz von Fernmeldekabeln*; siehe auch BGH v. 6.3.2012, Mitt, 2012, 285 (286 [Tz. 16]) – *Antimykotischer Nagellack I.*

1019 Vgl. zum alten Recht auch Schiedsstelle v. 17.9.2013, Arb.Erf. 13/12 (www.dpma.de).

Rechtsgeschäft.[1020] Die Wirkung der Inanspruchnahme tritt auch gegen den Willen des Arbeitnehmers ein, so dass sein etwaiger Widerspruch gegen eine Inanspruchnahme unbeachtlich ist.[1021]

Bei Miterfindern ist die Inanspruchnahme gegenüber jedem einzelnen Arbeitnehmer-Miterfinder erforderlich,[1022] es sei denn, diese hätten einen von ihnen oder einen Dritten zur Entgegennahme der Inanspruchnahmeerklärung bevollmächtigt. Geben die Miterfinder getrennt voneinander Erfindungsmeldungen ab, bestimmt sich die Inanspruchnahmefrist nach dem Zugang jeder einzelnen Erfindungsmeldung.[1023] Bei Arbeitnehmer-Miterfindern bewirkt die Inanspruchnahme, dass deren jeweiliger (tatsächlicher) Anteil an der Diensterfindung auf den Arbeitgeber gemäß § 7 Abs. 1 ArbEG übergeht.[1024] 434

Die durch die ArbEG-Reform 2009 mit Wirkung für alle ab dem 1.10.2009 gemeldeten Diensterfindungen eingefügte Inanspruchnahmefiktion (§ 6 Abs. 2 ArbEG) hat die Möglichkeit der ausdrücklichen Inanspruchnahmeerklärung unberührt gelassen, ergänzt diese also als Alternative der Rechtsüberleitung und macht die ausdrückliche Inanspruchnahmeerklärung entbehrlich. Damit sollen die Probleme, die in der Vergangenheit mit der schriftlichen Inanspruchnahmeerklärung und der Einhaltung der Inanspruchnahmefrist verbunden waren, beseitigt und Rechtsklarheit und Rechtssicherheit geschaffen werden.[1025] 435

Die gesetzliche Inanspruchnahmefiktion tritt automatisch ohne weiteres Zutun der Arbeitsvertragsparteien und unabhängig von deren Willen allein mit Ablauf der durch den Zugang der Erfindungsmeldung in Gang gesetzten Inanspruchnahmefrist ein, es sei denn, sie ist von den Arbeitsvertragsparteien einvernehmlich nach Erfindungsmeldung (§ 22 Satz 2 ArbEG) abbedungen worden.[1026] 436

1020 Siehe auch BGH v. 4.4.2006, GRUR 2006, 754 (757 [Tz. 27]) – *Haftetikett* (empfangsbedürftige rechtsgestaltende Willenserklärung); OLG Karlsruhe v. 13.4.2018, GRUR 2018, 1030 (1036 [Tz. 46]) – *Rohrleitungsprüfung*; OLG Düsseldorf v. 27.2.2003, Mitt. 2004, 418 (422 [Tz. 158]) – *Hub-Kipp-Vorrichtung*; OLG München v. 10.5.2007, 6 U 3150/06 (unveröffentl.); siehe auch LG Düsseldorf v. 11.10.2019, 4c O 78/16 (unveröffentl.).

1021 Schiedsstelle v. 6.2.1987, BlPMZ 1987, 362 (364); so auch OLG Karlsruhe v. 24.6.2020,GRUR 2021, 52 – Zündlanze; im Revisionsurteil des BGH v. 27.7.2021, GRUR 2021, 1284 ff. – Zündlanze nicht weiter behandelt.

1022 Siehe nur OLG Düsseldorf v. 26.7.2018, GRUR 2018, 1037 (1041 [Tz. 107]) – *Flammpunktprüfungsvorrichtung*.

1023 Schiedsstelle v. 23.4.1979, BlPMZ 1980, 233; BGH v. 5.10.2005, GRUR 2006, 141 (143 [Tz. 26]) – *Ladungsträgergenerator*.

1024 Siehe nur BGH v. 17.12.2019, GRUR 2020, 388 (390 [Tz. 32]) – *Fesoterodinhydrogenfumarat*; so auch OLG Karlsruhe v. 24.6.2020, GRUR 2021, 52 – *Zündlanze*; im Revisionsurteil des BGH v. 27.7.2021, GRUR 2021, 1284 ff. – *Zündlanze* nicht weiter behandelt.

1025 Amtl. Begr. in BR-Drucks. 757/08, S. 50 (= BlPMZ 2009, 323); siehe auch Bartenbach/Volz, GRUR 2009, 997 (1000); Bayreuther, NZA 2009, 1123 (1124).

1026 Amtl. Begr. in BR-Drucks. 757/08, S. 50 (= BlPMZ 2009, 323); vgl. Schiedsstelle v. 25.10.2011, Arb.Erf. 17/11 (unveröffentl.) zum Beginn der Frist für den Eintritt der Inanspruchnahmefiktion bei Fehlen einer ordnungsgemäßen Erfindungsmeldung.

437 Die Inanspruchnahmefiktion hat nach § 6 Abs. 2 ArbEG drei Voraussetzungen:

- Die ordnungsgemäße Meldung einer Diensterfindung gemäß § 5 ArbEG,
- den Ablauf der durch den Zugang der Erfindungsmeldung in Gang gesetzten 4-Monats-Frist ohne wirksame (ausdrückliche) Inanspruchnahmeerklärung des Arbeitgebers und
- keine frist- und formgerechte Freigabeerklärung durch den Arbeitgeber in Textform.

438 Hat der Arbeitgeber eine Diensterfindung berechtigt als unvollständig beanstandet (§ 5 Abs. 3 ArbEG), beginnt die Inanspruchnahmefrist mit Zugang der ordnungsgemäßen Ergänzungsmeldung. Dagegen beginnt die Frist ohne fristgerechte Beanstandung des Arbeitgebers bereits mit dem Eingang der nach § 5 Abs. 2 ArbEG unzureichenden Meldung.[1027] Haben Miterfinder gesonderte Erfindungsmeldungen vorgenommen, löst jede einzelne Erfindungsmeldung eine gesonderte, nur diesen Miterfinderanteil betreffende Inanspruchnahmefrist aus. Soweit in Anlehnung an die Rechtsprechung des BGH[1028] im Ausnahmefall eine förmliche Erfindungsmeldung als entbehrlich erscheint, wäre für den Beginn der Inanspruchnahmefrist auf den Zeitpunkt abzustellen, zu dem die Kenntnis des Arbeitgebers offenkundig wird, also im Regelfall auf das Datum der Einreichung der Prioritätsschutzrechtsanmeldung unter Benennung der beteiligten Arbeitnehmer als (Mit-)Erfinder.[1029] Die Inanspruchnahmefrist beginnt ohne Rücksicht auf den Willen und die Kenntnis der Arbeitsvertragsparteien zu laufen.

b) Gegenstand der Inanspruchnahme

439 Gegenstand der Inanspruchnahme ist die gemeldete Diensterfindung als solche: Von der Inanspruchnahme sind nach dem maßgeblichen Willen des Arbeitgebers regelmäßig sämtliche technischen Kenntnisse des Arbeitnehmererfinders umfasst, die die Diensterfindung betreffen und die sich für die Schutzrechtsanmeldung nutzen lassen, auch wenn sie in der Erfindungsmeldung nicht bzw. nur unvollkommen zum Ausdruck gekommen sind. Das betrifft auch Weiterentwicklungen, die dem Arbeitgeber – in welcher Form auch immer – bis zu diesem Zeitpunkt übermittelt worden sind.[1030]

c) Die Wirkung der Inanspruchnahme

440 Mit Zugang der Erklärung der Inanspruchnahme ist die Diensterfindung dem Einflussbereich des Arbeitnehmererfinders entzogen. Alle vermögenswerten Rechte an der Diensterfindung gehen nach § 7 Abs. 1 ArbEG auf den Arbeitgeber über. Eine Einflussnahme seitens des Arbeitnehmers auf die Entscheidung des Arbeitgebers zur wirtschaftlichen Auswertung der Erfindung liegt weder in dessen Machtbereich, noch

---

1027 So im Ergebnis auch Schiedsstelle v. 18.6.2021, Arb.Erf. 37/19 (www.dpma.de).

1028 BGH v. 4.4.2006, GRUR 2006, 754 ff. – *Haftetikett*; v. 12.4.2011, GRUR 2011, 733 ff. – *Initialidee* u. v. 14.2.2017, GRUR 2017, 504 (505 [Tz. 14]) – *Lichtschutzfolie*.

1029 Vgl. Amtl. Begr. in BR-Drucks. 757/08, S. 51 a. E. = BlPMZ 2009, 323; Bartenbach/Volz, Praxisleitfaden, Rn. 166; siehe auch OLG Karlsruhe v. 13.4.2018, GRUR 2018, 1030 (1032 [Tz. 25]) – *Rohrleitungsprüfung*.

1030 BGH v. 5.10.2005, GRUR 2006, 141 (142 [Tz. 19]) – *Ladungsträgergenerator*.

wäre sie rechtlich möglich.[1031] Als nunmehr alleiniger Berechtigter kann der Arbeitgeber über die Diensterfindung uneingeschränkt verfügen, also auch die Rechte an der Erfindung an einen Dritten oder konzernintern übertragen,[1032] ohne dass damit die Verpflichtungen aus dem ArbEG mit übergehen.[1033] Allerdings verpflichtet die Inanspruchnahme den Arbeitgeber nicht zur wirtschaftlichen Verwertung der Diensterfindung, auch nicht unter dem Gesichtspunkt der Optimierung der Vergütungsansprüche des Arbeitnehmererfinders.[1034] Unberührt von der Inanspruchnahme verbleibt das Erfinderpersönlichkeitsrecht beim Arbeitnehmererfinder;[1035] dieses höchstpersönliche Recht kennzeichnet das geistig-persönliche Band des Erfinders als Schöpfer zu seinem Werk[1036] und schlägt sich in seinem Anspruch auf Erfindernennung nieder (§ 63 Abs. 1 PatG).[1037]

2. Die Inanspruchnahmeerklärung durch den Arbeitgeber

Auch nach der ArbEG-Novelle 2009 und der damit eingeführten Inanspruchnahmefiktion in § 6 Abs. 2 ArbEG besteht nach wie vor die Möglichkeit des Arbeitgebers, die Inanspruchnahme innerhalb der viermonatigen Frist ab Eingang einer ordnungsgemäßen Erfindungsmeldung ausdrücklich zu erklären. Eine solche ausdrückliche Inanspruchnahmeerklärung ist in der Praxis dann sinnvoll, wenn der Arbeitgeber nicht bis zum Ablauf der Inanspruchnahmefrist abwarten will oder kann, um die Erfindungsrechte auf sich überzuleiten. So empfiehlt sich eine ausdrückliche Erklärung, wenn der Arbeitgeber beispielsweise im Rahmen der Konzernbindung einer Verpflichtung zur Vorausabtretung nachkommen muss. 441

Die Inanspruchnahmeerklärung – durch die ArbEG Novelle 2009 unverändert – ist ein einseitiges, gestaltendes Rechtsgeschäft,[1038] dessen Wirkung auch gegen den Wil- 442

1031 BGH v. 17.4.1973, GRUR 1973, 649 (651) – *Absperrventil.* Siehe auch Schiedsstelle v. 4.7.2013, Arb.Erf. 46/12 u. v. 1.12.2015, Arb.Erf. 44/13 (beide www.dpma.de). Zur Frage des Mitspracherechts des Arbeitnehmererfinders im Konzern vgl. Rdn. 349 f.

1032 Schiedsstelle v. 8.6.1973, BlPMZ 1973, 366 (367) u. v. 19.12.1991, GRUR 1992, 847 (848) – *Geschäftsaktivitäten-Veräußerung* sowie v. 15.12.2004, Arb.Erf. 052/02 (Datenbank Schiedsstellenpraxis).

1033 Siehe hierzu Rdn. 468 ff.

1034 Vgl. nur Schiedsstelle v. 15.6.2022, Arb.Erf. 27/19 u. v. 27.10.2022, Arb.Erf. 32/19 (beide www.dpma.de).

1035 Vgl. u.a. BGH v. 20.6.1978, GRUR 1978, 583 (585) – *Motorkettensäge*; Windisch, GRUR 1993, 352 (357 f.); Keukenschrijver in Busse/Keukenschrijver, PatG, § 7 ArbEG, Rn. 6.

1036 BGH v. 20.6.1978, GRUR 1978, 583 (585) – *Motorkettensäge* u. v. 21.9.1993, GRUR 1994, 104 (105) – *Akteneinsicht XIII*; BPatG v. 12.11.1986, GRUR 1987, 234 – *Miterfinder*; vgl. im Übrigen Keukenschrijver in Busse/Keukenschrijver, PatG § 6 PatG, Rn. 12 m.w.N. sowie BGH v. 30.4.1968, GRUR 1969, 133 – *Luftfilter.*

1037 Vgl. BGH v. 9.12.2003, GRUR 2004, 272 – *Rotierendes Schaftwerkzeug.*

1038 OLG Nürnberg v. 29.4.1969, GRUR 1970, 135 – *Kunststoffskimatte*; Keukenschrijver in Busse/Keukenschrijver, PatG, § 6 ArbEG, Rn. 5; vgl. auch BGH v. 23.6.1977, GRUR 1977, 784 (786) – *Blitzlichtgeräte* u. v. 4.4.2006, GRUR 2006, 754 (757 [Tz. 27]) – *Haftetikett.*

len des Arbeitnehmers herbeigeführt wird.[1039] Sie unterliegt als Willenserklärung[1040] den allgemeinen Regeln (§§ 104 ff. BGB).

443 Aus der Erklärung muss für den Arbeitnehmer eindeutig erkennbar sein, dass sich der Arbeitgeber für die Inanspruchnahme entschieden hat.[1041] Inhaltlich muss die Erklärung den Willen des Arbeitgebers zum rechtlichen Erfolg des Erwerbs der vermögenswerten Rechte an der Diensterfindung unzweideutig zum Ausdruck bringen.[1042]

3. Auswirkungen des Konzernverbundes

444 Wie dargestellt,[1043] sind die Rechte und Pflichten aus dem ArbEG grundsätzlich nur im Verhältnis der Arbeitsvertragsparteien begründet und auch nur in dieser Beziehung auszuüben.[1044] Dies ist gerade im Konzernbereich von wesentlicher Bedeutung.

a) Unübertragbarkeit des Inanspruchnahmerechts

445 Das Inanspruchnahmerecht ist wegen seiner höchstpersönlichen Natur als solches weder übertragbar noch pfändbar;[1045] erst die durch eine unbeschränkte Inanspruchnahme erworbene Rechtsposition kann frei übertragen werden.[1046] Folglich kann auch im Konzernverbund das Inanspruchnahmerecht als solches nicht abgetreten werden, weder im Einzelfall noch im Rahmen einer generellen Vorausabtretung (vgl. §§ 399, 400 BGB). Eine dahingehende Abtretungsabrede innerhalb eines Konzerns ist unwirksam.[1047] Sie kann jedoch gegebenenfalls in eine schuldrechtliche Verpflichtung des Arbeitgebers zur Inanspruchnahme und Übertragung der übergeleiteten Erfindungsrechte umgedeutet werden (vgl. auch § 140 BGB).

1039 Schiedsstelle v. 6.2.1987, BlPMZ 1987, 362 (364); siehe auch BPatG v. 26.6.2008, GRUR 2009, 587 (592) – *Schweißheizung für Kunststoffrohrmatten*.

1040 Amtl. Begr. in BR-Drucks. 757/08 S. 49 f. (= BlPMZ 2009, 323); zum früheren Recht vgl. statt aller Keukenschrijver in Busse/Keukenschrijver, PatG, § 6 ArbEG, Rn. 9.

1041 Schiedsstelle v. 8.2.1991, GRUR 1991, 753 (754) – *Spindeltrieb*, zum alten Recht; siehe auch OLG Düsseldorf v. 26.11.2020, Az. I-2 U 60/19 (unveröffentl.) – Vorschaltgerät für Leuchten.

1042 OLG Karlsruhe v. 13.4.2018, GRUR 2018, 1030 (1035 [Tz. 46]) – *Rohrleitungsprüfung*; so auch LG Düsseldorf v. 11.10.2019, Düsseldorfer Entscheidungen Nr. 2975.

1043 Siehe Rdn. 37 ff.

1044 LG Düsseldorf v. 29.12.1999, Entsch. 4. ZK. 2000, 8 – *Abfallsammelbehälter*; Bartenbach/Volz, § 6 ArbEG, Rn. 55.

1045 Keukenschrijver in Busse/Keukenschrijver, PatG, § 6 ArbEG, Rn. 4; Reimer/Schade/Schippel/Rother § 6 ArbEG, Rn. 3; Bartenbach/Volz, § 6 ArbEG, Rn. 8; vgl. auch OLG Karlsruhe v. 26.9.2012, Mitt. 2013, 91 (92) – *Formatkreissäge*.

1046 Bartenbach, Zwischenbetriebl. F. + E.-Kooperationen, S. 87.

1047 Vgl. allgemein BGH v. 3.12.1987, BGHZ 102, 294 (301) m.w.N.

Gehören – etwa im Rahmen eines Forschungsprojektes – die Erfinder unterschiedlichen Konzernunternehmen an, liegt das Recht zur Inanspruchnahme folglich auch bei dem jeweiligen Konzernunternehmen gegenüber seinen Arbeitnehmer-Miterfindern.[1048] 446

Nach zutreffender Ansicht der Schiedsstelle führt allerdings bei einem einheitlichen Arbeitsverhältnis die erfinderrechtliche Folge der einheitlichen Wahrnehmung der Rechte und Pflichten des ArbEG durch beide Arbeitgeber dazu, dass die Inanspruchnahmeerklärung des einen Arbeitgebers zugleich auch für den anderen an dem einheitlichen Arbeitsverhältnis beteiligten Arbeitgeber gilt.[1049] Die Inanspruchnahmefiktion wirkt zugunsten aller Arbeitgeber.[1050] 447

b) Die Vertretung des Arbeitgebers – Erklärung durch bevollmächtigte Konzernunternehmen

Da die Inanspruchnahmeerklärung als einseitiges Rechtsgeschäft eine Willenserklärung ist,[1051] unterliegt sie den allgemeinen Regeln der Stellvertretung (§§ 164 ff. BGB). 448

So ist es denkbar, andere Konzernunternehmen zur Abgabe der Inanspruchnahmeerklärung zu bevollmächtigen.[1052] Dies können – etwa im Rahmen einer Forschungskooperation – einzelne Konzernunternehmen sein. Denkbar ist selbstverständlich auch, im Falle einer Zentralisierung des Patentwesens,[1053] die Bevollmächtigung von Mitarbeitern einer – z.B. bei der Muttergesellschaft gebildeten – zentralen Patentabteilung. Bei der Inanspruchnahmeerklärung muss inhaltlich deutlich werden, dass die bevollmächtigte Gesellschaft bzw. der sonstige Stellvertreter die Erklärung im Namen des betreffenden Arbeitgebers abgibt (vgl. § 164 Abs. 1 BGB). Ohne Vorlage einer Vollmachtsurkunde wäre bei entsprechender Beanstandung die Inanspruchnahmeerklärung gemäß § 174 BGB unwirksam. Diese Rechtsprobleme sind nunmehr durch die unabhängig von einer (unwirksamen) Inanspruchnahmeerklärung wirksam werdende Inanspruchnahmefiktion »entschärft«. Eine – aus welchen Gründen auch immer – unwirksame Inanspruchnahmeerklärung, die die Rechtswirkung des § 7 Abs. 1 ArbEG n.F. nicht eintreten lässt, verdrängt nicht die Fiktionswirkung des § 6 Abs. 2 ArbEG n.F.; mit Eintritt der Fiktionswirkung hat sich die unwirksame Inanspruchnahmeerklärung erledigt.[1054] 449

Eine Inanspruchnahme, die von einem Unternehmen auch in Vollmacht aller Unternehmenstöchter bzw. sonst verbundener Unternehmen mit dem Hinweis erklärt wird, dass, sofern der Arbeitgeber des Erfinders eine Tochtergesellschaft oder ein sonst verbundenes Unternehmen sei, die gesamten Rechte an der Erfindung zuvor bereits an 450

1048 Einzelheiten siehe Rdn. 290 ff. Siehe hierzu auch OLG Karlsruhe v. 24.6.2020, GRUR 2021, 52 (54 [Tz. 51]) – *Zündlanze*.
1049 Schiedsstelle v. 3.5.2011, Arb.Erf. 10/09 (Datenbank Schiedsstellenpraxis).
1050 Bartenbach/Volz, § 1 ArbEG, Rn. 129.1.
1051 Siehe Rdn. 442.
1052 Schiedsstelle v. 18.6.2004, Arb.Erf. 16/03 (Datenbank Schiedsstellenpraxis).
1053 Siehe dazu Rdn. 420 ff.
1054 So auch Bartenbach/Volz, § 6 ArbEG n.F., Rn. 82.

das erklärende Unternehmen abgetreten worden seien, wirkt nach § 164 Abs. 1 Satz 1 BGB unmittelbar für den Arbeitgeber des Erfinders, der dem erklärenden Unternehmen eine Vollmacht nach § 167 Abs. 1 BGB erteilt hat.[1055]

451 Die Geheimhaltungspflicht des Arbeitgebers (§ 24 Abs. 1 ArbEG) erlaubt auch hier – ebenso wie bei der Schutzrechtsanmeldung[1056] – die Einschaltung anderer Konzernunternehmen bzw. einer zentralen Patentstelle.

c) Konzernweite Patent-Politik

452 Nicht selten werden gerade in Unterordnungskonzernen von der herrschenden Gesellschaft einheitliche Vorgaben für das Patentwesen und die Nutzung von Schutzrechten gemacht, sei es für den Erwerb, die Aufrechterhaltung und die Verwertung von Schutzrechten im Unternehmen, im Konzernverbund, sei es mittels Lizenzvergabe an Dritte.

453 In derartigen Fällen behält sich die Muttergesellschaft häufig auch schon die Entscheidung vor, ob bei den einzelnen Konzerngesellschaften gemachte Erfindungen überhaupt in Anspruch genommen werden sollen. Im Hinblick auf die Zeitabläufe für solche Entscheidungsprozesse wird vereinzelt nach Erfindungsmeldung eine Verlängerung der Inanspruchnahmefrist mit den Arbeitnehmererfindern vereinbart. Da die Inanspruchnahmefrist eine Ausschlussfrist ist,[1057] ist eine Verlängerung nach Erfindungsmeldung gemäß § 22 Satz 2 ArbEG im Regelfall aber rechtlich ausgeschlossen.[1058] Daher liegt es in solchen Fällen näher, zur Optimierung der Verfahrensabläufe im Konzern vorzugeben, dass schon die Erfindungsmeldungen an eine zentrale Patentstelle gerichtet werden.

454 In jedem Fall kann die Überleitung des Vollrechts auf den jeweiligen Arbeitgeber durch dessen (vorsorgliche) Inanspruchnahmeerklärung erfolgen oder durch Abwarten des Ablaufs der Inanspruchnahmefrist zum Wirksamwerden der Inanspruchnahmefiktion. Wird die abschließende Konzernentscheidung dahingehend getroffen, dass kein Interesse an einer Fortführung und Verwertung dieser Erfindungsrechte und evtl. darauf bezogener Schutzrechtspositionen (vgl. § 13 Abs. 1, § 16 ArbEG) besteht, stellt sich die Frage, ob auch vor einer Schutzrechtsanmeldung eine Freigabe der Erfindungsrechte an den Arbeitnehmer erfolgen kann.

4. Die Freigabe einer Diensterfindung (§ 6 Abs. 2, § 8 Satz 1 ArbEG)

455 Zu beachten ist, dass die Neufassung der §§ 6 und 8 ArbEG zwei Möglichkeiten zur Erklärung der Freigabe einer gemeldeten Diensterfindung vorsieht. § 6 Abs. 2

1055 Schiedsstelle v. 15.12.2009, Arb.Erf. 16/09 (unveröffentl.).

1056 Siehe dazu Rdn. 542 ff.

1057 BGH v. 4.4.2006, GRUR 2006, 754 (757 [Tz. 27]) – *Haftetikett* in Bestätigung von Bartenbach, Mitt. 1971, 232 (234).

1058 Bejahend dagegen Reimer/Schade/Schippel/Rother § 6 ArbEG, Rn. 29; Keukenschrijver in Busse/Keukenschrijver, PatG, § 6 ArbEG, Rn. 11; verneinend Volmer/Gaul, § 6 ArbEG, Rn. 82, 96; Bartenbach/Volz, § 6 ArbEG, Rn. 47; offen gelassen bei OLG Karlsruhe v. 13.7.1983, GRUR 1984, 42 (43) – *Digitales Gaswarngerät*.

ArbEG könnte angesichts seiner Textfassung und seines Regelungsinhalts (mit Form- und Fristvorgabe) eine eigenständige Vollregelung zur Erklärung der Freigabe einer Diensterfindung innerhalb der viermonatigen Inanspruchnahmefrist darstellen. Diese würde dann der allgemeinen Regelung zur Freigabe in § 8 Satz 1 ArbEG vorgehen (Spezialität).[1059] Ist also innerhalb der Inanspruchnahmefrist keine Freigabe erfolgt, könnte der Arbeitgeber auch nach Ablauf der Inanspruchnahmefrist noch die (eigenständige) Freigabe nach § 8 Satz 1 ArbEG erklären.[1060] Eine solche Freigabe wäre solange möglich, solange die Erfindung nicht zum Schutzrecht angemeldet worden ist. Ist die Schutzrechtsanmeldung erfolgt, scheidet eine einseitige Freigabe nach § 8 Satz 1 ArbEG aus und der Arbeitgeber hat – solange noch keine Vollrechtsübertragung im Konzern erfolgt ist – evtl. Anbietungspflichten nach § 16 ArbEG[1061] zu beachten.

a) Wirkung einer Freigabe

Entschließt sich der Arbeitgeber oder ein sonstiges konzernverbundenes Unternehmen 456
in Vertretung für den Arbeitgeber zu einer Freigabe der Diensterfindung innerhalb der Inanspruchnahmefrist (§ 6 Abs. 2 ArbEG), so bleibt der Arbeitnehmer Inhaber der Erfindungsrechte, ohne dass ein Rechtsübergang stattfindet und ohne dass der Arbeitnehmer zum Rechtsnachfolger seines Arbeitgebers wird.[1062] Die Freigabe wirkt ex tunc auf den Zeitpunkt der Entstehung des Rechts zurück,[1063] erfasst jedoch nur das, was der Arbeitnehmer dem Arbeitgeber gemäß § 5 ArbEG gemeldet hat.[1064] Der Arbeitnehmer kann nunmehr frei über die gemeldete Diensterfindung verfügen. Er ist allein zur Fortführung einer zuvor vom Arbeitgeber gemäß § 13 Abs. 1 ArbEG betriebenen Schutzrechtsanmeldung oder zur Anmeldung eines solchen Schutzrechts auf seine eigene Person berechtigt (§ 13 Abs. 4 ArbEG). Jedoch ist der Arbeitnehmer weder aufgrund des ArbEG noch aufgrund der Rücksichtnahmepflicht gegenüber seinem Arbeitgeber zu einer solchen Schutzrechtsanmeldung verpflichtet.[1065]

Eine Schranke dieser Verfügungsrechte ergibt sich nach h.M. über § 25 ArbEG daraus, 457
dass der Arbeitnehmer aufgrund des arbeitsvertraglichen Wettbewerbsverbots[1066] kein Recht zur Eigenverwertung hat, soweit er dadurch während eines bestehenden Arbeits-

---

1059 Siehe Bartenbach/Volz, GRUR 2009, 997 (1003); Schiedsstelle v. 13.11.2018, Arb. Erf. 71/16 (www.dpma.de).

1060 Vgl. hierzu auch Schiedsstelle v. 29.6.2017, Arb.Erf. 62/16 u. v. 13.11.2018, Arb.Erf. 71/16 (beide www.dpma.de).

1061 Siehe dazu Rdn. 607 ff.

1062 H.M.; vgl. nur Reimer/Schade/Schippel/Rother, § 8 ArbEG, Rn. 1.

1063 Schiedsstelle v. 15.10.1964, BlPMZ 1965, 66; LG Düsseldorf v. 22.3.2001, Az. 4 O 211/00 – *Blasformgerät* (unveröffentl.).

1064 OLG Düsseldorf v. 8.11.1957, GRUR 1958, 435 (436) – *Kohlenstaubfeuerung*; LG Düsseldorf v. 30.6.1975, EGR Nr. 15 zu § 5 ArbEG; Schiedsstelle v. 4.6.1997, Arb.Erf. 82/95 (Datenbank Schiedsstellenpraxis); BGH v. 17.1.1995, Mitt. 1996, 16 (17 [Tz. 36]) – *Gummielastische Masse I*.

1065 Bartenbach/Volz, § 8 ArbEG a.F., Rn. 70.

1066 Schaub/Vogelsang, Arbeitsrechts-Handbuch, § 54, Rn. 10 ff. m.w.N.

verhältnisses in Konkurrenz zu seinem Arbeitgeber tritt, also seine Eigennutzung in den Arbeitsbereich des Arbeitgebers fallen würde;[1067] jedoch hat er ein Verfügungsrecht, darf also die freigewordene Erfindung sogar einem Konkurrenten seines Arbeitgebers anbieten.[1068] Demnach darf er die Erfindungsrechte also auf beliebige Dritte übertragen oder diesen Lizenzen daran vergeben. Ebenso kann er Verletzungshandlungen abwehren.

458 Neben der gesetzlich geregelten Beendigung der Geheimhaltungspflicht des Arbeitnehmers[1069] (§ 24 Abs. 2 ArbEG) – die des Arbeitgebers nach § 24 Abs. 1 ArbEG besteht fort – erlöschen weitere Pflichten aus dem ArbEG,[1070] wie z.B. eine etwaige frühere Verpflichtung des Arbeitnehmers zu einer ergänzenden Erfindungsmeldung nach § 5 Abs. 3 ArbEG oder von Unterstützungspflichten nach § 15 Abs. 2 ArbEG.

459 Erklärt der Arbeitgeber die Freigabe erst nach einer vorangegangenen ausdrücklichen Inanspruchnahmeerklärung oder nach Wirksamwerden der Inanspruchnahmefiktion (vgl. § 8 Satz 1 ArbEG)[1071], bedarf es einer Überleitung der Erfindungsrechte vom Arbeitgeber auf den Arbeitnehmer, da der Arbeitgeber bereits Rechtsnachfolger des Arbeitnehmers geworden ist. Hiervon abgesehen, gestalten sich die Rechte des Arbeitnehmers, wie vorstehend zur Freigabe innerhalb der Inanspruchnahmefrist dargestellt.

460 Beachtlich ist, dass die förmlichen und inhaltlichen Voraussetzungen für Freigabeerklärungen nach § 6 Abs. 2 und § 8 Abs. 1 ArbEG identisch sind. In jedem Fall bedarf es also einer Freigabeerklärung in Textform, so dass formlose (mündliche) Erklärungen unwirksam wären (§ 125 BGB).

461 Bei Miterfindern ist eine frist- und formgerechte Freigabe jedem Einzelnen gegenüber erforderlich. Ist die Freigabeerklärung einem Miterfinder gegenüber fehlerhaft, bliebe der Arbeitgeber – sofern er sich nicht durch eine erneute Freigabeerklärung »befreit« – Inhaber der Rechte an diesem Miterfinderanteil und würde mit den übrigen Miterfindern eine Bruchteilsgemeinschaft im Sinne der §§ 741 ff. BGB bilden.

462 Nach Zugang der Freigabeerklärung beim Arbeitnehmer ist die Freigabe bindend und kann nicht mehr einseitig widerrufen werden (§ 130 Abs. 1 BGB). Sie unterliegt als Willenserklärung allerdings den allgemeinen Grundsätzen über Willensmängel (§§ 116 ff. BGB).

463 Meldet der Arbeitgeber eine freigewordene Diensterfindung zum Schutzrecht an, hat der Arbeitnehmer einen Übertragungsanspruch aus § 8 PatG, § 13 Abs. 3 GebrMG.[1072] Nutzt der Arbeitgeber eine solche frei gegebene Diensterfindung, so haftet er dem

1067 Vgl. allgemein Reimer/Schade/Schippel/Rother, § 8 ArbEG, Rn. 20, wobei jedoch darauf abgestellt wird, dass jeweils die Umstände des Einzelfalls entscheidend sind.

1068 Ausschussbericht zu BT-Drucks. II/3327, S. 8 = BlPMZ 1957, 254.

1069 Dazu ausführlich unter Rdn. 957 ff.

1070 Ausführlich Röpke, Arbeitsverh. u. ArbNErf., S. 65 ff.

1071 Vgl. hierzu Schiedsstelle v. 29.6.2017, Arb.Erf. 62/16 (www.dpma.de); ferner Schiedsstelle v. 24.1.2018, Arb.Erf. 39/16 u. v. 13.11.2018, Arb.Erf. 71/16 (beide www.dpma.de).

1072 OLG München v. 10.7.2008, GRUR-RR 2009, 219 (221) – *Vliesproduktion* u. BGH v. 18.5.2010, GRUR 2010, 817 (819 [Tz. 22]) – *Steuervorrichtung*. Siehe auch LG Düsseldorf v. 22.10.2015, Düsseldorfer Entscheidungen Nr. 2470 – *Kettenkratzförderer*.

Arbeitnehmererfinder (Rechtsinhaber) gegenüber jedenfalls nach Bereicherungsrecht gemäß §§ 812 ff. BGB.[1073] Darüber hinaus kann bei Vorenthalten des Schutzrechts ein Schadensersatzanspruch nach § 823 Abs. 1 BGB bestehen,[1074] ggf. auch wegen Verletzung der arbeitsrechtlichen Fürsorgepflicht.[1075] Mit Schutzrechtserteilung stehen dem Arbeitnehmer Unterlassungs- und Schadensersatzansprüche aus §§ 139 ff. PatG, §§ 24 ff. GebrMG zu.[1076] Auf ein Vorbenutzungsrecht im Sinne von § 12 PatG kann sich der Arbeitgeber nicht berufen.[1077] Anders als bei der früheren Freigabe durch beschränkte Inanspruchnahme (§ 7 Abs. 2, § 8 Abs. 1 Nr. 2 ArbEG a.F.) kann sich der Arbeitgeber bei den nunmehr bestehenden Freigabemöglichkeiten nach § 6 Abs. 2 und § 8 Satz 1 ArbEG n.F. einseitig kein Benutzungsrecht mehr vorbehalten. Ein solches bedürfte der Vereinbarung mit dem Arbeitnehmer.

b) Konzernbezug

Im Konzernbereich können sich insbesondere Probleme bei Miterfindern aus unter- 464
schiedlichen Konzernunternehmen ergeben, wenn nur einzelnen Miterfindern gegenüber eine Inanspruchnahme erklärt worden ist.[1078]

Ferner stellt sich die Frage, ob ein Arbeitnehmer in seinem Recht zur Eigennutzung 465
auch dann beschränkt ist, wenn er dadurch zwar nicht in Konkurrenz zu seinem Arbeitgeber, wohl aber in Konkurrenz zu anderen Konzernunternehmen tritt. Ob ein Arbeitnehmer in Konkurrenz zu seinem Arbeitgeber tritt, könnte an § 60 HGB gemessen werden, der außer auf kaufmännische Angestellte auch auf sonstige Arbeitnehmer anwendbar sein kann.[1079] Dem Handlungsgehilfen wird durch diese Vorschrift jede Form der Tätigkeit verboten, die seinem Arbeitgeber Konkurrenz machen könnte, insbesondere darf er eigene Dienste und Leistungen nicht Dritten im Marktbereich

---

1073 BGH v. 4.4.2006, GRUR 2006, 754 (757 [Tz. 34]) – *Haftetikett* u. BGH v. 18.5.2010, GRUR 2010, 817 – *Steuervorrichtung*; OLG Düsseldorf v. 26.11.2020, Az I-2 U 60/19 (unveröffentl.) – Vorschaltgerät für Leuchten; Schiedsstelle v. 15.6.2016, Arb.Erf. 60/13 (www.dpma.de).

1074 Vgl. BGH v. 9.6.2020, GRUR 2020, 986 (987 [Tz. 19 f.], 989 [Tz. 55]) – *Penetrometer*; LG Düsseldorf v. 3.2.2005, InstGE 5, 100 (105) – *Geschäftsführer-Erfindung II* m.H.a. OLG Düsseldorf v. 27.2.2003, Mitt. 2004, 418 (428 ff. [Tz. 226]) – *Hub-Kipp-Vorrichtung*; vgl. auch LG Düsseldorf v. 22.10.2015, Düsseldorfer Entscheidungen Nr. 2470 – *Kettenkratzförderer*.

1075 So BGH v. 4.4.2006, GRUR 2006, 754 (759 f. [Tz. 41]) – *Haftetikett*.

1076 So BGH v. 18.5.2010, GRUR 2010, 817 (819 [Tz. 22]) – *Steuervorrichtung* sowie OLG München v. 10.7.2008, GRUR-RR 2009, 219 (221) – *Vliesproduktion*.

1077 Vgl. BGH v. 10.9.2009, GRUR 2010, 47 (48 f. [Tz. 18]) – *Füllstoff*; OLG München v. 26.6.2008, Mitt. 2009, 417 (419 [Tz. 49]) – *Vergüteter Verbesserungsvorschlag*; LG Düsseldorf v. 19.2.2019, Düsseldorfer Entscheidungen Nr. 2858 – *Luftwagenbeschlag für kippbaren Schiebeflügel*.

1078 Siehe dazu Rdn. 290.

1079 Ständige Rspr.; vgl. BAG v. 11.4.2000, NJW 2001, 172 (173); v. 16.1.2013, NZA 2013, 748 (749 f. [Tz. 14 f.]); v. 23.10.2014, NZA 2015, 429 (431 [Tz. 27 f.]); v. 29.6.2017, NZA 2017, 1179 (1180 [Tz. 15]); v. 30.5.2018, NZA 2018, 1425 (1428 [Tz. 33]).

seines Arbeitgebers anbieten.[1080] Diese Verpflichtung bezieht sich aber nur auf den Arbeitgeber, nicht jedoch auf Dritte, wie sich bereits aus dem Wortlaut des § 60 Abs. 1 HGB ergibt, der nur auf den »Handelszweig des Prinzipals« abstellt.[1081] Auch die arbeitsrechtliche Treuepflicht verlangt grundsätzlich nur Rücksichtnahmepflichten gegenüber dem Arbeitgeber, nicht jedoch gegenüber verbundenen Unternehmen;[1082] ohne eine arbeitsvertraglich abgesicherte Erweiterung der Tätigkeit des Arbeitnehmers auf andere Konzernunternehmen lässt sich eine Pflichtenvermehrung für diesen nicht begründen.[1083] Demzufolge kann auch hier eine weitergehende Verpflichtung des Arbeitnehmers nicht verlangt werden. Entgegenstehende Interessen des Konzernverbundes sind in diesem Rahmen unbeachtlich. Eine Erweiterung des Wettbewerbsverbotes kann sich jedoch aus einer Tätigkeit des Arbeitnehmers bei mehreren Konzernunternehmen (durch Abordnung, ein Leiharbeitsverhältnis etc.[1084]) ergeben.[1085]

466 Schließlich stellt sich die Frage, inwieweit Konzernunternehmen eine frei gewordene Diensterfindung, für die kein Schutzrecht besteht, frei nutzen können, wenn der Erfindungsgegenstand offenkundig geworden ist.[1086]

467 Nutzen nunmehr andere Konzernunternehmen den offenkundig gewordenen Gegenstand der Diensterfindung, kann der Arbeitnehmer dies mangels Schutzrechts nicht verbieten. Insoweit stehen die anderen Konzernunternehmen jedem sonstigen Unternehmen gleich, das die gemeinfrei gewordene Erfindung ebenfalls nutzen kann. Allein aus der Konzernbindung können sich patent- bzw. arbeitnehmererfindungsrechtlich keine weitergehenden Bindungen für die übrigen Konzernunternehmen ergeben, zumal sich das Rechtsverhältnis aus dem ArbEG auf die Rechtsbeziehungen zwischen Arbeitgeber und Arbeitnehmer beschränkt. Da sich eine Benutzung des gemeinfrei gewordenen Erfindungsgegenstandes auch nicht vom Arbeitgeber ableitet, kann diesen auch keine weitergehende Vergütungspflicht hinsichtlich der Konzernnutzung treffen.

1080 BAG v. 16.6.1976, NJW 1977, 646.

1081 Vgl. hierzu Hopt/Roth, § 60 HGB, Rn. 3, der eine konzernweite Ausdehnung ausdrücklich ablehnt.

1082 Vgl. hierzu Edenfeld, NZA 2009, 938 ff.

1083 Vgl. ausführlich hierzu Windbichler, Arbeitsrecht im Konzern, S. 248, die klarstellt, dass gegenüber dem Arbeitnehmer die Konzernbindung allein nicht zu einem Interessenverbund zwischen den einzelnen Konzerngesellschaften führt.

1084 Vgl. zu den unterschiedl. Möglichkeiten Rdn. 110 und Rdn. 141 ff.

1085 Windbichler, Arbeitsrecht im Konzern, S. 248.

1086 Insoweit sei klargestellt, dass der Arbeitgeber nach § 24 Abs. 1 ArbEG trotz Freigabe weiterhin zur Geheimhaltung verpflichtet bleibt und diese Pflicht auch keine Ausnahme zugunsten verbundener Unternehmen zulässt, soweit nach Erfindungsmeldung keine abweichende Vereinbarung mit dem Arbeitnehmer nach § 22 Satz 2 ArbEG getroffen worden ist (siehe dazu Rdn. 954 ff.).

E. Die Einräumung und Übertragung von Erfindungsrechten im Konzern

Übersicht Rdn.

I. Verfügungsbefugnis des Arbeitgebers und Wirkung der Rechtseinräumung/-übertragung

468 Wie bereits festgestellt,[1087] wird der Arbeitgeber gemäß §§ 6, 7 Abs. 1 ArbEG mit Zugang der Erklärung der Inanspruchnahme bzw. deren Fiktion (§ 6 Abs. 1 u. 2 ArbEG) Inhaber aller vermögenswerten Rechte an der Diensterfindung und kann diese verwerten und darüber auch frei verfügen. Der Arbeitgeber kann das Recht auf das Patent oder Gebrauchsmuster bzw. daran erlangte Schutzrechtspositionen auf Dritte im Wege der Abtretung (§ 413 i.V.m. §§ 398 ff. BGB) übertragen (§ 15 Abs. 1 Satz 2 PatG, § 22 Abs. 1 Satz 2 GebrMG, Art. 72 EPÜ).[1088] Ebenso kann der Arbeitgeber die Diensterfindung bzw. darauf bezogene Schutzrechtspositionen ganz oder teilweise zum Gegenstand von ausschließlichen oder nicht ausschließlichen (einfachen) Lizenzen machen (§ 15 Abs. 2 Satz 1 PatG, § 22 Abs. 2 Satz 1 GebrMG, Art. 72 EPÜ).[1089]

469 Die Ansprüche des Arbeitnehmers aus dem ArbEG stellen keine dingliche Belastung der Erfindung dar.[1090] Weder bei einer Übertragung der Diensterfindung noch bei Lizenzvergabe treffen den Rechtserwerber Rechte und Pflichten aus dem ArbEG.[1091] Die

1087 Siehe Rdn. 440.

1088 Nur bezogen auf die europäische Patentanmeldung.

1089 Nur bezogen auf die europäische Patentanmeldung.

1090 Siehe oben Rdn. 19.

1091 Zu den Ausnahmen bei Umwandlung und Betriebsübergang siehe oben Rdn. 156 ff. Zur Veräußerung im Insolvenzverfahren siehe die Ausnahmeregelungen in § 27 Nrn. 1 und 2 ArbEG.

Übernahme solcher Pflichten bedarf vielmehr der Vereinbarung zwischen Arbeitgeber und Erwerber, ggfs. mit Zustimmung des Arbeitnehmererfinders (vgl. §§ 414 ff. BGB).

470 Das durch das ArbEG begründete gesetzliche Schuldverhältnis zwischen Arbeitgeber und Arbeitnehmer wird durch die Übertragung der Erfindungsrechte nicht beseitigt, sondern besteht zwischen diesen fort, soweit sich wegen oder trotz der Rechtsübertragung noch Pflichten ergeben, wie etwa die Pflicht zur Beteiligung des Arbeitnehmererfinders an dem Kaufpreiserlös (§ 9 ArbEG i.V.m. RL Nr. 16). Ebenfalls bleibt der Arbeitgeber für seine (bisherigen) Verwertungshandlungen allein vergütungspflichtig. Der Rechtserwerber übernimmt die Erfindungsrechte unbelastet und kann damit nach seinem Belieben verfahren; auch die Anbietungspflicht bei Schutzrechtsaufgabe gemäß § 16 ArbEG trifft ihn nicht.[1092]

471 Auch bei der Lizenzvergabe kann der Lizenznehmer sein Benutzungsrecht frei von Ansprüchen des Arbeitnehmererfinders ausüben. Der Arbeitgeber ist alleiniger Schuldner einer Vergütung für die aus der Lizenzvergabe fließenden Lizenzgebühren (vgl. RL Nrn. 14, 15, 17).

II. Auswirkungen des Konzernverbundes

472 Sowohl die Einräumung von Nutzungsrechten als auch die Übertragung von Erfindungsrechten bzw. Schutzrechtspositionen sind gerade innerhalb von verbundenen Unternehmen häufig, sei es aufgrund von konzernweiten Vorgaben, sei es aufgrund von gemeinsamen Projekten und Strategien oder von Kooperationen zwischen einzelnen Konzernunternehmen wie aber auch aus steuerrechtlichen Überlegungen.

473 Bei der Einräumung von Nutzungsrechten bleibt der Arbeitgeber Inhaber der Erfindungsrechte bzw. einer hierauf bezogenen Schutzrechtsposition.[1093] Häufig besteht im Konzern aber die Vorgabe, dass diese Rechte von den jeweiligen konzernverbundenen Unternehmen auf die Konzernmutter übertragen werden oder auf eine rechtlich selbstständige konzernverbundene Patentgesellschaft.[1094] Maßgebend ist, dass auf nationaler Ebene bei den jeweiligen Konzern-Arbeitgebern eine wirksame Rechtsübertragung von den einzelnen Arbeitnehmererfindern und ggf. sonstigen Dritterfindern erfolgt, sei es nach speziellen gesetzlichen Vorgaben, wie etwa den §§ 6, 7 ArbEG, sei es durch rechtsgeschäftliche Übertragung. Werden solche Erfindungen im Rahmen einer grenzüberschreitenden Kooperation mehrerer Konzerngesellschaften entwickelt, ist zu prüfen, ob hierfür eine eigenständige Rechtswahl ausdrücklich getroffen worden ist (vgl. Art. 8 Abs. 1 Satz 1 Rom I-VO) oder sonstige Anknüpfungspunkte maßgeblich sind. Sind im Einzelfall bereits Schutzrechtsanmeldungen durch die jeweilige nationale Gesellschaft oder die Erfinder (z.B. USA) erfolgt, sind darauf bezogene Schutzrechtsbestimmungen für die Rechtsübertragung zu beachten,

1092 Schiedsstelle v. 19.12.1991, GRUR 1992, 847 (848) – *Geschäftsaktivitäten-Veräußerung* u. v. 2.4.2009, Arb.Erf. 58/07 (unveröffentl.).

1093 Zur Vergütungsbemessung siehe Rdn. 843 ff.

1094 Siehe zur Rechtsanwendung bei grenzüberschreitenden Übertragungen von Schutzrechtspositionen im Konzern Kather, FS 80 Jahre Patentgerichtsbarkeit Düsseldorf 2016, 231 ff.

wie etwa Art. 60, 72, 2 Abs. 2 EPÜ[1095]. Bei einer Rechtsübertragung nach Schutzrechtsanmeldung bleibt die Übertragung des Prioritätsrechts (vgl. Art. 4 PVÜ, Art. 87 EPÜ, § 41 PatG) maßgeblich, falls die Schutzrechtsanmeldung durch den Rechtserwerber fortgeführt werden soll.[1096]

Eine in ihren rechtlichen Wirkungen abgeschwächte Übertragung von Erfindungsrechten oder Schutzrechtspositionen ist bei Einräumung einer Treuhand denkbar. Bei der Treuhand überträgt der Treugeber dem Treuhänder die Erfindungsrechte bzw. Schutzrechtspositionen, beschränkt ihm aber zugleich in der Ausübung der sich daraus im Außenverhältnis ergebenden Rechte im Innenverhältnis gemäß der hierauf bezogenen schuldrechtlichen Treuhandvereinbarung[1097]. Räumt dagegen das jeweilige Konzernunternehmen der Mutter- oder Patentgesellschaft nur eine Vollmacht zur alleinigen Nutzung dieser Rechte ein, unterbleibt die Rechtsübertragung; die Rechtsübertragung schränkt sich lediglich schuldrechtlich im Gebrauch seiner Rechtsmacht ein.[1098] Erfolgt dagegen eine (Voll-)Rechtsübertragung, erwirbt der Treuhänder (Konzern- oder Patentgesellschaft) das Eigentum zu vollem Recht. Verfügungen des Treuhänders erfolgen im eigenen Namen und aus eigenem Recht. 474

Diese allgemeinen Grundsätze zur Rechtsübertragung gelten uneingeschränkt auch für Erfindungsrechtsübertragungen innerhalb eines Konzernverbundes. 475

1. Übertragung der Diensterfindungsrechte

a) Gestaltungsformen

Eine Übertragung von Erfindungsrechten kann einmal durch Einzelabtretung erfolgen (§§ 413, 398 ff. BGB). Hier werden nach Inanspruchnahme der Diensterfindung die Erfindungsrechte bzw. alle oder einzelne hierauf bezogene inländische bzw. ausländische Schutzrechtspositionen an ein oder mehrere Konzernunternehmen abgetreten. Voraussetzung ist stets, dass der Arbeitgeber durch von ihm oder für ihn erklärte Inanspruchnahme bzw. Wirksamwerden der Inanspruchnahmefiktion Rechtserwerber der Erfindungsrechte wird. Eine bloße Übertragung des Inanspruchnahmerechts wäre wirkungslos.[1099] 476

Denkbar ist auch die Vorausabtretung von zukünftigen Diensterfindungsrechten mit deren Inanspruchnahme. Hier kommen zahlreiche Fallgestaltungen in Betracht, etwa die Vorausabtretung von Erfindungen auf bestimmten technischen Gebieten bis hin zur Abtretung aller künftigen Erfindungen/Schutzrechtspositionen (Globalzession). Eine Vorausabtretung von Erfindungsrechten bzw. Schutzrechtspositionen ist rechtlich 477

1095 Siehe dazu Kather, a.a.O., 231 (235 ff.).
1096 Siehe dazu Kather, a.a.O., 231 (239 ff.).
1097 Grüneberg/Herrler, § 903 BGB, Rn. 33.
1098 BGH v. 24.6.2003, DNotZ 2004, 128; Grüneberg/Herrler, § 903 BGB, Rn. 33.
1099 Vgl. Rdn. 445.

ebenso möglich wie die schuldrechtliche Verpflichtung zur Übertragung.[1100] Wie ein argumentum a fortiori aus § 185 Abs. 2 BGB ergibt, steht es der Wirksamkeit der Vorausabtretung nicht entgegen, dass die Erfindungsrechte erst künftig entstehen.[1101] Erforderlich ist grundsätzlich nur, dass die Entstehung dieser Rechte zum Zeitpunkt der Abtretung möglich erscheint und eine zumindest bestimmbare Bezeichnung der abgetretenen Erfindungsrechte möglich ist.[1102] Auf die Wirksamkeit der Vorausabtretung bzw. der schuldrechtlichen Übertragungsverpflichtung hat es keinen Einfluss, ob eine Gegenleistung geschuldet wird. Im Fall der Vorausverfügung erwirbt der Rechtserwerber die Rechte unmittelbar ohne weitere Übertragungsakte, sobald die Diensterfindung fertiggestellt ist[1103] und die Rechte an der Diensterfindung aufgrund des Zugangs der Inanspruchnahmeerklärung oder des Wirksamwerdens der Inanspruchnahmefiktion gemäß § 7 Abs. 1 ArbEG auf den Arbeitgeber übergehen.[1104]

478 Im Unterschied zur Vorausabtretung bedarf es bei einer lediglich schuldrechtlichen Übertragungsverpflichtung der späteren Erfüllung mittels Abtretung (§§ 398 ff., 413 BGB).

479 Beide Fallgestaltungen sind im Konzern häufig vor dem Hintergrund zu sehen, dass dieser die konzernweiten Schutzrechtspositionen und deren Verwaltung »in einer Hand« konzentrieren will, um so eine effiziente und wirtschaftliche Schutzrechtspolitik zu erreichen. Diese Aufgaben werden bei Unterordnungskonzernen häufig entweder durch die Muttergesellschaft selbst oder durch eine rechtlich selbständige Patentverwertungsgesellschaft wahrgenommen.

Überträgt der Arbeitgeber die Diensterfindungsrechte auf die Muttergesellschaft oder eine von ihr beherrschte Patentverwertungsgesellschaft, ergeben sich keine Unterschiede hinsichtlich des Einflusses des Rechtsübergangs auf die Pflichten des Arbeitgebers aus dem ArbEG[1105]. Überträgt der Arbeitgeber demgegenüber die Erfindungen einer eigenen Patentverwertungsgesellschaft, sind ihm die Verwertungseinnahmen jedenfalls vergütungsrechtlich zuzurechnen.[1106]

1100 Vgl. für Erfindungen von Organmitgliedern BGH v. 16.11.1954, GRUR 1955, 286 (289) – *Schnellkopiergerät*; vgl. auch BGH v. 29.1.1957, GRUR 1957, 485 (487) – *Chenillemaschine*, zur Vorausabtretung im Rahmen von Lizenzverträgen BGH v. 30.10.1990, GRUR 1991, 127 (129) – *Objektträger*.

1101 Vgl. allgemein Grüneberg/Grüneberg, § 398 BGB, Rn. 11 m.w.N.

1102 Vgl. allgemein BGH v. 16.3.1995, NJW 1995, 1668 (1669) u. v. 12.10.1999, NJW 2000, 276 (277).

1103 Siehe dazu oben Rdn. 351 ff.

1104 Siehe zur Inanspruchnahme oben Rdn. 427 ff.

1105 Siehe dazu Rdn. 487 ff.

1106 Schiedsstelle v. 15.3.2005, Arb.Erf. 63/03 (Datenbank Schiedsstellenpraxis, dort zur Patentverwertungsgesellschaft einer außeruniversitären Forschungseinrichtung) u. v. 12.6.2013, Arb.Erf. 01/11 (www.dpma.de); siehe auch Schiedsstelle v. 12.10.2022, Arb.Erf. 45/19 (www.dpma.de).

Nicht selten werden im Falle der Vorausabtretung die anschließende Einräumung von sog. Rücklizenzen bzw. der sofortige Vorbehalt eines eigenen Nutzungsrechts vereinbart.[1107] Hierdurch will der Veräußerer sicherstellen, dass ihm an den im Rahmen seiner Entwicklungsarbeiten entstehenden Erfindungen weiterhin ein Nutzungsrecht zur Verfügung steht.[1108] Der Unterschied zwischen einer Vollrechtsübertragung mit der Pflicht zur Rücklizenzierung und einer von vornherein wegen des vorbehaltenen Nutzungsrechts beschränkten Rechtsübertragung liegt darin, dass im ersten Fall das Nutzungsrecht von der Muttergesellschaft als Rechtsinhaberin abgeleitet wird, während bei einer beschränkten Rechtsübertragung dieses Recht von vornherein nicht (mit-) übertragen wird.[1109] In jedem Fall erfolgt aber eine Vollrechtsübertragung, die dann der Muttergesellschaft eine eigenständige Lizenzpolitik erlaubt. Welche Konstruktion gewählt wird, hängt letztlich von unternehmenspolitischen und gegebenenfalls steuerrechtlichen Aspekten ab. 480

Ist die »Vollrechtsübertragung« mit der Pflicht zur Rücklizenzierung mit einem vorbehaltenen Nutzungsrecht vergleichbar, liegt letztlich keine Vollrechtsübertragung vor. Letzteres ist insbesondere dann anzunehmen, wenn bereits bei Übertragung der Erfindungsrechte eine spätere Eigennutzung der Erfindung durch den übertragenden Arbeitgeber feststeht.[1110] 481

Durch eine Rücklizenzierung bzw. ein vorbehaltenes Nutzungsrecht kann sichergestellt werden, dass dem Veräußerer eine gleiche Entwicklungs- und Nutzungsebene verbleibt, auf der er verwerten und gegebenenfalls weiterforschen kann. Damit wird der Gefahr vorgebeugt, dass der Rechtserwerber auf der Grundlage der übertragenen Technologie durch eigene Weiterentwicklungen in möglicherweise naher Zukunft technologisch an dem Veräußerer vorbeiziehen kann.[1111] 482

Bei Rücklizenzierung im Konzernverbund ergeben sich für die beteiligten Konzernunternehmen folgende Rechtssituationen: 483

Ist die Rücklizenz eine ausschließliche Lizenz, verbleibt dem Schutzrechtserwerber (Muttergesellschaft, Patentverwertungsgesellschaft) lediglich eine formale Rechtsposition an den übertragenen Erfindungsrechten[1112], die sie – soweit noch kein Schutzrecht 484

1107 Vgl. etwa Schiedsstelle v. 6.4.2006, Arb.Erf. 98/04 (unveröffentl.) sowie Schiedsstelle v. 27.3.2012, Arb.Erf. 32/10 (www.dpma.de).

1108 Vgl. zur wettbewerbsrechtlichen Unbedenklichkeit solcher Rücklizenzklauseln EU-Kommission v. 22.12.1987, GRUR Int. 1988, 505 (508) – *Rich Products/Jus-rol*; siehe auch allg. Wündisch/Hering, GRUR Int. 2009, 106 ff.

1109 LG München v. 9.2.2012, GRUR-RR 2012, 142 (144) u. Schiedsstelle v. 27.3.2012, Arb.Erf. 32/10 (www.dpma.de).

1110 Bartenbach/Volz, KommRL, RL Nr. 16, Rn. 5; bestätigt durch Schiedsstelle v. 27.3.2012, Arb.Erf. 32/10) u. v. 25.7.2013, Arb.Erf. 39/12 (beide www.dpma.de).

1111 So Pfaff/Osterrieth, Lizenzverträge, B. I, Rn. 3; siehe auch Wündisch/Hering, GRUR Int. 2009, 106 (109).

1112 Benkard/Ullmann/Deichfuß, § 15 PatG, Rn. 89.

besteht – zu entsprechenden Schutzrechtspositionen führen soll. Eine ausschließliche Rücklizenz bildet jedoch den Ausnahmefall.

485 Im Regelfall sollen sämtliche Konzernunternehmen berechtigt sein, sich aus dem so gebildeten Schutzrechtspool der von allen konzernverbundenen Unternehmen eingebrachten Schutzrechtspositionen zu »bedienen«. Insoweit wird die Rücklizenz im Zweifel nur eine einfache, unternehmensbezogene Lizenz sein.

486 Von der Konzernpolitik und von regelmäßig steuerrechtlichen Aspekten hängt es ab, ob die Rücklizenzen und die Lizenzen für andere Konzernunternehmen entgeltlich oder unentgeltlich ausgestaltet sind. Auf diese Konzernpolitik unter steuerlichen Aspekten kann der im Jahr 2017 auf Basis des Gesetzes gegen schädliche Steuerpraktiken im Zusammenhang mit Rechteüberlassungen (SchädlStPraktG) vom 27.06.2017[1113] eingefügte § 4j EStG Einfluss haben. Zweck der Regelung ist es, die Abzugsfähigkeit von Lizenzzahlungen ins Ausland einzuschränken.[1114] Dies betrifft vor allem den Sachverhalt, dass die aus einer im Inland erfolgten Entwicklungstätigkeit entstandenen Rechte auf eine andere Konzerngesellschaft im Ausland übertragen werden, die ihren Sitz in einem Land hat, in dem Lizenzeinnahmen gar nicht oder mit einem deutlich niedrigeren Steuersatz als im Inland, also bei ausländischen Ertragssteuern von weniger als 15 % (für Aufwendungen, die nach dem 31.12.2023 entstehen), besteuert werden (Präferenzregelung durch »Patentboxen«).[1115] Durch § 4j EStG wird vorgegeben, dass Aufwendungen für die Rechtsüberlassung (einschließlich Know-how, nicht aber für Marken) nur noch nach Maßgabe dieser Regelung abzugsfähig sind, wenn die Einnahmen des (ausländischen konzernverbundenen) Lizenzgebers einer von der Regelbesteuerung abweichenden niedrigen Besteuerung im Sinne dieser Bestimmung unterliegen und es sich zwischen Gläubiger und Schuldner um »nahestehende Personen« im Sinne des § 1 Abs. 2 des Außensteuergesetzes, also um Konzernunternehmen, handelt.

b) Auswirkungen auf die erfinderrechtlichen Beziehungen zwischen den Arbeitsvertragsparteien

487 Wie oben dargestellt,[1116] bleibt bei einer Rechtsübertragung mangels anderslautender Vereinbarungen (vgl. § 415 BGB) grundsätzlich allein der übertragende Arbeitgeber im Verhältnis zu seinem Arbeitnehmer Schuldner aller Pflichten aus dem ArbEG, und zwar einschließlich der Vergütungsansprüche.[1117] Da die Pflichten aus dem ArbEG

1113 BGBl. I S. 2074; siehe hierzu auch Ditz/Quilitzsch, DStR 2017, 1561 ff.

1114 BT-Drs. 18/11233, 9.

1115 Blümich/Pohl, § 4j EStG, Rn. 7.

1116 Siehe Rdn. 468 ff.

1117 Volmer, GRUR 1978, 393 (402); Volmer/Gaul, § 1 ArbEG, Rn. 141; vgl. auch BGH v. 16.4.2002, GRUR 2002, 801 ff. – *Abgestuftes Getriebe*; v. 17.11.2009, GRUR 2010, 223 (224) – *Türinnenverstärkung* u. v. 6.3.2012, Mitt. 2012, 285 (288 [Tz. 32, 38]) – *Antimykotischer Nagellack I*; OLG München v. 8.2.2001, Mitt. 2001, 207 (209 f.) – *Verwertung durch eine ausländische Muttergesellschaft*; Schiedsstelle v. 11.7.2012, Arb. Erf. 03/11 u. v. 15.11.2012, Arb.Erf. 01/12 (beide unveröffentl.); siehe auch Schieds-

keine dingliche Belastung der Diensterfindung darstellen,[1118] treffen weder die erwerbende Muttergesellschaft bzw. die Patentverwertungsgesellschaft noch deren Lizenznehmer Pflichten aus dem ArbEG, insbesondere keine Vergütungspflichten. Auch gehen Geheimhaltungspflichten des Arbeitgebers aus § 24 Abs. 1 ArbEG nicht auf den Erwerber über und erlöschen damit im Verhältnis zum Arbeitnehmererfinder.[1119] Der Erwerber der Erfindungsrechte unterliegt auch nicht der Geheimhaltungspflicht des § 24 Abs. 3 ArbEG, da er die Kenntnisse durch die erfolgte Rechtsübertragung und nicht »aufgrund des ArbEG« erlangt.

aa) Einfluss des Rechtsübergangs auf die Pflichten des Arbeitgebers aus dem ArbEG

Da im Konzernverbund die Übertragung von Erfindungsrechten häufig aus unternehmensstrategischen bis hin zu steuerrechtlichen Überlegungen erfolgt, unterscheidet sich die Situation im Tatsächlichen von der Rechtsübertragung auf nicht verbundene Dritte. Daher könnte die Überlegung nahe liegen, auch rechtlich diese Rechtsübertragungen unterschiedlich zu behandeln und die Übertragung innerhalb eines Konzerns arbeitnehmererfindungsrechtlich unbeachtet zu lassen; d.h. die Übertragung von Erfindungsrechten wäre rechtlich als bloße Formalität zu bewerten und der Arbeitgeber unverändert als verpflichtet anzusehen, weiterhin sämtliche Ansprüche aus dem ArbEG so zu erfüllen, als sei keine Rechtsübertragung auf ein anderes Konzernunternehmen erfolgt. 488

In diesem Sinne könnte der Einigungsvorschlag der Schiedsstelle vom 25.7.1983[1120] verstanden werden. Hiernach ist die Übertragung von Erfindungsrechten innerhalb des Konzerns bei enger wirtschaftlicher Verflechtung der Konzernunternehmen nicht als »Verkauf von Rechten« zu bewerten. Auf dieser Linie läge wohl auch der Einigungsvorschlag vom 31.1.2002[1121]; dort hat die Schiedsstelle den Arbeitgeber bei Übertragung innerhalb eines Konzerns erfinderrechtlich als verpflichtet angesehen, entweder dem Rechtserwerber bestimmte Arbeitgeberpflichten aus dem ArbEG aufzuerlegen oder dem Arbeitnehmererfinder die korrespondierenden Ansprüche abzukaufen. 489

Auch in ihrer neueren Entscheidungspraxis betont die Schiedsstelle ihre Auffassung, dass die Rechte des Arbeitnehmererfinders aus dem ArbEG durch eine bloße Übertragung der Diensterfindung innerhalb des Konzerns nicht erlöschen.[1122] Nach ihrer Ansicht stelle eine solche Übertragung einen einseitigen privatrechtlichen Eingriff eines Dritten in die Rechte des Erfinders aus dem ArbEG dar, welcher nicht mit der 490

---

stelle v. 17.10.2022, Arb.Erf. 44/21 (www.dpma.de); zur Arbeitgeberstellung siehe oben Rdn. 52 ff. und zu den Vergütungsansprüchen siehe unten Rdn. 688 ff.

1118 Siehe Rdn. 38.

1119 Vgl. Bartenbach/Volz, § 24 ArbEG, Rn. 18.

1120 – Arb.Erf. 14/82 (unveröffentl.), zitiert nach Bartenbach/Volz, § 1 ArbEG, Rn. 131.

1121 – Arb.Erf. 90/99 (Datenbank Schiedsstellenpraxis), dort bezogen auf die Pflichten zur Schutzrechtsanmeldung nach § 13 ArbEG.

1122 Schiedsstelle v. 17.10.2022, Arb.Erf. 44/21 (www.dpma.de).

geltenden Rechtslage vereinbar sei, weil dadurch die grundgesetzlich gewährleistete Dispositionsfreiheit des Arbeitnehmererfinders über seine Eigentumsrechte im Sinne von Art. 14 Abs. 1 S. 2 GG beschnitten werde.[1123] Zum Schutz des Erfinders habe das ArbEG in den §§ 22 und 23 ArbEG einen unabdingbaren Schutzmechanismus installiert, um zu verhindern, dass dem strukturell in der schwächeren Position befindlichen Arbeitnehmer die vom Arbeitnehmererfindungsgesetz vorgenommene Ausgestaltung seiner Eigentumsrechte durch zivilrechtliche Gestaltungsmöglichkeiten genommen werden kann. Dies bedeute nach Auffassung der Schiedsstelle, dass solche Übertragungen nur dann zulässig seien, wenn sie im Wege einer zweiseitigen einvernehmlichen Vereinbarung zwischen den Arbeitsvertragsparteien erfolgen. Weiter führt die Schiedsstelle aus, dass es dem Arbeitgeber zwar unbenommen sei, im Rahmen seiner unternehmerischen Freiheit die Administration der gewerblichen Schutzrechte im Unternehmen so zu organisieren, und dies regelmäßig auch gängige Praxis sei, Schutzrechte auf die Konzernmutter anzumelden und bei verschiedenen Konzernunternehmen zu nutzen. Daraus folge jedoch keine Beschneidung der Rechte des Arbeitnehmers. Entsprechende Übertragungshandlungen entfalteten als einseitige Handlungen diesem gegenüber nach den §§ 22 ArbEG, 134 BGB keine Wirksamkeit, soweit sie in seine Rechte aus dem ArbEG eingreifen. Daher seien Rechtsübertragungen im Konzern ohne bzw. mit einer geringen Gegenleistung mit Blick auf den Eigentumsschutz des Erfinderrechts aus Art. 14 Abs. 1 Satz 1 GG nach § 134 BGB rechtsunwirksam. Daraus folge wiederum, dass die bloße Übertragung einer Diensterfindung im Konzern die Rechte des Arbeitnehmererfinders aus §§ 13, 14, 15 und 16 ArbEG nicht beschränke.

Dieser Ansicht der Schiedsstelle kann aus mehreren Gründen nicht gefolgt werden: Die Schiedsstelle betont ausdrücklich, dass die Übertragung einer Diensterfindung auf einen Dritten grundsätzlich zulässig sei und diese ein abschließendes Ereignis für die Ansprüche eines Arbeitnehmers darstelle. Gleichzeitig begründet sie allerdings nicht, worin der Unterschied zwischen einem Drittunternehmen und einem Konzernunternehmen als Rechtserwerber liegen soll. Bei einer Übertragung auf ein Drittunternehmen bestünden – so die Schiedsstelle – reale Wettbewerbsbedingungen und die Diensterfindung sei in diesem Fall auch dem Zugriff des Arbeitgebers und gegebenenfalls mit ihm verbundener Unternehmen dauerhaft entzogen. Gleichzeitig habe der Arbeitgeber für die Übertragung den realen Marktwert der Erfindung erhalten, der wiederum Grundlage der Erfindungsvergütung sei. Die Forderung der Schiedsstelle, eine Übertragung müsse »unter realen Wettbewerbsbedingungen« erfolgen, findet im ArbEG keine Stütze. M.E. übersieht die Schiedsstelle auch, dass die Rechte und Pflichten aus dem ArbEG keine dingliche Belastung der Diensterfindung darstellen, sich auf die Arbeitsvertragsparteien beschränken und nicht gegenüber einem Dritten – und damit auch gegenüber den anderen Konzernunternehmen – wirken.

491 Ein derartiges Verständnis, Übertragungsakte innerhalb eines Konzerns wegen der Konzernbindung anders zu beurteilen als Rechtsgeschäfte mit nicht verbundenen

1123 So bereits Schiedsstelle v. 10.12.2020, Arb.Erf. 63/18 (www.dpma.de).

Unternehmen, ist problematisch. So würden zivilrechtlich zulässige und im Wirtschaftsleben verbreitete Gestaltungsformen mit Hinweis auf das ArbEG erschwert, wenn nicht gar ausgeschlossen. Dies betrifft nicht nur die Fälle von Konzernbindungen, sondern auch den Bereich der Forschungs- und Entwicklungsaufträge etwa im Rahmen der Hochschulforschung, bei denen – insbesondere bei Forschungsaufträgen – ebenfalls häufig umfassende Übertragungspflichten einer Vertragspartei vereinbart werden. Gleiches kann z.B. für Weiterentwicklungen in den Fällen von Schutzrechtsverkäufen gelten. Der Gesetzgeber hat das ArbEG bewusst als gesetzliche Regelung zwischen den Arbeitsvertragsparteien ausgestaltet und die Einbeziehung bzw. Verpflichtung Dritter nicht vorgesehen, obschon eine abschließende und möglichst umfassende Regelung des Rechts der Arbeitnehmererfindung geschaffen werden sollte.[1124] Dieses Verständnis zeigt sich auch bei der Neufassung der insolvenzrechtlichen Regelung des § 27 Nr. 1 ArbEG; dort hat der Gesetzgeber den Rechtseintritt des Rechtserwerbers bei Erwerb einer Diensterfindung mit dem Geschäftsbetrieb auf die Vergütungspflicht beschränkt und andere Pflichten aus dem ArbEG nicht einbezogen.[1125] Im Übrigen hätte es angesichts der zahlreichen Sonderregelungen, die andere Gesetze für Konzerne bzw. verbundene Unternehmen enthalten, nahe gelegen, auch im Bereich des ArbEG eine hierauf bezogene Ausnahmeregelung aufzunehmen.

Letztlich geht wohl auch der BGH von dieser rechtlichen Betrachtungsweise aus, 492
bewertet also Rechtseinräumungen innerhalb eines Konzerns nicht anders als solche zwischen nicht verbundenen Unternehmen; die arbeitnehmererfindungsrechtlichen Beziehungen bleiben auf das Rechtsverhältnis zwischen Arbeitgeber und Arbeitnehmer beschränkt und eine angemessene Lösung wird über die Vergütungsbemessung erreicht. Nach seiner Entscheidung »Abgestuftes Getriebe«[1126] kommt es für die Frage der Vergütung letztlich darauf an, was vernünftige Lizenzvertragsparteien unter Berücksichtigung der beiderseitigen Interessen vereinbart haben würden.

Dieses Verständnis, die Übertragung von Erfindungsrechten innerhalb eines Konzerns 493
nicht von vornherein anders zu behandeln, als die Übertragung an Dritte, scheint letztlich auch die Entscheidung des OLG München vom 8.2.2001[1127] zu leiten. So wird dort betont, dass für die Vergütung des Arbeitnehmererfinders nicht auf die Konzernumsätze aus der Nutzung der übertragenen Erfindungsrechte abzustellen sei, sondern auf das »ortsübliche Entgelt« bzw. den »marktgerechten Abgabepreis« für die übertragenen Erfindungsrechte. Der Rechtsübertragung im Konzernverbund kommt im Grundsatz also die gleiche Wirkung wie einer Übertragung im freien Markt

1124 Siehe oben Rdn. 37 ff.

1125 So die wohl h.M. zu § 27 ArbEG, vgl. Zeising, Mitt. 2001, 60 (66); vgl. Keukenschrijver in Busse/Keukenschrijver, PatG, § 27 ArbEG, Rn. 4; a.A. Bartenbach/Volz, § 27 ArbEG n.F., Rn. 53, Rn. 61.

1126 BGH v. 16.4.2002, GRUR 2002, 801 – *Abgestuftes Getriebe*; so auch BGH v. 29.4.2003, GRUR 2003, 789 (790) – Abwasserbehandlung.

1127 OLG München v. 8.2.2001, Mitt. 2001, 207 – *Verwertung durch eine ausländische Muttergesellschaft*; vgl. auch Schiedsstelle vom 26.1.1993, EGR Nr. 68 zu § 9 ArbEG (VergHöhe).

zu. Der Arbeitnehmererfinder im Konzernverbund soll vergütungsmäßig zwar nicht schlechter, aber auch nicht besser gestellt werden.

494 Allerdings bleibt abzuwarten, ob diese Auffassung vor dem Hintergrund der Entscheidung »Türinnenverstärkung« des BGH[1128] zukünftig zu relativieren ist. Diese Entscheidung betraf den Sachverhalt, dass die streitige Diensterfindung im Interesse einer arbeitsteiligen Verwertung in einen konzernweiten Patentpool eingebracht worden war. Der BGH hat die Lieferungen mit den erfindungsgemäßen Produkten zwischen Konzernunternehmen und von diesen an Dritte in die den Vergütungsanspruch vorbereitende Auskunftspflicht des Arbeitgebers einbezogen. Zur Begründung führt der BGH aus:

495 »Stellt das Unternehmen des Arbeitgebers die Arbeitnehmererfindung im Konzernverbund anderen Konzernunternehmen zur Verwertung zur Verfügung, so kann einerseits diese letztlich nur der arbeitsteiligen, optimalen Verwertung der Erfindung dienende Maßnahme nach Treu und Glauben (§ 242 BGB) nicht dazu führen, dass die berechtigten Interessen des Arbeitnehmererfinders an Auskunft über den Umfang der Nutzung konzerninternen Zuständigkeitsverlagerungen zum Opfer fallen. Andererseits wird dem Arbeitgeber mit dieser Verpflichtung nichts unmöglich zu Leistendes abverlangt. Der Inhalt der Auskunftspflicht ist vielmehr den Gegebenheiten angepasst und besteht darin, dass der Arbeitgeber sich konzernintern in zumutbarer Weise um Aufklärung bemühen muss.«

496 In diesem Zusammenhang verweist der BGH auf die Pflicht des Arbeitgebers zur konzerninternen Aufklärung »in zumutbarer Weise«. Der Arbeitgeber habe sich bei fehlender Kooperation von Konzernunternehmen »mit Nachdruck, auch über die Geschäftsleitungen und notfalls über die Einschaltung von Entscheidungsträgern auf im Konzern übergeordneten Hierarchieebenen, um Aufklärung zu bemühen«.[1129] Ergänzend verweist der BGH darauf, dass das Berufungsgericht zutreffend auch bei einem solchen Lizenzsystem innerhalb des Konzerns »an der Lizenzanalogie als Bemessungsgrundlage festgehalten hat«. Dies gelte trotz der Schwierigkeiten, die sich aus der Struktur eines Konzerns und den dortigen Modalitäten bei der Nutzung von Arbeitnehmererfindungen für die Auskunftserteilung durch den Arbeitgeber ergeben können, und auch unter der Voraussetzung, dass der Arbeitgeber diesen Modalitäten zufolge selbst Patentlizenzgebühren wie ein außenstehendes Unternehmen zu entrichten hat.[1130]

497 Diese Überlegungen des BGH lassen darauf schließen, dass er bei einer solchen – nicht unüblichen – Fallgestaltung von dem Konzernverbund als »wirtschaftliche Einheit« ausgeht, obwohl er sonst diesem Institut gegenüber Zurückhaltung zeigt.[1131]

498 Auf dieser Linie liegt auch der Einigungsvorschlag der Schiedsstelle vom 10.2.2016, dann auf den Gesamtumsatz von Muttergesellschaft und Tochterunternehmen abzu-

1128 BGH v. 17.11.2009, GRUR 2010, 223 (227 [Tz. 39]) – *Türinnenverstärkung.*
1129 BGH v. 17.11.2009, GRUR 2010, 223 (227 [Tz. 39]) – *Türinnenverstärkung.*
1130 BGH v. 17.11.2009, GRUR 2010, 223 (224 [Tz. 13]) – *Türinnenverstärkung.*
1131 Siehe hierzu Rdn. 60 ff. u. Rdn. 826 ff.

stellen, wenn die Konzernmutter das wirtschaftliche Gesamtpotenzial der Nutzung der Erfindung auch bei der Tochtergesellschaft beeinflusst hat.[1132]

Maßgebend muss sein, ob die Einbringung von Erfindungsrechten in einen konzernweiten Patentpool und die damit eröffnete weitergehende Nutzung zugleich den Interessen des Arbeitnehmers dient, auch wenn der Erfinder aufgrund der dem Arbeitgeber grundgesetzlich garantierten unternehmerischen Freiheit keinen Anspruch auf eine optimale Verwertung einer in Anspruch genommenen Diensterfindung hat.[1133] Eine Rechtsübertragung im Konzern ohne bzw. mit einer geringen Gegenleistung ist auch mit Blick auf den Eigentumsschutz des Erfinderrechts aus Art. 14 Abs. 1 Satz 1 GG nicht nach § 134 BGB rechtsunwirksam.[1134] Bei ihrer neueren Wertung übersieht die Schiedsstelle, dass der Arbeitgeber über eine von ihm in Anspruch genommene Diensterfindung als Inhaber aller vermögenswerten Rechte frei verfügen[1135] und damit auch bestimmen kann, ob und in welcher Höhe er vom Rechtserwerber eine Gegenleistung verlangt. Die Forderung der Schiedsstelle, eine Übertragung müsse »unter realen Wettbewerbsbedingungen« erfolgen, findet im ArbEG keine Stütze. Da die Verwertung einer Diensterfindung im Kernbereich der unternehmerischen Gestaltungs- und Entscheidungsfreiheit des Arbeitgebers liegt, ist auch eine Rechtsübertragung ohne oder mit geringer Gegenleistung wirksam. Der Berechnung des Vergütungsanspruchs sind dann marktübliche Wertansätze zugrunde zu legen.

bb) Mitspracherechte des Arbeitnehmererfinders

Von der Feststellung der Auswirkungen einer Erfindungsübertragung zu trennen ist die Frage, ob der Arbeitnehmererfinder wegen der Konzernsituation Einfluss auf Art und Umfang der Rechtsübertragung durch den Arbeitgeber nehmen kann. 499

Nach § 7 Abs. 1 ArbEG bewirkt die Inanspruchnahme – wie aufgezeigt[1136] – den Übergang aller vermögenswerten Rechte an der Diensterfindung auf den Arbeitgeber. Die Erfindung wird damit dem Einflussbereich des Arbeitnehmererfinders entzogen und geht in den Machtbereich des Arbeitgebers über, der darüber frei verfügen kann.[1137] Die Entscheidung über die Verwertung gehört zum Kernbereich der unternehmerischen Entscheidungsfreiheit, ohne dass der Arbeitnehmererfinder ein Mitspracherecht bei 500

1132 Schiedsstelle v. 10.2.2016, Arb.Erf. 23/12 (www.dpma.de).

1133 Schiedsstelle v. 9.3.2016, Arb.Erf. 39/13 (www.dpma.de); BGH v. 6.3.2012, GRUR 2012, 605 (609 [Tz. 38]) – *Antimykotischer Nagellack I.*

1134 Schiedsstelle v. 17.10.2022, Arb.Erf. 44/21 (www.dpma.de); ähnl. zuvor Schiedsstelle v. 10.12.2020, Arb.Erf. 63/18 (www.dpma.de).

1135 So noch Schiedsstelle v. 6.6.2014, Arb.Erf. 54/12; v. 9.3.2016, Arb.Erf. 39/13; v. 13.4.2016, Arb.Erf. 68/13; v. 6.7.2016, Arb.Erf. 23/13; v. 15.7.2016, Arb.Erf. 26/14; v. 15.9.2016, Arb.Erf. 63/14; v. 15.11.2017, Arb.Erf. 14/15; v. 20.11.2018, Arb.Erf. 35/17 u. v. 5.3.2021, Arb.Erf. 03/20 (alle www.dpma.de).

1136 Siehe hierzu Rdn. 440.

1137 Siehe oben Rdn. 440.

der Verwertung hat[1138] oder gar eine bestimmte Art der wirtschaftlichen Verwertung verlangen kann.[1139] Auch kann der Arbeitnehmer bei unterbliebener Verwertung der Erfindung durch den Arbeitgeber nicht die Übernahme der Erfindung verlangen.[1140] Dem Arbeitgeber steht ein weiter unternehmerischer Beurteilungsspielraum einschließlich einer Kosten-Nutzen-Analyse zu.[1141] Es ist nicht Sache des Arbeitnehmererfinders, dem Arbeitgeber eine »bessere« oder »richtigere« Unternehmenspolitik vorzugeben und damit in dessen Kostenkalkulation und Unternehmensstrategie einzugreifen.[1142] Die Gestaltung des Betriebs und damit die Frage, ob, wann und in welcher Weise sich der Arbeitgeber wirtschaftlich betätigen will, ist Bestandteil der grundrechtlich geschützten unternehmerischen Freiheit[1143], wie sie sich aus Art. 2 Abs. 1, Art. 12 und Art. 14 GG ableiten lässt.[1144]

501 Diese zum allgemeinen Erfinderrecht entwickelten Grundsätze müssen auch beim Konzern gelten. § 7 Abs. 1 ArbEG enthält keinerlei Einschränkungen der Verfügungsbefugnisse des Arbeitgebers. Die Verwertung steht vielmehr in seinem Belieben, das nur durch das Gebot der guten Sitten und durch das Verbot von Rechtsmissbrauch und Willkür begrenzt wird.[1145] Nur in Extremfällen kann § 242 BGB eingreifen.[1146] Das Arbeitnehmererfindungsgesetz differenziert – vom öffentlichen Dienst abgesehen – nicht hinsichtlich der Situation der Arbeitsvertragsparteien und der Art der Verwertung von Erfindungen. Vielmehr geht das Gesetz davon aus, dass der Arbeitnehmererfinder die Stellung seines Arbeitgebers im Markt und dessen Möglichkeiten

1138 Bartenbach/Volz, § 7 ArbEG, Rn. 22 m.H.a. die ständige Schiedsstellenpraxis, z.B. Schiedsstelle v. 4.7.2013, Arb.Erf. 46/12 u. v. 1.12.2015, Arb.Erf. 44/13 (beide www.dpma.de).

1139 Schiedsstelle v. 19.3.2002, Arb.Erf. 06/99 (unveröffentl.); v. 15.9.2016, Arb.Erf. 63/14, v. 15.11.2017, Arb.Erf. 14/15; v. 11.1.2018, Arb.Erf. 41/16 u. v. 20.11.2018, Arb.Erf. 35/17 (alle www.dpma.de).

1140 Schiedsstelle v. 5.3.2021, Arb.Erf. 03/20 (www.dpma.de).

1141 Schiedsstelle v. 9.3.2016, Arb.Erf. 39/13 (www.dpma.de) m.H.a. Schiedsstelle v. 3.12.1987, BlPMZ 1988, 265.

1142 Schiedsstelle v. 9.3.2016, Arb.Erf. 39/13 (www.dpma.de); auch ein Anspruch des Arbeitnehmers auf eine »Maximierung seiner Erfindervergütung« ist nach zutreffender Ansicht der Schiedsstelle v. 28.1.2022, Arb.Erf. 42/20 (www.dpma.de) nicht zu bejahen.

1143 Zum Umfang der unternehmerischen Entscheidungsfreiheit s. auch allg. BAG v. 15.6.2021, NZA 2021, 1625 ff.

1144 BAG v. 26.9.2002, NZA 2003, 549 (551) u. v. 22.11.2012, NZA 2013, 730 (731 [Tz. 17]); siehe auch die Schiedsstellenpraxis, z.B. v. 2.8.2019, Arb.Erf. 22/17; v. 5.5.2020, Arb. Erf. 53/18; v. 20.7.2021, Arb.Erf. 15/19; v. 22.11.2021, Arb.Erf. 22/20; v. 23.11.2021, Arb.Erf. 27/18; v. 28.1.2022, Arb.Erf. 42/20; v. 15.6.2022, Arb.Erf. 27/19; v. 17.10.2022, Arb.Erf. 41/19 u. v. 28.11.2022, Arb.Erf. 19/20 (alle www.dpma.de).

1145 Bartenbach/Volz, § 7 ArbEG, Rn. 21 m.H.a. BAG v. 30.4.1965, GRUR 1966, 88 – *Abdampfverwertung*; siehe auch die Praxis der Schiedsstelle, z.B. v. 6.6.2014, Arb.Erf. 54/12; v. 9.3.2016, Arb.Erf. 39/13; v. 13.4.2016, Arb.Erf. 68/13; v. 6.7.2016, Arb.Erf. 23/13; v. 15.7.2016, Arb.Erf. 26/14; v. 23.1.2020, Arb.Erf. 06/19; v. 5.3.2021, Arb. Erf. 03/20 u. v. 27.10.2022, Arb.Erf. 32/19 (alle www.dpma.de).

1146 So Keukenschrijver in Busse/Keukenschrijver, PatG, § 7 ArbEG, Rn. 3.

teilen muss. Das zeigt sich beispielsweise daran, dass die für eine Vergütung maßgebliche Verwertbarkeit der Diensterfindung arbeitgeberbezogen zu ermitteln ist.[1147] Gleiches gilt für die Frage, ob und welches Schutzrecht für die Diensterfindung angemeldet wird, wie § 13 Abs. 1 Satz 2 und § 17 Abs. 1 ArbEG zeigen. Bestätigt wird dies letztlich auch durch § 27 ArbEG, der Sonderrechte nur für den Fall der Insolvenz des Arbeitgebers vorsieht.

Folgerichtig ist der Arbeitgeber auch innerhalb eines Konzerns frei darin, über die Erfindung zu verfügen, sie insbesondere auf andere Konzernunternehmen zu übertragen.[1148] 502

Soweit sich Konzerngegebenheiten auf die Gegenleistung der Rechtsübertragung auswirken, etwa bei Unentgeltlichkeit der Rechtsübertragung, ist das im Rahmen der Vergütungsbemessung zu würdigen.[1149] 503

c) Auswirkungen auf die Pflicht zur Schutzrechtsanmeldung im Inland

Umstritten ist, ob der Arbeitgeber mit Vorausabtretungen bzw. bei Übertragung der Rechte an einer (noch) ungeschützten Diensterfindung erfinderrechtlich gegen seine Verpflichtung zur inländischen Schutzrechtsanmeldung aus § 13 Abs. 1 ArbEG[1150] verstößt. 504

Vereinzelte Stimmen gehen von einer Verletzung aus.[1151] Das erscheint bedenklich. 505

Unstreitig dürfte sein, dass die Rechtsübertragung im Außenverhältnis zum erwerbenden Konzernunternehmen – ungeachtet der Verpflichtungen aus dem ArbEG – wirksam ist. Nach der Rechtsübertragung ist der Arbeitgeber wegen § 6 Satz 1 PatG rechtlich nicht mehr in der Lage, eine Schutzrechtsanmeldung zu veranlassen und zu betreiben;[1152] dieses Recht steht nur seinem Rechtsnachfolger zu. Folgerichtig erkennt die von einer Verletzung der Pflicht zur Schutzrechtsanmeldung ausgehende Meinung 506

1147 Siehe dazu Rdn. 655.
1148 So auch Reimer/Schade/Schippel/Rother, § 7 ArbEG, Rn. 1.
1149 Siehe dazu Rdn. 792 ff.
1150 Siehe zur Anmeldepflicht unten Rdn. 536 ff.
1151 Schiedsstelle v. 31.1.2002, Arb.Erf. 90/99 (Datenbank Schiedsstellenpraxis); Reimer/Schade/Schippel/Trimborn, § 13 ArbEG, Rn. 9a u. 11 lit. e); Keukenschrijver in Busse/Keukenschrijver, PatG, § 13 ArbEG, Rn. 8; ähnl. wohl Boemke/Kursawe/Niethammer/Maier, § 13 ArbEG, Rn. 100 f., 78; a.A. Volz, Öffentl. Dienst, 221 ff.; Witte, Mitt. 1962, 195 (196). Bartenbach/Volz, § 13 ArbEG, Rn. 3 m.w.N.; siehe auch (noch) Schiedsstelle v. 12.6.2013, Arb.Erf. 61/11 (www.dpma.de); vgl. auch jetzt Schiedsstelle v. 20.2.2017, Arb.Erf. 34/15 (www.dpma.de), wonach der Arbeitgeber aber den Erwerber zur Schutzrechtsanmeldung verpflichten kann.
1152 Bartenbach/Volz, § 13 ArbEG, Rn. 3; a.A. Keukenschrijver in Busse/Keukenschrijver, PatG, § 13 ArbEG, Rn. 8.

insoweit auch nur einen Schadensersatzanspruch des Arbeitnehmererfinders nach dem Recht der Leistungsstörungen (§§ 275 ff. BGB) an.[1153]

507 Sind die Rechte an einer Diensterfindung übertragen worden, wäre zudem eine vorherige Schutzrechtsanmeldung im Inland eine reine Förmlichkeit. Zweck des Zwangs zur Schutzrechtsanmeldung nach § 13 Abs. 1 ArbEG ist die Prioritätssicherung, nicht zuletzt im Interesse des Arbeitnehmers für den Fall des Freiwerdens der Diensterfindung und des Übergangs des Anmelderechts bzw. der Rechte aus der Schutzrechtsanmeldung auf ihn (vgl. § 13 Abs. 3 und 4 Satz 2 ArbEG).[1154] Mit Übertragung der Rechte an einer Diensterfindung können aber die Rechte aus einer vorherigen Schutzrechtsanmeldung nicht mehr dem Arbeitnehmer zufallen, so dass auch für ihn die Prioritätssicherung ins Leere geht. Entsprechendes gilt bei bislang noch nicht erfolgter Schutzrechtsanmeldung, da der Arbeitnehmer angesichts der bereits erfolgten Inanspruchnahme und der Rechtsüberleitung auf den Dritten nicht mehr Rechtsinhaber werden kann. Zwar hat der Gesetzgeber für den Fall, dass der Arbeitgeber seiner Pflicht zur unverzüglichen Schutzrechtsanmeldung nicht nachkommt, in § 13 Abs. 3 ArbEG zugunsten des Arbeitnehmers die Ersatzvornahme vorgesehen; hiernach kann der Arbeitnehmer dem Arbeitgeber eine angemessene Nachfrist setzen und nach deren erfolglosem Ablauf die Anmeldung für den Arbeitgeber auf dessen Namen und Kosten bewirken. Hat jedoch der Arbeitgeber die Erfindungsrechte bereits an einen Dritten übertragen, kann eine Anmeldung auf seinen Namen überhaupt nicht mehr erfolgen; das Recht des Arbeitnehmers aus § 13 Abs. 3 ArbEG ginge also ins Leere. Mit der Spezialregelung des § 13 Abs. 3 ArbEG ist ein ausreichender Schutz des Arbeitnehmers gegeben. Greifen dessen Voraussetzungen nicht (mehr), entfällt auch eine Anmeldepflicht für den Arbeitgeber. Eine Verletzung der Anmeldepflicht scheidet aus.

508 Die Gegenauffassung verschließt sich auch nicht dem Argument, dass der Arbeitnehmererfinder letztlich auf einen Schadensersatzanspruch verwiesen und ein Schaden regelmäßig dadurch ausgeschlossen ist, dass er vergütungsrechtlich an den Erlösen des Arbeitgebers aus der Rechtsübertragung zu beteiligen ist, deshalb also durch die unterlassene Schutzrechtsanmeldung keine finanziellen Nachteile erleidet.[1155] Solche frühen Verwertungshandlungen seines Arbeitgebers in Form einer Rechtsübertragung muss der Arbeitnehmer aufgrund der Wirkung der Inanspruchnahmeerklärung hinnehmen.

509 Insoweit ist insbesondere auch ein vom Erwerber gewünschter Verzicht des Arbeitgebers auf eine eigene Schutzrechtsanmeldung bereits Teil des Übertragungsgeschäftes. Der Erwerber will regelmäßig nicht nur die Erfindungsrechte, sondern auch die freie Entscheidung darüber erhalten, ob, wo und mit welchem Inhalt er die Erfindungsrechte durch Schutzrechtserwerb offen legt und absichert.

1153 Keukenschrijver in Busse/Keukenschrijver, PatG, § 13 ArbEG, Rn. 8; Reimer/Schade/Schippel/Trimborn, § 13 ArbEG, Rn. 3.

1154 Vgl. Amtl. Begründung BT-Drucks. II/1648, S. 33 = BlPMZ 1957, 218 (235).

1155 Darauf weist zutreffend Keukenschrijver in Busse/Keukenschrijver, PatG, § 13 ArbEG, Rn. 8, hin; ebenso Bartenbach/Volz, § 13 ArbEG, Rn. 3; siehe auch Schiedsstelle v. 28.11.1991, Arb.Erf. 60/90 (Datenbank Schiedsstellenpraxis).

Folgerichtig verneint auch die Schiedsstelle eine solche vorherige Schutzrechtsanmeldepflicht des Arbeitgebers. Sie betont, dass dann, wenn der Arbeitgeber z.B. zur Rechtsübertragung vor Schutzrechtsanmeldung im Rahmen von Kooperations- bzw. Auftragsverhältnissen verpflichtet sei, der Arbeitgeber vom Arbeitnehmer unter dem Aspekt der arbeitsrechtlichen Treuepflicht dessen Zustimmung zur Nichtanmeldung nach § 13 Abs. 2 Nr. 2 ArbEG verlangen könne.[1156] 510

Folglich wäre es auch hier nicht gerechtfertigt, aufgrund der Konzernbindung von einem Eintritt des Rechtserwerbers in die Anmeldepflicht aus § 13 ArbEG auszugehen. Damit ist der Arbeitgeber auch nicht verpflichtet, den Anmeldezwang dem erwerbenden Konzernunternehmen vertraglich aufzuerlegen.[1157] 511

Mangels höchstrichterlicher Entscheidung zu dieser Streitfrage, werden in der Praxis die Anmeldepflichten des Arbeitgebers häufig von dem Konzernunternehmen, das eine noch ungeschützte Diensterfindung erwirbt, (ohne Anerkennung einer Rechtspflicht) erfüllt. Denkbar ist alternativ auch ein mit dem Arbeitnehmer vereinbarter Verzicht auf die Inlandsanmeldung, welcher nach § 13 Abs. 2 Nr. 2 ArbEG unbedenklich zulässig,[1158] allerdings nicht selten mit einer Gegenleistung des Arbeitgebers in Form von Pauschalbeträgen verbunden ist.[1159] 512

In ihrem Einigungsvorschlag vom 23.1.2020[1160] erhebt die Schiedsstelle unter dem Aspekt der Unbilligkeit nach § 23 Abs. 1 ArbEG Bedenken gegen eine Vereinbarung, mit der der Arbeitgeber von der Anmeldepflicht nach § 13 Abs. 1 ArbEG unabhängig von der voraussichtlichen Schutzfähigkeit der gemeldeten technischen Lehre entbunden wird. Nach ihrer Auffassung verstößt eine solche Vereinbarung jedenfalls dann gegen § 23 Abs. 1 ArbEG, wenn der Arbeitgeber auf eine Schutzrechtsanmeldung verzichtet, von der technischen Lehre der Diensterfindung aber Gebrauch macht und der Arbeitnehmer für die Entbindung des Arbeitgebers von der Anmeldepflicht keine Gegenleistung erhält, die in angemessener Relation zur Gesamtvergütung steht, die dem Arbeitnehmer zustünde, wenn die gemeldete technische Lehre Gegenstand eines Schutzrechts geworden wäre. Die Schiedsstelle beurteilt die Unbilligkeit im Sinne des § 23 Abs. 1 ArbEG und damit die Unwirksamkeit eines Verzichts bzw. eines Abkaufs der Anmeldepflicht im Inland danach, ob der Arbeitgeber im Zeitpunkt der Vereinbarung eine spätere Nutzung der Diensterfindung ausschließen kann und einen Abkaufbetrag zahlt, durch den eine etwaige spätere Vorratsvergütung angemessen abgegolten wird.[1161] Sie empfiehlt deshalb zum Zweck der Rechtssicherheit trotz einer allgemein 513

1156 Schiedsstelle v. 2.6.2013, Arb.Erf. 61/11 (www.dpma.de) in Bestätigung von Bartenbach/Volz, § 13 ArbEG, Rn. 3 a.E.

1157 A. A. Schiedsstelle v. 31.1.2002, Arb.Erf. 90/99 (Datenbank Schiedsstellenpraxis); siehe aber auch Schiedsstelle v. 20.2.2017, Arb.Erf. 34/15 (www.dpma.de), wonach der Arbeitgeber den Erwerber zu einer Schutzrechtsanmeldung verpflichten kann.

1158 Vgl. allgemein Schiedsstelle v. 20.3.2003, GRUR 2003, 559; Volz, FS Bartenbach (2005), 199 (219); siehe auch Schiedsstelle v. 12.6.2013, Arb.Erf. 61/11 (www.dpma.de).

1159 Siehe Schiedsstelle v. 31.1.2002, Arb.Erf. 90/99 (Datenbank Schiedsstellenpraxis).

1160 Arb.Erf. 06/19 (www.dpma.de).

1161 Schiedsstelle v. 9.10.2020, Arb.Erf. 36/18 (www.dpma.de).

vereinbarten Entbindung von der Anmeldepflicht von einer Anmeldung der technischen Lehre zum Schutzrecht nur dann abzusehen, wenn eine spätere Nutzung ausgeschlossen erscheint. Alternativ solle der Arbeitgeber mit dem Arbeitnehmer eine separate Vereinbarung nach § 13 Abs. 2 Nr. 2 ArbEG abschließen, wonach sich beide Parteien darüber einig sind, dass die gemeldete Erfindung nicht schutzfähig sei. M.E. sieht die Schiedsstelle diesen Sachverhalt aus der unzulässigen ex-post-Betrachtung zu kritisch. Beachtet werden muss, dass § 13 Abs. 2 Nr. 2 ArbEG den Fall der Zustimmung des Arbeitnehmererfinders zur Nichtanmeldung umfassend und abschließend regelt und keine Gegenleistung für diesen Verzicht vorsieht. Darüber hinaus soll ein solcher Rechteverzicht bzw. Abkauf gerade die Ungewissheit über den Ausgang eines Erteilungsverfahrens und die Nutzungssituation einer neu entwickelten Erfindung ausräumen. Die Frage, ob eine Diensterfindung zukünftig verwertet werden soll, unterliegt allein der dem Arbeitgeber zustehenden unternehmerischen Entscheidungsfreiheit, während der Arbeitnehmererfinder kein diesbezügliches Mitentscheidungsrecht hat. Aufgrund dieser unternehmerischen Entscheidungsfreiheit hat es der Arbeitgeber ohnehin in der Hand, die Vergütungsansprüche des Arbeitnehmers zu beeinflussen, wenngleich die Belastung mit Vergütungsansprüchen bei einem vernünftig handelnden Arbeitgeber keinerlei für die Nutzungsaufnahme maßgeblicher Faktor sein dürfte.[1162] Zusätzlich ist davon auszugehen, dass der Arbeitgeber regelmäßig ein eigenes Interesse daran hat, eine wirtschaftlich oder technisch wertvolle Erfindung durch entsprechende Patente schützen zu lassen, so dass die von der Schiedsstelle befürchtete Fallkonstellation in der betrieblichen Praxis eher selten auftreten wird.

514 Darf der Arbeitgeber die Erfindungsrechte ohne vorherige Schutzrechtsanmeldung übertragen, kann auch seine mit der Rechtsübertragung erlöschende Geheimhaltungspflicht aus § 24 Abs. 1 ArbEG einer solchen Übertragung nicht entgegenstehen.

2. Einräumung von Nutzungsrechten an andere Konzernunternehmen

a) Gestaltungsformen

515 In einem Konzernverbund ist die Einräumung von Nutzungsrechten an andere Konzerngesellschaften übliche Praxis. Das kann in den Grundformen einer ausschließlichen, einer einfachen oder einer negativen Lizenz geschehen.

516 Die Lizenzvergabe stellt begrifflich eine (zeitlich begrenzte) vertragliche Erlaubnis zur Benutzung der technischen Lehre, die Gegenstand eines Schutzrechtes ist oder werden soll, in einer gesetzlich dem Rechtsinhaber vorbehaltenen Weise dar.[1163] Entscheidendes Abgrenzungskriterium zur Rechtsübertragung ist die Frage nach der Inhaberschaft der Rechte auf das und aus dem Schutzrecht sowie des Anspruchs auf Erteilung des Schutzrechts; diese Rechte bleiben bei der Lizenzvergabe beim Lizenzgeber, während

1162 Darauf weisen Bartenbach/Volz, § 11 ArbEG, Rn. 51 zutreffend hin.

1163 Ann, Patentrecht, § 40, Rn. 26; Keukenschrijver in Busse/Keukenschrijver, PatG, § 15 PatG, Rn. 118; vgl. auch BGH v. 23.3.1982, GRUR 1982, 481 (483) – *Hartmetallkopfbohrer*.

sie bei der Rechtsübertragung auf den Rechtserwerber auf Dauer übergehen.[1164] Die Lizenzvergabe ist – anders als der Rechtskauf – ein Dauerschuldverhältnis.[1165]

Eine ausschließliche Lizenz, die § 15 Abs. 2 PatG ausdrücklich erwähnt, ist dadurch 517
gekennzeichnet, dass sich der Lizenzgeber gegenüber dem Lizenznehmer verpflichtet, keine weiteren Lizenzen an Dritte zu vergeben.[1166] Mit der ausschließlichen Lizenz erwirbt der Lizenznehmer das Recht, die Erfindung nicht nur selbst zu nutzen, sondern auch Dritten die Nutzung zu gestatten (Unterlizenzvergabe).[1167] Vom Einzelfall hängt es ab, ob der Lizenzgeber selbst zur Nutzung berechtigt bleibt (vgl. Art. 1 Abs. 1 lit p) (EU) GVO-TT Nr. 316/2014 v. 21.3.2014[1168]).[1169] Sie wirkt im Übrigen gegenüber jedermann und hat damit dingliche bzw. quasi dingliche Natur.[1170]

Demgegenüber ist die ebenfalls von § 15 Abs. 2 Satz 1 PatG anerkannte einfache Lizenz 518
nur schuldrechtlicher Natur[1171] und vermittelt ein unternehmensbezogenes Recht zur Benutzung der Erfindung.[1172] Eine Unterlizenzvergabe ist nicht möglich.[1173] Inhaltlich ist sie mit dem einfachen Benutzungsrecht bei der früheren beschränkten Inanspruchnahme einer Diensterfindung (§ 7 Abs. 2 Satz 1 ArbEG a.F.) wirkungsgleich.[1174]

1164 Vgl. Benkard/Ullmann/Deichfuß, § 15 PatG, Rn. 25 m.w.N.; vgl. auch Schulte/Kühnen, § 15 PatG, Rn. 19, 31, 39; Keukenschrijver in Busse/Keukenschrijver, PatG, § 15 PatG, Rn. 21 – jeweils mit weiteren Nachweisen.

1165 BGH v. 2.5.1991, GRUR 1992, 112 (114) – *pulp-wash* u. v. 29.4.1997, GRUR 1997, 610 (611) – *Tinnitus-Masker*; einschränkend BGH v. 21.5.2015, GRUR 2016, 201 (204 [Tz. 43]) – *Ecosoil* u. v. 17.10.2019, GRUR 2020, 57 (58 [Tz. 22]) – *Valentins*, wonach der Lizenzkauf bei vollständiger Erfüllung der gegenseitigen Hauptleistungspflichten, also der Lizenzerteilung und der vollständigen Leistung der Lizenzgebühr, erfolgt.

1166 Siehe Ann, Patentrecht, § 40, Rn. 31; in diesem Sinne auch Gruppenfreistellungs-VO Technologietransfer vom 27.4.2004 (Abl. EG L 123/11) und Erwägungsgrund Nr. 162 der Leitlinien zur GruppenfreistellungsVO Technologietransfer (Abl. EG C 101/29).

1167 BGH v. 16.4.2002, GRUR 2002, 801 (803 [Tz. 31]) – *Abgestuftes Getriebe*; einschränkend OLG Karlsruhe v. 9.11.2016, GRUR-RS 2016, 21121 – *Advanced System*.

1168 ABl. EU v. 28.3.2014, L 93/17.

1169 Keukenschrijver in Busse/Keukenschrijver, PatG, § 15 PatG, Rn. 126.

1170 So h.M., BGH v. 23.3.1982, GRUR 1982, 411 (412) – *Verankerungsteil*; OLG Düsseldorf v. 17.1.2019, GRUR 2020, 137 (140 [Tz. 61]) – *Bakterienkultivierung*; Jestaedt, Patentrecht, Rn. 1027; Schulte/Kühnen, § 15 PatG, Rn. 34; Benkard/Ullmann/Deichfuß, § 15 PatG, Rn. 92 m.w.N.; kritisch Keukenschrijver in Busse/Keukenschrijver, PatG, § 15 PatG, Rn. 117.

1171 BGH v. 23.4.1974, GRUR 1974, 463 (464) – *Anlagengeschäft* u. v. 23.3.1982, GRUR 1982, 411 (412) – *Verankerungsteil*; siehe hierzu auch BGH v. 21.5.2015, GRUR 2016, 201 (204 [Tz. 43]) – *Ecosoil*.

1172 BGH v. 29.4.2010, GRUR 2010, 628 (631 [Tz. 30]) – *Vorschaubilder*; Benkard/Ullmann/Deichfuß, § 15 PatG, Rn. 103; Schulte/Kühnen, § 15 PatG, Rn. 41 – jeweils m.w.N.

1173 Allgemeine Ansicht, z.B. Ann, Patentrecht, § 40, Rn. 40.

1174 Siehe dazu oben Rdn. 430.

519 Bei der negativen Lizenz fehlt es im Unterschied zur ausschließlichen und zur einfachen Lizenz an der Einräumung eines positiven Benutzungsrechts am Lizenzgegenstand.[1175] Der Lizenzgeber verzichtet hier lediglich auf seine gesetzlichen Verbietungsrechte aus § 9 Satz 2 PatG bzw. § 11 Abs. 1 Satz 2 GebrMG[1176] bzw. der sonst geltenden Schutzrechtsordnung. Auch die negative Lizenz ist lediglich schuldrechtlicher Natur. Von der einfachen Lizenz unterscheidet sie sich insbesondere in den begrenzten Pflichten des Lizenzgebers und dessen Haftungsfolgen.[1177]

520 Es gilt beim Lizenzvertrag, der nach h.M. einen Vertrag sui generis darstellt,[1178] grundsätzlich Vertragsfreiheit, der allerdings insbesondere das Kartellrecht Grenzen setzt (vgl. §§ 1, 2 GWB und Art. 101 AEUV).[1179] Diese Freiheit wird auch nicht durch die Rechtspflichten des Arbeitgebers aus dem ArbEG eingeschränkt, da sich diese nur auf das Innenverhältnis der Arbeitsvertragsparteien untereinander beziehen und nicht auch auf das Rechtsverhältnis zu Dritten.[1180]

521 Aufgrund der vertraglichen Gestaltungsspielräume, die auch § 15 Abs. 2 PatG anerkennt, kann ein Benutzungsrecht bei den drei Grundformen des Lizenzvertrages unter mehreren Aspekten modifiziert bzw. eingeschränkt sein, insbesondere räumlich, zeitlich, nach (technischen) Anwendungsbereichen sowie nach einzelnen Benutzungsarten.[1181] Bestehen mehrere Schutzrechtspositionen, also insbesondere parallele Auslandspatente, kann sich die Lizenz auf jede Einzelne von ihnen beziehen.

522 Im Konzern sind alle Formen der Lizenzerteilung möglich und auch gebräuchlich. Häufig wird im Unterordnungskonzern der Muttergesellschaft eine ausschließliche Lizenz erteilt, meist unter Vorbehalt eines eigenen Benutzungsrechts der lizenzgebenden Gesellschaft. Folge ist, dass damit die Muttergesellschaft aus eigenem Recht Unterlizenzen an andere Konzerntöchter vergeben kann. Diese – im Regelfall – einfache Lizenz ist unternehmensbezogen. In der Praxis werden die Erfindungsrechte

1175 RG v. 18.8.1937, RGZ 155, 306 (310, 313); Benkard/Ullmann, § 15 PatG, Rn. 111; offen gelassen von BGH v. 23.3.1982, GRUR 1982, 411 (412) – *Verankerungsteil*; kritisch Ann, Patentrecht, § 40, Rn. 28.

1176 B. Bartenbach, Mitt. 2002, 503 (509 f.); LG Mannheim v. 23.4.2010, GRUR-RR 2011, 49 – *convenant not to sue* u. LG München v. 8.1.2015, GRUR-RS 2015, 04007.

1177 Ausführlich B. Bartenbach, Mitt. 2002, 503 (507 f. u. 510).

1178 Ganz h.M., u.a. BGH v. 12.12.2003, NJW-RR 2004, 644; Jestaedt, Patentrecht, Rn. 1024; Gross, Lizenzvertrag, Rn. 20 ff.; siehe auch BGH v. 5.7.1960, GRUR 1961, 27 (29) – *Holzbauträger*; BGH v. 11.6.1970, GRUR 1970, 547 (548) – *Kleinfilter* u. v. 3.11.1988, GRUR 1989, 68 (70) – *Präsentbücher*.

1179 Siehe dazu u.a. Henn, Patent- und Know-how-Lizenzvertrag, Rn. 362 ff.; Pagenberg/Beier, Lizenzverträge, Einführung, Rn. 74 ff.; Ann, Patentrecht, § 41, Rn. 4; Benkard/Ullmann/Deichfuß, § 15 PatG, Rn. 246 ff.; Lübbig, GRUR 2004, 483 ff.; Drexl, GRUR Int. 2004, 716 ff.; Hufnagel, Mitt. 2004, 297 ff.

1180 Siehe Rdn. 37 ff.

1181 Siehe im Einzelnen Henn, Patent- und Know-how-Lizenzvertrag, Rn. 126; Gross, Lizenzvertrag, Rn. 13 ff.; Mes, § 15 PatG, Rn. 46 f.

regelmäßig in einen Patentpool[1182] bei der Muttergesellschaft oder in eine eigene Patentverwertungsgesellschaft eingebracht.

Anstelle der Lizenzerteilung an die Muttergesellschaft kommt selbstverständlich auch die Erteilung einer ausschließlichen Lizenz an ein anderes Konzernunternehmen in Betracht, etwa eine Konzerntochter, die die konzernweite Patent- und Lizenzverwertung übernommen hat. Diese Fallgestaltung dürfte allerdings die Ausnahme sein. 523

Die ausschließliche Lizenz bildet damit auch im Konzern eine übliche Alternative zur Rechtsübertragung.[1183] 524

Denkbar ist auch, die ausschließliche Lizenz in einen Patentpool einzubringen, bei dem allen Konzernunternehmen das Recht eingeräumt ist, alle darin befindlichen Schutzrechtspositionen und ausschließlichen Lizenzen (kostenfrei) zu nutzen[1184] bzw. die Muttergesellschaft die jeweiligen Nutzungsbefugnisse den Konzernunternehmen nach eigener unternehmenspolitischer Entscheidung zuweist[1185]. Nach der Definition der Leitlinien zur Anwendung des Art. 101 AEUV auf Technologietransfer-Vereinbarungen[1186] gelten gemäß LL Nr. 244 als Technologiepool solche Vereinbarungen, bei denen zwei oder mehr Parteien ein Technologiepaket zusammenstellen, das nicht nur an die Mitglieder des Pools, sondern auch an Dritte in Lizenz vergeben wird. Hinsichtlich ihrer Struktur können Technologiepools in Form einfacher Vereinbarungen zwischen einer begrenzten Anzahl von Parteien errichtet werden oder aber als komplexe Organisation, in der eine separate Stelle mit der Lizenzierung des Technologiepakets betraut wird. 525

Diese Grundsätze können auch auf den Konzern-Patentpool übertragen werden. Hierbei erfolgt regelmäßig keine gezielte, auf bestimmte Erfindungsrechte konkretisierte Vergabe einer (Unter-)Lizenz, sondern lediglich eine tatsächliche Nutzung der Poolrechte nach vorangegangener Information über den »Poolbestand«. Ob es sich dabei um einfache oder negative Lizenzen handelt, ist eine Frage der Ausgestaltung im Einzelfall. Im Zweifel soll lediglich auf das Verbietungsrecht verzichtet werden, ohne dass die Mutter- bzw. Patentverwertungsgesellschaft besondere Pflichten gegenüber den Konzerntöchtern übernimmt. Im Regelfall ist das Recht damit konzerngebunden, d.h. bei Ausgliederung des Lizenznehmers aus dem Konzernverbund entfallen die Rechte.[1187] 526

Eine besondere Ausgestaltung ist die sog. Konzernlizenz. Hierbei wird allen Konzernunternehmen von vornherein eine (einfache) Lizenz an dem Erfindungsgegenstand 527

1182 Siehe hierzu Rdn. 525 f. Zu den vergütungsrechtlichen Auswirkungen siehe Rdn. 832 ff.

1183 Siehe hierzu Rdn. 476 ff.

1184 Vgl. den Sachverhalt bei BGH v. 16.4.2002, GRUR 2002, 801 – *Abgestuftes Getriebe.*

1185 Siehe die Fallgestaltung bei BGH v. 17.11.2009, GRUR 2010, 223 ff. – *Türinnenverstärkung.*

1186 Mitteilung der Kommission 2014/C 89/3, ABl. EU v. 28.3.2014, C 89/3.

1187 Zum Wegfall der Nutzungsrechte bei Wechsel der Konzernzugehörigkeit s. OLG Düsseldorf v. 7.6.2006, CR 2006, 656.

eingeräumt.[1188] Die Konzernlizenz unterscheidet sich von der ausschließlichen Lizenz an die Muttergesellschaft/Patentverwertungsgesellschaft dadurch, dass sich das Benutzungsrecht unmittelbar vom Patentinhaber als Lizenzgeber ableitet. Damit wird eine Unterlizenzvergabe entbehrlich.[1189] Diese Lizenz ist nicht nur an den Konzern gebunden, sondern auch betriebsgebunden.[1190] Entfällt die Konzernbindung des Lizenznehmers, so entfällt auch das Nutzungsrecht. Wird der Betrieb oder Betriebsteil, in dem die Erfindungsrechte bislang genutzt wurden, auf einen Konzernfremden übertragen, so erlischt im Regelfall auch die Konzernlizenz, da die Lizenz sich durch die Übertragung wesentlich in ihrem Inhalt verändern und ihre Eigenschaft als auf einen bestimmten Betrieb beschränkte Lizenz verlieren würde.[1191]

528 Davon abzugrenzen ist der sog. Patentaustausch (cross licensing). Hierbei werden wechselseitig Nutzungsrechte an schutzfähigen Erfindungen des Vertragspartners eingeräumt.[1192] Es wird »Wissen gegen Wissen« – regelmäßig ohne Wertausgleich durch wechselseitige Lizenzzahlungen – ausgetauscht.[1193] Ein solcher Austauschvertrag kann sich auf Nutzungsrechte an einzelnen Rechtspositionen beschränken, bestimmte Schutzrechtskomplexe umfassen, bis hin zu allen Neuerungen in einem bestimmten, näher gekennzeichneten technischen Gesamtbereich. Nach den Umständen des Einzelfalls bestimmt sich, ob eine einfache Lizenz oder eine negative Lizenz vorliegt. Gegenüber dem Patentpool und der Konzernlizenz, die jedem einzelnen Konzernunternehmen umfassende Benutzungsmöglichkeiten vermitteln, wird ein Austauschvertrag über konkrete Schutzrechtspositionen (vgl. RL Nr. 17) zwischen einzelnen Konzernunternehmen im Konzern die Ausnahme sein.

b) Auswirkungen auf die erfinderrechtlichen Beziehungen zwischen den Arbeitsvertragsparteien

529 In all diesen Fällen der Nutzungsrechtseinräumung bleibt der Arbeitgeber Inhaber der lizenzierten Rechte an den Diensterfindungen bzw. der darauf erteilten Schutzrechtspositionen. Im Unterschied zur Rechtsübertragung hat die Lizenzierung folglich keinen Einfluss auf die von ihm nach den §§ 13 bis 16, 24 Abs. 1, § 27 ArbEG zu erfüllenden, schutzrechtbezogenen Pflichten. Er hat diese unverändert im Verhältnis zum Arbeitnehmererfinder zu erfüllen.

530 Soweit der Arbeitgeber durch Konzernvorgaben in seinen Entscheidungen beeinflusst wird, entbindet ihn dies nicht von seinen gesetzlichen Verpflichtungen aus dem ArbEG. So muss er beispielsweise die Schutzrechtsposition dem Arbeitnehmer auch

1188 Benkard/Ullmann/Deichfuß, § 15 PatG, Rn. 70; Schulte/Kühnen, § 15 PatG, Rn. 47; Groß, Lizenzvertrag, Rn. 42.

1189 Schulte/Kühnen, § 15 PatG, Rn. 47.

1190 Keukenschrijver in Busse/Keukenschrijver, PatG, § 15 PatG, Rn. 287.

1191 Siehe RG v. 26.10.1931, RGZ 134, 91 (97); vgl. auch RG v. 16.11.1929, GRUR 1930, 174, 175.

1192 Vgl. Keukenschrijver in Busse/Keukenschrijver, PatG, § 15 PatG, Rn. 177; Schiedsstelle v. 12.3.1974, BlPMZ 1974, 295; siehe auch Wündisch/Bauer, GRUR Int. 2010, 641 ff.

1193 Bartenbach, Patentlizenz- und Know-how-Vertrag, Rn. 1644.

dann nach § 16 Abs. 1 ArbEG anbieten, wenn nach Konzernvorgaben eine Aufgabe der Schutzrechtsposition in Rede steht.[1194] Konzernbezogene Besonderheiten können sich im Rahmen der Freigabe für Schutzrechtsanmeldungen im Ausland ergeben.[1195]

Andererseits stellen die Lizenzeinräumungen im Konzern – auch wenn dafür keine konkreten Gegenleistungen vereinbart werden – keine Umgehung des ArbEG dar.[1196] 531

Lizenzvergaben an konzernverbundene Unternehmen bleiben außerbetriebliche Nutzungen, d.h. die Nutzungshandlungen der Lizenznehmer stellen – trotz der Konzernverbundenheit – keine Eigennutzung des Arbeitsgebers dar. 532

Wesentliche Auswirkungen hat die Konzernsituation allerdings auf die Bestimmung der angemessenen Vergütung nach § 9 ArbEG.[1197] 533

Im Rahmen der Lizenzvergabe besteht ebenfalls kein Mitspracherecht des Arbeitnehmererfinders.[1198] 534

1194 Siehe Rdn. 643 ff.

1195 Siehe unten Rdn. 591 ff.

1196 Bartenbach/Volz, § 1 ArbEG, Rn. 132. Davon gehen auch unausgesprochen die Urteile des BGH v. 16.2.2002, GRUR 2002, 801 – *Abgestuftes Getriebe* und des OLG München v. 8.2.2001, Mitt. 2001, 207 (210) – *Verwertung durch eine ausländische Muttergesellschaft*, aus.

1197 Siehe hierzu Rdn. 737 ff. u. Rdn. 791 ff.

1198 Siehe oben Rdn. 499 ff.

F. Die Anmeldung der Diensterfindung zum Schutzrecht

Übersicht Rdn.

Bei der Schutzrechtsanmeldung unterscheidet das ArbEG zwischen Inlands- und Auslandsanmeldungen. Während der Arbeitgeber die Schutzrechtsanmeldung im Inland unverzüglich nach Eingang der Erfindungsmeldung (§ 5 ArbEG) zu veranlassen hat (§ 13 Abs. 1 ArbEG), hängt seine Berechtigung zu Auslandsanmeldungen von der Inanspruchnahme der Diensterfindung (§§ 6, 7 Abs. 1 ArbEG) ab; diese stehen zudem im Belieben des Arbeitgebers (vgl. § 14 ArbEG). 535

I. Die Schutzrechtsanmeldung im Inland

Nach § 13 Abs. 1 ArbEG ist der Arbeitgeber allein berechtigt und zugleich verpflichtet, eine gemeldete Diensterfindung unverzüglich zum Schutzrecht im Inland anzumelden. Der in § 13 ArbEG geregelte Anmeldezwang dient in erster Linie der Sicherung von Prioritätsrechten zu einem möglichst frühen Zeitpunkt.[1199] Diese Berechtigung und Verpflichtung des Arbeitgebers zur unverzüglichen Schutzrechtsanmeldung der Diensterfindung im Inland soll – unbeschadet der Entstehung des Rechts auf das Schutzrecht in der Person des Erfinders – verhindern, dass die materiellen Rechte und rechtlichen Möglichkeiten, die die Diensterfindung bietet, durch Zuwarten verloren gehen.[1200] 536

Dabei ist der Arbeitgeber verpflichtet, den Erfindungsgehalt der gemeldeten Diensterfindung voll auszuschöpfen.[1201] 537

Ausnahmen von der Pflicht zur Inlandsanmeldung sieht das Gesetz nur in den engen Grenzen des § 13 Abs. 2 ArbEG vor, und zwar wenn die Erfindung nach § 8 ArbEG frei geworden ist[1202] (Nr. 1), der Arbeitnehmer der Nichtanmeldung zustimmt[1203] (Nr. 2) oder eine betriebsgeheime Erfindung vorliegt[1204] (Nr. 3). Auch wenn in § 13 Abs. 2 Nr. 1 ArbEG die Regelung des § 6 Abs. 2 ArbEG nicht ausdrücklich aufgeführt wird, ist diese Freigabesituation einbezogen, was aus dem Konkurrenzverhältnis zu § 8 Satz 1 ArbEG folgt.[1205] Verdeutlicht wird dies auch durch den Gesetzesbezug auf § 8 ArbEG insgesamt, also einschließlich Satz 2, der auch im Fall der Freigabe nach § 6 Abs. 2 ArbEG eingreift. Damit entfällt sowohl bei der Fallgestaltung des 538

1199 Vgl. Amtl. Begr. BT-Drucks. II/1648, S. 31 = BlPMZ 1957, 218 (235); Schiedsstelle v. 27.2.1984, BlPMZ 1984, 301 (302); v. 11.12.2014, Arb.Erf. 31/10 u. v. 8.3.2021, Arb.Erf. 13/19 (beide www.dpma.de). Siehe auch Schiedsstelle v. 3.8.2022, Arb.Erf. 51/20 (www.dpma.de).

1200 BGH v. 4.4.2006, GRUR 2006, 754 (757 [Tz. 23]) – *Haftetikett*.

1201 Vgl. BGH v. 29.11.1988, GRUR 1989, 205 (207) – *Schwermetalloxidationskatalysator* m. krit. Anm. Krieger; bestätigt durch BGH v. 22.11.2011, GRUR 2012, 380 [Tz. 20] – *Ramipril II*; OLG München v. 14.9.2017, GRUR-RR 2018, 137 (139 [Tz. 56]) – *Spantenmontagevorrichtung*. Siehe auch Schiedsstelle v. 27.10.2022, Arb.Erf. 32/19 (www.dpma.de).

1202 Siehe dazu Rdn. 455 ff.

1203 Vgl. dazu insbesondere Schiedsstelle v. 26.5.1992, EGR Nr. 32 zu § 13 ArbEG, Schiedsstelle v. 23.3.1995, Arb.Erf. 177/92; v. 5.5.1998, Arb.Erf. 37/96 u. v. 20.6.2013, Arb. Erf. 32/12 (alle Datenbank Schiedsstellenpraxis).

1204 Siehe hierzu Rdn. 568 ff.

1205 Siehe hierzu Schiedsstelle v. 29.6.2017, Arb.Erf. 62/16 (www.dpma.de)

§ 6 Abs. 2 ArbEG als auch in den Fällen des § 8 Satz 1 ArbEG mit Zugang der Freigabeerklärung die Anmeldepflicht des Arbeitgebers und allein der Arbeitnehmer ist zur Schutzrechtsanmeldung berechtigt (§ 13 Abs. 4, Satz 1 ArbEG).

539 Die Anmeldepflicht erledigt sich nach der hier vertretenen Auffassung auch im Falle der Übertragung der noch ungeschützten Rechte an der Diensterfindung auf Dritte, insbesondere auf verbundene Konzernunternehmen.[1206]

1. Beauftragung einer zentralen Patentstelle innerhalb eines Konzerns

540 Wie dargestellt,[1207] wird die Bearbeitung von Schutzrechtsanmeldungen im Konzernverbund vielfach bei einer oder mehreren Stellen konzentriert, insbesondere bei der Konzernmutter oder einer zentralen Patentverwertungsgesellschaft.

541 Überlässt der Arbeitgeber die Durchführung von Schutzrechtsanmeldungen einer solchen zentralen Stelle, ergeben sich erfinderrechtlich mehrere Problemfelder.

a) Geheimhaltungspflicht des Arbeitgebers

542 Nach § 24 Abs. 1 ArbEG hat der Arbeitgeber die Diensterfindung so lange geheim zu halten, als berechtigte Belange des Arbeitnehmers dies erfordern.

543 Während die Mitteilung an beruflich zur Verschwiegenheit verpflichtete Personen, wie etwa Patent- oder Rechtsanwälte, unbedenklich zugelassen ist,[1208] wird im Schrifttum angezweifelt, ob der Arbeitgeber auch berechtigt ist, den Erfindungsgegenstand ohne Zustimmung des Arbeitnehmererfinders betriebsfremden Personen mitzuteilen, wenn diese lediglich vertraglich zur Geheimhaltung verpflichtet sind.[1209] Folgt man dieser Ansicht, so ergäben sich erhebliche Bedenken gegen eine Weitergabe der Erfindungsmeldung vom Arbeitgeber an ein anderes Konzernunternehmen zu Zwecken der Schutzrechtsanmeldung.

544 Demgegenüber lässt ein Teil des Schrifttums eine vertragliche Verschwiegenheitspflicht ausreichen, so dass dann die Mitteilung von Diensterfindungen an Konzernunternehmen als mit § 24 Abs. 1 ArbEG vereinbar angesehen wird.[1210] Dem ist zu folgen.

545 Zweck des § 24 Abs. 1 ArbEG ist insbesondere der Schutz vor einer neuheitsschädlichen Offenbarung der erfinderischen Lehre.[1211] Dementsprechend muss der Arbeitgeber sicherstellen, dass die Erfindung nicht durch Beschreibung, Benutzung oder in sonstiger Weise der Öffentlichkeit bekannt gemacht und damit neuheitsschädlich

1206 Siehe dazu Rdn. 487 ff.
1207 Siehe Rdn. 420 ff.
1208 Vgl. Volmer/Gaul, § 24 ArbEG, Rn. 51 ff.
1209 So Reimer/Schade/Schippel/Rother, § 24 ArbEG, Rn. 5.
1210 Bartenbach/Volz, § 24 ArbEG, Rn. 8.
1211 Siehe Rdn. 954 ff.

vorweggenommen wird (vgl. § 3 Abs. 1 PatG).[1212] Der BGH[1213] verneint eine neuheitsschädliche Offenbarung im Allgemeinen, wenn eine Geheimhaltungspflicht vereinbart ist und diese auch eingehalten wird. Nichts anderes muss auch im Rahmen des § 24 Abs. 1 ArbEG gelten. Zudem wäre es sinnwidrig und eine bloße Förmlichkeit, wenn ein Konzernunternehmen, das über keine eigene Patentabteilung verfügt, über § 24 Abs. 1 ArbEG gezwungen würde, die Anmeldung einem externen Anwaltsbüro zu überlassen, obschon auch bei einem verbundenen Konzernunternehmen der entsprechende Sachverstand vorhanden ist. Diese Einschaltung liegt letztlich auch im Interesse des Arbeitnehmererfinders, da damit zusätzliche konzernweite Erkenntnisse in die Schutzrechtsanmeldung einfließen können.

b) Unverzüglichkeit der Schutzrechtsanmeldung

Die Schutzrechtsanmeldung im Inland hat im Interesse der Prioritätssicherung unver- 546
züglich zu erfolgen (§ 13 Abs. 1 Satz 3 ArbEG). Das bedeutet, dass der Arbeitgeber »ohne schuldhaftes Zögern« (vgl. § 121 Abs. 1 Satz 1 BGB) die Anmeldungsunterlagen erstellen und beim Deutschen Patent- und Markenamt (DPMA) einreichen muss (vgl. § 34 PatG, § 4 GebrMG). Da die Verpflichtung zur Schutzrechtsanmeldung durch den Zugang der ordnungsgemäßen Erfindungsmeldung des Arbeitnehmers ausgelöst wird, kann der Arbeitgeber nicht solange zuwarten, bis er sich über die Frage einer Inanspruchnahme schlüssig geworden ist bzw. Klarheit über seine Verwertungsabsichten hat. Andererseits kann auch der konzernverbundene Arbeitgeber die Zeit in Anspruch nehmen, die für die ordnungsgemäße Erstellung der Unterlagen einer Schutzrechtsanmeldung erforderlich ist. Gerade im Konzernverbund können über die zentrale Patentabteilung hinaus andere Unternehmensbereiche – und insbesondere die Muttergesellschaft – in die Entscheidung über die Schutzrechtsanmeldung eingeschaltet sein, um so einen möglichst umfassenden Schutz im Interesse des Konzerns zu gewährleisten. Insoweit entzieht sich der einzelfallbezogene Begriff der Unverzüglichkeit einer schematischen Vorgabe. Die Vorgabe der »Regelfrist« von zwei Monaten in § 42 Nr. 1 ArbEG[1214] gilt hier nicht. Wird der Schutzumfang einer Schutzrechtsanmeldung aufgrund zu später Inlandsanmeldung eingeschränkt, schlägt die Schiedsstelle zur Kompensation der durch die verspätete Patentanmeldung verursachten Erfindungswertminderung eine Anhebung der Bezugsgröße auf die dem gemeldeten Erfindungsgegenstand angemessene Höhe vor.[1215]

Besteht eine zentrale Patentstelle innerhalb des Konzerns und hat der Arbeitneh- 547
mererfinder die Erfindungsmeldung nicht unmittelbar dorthin übermittelt,[1216] ist

1212 Einzelheiten zu ausdrücklichen oder stillschweigenden Geheimhaltungspflichten siehe bei Schulte/Moufang, § 3 PatG, Rn. 31 ff.

1213 BGH v. 6.2.2002, GRUR 2002, 609 (611 [Tz. 32]) – *Drahtinjektionseinrichtung* m.H.a. BGH v. 5.3.1996, GRUR 1996, 747 (752) – *Lichtbogen-Plasma-Beschichtungsverfahren*.

1214 Vgl. hierzu BGH v. 18.9.2007, GRUR 2008, 150 (153 [Tz. 26]) – *Selbststabilisierendes Kniegelenk*.

1215 Schiedsstelle v. 17.6.2016, Arb.Erf. 57/13 (www.dpma.de).

1216 Siehe Rdn. 420 ff.

eine solche Einschaltung der Patentstelle mit dem Unverzüglichkeits-Gebot vereinbar. Insoweit gilt nichts anderes, als wenn ein Patent- oder Rechtsanwalt mit der Durchführung der Schutzrechtsanmeldung beauftragt würde und zugleich Adressat der Erfindungsmeldung ist, wie dies häufig bei kleinen und mittleren Unternehmen mangels eigener Patentabteilung der Fall ist. Der Arbeitnehmer muss etwaige zeitliche Verzögerungen, die sich aus der sachgerechten Einschaltung eines fachkundigen Dritten ergeben, hinnehmen. Auch eine sinnvolle Einbindung des Arbeitnehmers in die Fassung der Schutzrechtsanmeldung kann zeitliche Verzögerungen rechtfertigen.[1217] Wie auch § 24 Abs. 3 ArbEG zeigt, erwartet das Gesetz nicht, dass der Arbeitgeber selbst über die ausreichende Fachkunde für eine Schutzrechtsanmeldung verfügt.

548 Selbstverständlich gehen etwaige Mängel in der Organisation oder in der Durchführung zu Lasten des Arbeitgebers (§§ 278, 280, 831 BGB).

2. Wahl der Schutzrechtsart – Patent oder Gebrauchsmuster

549 Liegt eine patentfähige Diensterfindung vor, geht das Gesetz von der Pflicht des Arbeitgebers zur Patentanmeldung aus, es sei denn, bei verständiger Würdigung der Verwertbarkeit der Erfindung erscheint ein Gebrauchsmusterschutz zweckdienlicher (§ 13 Abs. 1 Satz 2 ArbEG). Damit hat der Arbeitgeber im Interesse einer vollständigen Prioritätssicherung[1218] kein freies Wahlrecht[1219], da die Patentanmeldung in der Praxis durch die Vermittlung eines längeren Monopolrechts und die gegenüber einem Gebrauchsmuster vollständigere Abdeckung aller Technikbereiche eindeutigen Vorrang hat.

a) Einbeziehung von Konzernbelangen in den Beurteilungsmaßstab

550 Bei einem Konzernverbund stellt sich damit die Frage, ob sich der Beurteilungsmaßstab für die Zweckdienlichkeit – neben den rechtlichen Einflüssen – allein auf den Arbeitgeber beschränkt, oder ob auch übergreifende Aspekte aus dem Konzernbereich einbezogen werden können. Maßgeblich für die Beurteilung sind die konkreten Verhältnisse des jeweiligen Arbeitgebers zum Zeitpunkt der Schutzrechtsanmeldung.[1220] Dazu gehört auch die Konzernbindung. In dem Unternehmensverbund spiegelt sich ebenfalls ein Teil seiner Stellung im Markt wieder, auf die es bei der Wertung ankommt.[1221] Die wirtschaftlichen Verhältnisse des Arbeitgebers werden in einem Verbund auch durch eventuelle Nutzungsmöglichkeiten in anderen, dem Konzern angehörigen Gesellschaften beeinflusst. Beurteilungskriterium ist die wirtschaftliche Verwertbarkeit der Erfindung, die unter Einbeziehung des gesamten Verwertungsfeldes auszufüllen ist. Von daher ist es aus der hier maßgeblichen Sichtweise eines

1217 Schiedsstelle v. 7.2.2017, Arb.Erf. 44/15 (www.dpma.de).
1218 Siehe auch Schiedsstelle v. 17.10.2022, Arb.Erf. 41/19 (www.dpma.de).
1219 Vgl. Schiedsstelle v. 29.9.2022, Arb.Erf. 27/20 (www.dpma.de).
1220 Volmer/Gaul, § 13 ArbEG, Rn. 140; Keukenschrijver in Busse/Keukenschrijver, PatG, § 13 ArbEG, Rn. 10.
1221 Volmer/Gaul, § 13 ArbEG, Rn. 140.

vernünftigen Unternehmers[1222] gerechtfertigt, verwertungsrelevante Belange anderer Konzernunternehmen ebenfalls in die Beurteilung mit einzubeziehen.

Sollen beispielsweise zukünftige Schutzrechtspositionen dem Arbeitgeber zugeordnet werden und steuert dieser die Nutzung der Erfindung im Konzern, z.B. durch Lieferungen an verbundene Unternehmen oder durch Lizenzierung an diese, erscheint es sachgerecht, auch deren Belange in die Wertung einzubeziehen. 551

b) Wahlrecht zwischen Patent und Gebrauchsmuster im Konzern

Nach dem Gesetzeswortlaut hat der Arbeitgeber kein freies Wahlrecht zwischen Patent und Gebrauchsmuster; vielmehr hat die Pflicht zur Anmeldung eines Patents Vorrang. 552

Aufgrund der Rechtsentwicklung zum Gebrauchsmuster (Verlängerung der Schutzdauer und breiterer Anwendungsbereich) und der Erfahrungswerte über die mittlere Laufdauer eines Patents (zwölf bis dreizehn Jahre[1223]) und die durchschnittliche Nutzungsdauer von Patenten (zwischen neun bis zwölf Jahren[1224]) geht die Schiedsstelle von einer grundsätzlichen Gleichstellung von Patent- und Gebrauchsmusteranmeldungen in den Fällen aus, in denen keine konkreten und sicheren Erkenntnisse für eine Benutzung der Diensterfindung über eine maximale Laufzeit eines Gebrauchsmusters von zehn Jahren hinaus vorliegen.[1225] In einem solchen Fall wertet die Schiedsstelle die Anmeldung zum Gebrauchsmuster nicht als Verletzung der Pflicht zur vorrangigen Patentanmeldung.[1226] Ob eine solche Gleichstellung der beiden Schutzrechtarten grundsätzlich stattfinden wird,[1227] bleibt auch vor dem Hintergrund der möglichen Harmonisierung des Gebrauchsmusterrechts innerhalb der EU[1228] abzuwarten.[1229] 553

1222 Keukenschrijver in Busse/Keukenschrijver, PatG, § 13 ArbEG, Rn. 11.

1223 Vgl. BlPMZ 2023, 79 zur neuesten Statistik des DPMA über die Lebensdauer von Patenten.

1224 Diese Werte ergeben sich aus der BDI/BDA-Umfrage 1995–1997, GRUR 1999, 134 f. und entsprechen den Erfahrungen der Schiedsstelle bei den unterschiedlichen Industriezweigen zum damaligen Zeitpunkt (u.a. Schiedsstelle v. 13.11.1997, Arb.Erf. 31/96 u. v. 3.6.1988, Arb.Erf. 89/96 – beide unveröffentl.).

1225 Schiedsstelle v. 13.11.1997, Arb.Erf. 31/96 u. v. 20.11.1998, Arb.Erf. 12/97 (beide unveröffentl.).

1226 Ebenso Keukenschrijver in Busse/Keukenschrijver, PatG, § 13 ArbEG, Rn. 11; offen gelassen bei Reimer/Schade/Schippel/Trimborn, § 13 ArbEG, Rn. 3.

1227 In diesem Sinne wohl BGH v. 20.6.2006, Mitt. 2006, 512 [Tz. 19] – *Demonstrationsschrank*.

1228 Vgl. hierzu den Entwurf einer Richtlinie des Europäischen Parlaments und des Rates über die Angleichung der Rechtsvorschriften betreffend den Schutz von Erfindungen durch Gebrauchsmuster, GRUR Int. 1998, 245 ff. u. GRUR 1998, 354, geändert durch den Richtlinienvorschlag vom 25.6.1999 [KOM/99/0309 endg. – COD 97/0356] u.a. mit kritischer Anmerkung König, GRUR 2001, 948 (954).

1229 Ebenso Bartenbach/Volz, § 13 ArbEG, Rn. 14.1.

554 Die von ihm vorgenommene Annäherung zwischen Patent und Gebrauchsmuster im Urteil vom 20.6.2006[1230] hat der BGH allerdings in seinem Urteil vom 18.9.2007[1231] relativiert. Hier ist der – im Zusammenhang mit der Anmeldung von Hochschulerfindungen gemachte – Hinweis des BGH beachtlich, dass allein das Patent – gegenüber dem höchstens 10 Jahre laufenden und zudem nicht alle Bereiche der Technik abdeckenden Gebrauchsmuster – eine wirtschaftliche Ausnutzung der Erfindung über einen langen Zeitraum ermöglicht.

555 Ausgehend von dem unverändert im Gesetz vorgegebenen Vorrang des Patentschutzes bei patentfähigen Diensterfindungen muss die Abgrenzung zwischen den Gestaltungsmöglichkeiten nach wie vor allein aufgrund objektiver Kriterien unter Berücksichtigung der wirtschaftlichen Gegebenheiten erfolgen.[1232] Auch die Schiedsstelle spricht von der Pflicht des Arbeitgebers, Patentanmeldungen und nicht nur Gebrauchsmusteranmeldungen auf Diensterfindungen vorzunehmen. Eine Ausnahme bestehe nur dann, wenn innerbetrieblich wie außerbetrieblich eine Gebrauchsmusteranmeldung zweckdienlicher erscheint.[1233] Zweckdienlich ist ein Gebrauchsmusterschutz etwa dann, wenn es sich um eine absehbar kurzlebige Erfindung handelt,[1234] insbesondere weil aufgrund eines kurzen Innovationszyklusses ein Interesse an der schnellen Erlangung eines zeitlich kürzeren Schutzrechts besteht.[1235] Anerkannt ist das für die Fälle, in denen eine wirtschaftliche Verwertbarkeit einer technischen Lehre weitgehend von Mode und Geschmack abhängt und deshalb nur eine sehr begrenzte Verweilzeit auf dem Markt hat.[1236]

556 Wie oben dargestellt, gehen auch Konzernbelange in die Arbeitgeberentscheidung ein. Wird bei einem international tätigen Konzern ein Patentschutz für bestimmte Auslandsstaaten angestrebt, kann es im Interesse einer konzerneinheitlichen Patentpolitik und aus Gründen der Praktikabilität naheliegen, im Inland für eine patentfähige Erfindung von einem Gebrauchsmusterschutz selbst dann abzusehen, wenn ein Gebrauchsmusterschutz wirtschaftlicher sein sollte. Das kann aber nicht dazu führen, dass hieraus ein Anspruch des Erfinders hergeleitet werden kann, auch stets eine Patentanmeldung zu betreiben.

557 Werden die Erfindungsrechte nach Inanspruchnahme auf verbundene Konzernunternehmen übertragen, stellt sich die Frage der Ausübung des Wahlrechtes zwischen Patent und Gebrauchsmuster nicht mehr, sofern die Unverzüglichkeit im Sinne des § 13 Abs. 1 ArbEG sichergestellt ist, also keine Verletzung der Pflicht zur unverzüglichen Schutzrechtsanmeldung vor Rechtsübertragung erfolgt ist. Denn der Erwer-

1230 BGH v. 20.6.2006, Mitt. 2006, 512 [Tz. 19] – *Demonstrationsschrank*. Vgl. auch Schiedsstelle v. 10.10.2013, Arb.Erf. 22/12 (www.dpma.de).

1231 BGH v. 18.9.2007, GRUR 2008, 150 – *Selbststabilisierendes Kniegelenk*.

1232 Schiedsstelle v. 25.5.1981, BlPMZ 1982, 166.

1233 Schiedsstelle v. 29.9.2022, Arb.Erf. 27/20 (www.dpma.de).

1234 Keukenschrijver in Busse/Keukenschrijver, PatG, § 13 ArbEG, Rn. 11.

1235 Reimer/Schade/Schippel/Trimborn, § 13 ArbEG, Rn. 3.

1236 So Schiedsstelle v. 29.9.2022, Arb.Erf. 27/20 (www.dpma.de), eine solche Zweckdienlichkeit für die Automobilindustrie ablehnend.

ber der Erfindungsrechte unterliegt – wie dargestellt[1237] – diesen Pflichten aus dem ArbEG nicht. Der Arbeitgeber ist auch nicht gehalten, vor einer Rechtsübertragung eine prioritätssichernde Patentanmeldung einzureichen.[1238]

3. Anmeldung im Inland

Die Anmeldepflicht des Arbeitgebers ist auf das »Inland« beschränkt und knüpft damit an den räumlichen Geltungsbereich des PatG und des GebrMG an.[1239] 558

Gerade für internationale Konzerne ist die Frage bedeutsam, inwieweit mit einer prioritätsbegründenden Auslandsanmeldung die Pflicht aus § 13 Abs. 1 ArbEG erfüllt werden kann. 559

Unstreitig ist, dass eine europäische Patentanmeldung gemäß Art. 66, 79 EPÜ mit Benennung der Bundesrepublik Deutschland als Vertragsstaat die Anmeldepflicht des § 13 Abs. 1 ArbEG erfüllt, da sie gleichzeitig für alle benannten Vertragsstaaten die Wirkung einer vorschriftsmäßigen Hinterlegung begründet.[1240] Auch die Nennung der Bundesrepublik Deutschland in einer internationalen Anmeldung nach Art. 11 PCT als Vertragsstaat wird zu Recht einer Inlandsanmeldung nach § 13 Abs. 1 ArbEG gleichgesetzt.[1241] Die Einführung des EU-Einheitspatents ändert in erfinderrechtlicher Hinsicht grundsätzlich nichts an der bereits zuvor für europäische Patentanmeldungen geltenden Rechtslage, da das EU-Einheitspatent auf einem erteilten europäischen Patent basiert.[1242] 560

Streitig ist hingegen, ob auch eine bloße Auslandsanmeldung ausreicht, wenn der Arbeitgeber innerhalb der hierdurch gemäß Art. 4 PVÜ begründeten Prioritätsfrist eine Inlandsanmeldung nachfolgen lässt.[1243] Dagegen spricht der Wortlaut des § 13 ArbEG.[1244] Zudem steht dem Arbeitgeber ein Recht zur Anmeldung im Ausland gemäß § 14 Abs. 1 ArbEG erst nach der Inanspruchnahme einer Diensterfindung zu. Eine vorherige Auslandsanmeldung würde er als Nichtberechtigter durchführen und gegen § 14 ArbEG verstoßen. Ein solcher Verstoß wird allerdings mit der Inanspruchnahme gegenstandslos. Maßgeblich sollte sein, dass mit der Benennung der Bundesrepublik Deutschland als Vertragsstaat in einer europäischen Patentanmeldung (Art, 79, 66 561

1237 Siehe oben Rdn. 504 ff.

1238 Siehe oben Rdn. 507.

1239 Bartenbach/Volz, § 13 ArbEG, Rn. 24.

1240 H. M.: siehe nur Reimer/Schade/Schippel/Trimborn, § 13 ArbEG, Rn. 2; Keukenschrijver in Busse/Keukenschrijver, PatG, § 13 ArbEG, Rn. 11 u. § 14 ArbEG, Rn. 5 sowie Schiedsstelle v. 18.6.2015, Arb.Erf. 17/13 (www.dpma.de).

1241 Bartenbach/Volz, § 13 ArbEG, Rn. 28; zust.: Keukenschrijver in Busse/Keukenschrijver, PatG, § 13 ArbEG, Rn. 11 u. § 14 ArbEG, Rn. 5.

1242 Keukenschrijver in Busse/Keukenschrijver, PatG, § 13 ArbEG, Rn. 11.

1243 So Bartenbach/Volz, § 13 ArbEG, Rn. 29; abweichend Keukenschrijver in Busse/Keukenschrijver, PatG, § 13 ArbEG, Rn. 11.

1244 Darauf weist zu Recht Keukenschrijver in Busse/Keukenschrijver, PatG, § 13 ArbEG, Rn. 11, hin.

EPÜ) oder in einer internationalen Anmeldung (Art. 11 PCT) der Arbeitgeber für die Bundesrepublik Deutschland eine Prioritätssicherung erreicht und damit letztlich seiner Anmeldepflicht genügt. Dank der räumlichen Geltung für Deutschland wird mit einer solchen europäischen oder internationalen Patentanmeldung einerseits die Pflicht zur Inlandsanmeldung erfüllt; andererseits stellt sich die Anmeldung wegen der einheitlichen Gültigkeit in allen benannten Auslandsstaaten zugleich als Auslandsanmeldung dar, die mit Inanspruchnahme zulässig wird. Wird der Arbeitnehmer bei der Abfassung der Schutzrechtsanmeldung zugezogen und stimmt er der Einreichung zu, könnte hierin die Zustimmung zu einer internationalen Anmeldung liegen.

4. Schutzrechtsanmeldung auf den Namen des Arbeitgebers

562 Berechtigt zur Anmeldung eines Schutzrechts ist nach § 13 Abs. 1 ArbEG allein der Arbeitgeber. Dieses Recht hat der Arbeitgeber nach § 13 Abs. 4 Satz 1 ArbEG bis zum Freiwerden der Diensterfindung.

563 Die Anmeldung erfolgt auch vor Inanspruchnahme auf den Namen des Arbeitgebers (Rückschluss aus § 13 Abs. 4 Satz 2 ArbEG).[1245] Er ist alleiniger Herr des Erteilungsverfahrens.[1246] Die Wirkung des § 13 Abs. 1 Satz 1 ArbEG bezieht sich nicht nur auf das Verhältnis zwischen Arbeitgeber und Arbeitnehmererfinder, sondern auch auf das Außenverhältnis. Gegenüber dem Patentamt und anderen Dritten tritt der Arbeitgeber nicht als Vertreter des Arbeitnehmers auf, sondern handelt im eigenen Namen.[1247]

564 Unter dem Gesichtspunkt des Konzernbezugs fragt sich, ob eine inländische Schutzrechtsanmeldung statt auf den Namen des Arbeitgebers auf den Namen der Muttergesellschaft oder eines anderen Konzernunternehmens vorgenommen werden kann.

565 Erfinderrechtlich ist ein Dritter nicht befugt, die Erfindung auf seinen Namen zum Schutzrecht beim Patentamt anzumelden (vgl. § 6 Satz 1 PatG). Gleiches muss hinsichtlich des Anmeldevorgangs auch für Konzerngesellschaften gelten, die nicht Arbeitgeber des betroffenen Arbeitnehmererfinders sind. Sie sind Dritte, also Nichtberechtigte.

566 Nicht geklärt ist, ob der Arbeitgeber die Anmeldebefugnis aus § 13 ArbEG auf ein Konzernunternehmen übertragen kann, um diesem eine Anmeldung im eigenen

---

1245 H. M.: davon geht wohl auch BGH v. 18.5.2010, GRUR 2010, 817 (821[Tz. 36]) – *Steuervorrichtung* aus; vgl. im übrigen Rosenberger, BB 1977, 251; Reimer/Schade/Schippel/Trimborn, § 13 ArbEG, Rn. 14; Volmer/Gaul, § 13 ArbEG, Rn. 85 ff.; Lindenmaier/Lüdecke, §§ 13–16 ArbEG, Rn. 2; a.A. Witte, GRUR 1963, 76; Volmer, BB 1976, 1513.

1246 OLG Düsseldorf v. 9.8.2007, Az. 2 U 41/06 – *Ummantelung von Stahlröhren* (unveröffentl.); Schiedsstelle v. 16.7.2008, Arb.Erf. 49/03 (Datenbank Schiedsstellenpraxis) u. v. 21.4.2009, Arb.Erf. 13/09 (unveröffentl.); siehe auch Schiedsstelle v. 18.6.2015, Arb.Erf. 17/13 (www.dpma.de).

1247 DPA v. 21.1.1959, BlPMZ 1959, 115; Volmer/Gaul, § 13 ArbEG, Rn. 73 ff.; LG Düsseldorf v. 17.9.1991, Entsch. 4. ZK. 2000, 25 (29) – *Reißverschluss* u. v. 29.2.2000, Entsch. 4. ZK. 2000, 32 (37) – *Müllbehältergreifvorrichtung*; Keukenschrijver in Busse/Keukenschrijver, PatG, § 13 ArbEG, Rn. 3; Fricke/Meier-Beck, Mitt. 2000, 199 (200).

Namen zu eröffnen. Ein solches Vorgehen scheidet m.E. aus Rechtsgründen aus. Es wäre vergleichbar mit einem nicht der Abtretung (§§ 413, 398 BGB) unterliegenden unselbständigen Gestaltungsrecht.[1248] Der Rechtsnatur nach ist die Anmeldebefugnis an die gemeldete Diensterfindung gebunden und entfällt als eigenständige Befugnis mit der Inanspruchnahme, durch die der Arbeitgeber gemäß § 7 Abs. 1 ArbEG in Verbindung mit § 6 Satz 1 PatG (Art. 60 Abs. 1 Satz 1 EPÜ) das zunächst allein dem Erfinder zustehende Recht auf das Patent als Rechtsnachfolger erwirbt. Einer Schutzrechtsanmeldung durch den Arbeitgeber wird es gleichgestellt, wenn die Diensterfindung von einem Rechtserwerber erkennbar unter unmittelbarer Beteiligung des Arbeitgebers angemeldet wird.[1249] Das gilt auch bei Schutzrechtsanmeldung einer Konzernmutter, an die die Konzernunternehmen ihre Erfindungen per Vorausabtretung übertragen haben.

Davon zu trennen sind die Auswirkungen der Übertragung aller Rechte an noch 567
nicht zum Schutzrecht angemeldeten, ungeschützten Arbeitnehmererfindungen.[1250]

5. Die Behandlung der Diensterfindung als Betriebsgeheimnis

Nach § 17 Abs. 1 ArbEG kann der Arbeitgeber von einer Schutzrechtsanmeldung 568
absehen und die Diensterfindung zum Betriebsgeheimnis erklären, wenn berechtigte betriebliche Belange es erfordern, die Diensterfindung nicht bekannt werden zu lassen.

a) Befreiung von der Anmeldepflicht

§ 17 ArbEG ist nach § 13 Abs. 2 Nr. 3 ArbEG eine – wenn auch in der betrieblichen 569
Praxis nur selten herangezogene[1251] – Ausnahme von dem grundsätzlichen Zwang zur Anmeldung. Allerdings ist der Arbeitgeber dann verpflichtet, entweder die Schutzfähigkeit der Erfindung gegenüber dem Arbeitnehmer ausdrücklich anzuerkennen (§ 17 Abs. 1 ArbEG) oder – bei Zweifeln an der Schutzfähigkeit – die Schiedsstelle zur Klärung der Schutzfähigkeit anzurufen (§ 17 Abs. 2 ArbEG). Bei berechtigter Erklärung der Diensterfindung zum Betriebsgeheimnis entfällt korrespondierend zur Pflicht der Inlandsanmeldung auch die Möglichkeit zur Schutzrechtsanmeldung im Ausland und damit zugleich die Freigabepflicht nach § 14 Abs. 1 ArbEG.[1252] Nimmt der Arbeitgeber die Patentanmeldung für eine Diensterfindung nach nega-

---

1248 Ann, Patentrecht, § 21, Rn. 90, spricht von dem »vorläufigen Charakter des Anmelderechts, das dem Arbeitgeber – zunächst ohne das materielle Recht an der Erfindung – schon mit der Meldung erwächst«. Zum Streit bzgl. der Abtretbarkeit unselbständiger Gestaltungsrechte vgl. BGH v. 10.12.1997, NJW 1998, 896 ff. m.w.N.

1249 So im Ergebnis wohl OLG Karlsruhe v. 26.9.2012, Mitt. 2013, 91 – *Formatkreissäge*, dort bei Schutzrechtsanmeldung durch einen Geschäftsführer für die Alleingesellschafterin des Arbeitgebers, auf die die Diensterfindung im Wege der (Voraus-) Abtretung abgetreten worden war, und deren Geschäftsführer in Personalunion zugleich Geschäftsführer des Arbeitgebers war.

1250 Siehe dazu Rdn. 504 ff.

1251 So die Erfahrungen der Schiedsstelle, vgl. EV v. 21.7.2022, Arb.Erf. 16/21 (www.dpma.de).

1252 Allg. Ansicht, etwa Keukenschrijver in Busse/Keukenschrijver, PatG, § 14 ArbEG, Rn. 12.

tivem Prüfbescheid vor Offenlegung ohne Mitteilung dieser Absicht an die Erfinder zurück, um ein Bekanntwerden ihrer Entwicklungstätigkeit auf diesem Gebiet und eine Offenbarung von nichtschutzfähigem Know-how zu vermeiden, dann ist dies als eine Behandlung als Betriebsgeheimnis nach § 17 ArbEG zu werten.[1253] In einem solchen Fall kommt § 16 Abs. 1 ArbEG[1254] nicht zur Anwendung, da § 17 ArbEG einen Sonderfall des Nichtweiterverfolgens einer Patentanmeldung behandelt und § 16 Abs. 1 ArbEG als lex specialis vorgeht.[1255] Wenn der Arbeitgeber die Erfindung aus Geheimhaltungsgründen nur eingeschränkt zum Schutzrecht anmeldet, handelt es sich nach Auffassung der Schiedsstelle auch bei einer diesbezüglichen Zustimmung des Arbeitnehmererfinders um eine konkludente Erklärung zum Betriebsgeheimnis unter Anerkennung der Schutzfähigkeit nach § 17 Abs. 1, § 13 Abs. 2 Nr. 3 ArbEG, und nicht um einen Fall des § 13 Abs. 2 Nr. 1 ArbEG.[1256]

570 Betriebsgeheime Erfindungen sind in der Betriebspraxis insbesondere bei Verfahrenserfindungen denkbar, die wegen ihrer innerbetrieblichen Nutzung für Konkurrenten nicht zugänglich sind.[1257] Auch Erzeugniserfindungen, deren innere Beschaffenheit bzw. stoffliche Zusammensetzung von Dritten mangels Offenbarung nicht oder erst nach geraumer Zeit nachvollzogen werden kann, kommen in Betracht.[1258] Es muss letztlich aus dem Wesen der Diensterfindung und der mit ihr in Zusammenhang stehenden Verwertungsintention erkennbar sein, dass bei einer Offenlegung des Erfindungsgegenstandes eine Förderung der Wettbewerber stattfindet, wie beispielsweise – wegen einer mangelnden Beweisbarkeit – durch die schwierige Durchsetzung von Verletzungsansprüchen. In der Regel stellt eine nach § 17 ArbEG als Betriebsgeheimnis eingestufte Diensterfindung ein Geschäftsgeheimnis im Sinne des § 2 Nr. 1 GeschGehG[1259] dar, so dass dadurch der Anwendungsbereich dieses Gesetzes eröffnet ist. Gleichzeitig ist das Vorliegen eines Geschäftsgeheimnisses keine zwingende Voraussetzung für § 17 ArbEG.

b) Berechtigte Betriebsbelange – Konzernbezug

571 § 17 Abs. 1 ArbEG setzt voraus, dass berechtigte Belange des Betriebes es erfordern, eine gemeldete Diensterfindung nicht bekannt werden zu lassen. Solche berechtigten Betriebsbelange liegen vor, wenn die Geheimhaltung einer technischen Neuerung

1253 Schiedsstelle v. 1.4.2015, Arb.Erf. 49/11 u. v. 15.1.2016, Arb.Erf. 65/13 (beide www.dpma.de).
1254 Siehe hierzu Rdn. 643 ff.
1255 Bartenbach/Volz, § 17 ArbEG, Rn. 45; Schiedsstelle v. 1.4.2015, Arb.Erf. 49/11 u. v. 6.4.2016, Arb.Erf. 13/14 (beide www.dpma.de).
1256 Schiedsstelle v. 17.10.2022, Arb.Erf. 41/19 (www.dpma.de); siehe auch Schiedsstelle v. 15.1.2016, Arb.Erf. 65/13 (www.dpma.de).
1257 Siehe Schade, GRUR 1968, 393 (398).
1258 Bartenbach/Volz, § 17 ArbEG, Rn. 3.
1259 Vgl. zum Verhältnis zwischen ArbEG u. GeschGehG Bartenbach/Volz, § 24 ArbEG, Rn. 38.1 ff.

dem Unternehmen einen Vorteil im Wettbewerb vermittelt.[1260] Die Vorteile können rechtlicher oder wirtschaftlicher Natur sein. Beispielsweise kann die Einstufung als Betriebsgeheimnis dann sinnvoll sein, wenn der Arbeitgeber vermeiden will, dass mit Offenlegung eines erfindungsgemäßen Verfahrens zugleich mitbenutztes geheimes Know-how (Produktionsgeheimnisse) dem Wettbewerb bekannt wird.[1261] Im Rahmen dieser Entscheidung wird dem Arbeitgeber im Hinblick auf das allein bei ihm liegende Risiko wirtschaftlicher Betätigung ein gewisser Beurteilungsspielraum zugestanden.[1262]

Sind solche berechtigten Belange nicht gegeben, steht es nicht im Ermessen des 572 Arbeitgebers, ob er eine ihm gemeldete Diensterfindung zum Schutzrecht anmeldet oder geheim hält,[1263] d.h. es bleibt uneingeschränkt bei seinen Pflichten aus §§ 13, 14 ArbEG.

Da Bezugspunkt für die betrieblichen Belange die wirtschaftliche Einheit ist, die ein 573 Unternehmen verkörpert,[1264] ist fraglich, ob in die Entscheidung über die Geheimhaltungsbedürftigkeit auch Interessen des Konzernverbundes, dem der Arbeitgeber angehört, einbezogen werden können.

Für eine Ausdehnung des in § 17 ArbEG verwendeten Begriffs der »betrieblichen 574 Belange« auf den gesamten Konzernverbund könnte die gesellschaftsrechtliche Verbundenheit der einzelnen Konzernunternehmen sprechen. Die Stellung des Konzernunternehmens im Markt wird – wie bereits dargestellt[1265] – auch von den Verwertungsmöglichkeiten im Konzernbereich beeinflusst. Demzufolge wird angenommen, dass berechtigte Konzerninteressen einzubeziehen sind, soweit sich diese Interessen nachhaltig auf den Arbeitgeber auswirken.[1266]

Das darf aber nicht in dem Sinne verstanden werden, dass damit bereits allein die 575 Tatsache der Konzernbindung und die daraus folgenden Interessen der Muttergesellschaft bzw. einzelner Konzernunternehmen ausreichen, mithin also abstrakt auf die Konzerninteressen insgesamt abgestellt wird. Erforderlich ist vielmehr eine einzelfallbezogene Bewertung anhand der Diensterfindung oder – anders ausgedrückt – eine konkrete Betroffenheit eines verbundenen Unternehmens bezogen auf die betreffende Diensterfindung. Auf diese müssen sich dann die Konzerninteressen beziehen.

So kann ein gesteigertes Geheimhaltungsinteresse aus dem Konzernverbund gegeben 576 sein, wenn die Erfindung das Ergebnis einer zwischenbetrieblichen Forschungskooperation mehrerer Konzerngesellschaften ist und das Interesse aller verbundenen Koope-

1260 Vgl. BGH v. 15.3.1955, GRUR 1955, 424 (425 f.) – *Möbelwachspaste*; Schiedsstelle v. 1.12.2015, Arb.Erf. 44/13 (www.dpma.de).

1261 Vgl. Schiedsstelle v. 1.12.2015, Arb.Erf. 44/13 (www.dpma.de).

1262 Schiedsstelle v. 7.2.2017, Arb.Erf. 44/15 (www.dpma.de); Reimer/Schade/Schippel/Trimborn, § 17 ArbEG, Rn. 5.

1263 Schiedsstelle v. 17.1.2013, Arb.Erf. 23/11 (www.dpma.de).

1264 Bartenbach/Volz, § 17 ArbEG, Rn. 5; Volmer/Gaul, § 17 ArbEG, Rn. 27.

1265 Siehe bereits Rdn. 550.

1266 So Bartenbach/Volz, § 17 ArbEG, Rn. 10; Boemke/Kursawe/Gennen/Goetzmann, § 17 ArbEG, Rn. 10.

rationspartner an einer Geheimhaltung mit den berechtigten Belangen des Arbeitgebers übereinstimmt.[1267] Ähnlich ist eine Erfindung zu beurteilen, die während des Arbeitseinsatzes des Erfinders in einem anderen Konzernunternehmen entsteht und in die Erkenntnisse aus dem Unternehmensbereich des Drittunternehmens eingeflossen sind; durch eine Schutzrechtsanmeldung würden auch die betrieblichen Belange dieses anderen Konzernunternehmens beeinflusst, was eine (Mit-)Berücksichtigung dortiger Geheimhaltungsinteressen erfordert. Auch Überlegungen einer zukünftigen Verwertung des Erfindungsgegenstandes im Konzernverbund können eine besondere Geheimhaltungsbedürftigkeit nahelegen.

577 Erst recht ist auf die Konzerninteressen insgesamt Rücksicht zu nehmen, wenn sich der Arbeitgeber aufgrund konzernbezogener Abreden zur Vorausabtretung zukünftiger Erfindungsrechte verpflichtet hat oder zur Übertragung der Erfindungsrechte auf andere Konzernunternehmen gehalten ist.[1268] Wenn in diesen Fällen schon keine Pflicht zur Schutzrechtsanmeldung besteht,[1269] kann entweder § 17 ArbEG – wegen seiner Korrespondenz mit § 13 ArbEG – schon überhaupt nicht relevant werden, oder aber es sind die gesamten Konzerninteressen für die Beurteilung der Geheimhaltungsbedürftigkeit maßgebend.

578 Hinsichtlich der berechtigten Belange des Betriebs steht dem Arbeitgeber ein weiter Beurteilungsspielraum zu, da der Kernbereich der unternehmerischen Entscheidungsfreiheit berührt ist.[1270] Denn die Gestaltung des Betriebs und damit die Frage, in welcher Weise sich der Arbeitgeber wirtschaftlich betätigen will, ist Bestandteil der grundrechtlich geschützten unternehmerischen Freiheit, wie sie sich aus Art. 2 Abs. 1, Art. 12 und 14 GG ableiten lässt.[1271] Berechtigte Belange des Betriebs liegen bereits dann vor, wenn die Geheimhaltung für die wirtschaftliche Situation des Unternehmens zweckmäßiger als die Schutzrechtsanmeldung erscheint, ohne dass es darauf ankommt, dass sie dringend geboten wäre.[1272]

579 Bei der Feststellung der Betriebsbelange findet keine Abwägung mit den Interessen des Arbeitnehmers an der Erwirkung eines Schutzrechts statt.[1273] Die vermögensrechtlichen Interessen des Arbeitnehmererfinders, die bei dieser einzelfallbezogenen Wertung zurückstehen müssen, sind durch den Vergütungsanspruch gemäß § 17 Abs. 3 ArbEG i.V.m. § 9 ArbEG ausreichend berücksichtigt. Auch erfinderpersönlichkeitsrechtliche Belange des Arbeitnehmers, wie etwa Bekanntwerden seiner Erfindereigenschaft oder seine Reputation als Forscher und Entwickler, stehen gemäß der gesetzlichen Wertung des § 17 Abs. 2 ArbEG hinter den betrieblichen Belangen zurück.[1274] Sind berech-

1267 Vgl. Bartenbach, Zwischenbetriebl. F. + E.-Kooperation, S. 111.
1268 Zu den Fallgestaltungen siehe Rdn. 476 ff.
1269 Siehe oben Rdn. 504 ff.
1270 Schiedsstelle v. 7.2.2017, Arb.Erf. 44/15 (www.dpma.de).
1271 BAG v. 26.09.2002, NZA 2003, 549 (550) u. v. 22.11.2012, NZA 2013, 730 (731 [Tz. 17]).
1272 Bartenbach/Volz, § 17 ArbEG, Rn. 14.
1273 Ganz h.M., etwa Keukenschrijver in Busse/Keukenschrijver, PatG, § 17 ArbEG, Rn. 2.
1274 Schiedsstelle v. 1.12.2015, Arb.Erf. 44/13 (www.dpma.de).

tigte Betriebsbelange nicht gegeben, steht es nicht im Ermessen des Arbeitgebers, ob er eine ihm gemeldete Diensterfindung zum Schutzrecht anmeldet oder geheim hält, d. h. es bleibt uneingeschränkt bei seinen Pflichten aus §§ 13, 14 ArbEG.[1275]

c) Anerkenntnis der Schutzfähigkeit

Da § 17 ArbEG eine Ausnahme vom Anmeldezwang darstellt (§ 13 Abs. 2 Nr. 3 580
ArbEG), muss sich der Arbeitgeber zur Schutzfähigkeit der Diensterfindung erklären. Er kann entweder die Schutzfähigkeit der Diensterfindung gegenüber dem Arbeitnehmer (ausdrücklich) anerkennen (§ 17 Abs. 1 ArbEG), oder bei Zweifeln an der Schutzfähigkeit, zu deren Klärung die Schiedsstelle anrufen (§ 17 Abs. 2 ArbEG).

Das Anerkenntnis der Schutzfähigkeit ist ein den Arbeitgeber verpflichtendes einseitiges Rechtsgeschäft mit Gestaltungswirkung.[1276] Hat der Arbeitgeber die Schutzfähigkeit anerkannt, bleibt er an sein Anerkenntnis in gleicher Weise gebunden, wie er gebunden wäre, wenn auf die Diensterfindung ein Schutzrecht erteilt worden wäre.[1277] Dies hat zur Folge, dass er die Schutzfähigkeit zu einem späteren Zeitpunkt nicht mehr in Zweifel ziehen und auch nicht zum Gegenstand eines Schiedsstellenverfahrens machen kann.[1278] Sein Anerkenntnis bindet ihn auch bei Wegfall des Geheimhaltungsbedürfnisses.[1279] Von diesem Anerkenntnis der Schutzfähigkeit kann sich der Arbeitgeber auch nicht nach § 313 BGB wegen Störung der Geschäftsgrundlage lösen.[1280] Denn einem solchen Anerkenntnis liegt von vornherein die erhebliche Ungewissheit über die tatsächliche Schutzfähigkeit zugrunde, so dass aufgrund dieser Risikoverteilung ein Festhalten am Anerkenntnis grundsätzlich nicht unzumutbar sein kann.

Bei Nichtanerkennung der Schutzfähigkeit muss der Arbeitgeber zur Herbeiführung einer Einigung über die Schutzfähigkeit die Schiedsstelle unverzüglich[1281] anrufen

1275 Schiedsstelle v. 17.1.2013, Arb.Erf. 23/11 (www.dpma.de).

1276 Bartenbach/Volz, GRUR 1982, 133 (135 f.); zustimmend LG München v. 11.11.2010, Az. 7 O 20114/08 (nicht veröffentl.), vgl. auch Schiedsstelle v. 9.12.2016, Arb.Erf. 73/13 (www.dpma.de).

1277 Vgl. nur Schiedsstelle v. 9.12.2016, Arb.Erf. 73/13 (www.dpma.de).

1278 BGH v. 29.9.1987, GRUR 1988, 123 (124 f.) – *Vinylpolymerisate* mit krit. Anm. Bartenbach/Volz, GRUR 1988, 125 ff. u. Gaul, NJW 1988, 1217; Schiedsstelle v. 9.12.2016, Arb.Erf. 73/13 (www.dpma.de).

1279 Keukenschrijver in Busse/Keukenschrijver, PatG, § 17 ArbEG Rn. 7.

1280 Schiedsstelle v. 9.12.2016, Arb.Erf. 73/13 (www.dpma.de).

1281 Schiedsstelle v. 7.2.2017, Arb.Erf. 44/15 (www.dpma.de), wonach eine ggfs. verspätete Anrufung der Schiedsstelle folgenlos ist, da diese bei ihrer Beurteilung der Schutzfähigkeit nicht auf den Stand der Technik zum Zeitpunkt der Anrufung abstellt, sondern auf einen sachgerechten früheren Zeitpunkt, um zu vermeiden, dass in der Zwischenzeit bekannt gewordener neuheitsschädlicher Stand der Technik zu Lasten des Arbeitnehmers berücksichtigt wird.

(§ 17 Abs. 2 ArbEG). Der Einigungsvorschlag der Schiedsstelle bindet nur Arbeitgeber und Arbeitnehmer, nicht jedoch Dritte.[1282]

d) Erfindungswert bei betriebsgeheimen Erfindungen (RL Nr. 27)

581 Für die Vergütung betriebsgeheimer Erfindungen gelten im Ansatz die gleichen Grundsätze und Regeln wie bei zum Schutzrecht angemeldeten Diensterfindungen (vgl. RL Nr. 27 Satz 1 u. § 17 Abs. 3 ArbEG).[1283] Hat der Arbeitgeber die Schutzfähigkeit der Diensterfindung anerkannt (§ 17 Abs. 1 ArbEG)[1284] oder hat die Schiedsstelle die Schutzfähigkeit bindend festgestellt (§ 17 Abs. 2 ArbEG), ist der Erfindungswert nach den Regeln für geschützte – patentgeschützte – Diensterfindungen maßgeblich.[1285] Der Arbeitgeber schuldet dann die volle Vergütung; ein Risikoabschlag[1286] kommt nicht in Betracht.[1287] Wenn der Arbeitgeber demgegenüber die Schutzfähigkeit der Diensterfindung bestreitet und er zur Klärung die Schiedsstelle anruft (§ 17 Abs. 2 ArbEG) bzw. insoweit ein nachfolgendes Gerichtsverfahren anhängig ist, ist bei der Ermittlung der Erfindervergütung für diesen Zeitraum ein Risikoabschlag anzusetzen. Dieser Anspruch auf vorläufige Vergütung endet erst mit einem die Schutzfähigkeit verneinenden Einigungsvorschlag der Schiedsstelle oder einer sonstigen Verständigung der Parteien über die Schutzfähigkeit.[1288]

Die Vergütung orientiert sich regelmäßig am Umsatz des Arbeitgebers bzw. an sonstigen wirtschaftlichen Vorteilen (Lizenzeinnahmen etc.). Die Vergütungsdauer bestimmt sich nach der Nutzungsdauer, im Höchstfall nach der fiktiven Laufdauer eines entsprechenden Schutzrechts[1289] (vgl. RL Nr. 42); die fiktive Laufdauer beginnt mit Zugang der Anerkenntniserklärung beim Arbeitnehmer (§ 17 Abs. 1 ArbEG) bzw. ab Anrufen der Schiedsstelle (§ 17 Abs. 2 ArbEG).[1290]

II. Die Schutzrechtsanmeldung im Ausland

582 Die Inanspruchnahme einer Diensterfindung eröffnet nach § 14 Abs. 1 ArbEG die Berechtigung des Arbeitgebers, die Erfindung nunmehr im Ausland zur Erteilung von Schutzrechten anzumelden.

1282 Schiedsstelle v. 27.9.1969, BlPMZ 1970, 425; vgl. auch Schiedsstelle v. 26.1.2012, Arb.Erf. 23/11 (unveröffentl.).

1283 Siehe zur Vergütung Rdn. 693 ff. u. Rdn. 712 ff.

1284 Siehe hierzu Rdn. 580.

1285 Schiedsstelle v. 14.6.2005, Arb.Erf. 77/04 (unveröffentl.).

1286 Siehe dazu Rdn. 671.

1287 Schiedsstelle v. 11.5.2006, Arb.Erf. 93/04, v. 1.4.2015, Arb.Erf. 49/11 u. v. 15.1.2016, Arb.Erf. 65/13 (alle www.dpma.de).

1288 LG Düsseldorf v. 16.3.1999, Az. 4 O 171/98 (unveröffentl.); Schiedsstelle v. 1.4.2015, Arb.Erf. 49/11 (www.dpma.de); so auch Ann, PatentR, § 21, Rn. 103.

1289 Schiedsstelle v. 17.12.2002, Arb.Erf. 72/00 (unveröffentl.) u. v. 15.1.2016, Arb.Erf. 65/13 (www.dpma.de).

1290 Schiedsstelle v. 31.3.1995, Arb.Erf. 57/93 (unveröffentl.) u. v. 17.1.2013, Arb.Erf. 23/11 (www.dpma.de); Bartenbach/Volz, Komm.RL, RL Nr. 27 Rn. 65; streitig.

1. Die Inanspruchnahme als Voraussetzung

583 Dieses Recht zur Schutzrechtsanmeldung im Ausland entsteht erst mit Zugang der Erklärung der Inanspruchnahme beim Arbeitnehmererfinder bzw. der Inanspruchnahmefiktion (§§ 6, 7 Abs. 1 ArbEG).

584 Im international tätigen Konzern wird von der beherrschenden Gesellschaft nicht selten die Vorgabe gemacht, die Erfindung parallel zum Inland auch in Auslandsstaaten schützen zu lassen, sei es in Form einer europäischen Prioritätsanmeldung oder einer PCT-Anmeldung. Ein derartiges Verlangen ist – trotz Konzernbindung – für die Zeit vor der Inanspruchnahme einer Diensterfindung problematisch: Wird eine Diensterfindung im Ausland vor Inanspruchnahme angemeldet, verstößt der Arbeitgeber gegen die Regelung des § 14 Abs. 1 ArbEG und gilt hinsichtlich dieser Auslandsstaaten als Nichtberechtigter (Art. 61, 60 Abs. 1 EPÜ, Regel 14 ff. EPÜAO i.V.m. § 14 Abs. 1 ArbEG; vgl. auch Art. 99 Abs. 4, Art. 138 Abs. 1 lit. e EPÜ).[1291] Welche patentrechtlichen Folgen dies hat und inwieweit sich der Arbeitgeber durch diese Pflichtverletzung (§ 280 Abs. 1 BGB) gegenüber dem Erfinder schadensersatzpflichtig macht, ist auf der Grundlage der Rechtsvorschriften in dem jeweiligen Anmeldestaat zu entscheiden. Hiernach richtet sich auch, ob durch eine nachträgliche Inanspruchnahme oder eine einvernehmliche Überleitung der Erfindungsrechte dieser Mangel geheilt werden kann. Andernfalls stehen dem Arbeitnehmererfinder mit Freiwerden der Diensterfindung die Vindikationsansprüche nach dem Recht des jeweiligen Schutzrechtslandes zu.

585 Nach deutschem Recht wird der Mangel der fehlenden materiellen Berechtigung des Arbeitgebers durch das spätere Eingreifen einer fristgerechten Inanspruchnahmeerklärung bzw. der Inanspruchnahmefiktion geheilt.[1292] Ggf. kann der Arbeitgeber nach wirksamer Inanspruchnahme vom Arbeitnehmer eine Genehmigung oder sonstige Mitwirkungshandlungen verlangen (vgl. § 15 Abs. 2 ArbEG). Um solche Konflikte zu vermeiden, erscheint es ratsam, vor einer Auslandsanmeldung von der Möglichkeit der ausdrücklichen Inanspruchnahmeerklärung Gebrauch zu machen bzw. das Eingreifen der Inanspruchnahmefiktion abzuwarten.

2. Anmelderechte des Arbeitgebers

586 Den Arbeitgeber trifft keine Pflicht, überhaupt eine Auslandsanmeldung vorzunehmen; auch ist er in der Entscheidung frei, in welchen Auslandsstaaten er die Anmeldung vornimmt.[1293] Im Unterschied zu § 13 Abs. 1 Satz 2 ArbEG gibt § 14 ArbEG dem Arbeitgeber die Wahl eines bestimmten Schutzrechts nicht vor. Insoweit kann

1291 Volmer/Gaul, § 14 ArbEG, Rn. 27 ff. sowie LG Düsseldorf v. 22.3.2001, Az. 4 O 211/00 (unveröffentl.) u. v. 29.12.1999, Entsch. 4. ZK. 2000, 8 (11) – *Abfallsammelbehälter*.

1292 So Amtl. Begr. zum Patentrechtsmodernisierungsgesetz in BR-Drucks. 757/08, S. 50 (zu Art. 7 Nr. 2a des Entwurfs).

1293 Vgl. Amtl. Begr. BT-Drucks. II/1648, S. 32 = BlPMZ 1957, 218 (236); BGH v. 5.2.2013, Mitt. 2013, 244 (246 [Tz. 39]) – *Genveränderungen*; vgl. auch BGH v. 4.4.2006, GRUR 2006, 754 (759 [Tz. 41]) – *Haftetikett*.

er im Ausland patentfähige Erfindungen lediglich zum Gebrauchsmuster anmelden, sofern dort eine derartige Alternative (ausnahmsweise) besteht.[1294]

587 Der Arbeitgeber kann auch hier – ebenso wie bei der Inlandsanmeldung[1295] – ein anderes Konzernunternehmen bzw. eine zentrale Patentstelle des Konzerns mit der Durchführung der Auslandsanmeldung beauftragen.

588 Die Befugnisse, die der Arbeitgeber hinsichtlich der Schutzrechtsanmeldung hat, sind aufgrund der erfolgten Inanspruchnahme umfassend; insoweit gelten die obigen Ausführungen zur Inlandsanmeldung[1296] im Grundsatz entsprechend. Als alleiniger Herr des Erteilungsverfahrens kann der Arbeitgeber die Schutzrechte auf seinen Namen oder zugunsten einer Konzerngesellschaft im Ausland anmelden. Er ist gegenüber dem Erfinder frei darin, aus konzernpolitischen Gründen Schutzrechte auch in solchen Staaten anzumelden, in denen eine Verwertung durch den Arbeitgeber nicht absehbar ist, aber Konzerninteressen eine Anmeldung sinnvoll erscheinen lassen, z.B. als Sperrpatent.

589 Ein Mitspracherecht des Arbeitnehmererfinders bei der Frage, ob, in welchen Staaten und in welcher Art Schutzrechte angemeldet werden, besteht auch hier nicht. Ebenso wenig kann der Arbeitnehmer eine Rücksichtnahme auf seine Interessen verlangen.

590 Bei Auslandsanmeldungen gibt es m.E. keine Rechtspflicht des Arbeitgebers, den Erfindungsgehalt der Erfindungsmeldung voll auszuschöpfen; der Unterschied zur Inlandsanmeldung[1297] rechtfertigt sich daraus, dass § 14 ArbEG keinen Anmeldezwang begründet, sondern das Ob und Wie der Auslandsanmeldung in das Belieben des Arbeitgebers stellt. Eventuell ist ein Ausgleich über den Vergütungsanspruch bei Verwertung herzustellen, da dieser an den Gegenstand der Erfindung anknüpft.[1298]

3. Die Auslandsfreigabe durch den Arbeitgeber

a) Rechtsanspruch des Arbeitnehmers auf Freigabe zur Schutzrechtsanmeldung

591 Soweit der Arbeitgeber in ausländischen Staaten keine Schutzrechte erwerben will, ist er gemäß § 14 Abs. 2 ArbEG verpflichtet, die Diensterfindung dem Arbeitnehmererfinder insoweit freizugeben und ihm auf Verlangen den Erwerb von Auslandsschutzrechten zu ermöglichen. Dieser Pflicht muss er von sich aus nachkommen,

---

1294 Vgl. dazu Goebel, GRUR 2001, 916 ff.; vgl. auch die Übersichten bei Keukenschrijver in Busse/Keukenschrijver, PatG, Einl. GebrMG, Rn. 15, 18 sowie die Auslandsübersicht bei § 1 GebrMG, vor Rn. 1. Art. 11 Abs. 3, Art. 43 PCT eröffnen – soweit Gebrauchsmusterschutz besteht – die Möglichkeit einer internationalen Gebrauchsmusteranmeldung.

1295 Siehe dazu Rdn. 540 ff.

1296 Vgl. hierzu Rdn. 562 ff.

1297 Siehe Rdn. 549 ff.

1298 BGH v. 29.11.1988, GRUR 1989, 205 (207) – *Schwermetalloxidationskatalysator*.

ohne dass es einer Aufforderung des Arbeitnehmererfinders bedarf.[1299] Der Umfang der Freigabeverpflichtung des Arbeitgebers bezieht sich lediglich auf den Inhalt der ihm zuvor gemeldeten Diensterfindung. Keine Verpflichtung zur Freigabe besteht selbstverständlich bei betriebsgeheimen Erfindungen.[1300] Rechtlich handelt es sich bei der Auslandsfreigabe um die Abspaltung von Teilrechten des Rechts an der Erfindung für die freigegebenen Länder (regional beschränktes Anmelderecht).[1301]

aa) Rechtsnatur – Auswirkungen der vorherigen Rechtsübertragung im Konzern

Der sich aus § 14 Abs. 2 ArbEG ergebende höchstpersönliche[1302] – ggfs. auch im 592
Wege der einstweiligen Verfügung gerichtlich durchsetzbare – Anspruch des Arbeitnehmererfinders auf Freigabe der Erfindungsrechte ist schuldrechtlicher Natur[1303] und stellt keine dingliche Belastung der Diensterfindung dar.[1304] Dieser Anspruch richtet sich nur gegen den Arbeitgeber.[1305]

Aus § 7 Abs. 1 ArbEG folgt das Recht des Arbeitgebers, über die in Anspruch genom- 593
mene Diensterfindung nach Belieben zu verfügen.[1306] Folglich ist der Arbeitgeber auch berechtigt, die Rechte an der Erfindung einschließlich des Rechts zur Auslandsanmeldung auf einen Dritten zu übertragen,[1307] also auch auf ein Konzernunternehmen.[1308] § 14 Abs. 2 ArbEG wird dann nicht mehr einschlägig.[1309] Damit bestehen keine Ansprüche des Arbeitnehmers mehr aus § 14 ArbEG, und zwar weder gegenüber seinem Arbeitgeber noch gegenüber dem rechtserwerbenden Konzernunternehmen. Der Arbeitnehmer kann folglich vom Arbeitgeber auch nicht verlangen, dass dieser dem Rechtserwerber die Freigabepflicht aus § 14 Abs. 1 ArbEG auferlegt.[1310]

1299 BGH v. 31.1.1978, GRUR 1978, 430 (434) – *Absorberstab-Antrieb I* u. v. 8.12.1981, GRUR 1982, 227 (229) – *Absorberstab-Antrieb II*; siehe auch Schiedsstelle v. 6.7.2017, Arb.Erf. 51/16 (www.dpma.de).

1300 Siehe Rdn. 569.

1301 Allg. Ansicht, etwa Keukenschrijver in Busse/Keukenschrijver, PatG, § 14 ArbEG, Rn. 11.

1302 H. M.: vgl. nur Reimer/Schade/Schippel/Trimborn, § 14 ArbEG, Rn. 2; abweichend Volmer/Gaul, § 14 ArbEG, Rn. 48.

1303 LG Düsseldorf v. 8.8.2002, Mitt. 2002, 534 (535) – *Freigabeanspruch*.

1304 Siehe allgemein Rdn. 37 ff.

1305 Allg. Ansicht, vgl. nur Keukenschrijver in Busse/Keukenschrijver, PatG, § 14 ArbEG, Rn. 10.

1306 Siehe Rdn. 440.

1307 Die h.M. schließt sich der Amtl. Begr. BT-Drucks. II/1648, S. 33 = BlPMZ 1957, 218 (236) an: vgl. nur Schiedsstelle v. 8.6.1973, BlPMZ 1973, 366 (367); MünchArbR/Bayreuther, § 98, Rn. 19.

1308 Keukenschrijver in Busse/Keukenschrijver, PatG, § 14 ArbEG, Rn. 4 mit Hinweis auf Schiedsstelle v. 28.11.1991, Arb.Erf. 60/90, u. v. 10.2.1998, Arb.Erf. 53/96 (Datenbank Schiedsstellenpraxis), dort zur Übertragung auf eine ausländische Muttergesellschaft.

1309 Vgl. Amtl. Begr. BT-Drucks. II/1648, S. 33 = BlPMZ 1957, 218 (236); zur Übertragung der Erfindungsrechte siehe Rdn. 468 ff.

1310 Keukenschrijver in Busse/Keukenschrijver, PatG, § 14 ArbEG, Rn. 10; abweichend Koch, RIW 1986, 824 (825); Reimer/Schade/Schippel/Kaube (7. Aufl.), § 14 ArbEG, Rn. 2; nunmehr wie hier Reimer/Schade/Schippel/Trimborn, § 14 ArbEG, Rn. 2.

594 Auch Schadensersatzansprüche scheiden mangels Pflichtverletzung aus;[1311] insoweit wirken sich bei § 14 ArbEG zusätzlich – abweichend von § 13 ArbEG[1312] – die unterschiedlichen Rechtspflichten aus, da hier keine Arbeitgeberpflicht zur Schutzrechtsanmeldung besteht.[1313]

595 Da eine höchstrichterliche Klärung der Streitfragen bei Übertragung ungeschützter Arbeitnehmererfindungen und der Auswirkungen der Konzernverbundenheit – auch unter dem Aspekt der »wirtschaftlichen Einheit«[1314] – noch aussteht, werden in der Praxis die Freigabepflichten vorsorglich auch nach Rechtsübertragung im Konzern weiterhin beachtet und häufig von dem erwerbenden Konzernunternehmen erfüllt, wenn auch ohne Anerkennung einer Rechtspflicht. Verbreitet ist stattdessen auch, dem Arbeitnehmer einen Verzicht auf den Anspruch auf Auslandsfreigabe nach Erfindungsmeldung »abzukaufen«,[1315] was nach §§ 22, 23 ArbEG grundsätzlich zulässig ist.[1316] Denn im Zeitpunkt des Abschlusses einer solchen Abkaufregelung sind regelmäßig die künftigen Verwertungsmöglichkeiten des Arbeitnehmers ebenso offen wie die potentielle Auslandsfreigabe bzw. Schutzrechtsaufgabe durch den Arbeitgeber. Angesichts der hohen Kosten einer Auslandsanmeldung entspricht es allgemeinen Erfahrungen, dass Arbeitnehmererfinder von der Möglichkeit eigener Schutzrechtsanmeldungen zudem keinen Gebrauch machen. Zusätzlich ist zu berücksichtigen, dass ein verständiger Arbeitgeber regelmäßig selbst die Länder mit Schutzrechten abdecken wird, in denen eine Monopolstellung wirtschaftliche Vorteile verspricht, während es einem einzelnen Arbeitnehmer selbst bei Erwerb eines Schutzrechts strukturell nur sehr eingeschränkt möglich ist, überhaupt eine Verwertung eines solchen Schutzrechts zu realisieren oder ein Verletzungsverfahren gegen einen gewerblichen Nutzer durchzustehen.[1317] Die praktische Bedeutung der Auslandsfreigabe ist damit gering.[1318]

596 Unter dem Aspekt der Angemessenheit hat die Schiedsstelle früher den Arbeitgeber als verpflichtet angesehen, dem Arbeitnehmer einen Entgeltausgleich für diesen Ver-

1311 A. A. Reimer/Schade/Schippel/Kaube (7. Aufl.), § 14 ArbEG, Rn. 2; nunmehr wie hier Reimer/Schade/Schippel/Trimborn, § 14 ArbEG, Rn. 2.

1312 Dort werden von Teilen des Schrifttums Schadensersatzansprüche anerkannt, siehe Rdn. 546 ff.

1313 Siehe Rdn. 586.

1314 Siehe dazu Rdn. 60 ff.

1315 Schiedsstelle v. 25.7.1988, BlPMZ 1989, 289 (290); Keukenschrijver in Busse/Keukenschrijver, PatG, § 14 ArbEG, Rn. 13.

1316 Volz, FS Bartenbach (2005), 199 (220 f.); Bartenbach/Volz, Praxisleitfaden, Rn. 157; Franke/Steiling, FS 50 Jahre VPP (2005), 281 ff.; Schiedsstelle v. 22.2.2001 Arb.Erf. 69/98 u. v. 24.1.2006 Arb.Erf. 02/05 (beide unveröffentl.).

1317 Vgl. Schiedsstelle v. 23.1.2020, Arb.Erf. 06/19 sowie v. 13.2.2019, Arb.Erf. 29/18 (beide www.dpma.de).

1318 So im Ergebnis auch die Schiedsstelle, z.B. in EV v. 23.1.2020, Arb.Erf. 06/19 (www.dpma.de).

zicht zu zahlen.[1319] Nach ihrer Auffassung kam dem Abkauf von Rechten ein eigener Vergütungswert zu.

Diese Entscheidungspraxis hat die Schiedsstelle mit Einigungsvorschlag vom 18.7.2012[1320] aufgegeben. Danach ist die Wirksamkeit solcher Abkaufvereinbarungen unabhängig von der Existenz und Höhe einer entgeltlichen Gegenleistung zu beurteilen.[1321] Die in der Industrie angebotenen und gezahlten Pauschalbeträge seien keine Gegenleistungen für den Verzicht des Arbeitnehmererfinders auf Rechte aus dem ArbEG, sondern sollen den Arbeitnehmer zum Abschluss entsprechender Verzichtsvereinbarungen bewegen, um beim Arbeitgeber Kosten zu senken.[1322] Alleiniger Maßstab für die Schiedsstelle ist die Unbilligkeitsregelung des § 23 Abs. 1 ArbEG.[1323] In erheblichem Maße unbillig im Sinne von § 23 Abs. 1 ArbEG ist eine Vergütungsvereinbarung nur dann, wenn die nach dem ArbEG angemessene Gegenleistung für den Verzicht mindestens doppelt so hoch ist, wie die vereinbarte. Maßgebend für die Schiedsstelle sind also die zum Zeitpunkt des Zustandekommens der Vereinbarung quantifizierbaren und nachweisbaren konkreten wirtschaftlichen Vorteile, welche dem Erfinder durch den Verzicht entgehen.[1324] Eine solche Unbilligkeit kann bei einem unentgeltlichen Verzicht dann nahe liegen, wenn zum Zeitpunkt des Abschlusses einer Abkaufvereinbarung feststeht, dass die nicht zum Schutzrecht im Ausland angemeldete Erfindung doch mit hoher Wahrscheinlichkeit genutzt werden wird.[1325] Insoweit bedürfe es einer ausdrücklichen Absprache, falls eine vorgesehene zukünftige Nutzung einer nicht zum Schutzrecht angemeldeten Erfindung nicht vergütet werden soll.[1326] 597

Hat der Arbeitgeber die Erfindungsrechte einem anderen Konzernunternehmen abgetreten, geht eine von ihm dennoch nachfolgend erklärte »Freigabe« im Sinne des § 14 598

1319 Schiedsstelle v. 24.1.2006, Arb.Erf. 02/05 u. v. 21.3.2006, Arb.Erf. 34/05 (beide unveröffentl.); Volz, FS Bartenbach (2005), 199 (220); Keukenschrijver in Busse/Keukenschrijver, PatG, § 14 ArbEG, Rn. 13; zur Höhe der »Abkaufprämien« siehe Bartenbach/Volz, Praxisleitfaden, Rn. 158; dort auch die Ergebnisse der BDI-BDA-Umfrage in 2004; vgl. hierzu Franke/Steiling, FS 50 Jahre VPP (2005), 281 ff.

1320 Arb.Erf. 30/10 u. v. 15.11.2012, Arb.Erf. 01/12 (beide Datenbank Schiedsstellenpraxis).

1321 So auch Schiedsstelle v. 13.2.2019, Arb.Erf. 29/18, v. 23.1.2020, Arb.Erf. 06/19 u. v. 9.10.2020, Arb.Erf. 36/18 (alle www.dpma.de).

1322 Schiedsstelle v. 23.1.2020, Arb.Erf. 06/19 u. v. 9.10.2020, Arb.Erf. 36/18 (beide www.dpma.de).

1323 Zustimmend Trimborn, Mitt. 2021, 546 (555).

1324 Schiedsstelle v. 18.7.2012, Arb.Erf. 30/10 u. v. 15.11.2012, Arb.Erf. 01/12 (beide Datenbank Schiedsstellenpraxis); vgl. auch Schiedsstelle v. 12.9.2013, Arb.Erf. 21/12; v. 3.5.2017, Arb.Erf. 09/16.
U. v. 23.1.2020, Arb.Erf. 06/19 (sämtl. www.dpma.de).

1325 Siehe Schiedsstelle v. 18.07.2012, Arb.Erf. 30/10 u. v. 15.11.2012, Arb.Erf. 01/12 (beide Datenbank Schiedsstellenpraxis); v. 12.09.2013, Arb.Erf. 21/12 u. v. 22.03.2017, Arb.Erf. 15/15 (beide www.dpma.de); siehe auch Schiedsstelle v. 13.2.2019, Arb.Erf. 29/18 (www.dpma.de).

1326 Vgl. auch Schiedsstelle v. 20.3.2003, Mitt. 2003, 595; zur AGB-Kontrolle siehe Bartenbach/Volz, § 11 ArbEG, Rn. 29.

ArbEG mangels Verfügungsmöglichkeiten hinsichtlich der betroffenen Erfindungsrechte ins Leere. Die Möglichkeit eines gutgläubigen Erwerbs von Rechten bei Verfügung eines Nichtberechtigten kennt das deutsche Recht nicht.[1327] Bei einer konzernbezogenen Vorausabtretung gehen mit der Inanspruchnahme der gemeldeten Erfindung durch den Arbeitgeber aufgrund der abgeschlossenen Verträge alle vermögenswerten Rechte an der Erfindung sofort auf die durch die Verträge berechtigte Konzerngesellschaft über, so dass der Arbeitgeber, bei dem die Erfindung entwickelt worden ist, nur zu einem juristischen Zeitpunkt Inhaber der Erfindungsrechte wird. In einem solchen Fall kann die »Freigabeerklärung« mangels weiterer Rechtsinhaberschaft des Arbeitgebers auch gegenüber dem Arbeitnehmererfinder keine Rechtswirkungen mehr entfalten, soweit nicht Grundsätze zur Vertretung greifen (vgl. etwa § 182 BGB).

bb) Schutzrechtsfreie Zone

599 Nach der Amtlichen Begründung[1328] besteht eine Verpflichtung des Arbeitgebers zur Freigabe der Diensterfindung an den Arbeitnehmer nur dann, »wenn der Arbeitgeber die Befugnis zur Schutzrechtsanmeldung im Ausland weder selbst ausnutzt noch durch einen Dritten ausnutzen lässt.« Selbst wenn der ausländische Vertragspartner des Arbeitgebers die ihm übertragene Diensterfindung in dem ausländischen Staat nicht zur Erteilung eines Schutzrechts anmeldet, sondern insoweit bewusst einen schutzrechtsfreien Raum belassen will, ist der Arbeitgeber – so die Amtliche Begründung[1329] – nicht verpflichtet, dem Arbeitnehmer den Erwerb von Schutzrechten in diesem Staat zu ermöglichen. Dementsprechend geht die h.M. davon aus, dass der Arbeitgeber berechtigt ist, im Ausland eine sog. schutzrechtsfreie Zone zu schaffen, für die er weder zur Schutzrechtsanmeldung noch zur Freigabe verpflichtet ist.[1330] Die Schiedsstelle betont in diesem Zusammenhang, dass von einer bewusst geschaffenen schutzrechtsfreien Zone nur dann ausgegangen werden kann, wenn der Arbeitgeber zwar von dem Erwerb eines Auslandsschutzrechts absieht, er aber andere Unternehmen in diesem ausländischen Staat von dem Erwerb von Schutzrechten auf andere Weise ausschließen will.[1331] Nach der Vorstellung des Gesetzgebers liegt der ausreichende Schutz des Arbeitnehmers in seinem Anspruch auf einen Vergütungsausgleich.[1332]

1327 Siehe allgemein OLG Düsseldorf v. 2.2.1999, NZI 1999, 455 (456).

1328 In BT-Drucksache II/1648, S. 33 = BlPMZ 1957, 218 (236).

1329 In BT-Drucksache II/1648, S. 33 = BlPMZ 1957, 218 (236).

1330 Volmer/Gaul, § 14 ArbEG, Rn. 59 ff.; Keukenschrijver in Busse/Keukenschrijver, PatG, § 14 ArbEG, Rn. 11; Bartenbach/Volz, § 14 ArbEG, Rn. 33 f. m.H.a. Schiedsstelle v. 17.11.1986, Arb.Erf. 69/86 (unveröffentl.); Schiedsstelle v. 15.11.2012, Arb.Erf. 01/12 (Datenbank Schiedsstellenpraxis); krit. Koch, RIW 1986, 824; Reimer/Schade/Schippel/Trimborn, § 14 ArbEG, Rn. 2.

1331 Schiedsstelle v. 15.11.2012, Arb.Erf. 01/12 (Datenbank Schiedsstellenpraxis).

1332 Bartenbach/Volz, § 14 ArbEG, Rn. 35; Reimer/Schade/Schippel/Trimborn, § 14 ArbEG, Rn. 2; Keukenschrijver in Busse/Keukenschrijver, PatG, § 14 ArbEG, Rn. 11; Schiedsstelle v. 15.11.2012, Arb.Erf. 01/12 (Datenbank Schiedsstellenpraxis); wohl auch, aber letztlich offengelassen: Schiedsstelle v. 17.11.1986, Arb.Erf. 69/86 (unveröffentl.); a.A. Volmer/Gaul, § 14 ArbEG, Rn. 64.

Die Möglichkeit einer schutzrechtsfreien Zone kann für einen Konzern von besonderem Interesse sein, sei es, um die Kosten für Schutzrechte und deren Verwaltung in einem kaum relevanten Markt zu sparen, oder sei es, um dieses Gebiet mit Blick auf den internen Wettbewerb von externen Zulieferern patentfrei zu halten oder um Nichtigkeitsklagen gegen ein erfindungsgemäßes Patent durch Wettbewerber vorzubeugen. 600

Bejaht man die Zulässigkeit einer sog. schutzrechtsfreien Zone, wären die Voraussetzungen dann gegeben, wenn bei Zugrundelegung eines objektiven Maßstabes bei wirtschaftlicher Betrachtungsweise eine solche Zone für den Arbeitgeber dienlich und geboten scheint.[1333] Dies wäre z.B. der Fall, wenn bereits eine ausreichende Sicherung der Erfindungen durch andere (ausländische) Schutzrechte besteht.[1334] Da die Konzernbindung des Arbeitgebers untrennbarer Bestandteil seiner Stellung im Markt und seiner wirtschaftlichen Entscheidungen ist,[1335] müssten auch relevante Ausstrahlungen des Konzerns grundsätzlich einbezogen werden. 601

Zweifelhaft ist aber, ob der h.M. gefolgt werden kann: 602

Die Überlegungen des Gesetzgebers zur Schaffung einer schutzrechtsfreien Zone haben im Gesetz keinen Niederschlag gefunden.[1336] § 14 ArbEG normiert ein geschlossenes System sich wechselseitig ergänzender Ansprüche: Der Arbeitgeber kann uneingeschränkt Schutzrechte in Auslandsstaaten anmelden (Abs. 1). Soweit er davon absieht, hat er die Diensterfindung rechtzeitig dem Erfinder zur eigenen Schutzrechtsanmeldung frei zu geben (Abs. 2). Um in den freigegebenen Staaten nicht Verbietungsrechten ausgesetzt zu sein und um bestehende Auslandsverträge erfüllen zu können, hat er die Möglichkeit, sich ein eigenes Benutzungsrecht gegen Vergütung vorzubehalten (Abs. 3). Für eine Ergänzung dieses ausgewogenen Systems durch eine schutzrechtsfreie Zone ist weder Raum noch Bedarf. Der Arbeitgeber ist nicht gezwungen, frei zu geben, sondern kann überall dort, wo er es für sinnvoll hält, Schutzrechte anmelden und so die Freigabepflicht nicht entstehen zu lassen. Dass dadurch Schutzrechtskosten entstehen, ist zwangsläufige Folge der Absicherung seiner wirtschaftlichen Interessen in diesen Ländern. Das BVerfG hat wiederholt anerkannt, dass die in einer Amtlichen Begründung niedergelegten Absichten des Gesetzgebers dann nicht durchgreifen, wenn dieser Wille im Gesetz selbst keinen Niederschlag gefunden hat.[1337] 603

Dann bleibt auch kein Raum für eine Ergänzung des Gesetzes durch einen Rückgriff auf den Grundsatz von Treu und Glauben (§ 242 BGB) bzw. die Treuepflicht des Arbeitnehmers.[1338] 604

1333 Vgl. Bartenbach/Volz, § 14 ArbEG, Rn. 34.

1334 Schiedsstelle v. 15.11.2012, Arb.Erf. 01/12 (Datenbank Schiedsstellenpraxis); Reimer/Schade/Schippel/Trimborn, § 14 PatG, Rn. 2 mit weiteren Beispielen.

1335 Siehe oben Rdn. 550.

1336 Zutreffend Reimer/Schade/Schippel/Trimborn, § 14 ArbEG, Rn. 2; vgl. auch Boemke/Kursawe/Niethammer/Maier, § 14 ArbEG, Rn. 58 f.

1337 Vgl. u.a. BVerfG v. 27.10.1998, NJW 1999, 841 ff.

1338 So aber Bartenbach/Volz, § 14 ArbEG, Rn. 34 mit Hinweis auf Schiedsstelle v. 17.11.1986, Arb.Erf. 69/86 (unveröffentl.).

605 Mit der Anerkennung der Möglichkeit einer »schutzrechtsfreien Zone« würde dem Arbeitgeber das Recht eingeräumt, einseitig ohne konkrete Aktivitäten (Schutzrechtsanmeldungen, Auslandsverträge usw.) den Freigabeanspruch durch eine in der sachlichen Rechtfertigung schwer greifbare Vorgabe einzuschränken. Die Gegenauffassung übersieht, dass es in erster Linie nicht Aufgabe des Rechtsanwenders ist, den Freigabeanspruch des Arbeitnehmers wegen angeblich vorrangiger Interessen des Arbeitgebers zu konterkarieren.[1339] Die wirtschaftlichen Interessen des Arbeitgebers können hinreichend über den Benutzungsvorbehalt und die Berücksichtigungspflicht des § 14 Abs. 3 ArbEG gewürdigt werden. Auch vernünftige Lizenzvertragsparteien, auf die der BGH wiederholt abstellt,[1340] würden es nicht in das Belieben des Lizenznehmers stellen, selbst einen derart lizenzgebührenfreien Bereich zu definieren.

606 Im Ergebnis ist daher entgegen der h.M. eine Einschränkung der Freigabepflicht – über die Gestaltungsmöglichkeiten des § 14 Abs. 3 ArbEG hinaus – durch Schaffung einer sog. schutzrechtsfreien Zone abzulehnen.

b) Die Freigabeerklärung

607 Eine Freigabeerklärung des Arbeitgebers bedarf keiner besonderen Form, aus Beweiszwecken empfiehlt sich allerdings die Text- oder Schriftform. Die Erklärung muss eindeutig zum Ausdruck bringen, inwieweit bzw. in welchen Staaten der Arbeitgeber keine der Inlandsanmeldung entsprechende Auslandsanmeldungen einreichen will.[1341] Diese Erklärung kann – ebenso wie die Schutzrechtsanmeldung – in Vollmacht für den Arbeitgeber auch durch ein anderes Konzernunternehmen bzw. eine zentrale Stelle im Konzern erfolgen.[1342] Über den Zugang der Freigabeerklärung bei dem Arbeitnehmererfinder bzw. sämtlichen Miterfindern muss sich der Arbeitgeber Gewissheit verschaffen.[1343]

608 Die Freigabe soll so rechtzeitig vorgenommen werden, dass der Arbeitnehmer die Prioritätsfristen zwischenstaatlicher Verträge auf dem Gebiet des Gewerblichen Rechtsschutzes ausnutzen kann (§ 14 Abs. 2 Satz 2 ArbEG). Die damit angesprochene 12-Monats-Frist der PVÜ rechnet sich ab dem auf die Inlandsanmeldung folgenden Tag. Ein Zeitraum von zwei Monaten vor Fristablauf ist ausreichend.[1344] Diese Freigabe hat der Arbeitgeber unaufgefordert zu erklären.[1345] Dieser Freigabeverpflichtung muss der Arbeitgeber auch dann nachkommen, wenn er Zweifel an der (inländischen) Schutzfähigkeit der Diensterfindung hat.[1346]

1339 So Boemke/Kursawe/Niethammer/Maier, § 14 ArbEG, Rn. 58.

1340 Siehe dazu Rdn. 715.

1341 Vgl. LG Düsseldorf v. 8.8.2002, Mitt. 2002, 534 (535) – *Freigabeanspruch.*

1342 Siehe dazu allgemein Rdn. 540 ff.

1343 BGH v. 31.1.1978, GRUR 1978, 430 (434) – *Absorberstab-Antrieb I*; siehe auch Bartenbach/Volz, Praxisleitfaden, Rn. 156.

1344 Schiedsstelle v. 16.4.2015, Arb.Erf. 02/13 (www.dpma.de).

1345 BGH v. 31.1.1978, GRUR 1978, 430 (434) – *Absorberstab-Antrieb I* u. v. 8.12.1981, GRUR 1982, 227 (229) – *Absorberstab-Antrieb II.*

1346 LG Düsseldorf v. 8.8.2002, Mitt. 2002, 534 (535) – *Freigabeanspruch.*

c) Vorbehalt eines Benutzungsrechts

Erwirbt der Arbeitnehmer aufgrund der ihm freigegebenen Erfindungsrechte in diesen Ländern Schutzrechte, wirken die daraus resultierenden Verbotsrechte gegen jedermann, also auch gegen den Arbeitgeber und sämtliche konzernverbundenen Unternehmen. 609

Um nicht einem solchen Verbietungsrecht ausgesetzt zu sein, kann sich der Arbeitgeber gleichzeitig mit der Freigabeerklärung gemäß § 14 Abs. 3 1. Alt. ArbEG ein vergütungspflichtiges, nicht ausschließliches Benutzungsrecht vorbehalten. Ein solcher Vorbehalt ist gleichzeitig mit der Freigabeerklärung nach Abs. 2 gegenüber dem Arbeitnehmer geltend zu machen. Eine besondere Form schreibt das Gesetz nicht vor. Selbstverständlich kann auch hier ein anderes Konzernunternehmen in Vollmacht für den Arbeitgeber handeln.[1347] 610

aa) Rechtsnatur und Wirkung des Benutzungsrechts

Das Nutzungsrecht entspricht einer einfachen Lizenz und ist dem aus § 7 Abs. 2 Satz 2 ArbEG a.F. und § 16 Abs. 3 ArbEG gleichgestellt.[1348] Der Benutzungsvorbehalt des § 14 Abs. 3 ArbEG beinhaltet damit das Recht, die im inländischen Unternehmen gefertigten erfindungsgemäßen Produkte – ungehindert durch vom Arbeitnehmer erworbene oder Dritten abgetretene Schutzrechtspositionen – in dem betreffenden Auslandsstaat zu vertreiben oder erfindungsgemäße Produkte dort herzustellen bzw. herstellen zu lassen und/oder die dort hergestellten Produkte zu vertreiben oder vertreiben zu lassen.[1349] Der Arbeitgeber kann damit also einer Sperre des Auslandsmarktes durch den Arbeitnehmer oder Wettbewerber, die Rechte an diesen Schutzrechtspositionen vom Arbeitnehmer erworben haben, vorbeugen.[1350] 611

Ob und inwieweit dieser Benutzungsvorbehalt des Arbeitgebers gegenüber Dritten, die die Schutzrechtspositionen vom Arbeitnehmer erworben haben, wirkt (vgl. etwa den Sukzessionsschutz nach § 15 Abs. 3 PatG), bestimmt sich nach der jeweiligen nationalen Schutzrechtsordnung.[1351] 612

bb) Inhalt des Benutzungsrechts und Auswirkungen im Konzernverbund

Der Benutzungsvorbehalt ist betriebsbezogen, d.h. auf das Unternehmen des Arbeitgebers begrenzt.[1352] Dies bedeutet, dass der Arbeitgeber keine Unterlizenzen vergeben 613

1347 Siehe dazu Rdn. 540 ff.

1348 BGH v. 23.4.1974, GRUR 1974, 463 (464) – *Anlagengeschäft*; Schiedsstelle v. 22.10.2004, Arb.Erf. 079/02 (Datenbank Schiedsstellenpraxis).

1349 H. M.: OLG Frankfurt v. 29.10.1970, OLGZ 71, 373 (374) – *Anlagengeschäft*; Keukenschrijver in Busse/Keukenschrijver, PatG, § 14 ArbEG, Rn. 21; Reimer/Schade/Schippel/Trimborn, § 14 ArbEG, Rn. 7.

1350 Vgl. Amtl. Begr. BT-Drucks. II/1648, S. 33 = BlPMZ 1957, 218 (236).

1351 Zum Sukzessionsschutz nach deutschem Recht vgl. § 15 Abs. 3 PatG; siehe dagegen z.B. Art. 34 Abs. 3 Schweizerisches PatG.

1352 BGH v. 23.4.1974, GRUR 1974, 463 (464) – *Anlagengeschäft*.

darf, also weder den Abnehmern seiner Produkte, noch sonstigen Dritten,[1353] auch nicht anderen Unternehmen des Konzernverbundes.[1354] Allerdings hat der Arbeitgeber auch hier die Möglichkeit der Lohnfertigung durch Dritte, also auch durch konzernangehörige Unternehmen.

614 Der von der Schiedsstelle gerade zu § 14 Abs. 3 ArbEG früher vertretenen Auffassung, den Begriff des Betriebes weit zu fassen und auch auf rechtlich selbständige Konzernunternehmen auszudehnen,[1355] kann m.E. nicht gefolgt werden.[1356] Von dieser Auffassung ist die Schiedsstelle in der Zwischenzeit – ohne nähere Begründung – wohl wieder abgerückt.[1357] Im Übrigen hat der Gesetzgeber gerade im Rahmen des § 14 Abs. 3 2. Alt. ArbEG die Interessen des Arbeitgebers insoweit bereits ausreichend berücksichtigt, als er ihm dort einen Anspruch auf Rücksichtnahme des Arbeitnehmers auf bestehende Auslandsverpflichtungen zuerkennt. Wie bereits erwähnt, können darunter auch die vertraglichen Verpflichtungen fallen, die der Arbeitgeber mit anderen konzernangehörigen Unternehmen bis zum Zeitpunkt der Freigabeerklärung abgeschlossen hat.

615 Auch im Übrigen hat diese Betriebsbezogenheit des Benutzungsvorbehalts identische Auswirkungen im Konzernverbund wie das nicht ausschließliche Benutzungsrecht bei der bis zur ArbEG-Reform 2009 möglichen beschränkten Inanspruchnahme gemäß § 7 Abs. 2 Satz 2 ArbEG a.F.

d) Verlangen der Rücksichtnahme auf Auslandsverträge

616 Neben dem Benutzungsvorbehalt kann der Arbeitgeber nach § 14 Abs. 3 2. Alt. ArbEG von seinem Arbeitnehmer verlangen, bei der Verwertung der freigegebenen Erfindung in den betreffenden Auslandsstaaten die Verpflichtungen des Arbeitgebers aus bestehenden Verträgen über die Diensterfindung zu berücksichtigen. Hierzu bedarf es eines ausdrücklichen Rücksichtnahmeverlangens, das auch zusätzlich zum Benutzungsvorbehalt möglich ist. Eine bestimmte Form ist nicht vorgeschrieben; es muss dem Arbeitnehmer aber gleichzeitig mit der Freigabeerklärung zugehen. Dieses

---

1353 H. M.; vgl. BGH v. 23.4.1974, GRUR 1974, 463 (464) – *Anlagengeschäft*; Schiedsstelle v. 28.5.1968, BlPMZ 1968, 349 (350); Reimer/Schade/Schippel/Trimborn, § 14 ArbEG, Rn. 7; Keukenschrijver in Busse/Keukenschrijver, PatG, § 14 ArbEG, Rn. 21; a.A. Sack, RIW 1989, 612 (617); Kraft, GRUR 1970, 381 (385).

1354 Vgl. zur Erweiterung eines Benutzungsrechts nach § 16 Abs. 3 ArbEG auf ein anderes Konzernunternehmen Schiedsstelle v. 23.5.2014, Arb.Erf. 38/12 (unveröffentl.).

1355 Schiedsstelle v. 25.7.1983, Arb.Erf. 14/82 (unveröffentl.); vgl. auch OLG Hamburg v. 25.4.1985, GRUR 1985, 923 – *Imidazol* u. BGH v. 20.2.1986, RIW 1986, 547 – *Gebührendifferenz IV*, wonach der konzerninterne »Warenaustausch« nicht als »In-Verkehr-Bringen« im Sinne des § 9 PatG einzustufen ist.

1356 So auch Boemke/Kursawe/Niethammer/Maier, § 14 ArbEG, Rn. 80 u. § 16 ArbEG, Rn. 158.

1357 Siehe Schiedsstelle v. 23.1.2020, Arb.Erf. 06/19 u. v. 19.8.2021, Arb.Erf. 30/19 (beide www.dpma.de).

Recht kann auch in Vertretung für den Arbeitgeber durch andere Konzernunternehmen, denen die Verwaltung von Erfindungsrechten obliegt, geltend gemacht werden.

Diese Pflicht, die eine gesetzliche Konkretisierung der arbeitsrechtlichen Rücksicht- 617
nahmepflicht darstellt,[1358] bedeutet eine weitere Einschränkung des Nutzungsrechts des Arbeitnehmers an den freigegebenen Erfindungsrechten.

Diese Vorschrift ist für Konzernunternehmen von besonderer Bedeutung. Unter den 618
Begriff der »in den betreffenden ausländischen Staaten bestehenden Verträge« müssen auch Vereinbarungen mit verbundenen Unternehmen einbezogen werden. Das folgt aus dem Normzweck; danach sollen bestehende Verträge nicht durch ein selbständiges Vorgehen des Arbeitnehmers gestört werden.[1359] Aus dem weit gefassten Wortlaut muss gefolgert werden, dass darunter alle erfindungsbezogenen vertraglichen Verpflichtungen des Arbeitgebers fallen, die er vor der Freigabe eingegangen ist. Eine Differenzierung, ob die Vertragspartner Hersteller, Lieferanten, Kunden oder sonstige Geschäftspartner – wie namentlich Lizenznehmer/-geber – sind, ist ohne Belang. Ebenso ist ohne Belang, ob es sich dabei um inländische oder ausländische Vertragspartner, ferner, ob es sich um unabhängige Dritte oder um verbundene Unternehmen handelt. Gerade innerhalb des Konzernverbundes bestehen verstärkt sowohl lizenzvertragliche oder sonst schutzrechtsbezogene Beziehungen als auch Liefer- oder Abnahmebindungen.

Um die Pflicht des Arbeitnehmers zur Rücksichtnahme nicht ausufern zu lassen, 619
werden von § 14 Abs. 3 2. Alt. ArbEG nur solche Verträge erfasst, die einerseits im Zeitpunkt des Zugangs der Freigabeerklärung bereits abgeschlossen sind und die dem Arbeitnehmer seitens des Arbeitgebers andererseits bekannt gegeben werden.[1360] Auch der konzernverbundene Arbeitgeber ist – trotz der besonderen Konzernsituation – nicht von der Pflicht frei, seine bestehenden Vertragsverpflichtungen dem Arbeitnehmer bekannt zu geben, wenn er sich auf den Vorbehalt berufen will. Erforderlich ist, dass die Verträge in dem jeweiligen Schutzrechtsstaat unmittelbare Wirkung entfalten.[1361] Auf erst nach der Freigabe der Diensterfindung eingegangene Verpflichtungen braucht der Arbeitnehmer keine Rücksicht zu nehmen.[1362]

Allgemeine vertragliche Bindungen reichen auch bei einem Konzern nicht aus. Viel- 620
mehr müssen die Verträge sich zumindest auch auf die frei gegebene Diensterfindung beziehen. Wichtigster Anwendungsfall sind Abtretungsvereinbarungen und Lizenzverträge, insbesondere Kreuzlizenzverträge, die Nutzungsrechte an zukünftigen Erfindungen vorsehen.[1363] Der Arbeitnehmer wird sogar gegenüber dem Arbeitgeber als dazu

1358 Keukenschrijver in Busse/Keukenschrijver, PatG, § 14 ArbEG, Rn. 23.
1359 Reimer/Schade/Schippel/Trimborn, § 14 ArbEG, Rn. 10.
1360 Vgl. den Ausschussbericht zu BT-Drucks. II/3327, S. 6 = BlPMZ 1957, 249 (252).
1361 Bartenbach/Volz, § 14 ArbEG, Rn. 54.
1362 Siehe Reimer/Schade/Schippel/Trimborn, § 14 ArbEG, Rn. 11; a.A. Volmer/Gaul, § 14 ArbEG, Rn. 29; Gaul, GRUR 1967, 518 (521).
1363 Vgl. Friedrich, GRUR 1958, 270 (280); siehe aber auch Reimer/Schade/Schippel/Trimborn, § 14 ArbEG, Rn. 10.

verpflichtet angesehen, dessen ausländischem Vertragspartner eine Lizenz einzuräumen,[1364] ohne jedoch zur Entgegennahme von Lizenzgebühren berechtigt zu sein.[1365]

III. Informations- und Unterstützungspflichten im Zusammenhang mit Schutzrechtsanmeldungen

621 § 15 ArbEG normiert für das Schutzrechtserteilungsverfahren besondere Unterrichtungspflichten des Arbeitgebers (Absatz 1) sowie Unterstützungs- und Mitwirkungspflichten des Arbeitnehmers (Absatz 2). Als Ergänzung zu §§ 13, 14 ArbEG umfasst die Vorschrift sowohl das inländische Schutzrechtserteilungsverfahren als auch Schutzrechtsanmeldungen im Ausland. Die wechselseitigen Pflichten bestehen für das gesamte Schutzrechtserteilungsverfahren bis zur endgültigen Erteilung des Schutzrechts. Damit sind auch das Einspruchs- und Einspruchsbeschwerdeverfahren miteinbezogen.[1366] Eine Unterstützungspflicht des Arbeitnehmers bei der Abwehr nachträglicher Angriffe gegen das rechtsbeständig erteilte Schutzrecht (Nichtigkeits- oder Löschungsklage) besteht nicht.

622 Die in § 15 ArbEG geregelten Arbeitgeberpflichten gehen nicht auf den Erwerber einzelner Erfindungsrechte als Einzelrechtsnachfolger über.[1367] Ebenso besteht die Unterstützungspflicht des Arbeitnehmers (§ 15 Abs. 2 ArbEG) Dritten (Rechtserwerber, Lizenznehmer) gegenüber nicht.[1368]

1. Informationspflicht des Arbeitgebers – Besonderheiten im Konzern

a) Inhalt der Informationspflicht

623 Der Arbeitgeber hat dem Arbeitnehmer – zur Erfüllung seiner Informationspflicht nach § 15 Abs. 1 ArbEG – Abschriften aller von ihm eingereichten Anmeldeunterlagen hinsichtlich der Schutzrechtserteilung zu übergeben und diesen über den Fortgang des Verfahrens zu unterrichten.[1369] Von der Unterrichtungspflicht sind alle wesentlichen Vorgänge und Daten erfasst. Angesichts der weitgehenden Informationsmöglichkeiten auch für den Arbeitnehmer (vgl. §§ 31, 32 PatG u. Art. 93, 128 EPÜ[1370]) ist auch die Informationspflicht des Arbeitgebers sicherlich relativiert. Die Schiedsstelle hebt

---

1364 Wohl h.M., etwa Ann, Patentrecht, § 21 Rn. 99.

1365 Keukenschrijver in Busse/Keukenschrijver, PatG, § 14 ArbEG, Rn. 23; unklar dagegen Reimer/Schade/Schippel/Trimborn, § 14 ArbEG, Rn. 11, die eine Lizenzerteilung zu den gleichen Bedingungen, wie sie der Arbeitgeber kraft Vertrages zu erteilen hätte, für zulässig erachten. Eine Vergütungspflicht trifft dann aber den Arbeitgeber.

1366 H. M., u.a. Schiedsstelle v. 16.7.2008, Arb.Erf. 49/03 u. v. 9.7.2008, Arb.Erf. 45/03 (beide Datenbank Schiedsstellenpraxis); Reimer/Schade/Schippel/Trimborn, § 15 ArbEG, Rn. 5; Keukenschrijver in Busse/Keukenschrijver, PatG, § 15 ArbEG, Rn. 3.

1367 Bartenbach/Volz, § 15 ArbEG, Rn. 11.

1368 Bartenbach/Volz, § 15 ArbEG, Rn. 28.

1369 Schiedsstelle v. 22.10.2002, Arb.Erf. 47/00 (Datenbank Schiedsstellenpraxis) u. v. 20.11.2018, Arb.Erf. 35/17 (www.dpma.de).

1370 Siehe hierzu Schulte/Rudloff-Schäffer, § 32 PatG, Rn. 5 ff.

zutreffend den Verlust der faktischen Bedeutung dieser Pflicht heraus, nachdem sich der Erfinder selbst jederzeit online und kostenfrei einen Überblick über den Status einer Schutzrechtsposition verschaffen kann.[1371]

Darüber hinaus hat der Arbeitnehmer gegen seinen Arbeitgeber einen höchstpersönlichen schuldrechtlichen Anspruch auf Gewährung von Einsicht in den Schriftwechsel. 624
Hierzu ist der Arbeitgeber aber nur »auf Verlangen« des Arbeitnehmers – eine empfangsbedürftige, formlose Willenserklärung im Sinne des § 130 BGB – verpflichtet. Mit »Schriftwechsel« sind grundsätzlich nur die mit der Erteilungsbehörde selbst gewechselten Schreiben, nicht die Korrespondenz mit Patent- oder Rechtsanwälten oder Dritten gemeint.[1372] Folglich fällt darunter auch nicht der konzerninterne Schriftwechsel, und zwar auch dann nicht, wenn das Erteilungsverfahren von einem anderen Konzernunternehmen bzw. einer zentralen Patentstelle durchgeführt wird.

b) Informationspflicht bei Rechtsübertragung im Konzern

Hat der Arbeitgeber die Rechte an der Diensterfindung bzw. die Rechte an einzelnen (ausländischen) Schutzrechtsanmeldungen auf ein Konzernunternehmen übertragen, ist § 15 Abs. 1 ArbEG nicht mehr einschlägig. Nach Sinn und Zweck dieser Regelung soll dem Arbeitnehmer die Möglichkeit der Kontrolle über die ordnungsgemäße Erfüllung der Anmeldepflicht seitens des Arbeitgebers gegeben werden.[1373] Diese Pflichten sind jedoch mit der Rechtsübertragung erloschen.[1374] Zudem ist der Arbeitgeber nicht mehr Herr des Erteilungsverfahrens und hat deshalb auch nur den Zugang zu den Akten der Erteilungsbehörde wie jeder Dritte, also auch der Arbeitnehmer (vgl. § 31 PatG). Er kann mithin diesen Pflichten im Regelfall nicht mehr nachkommen. Aber selbst wenn er – etwa aufgrund konzerninterner Unterrichtung oder wegen eines Tätigwerdens als Bevollmächtigter – über den jeweiligen Stand des Erteilungsverfahrens unterrichtet ist, bestehen die Informationspflichten aus § 15 ArbEG wegen der Akzessorietät zu §§ 13, 14 ArbEG nicht mehr. 625

Da die Informationspflichten an die gesetzliche Anmeldeposition aus §§ 13, 14 ArbEG anknüpfen und diese Bindungen m.E. nicht auf den Rechtserwerber übergehen,[1375] treffen auch das erwerbende Konzernunternehmen keine Pflichten aus § 15 Abs. 1 ArbEG.[1376] 626

2. Unterstützungspflicht des Arbeitnehmers – Besonderheiten im Konzern

Korrespondierend zu § 15 Abs. 1 ArbEG regelt Abs. 2 die Unterstützungspflicht des Arbeitnehmers. Hiernach ist der Arbeitnehmererfinder verpflichtet, seinen Arbeitgeber beim Erwerb von Schutzrechten zu unterstützen (1. Alt.), insbesondere indem er die 627

1371 Schiedsstelle v. 28.1.2022, Arb.Erf. 42/20 (www.dpma.de).
1372 Ebenso Volmer/Gaul, § 15 ArbEG, Rn. 86.
1373 Reimer/Schade/Schippel/Trimborn, § 15 ArbEG, Rn. 2.
1374 Siehe Rdn. 488 ff.
1375 Siehe Rdn. 504 ff.
1376 Im Ergebnis ebenso allgemein zum Rechtserwerber Bartenbach/Volz, § 15 ArbEG, Rn. 11.

für einen Schutzrechtserwerb erforderlichen Erklärungen abgibt (2. Alt.). Letzteres ist eine Konkretisierung der allgemeinen Unterstützungspflicht (§ 15 Abs. 2 1. Alt. ArbEG). Die Erfüllung dieser Pflicht darf vom Arbeitnehmer nicht an die Erfüllung eventueller eigener Ansprüche gegenüber dem Arbeitgeber geknüpft werden.[1377]

a) Inhalt der Unterstützungspflicht

628 Diese Pflichten haben in der Praxis eine besondere Bedeutung, da der Arbeitnehmererfinder mit dem Erfindungsgegenstand und dessen technischer Bedeutung am besten vertraut ist und seine Einbindung in die Ausarbeitung der Anmeldeunterlagen dazu beiträgt, den Erfindungsgegenstand auszuschöpfen und zielgenau umzusetzen. Der Arbeitnehmer hat seinem Arbeitgeber insoweit mit Rat und Tat zur Seite zu stehen[1378] und auf Verlangen an der Erstellung der Anmeldeunterlagen mitzuarbeiten[1379] sowie zur Durchführung von Versuchen zur Abgrenzung der Diensterfindung zum Stand der Technik, soweit dies geboten ist.[1380] Insoweit stehen Arbeitgeber und Arbeitnehmererfinder in einer gemeinsamen sachlichen Verantwortung für eine inhaltlich richtige und vollständige Schutzrechtsanmeldung.[1381] Bei Auslandsanmeldungen ist die Mitwirkung zudem vielfach nach den einschlägigen Schutzrechtsvorschriften erforderlich, wie etwa bei Rechtsnachfolgeerklärungen,[1382] Erfinderbenennungen etc. Hierzu gehört auch die Unterzeichnung von auf das Erteilungsverfahren oder vergleichbare Sachverhalte bezogenen Unterlagen (assignments etc.).[1383] Die Pflicht zur Abgabe der erforderlichen Erklärungen entsteht »auf Verlangen« des Arbeitgebers.

b) Unterstützungspflicht bei Rechtsübertragung im Konzern

629 Fraglich ist, ob den Arbeitnehmererfinder auch dann Unterstützungspflichten treffen, wenn der Arbeitgeber die Rechte an der Diensterfindung vollständig oder teilweise – etwa für einzelne Auslandsstaaten – nach Inanspruchnahme auf ein anderes Konzernunternehmen übertragen hat.

aa) aufgrund des § 15 Abs. 2 ArbEG

630 Die Pflichten des Erfinders aus § 15 Abs. 2 ArbEG bestehen nach dem Wortlaut nur gegenüber dem Arbeitgeber. Nach dem Zweck der Regelung knüpft diese Unterstützungspflicht an die Anmelderechte des Arbeitgebers nach §§ 13, 14 ArbEG an und

1377 Schiedsstelle v. 2.2.2010, Arb.Erf. 15/09 (unveröffentl.).

1378 LG Düsseldorf v. 22.3.2001, Az. 4 O 211/00 (unveröffentl.).

1379 Schiedsstelle v. 5.12.1991, Arb.Erf. 03/90 (unveröffentl.); OLG Karlsruhe v. 13.7.1983, GRUR 1984, 42 (44) – *Digitales Gaswarngerät*; Reimer/Schade/Schippel/Trimborn, § 15 ArbEG, Rn. 10.

1380 Schiedsstelle v. 9.10.2020, Arb.Erf. 36/18 (www.dpma.de).

1381 Reimer/Schade/Schippel/Trimborn, § 15 ArbEG, Rn. 10.

1382 Vgl. Bartenbach/Volz, § 15 ArbEG, Rn. 32.

1383 LG Mannheim v. 10.3.2006, Az. 7 O 8/05 u. Schiedsstelle v. 2.2.2010, Arb.Erf. 15/09 (beide unveröffentl.) – betreffend US-assignments; siehe dazu auch BGH v. 17.12.2019, GRUR 2020, 388 (390 f. [Tz. 47 ff.]) – *Fesoterodinhydrogenfumarat*.

soll deren ordnungsgemäße Erfüllung sicherstellen.[1384] Zudem hat der gesetzliche Anspruch des Arbeitgebers auf Unterstützung seinen Ursprung in dem zwischen den beiden Vertragsparteien bestehenden Arbeitsverhältnis und ist auch deshalb nicht auf Dritte übertragbar.[1385] Demzufolge besteht die Unterstützungspflicht grundsätzlich nicht gegenüber Dritten, etwa Erwerbern von Schutzrechtspositionen.[1386] Insoweit kommt auch eine analoge Anwendung nicht in Betracht.[1387]

Auch aus der Konzernsituation folgt keine Durchbrechung dieses Grundsatzes. Zwar wird die Unterstützung durch den Erfinder regelmäßig zweckdienlich sein. Jedoch würde bei Fortbestehen der gesetzlichen Bindung nach § 15 Abs. 2 ArbEG das System des ArbEG durchbrochen, wonach die Rechtsbeziehungen ausschließlich zwischen den Arbeitsvertragsparteien bestehen.[1388] Es wäre auch nicht gerechtfertigt, unterschiedliche Maßstäbe anzulegen, also Arbeitgeber und erwerbendes Konzernunternehmen von den Anmelde- und Informationspflichten gegenüber dem Arbeitnehmer frei zu stellen,[1389] dagegen den Arbeitnehmer weiterhin in der gesetzlichen Bindung des ArbEG zu belassen. Dies wird besonders augenfällig nach Beendigung des Arbeitsverhältnisses, wenn dann über § 26 ArbEG ein unbegrenzter Fortbestand dieser Unterstützungspflichten gegenüber dem früheren Arbeitnehmer eingefordert werden könnte. 631

Festzuhalten bleibt damit, dass die gesetzliche Unterstützungspflicht auch nicht gegenüber einem anderen Konzernunternehmen als Schutzrechtserwerber greift. 632

Etwas anderes kann auch dann nicht gelten, wenn der Arbeitgeber nach Rechtsübertragung ein Erteilungsverfahren als Dienstleister in Vollmacht für das erwerbende Konzernunternehmen durchführt. Hier fehlt es – trotz Arbeitgeberstellung – an dem erforderlichen Merkmal des § 15 Abs. 2 1. Alt. ArbEG, der Unterstützung des Arbeitgebers »beim Erwerb von Schutzrechten«. Im Zusammenhang mit §§ 13, 14 ArbEG kann sich dies nur auf den Erwerb eigener Schutzrechte beziehen. 633

bb) aufgrund des Direktionsrechts

Eine Pflicht des Arbeitnehmers zur Unterstützung seines Arbeitgebers bei einem »fremden« Schutzrechtserteilungsverfahren durch ein anderes Konzernunternehmen könnte sich – während der Dauer des Arbeitsverhältnisses – bei Ausübung des dem Arbeitgeber zustehenden Direktionsrechts ergeben (§ 106 i.V.m. § 6 GewO).[1390] 634

1384 Vgl. Reimer/Schade/Schippel/Trimborn, § 15 ArbEG, Rn. 10; vgl. auch Volmer/Gaul, § 15 ArbEG, Rn. 51.
1385 Keukenschrijver in Busse/Keukenschrijver, PatG, § 15 ArbEG, Rn. 9; Bartenbach/Volz, § 15 ArbEG, Rn. 28.
1386 Keukenschrijver in Busse/Keukenschrijver, PatG, § 15 ArbEG, Rn. 9.
1387 Bartenbach/Volz, § 15 ArbEG, Rn. 28.
1388 Siehe Rdn. 37 ff.
1389 Siehe Rdn. 625 f.
1390 Im Grundsatz wohl bejahend Bartenbach/Volz, § 15 ArbEG, Rn. 30.

635 Das Direktionsrecht, das aus dem zwischen dem Arbeitgeber und dem Erfinder bestehenden Arbeitsverhältnis folgt, bleibt gemäß § 25 ArbEG durch die Vorschriften des ArbEG unberührt. Ein auf Unterstützungshandlungen ausgerichtetes Direktionsrecht kann der Arbeitgeber allerdings nur dann wirksam ausüben, wenn eine solche Tätigkeit die arbeitsvertraglich geschuldete Arbeitsleistung des Erfinders betrifft (§ 106 Satz 1 GewO). Umfang und Grenzen des Weisungsrechts können durch den Arbeitsvertrag eingeschränkt, erweitert bzw. konkretisiert sein.[1391] Soweit der Tätigkeitsbereich des Arbeitnehmers durch den Arbeitsvertrag hinsichtlich Art und Arbeitsort bestimmt wird, bedeutet jede Zuweisung einer anderen Tätigkeit eine Änderung des Arbeitsvertrages, die grundsätzlich nicht einseitig vom Arbeitgeber herbeigeführt werden kann.[1392] Folglich kann einem Arbeitnehmer, dessen »forschende Tätigkeit« Inhalt seines Arbeitsvertrages geworden ist, in der Regel kein anderer Arbeitsbereich einseitig zugewiesen werden.[1393] Zudem ist hier zu beachten, dass die für die Erteilung eines Schutzrechtes erforderlichen Unterstützungshandlungen sich nicht auf den Arbeitgeber selbst beziehen, sondern auf ein anderes Konzernunternehmen. Enthält der Arbeitsvertrag keine besonderen konzernbezogenen Pflichten des Arbeitnehmers, kann es zweifelhaft sein, ob solche Unterstützungshandlungen für eine andere Konzerngesellschaft noch von der geschuldeten Arbeitsleistung und damit vom Direktionsrecht umfasst sind.

cc) aufgrund der Pflicht zur Rücksichtnahme bzw. aus Treu und Glauben

636 Eine Unterstützungspflicht des Arbeitnehmererfinders könnte sich – während der Dauer des Arbeitsverhältnisses – aus der arbeitsrechtlichen Nebenpflicht des Arbeitnehmers zur Rücksichtnahme ableiten (§ 241 Abs. 2 BGB) und nach Ausscheiden gegebenenfalls aus Treu und Glauben (§ 242 BGB).

637 Der Arbeitnehmer ist aufgrund der aus § 241 Abs. 2 BGB abgeleiteten Rücksichtnahmepflicht gehalten, die Interessen des Arbeitgebers in dem ihm zumutbaren Umfang zu wahren, zu fördern und Schaden abzuwenden.[1394] Das gilt in besonderem Maße im Zusammenhang mit Arbeitnehmererfindungen.[1395]

638 Hat der Arbeitgeber die Erfindungsrechte im Konzern übertragen und ist die ordnungsgemäße Erfüllung dieses Vertrages von der Mitwirkung des Erfinders abhängig,

---

1391 BAG v. 27.3.1980, AP Nr. 26 zu § 611 BGB – *Direktionsrecht* u. v. 11.2.1998, NJW 1998, 669 m.w.N.; siehe auch Grüneberg/Weidenkaff, § 611 BGB, Rn. 47 f.

1392 Vgl. BAG v. 10.11.1955, AP Nr. 2 zu § 611 BGB – *Beschäftigungspflicht*; BAG v. 24.10.2018, NZA 2019, 619 u. v. 16.10.2013, NZA 2014, 264; Schaub/Linck, Arbeitsrechts-Handbuch, § 45, Rn. 31; dabei ist umstritten, ob dies auch für eine bloß vorübergehende andersartige Tätigkeit gilt, vgl. BAG v. 3.12.1980, AP Nr. 4 zu § 615 BGB – *Böswilligkeit* u. Linck, a.a.O., Rn. 32.

1393 So zutreffend Bartenbach/Volz, § 25 ArbEG, Rn. 6.

1394 Vgl. zu § 241 Abs. 2 BGB Schaub/Linck, Arbeitsrechts-Handbuch, § 53, Rn. 1 ff.; ErfK/Preis, § 611a BGB, Rn. 734; siehe auch BAG v. 15.6.2021, NZA 2021, 1780; zum früheren Recht der Treuepflicht vgl. u.a. BAG v. 17.12.1973, AP Nr. 1 zu § 611 BGB – *Treuepflicht*.

1395 Röpke, Arbeitsverhält. u. ArbNErf., S. 27 f.

kann der Erfinder diese Mitwirkung nicht verweigern, wenn der Arbeitgeber von seinen legitimen Rechten Gebrauch gemacht hat.

Die Rücksichtnahmepflicht kann auch die Pflicht des Arbeitnehmererfinders umfas- 639
sen, seinen Arbeitgeber dann zu unterstützen, wenn dieser in zulässiger Weise gehalten ist, bestimmte Aufgaben für Dritte wahrzunehmen, hier etwa als Beauftragter für ein anderes Konzernunternehmen Schutzrechtserteilungsverfahren durchzuführen.

Mit Beendigung des Arbeitsverhältnisses besteht die Rücksichtnahmepflicht regel- 640
mäßig nicht mehr fort.[1396] Hier können sich allerdings Verhaltenspflichten aus Treu und Glauben (§ 242 BGB) ergeben. Dies betrifft im Bereich des Arbeitnehmererfindungsrechts insbesondere die Situation, dass der frühere Arbeitnehmererfinder noch durchsetzbare Vergütungsansprüche hat oder diese bereits voll abgefunden sind.[1397] Demzufolge ist es ohne Belang, ob der frühere Arbeitgeber die Rechte an der Diensterfindung in vollem Umfang übertragen oder sich Nutzungsrechte vorbehalten hat. Im ersten Fall hat der Erfinder einen auf die Rechtsübertragung bezogenen Vergütungsanspruch[1398] und im zweiten Fall einen solchen auf laufende Vergütung gemäß den Nutzungshandlungen des Arbeitgebers.[1399]

dd) aufgrund von Anmeldeerfordernissen der jeweiligen Schutzrechtsordnung

Die Verpflichtung des Erfinders zur Abgabe der für den Erwerb der Schutzrechte 641
erforderlichen Erklärungen kann sich – losgelöst von den erfinder- bzw. arbeitsrechtlichen Bindungen – auch aus der jeweiligen Schutzrechtsordnung ergeben. Diese können unmittelbare Pflichten der in der Schutzrechtsanmeldung benannten Erfinder u.a. zur Abgabe von Übertragungserklärungen oder der Mitunterzeichnung der Erfinderbenennung begründen.[1400] Diese Erklärungen können häufig nur persönlich vom Erfinder erfüllt werden. Im Unterschied zu den zuvor dargestellten allgemeinen Unterstützungspflichten sind diese Erklärungen gegenüber den Erteilungsbehörden bzw. deren Beauftragten abzugeben. Es besteht kein Grund, den Erfinder von der Pflicht, anderen Konzerngesellschaften die für das Erteilungsverfahren notwendigen Erklärungen abzugeben, freizusprechen, wenn auch nicht konzernangehörige Personen diese Erklärungen schulden.

Weigert sich ein Arbeitnehmererfinder, die für das Erteilungsverfahren notwendigen 642
Erklärungen abzugeben, kann die Lösung dieser Problematik in der jeweils für das betroffene Konzernunternehmen geltenden nationalen Rechtsordnung ihre Grundlage finden.

1396 Vgl. allgemein LAG Hamm v. 10.5.2001, LAG-Report 2002, 39 (40).

1397 Vgl. zur Nichtangriffspflicht des Arbeitnehmererfinders gegen Schutzrechte seines früheren Arbeitgebers BGH v. 2.6.1987, GRUR 1987, 900 (902) – *Entwässerungsanlage* u. v. 15.5.1990, GRUR 1990, 667 (668) – *Einbettungsmasse*.

1398 Siehe Rdn. 792 ff.

1399 Siehe Rdn. 712 ff.

1400 Schiedsstelle v. 4.4.1995, Arb.Erf. 53/93 (Datenbank Schiedsstellenpraxis); vgl. dazu Bartenbach/Volz, § 15 ArbEG, Rn. 32.

IV. Die Aufgabe der Schutzrechtsanmeldung oder des Schutzrechts (§ 16 ArbEG)

1. Rechtsanspruch des Arbeitnehmers auf Übertragung der Schutzrechtsposition

643 Der Arbeitgeber ist frei darin, ob und wann er eine Schutzrechtsposition fallenlassen will. Dies ist eine vom Arbeitnehmererfinder nicht zu beeinflussende unternehmerische Entscheidung des Arbeitgebers. Er kann sich damit – trotz vorangegangener Inanspruchnahme – von Schutzrechtspositionen befreien,[1401] ohne dass es auf seine Motive für die Aufgabeabsicht oder eine Zustimmung des Arbeitnehmers ankommt. Die insoweit vom Arbeitgeber im Verhältnis zum Arbeitnehmer zu erfüllenden Pflichten bestimmt § 16 ArbEG. Vor Aufgabe der Schutzrechtsposition ist der Arbeitgeber nach § 16 Abs. 1 ArbEG verpflichtet, dem Arbeitnehmererfinder die Übertragung der Erfindungsrechte anzubieten, es sei denn, er hat den Vergütungsanspruch des Arbeitnehmers aus § 9 ArbEG bereits vollständig erfüllt.

644 Da erfahrungsgemäß Arbeitnehmererfinder von der Möglichkeit der Übernahme solcher Schutzrechtspositionen im Hinblick auf die zum Teil hohen Kosten und die geringen Verwertungsmöglichkeiten praktisch keinen Gebrauch machen,[1402] wird diese Rechtspflicht des Arbeitgebers häufig im Rahmen sog. Abkauf- bzw. Incentive-Programme[1403] gegen Zahlung einer einmaligen Pauschalgebühr abgekauft.[1404]

645 Ist der Vergütungsanspruch noch nicht vollständig erfüllt und besteht eine solche Abkaufregelung nicht, muss der Arbeitgeber seine Aufgabeabsicht dem Arbeitnehmer nach § 16 Abs. 1 ArbEG mitteilen und ihm auf dessen Verlangen und Kosten das Recht übertragen sowie die zur Wahrung des Rechts erforderlichen Unterlagen aushändigen.

646 Diese (formlose) Mitteilung des Arbeitgebers löst die Rechtsfolge des § 16 Abs. 2 ArbEG aus, d. h. der Arbeitnehmer hat die freie Entscheidung, eine Übertragung zu verlangen oder die Übernahme abzulehnen. Die Frist für die Abgabe einer auf Rechtsübertragung gerichteten Erklärung des Arbeitnehmers beträgt gemäß § 16 Abs. 2 ArbEG drei Monate ab Zugang der Mitteilung des Arbeitgebers. Der Zugang der Mitteilung beim Arbeitnehmer führt zu einer einseitigen Bindung des Arbeitgebers.[1405] Während dieser Überlegungsfrist hat der Arbeitgeber die Schutzrechts-

1401 Vgl. Amtl. Begr. BT-Drucks. II/1648, S. 33 f. = BlPMZ 1957, 218 (236 f.).

1402 Nach der aktuellen BMI/BMA-Umfrage von 2019 (siehe oben Rdn. 6) liegt bei 77,4 % der Unternehmen, die sich mit Rückmeldungen beteiligt haben, die Übernahmequote von Patenten durch Erfinder unter 2 %.

1403 Siehe hierzu Rdn. 595 u. Rdn. 936 ff.

1404 Ebenso Keukenschrijver in Busse/Keukenschrijver, PatG, § 16 ArbEG, Rn. 3; siehe auch Schiedsstelle v. 7.4.2017, Arb.Erf. 05/15 (www.dpma.de).

1405 Vgl. BGH v. 27.7.2021, GRUR 2021, 1284 (1285 [Tz. 19]) – Zündlanze; im Ergebnis auch Schiedsstelle v. 19.8.2021, Arb.Erf. 30/19 (www.dpma.de).

position in ihrem Bestand unverändert aufrechtzuerhalten[1406] und insbesondere die fälligen Jahresgebühren zu zahlen.[1407] Verlangt der Arbeitnehmer die Übertragung, löst dies einen Übertragungsanspruch aus und der Arbeitgeber hat die Rechte durch Abtretung (§§ 413, 398 ff. BGB, § 15 Abs. 1, Satz 2 PatG) unverzüglich zu übertragen.[1408] Die Erklärung des Arbeitnehmers, die fallenzulassende Schutzrechtsposition übernehmen zu wollen, bewirkt noch keinen Rechtsübergang. Vielmehr wird hierdurch die schuldrechtliche Pflicht des Arbeitgebers zur unverzüglichen Übertragung begründet (§ 15 Abs. 1 Satz 2 PatG, §§ 413, 398 f. BGB). Die Übertragung der Schutzrechtspositionen kann auch formlos, sogar konkludent erfolgen. Dies sieht die Schiedsstelle z.B. in der auf Verlangen des Arbeitnehmers erfolgten Übersendung der Amtsteile der Patentakten.[1409]

2. Vorbehalt eines Benutzungsrechts

Über die übertragene Schutzrechtsposition kann der Arbeitnehmererfinder frei verfügen. Ein Verwertungsrecht des Arbeitgebers entfällt, solange das Schutzrecht aufrechterhalten wird. Will der Arbeitgeber dies vermeiden, kann er sich gleichzeitig mit der Mitteilung der Aufgabeabsicht ein nicht ausschließliches Benutzungsrecht gemäß § 16 Abs. 3 ArbEG vorbehalten. 647

Dieses vorbehaltene Benutzungsrecht wird von der h.M. inhaltlich den Benutzungsrechten aus § 7 Abs. 2 ArbEG a.F. bzw. § 14 Abs. 3 und § 19 Abs. 1 ArbEG gleichgestellt[1410] und entspricht einer einfachen Lizenz.[1411] Darüber hinaus ist es betriebsgebunden, d. h. auf das Unternehmen des Arbeitgebers begrenzt; die besondere Konzernsituation verändert die Betriebsgebundenheit des Benutzungsvorbehalts nicht.[1412] Die eine solche Ausweitung auf den Konzernverbund bejahende frühere Schiedsstellenpraxis hat diese in der Zwischenzeit – allerdings ohne eine diesbezügliche Begründung – aufgegeben.[1413] Festzuhalten ist, dass das nicht ausschließliche Benutzungsrecht auch bei § 16 Abs. 3 ArbEG allein dem Betrieb (Unternehmen) des Arbeitgebers – und nicht

1406 BGH v. 6.2.2002, GRUR 2002, 609 (613 [Tz. 46]) – *Drahtinjektionseinrichtung*; Schiedsstelle v. 23.4.1990, Mitt. 1993, 286 (287) – *Jahresgebührenquotelung*.

1407 Siehe BGH v. 18.5.2010, GRUR 2010, 817 [Tz. 12, 13] – *Steuervorrichtung*.

1408 BGH v. 6.2.2002, GRUR 2002, 609, 611 – *Drahtinjektionseinrichtung*.

1409 Schiedsstelle v. 12.10.2016, Arb.Erf. 07/14 (www.dpma.de).

1410 H. M.: BGH v. 28.6.1962, GRUR 1963, 135 (138) – *Cromegal*; BPatG v. 8.2.1991, GRUR 1991, 755 (756) – *Tiegelofen*; siehe auch BGH v. 15.5.1990, GRUR 1990, 667 (668) – *Einbettungsmasse*.

1411 BGH v. 23.4.1974, GRUR 1974, 463 (464) – *Anlagengeschäft*; OLG Frankfurt v. 29.10.1970, OLGZ 71, 373 (374); Schiedsstelle v. 28.5.1968, BlPMZ 1968, 349 u. v. 4.7.2016, Arb.Erf. 03/14 (www.dpma.de); Reimer/Schade/Schippel/Trimborn, § 16 ArbEG, Rn. 23; Bartenbach/Volz, § 16, Rn. 79; Keukenschrijver in Busse/Keukenschrijver, PatG, § 14 ArbEG, Rn. 21; siehe hierzu auch Schiedsstelle v. 15.11.2017, Arb.Erf. 14/15, v. 23.1.2020, Arb.Erf. 06/19 u. v. 9.10.2020, Arb.Erf. 36/18 (alle www.dpma.de).

1412 Siehe Rdn. 613 ff.

1413 Vgl. nunmehr Schiedsstelle v. 23.1.2020, Arb.Erf. 06/19 u. v. 19.8.20221, Arb.Erf. 30/19 (beide www.dpma.de).

dem gesamten Konzernverbund – zugutekommen soll. Auch dieses Nutzungsrecht kann auf ein konzernverbundenes Schwesterunternehmen des Arbeitgebers nur durch Vereinbarung mit dem Arbeitnehmererfinder erstreckt werden.[1414] Ohne eine solche Vereinbarung wäre dem Arbeitgeber nur ein Herstellenlassen durch Dritte im Rahmen einer Lohnfertigung bzw. als verlängerte Werkbank möglich.[1415] Bei einer solchen Lohnfertigung wird der Dritte nur für den Nutzungsberechtigten tätig, und zwar in dem Umfang, der dem Arbeitgeber kraft seines gesetzlichen Nutzungsrechts ohnehin für seine eigenen Geschäftszwecke zusteht. Ähnlich wie bei § 12 Abs. 1 Satz 2 PatG ist für ein Arbeitenlassen in fremden Werkstätten allein entscheidend, dass der Arbeitgeber noch einen bestimmenden, sich für ihn wirtschaftlich auswirkenden Einfluss auf Art und Umfang der Herstellung und des Vertriebs hat[1416] sowie die Kontrolle und das Weisungsrecht hinsichtlich jeder Nutzungsart behält.[1417]

1414 Schiedsstelle v. 23.5.2014, Arb.Erf. 38/12 (www.dpma.de); weitergehend Schiedsstelle v. 25.7.1983, Arb.Erf. 14/82 (unveröffentl.).

1415 OLG Frankfurt v. 29.10.1970, OLGZ 71, 373, 376 – *Anlagengeschäft*; LG Düsseldorf v. 15.9.1998, Mitt. 1999, 370, 371 – *Steckerkupplung*; OLG Karlsruhe v. 31.1.2019, GRUR-RS 2019, 2116 – Gießpfanne.

1416 So zutreffend Schiedsstelle v. 28.1.2022, Arb.Erf. 42/20 u. v. 17.10.2022, Arb.Erf. 44/21 (beide www.dpma.de).

1417 OLG Karlsruhe v. 31.1.2019, GRUR-RS 2019, 2116 – Gießpfanne.

G. Die Vergütung von Diensterfindungen im Konzernverbund

Übersicht Rdn.

I. Die Grundsätze der Vergütung

648 Das ArbEG enthält über den Bereich der Hochschulerfindungen (§ 42 ArbEG) sowie den Fall der Insolvenz des Arbeitgebers (§ 27 ArbEG) hinaus keine weiteren Sonderregelungen zur Vergütung von Diensterfindungen. Demzufolge kommen auch bei Verwertung einer Diensterfindung im Bereich eines Konzerns die allgemeinen Vergütungsvorschriften des ArbEG zum Tragen.

1. Übersicht zum Vergütungssystem des ArbEG

Das ArbEG gewährt dem Arbeitnehmererfinder einen Anspruch auf angemessene 649 Vergütung. Zum Inhalt des Anspruchs, dessen Dauer und Höhe, unterschied das Gesetz bis zur ArbEG-Reform 2009 aufgrund der jeweils erworbenen, unterschiedlichen Rechtsposition des Arbeitgebers zwischen der Vergütung bei unbeschränkter Inanspruchnahme (§ 9 ArbEG a.F.) und bei beschränkter Inanspruchnahme (§ 10 ArbEG a.F.).[1418]

Die ArbEG-Novelle 2009 hat die ursprünglich angestrebte Reform des Vergütungsrechts 650 nicht umgesetzt. Sie hat die Regelung der Vergütung von unbeschränkt in Anspruch genommenen Alterfindungen materiell unverändert gelassen. In § 9 Abs. 1 ArbEG ist lediglich das Wort »unbeschränkte« entfallen;[1419] der Wegfall dieses Wortes ist die rein redaktionelle Folgeänderung aufgrund der Streichung der beschränkten Inanspruchnahme und des Wegfalls der Vergütungsregelung des § 10 ArbEG a.F. für die Fälle der beschränkten Inanspruchnahme.[1420] Nunmehr regelt § 9 ArbEG die Vergütung bei der Inanspruchnahme von Diensterfindungen nach §§ 6, 7 ArbEG n.F. Diese Regelung gilt auch für die Vergütung der früher nach §§ 6, 7 Abs. 1 ArbEG a.F. unbeschränkt in Anspruch genommenen, vor dem 1.10.2009 gemeldeten Alterfindungen.

Der an die Inanspruchnahme anknüpfende Vergütungsanspruch nach § 9 ArbEG ist 651 auf angemessene Vergütung gerichtet. Um bei der schwierigen Bemessung der Vergütung, insbesondere der Ausfüllung des unbestimmten Rechtsbegriffs der »angemessenen Vergütung« und namentlich der in § 9 Abs. 2 ArbEG vorgegebenen Bewertungskriterien in der Praxis Hilfe zu vermitteln, hat der Bundesminister für Arbeit[1421] gemäß dem Gesetzesauftrag in § 11 ArbEG im Jahr 1959 die »Richtlinien für die Vergütung von Arbeitnehmererfindungen im privaten Dienst« herausgegeben. Diese sind keine Rechtnormen im formellen oder materiellen Sinne,[1422] haben also keine Rechtssatzqualität, sondern geben nur unverbindliche Anhaltspunkte,[1423] um die angemessene Vergütung zu ermitteln (vgl. RL Nr. 1). Damit sind sie lediglich ein Hilfsmittel, das der Ermittlung der angemessenen Höhe der Vergütung von Arbeitnehmererfindern dienen soll.[1424]

1418 Zur Vergütung bei beschränkter Inanspruchnahme siehe 1. Auflage S. 169 f.

1419 Zur Gesetzesreform siehe Rdn. 6 ff.

1420 Vgl. Amtl. Begr. in BR-Drucks. 757/08, S. 51.

1421 Heute Bundesministerium für Wirtschaft und Technologie (BMWi).

1422 Statt aller BVerfG v. 24.4.1998, NJW 1998, 3704 (3706); vgl. auch BAG v. 1.11.1956, AP Nr. 4 zu § 2 ArbNErfVO (zu den Richtlinien 1944); siehe auch Schiedsstelle v. 19.9.2016, Arb.Erf. 05/14 u. v. 15.6.2022, Arb.Erf. 27/19 (beide www.dpma.de).

1423 Vgl. auch BGH v. 4.10.1988, GRUR 1990, 271 (273) – *Vinylchlorid*; Schiedsstelle v. 28.6.1962, BlPMZ 1963, 16; siehe auch Schiedsstelle v. 8.12.2010, Arb.Erf. 06/09 u. v. 13.3.2012, Arb.Erf. 19/11 (beide unveröffentl.); v. 19.9.2016, Arb.Erf. 05/14 (www.dpma.de).

1424 Schiedsstelle v. 9.3.2023, Arb.Erf. 20/21 (www.dpma.de).

652 Die nach Art und Höhe angemessene Vergütung ist im Verfahren nach § 12 ArbEG zwischen den Arbeitsvertragsparteien festzulegen, also zu vereinbaren (§ 12 Abs. 1, 2 ArbEG) bzw. – wenn eine Vereinbarung nicht zustande kommt – einseitig vom Arbeitgeber festzusetzen (§ 12 Abs. 3 ArbEG) mit der Möglichkeit für den bzw. die Erfinder, dieser Festsetzung zu widersprechen (§ 12 Abs. 4, 5 ArbEG).

653 Eine Vergütungsvereinbarung bzw. -festsetzung entfaltet keine Wirkung, wenn sie in erheblichem Maße unbillig und damit unwirksam ist (§ 23 ArbEG). Sie ist für die Zukunft gegebenenfalls anzupassen, wenn sich nachträglich die für die ursprüngliche Regelung maßgebenden Umstände wesentlich ändern (§ 12 Abs. 6 ArbEG).

654 Der Vergütungsanspruch hat seine Grundlage nicht in einer Sonderleistung des Arbeitnehmererfinders,[1425] sondern in der Möglichkeit des Arbeitgebers, durch die Überlassung der schutzfähigen Erfindung ein Schutzrecht und damit ein gegen jedermann wirkendes Ausschluss- bzw. Monopolrecht zu erwerben (Monopolprinzip).[1426]

655 Als Ausfluss dieses Monopolprinzips ist der Arbeitnehmererfinder nach § 9 ArbEG grundsätzlich an allen wirtschaftlichen (geldwerten) Vorteilen zu beteiligen, die seinem Arbeitgeber aus der Diensterfindung (kausal) tatsächlich zufließen (Allgemeiner Vergütungsgrundsatz).[1427] Wirtschaftliche Vorteile erzielt ein Arbeitgeber erst dann, wenn ihm aufgrund der Diensterfindung tatsächlich geldwerte Vorteile zufließen.[1428]

1425 Für das Sonderleistungsprinzip aber (noch) Volmer, § 9 ArbEG, Rn. 2; im Anschluss daran Hubmann, RdA 1959, 238.

1426 Ganz h.M.: Schiedsstelle v. 6.2.1970, BlPMZ 1970, 456 (457); v. 4.8.1987, BlPMZ 1988, 171 (172); v. 18.1.1990, BlPMZ 1990, 336; v. 9.10.2012, Arb.Erf. 39/11; v. 10.10.2013, Arb.Erf. 22/12; v. 17.12.2014, Arb.Erf. 52/13; v. 28.1.2022, Arb.Erf. 42/20; v. 5.7.2022, ArbErf. 64/20; v. 1.8.2022, Arb.Erf. 13/21; v. 3.8.2022, Arb.Erf. 51/20 u. v. 27.10.2022, Arb.Erf. 32/19 (alle www.dpma.de); Keukenschrijver in Busse/Keukenschrijver, PatG, § 9 ArbEG, Rn. 2; Reimer/Schade/Schippel/Himmelmann, Einl., Rn. 34; Lindenmaier/Lüdecke, § 11 ArbEG/RL Nr. 2, Rn. 4; Bartenbach/Volz, Einl. vor §§ 9–12 ArbEG, Rn. 9; Krieger, FS Quack (1990), 41 (50 ff.); Schade, GRUR 1958, 519 (522 f.); siehe auch BGH v. 13.11.1997, GRUR 1998, 684 (689) – *Spulkopf*; ausführlich Meier-Beck, FS Reimann (2009), 309; vgl. auch BFH v. 21.10.1009, DB 2010, 87 (89); FG Münster v. 5.5.2011, EFG 2011, 2078 f. u. v. 27.4.2013, Az. 12 K 1625/12 (unveröffentl.); siehe auch Geier, DStR 2017, 1192 (1196).

1427 BGH v. 13.11.1997, GRUR 1998, 684 (688) – *Spulkopf*; v. 23.10.2001, GRUR 2002, 149 (151 [Tz. 17]) – *Wetterführungspläne II* u. v. 29.4.2003, GRUR 2003, 789 (791) – *Abwasserbehandlung*; bestätigt durch BGH v. 17.11.2009, GRUR 2010, 223 (225 f. [Tz. 20]) – Türinnenverstärkung u. v. 17.11.2009, X ZR 60/07 [Tz. 22] – *Türbänder* (unveröffentl.); Schiedsstelle v. 19.12.1991, GRUR 1992, 847 (848) – *Geschäftsaktivitäten-Veräußerung*; v. 1.2.2005, Arb.Erf. 72/03; v. 25.11.2008, Arb.Erf. 03/08; v. 10.2.2009, Arb.Erf. 30/07; v. 15.12.2009, Arb.Erf. 16/09 u. v. 15.11.2012, Arb.Erf. 01/12 – dort zur Konzernnutzung (alle unveröffentl.); v. 12.6.2013, Arb.Erf. 61/11 u. v. 19.9.2013, Arb.Erf. 29/12 (beide www.dpma.de).

1428 BGH v. 16.4.2002, GRUR 2002, 801 (802) – *Abgestuftes Getriebe*; OLG München v. 16.8.2012, 6 U 2572/11 (unveröffentl.) – *Elektronische Funktionseinheit*; Schiedsstelle v. 11.4.2018, Arb.Erf. 27/16 (www.dpma.de).

Die Höhe des Vergütungsanspruchs hängt daher davon ab, welche Vorteile dem Arbeitgeber durch eine realisierte Verwertung des rechtlichen Monopolschutzes zugeflossen sind. Aus dem Einsatz einer technischen Lösung resultierende wirtschaftliche Vorteile des Arbeitgebers können deshalb nur insoweit eine über das Arbeitsentgelt hinausgehende Vergütungspflicht begründen, als der Arbeitgeber angestoßen von der Erfindung über ein patentrechtliches Verbietungsrecht gegenüber Wettbewerbern verfügt und ihm dieses über den bloßen Erfolg einer technischen Lösung am Markt hinaus gesonderte wirtschaftliche Vorteile verschafft. An solchen gesonderten Vorteilen wird der Arbeitnehmer dann gemäß § 9 Abs. 2 ArbEG zu einem bestimmten Anteil beteiligt.[1429] Solange ein Arbeitgeber eine Diensterfindung nicht verwertet, sei es in Form von Umsatzgeschäften, sei es durch Lizenzvergabe oder Verkauf, hat er nur Kosten, aber keinen Zufluss geldwerter Vorteile, so dass der Erfindung mit Ausnahme eines, allerdings erst ab dem achten Patentjahr relevanten, Vorratserfindungswertes[1430] kein Erfindungswert[1431] zukommt.[1432] Auch der Umstand einer (rechtsbeständigen) Patenterteilung als solcher löst keinen Vergütungsanspruch aus, es sei denn, der Arbeitgeber gibt insoweit eine Incentive-Leistung im Rahmen eines freiwilligen Incentive-Systems vor.[1433]

Nach diesem allgemeinen Vergütungsgrundsatz kommt es allein auf die wirtschaftlichen Auswirkungen des Einsatzes einer Erfindung beim Arbeitgeber und nicht bei Dritten an (Arbeitgeberbezug).[1434] Maßgeblich sind die objektiv zu bestimmenden geldwerten (nicht ideellen) Vorteile des Arbeitgebers aus der (tatsächlichen oder möglichen) Verwertung der Diensterfindung, die unternehmensbezogen zu ermitteln sind.[1435] Nicht vergütungspflichtig sind die wirtschaftlichen Vorteile eines Lizenznehmers oder Erwerbers der Erfindung aus deren Nutzung.[1436] Unter den Begriff der tatsächlichen wirtschaftlichen Verwertung fallen auch (bloß) mittelbare Auswirkungen der Erfindung als ein indirekter Nutzen. Dabei muss die Erfindung eine vorrangige bzw. entscheidende kausale Bedeutung für diese mittelbaren Vorteile haben.[1437] Beispielsweise wenn eine Erfindung als entscheidendes Druckmittel dient, Vermögensvorteile von 656

1429 So Schiedsstelle v. 4.5.2023, Arb.Erf. 47/19 (www.dpma.de).

1430 Siehe hierzu Rdn. 785 ff.

1431 Siehe hierzu Rdn. 697 ff.

1432 Schiedsstelle v. 15.7.2016, Arb.Erf. 26/14 (www.dpma.de).

1433 Siehe hierzu Rdn. 936 ff.

1434 Siehe hierzu Schiedsstelle v. 23.3.2010, Arb.Erf. 13/09 u. v. 12.6.2013, Arb.Erf. 61/11 (beide www.dpma.de).

1435 BGH v. 13.11.1997, GRUR 1998, 684 (687) – *Spulkopf*; v. 17.11.2009, GRUR 2010, 223 (225 [Tz. 20]) – *Türinnenverstärkung* (»betriebsbezogen«); Bartenbach/Volz, § 9 ArbEG, Rn. 2 f., 2.4 m.w.N.

1436 Schiedsstelle v. 12.4.2009, Arb.Erf. 58/07 u. v. 15.12.2009, Arb.Erf. 16/09 (beide unveröffentl.); v. 23.3.2010, Arb.Erf. 13/09 u. v. 19.9.2013, Arb.Erf. 29/12 (beide www.dpma.de).

1437 Schiedsstelle v. 5.7.2001, Arb.Erf. 10/99 u. v. 16.5.2007, Arb.Erf. 12/06 (beide Datenbank Schiedsstellenpraxis); v. 21.4.2015, Arb.Erf. 56/12 u. v. 20.7.2021, Arb.Erf. 15/19 (beide www.dpma.de).

Dritten (z.B. Preissenkung von Zulieferern) zu erreichen oder wenn die Erfindung als Mittel zum Abschluss anderweitiger Aufträge eingesetzt wird oder Grund für den Erhalt eines Forschungsauftrags ist.[1438]

657 Dies gilt im Grundsatz auch für eine Nutzung im Konzern. Bemessungsgrundlagen sind auch hier nur die wirtschaftlichen Vorteile des jeweiligen konzernverbundenen Arbeitgebers.[1439]

658 Dem Vergütungsanspruch kommt als dem wichtigsten, sich aus dem ArbEG ergebenden Recht des Arbeitnehmers zentrale Bedeutung zu. Durch die Vergütung wird die grundsätzliche Zuordnung des wirtschaftlichen Wertes der Erfindung an den Erfinder gewährleistet, die zum Kernbereich der Eigentumsgarantie gehört und durch inhaltsbestimmende Regelungen nicht ausgehöhlt werden darf.[1440] Die angemessene Vergütung nach § 9 ArbEG stellt eine zulässige Inhaltsbestimmung im Sinne von Art. 14 Abs. 1 Satz 2 GG dar.[1441]

659 Dieser gesetzlichen Systematik der Vergütung unterliegen die Arbeitsvertragsparteien auch im Konzernbereich.

2. Entstehung und Fälligkeit des Vergütungsanspruchs

a) Vergütung für Nutzungen vor Inanspruchnahme

660 Nach dem Wortlaut des § 9 Abs. 1 ArbEG entsteht der Vergütungsanspruch – zunächst dem Grunde nach[1442] –, sobald der Arbeitgeber die Diensterfindung in Anspruch genommen hat, also mit Zugang der ausdrücklichen Inanspruchnahmeerklärung beim Arbeitnehmer oder mit Wirksamwerden der Inanspruchnahmefiktion.[1443]

1438 Siehe im Einzelnen Bartenbach/Volz, § 9 ArbEG, Rn. 95.

1439 Vgl. OLG München v. 8.2.2001, GRUR-RR, 2001, 103 (104 [Tz. 82]) – *Verankerungsmittel*; Schiedsstelle v. 24.6.2008, Arb.Erf. 04/07 (Datenbank Schiedsstellenpraxis); v. 15.12.2009, Arb.Erf. 16/09 u. v. 15.10.2009, Arb.Erf. 44/08 (beide unveröffentl.); siehe im Übrigen Rdn. 682 ff.

1440 BVerfG v. 24.4.1998, NJW 1998, 3704 f. – *Induktionsschutz von Fernmeldekabeln.*

1441 BGH v. 6.3.2012, Mitt. 2012, 285 (289 [Tz. 47]) – *Antimykotischer Nagellack I.*

1442 BGH v. 2.12.1960, GRUR 1961, 338 (339) – *Chlormethylierung*; v. 10.9.2002, Mitt. 2003, 24 (26) – *Ozon*; v. 29.4.2003, GRUR 2003, 789 (791) – *Abwasserbehandlung* u. v. 4.12.2007, GRUR 2008, 806 [Tz. 14] – *Ramipril I*; Schiedsstelle v. 27.2.1984, BlPMZ 1985, 383 (384); v. 9.5.1985, BlPMZ 1985, 344 (345); v. 4.2.1993, GRUR 1994, 611 (613) u. v. 1.12.2009, Arb.Erf. 48/08 (unveröffentl.); vgl. auch Schiedsstelle v. 12.6.2013, Arb.Erf. 61/11 u. v. 12.9.2013, Arb.Erf. 21/12 (beide www.dpma.de).

1443 BVerfG v. 24.4.1998, NJW 1998, 3704 (3705) – *Induktionsschutz von Fernmeldekabeln*; BGH v. 4.10.1988, GRUR 1990, 271 (272) – *Vinylchlorid*; v. 29.11.1988, GRUR 1989, 205 (207) – *Schwermetalloxidationskatalysator*; v. 15.5.1990, GRUR 1990, 667 (668) – *Einbettungsmasse*; v. 17.5.1994, GRUR 1994, 898 (900) – *Copolyester I*; v. 10.9.2002, GRUR 2003, 237 (238) – *Ozon* u. v. 29.4.2003, GRUR 2003, 789 (791) – *Abwasserbehandlung*; LG Düsseldorf v. 12.5.2015, Düsseldorfer Entscheidungen Nr. 2422 – *Doppelplattenspieler*; Schiedsstelle v. 21.3.1995, Arb.Erf. 57/93 (Datenbank Schiedsstellenpraxis), v. 4.4.1997, Arb.Erf. 64/95 (unveröffentl.) u. v. 25.6.1998, Arb.

Streitig ist, ob gleichwohl Verwertungshandlungen des Arbeitgebers vor Inanspruchnahme oder sogar vor Meldung der Diensterfindung nach den Bestimmungen des ArbEG vergütungspflichtig sind. Diese Problematik kann im Konzernbereich etwa dann relevant werden, wenn eine fertige Diensterfindung im Rahmen eines konzernweiten Forschungsprojektes vor Inanspruchnahme als Mittel zur Weiterforschung eingesetzt wird oder wenn eine schutzfähige technische Neuerung aufgrund beiderseitiger Fehlbewertung zunächst als Verbesserungsvorschlag bzw. als bloßes Arbeitsergebnis verwertet wurde. Als weiterer Fall ist denkbar, dass sich bei einer aus der Kooperation mehrerer Konzernunternehmen entstandenen Erfindung erst später die Miterfinderschaft eines Arbeitnehmers herausstellt und er deshalb eine verspätete Erfindungsmeldung abgibt, auf die auch eine entsprechend spätere Inanspruchnahmeerklärung erfolgt. 661

Eine Vergütung vor Inanspruchnahme wird von der herrschenden Lehre verneint.[1444] Dabei wird zur Begründung auf den Gesetzeswortlaut des § 9 Abs. 1 ArbEG sowie darauf verwiesen, dass dem Arbeitgeber erst durch die Inanspruchnahme der Erfindung ein Recht an dieser zuwächst – eine Rechtsstellung, die vor der Inanspruchnahmeerklärung bzw. der Inanspruchnahmefiktion nach § 6 Satz 1 PatG dem Erfinder zugeordnet wird.[1445] 662

Der BGH hat indes eine Rückwirkung der Vergütungspflicht angenommen und auch solche Nutzungen als vergütungspflichtig angesehen, die der Arbeitgeber bereits vor Inanspruchnahme bzw. vor Meldung der Diensterfindung vorgenommen hat.[1446] Zur Begründung verweist er darauf, dass der Arbeitgeber kraft Gesetzes uneingeschränkt eine angemessene Vergütung schuldet und der Erfinder an allen wirtschaftlichen 663

Erf. 88/96 (Datenbank Schiedsstellenpraxis); siehe auch Schiedsstelle v. 24.1.2018, Arb.Erf. 39/16; v. 30.1.2018, Arb.Erf. 36/18 u. v. 5.3.2021, Arb.Erf. 03/20 (alle www.dpma.de). Zur Verjährung vgl. Trimborn, Mitt. 2011, 209 ff.

1444 Ständ. frühere Praxis der Schiedsstelle; z.B. v. 23.4.1979, BlPMZ 1980, 233; v. 8.2.1988, Arb.Erf. 75/87 (unveröffentl.); v. 26.9.1991, Arb.Erf. 06/91 u. v. 25.6.1998, Arb.Erf. 88/96 (beide Datenbank Schiedsstellenpraxis); v. 27.5.2004, Arb.Erf. 12/01 (unveröffentl.) u. v. 25.7.2018, Arb.Erf. 13/16 (www.dpma.de); OLG Düsseldorf v. 16.8.2001, Az. 2 U 105/00 (unveröffentl.); Bartenbach/Volz, § 9 ArbEG, Rn. 11 m.w.N.; vgl. auch LG Düsseldorf v. 8.3.2005, Az. 4 a O 484/04 (unveröffentl.); v. Falckenstein, FS Bartenbach (2005), 73 (80) u. ders. FS 50 Jahre VPP (2005), 262 (271 f., 275 f.).

1445 Schiedsstelle v. 4.11.2003, Arb.Erf. 23/01, BlPMZ 2005, 83; vermittelnd Schiedsstelle v. 24.1.2008, Arb.Erf. 12/07; v. 26.2.2008, Arb.Erf. 88/03; v. 1.10.2009, Arb.Erf. 36/06 u. v. 18.11.2009, Arb.Erf. 28/04 (alle unveröffentl.): Vergütung für Nutzungen ab Zugang der Erfindungsmeldung; vgl. auch Rdn. 427 ff.

1446 BGH v. 29.4.2003, GRUR 2003, 789 (791 [Tz. 22]) – *Abwasserbehandlung*; ebenso Kunzmann, FS Bartenbach (2005), 175 (196); Meier-Beck, FS Reimann (2009), 309 (317 f.); so auch LG München I v. 26.6.2020, GRUR-RS 2020, 27403 – Druckgussvorrichtung; das Berufungsurteil des OLG München v. 22.6.2023, 6 U 4165/29 (unveröffentl.) nimmt zu dieser Frage keine Stellung. Siehe auch OLG München v. 14.9.2017, GRUR-RR 2018, 137 (140 [Tz. 61]) – *Spantenmontagevorrichtung*, worin auf den Zeitpunkt der Mitteilung des Erfindungsgegenstandes durch den Arbeitnehmer abgestellt wird

Vorteilen zu beteiligen ist, die dem Arbeitgeber aufgrund der Diensterfindung tatsächlich zufließen.[1447]

664 Dem BGH ist zu folgen, soweit er einen Vergütungsanspruch für Verwertungshandlungen vor Inanspruchnahme bejaht. Die Kritik der Gegenansicht, die Höhe des Vergütungsanspruchs bestimme sich ansonsten – losgelöst vom Zeitpunkt der Erfindungsmeldung und Inanspruchnahme – nach einem in tatsächlicher Hinsicht schwer feststellbaren Beginn der Nutzung,[1448] überzeugt nicht. Diese faktischen Schwierigkeiten bestehen auch in den Fällen, in denen eine formelle Meldung und Inanspruchnahme versäumt werden, und in denen auch die Schiedsstelle – losgelöst von den Feststellungsproblemen – bei Nutzung durch den Arbeitgeber zu einer Vergütungspflicht analog § 9 ArbEG kommt.[1449] Der BGH verstößt mit seiner Auffassung auch nicht – wie die Schiedsstelle meint[1450] – gegen das Monopolprinzip.[1451] Einmal erwirbt der Arbeitgeber durch die nachträgliche Inanspruchnahme der Erfindungsrechte und die Schutzrechtsanmeldung das Monopolrecht. Zudem kommt es beim Monopolprinzip maßgeblich auf die der Erfindung von vornherein anhaftende Möglichkeit des Erwerbs eines Schutzrechts an;[1452] im Übrigen wäre eine Inanspruchnahme auch ohne Erfindungsmeldung möglich.[1453] Dem Umstand einer eventuell langen »vorzeitigen Vergütung« für Nutzungen vor Inanspruchnahme könnte bei der Berechnung der Gesamtvergütungsdauer während der Laufzeit des nachfolgenden Monopolrechts Rechnung getragen werden, da andernfalls der Arbeitgeber bei Versäumnissen des Arbeitnehmererfinders über einen längeren Zeitraum Vergütung schulden würde, als es bei ordnungsgemäßer Erfüllung der Meldepflicht der Fall wäre.

665 Nicht gefolgt werden kann dem BGH, soweit er auch eine Vergütung für Nutzungen vor Eingang der Erfindungsmeldung anerkennt.[1454] Setzt der Arbeitnehmererfinder eine Erfindung ohne Information innerbetrieblich – als Arbeitsergebnis – ein, hat der Arbeitgeber keine Möglichkeit, für den Erfindungsgegenstand ein Rechtsmonopol durch Schutzrechtsanmeldung zu erwerben.[1455] Hat der Arbeitnehmererfinder dagegen die Erfindung dem Arbeitgeber gemeldet und kann dieser für die Erfindung ein

1447 BGH v. 29.4.2003, GRUR 2003, 789 (791 [Tz. 22]) – *Abwasserbehandlung*.
1448 Schiedsstelle v. 4.11.2003, Arb.Erf. 23/01, BlPMZ 2005, 83.
1449 Vgl. Bartenbach/Volz, Einl. Vor §§ 9–12 ArbEG, Rn. 18 m.H.a. die Schiedsstellenpraxis, z.B. v. 23.4.1998, Arb.Erf. 92/96 (Datenbank Schiedsstellenpraxis).
1450 Schiedsstelle v. 4.11.2003, Arb.Erf. 23/01, BlPMZ 2005, 83 m.H.a. Bartenbach/Volz, § 5 ArbEG, Rn. 4.
1451 Ebenso Meier-Beck, FS Reimann (2009), 309 (312 ff.); zum Monopolprinzip siehe vorstehend Rdn. 654 ff.
1452 Vgl. auch BGH v. 18.5.2010, GRUR 2010, 817 (820 [Tz. 29]) – *Steuervorrichtung*.
1453 Allg. Ansicht, etwa BGH v. 2.6.1987, GRUR 1987, 900 (901) – *Entwässerungsanlage* u. v. 17.1.1995, Mitt. 1996, 16 (17 [Tz. 36]) – *Gummielastische Masse I*; Bartenbach/Volz, § 6 ArbEG, Rn. 44 m.H.a. Schiedsstelle v. 12.3.2002, Arb.Erf. 92/99 (Datenbank Schiedsstellenpraxis).
1454 BGH v. 29.4.2003, GRUR 2003, 789 (791 [Tz. 22]) – *Abwasserbehandlung*.
1455 Siehe hierzu Schiedsstelle v. 7.12.2020, Arb.Erf. 46/19 (www.dpma.de).

Schutzrecht erwerben, können danach einsetzende Nutzungshandlungen als vergütungspflichtig angesehen werden.[1456]

Diese Überlegungen entsprechen der neueren Spruchpraxis der Schiedsstelle.[1457] Hier- 666
nach hat der Arbeitnehmererfinder gegenüber dem Arbeitgeber einen Anspruch auf Erfindervergütung für Benutzungshandlungen ab dem Zeitpunkt, ab dem für den Arbeitgeber die Möglichkeit besteht, für die Erfindung ein Schutzrecht zu erhalten, also ab dem Zeitpunkt, ab dem der Arbeitgeber durch die ordnungsgemäße Erfindungsmeldung Kenntnis von der Erfindung hat.

b) Fälligkeit

Auch für den Vergütungsanspruch ist von der allgemeinen Fälligkeitsregelung des 667
§ 271 BGB auszugehen.[1458] Danach ist ein Anspruch fällig, sobald der Gläubiger die Leistung verlangen kann. Nach der Rechtsprechung des BGH ist die Fälligkeit des Vergütungsanspruchs bei Benutzung der Diensterfindung unabhängig von dem Abschluss des Schutzrechtserteilungsverfahrens.[1459]

Die laufende, nachkalkulatorisch berechnete Zahlung ist die in der Praxis übliche Zahlungsweise (vgl. RL Nr. 40 Abs. 1).[1460] Um Schätzungen zu vermeiden, empfiehlt sich, das Vorliegen aller maßgeblichen Bewertungskriterien für einen bestimmten Nutzungszeitraum abzuwarten, um so eine verlässliche Grundlage für die Vergütungsberechnung zu erhalten. Mit Blick auf gesicherte Bemessungsgrundlagen und zur Vermeidung zusätzlichen Verwaltungsaufwandes ist deshalb die nachschüssige Zahlung für das vorangegangene Geschäftsjahr in der betrieblichen Praxis vorherrschend. Nach verbreiteter Schiedsstellenpraxis und Übung in der Industrie erfolgen Abrechnung und Zahlung innerhalb von drei bis sechs Monaten nach Feststellung des jeweiligen

---

1456 Ebenso Kunzmann, FS Bartenbach (2005), 175 (196 f.); OLG München v. 14.9.2017, GRUR-RR 2018, 137 (140 [Tz. 61 f.]) – *Spantenmontagevorrichtung*.

1457 Schiedsstelle v. 24.1.2008, Arb.Erf. 12/07 u. v. 26.2.2008, Arb.Erf. 88/03 (beide Datenbank Schiedsstellenpraxis); v. 18.11.2009, Arb.Erf. 28/04 (unveröffentl.) u. v. 21.9.2011, Arb.Erf. 02/10 (www.dpma.de); siehe auch Schiedsstelle v. 7.12.2020, Arb.Erf. 46/19 (www.dpma.de).

1458 Schiedsstelle v. 25.4.2016, Arb.Erf. 24/13 u. v. 11.4.2018, Arb.Erf. 27/16 (beide www.dpma.de); so auch BGH v. 26.11.2013, GRUR 2014, 357 (Tz. 12) – *Profilstrangpressverfahren*.

1459 BGH v. 28.6.1962, GRUR 1963, 135 (137) – *Cromegal*; bestätigt durch BGH v. 30.3.1971, GRUR 1971, 475 (477); vgl. auch BGH v. 4.12.2007, GRUR 2008, 606 (Tz. 15) – *Ramipril I*; ebenso Schiedsstelle, z.B. v. 7.2.1983, BlPMZ 1984, 218 (220); v. 8.10.1991, GRUR 1992, 849 (850) – *Bewehrungsrollmatte*; v. 2.7.2013, Arb. Erf. 25/12 u. v. 19.9.2013, Arb.Erf. 29/12 (beide www.dpma.de).

1460 Vgl. nur Schiedsstelle v. 12.9.2013, Arb.Erf. 21/12; v. 19.9.2013, Arb.Erf. 29/12; v. 26.2.2015, Arb.Erf. 51/12; v. 12.5.2016, Arb.Erf. 41/13; v. 25.10.2018, Arb.Erf. 06/17; v. 26.11.2018, Arb.Erf. 12/17 u. v. 15.6.2022, Arb.Erf. 27/19 (alle www.dpma.de); so auch OLG Düsseldorf v. 17.5.2023, GRUR-RS 2023, 13971 (Rn. 53) – Sanitärarmatur; LG Düsseldorf v. 1.3.2023, Düsseldorfer Entscheidungen Nr. 3275, Rn. 57 – Lacosamid-Synthese.

Jahresabschlusses.[1461] Auch der BGH betont, dass die Vergütung im Fall einer fortlaufenden, innerbetrieblichen Erfindungsverwertung grundsätzlich nachschüssig im folgenden Kalenderjahr fällig und abzurechnen ist.[1462]

668 Die in der Praxis übliche nachkalkulatorische Erfindervergütung gilt auch für die vergütungspflichtigen Einnahmen aus außerbetrieblicher Verwertung, etwa durch Lizenzvergaben. Dies ist letztlich auch der Maßstab für die Fälligkeit von Vergütungszahlungen nach § 271 BGB, sofern nicht eine abweichende andere vertragliche Regelung getroffen worden ist. Letztlich bestimmt sich der Zeitpunkt der Fälligkeit des Vergütungsanspruchs in der Regel danach, ab wann die wirtschaftliche Verwertbarkeit der Erfindung feststeht und damit die für die Vergütungsbemessung maßgeblichen Kriterien ermittelt werden können.[1463] Den Arbeitsvertragsparteien steht es in den Grenzen des § 23 ArbEG frei, durch Vergütungsvereinbarung abweichende Fälligkeitstermine zu bestimmen.[1464] Bei den abgeschlossenen Vergütungsvereinbarungen handelt es sich um Verträge im Sinne der §§ 311 BGB, 12 ArbEG, an die die Beteiligten nach dem zivilrechtlichen Grundsatz der Vertragstreue, wonach Verträge einzuhalten sind (»pacta sunt servanda«), gebunden sind.[1465] Diese können von den Beteiligten nur einvernehmlich wieder aufgehoben werden, es sei denn, es existiert ein einschlägiger Rechtsgrund, der es einer der Vertragsparteien ermöglichen würde, sich einseitig von der Vergütungsvereinbarung zu lösen.

669 Nach § 12 Abs. 1 ArbEG sollen Art und Höhe der Vergütung in angemessener Frist nach Inanspruchnahme der Diensterfindung durch Vereinbarung zwischen den Arbeitsvertragsparteien festgestellt werden. Nach dem Gesetz ist die Vergütungsvereinbarung an keine Form gebunden, kann also auch formlos durch konkludentes Handeln zustande kommen, wenn aus dem Verhalten der Beteiligten ein entsprechender Erklärungswille hervorgeht.[1466] Ein solcher Wille, sich über eine bestimmte Vergütung vertraglich bindend zu einigen, wird in der betrieblichen Praxis insbesondere bei

1461 Ständ. Praxis d. Schiedsstelle, z.B. 2.2.2011, Arb.Erf. 50/08 (unveröffentl.); v. 15.3.2012, Arb.Erf. 48/10; v. 6.6.2014, Arb.Erf. 54/12; v. 15.1.2016, Arb.Erf. 65/13 u. v. 12.5.2016, Arb.Erf. 41/13 (alle www.dpma.de).

1462 BGH v. 26.10.2013, GRUR 2014, 357 (358) – *Profilstrangpressverfahren*.

1463 Bartenbach/Volz, § 9 ArbEG, Rn. 21 m.H.a. Schiedsstelle v. 3.4.1985, Arb.Erf. 28/84; v. 5.12.2000, Arb.Erf. 30/98 (beide unveröffentl.); v. 3.4.2008, Arb.Erf. 46/06 (Datenbank Schiedsstellenpraxis) u. v. 1.12.2009, Arb.Erf. 48/08 (unveröffentl.); Schiedsstelle v. 3.5.1979, BlPMZ 1985, 344 (345); Keukenschrijver in Busse/Keukenschrijver, PatG, § 9 ArbEG, Rn. 12; Reimer/Schade/Schippel/Himmelmann, § 9 ArbEG, Rn. 21.

1464 Siehe dazu Rdn. 898 ff.

1465 Vgl. nur Schiedsstelle v. 7.7.2023, Arb.Erf. 04/22 (www.dpma.de).

1466 Vgl. BGH v. 4.4.2006, GRUR 2006, 754 (758 [Tz. 32]) – *Haftetikett*, Schiedsstelle v. 15.3.2012, Arb.Erf. 48/10 (Datenbank Schiedsstellenpraxis); v. 25.10.2012, Arb.Erf. 36/11 (unveröffentl.) u. v. 6.6.2016, Arb.Erf. 13/14 (www.dpma.de); Keukenschrijver in Busse/Keukenschrijver, PatG, § 12 ArbEG, Rn. 8.

Auszahlung von Vergütungsbeträgen durch den Arbeitgeber und widerspruchsloser Entgegennahme dieser Beträge durch den Erfinder angenommen.[1467]

670 Kommt eine Vergütungsvereinbarung in angemessener Frist nicht zustande, hat der Arbeitgeber gemäß § 12 Abs. 3 ArbEG die Vergütung spätestens drei Monate nach (rechtsbeständiger) Schutzrechtserteilung durch eine begründete Erklärung gegenüber dem Arbeitnehmer (einseitig) festzusetzen und entsprechend der Vergütungsfestsetzung zu zahlen. Gemäß der nunmehr gefestigten Rechtsprechung des BGH ist dies ein Endtermin; wird die Diensterfindung vor Schutzrechtserteilung tatsächlich genutzt, wird der Vergütungsanspruch spätestens drei Monate nach Nutzungsaufnahme fällig.[1468]

Bei Miterfindern hat die Festsetzung jedem gegenüber gesondert zu erfolgen. Für Erfindungen, deren Meldung seit dem 1.10.2009 erfolgte, genügt für die Festsetzung die Textform. Ist der Arbeitnehmererfinder mit dem Inhalt der Vergütungsfestsetzung nicht einverstanden, kann er ihr binnen zwei Monaten ab Zugang der Festsetzung per Erklärung in Textform widersprechen (§ 12 Abs. 4 Satz 1 ArbEG). Die Festsetzung bleibt dann für den Arbeitgeber einseitig im Sinne einer Mindestzahlungsverpflichtung bindend.[1469] Es ist dann Sache der Arbeitsvertragsparteien, eine Verständigung über die Vergütung zu erreichen. Widerspricht der Arbeitnehmer demgegenüber einer Festsetzung im Sinne von § 12 Abs. 1 ArbEG nicht innerhalb von zwei Monaten, verwandelt sich diese einseitige vorläufige Festlegung in eine dauerhaft verbindliche Vereinbarung zwischen Arbeitgeber und Arbeitnehmer.[1470]

671 Bei einer Nutzung der Erfindung vor Schutzrechtserteilung wird allerdings nur eine sog. vorläufige Vergütung geschuldet. Der Anspruch auf vorläufige Vergütung weicht in der Höhe entsprechend dem Risiko der Patentversagung oder des Widerrufs des Patents mitunter erheblich von dem Vergütungsanspruch bei einem erteilten und benutzten bestandskräftigen Patent ab.[1471] Diese Höhe wird durch einen sog. Risikoabschlag – im Regelfall, also bei üblichem Patenterteilungsrisiko, sofern keine besonderen Umstände für bzw. gegen eine Patenterteilung hinzukommen, 50 % der

---

1467 Vgl. z.B. Schiedsstelle v. 11.3.2008, Arb.Erf. 24/07; v. 16.7.2008, Arb.Erf. 49/03; v. 1.4.2008, Arb.Erf. 52/05; v. 14.7.2010, Arb.Erf. 53/08 u. v. 6.12.2022, Arb.Erf. 39/21 (alle www.dpma.de).

1468 Ständ. Rspr. seit BGH v. 28.6.1962, GRUR 1963, 135 (138) – *Cromegal*; bestätigt u.a. durch BGH v. 10.9.2002, GRUR 2003, 237 (238) – *Ozon*; siehe auch OLG München v. 3.4.2014, Az. 6 U 486/13 (unveröffentl.) u. LG Düsseldorf v. 3.12.2013, Düsseldorfer Entscheidungen Nr. 2144; zustimmend u.a. Keukenschrijver in Busse/Keukenschrijver, PatG, § 9 ArbEG, Rn. 12; krit. u.a. Reimer/Schade/Schippel/Himmelmann, § 12 ArbEG, Rn. 15, 17.

1469 BGH v. 13.11.1997, GRUR 1998, 689, 695 – *Copolyester II*; Schiedsstelle v. 9.10.2012, Arb.Erf. 39/11 (www.dpma.de); siehe auch Schiedsstelle v. 22.7.2020, Arb.Erf. 50/18 (www.dpma.de).

1470 Siehe nur Schiedsstelle v. 20.4.2021, Arb.Erf. 67/18 (www.dpma.de).

1471 Schiedsstelle v. 12.10.2016, Arb.Erf. 17/14 (www.dpma.de).

endgültigen Vergütung[1472] – ausgedrückt.[1473] Nach rechtsbeständiger Schutzrechtsversagung bzw. Widerruf des Schutzrechts entfällt ein Vergütungsanspruch für die danach liegenden Verwertungshandlungen.[1474] Für die Verwertungshandlungen bis zu diesem Zeitpunkt steht dem Erfinder allerdings der Anspruch auf vorläufige Vergütung zu; eine Rückforderung erbrachter Vergütungszahlungen kommt nicht in Betracht (vgl. § 12 Abs. 6 Satz 2 ArbEG). Wird das Schutzrecht endgültig erteilt, ist ein vom Arbeitgeber einbehaltener Risikoabschlag grundsätzlich nachzuzahlen.[1475] Dies gilt nach Auffassung der Schiedsstelle auch, wenn der Arbeitgeber die Schutzrechtsposition zwischenzeitlich auf einen Dritten, z.B. im Konzernverbund, übertragen hat.[1476] Wird allerdings der Schutzumfang im Erteilungsverfahren (erheblich) eingeschränkt, kann dies Auswirkungen auf den Umfang des Nachzahlungsanspruchs haben.[1477]

672 Diese Grundsätze gelten selbstverständlich auch für den in einen Konzernverbund eingebundenen Arbeitgeber.[1478] Gerade hier kann sich eine Verzögerung der Schutzrechtserteilung durch einen im Hinblick auf Konzerninteressen hinausgeschobenen Prüfungsantrag (vgl. z.B. die Prüfungsantragsfrist von sieben Jahren nach § 44 Abs. 2 PatG) ergeben. Im Hinblick auf § 17 Abs. 3 ArbEG verbietet es sich nach Auffassung der Schiedsstelle, bei der Vergütung einer betriebsgeheimen Erfindung einen Risikoabschlag in Ansatz zu bringen.[1479] Der Arbeitgeber entledigt sich seiner Verpflichtung zur Durchführung eines Schutzrechtserteilungsverfahrens und nimmt damit dem Arbeitnehmer die Aussicht, dass von Seiten der Erteilungsbehörden über die Patent-

1472 Siehe nur Schiedsstelle v. 18.9.2012, Arb.Erf. 22/11, v. 22.7.2013, Arb.Erf. 40/11; v. 19.9.2013, Arb.Erf. 29/12; v. 12.10.2016, Arb.Erf. 17/14; v. 15.11.2017, Arb.Erf. 30/16; v. 7.12.2020, Arb.Erf. 68/18; v. 30.6.2021, Arb.Erf. 56/18 u. v. 15.6.2022, Arb. Erf. 27/19 (alle www.dpma.de).

1473 Grundlegend BGH v. 28.6.1962, GRUR 1963, 135 (138) – *Cromegal*; bestätigt u.a. durch BGH v. 30.3.1971, GRUR 1971, 475 (477) – *Gleichrichter*; seitdem ständ. Rspr. des BGH, z.B. v. 4.12.2007, GRUR 2008, 606 (607 [Tz. 18]) – *Ramipril I*. Ständ. Praxis der Schiedsstelle z.B. v. 4.2.1993, GRUR 1994, 611 (613); v. 19.9.2013, Arb. Erf. 29/12; v. 2.7.2013, Arb.Erf. 25/12; v. 1.4.2015, Arb.Erf. 49/11; v. 15.11.2017, Arb.Erf. 30/16 u. v. 6.10.2021, Arb.Erf. 37/20 (alle www.dpma.de); Reimer/Schade/Schippel/Himmelmann, § 9 ArbEG, Rn. 49.

1474 Ständ. Praxis der Schiedsstelle z.B. v. 7.7.2005, Arb.Erf. 41/03 (unveröffentl.).

1475 Allg.A., z.B. Schiedsstelle v. 4.2.1993, GRUR 1994, 611, 614 – *Regelkreisanordnung*; v. 19.9.2013, Arb.Erf. 29/12 u. v. 12.10.2016, Arb.Erf. 17/14; v. 10.7.2019, Arb.Erf. 03/17; v. 7.12.2020, Arb.Erf. 68/18 u. v. 1.10.2021, Arb.Erf. 31/17 (alle www.dpma.de); Keukenschrijver in Busse/Keukenschrijver, PatG, § 12 ArbEG, Rn. 21; vgl. auch BGH v. 17.4.1973, GRUR 1973, 649 (652) – *Absperrventil*.

1476 Schiedsstelle v. 10.2.2009, Arb.Erf. 30/07 (www.dpma.de) u. v. 2.2.2011, Arb.Erf. 50/08 (unveröffentl.).

1477 Schiedsstelle v. 18.9.2012, Arb.Erf. 22/11; v. 19.9.2013, Arb.Erf. 29/12 u. v. 7.12.2020, Arb.Erf. 68/18 (alle www.dpma.de).

1478 So im Ergebnis beispielsweise BGH v. 10.9.2002, GRUR 2003, 237 (239) – *Ozon*.

1479 Schiedsstelle v. 10.10.1997, Arb.Erf. 52/94; v. 14.6.2005, Arb.Erf. 77/04 u. v. 11.5.2006, Arb.Erf. 93/04 (alle unveröffentl.); v. 15.1.2016, Arb.Erf. 65/13 (www.dpma.de).

fähigkeit der Diensterfindung abschließend befunden wird.[1480] Der Ausschlusswert einer betriebsgeheimen Erfindung sei zumindest mit einer Patenterteilung gleichzusetzen. Wenn allerdings der Arbeitgeber die Schutzfähigkeit der Diensterfindung bestreitet und er zur Klärung die Schiedsstelle anruft (§ 17 Abs. 2 ArbEG), ist bei der Ermittlung der Erfindervergütung für die Nutzung der Diensterfindung während des Zeitraums des klärenden Schiedsstellenverfahrens ein Risikoabschlag anzusetzen.[1481]

Wird die Diensterfindung innerhalb des Unternehmens des Arbeitgebers eingesetzt, gelten – losgelöst von der Konzernbindung und eventuell dort üblichen Fälligkeitsregularien – die allgemeinen Grundsätze des ArbEG. 673

Schwierigkeiten können sich bei der Vergütungsbemessung im Rahmen einer unternehmensübergreifenden Nutzung im Konzern[1482] ergeben. Hier ist für die Bestimmung der Fälligkeit maßgeblich, was dem Arbeitnehmer als angemessene Vergütung tatsächlich geschuldet wird. 674

Das bedeutet praktisch etwa Folgendes: 675

Hat der Arbeitgeber die Erfindungsrechte auf Konzernunternehmen übertragen, stellt dies regelmäßig eine vergütungspflichtige Verwertungshandlung dar (vgl. RL Nr. 16).[1483] Es kommt darauf an, welche Gegenleistungen dafür erbracht werden und wann diese dem Arbeitgeber (ordnungsgemäß) zufließen. Ist die Gegenleistung marktüblich, ist der Zufluss beim Arbeitgeber bedeutsam. Wird keine bzw. eine zu geringe Gegenleistung erbracht und kommt es für die Vergütungsbemessung auf eine Marktüblichkeit an,[1484] so bestimmt sich nach der Marktüblichkeit auch der Zufluss (z.B. durch Berechnung eines fiktiven Kaufpreises) und damit die Fälligkeit. 676

Vergleichbares gilt bei einer konzernbezogenen Lizenzvergabe.

Bringt der Arbeitgeber dagegen Nutzungsrechte in einen Patentpool des Konzerns ein und stellt die damit ihm vermittelte Möglichkeit der Nutzung der Fremdrechte die Gegenleistung hierfür dar, so kommt es im Regelfall darauf an, wann der Arbeitgeber die Fremdrechte nutzt. Nicht nur die Höhe,[1485] sondern auch die Fälligkeit bestimmt sich dann nach den allgemeinen Regeln einer Eigennutzung beim Arbeitgeber. 677

c) Dauer der Vergütungspflicht/Verjährung/Verwirkung

In Orientierung an dem dem ArbEG zugrunde liegenden Monopolprinzip bestimmt sich die Vergütungsdauer im Regelfall nach der Laufzeit der auf eine Erfindung bezo- 678

1480 Schiedsstelle v. 15.1.2016, Arb.Erf. 65/13 (www.dpma.de).

1481 LG Düsseldorf v. 16.3.1999, Az. 4 O 171/98 (unveröffentl.); so auch Schiedsstelle v. 1.4.2015, Arb.Erf. 49/11 (www.dpma.de); siehe auch Ann, PatentR, § 21, Rn. 103.

1482 Siehe dazu Rdn. 791 ff.

1483 Schiedsstelle v. 29.10.1997, Arb.Erf. 13/96 (Datenbank Schiedsstellenpraxis).

1484 Siehe dazu Rdn. 795 ff.

1485 Siehe dazu Rdn. 715 ff.

genen Schutzrechtsposition.[1486] Ein Vergütungsanspruch bleibt also grundsätzlich bis zur rechtskräftigen Zurückweisung einer Schutzrechtsanmeldung bzw. bis zum Widerruf, der Nichtigerklärung oder dem Ablauf der Schutzdauer (§§ 16, 16a PatG, § 23 GebrMG) eines Schutzrechts erhalten[1487] (vgl. auch RL Nrn. 42, 43). Die Vergütungspflicht kann vor Schutzrechtsende ausnahmsweise trotz weiterer Verwertung entfallen, wenn dem Arbeitgeber infolge offenbar oder wahrscheinlich gewordener Vernichtbarkeit des Schutzrechts dessen wirtschaftliche Vorteile derart entzogen werden, dass ihm eine weitere Vergütungszahlung nach Treu und Glauben (§ 242 BGB) nicht mehr zugemutet werden kann.[1488] Das ist insbesondere dann der Fall, wenn die Schutzrechtsposition von Wettbewerbern nicht mehr beachtet wird und dadurch die Vorzugsstellung gegenüber diesen verloren geht.[1489] In besonders gelagerten Ausnahmefällen kommt eine Fortzahlung der Vergütung auch bei Verwertungshandlungen des Arbeitgebers nach Ablauf der Schutzrechtsdauer in Betracht (vgl. RL Nr. 42 Sätze 4–6).[1490]

679 Die Verjährung des Vergütungsanspruchs des Arbeitnehmererfinders für die Diensterfindung sowie des darauf bezogenen Anspruchs auf Auskunft und Rechnungslegung als Hilfsanspruch zum Vergütungsanspruch[1491] richtet sich nach den allgemeinen Verjährungsregeln des BGB (§§ 194 ff. BGB).[1492] Im Grundsatz gilt für die Verjährung die regelmäßige Verjährungsfrist von drei Jahren gemäß § 195 BGB. Dabei ist es ohne Belang, ob der Vergütungsanspruch auf Inanspruchnahme (§§ 9, 42 Nr. 4 ArbEG), auf vertraglicher Überleitung oder auf einem vorbehaltenen Benutzungsrecht (§ 14 Abs. 3, § 16 Abs. 3, § 19 Abs. 1 ArbEG) beruht.

Nach § 199 Abs. 1 BGB beginnt die regelmäßige Verjährung mit Schluss des Kalenderjahres, in dem der Anspruch entstanden ist und der Gläubiger (Arbeitnehmer) von den den Anspruch begründenden Umständen und der Person des Schuldners (Arbeitgebers) Kenntnis erlangt oder ohne grobe Fahrlässigkeit erlangen musste.

1486 BGH v. 28.6.1962, GRUR 1963, 135 (138) – *Cromegal*; Schiedsstelle v. 3.1.1979, BlPMZ 1983, 157 u. v. 11.12.2012, Arb.Erf. 46/11 (unveröffentl.).

1487 BGH v. 15.5.1990, GRUR 1990, 667 (668) – *Einbettungsmasse* u. v. 6.2.2002, GRUR 2002, 609 (610 [Tz. 15]) – *Drahtinjektionseinrichtung*; Schiedsstelle v. 3.12.2009, Arb. Erf. 16/08 (unveröffentl.) u. v. 19.9.2013, Arb.Erf. 29/12 (www.dpma.de).

1488 BGH v. 23.6.1977, GRUR 1977, 784 (786) – *Blitzlichtgeräte*; v. 15.5.1990, GRUR 1990, 667 (668) – *Einbettungsmasse*; Schiedsstelle v. 3.12.2009, Arb.Erf. 16/08 (unveröffentl.) u. v. 9.10.2012, Arb.Erf. 39/11 (www.dpma.de).

1489 BGH v. 6.2.2002, GRUR 2002, 609 (610 [Tz. 20]) – *Drahtinjektionseinrichtung*.

1490 Vgl. etwa Schiedsstelle v. 21.2.1988, BlPMZ 1988, 293 (294) sowie v. 12.11.2008, Arb.Erf. 26/07 (Datenbank Schiedsstellenpraxis); siehe auch Schiedsstelle v. 21.7.2023, Arb.Erf. 29/20 u. v. 1.12.2023, Arb.Erf. 30/23 (beide www.dpma.de); LG Düsseldorf v. 3.12.2013, Düsseldorfer Entscheidungen Nr. 2144 – *Rohranfasgerät*.

1491 Siehe Rdn. 916 ff.

1492 Allg. A., z.B. OLG Düsseldorf v. 15.3.2007, InstGE 7, 210 – *Türbänder*; LG Düsseldorf v. 3.12.2013, Düsseldorfer Entscheidungen Nr. 2144 – *Rohranfasgerät*; Schiedsstelle v. 3.7.2015, Mitt. 2016, 277 (278) u. v. 12.5.2016, Arb.Erf. 41/13 (www.dpma.de).

Das Entstehen des Anspruchs ist gleichbedeutend mit der Fälligkeit des Anspruchs. Die Fälligkeit des Vergütungsanspruchs bestimmt sich nach der getroffenen Vergütungsregelung im Sinne des § 12 ArbEG, ansonsten nach § 271 BGB.[1493] Fehlt eine Fälligkeitsabrede, entsteht der Vergütungsanspruch damit nach § 199 Abs. 1 Nr. 1 BGB der Höhe nach regelmäßig mit seiner Fälligkeit nachschüssig zum abgelaufenen Geschäftsjahr.[1494]

Wesentliche Bedeutung kommt der in § 199 Abs. 1 BGB vorgegebenen subjektiven 680
Voraussetzung zu, der Kenntnis oder grob fahrlässigen Unkenntnis der anspruchsbegründenden Umstände, also der Umstände, auf denen der Vergütungsanspruch beruht. Diese Kenntnis muss nicht alle Einzelheiten zu Art, Umfang und exakter Höhe des jeweiligen Vergütungsanspruchs umfassen.[1495] Nach Auffassung des OLG Frankfurt ist es auch nicht maßgeblich, dass der Erfinder zum Beispiel Kenntnis von der Rechtslage in Bezug auf die Erstreckung von Vergütungsansprüchen auf Nutzungen durch Konzerngesellschaften hatte.[1496] Erforderlich ist ein vollständiges und sicheres Wissen um die den Anspruch begründenden Umstände, so dass der Gläubiger zwar keinen risikolosen aber doch einen einigermaßen aussichtsreichen Erfolg einer Klage absehen kann, so dass ihm bei vernünftiger Würdigung der Sachlage eine Klage zuzumuten ist.[1497] Die maßgeblichen anspruchsbegründenden Umstände sind
- die Erfinder-/Miterfindereigenschaft des Anspruchsberechtigten,
- der Charakter als Dienst- oder freie Erfindung (§ 4 ArbEG),
- die erfolgte Inanspruchnahme bzw. sonstige Rechtsüberleitung oder sonst wie ein vorbehaltenes Benutzungsrecht sowie

1493 Siehe hierzu Rdn. 667 ff.

1494 Schiedsstelle v. 4.5.2015, Arb.Erf. 64/13; v. 3.7.2015, Arb.Erf. 18/13; v. 6.5.2019, Arb. Erf. 29/17; v. 8.3.2021, Arb.Erf. 54/16; v. 19.4.2021, Arb.Erf. 66/18; v. 15.6.2022, Arb.Erf. 27/19 u. v. 1.12.2023, Arb.Erf. 30/23 (alle www.dpma.de).

1495 So aber LG Düsseldorf v. 22.11.2011, Düsseldorfer Entscheidungen Nr. 1754 – *Feuerfester Formstein*. Nunmehr zutreffend LG Düsseldorf v. 3.12.2013, Düsseldorfer Entscheidungen Nr. 2144 – Rohranfasgerät; ferner wie hier Schiedsstelle v. 11.12.2014, Arb.Erf. 31/10; v. 3.7.2015, Arb.Erf. 18/13; v. 12.5.2016, Arb.Erf. 41/13; v. 4.8.2017, Arb.Erf. 21/13; v. 29.5.2019, Arb.Erf. 27/17; v. 15.4.2020, Arb.Erf. 48/17; v. 19.4.2021, Arb. Erf. 66/18 u. v. 15.6.2022, Arb.Erf. 27/19 (alle www.dpma.de); ähnl. zum Auskunftsanspruch OLG Düsseldorf v. 28.2.2014, Az. 2 U 110/11 (juris, Rn. 118) – Technischer Geschäftsführer u. v. 17.5.2023, GRUR-RS 2023, 13971 – Sanitärarmatur; siehe auch OLG Frankfurt v. 7.12.2017, GRUR-RS 2017, 138234 – Mark up.

1496 Vgl. OLG Frankfurt v. 7.12.2017, GRUR-RS 2017, 138234 – Mark up; so auch LG München I v. 15.1.2021, Az. 21 O 10149/19 (juris, Rn. 88) – S.Disc-Bremsscheiben.

1497 BGH v. 25.4.2012, GRUR 2012, 1279 (1284 [Tz. 52]) – *Das große Rätselheft* u. v. 16.5.2017, GRUR 2017, 890 (891 [Tz. 40]) – *Sektionaltor II*; OLG Düsseldorf v. 28.2.2014, Düsseldorfer Entscheidungen Nr. 2182 – *Feuerfester Formstein*; siehe auch OLG Frankfurt v. 15.10.2020, GRUR-RS 2020, 32409 – Polymerlackzusammensetzung sowie LG München I v. 9.12.2020, GRUR-RS 2020, 54358 – Bremsscheiben-Nabenverbindung.

– die Tatsache der Verwertung der Erfindung durch den Arbeitgeber.[1498]

Fehlen die subjektiven Voraussetzungen des § 199 Abs. 1 BGB, gilt – tag genau – die zehnjährige Verjährungsfrist des § 199 Abs. 4 BGB.[1499]

Hemmung und Neubeginn der Verjährung richten sich nach §§ 203 ff. BGB. Eine Hemmung der Verjährung nach § 203 BGB kann insbesondere bei Verhandlungen zwischen den Arbeitsvertragsparteien über Vergütungsansprüche eintreten.[1500] Auch die Geltendmachung des Auskunftsanspruchs durch den Arbeitnehmer reicht aus, wenn der Arbeitgeber hierauf nachweislich reagiert hat.[1501] Für ein Ende der die Verjährung hemmenden Verhandlungen reicht es nach der Schiedsstelle aus, wenn die Verhandlungen nicht fortgesetzt werden, was zu dem Zeitpunkt der Fall ist, zu dem spätestens eine Erklärung zu erwarten gewesen wäre.[1502]

Die Geltendmachung der Einrede der Verjährung eines Vergütungsanspruchs kann wegen unzulässiger Rechtsausübung gemäß § 242 BGB ausgeschlossen sein. An den dafür erforderlichen Verstoß gegen Treu und Glauben sind allerdings strenge Anforderungen geknüpft;[1503] ohne zusätzliche Anhaltspunkte reichen weder ein Verstoß des Arbeitgebers gegen seine Festsetzungspflicht aus § 12 Abs. 3 ArbEG noch ein Verstoß gegen die Unterrichtungspflicht nach § 15 Abs. 1 ArbEG aus, um einen solchen Rechtsmissbrauch zu begründen.[1504] Ausnahmsweise kommt eine unzulässige Rechtsausübung – und damit die mangelnde Möglichkeit der Berufung auf die Verjährungseinrede – in Betracht, wenn eine treuwidrige Verhinderung der rechtzeitigen Durchsetzung von Vergütungsansprüchen, etwa mittels arglistiger Täuschung oder mittels einer Androhung personalrechtlicher Maßnahmen, für den Fall der Geltendmachung erfinderrechtlicher Ansprüche zu bejahen ist.[1505]

1498 OLG Düsseldorf v. 28.2.2014, Düsseldorfer Entscheidungen Nr. 2182 – *Feuerfester Formstein*; LG Düsseldorf v. 3.12.2013, Düsseldorfer Entscheidungen Nr. 2144 – *Rohranfasgerät*; Schiedsstelle v. 11.12.2014, Arb.Erf. 31/10; v. 26.2.2015, Arb.Erf. 51/12; v. 4.5.2015, Arb.Erf. 64/13 (alle www.dpma.de) u. v. 3.7.2015, Mitt. 2016, 277, 278.

1499 LG Düsseldorf v. 3.12.2013, Düsseldorfer Entscheidungen Nr. 2144 – *Rohranfasgerät*.

1500 Vgl. allgemein BGH v. 26.11.2013, GRUR 2014, 357 (358 [Tz. 14]) – *Profilstrangpressverfahren*; OLG Düsseldorf v. 28.6.2007, InstGE 8, 117 – *Fahrbare Betonpumpe*.

1501 So auch LG München I v. 26.6.2020, GRUR-RS 2020, 27403 – Druckgussvorrichtung; das Berufungsurteil des OLG München v. 22.6.2023, 6 U 4165/29 (unveröffentl.) nimmt zu dieser Frage keine Stellung.

1502 Schiedsstelle v. 7.12.2020, Arb.Erf. 68/18 (www.dpma.de); siehe auch LG Düsseldorf v. 28.4.2016 (www.justiz.nrw.de, Rn. 1337, 1338) – Elektrische Glühlampen.

1503 Schiedsstelle v. 9.9.2020, Arb.Erf. 26/18 (www.dpma.de).

1504 So zutreffend OLG Düsseldorf v. 17.5.2023, GRUR-RS 2023, 13971 (Rn. 59 f.) – Sanitärarmatur; Schiedsstelle v. 10.6.2010, Arb.Erf. 14/09 (www.dpma.de).

1505 So z.B. LG Mannheim v. 14.1.2020, 2 O 76/18 (unveröffentl.) m.H.a. OLG München v. 24.3.2011, 6 U 3039/09, BeckRS 2013, 9739; OLG Düsseldorf v. 17.5.2023, GRUR-RS 2023, 13971 (Rn. 59 f.) – Sanitärarmatur. Siehe auch Schiedsstelle v. 9.9.2020, Arb. Erf. 26/18 (www.dpma.de).

Der Anspruch auf Auskunft und Rechnungslegung als Hilfsanspruch zur Bezifferung des Vergütungsanspruchs verjährt im Verhältnis zum Hauptanspruch selbständig innerhalb von drei Jahren.[1506]

Der Arbeitnehmer verwirkt seinen Vergütungsanspruch, wenn er so lange nicht mit seinem Anspruch hervortritt, dass der Arbeitgeber bei verständiger Würdigung aller Umstände des Einzelfalls dem Verhalten des Arbeitnehmers entnehmen durfte, dieser werde seinen Anspruch nicht mehr geltend machen (Zeitmoment), er sich damit in seinen Vermögensentscheidungen darauf eingerichtet hat und sich darauf einrichten durfte, dass der Arbeitnehmer von der Geltendmachung seines Anspruchs absehen werde (Umstandsmoment).[1507] Der Umstand, dass der Arbeitnehmer keine Kenntnis von seinem Anspruch hat, schließt die Verwirkung nicht aus.[1508] 681

II. Der Schuldner des Vergütungsanspruchs

Der Anspruch auf angemessene Vergütung richtet sich nach § 9 Abs. 1 ArbEG gegen den Arbeitgeber. 682

1. Arbeitgeber als Schuldner

Alleiniger gesetzlicher Schuldner des Vergütungsanspruchs ist damit der Arbeitgeber.[1509] Der Arbeitnehmer hat grundsätzlich keinen Anspruch auf Erfindervergütung gegenüber Konzernunternehmen, die zwar seine Erfindung benutzen, mit denen er 683

1506 Vgl. BGH v. 10.5.2012, GRUR 2012, 1248 (1250 [Tz. 22]) – *Fluch der Karibik* sowie v. 25.7.2017, NJW 2017, 2755 (2756 [Tz. 8 ff.]); siehe auch OLG Frankfurt v. 15.10.2020, GRUR-RS 2020, 32409 – Polymerlackzusammensetzung.

1507 BGH v. 23.6.1977, GRUR 1977, 784 (785) – *Blitzlichtgeräte*; bestätigt u. a. durch BGH v. 10.9.2002, GRUR 2003, 237 – *Ozon*; OLG Düsseldorf v. 27.2.2003, Mitt. 2004, 418 (427) – *Hub-Kipp-Vorrichtung*; Schiedsstelle v. 4.8.1986, BlPMZ 1987, 207 (208) u. v. 21.10.2005, Arb.Erf. 18/04 (unveröffentl.); v. 2.4.2003, Arb.Erf. 84/00 u. v. 18.11.2009, Arb.Erf. 28/04 (beide Datenbank Schiedsstellenpraxis) u. v. 19.9.2013, Arb.Erf. 29/12 (www.dpma.de); siehe auch Schiedsstelle v. 6.5.2019, Arb.Erf. 29/17 u. v. 29.5.2019, Arb.Erf. 27/17 (beide www.dpma.de); Keukenschrijver in Busse/Keukenschrijver, PatG, § 9 ArbEG, Rn. 18.

1508 BGH v. 17.12.2019, GRUR 2020, 388 (390 [Tz. 38]) – *Fesoterodinhydrogenfumarat* m.H.a. BGH v. 23.1.2018, NJW 2018, 1390 (1391 [Tz. 17]).

1509 Allg. A., vgl. BGH v. 2.6.1987, GRUR 1987, 900 (901) – *Entwässerungsanlage*; v. 16.4.2002, GRUR 2002, 801 (803) – *Abgestuftes Getriebe* u. v. 17.11.2009, GRUR 2010, 223 (227 [Tz. 39 f.]) – *Türinnenverstärkung*; LG Braunschweig v. 26.4.2017, (www.rechtsprechung.niedersachsen.de, Rn. 114) – Schwenkfüße; LG Düsseldorf v. 1.3.2022 (Düsseldorfer Entscheidungen Nr. 3208, Rn. 56) – Sicherheitsvenenverweilkanülen; Schiedsstelle v. 22.2.1991, GRUR 1992, 390 – *Medikalprodukt*; v. 6.12.2012, Arb.Erf. 34/10 (Datenbank Schiedsstellenpraxis); v. 19.9.2013, Arb.Erf. 29/12; v. 6.6.2014, Arb.Erf. 54/12; v. 10.3.2016, Arb.Erf. 23/12 u. v. 3.12.2020, Arb.Erf. 09/19 (alle www.dpma.de); Keukenschrijver in Busse/Keukenschrijver, PatG, § 9 ArbEG, Rn. 6.

aber nicht arbeitsvertraglich verbunden ist.[1510] Bei einem Verkauf des Patents wird der Schuldner der Erfindungsvergütung nicht ausgetauscht, außer der Erwerber tritt aufgrund eines arbeitsrechtlich angeordneten Schuldnerwechsels als neuer Arbeitgeber des Erfinders gemäß § 613a BGB[1511] (analog[1512]) in die Vergütungspflicht des Veräußerers ein.[1513] Auch der Umstand, dass eine Abspaltung eines Betriebsteils, welchem Arbeitnehmererfindungen zuzuordnen sind, zu dem Zweck erfolgt, diesen im Konzern zu behalten, um sodann die verbleibenden, die Erfinder nicht betreffenden Betriebsteile an ein anderes Unternehmen zu verkaufen, während dabei die Arbeitnehmererfindungen bzw. die entsprechenden Schutzrechte und Schutzrechtsanmeldungen sämtlich im Konzern verbleiben, ändert nichts an der Stellung des abgespaltenen Betriebsteils als Vergütungsschuldner für diese Erfindungen.[1514]

684 Ebenso wie die anderen Pflichten aus dem ArbEG stellt auch der Vergütungsanspruch keine dingliche Belastung der Erfindung dar, d.h. er geht bei einer Übertragung der Erfindungsrechte nicht auf den Erwerber über.[1515] Entsprechendes gilt im Falle einer Lizenzierung. Eine dem § 34 Abs. 4 UrhG entsprechende Begründung einer gesamtschuldnerischen Haftung von Erwerber und Veräußerer kennt das ArbEG nicht.

685 Demzufolge kommt eine Haftung eines Dritten im Außenverhältnis zum Arbeitnehmererfinder nur unter den allgemeinen zivilrechtlichen Voraussetzungen eines Schuldbeitritts (§ 414 BGB) oder einer Schuldübernahme (§ 415 BGB) in Betracht. Davon zu trennen ist die Haftung des Betriebserwerbers nach § 613a BGB[1516] sowie eines Schutzrechtserwerbers aus der Insolvenzmasse (§ 27 Nr. 1 ArbEG).

686 Verpflichtet sich ein Dritter gegenüber dem Arbeitgeber zur Zahlung anfallender Erfindervergütungen, so betrifft dies regelmäßig nur das (Innen-) Verhältnis des Dritten zum Arbeitgeber; ein eigener unmittelbarer Leistungsanspruch des Arbeitnehmers gegenüber dem Dritten soll im Zweifel nicht bestehen (§ 329 BGB).[1517] Diese Freistellung des Arbeitgebers von seinen Vergütungspflichten bezieht sich im Zweifel auch nur auf vergütungspflichtige Verwertungshandlungen des Arbeitgebers, nicht

---

1510 BGH v. 16.4.2002, GRUR 2002, 801 (803) – *Abgestuftes Getriebe*; v. 17.11.2009, GRUR 2010, 223 (227 [Tz. 39]) – *Türinnenverstärkung*; Schiedsstelle v. 15.12.2009, Arb.Erf. 16/09, v. 15.10.2009, Arb.Erf. 44/08; v. 20.1.2009, Arb.Erf. 40/06; v. 17.6.2010, Arb.Erf. 14/09; v. 12.10.2010, Arb.Erf. 23/09; v. 10.11.2011, Arb.Erf. 01/10; u. v. 15.11.2012, Arb.Erf. 01/12 (alle unveröffentl.); v. 11.7.2012, Arb.Erf. 03/11 (www.dpma.de).

1511 Vgl. zum Betriebsübergang auch Rn. 158 ff.

1512 Schiedsstelle v. 8.12.2016, Arb.Erf. 14/13 [www.dpma.de].

1513 Schiedsstelle v. 14.6.2023, Arb.Erf. 23/21 (www.dpma.de).

1514 Schiedsstelle v. 13.7.2018, Arb.Erf. 43/16 (www.dpma.de).

1515 Allg. A. im Anschluss an die Amtl. Begr. BT-Drucks. II/1648, S. 16, 33 = BlPMZ 1957, 218 (226, 236); Schiedsstelle v. 26.1.1981, BlPMZ 1982, 56 u. v. 24.7.1985, BlPMZ 1989, 225 (226).

1516 Siehe Rdn. 158 ff.

1517 Schiedsstelle v. 2.4.2009, Arb.Erf. 58/07 (unveröffentl.); ähnl. LG Mannheim v. 14.1.2020 – 2 O 76/18 (unveröffentl.).

aber auf Verwertungshandlungen des Dritten.[1518] Auch aus einer Wahrnehmung erfinderrechtlicher Angelegenheiten im Auftrag des Arbeitgebers einschließlich der Übernahme von Korrespondenz und Verhandlungen mit dem Arbeitnehmer kann nicht auf eine stillschweigende Schuldübernahme des beauftragten Konzernunternehmens geschlossen werden.[1519]

Die Vergütungspflicht des Arbeitgebers erstreckt sich ausschließlich auf die wirtschaftlichen Vorteile, die ihm (auch) aus der Nutzung im Konzernverbund zufließen; auf die wirtschaftlichen Vorteile der verbundenen Unternehmen aus der Erfindungsnutzung kommt es nicht an.[1520] 687

2. Auswirkungen des Konzernverbundes auf die Schuldnerposition

Grundsätzlich ändert die Konzernsituation nichts an der Schuldnerstellung des Arbeitgebers.[1521] Die Inanspruchnahme einer Erfindung durch eine *andere* Konzerngesellschaft hat keinen Einfluss auf die grundsätzliche Vergütungspflicht des Arbeitgebers. 688

a) bei konzernweiter Nutzung der Diensterfindung

Nach Auffassung des LG Braunschweig soll allerdings bei konzernweiter Nutzung der Diensterfindung grundsätzlich das Unternehmen Schuldner der Vergütungsansprüche sein, das für den Arbeitnehmererfinder erkennbar nach außen die Erfindung in Anspruch genommen hat.[1522] Dem kann nicht gefolgt werden.[1523] Wie festgestellt,[1524] bestimmt sich auch im Konzern die Arbeitgeberstellung nicht aus dem Beherrschungsverhältnis, sondern nach den allgemeinen arbeitsrechtlichen Grundsätzen. Durch die Übertragung von Erfindungsrechten und auch deren Nutzung im gesamten Konzern ändert sich erfinderrechtlich die Arbeitgeberstellung nicht,[1525] und zwar unabhängig vom Nutzungsumfang. Auf die Vergütungsverpflichtung des Arbeitgebers ist es ohne 689

1518 Bartenbach/Volz, § 9 ArbEG, Rn. 6.1 m.w.N.

1519 LG Frankfurt am Main v. 13.3.2019, Az. 2–06 O 108/16 (unveröffentl.).

1520 OLG München v. 8.2.2001, GRUR-RR 2001, 103 (104) – *Verankerungsmittel*; ständ. Praxis der Schiedsstelle, z.B. v. 24.6.2008, Arb.Erf. 04/07 (Datenbank Schiedsstellenpraxis) u. v. 12.1.2011, Arb.Erf. 12/08 (www.dpma.de); siehe ferner Trimborn, Mitt. 2013, 537 f. m.H.a. Schiedsstelle v. 6.8.2013, Arb.Erf. 02/12 (unveröffentl.). Zur Vergütungssituation bei wirtschaftlicher Einheit siehe Rdn. 692.

1521 Vgl. etwa BGH v. 17.11.2009, GRUR 2010, 223 (226 f. [Tz. 39]) – *Türinnenverstärkung* u. v. 6.3.2012, Mitt. 2012, 285 (288 [Tz. 32, 38]) – *Antimykotischer Nagellack I*; LG Frankfurt am Main v. 13.3.2019, Az. 2–06 O 108/16 (unveröffentl.); OLG Frankfurt v. 7.12.2017, GRUR-RS 2017, 138234 – Mark up; LG Düsseldorf v. 1.3.2022, Düsseldorfer Entscheidungen Nr. 3208, Rn. 56 – Sicherheitsvenenverweilkanülen; siehe auch Schiedsstelle v. 3.12.2020, Arb.Erf. 09/19 (www.dpma.de); vgl. auch Boemke/Kursawe/Fegers/Göken/Heintz, § 9 ArbEG, Rn. 20.

1522 LG Braunschweig v. 1.7.1975, GRUR 1976, 585 (587) – *Polyisocyanatgemisch.*

1523 Ablehnend u.a. Schade, GRUR 1978, 569 (572).

1524 Siehe Rdn. 52 ff.

1525 Siehe Rdn. 60 ff.

Einfluss, ob er aufgrund von Weisungen der Muttergesellschaft zur Rechtsübertragung gehalten ist, ohne über diese Vorgehensweise selbst (mit-) entscheiden zu können.[1526]

690 Folglich kann der Arbeitnehmererfinder seine Vergütungsansprüche nicht gegenüber den nutzenden Konzernunternehmen geltend machen; alleiniger Schuldner und damit Anspruchsgegner ist und bleibt der Arbeitgeber, mit dem auch das Arbeitsverhältnis im Zeitpunkt der Fertigstellung der Erfindung besteht.[1527] Eine »Durchgriffshaftung« auf die Konzernmutter ist dem ArbEG fremd.

b) bei einheitlichem Arbeitsverhältnis zu mehreren Konzernunternehmen

691 An der Schuldnerposition könnte sich jedoch dann etwas ändern, wenn der Arbeitnehmererfinder ein sog. »einheitliches Arbeitsverhältnis« mit zwei Konzernunternehmen eingegangen ist.[1528] Ein solches einheitliches Arbeitsverhältnis wirkt sich auf eine von einem der Arbeitgeber in Anspruch genommene, angemeldete und benutzte Diensterfindung so aus, dass jedenfalls dieser Schuldner des Vergütungsanspruchs ist. Dies ist selbst dann der Fall, wenn die Diensterfindung kurz vor der Begründung des einheitlichen Arbeitsverhältnisses und während des Bestehens nur eines Arbeitsverhältnisses mit dem anderen Arbeitgeber gemacht worden ist.[1529] Auch wenn innerhalb eines Konzerns bei Entsendung eines Arbeitnehmers ein Arbeitsverhältnis ruht und ein weiteres Vertragsverhältnis mit der aufnehmenden Gesellschaft begründet wird, könnte ein einheitliches Arbeitsverhältnis vorliegen.[1530] Die wirtschaftliche und rechtliche Einheitlichkeit der Arbeitsverhältnisse führt nach Auffassung der Schiedsstelle dazu, dass die Rechte und Pflichten aus dem ArbEG auf der Arbeitgeberseite einheitlich wahrzunehmen sind, mit der Folge, dass auch beide Konzerngesellschaften vergütungspflichtig im Sinne des § 9 ArbEG sind.[1531] Die an dem einheitlichen

1526 Schiedsstelle v. 29.10.1997, Arb.Erf. 13/96 u. v. 11.7.2012, Arb.Erf. 03/11 (beide Datenbank Schiedsstellenpraxis); v. 9.12.2008, Arb.Erf. 19/08 u. v. 15.11.2012, Arb. Erf. 01/12 (beide unveröffentl.); OLG München v. 8.2.2001, GRUR-RR 2001, 103 (104 [Tz. 79]) – *Verankerungsmittel*; im Ergebnis auch BGH v. 16.4.2002, GRUR 2002, 801 (802 [Tz. 32]) – *Abgestuftes Getriebe*; v. 17.11.2009, GRUR 2010, 223 (227 [Tz. 39]) – *Türinnenverstärkung* u. v. 6.3.2012, Mitt. 2012, 285 (288 [Tz. 32, 38]) – *Antimykotischer Nagellack I*; Meier-Beck, FS Tilmann (2003), 539 (542).

1527 Ganz h.M., vgl. z.B. OLG Frankfurt v. 30.4.1992, GRUR 1992, 852 (854) – *Simulation von Radioaktivität*; Schiedsstelle v. 12.5.1987, BlPMZ 1988, 349 u. v. 17.6.2010, Arb.Erf. 14/09 (unveröffentl.); Volmer/Gaul, § 1 ArbEG, Rn. 140 f.; Bartenbach/Volz, § 1 ArbEG, Rn. 129 f.; Volmer, GRUR 1978, 393 (402); Brandi-Dohrn, FS Pagenberg (2006), 375 (379) m.H.a. Schiedsstelle v. 19.6.1991, Arb.Erf. 70/90 (unveröffentl.).

1528 Vgl. ausführlich hierzu Rdn. 183 ff.

1529 Schiedsstelle v. 5.7.1991, GRUR 1992, 499 (501 f.) – *Einheitliches Arbeitsverhältnis*; zust. Bartenbach/Volz, § 1 ArbEG, Rn. 129; Keukenschrijver in Busse/Keukenschrijver, PatG, § 9 ArbEG, Rn. 7.

1530 ErfK/Preis, § 611a BGB, Rn. 191.

1531 Schiedsstelle v. 5.7.1991, GRUR 1992, 499 (501 f.) – *Einheitliches Arbeitsverhältnis*; siehe auch allg. BAG v. 27.3.1981, AP Nr. 1 zu § 611 BGB – *Arbeitgebergruppe*.

Arbeitsverhältnis beteiligten Arbeitgeber sind Gesamtgläubiger nach § 421 BGB,[1532] mit der Folge, dass die Verwertungshandlungen aller Arbeitgeber nach § 9 ArbEG vergütungspflichtig sind,[1533] wenn die Voraussetzungen einer Diensterfindung im Verhältnis zu jedem der am einheitlichen Arbeitsverhältnis beteiligten Arbeitgeber gegeben sind.

c) bei Bewertung des Konzerns als wirtschaftliche Einheit

Sieht man einen Konzern bei enger wirtschaftlicher Verflechtung bzw. arbeitsteiliger Aufteilung der Entwicklungs-, Herstellungs- und Vertriebsunternehmen als wirtschaftliche Einheit an,[1534] würde eine Übertragung bzw. Überlassung von Erfindungsrechten innerhalb des Konzerns im Verhältnis Arbeitgeber/Arbeitnehmererfinder nicht als Erfindungsverkauf bzw. Lizenzvergabe bewertet werden.[1535] Der Arbeitgeber bleibt alleiniger Schuldner des Vergütungsanspruchs und der Vergütungsanspruch bestimmt sich nicht nach dem einmalig festzustellenden Wert des (ggf. fiktiven) Kaufpreises für die Übertragung der Erfindungsrechte. Grundlage der Vergütungsberechnung wären vielmehr sämtliche Verwertungshandlungen der konzernverbundenen Unternehmen, also der von allen verbundenen Unternehmen erzielte Konzernaußenumsatz;[1536] der Erfindungswert für diese gesamten Konzernumsätze wäre auf der Grundlage der Lizenzanalogie (RL Nrn. 6 ff.) zu ermitteln.[1537] 692

III. Die Vergütungsbemessung bei Inanspruchnahme der Erfindung nach den Amtlichen Vergütungsrichtlinien

Wie dargestellt,[1538] gelten die allgemeinen Vergütungsregeln in vollem Umfang auch bei der Vergütung von Diensterfindungen, die von einem in einen Konzern eingebundenen Arbeitgeber in Anspruch genommen werden. 693

1532 Bestätigt durch Schiedsstelle v. 3.5.2011, Arb.Erf. 10/09 (Datenbank Schiedsstellenpraxis).

1533 So auch Bartenbach/Volz, § 1 ArbEG, Rn. 129.1.

1534 Siehe dazu Rdn. 60 ff. u. Rdn. 826 ff.

1535 Reimer/Schade/Schippel/Himmelmann, § 11 ArbEG/RL Nr. 17, Rn. 1; OLG Frankfurt v. 7.12.2017, GRUR-RS 2017, 138234 – *Mark up*; relativierend BGH v. 16.4.2002, GRUR 2002, 801 (804 [Tz. 35]) – *Abgestuftes Getriebe*; im Anschl. daran Meier-Beck, FS Tilmann (2003), 549 (543 ff.).

1536 So im Ausgangspunkt wohl auch BGH v. 17.11.2009, GRUR 2010, 223 (227 [Tz. 39]) – *Türinnenverstärkung* in diesbezüglicher Bestätigung v. OLG Düsseldorf v. 13.9.2007, InstGE 8, 147 (150 [Tz. 27]) – *Türinnenverstärkung*; Schiedsstelle v. 20.1.2009 Arb. Erf. 40/06 (unveröffentl.); v. 12.1.2011, Arb.Erf. 12/08 u. v. 6.6.2014, Arb.Erf. 54/12 (beide www.dpma.de).

1537 Schiedsstelle v. 17.6.2010, Arb.Erf. 14/09 (unveröffentl.) m.H.a. Schiedsstelle v. 20.1.2009, Arb.Erf. 40/06 (Datenbank Schiedsstellenpraxis); siehe auch Schiedsstelle v. 6.6.2014, Arb.Erf. 54/12 u. v. 10.3.2016, Arb.Erf. 23/12 (beide www.dpma.de); weitergehend LG Düsseldorf v. 28.4.2016, Düsseldorfer Entscheidungen Nr. 2518 – *Elektrische Glühlampen*.

1538 Siehe Rdn. 648 ff.

1. Die Vergütungsbemessung

694 Der gesetzliche Vergütungsanspruch des Arbeitnehmers ist ausgerichtet auf eine angemessene Vergütung (§ 9 Abs. 1 ArbEG).

695 Entscheidend für die Bemessung der Vergütung sind nach den in § 9 Abs. 2 ArbEG genannten Maßstäben vorrangig die wirtschaftliche Verwertbarkeit der Diensterfindung einerseits und die Stellung und der Aufgabenbereich des Arbeitnehmers im Unternehmen sowie der Anteil des Betriebs am Zustandekommen der Erfindung andererseits. Diese beiden Kernelemente der Vergütungsbemessung, die Verwertbarkeit der Diensterfindung einerseits und die betrieblichen Einflüsse andererseits, werden in den Amtlichen Vergütungsrichtlinien, die der BMA 1959 erlassen hat,[1539] mit den beiden Vergütungsfaktoren »Erfindungswert« (für die Verwertbarkeit) und »Anteilsfaktor« (für die betrieblichen Einflüsse) umgesetzt.

696 Folgerichtig wird die Berechnung der Vergütung (V) aus Erfindungswert (E) und Anteilsfaktor (A) in folgender Formel ausgedrückt:

$V = E \times A$.

2. Der Erfindungswert

697 Der Erfindungswert (RL Nrn. 3 ff.) ist ein wesentliches Kriterium bei der Vergütungsbemessung. In ihm drückt sich die wirtschaftliche Verwertbarkeit der Erfindung aus, so dass der Erfindungswert den wirtschaftlichen Wert der Erfindung kennzeichnet.[1540] Dieser Wert ist allerdings nicht in dem Sinne »berechenbar«, dass er nach bestimmten Regeln aus feststehenden Umständen abgeleitet werden kann; vielmehr bedarf es dazu eines oder gegebenenfalls auch mehrerer Hilfskriterien.[1541]

698 Es geht um die Ermittlung, welchen Preis der Arbeitgeber – losgelöst von der Art des Zustandekommens der Diensterfindung – bei einer entsprechenden freien Erfindung auf dem Markt für die Überlassung der Erfindungsrechte zahlen würde.[1542] Dabei ist der Erfindungswert nicht abstrakt nach den allgemeinen Marktverhältnissen zu

1539 Beilage zum Bundesanzeiger Nr. 156 v. 18.8.1959 = BlPMZ 1959, 300 ff.; RL Nr. 11 wurde neu gefasst durch Änderungsrichtlinie v. 1.9.1983 Bundesanzeiger Nr. 169 v. 9.9.1983 = BlPMZ 1983, 250.

1540 Vgl. BGH v. 16.4.2002, GRUR 2002, 801 (802 [Tz. 21]) – *Abgestuftes Getriebe* u. v. 29.4.2003, GRUR 2003, 789 [Tz. 10] – *Abwasserbehandlung*. Zutreffend ist in RL Nr. 2 Satz 3 die wirtschaftliche Verwertbarkeit als »Erfindungswert« gekennzeichnet.

1541 BGH v. 16.4.2002, GRUR 2002, 801 (802 [Tz. 22]) – *Abgestuftes Getriebe* u. v. 29.4.2003, GRUR 2003, 789 [Tz. 10] – *Abwasserbehandlung*; siehe zu den unterschiedlichen Berechnungsmethoden zur Ermittlung des Erfindungswertes Rdn. 715 ff.

1542 BGH v. 13.11.1997, GRUR 1998, 689 (691) – *Copolyester II*; v. 13.11.1997, GRUR 1998, 684 (687) – *Spulkopf*; v. 17.11.2009, GRUR 2010, 223 (224 [Tz. 13]) – *Türinnenverstärkung* u. v. 6.3.2012, Mitt. 2012, 285 (286 [Tz. 17 f.]) – *Antimykotischer Nagellack I*.

bestimmen, sondern unternehmensbezogen.[1543] Nach der Rechtsprechung des BGH ist in diesem Rahmen zu würdigen, welche Gegenleistung vernünftige (Lizenz-) Vertragsparteien angesichts von Art und Umfang der Nutzung durch den Arbeitgeber und mit Blick auf die sonstigen Umstände des konkreten Einzelfalls vereinbart hätten.[1544] Die Schiedsstelle betont vereinzelt, dass bei der Ermittlung des Erfindungswertes darauf abzustellen sei, welche Lizenzvertragsgestaltung ein Unternehmen bei einer Einlizenzierung der Erfindung von einem Marktteilnehmer oder freien Erfinder unter normalen Bedingungen akzeptieren würde oder zu welchen Vertragsbedingungen es im Normalfall bereit wäre, die Erfindung an einen Marktteilnehmer zu lizenzieren bzw. zu welchen Bedingungen ein anderer vernünftiger Marktteilnehmer bereit wäre, Lizenzgebühren zu bezahlen.[1545] Es kommt dabei nicht darauf an, ob die Erfindung in irgendeinem Unternehmen gewinnbringend eingesetzt werden kann, sondern maßgebend sind allein die Verwertungsmöglichkeiten, deren Ausnutzung dem Arbeitgeber im konkreten Einzelfall wirtschaftlich und technisch möglich und zumutbar ist[1546] (betriebsbezogene Überprüfung).[1547]

Diese Unternehmensbezogenheit gewinnt gerade im Bereich von Konzernen erheb- 699
liche Bedeutung, da dort dank der Einbindung in den Konzernverbund eine unternehmensübergreifende Betrachtungsweise geboten sein kann. Einerseits ist zu berücksichtigen, inwieweit der Arbeitgeber dank seiner Konzernbindungen über adäquate technische Lösungen verfügt. Anderseits kann relevant werden, ob und inwieweit die Diensterfindung aufgrund der Arbeitgeberaktivitäten zugleich das Leistungs- bzw. Qualitätsspektrum innerhalb des Unternehmensverbundes zu erweitern vermag und eine tatsächliche, sich in einer Nutzung niederschlagende Bereicherung darstellt.

3. Der Anteilsfaktor

Der zweite Faktor in der Vergütungsberechnung, der Anteilsfaktor (RL Nrn. 30 ff.), 700
erfasst die in § 9 Abs. 2 ArbEG genannten Kriterien der Stellung und des Aufga-

1543 Bartenbach/Volz, § 9 ArbEG, Rn. 87 f.; vgl. aber auch BVerfG v. 24.4.1998, NJW 1998, 3704 ff. – *Induktionsschutz von Fernmeldekabeln*, das auf den »Betrag ..., den der Betrieb einem freien Erfinder für die Benutzung oder den Erwerb der Erfindung zu zahlen gehabt hätte« abstellt.

1544 BGH v. 16.4.2002, GRUR 2002, 801 (802 [Tz. 25]) – *Abgestuftes Getriebe* u. v. 29.4.2003, GRUR 2003, 789 [Tz. 10] – *Abwasserbehandlung*.

1545 So z.B. Schiedsstelle v. 1.8.2022, Arb.Erf. 13/21 (www.dpma.de).

1546 Schiedsstelle v. 21.2.1969, BlPMZ 1970, 139; Keukenschrijver in Busse/Keukenschrijver, PatG, § 9 ArbEG, Rn. 27; Reimer/Schade/Schippel/Himmelmann, § 9 ArbEG, Rn. 40 u. § 11 ArbEG/RL Nr. 24, Rn. 4; vgl. auch OLG Frankfurt v. 21.4.1977, EGR Nr. 21 zu § 9 ArbEG (Verg.Anspr.) u. v. 27.11.1986, EGR Nr. 70 zu § 9 ArbEG (Verg. Höhe); OLG Düsseldorf v. 20.12.2012, Düsseldorfer Entscheidungen Nr. 1969 – *Stahlbetontunnel*; BGH v. 31.1.1978, GRUR 1978, 430 (432) – *Absorberstab-Antrieb I*; vgl. auch BGH v. 6.3.2012, Mitt. 2012, 285 (286 [Tz. 14]) – *Antimykotischer Nagellack I*.

1547 BGH v. 13.11.1997, GRUR 1998, 684 (687) – *Spulkopf* u. v. 13.11.1997, GRUR 1998, 689 (691 f.) – *Copolyester II*; siehe auch BGH v. 17.11.2009, GRUR 2010, 223 (224 f. [Tz. 20]) – *Türinnenverstärkung*.

benbereichs des Arbeitnehmers im Unternehmen sowie des Anteils des Betriebs am Zustandekommen der Erfindung. Diese Teilfaktoren sollen den billigen Ausgleich zwischen den Interessen des Arbeitgebers und des Arbeitnehmererfinders herbeiführen.[1548] Beim Anteilsfaktor wird berücksichtigt, dass in der Praxis typischerweise der Arbeitgeber regelmäßig Anstöße zur Entwicklung gibt und dazu materielle, personelle und/oder technische Unterstützung beisteuert, während der Arbeitnehmer im Wesentlichen seine schöpferische Leistung beiträgt.[1549] Hintergrund ist die Überlegung, dem im Arbeitsverhältnis stehenden Erfinder nicht die gleiche Vergütung zu zahlen wie einem freien Erfinder, der die wirtschaftlichen und technischen Risiken der Entwicklung und Verwertung einer Erfindung selbst tragen muss,[1550] während der wirtschaftlich abgesicherte Arbeitnehmererfinder sich typischerweise allein auf seine Arbeit und die schöpferische Leistung konzentrieren kann.[1551]

701 Der angestellte Erfinder ist im Verhältnis zu einem freien Erfinder in einer weniger risikobehafteten Lage. Er ist sozial abgesichert durch sein Arbeitsverhältnis und die damit verbundenen laufenden Gehaltszahlungen; durch die Eingliederung in das Arbeitgeberunternehmen und die Einbindung in das Betriebsgeschehen wird er häufig zu technischen Problemstellungen hingeführt und erhält zugleich Ideen und Unterstützung bei der Problemlösung, sei es durch Mitarbeiter des Unternehmens oder durch Anstöße von außen (Kunden, Lieferanten usw.) bzw. durch technische Mittel einschließlich der Möglichkeit, betriebliche Vorarbeiten und Kenntnisse auszuwerten.[1552] So kann der angestellte Erfinder beispielsweise bei der Problemlösung häufig, wenn nicht gar typischerweise auf technische Erfahrungen zurückgreifen, die im Arbeitgeberunternehmen mit der Vorgängertechnik gewonnen wurden.[1553] Die Tatsache, dass es sich um eine betrieblich beeinflusste Erfindung handelt, muss sich daher vergütungsmindernd auswirken.[1554] Dies erfolgt durch den Anteilsfaktor, der sich nach den RL Nrn. 30 ff. bestimmt. Das Ergebnis ist ein bestimmter Prozentwert (vgl. RL Nr. 37). Dadurch steht dem Arbeitnehmer für seine Diensterfindung letztlich immer nur ein Bruchteil dessen zu, was ein freier Erfinder erhalten würde.

1548 Vgl. BGH v. 26.9.2006, GRUR 2007, 52 (54 [Tz. 22]) – *Rollenantriebseinheit II.*

1549 Vgl. u. a. Schiedsstelle v. 30.3.2017, Arb.Erf. 11/15 u. v. 2.8.2019, Arb.Erf. 22/17 (beide www.dpma.de).

1550 Vgl. statt vieler Schiedsstelle v. 13.3.2020, Arb.Erf. 49/18; v. 15.4.2020, Arb.Erf. 48/17; v. 5.5.2020, Arb.Erf. 53/18; v. 3.12.2020, Arb.Erf. 09/19; v. 18.6.2021, Arb.Erf. 37/19 u. v. 1.10.2021, Arb.Erf. 31/17 (alle www.dpma.de). Vgl. die Besonderheiten der Beurteilung des Anteilsfaktors bei Organmitgliedern, Rdn. 246 ff.

1551 Schiedsstelle v. 18.1.2017, Arb.Erf. 67/14 (www.dpma.de); siehe auch OLG Düsseldorf v. 9.10.2014, Düsseldorfer Entscheidungen Nr. 2027 – *Scharniereinrichtung.*

1552 Schiedsstelle v. 30.3.2017, Arb.Erf. 11/15 (www.dpma.de) m.H.a. OLG Düsseldorf v. 9.10.2014, Düsseldorfer Entscheidungen Nr. 2027 – *Scharniereinrichtung.* Ausführlich hierzu Hellebrand, Mitt. 2001, 195 (197 f.).

1553 Schiedsstelle v. 10.3.2016, Arb.Erf. 23/12 u. v. 4.7.2016, Arb.Erf. 03/14 (beide www.dpma.de); siehe auch Schiedsstelle v. 30.3.2017, Arb.Erf. 11/15 (www.dpma.de).

1554 Vgl. hierzu Schiedsstelle v. 9.5.2022, Arb.Erf. 53/20; v. 11.7.2022, Arb.Erf. 35/21 u. v. 19.8.2022, Arb.Erf. 47/21 (alle www.dpma.de).

Der Anteilsfaktor wird – in Übereinstimmung mit § 9 Abs. 2 ArbEG – durch drei Teilfaktoren bestimmt: die Stellung der Aufgabe (Teilfaktor a) – RL Nr. 31), die Lösung der Aufgabe (Teilfaktor b) – RL Nr. 32) und die Aufgaben und Stellung des Arbeitnehmers im Betrieb (Teilfaktor c) – RL Nrn. 33 bis 36). Dabei ist zu berücksichtigen, dass die aus dem Jahr 1959 stammenden RL Nrn. 30 bis 36 ein idealtypisches Unternehmensbild aus dieser Zeit zum Vorbild haben, so dass die Schiedsstelle empfiehlt, diese heute nur sinngemäß – und nicht wortgemäß – als sachdienliche Erkenntnisquelle heranzuziehen.[1555] 702

Die Ermittlung des Anteilsfaktors erfolgt mittels Addition von Wertzahlen, die diese drei Teilfaktoren abbilden. Das Ergebnis wird nach der Tabelle der RL Nr. 37 einem Prozentwert, dem Anteilsfaktor, zugeordnet. 703

Die Kriterien der Wertzahl-Ermittlung versuchen, die Bedingungen miteinander zu vergleichen, unter denen einerseits der Arbeitnehmererfinder die erfinderische Lösung gefunden hat, und andererseits denjenigen Bedingungen, die für einen freien Erfinder gelten.[1556] Je geringer der Beitrag des Betriebes (d.h. des Unternehmens) bei der Stellung und Lösung der Aufgabe (Teilfaktoren a) und b)) und je niedriger der Grad der Vorbildung und hierarchischen Einordnung im Unternehmen (Teilfaktor c)) ausfallen, umso höher ist der Anteilsfaktor und damit der dem Erfinder zustehende Anteil am Erfindungswert. Der durchschnittliche Anteilsfaktor wird von der Schiedsstelle in einer Spanne zwischen 10–25 %,[1557] mit einem Mittelwert von 15 % bis 18 %,[1558] angenommen, da der überwiegende Anteil von Erfindungen von technisch qualifizierten Arbeitnehmern im Rahmen von Forschungs- und Entwicklungsvorhaben gemacht wird. 704

Während sich bei der systematischen Handhabung der Regeln zum Anteilsfaktor bei Arbeitnehmern in einem Konzern keine Abweichungen ergeben, können sich die Konzerneinflüsse auf die Entwicklung einer Erfindung bei der Ausfüllung der einzelnen Teilfaktoren auswirken. 705

Die Höhe des Teilfaktors a) (Stellung der Aufgabe) (RL Nr. 31) wird davon bestimmt, von wem die Impulse für die erfinderische Aufgabenstellung ausgegangen sind, vom 706

1555 So Schiedsstelle v. 18.6.2021, Arb.Erf. 37/18; v. 28.1.2022, Arb.Erf. 42/20; v. 9.5.2022, Arb.Erf. 53/20; v. 11.7.2022, Arb.Erf. 35/21; v. 19.8.2022, Arb.Erf. 47/21 u. v. 27.10.2022, Arb.Erf. 32/19 (alle www.dpma.de).

1556 Schiedsstelle v. 7.3.2016, Arb.Erf. 09/14 (www.dpma.de).

1557 Schiedsstelle v. 25.4.2016, Arb.Erf. 24/14; v. 6.7.2016, Arb.Erf. 23/13; v. 18.1.2017, Arb. Erf. 67/14; v. 30.3.2017, Arb.Erf. 11/15; v. 19.2.2018, Arb.Erf. 33/16; v. 22.10.2018, Arb.Erf. 04/17; v. 2.8.2019, Arb.Erf. 22/17; v. 13.3.2020, Arb.Erf. 49/18; v. 28.5.2020, Arb.Erf. 47/17; v. 6.4.2021, Arb.Erf. 60/18 u. v. 2.9.2021, Arb.Erf. 70/18 (alle www.dpma.de); vgl. auch Schiedsstelle v. 19.2.2020, Arb.Erf. 20/17 (unveröffentl.).

1558 Schiedsstelle v. 6.7.2016, Arb.Erf. 23/13 u. v. 9.3.2017, Arb.Erf. 07/15 (beide www.dpma.de).

Betrieb (d. h. des Unternehmens[1559] bzw. der »gesamten Unternehmenssphäre« des Arbeitgebers[1560]) oder vom Arbeitnehmer, und wie intensiv diese waren. Die Wertzahl a) stellt auf die Initiative ab, erfinderische Überlegungen anzustoßen.[1561] Ein wesentliches Kriterium ist dabei die Frage nach der betrieblichen Aufgabenstellung. Werden Entwicklungsvorgaben aus dem Konzernbereich über den Arbeitgeber (Vorgesetzte, Mitarbeiter) an den Erfinder weitergegeben, so ist unbedenklich eine betriebliche Aufgabenstellung gegeben. Erfährt der Arbeitnehmer von technischen Mängeln oder Bedürfnissen nur bei Gelegenheit, so ist diese Kenntnis der Bedürfnisse des Konzerns »infolge der Betriebszugehörigkeit erlangt«. Entsprechendes gilt, wenn er von sonstigen Mängeln und Bedürfnissen über den Konzern Kenntnis erhält. Ist ein Mitarbeiter im Entwicklungsbereich eines Unternehmens tätig bzw. zählt die Suche nach Lösungen zu seiner Leistungspflicht gemäß § 611a BGB, bedarf es keiner konkreten betrieblichen Aufgabenstellung zur Lösung eines bestimmten Problems an den betreffenden Arbeitnehmer mehr. Ausreichend für eine betriebliche Aufgabenstellung ist dann bereits, ob dem Erfinder eine Problemstellung in einer Art und Weise bekannt geworden ist, die letztlich dem Unternehmen zuzurechnen ist. Denn ein solcher Arbeitnehmer ist nach § 241 BGB verpflichtet, seine erfinderischen Überlegungen dem Arbeitgeber mitzuteilen, wenn diese von einer ihm betrieblich bekannt gewordenen Problemstellung herrühren. Deshalb liegt in solchen Fällen stets ein bereits auf den Personaleinsatz zurückgehender betrieblicher Impuls vor, erfinderische Überlegungen anzustoßen, der ebenso wie ein konkreter Auftrag die Wertzahl »a)=2« rechtfertigt.[1562]

707 Die Höhe der Wertzahl des Teilfaktors b) (Lösung der Aufgabe) (RL Nr. 32) ergibt sich aus der Lösung der der Erfindung zu Grunde liegenden Aufgabe (technisches Problem) und berücksichtigt, inwieweit beruflich geläufige Überlegungen, betriebliche Kenntnisse und vom Betrieb gestellte Hilfsmittel und Mitarbeiter zur Lösung geführt haben.[1563] Im Rahmen des Teilfaktors b) kann sich der Konzernbezug hinsichtlich der betrieblichen Vorarbeiten und Kenntnisse auswirken wie auch bei einer Unterstützung mit technischen Hilfsmitteln durch den Konzern. Diese betrieblichen Arbeiten, Kenntnisse und Hilfsmittel, die aus dem Konzernbereich kommen, sind dem Arbeitgeber zuzurechnen. Hierzu zählen etwa Kenntnisse aus einem konzerninternen Erfahrungsaustausch.[1564] Für die technischen Hilfsmittel kommt es nicht

1559 Wohl allg. A., z.B. Schiedsstelle v. 10.3.2016, Arb.Erf. 23/12; v. 25.4.2016, Arb.Erf. 24/14 u. v. 15.4.2020, Arb.Erf. 48/17 (alle www.dpma.de).

1560 Schiedsstelle v. 28.2.2018, Arb.Erf. 24/16; v. 12.4.2019, Arb.Erf. 36/17; v. 28.5.2020, Arb.Erf. 47/17; v. 28.1.2022, Arb.Erf. 42/20; v. 2.2.2021, Arb.Erf. 13/19; v. 1.8.2022, Arb.Erf. 13/21 u. v. 27.10.2022, Arb.Erf. 32/19 (alle www.dpma.de).

1561 Schiedsstelle v. 10.3.2016, Arb.Erf. 23/12 (www.dpma.de); so auch Schiedsstelle v. 24.1.2018, Arb.Erf. 39/16 u. v. 2.5.2019, Arb.Erf. 16/17 (beide www.dpma.de).

1562 Ständ. Praxis der Schiedsstelle, vgl. statt vieler Schiedsstelle v. 23.11.2023, Arb.Erf. 17/22 (www.dpma.de).

1563 Schiedsstelle v. 7.3.2016, Arb.Erf. 09/14 (www.dpma.de).

1564 Bartenbach/Volz, Komm.RL, RL Nr. 32, Rn. 16 f. m.H.a. Schiedsstelle v. 3.11.1998, Arb.Erf. 118/96 (unveröffentl.); siehe auch Schiedsstelle v. 14.3.2013, Arb.Erf. 20/11 (www.dpma.de).

darauf an, ob es sich hierbei um innerbetriebliche Mittel des Arbeitgebers handelt oder um die Nutzung von Forschungseinrichtungen usw. bei anderen Unternehmen im Konzernbereich.[1565]

Die Wertzahl für den Teilfaktor c) (Aufgaben und Stellung des Arbeitnehmers im Betrieb) (RL Nrn. 33 ff.) ergibt sich aus der Funktion des Arbeitnehmers im Betrieb, also der betrieblichen Stellung des Arbeitnehmererfinders. Nach RL Nr. 33 hängt die Wertzahl c) davon ab, welche berechtigten Leistungserwartungen der Arbeitgeber an den Arbeitnehmer stellen darf.[1566] Entscheidend sind die Stellung im Betrieb und die Vorbildung des Arbeitnehmers zum Zeitpunkt der Erfindung. Insoweit ist dieser Teilfaktor regelmäßig von Konzerneinflüssen unberührt, da es hier auf die konkreten Verhältnisse beim Arbeitgeber ankommt, also dem Konzernunternehmen, mit dem der jeweilige Arbeitnehmererfinder zum Zeitpunkt der Fertigstellung der Diensterfindung in einem Arbeitsverhältnis steht. 708

4. Der Miterfinderanteil

Ein weiterer Faktor, der sich bei der Vergütungsbemessung auswirkt, ist die Miterfinderschaft.[1567] Ist die Diensterfindung nicht von einem Arbeitnehmer alleine entwickelt worden, sind daran vielmehr mehrere Personen als Miterfinder beteiligt, so steht dem Arbeitnehmer grundsätzlich auch nur ein Anteil am Wert der Erfindung in dem Umfang zu, der seiner Miterfinderschaft, also seinem schöpferischen Beitrag zu der Erfindung,[1568] entspricht[1569] (Miterfinderanteil). Die Höhe des Anspruchs wird – neben dem individuellen Anteilsfaktor[1570] – durch den Miterfinderanteil bestimmt.[1571] Jeder Miterfinder hat gegen seinen Arbeitgeber einen eigenen, selbständigen Vergütungsanspruch, den er unabhängig von den übrigen Miterfindern geltend machen 709

1565 Vgl. allgemein nur Nutzung von Forschungseinrichtungen bei kooperierenden Fremdfirmen bzw. Hochschulen Schiedsstelle v. 7.3.1979, BlPMZ 1980, 29 u. v. 7.2.1983, BlPMZ 1984, 218 (220).

1566 So z.B. LG Frankfurt am Main v. 8.5.2019, 2–06 O 314/18 (unveröffentl.); auch ständ. Praxis der Schiedsstelle, z.B. v. 15.12.2014, Arb.Erf. 27/13; v. 25.4.2016, Arb.Erf. 24/14; v. 6.7.2016, Arb.Erf. 23/13; v. 15.4.2020, Arb.Erf. 48/17; v. 28.5.2020, Arb.Erf. 47/17; v. 28.1.2022, Arb.Erf. 42/20; v. 11.7.2022, Arb.Erf. 35/21 u. v. 27.10.2022, Arb.Erf. 32/19 (alle www.dpma.de).

1567 Vgl. ausführlich zur Miterfinderschaft Rdn. 262 ff.

1568 BGH v. 17.10.2000, GRUR 2001, 226 (228 [Tz. 11]) – *Rollenantriebseinheit I*; vgl. auch BGH v. 5.10.2005, GRUR 2006, 141 (142 [Tz. 19]) – *Ladungsträgergenerator*; v. 26.9.2006, GRUR 2007, 52 (53 [Tz. 13]) – *Rollenantriebseinheit II* u. v. 18.6.2013, Mitt. 2013, 551 [Tz. 8] – *Flexibles Verpackungsverhältnis*; krit. hierzu Hellebrand, Mitt. 2008, 433.

1569 Zur Bemessung des Miterfinderanteils siehe u.a. BGH v. 20.2.1979, GRUR 1979, 540 (541 f.) – *Biedermeiermanschetten* u. v. 17.10.2000, GRUR 2001, 226 (228 [Tz. 11]) – *Rollenantriebseinheit I*.

1570 Vgl. Rdn. 700 ff.

1571 Vgl. Rdn. 262 ff.

kann.[1572] Die Bemessung des Umfangs des schöpferischen Beitrages eines Miterfinders hat – ebenso wie die Feststellung der Miterfinderschaft[1573] – auf der Grundlage der (erschöpfenden) Beschreibung der gesamten Erfindung in der Schutzrechtsanmeldung zu erfolgen.[1574]

710 Wer Miterfinder ist, bestimmt sich nach den allgemeinen Regeln des Patent- bzw. Gebrauchsmusterrechts. In Abgrenzung zur bloßen konstruktiven Mithilfe bzw. einem für den Gesamterfolg unwesentlichen Beitrag bedarf es eines selbständigen, schöpferischen Beitrags zum Gesamterfolg.[1575] Dabei ist der Vergütungsanspruch grundsätzlich nicht davon abhängig, ob und in welchem Umfang von dem Beitrag des Miterfinders zur Erfindung Gebrauch gemacht wird.[1576]

711 Der Miterfinderanteil (M) drückt sich in einem bestimmten Prozentsatz bzw. Bruchteil an der Gesamterfindung aus. Die Höhe des Miterfinderanteils wird grundsätzlich nicht davon beeinflusst, wer die anderen Miterfinder sind, ob es sich also um Arbeitskollegen, um Mitarbeiter anderer Konzernunternehmen bzw. dritter Unternehmen oder um freie Erfinder handelt.

Die Vergütungsformel lautet grundsätzlich:

$V = E \times M \times A.$

IV. Die Vergütungsbemessung bei Eigennutzung der in Anspruch genommenen Diensterfindung durch den Arbeitgeber/Vergütung für nicht benutzte Erfindungen

712 Zur Ermittlung des Erfindungswertes bei Eigennutzung durch den Arbeitgeber sehen die Vergütungsrichtlinien mehrere Methoden vor. Dabei hat die Lizenzanalogie (RL Nrn. 6 ff.)[1577] den Vorrang.[1578] Demgegenüber treten die Methode nach dem erfassbaren betrieblichen Nutzen (RL Nr. 12) und der Schätzung (RL Nr. 13) ebenso zurück wie sonstige Methoden, wie namentlich die Kaufpreisanalogie (RL Nr. 4).

1572 Vgl. Rdn. 308.

1573 Vgl. Rdn. 262 ff.

1574 So auch LG Düsseldorf v. 1.3.2023, Düsseldorfer Entscheidungen Nr. 3275, Rn. 66 – Lacosamid-Synthese.

1575 Vgl. BGH v. 17.10.2000, GRUR 2001, 226 (227 [Tz. 11]) – *Rollenantriebseinheit I*; v. 16.9.2003, GRUR 2004, 50 (51 [Tz. 21]) – *Verkranzungsverfahren* u. v. 14.2.2017, GRUR 2017, 504 (506 [Tz. 34]) – *Lichtschutzfolie*; vgl. auch BGH v. 20.6.1978, GRUR 1978, 583 (586) u. v. 22.3.2005, GRUR 2005, 663 – *Gummielastische Masse II*; siehe im Übrigen Ann, Patentrecht, § 19, Rn. 20 ff. m.w.N.; Schulte/Kühnen, § 6 PatG, Rn. 21.

1576 BGH v. 22.11.2011, GRUR 2012, 380 (381 [Tz. 20]) – *Ramipril II*; Bartenbach/Volz, § 9 ArbEG, Rn. 312 f.

1577 Siehe nachfolgend Rdn. 715 ff.

1578 In diesem Sinne BGH v. 16.4.2002, GRUR 2002, 801 (802 [Tz. 23]) – *Abgestuftes Getriebe*; v. 29.4.2003, GRUR 2003, 789 [Tz. 10] – *Abwasserbehandlung* u. v. 6.3.2012, Mitt. 2012, 285 (287 [Tz. 18]) – *Antimykotischer Nagellack I*; Bartenbach/Volz, § 9 ArbEG, Rn. 109.

Diese Grundsätze gelten auch uneingeschränkt im Konzernbereich, wenn der Arbeitgeber die Diensterfindung selbst als Inhaber der Erfindungsrechte nutzt oder die Nutzung nach Übertragung von Erfindungsrechten aufgrund vorbehaltener Nutzungsrechte – auch in Form einer Rücklizenz[1579] – erfolgt. 713

Soweit es um Konzernumsätze geht, die auf eigenem Nutzungsrecht eines anderen Konzernunternehmens – insbesondere aufgrund Rechtsübertragung, Lizenzierung, Austauschvertrag oder Poolnutzung – beruhen, handelt es sich grundsätzlich nicht um Eigennutzungen des Arbeitgebers. Die vergütungsrechtliche Bewertung dieser Fremdverwertungen unterliegt besonderen Regeln.[1580] Nachfolgend wird zunächst die Frage der Vergütung für eine Eigennutzung der in seinem Unternehmen entstandenen Diensterfindung durch den Arbeitgeber, insbesondere durch eigene Herstellung und Vertrieb erfindungsgemäßer Produkte, behandelt. 714

1. Ermittlung des Erfindungswertes bei benutzten Erfindungen

a) Ermittlung des Erfindungswertes nach der Lizenzanalogie

Nach RL Nrn. 3 ff. wird der Erfindungswert bei der Lizenzanalogie danach ermittelt, welche Gegenleistung vernünftige Lizenzvertragsparteien für die Überlassung der Rechte an der Diensterfindung im Rahmen einer ausschließlichen Lizenz vereinbart hätten.[1581] Der Erfindungswert einer Eigennutzung einer Diensterfindung wird durch fiktive Nachbildung der marktüblichen Lizenzgebühren abgeschätzt.[1582] Erfindungswert ist daher – entsprechend der Lizenzvertragspraxis – regelmäßig der mit einem bestimmten Lizenzsatz multiplizierte erfindungsgemäße Umsatz. 715

Umsatz ist der dem Arbeitgeber tatsächlich zugeflossene Erlös aus dem Verkauf der erfindungsgemäßen Produkte.[1583] Dabei ist maßgeblich der Nettoverkaufspreis ab Werk, der sich aus dem Brutto-Verkaufspreis abzüglich Vertriebskosten (Fracht, Transportversicherung, Provisionen für Makler und Vermittler, Montage, Verpackung usw.) und abzüglich Abnehmervergünstigungen (Skonti, Rabatte, Zugaben, Boni usw.) ergibt.[1584] 716

aa) Vorrang der Lizenzanalogie als Berechnungsmethode

Die Lizenzanalogie ist – wie der gesamte Erfindungswert – bei der Ermittlung der Werte unternehmensbezogen anzuwenden.[1585] Die Lizenzanalogie ist zur Bestim- 717

1579 Siehe dazu Rdn. 836 ff.

1580 Zur Übertragung Rdn. 792 ff., zur Lizenzierung Rdn. 843 ff.

1581 Vgl. BGH v. 16.4.2002, GRUR 2002, 801 (802 [Tz. 23]) – *Abgestuftes Getriebe*; v. 29.4.2003, GRUR 2003, 789 [Tz. 10] – *Abwasserbehandlung* u. v. 17.11.2009, GRUR 2010, 223 (224 [Tz. 13]) – *Türinnenverstärkung*.

1582 Schiedsstelle v. 9.3.2023, Arb.Erf. 20/21 (www.dpma.de).

1583 Schiedsstelle v. 10.10.2013, Arb.Erf. 22/12 (www.dpma.de).

1584 Schiedsstelle v. 21.4.2009, Arb.Erf. 13/08 (unveröffentl.).

1585 OLG Düsseldorf v. 4.3.2004, InstGE 4, 165 (170 [Tz. 68]) – *Spulkopf II* unter Bezug auf BGH v. 13.11.1997, GRUR 1998, 684 – *Spulkopf* u. v. 13.11.1997, GRUR 1998, 689 – *Copolyester II*.

mung des marktgerechten Erfindungswertes – nicht zuletzt dank der geringsten Schätzungenauigkeiten – besonders geeignet und regelmäßig heranzuziehen.[1586] Zu Recht wird diese Berechnungsmethode immer dann angewendet, wenn mit der Erfindung Umsatzgeschäfte getätigt werden,[1587] da die Umsätze den Marktwert der Erfindung am zutreffendsten widerspiegeln.[1588] Auch der Umstand, dass der Einsatz der Erfindung (zusätzlich oder ausschließlich) erhebliche Einsparungen im Produktionsprozess bewirkt, ändert nichts an dem Vorrang der Lizenzanalogie, wenn mit der Erfindung Umsatzgeschäfte getätigt werden.[1589] Letztlich rechtfertigen auch eventuelle Schwierigkeiten bei der Ermittlung bzw. Auswahl der für die Lizenzgebühr maßgeblichen Parameter, etwa bei Konzernnutzungen, es nicht, von der Methode der Lizenzanalogie abzurücken.[1590]

bb) Bestimmung des Lizenzsatzes

718 Die Hauptschwierigkeit für die Praxis besteht in der Feststellung des angemessenen Lizenzsatzes und der zutreffenden technisch-wirtschaftlichen Bezugsgröße, d.h. des Wertes der erfindungsgemäßen Teile, auf die sich der Lizenzsatz bezieht (vgl. RL Nr. 8).

719 Wegen der Unternehmensbezogenheit des Erfindungswertes wird zunächst geprüft, ob der Arbeitgeber bereits Lizenzverträge über die konkret zu vergütende Diensterfindung[1591] abgeschlossen hat; diese sind dann vorrangig für die Lizenzanalogie

---

1586 BGH v. 16.4.2002, GRUR 2002, 801 (802 [Tz. 23]) – *Abgestuftes Getriebe*; v. 29.4.2003, GRUR 2003, 789 [Tz. 10] – *Abwasserbehandlung*; v. 17.11.2009, GRUR 2010, 223 (224 [Tz. 13]) – *Türinnenverstärkung* u. v. 6.3.2012, Mitt. 2012, 285 (287 [Tz. 13]) – *Antimykotischer Nagellack I*; siehe auch BGH v. 21.12.2005, GRUR 2006, 401 (404) – *Zylinderrohr*; OLG München v. 16.8.2012, 6 U 2572/11 (unveröffentl.) – *Elektronische Funktionseinheit*; ständ. Praxis der Schiedsstelle, z.B. v. 3.3.2009, Arb.Erf. 09/07 (unveröffentl.); v. 27.11.2018, Arb.Erf. 44/17 u. v. 30.4.2019, Arb.Erf. 39/17 (beide www.dpma.de).

1587 OLG Düsseldorf vom 4.3.2004, InstGE 4, 165 (170 [Tz. 65]) – *Spulkopf II*; ebenso ständ. Praxis der Schiedsstelle, z.B. v. 4.8.1987, BlPMZ 1988, 171; v. 20.6.1995, Mitt. 1996, 220 u. v. 19.4.2012, Arb.Erf. 23/10 u. v. 18.7.2012, Arb.Erf. 30/10 (beide Datenbank Schiedsstellenpraxis); v. 9.10.2012, Arb.Erf. 39/11; v. 13.4.2016, Arb.Erf. 68/13; v. 15.5.2019, Arb.Erf. 38/18 u. v. 1.8.2022, Arb.Erf. 13/21 (alle www.dpma.de); vgl. auch BGH v. 13.11.1997, GRUR 1998, 684 (687) – *Spulkopf* u. v. 17.11.2009, GRUR 2010, 223 (224 [Tz. 13]) – *Türinnenverstärkung*; LG München I v. 7.3.2011, CR 2012, 356 [Tz. 62] – *Elektronische Funktionseinheit*; Reimer/Schade/Schippel/Himmelmann, § 11 ArbEG/RL Nr. 5, Rn. 2.

1588 LG Düsseldorf v. 28.8.1997, Entsch. 4. ZK. 1997, 75 (78) – *Craft-Spulkopf*; Schiedsstelle v. 5.6.1998, Arb.Erf. 81/96 (unveröffentl.); OLG Düsseldorf v. 4.3.2004, InstGE 4, 165 (171) – *Spulkopf II.*

1589 Vgl. etwa OLG Düsseldorf v. 21.10.2021, GRUR-RR 2022, 156 (Rn. 23) – *Lacosamid*; ferner dazu LG Düsseldorf v. 1.3.2023, Az. 4b O 105/19 (unveröffentl.) – *Aminosäuren-Derivate III.*

1590 BGH v. 17.11.2009, GRUR 2010, 223 (224 [Tz. 13]) – Türinnenverstärkung.

1591 Ebenso OLG Düsseldorf v. 9.10.2014, Düsseldorfer Entscheidungen Nr. 2027 – *Scharniereinrichtung*; LG Düsseldorf v. 14.3.2013, Düsseldorfer Entscheidungen Nr. 2010 –

heranzuziehen (konkrete Lizenzanalogie).[1592] An einem tatsächlich abgeschlossenen Lizenzvertrag kann sich die für den Erfindungswert erforderliche Abschätzung durch die fiktive Nachbildung der marktüblichen Lizenzgebühren in der Regel am besten orientieren.[1593] Ein dort vereinbarter Lizenzsatz gibt wesentliche Anhaltspunkte für die Bestimmung der angemessenen Lizenzgebühr, da daraus regelmäßig ersichtlich ist, was die Erfindung im Markt wert ist.[1594] Die Schiedsstelle betont, dass die tatsächliche Aufgabe im Hinblick auf die sachgerechte Höhe des Lizenzsatzes darin besteht, ausgehend von der sachgerechten Bezugsgröße die Überlegungen potentieller Lizenzvertragsparteien objektiv nachzubilden, die unter vernünftigen Kaufleuten konsensfähig gewesen wären und so mit einer hohen Wahrscheinlichkeit zum Abschluss eines Lizenzvertrages geführt hätten.[1595] Denn entscheidend für den Erfindungswert ist letztlich nur, welche Bedeutung Wettbewerber der zur Erteilung eines Patents angemeldeten technischen Lehre mutmaßlich zumessen, und was sie deshalb zum Gegenstand eines Lizenzvertrages machen würden.[1596] Aus diesem Grund geht auch die Schiedsstelle vom Vorrang der konkreten Lizenzanalogie aus.[1597] Allerdings entbindet das nicht von der erforderlichen Analyse, inwieweit der in diesem Vertrag vereinbarte Lizenzsatz allein auf die Diensterfindung und deren Qualität zurückgeht, oder ob damit zusätzliche erfindungsfremde Leistungen und Umstände (mit-) abgegolten werden, etwa Know-how[1598], Marken, Überlassung von Zulassungen, Weiterentwicklungen, Beilegung einer Schutzrechtsverletzung etc.[1599] Zusätzlich ist maßgeblich, dass die

---

Betonschutzwände II. Die Schiedsstelle erstreckt den Begriff der konkreten Lizenzanalogie ggfs. auch auf unmittelbar vergleichbare Gegenstände, Schiedsstelle v. 28.7.2006, Arb. Erf. 05/05 (Datenbank Schiedsstellenpraxis).

1592 Schiedsstelle v. 30.9.1992, EGR Nr. 69 zu § 9 ArbEG (Verg.Höhe); v. 20.1.1997, Arb. Erf. 34/93 (Datenbank Schiedsstellenpraxis); v. 30.9.2008, Arb.Erf. 29/07; v. 23.5.2014, Arb.Erf. 38/12; v. 15.4.2020, Arb.Erf. 48/17 u. v. 21.7.2023, Arb.Erf. 29/20 (alle www.dpma.de); vgl. auch Hellebrand, GRUR 1993, 449 (454); BGH v. 18.5.2010, GRUR 2010, 817 (821 [Tz. 40]) – *Steuervorrichtung* u. v. 6.3.2012, Mitt. 2012, 285 (286 [Tz. 18]) – *Antimykotischer Nagellack I*; so auch LG München I v. 7.3.2011, CR 2012, 356 [Tz. 62] – *Elektronische Funktionseinheit* m. Anm. Dombrowski, GRUR-Prax 2012, 139; Trimborn, Mitt. 2012, 70 (77).

1593 Schiedsstelle v. 9.3.2023, Arb.Erf. 20/21 (www.dpma.de).

1594 Vgl. Schiedsstelle v. 6.3.1980, BlPMZ 1982, 277 (278).

1595 Vgl. Schiedsstelle v. 7.8.2024, Arb.Erf. 19/22 (unveröffentl.).

1596 Schiedsstelle v. 21.7.2023, Arb.Erf. 29/20 (www.dpma.de).

1597 Ständ. Praxis der Schiedsstelle, vgl. nur v. 5.2.1976, BlPMZ 1977, 200 (201), v. 6.3.1980, BlPMZ 1982, 277 (278), v. 30.9.1992, EGR Nr. 68 zu § 9 ArbEG (Verg.Höhe); v. 2.9.1997, Arb.Erf. 25/96; v. 3.6.1998, Arb.Erf. 89/96; v. 14.5.2009, Arb.Erf. 47/07 u. v. 17.6.2010, Arb.Erf. 14/09 (alle unveröffentl.); v. 18.9.2012, Arb.Erf. 22/11; v. 17.4.2013, Arb.Erf. 11/11; v. 23.5.2014, Arb.Erf. 38/12; v. 6.6.2014, Arb.Erf. 54/12; v. 3.7.2015, Arb.Erf. 18/13 u. v. 15.4.2020, Arb.Erf. 48/17 (alle www.dpma.de).

1598 Vgl. z.B. LG Hamburg v. 7.5.2020, GRUR-RS 2020, 15486 – Datenübertragungsprogramm für Luftfahrzeuge; siehe auch Schiedsstelle v. 7.12.2020, Arb.Erf. 68/18 (www.dpma.de).

1599 Siehe dazu Bartenbach/Volz, Komm.RL, RL Nr. 6, Rn. 12 ff.; BGH v. 6.3.2012, Mitt. 2012, 285 [Tz. 18] – *Antimykotischer Nagellack I*; vgl. auch OLG Düsseldorf v. 4.3.2004,

Rahmenbedingungen, unter denen ein solcher Lizenzvertrag zustande gekommen ist, tatsächlich ein freies Aushandeln des Vertrages unter unabhängigen Marktteilnehmern ermöglicht haben.[1600] Bei einem sog. Second-Source-Lizenzvertrag, durch den der Arbeitgeber einem Abnehmer erfindungsgemäßer Produkte ermöglicht, diese seinerseits auch von Dritten als alternative Bezugsquelle zu beziehen, ist ebenfalls eine Vertragsanalyse erforderlich. In einem solchen Fall geht die Schiedsstelle davon aus, dass unter dem Aspekt einer hier üblichen Gewinnabschöpfung durch den Lizenzgeber die in einem solchen Second-Source-Lizenzvertrag vereinbarten Lizenzsätze entsprechend korrigiert und deutlich niedriger angesetzt werden müssen, um einen marktüblichen Lizenzsatz zu erhalten.[1601] Ist die Diensterfindung sowohl an Dritte als auch an Konzernunternehmen lizenziert worden, ist auch hier eine Vertragsanalyse, und zwar bei beiden Lizenzverträgen, erforderlich.

720 Aufgrund der Analyse entscheidet sich auch, ob Lizenzsätze aus einer ausschließlich konzerninternen Lizenzierung herangezogen werden können; namentlich hier wird zu prüfen sein, ob sich in der Lizenzgebühr erfindungsfremde Einflüsse, also insbesondere konzernpolitische Überlegungen oder unternehmensstrategische Ziele von Konzernunternehmen, niedergeschlagen haben.[1602] Da Lizenzsätze bei Schutzrechtsverletzungen wegen der dortigen Besonderheiten nur sehr eingeschränkt vergleichbar sind, stößt ein Rückgriff auf solche Lizenzsätze bei der Ermittlung der Arbeitnehmererfindervergütung auf erhebliche Bedenken.[1603] Zunächst sprechen die in solchen Fällen erfolgende rückschauende Betrachtung um eine erleichterte Bestimmung des Schadens der Verletzten durch unberechtigte Benutzung von regelmäßig technisch ausgereiften, im Markt erfolgreichen Produkten sowie der werterhöhende Ausgleich für die Verletzervorteile gegenüber einem rechtstreuen Lizenznehmer gegen eine Vergleichbarkeit. Im Regelfall liegen die dortigen Werte über den Marktwerten, die für Arbeitnehmererfindungen herangezogen werden können. Hinzu kommt, dass sich dort teilweise abweichende Faktoren als wertbestimmend bzw. wertbeeinflussend auswirken, u. a. keine Zusatzpflichten des Lizenznehmers wie Buchführung und Abrechnung, ersparte Kosten für Markteinführung und Werbung, geringere Risiken des Versagens im Markt, ferner Ausgleich von Marktverwirrungsschäden, mangelnde

---

InstGE 4, 165 (174) – *Spulkopf II*; LG Düsseldorf v. 14.3.2013, Düsseldorfer Entscheidungen Nr. 2010 – *Betonschutzwände* II. Vgl. auch LG München I v. 7.3.2011, CR 2012, 356 [Tz. 62] – *Elektronische Funktionseinheit*; Schiedsstelle v. 14.5.2009, Arb.Erf. 47/07; v. 29.4.2010, Arb.Erf. 11/09 (alle unveröffentl.); v. 18.9.2012, Arb.Erf. 22/11 u. v. 17.4.2013, Arb.Erf. 11/11 (beide www.dpma.de).

1600 Siehe hierzu Schiedsstelle v. 15.1.2023, Arb.Erf. 41/21; v. 31.8.2023, Arb.Erf. 11/21; v. 31.1.2024, Arb.Erf. 58/20 u. v. 26.2.2024, Arb.Erf. 22/22 (alle unveröffentl.).

1601 Vgl. Schiedsstelle v. 15.11.2017, Arb.Erf. 30/16 (www.dpma.de).

1602 LG Frankfurt v. 21.12.2005, Az. 2–06 O 328/05 (unveröffentl.) m.H.a. BGH v. 16.4.2002, GRUR 2002, 801 (803) – *Abgestuftes Getriebe*; im Ergebnis auch Schiedsstelle v. 6.3.1980, BlPMZ 1982, 277, 278; siehe auch Schiedsstelle v. 6.6.2014, Arb. Erf. 54/12 (www.dpma.de).

1603 Schiedsstelle v. 30.3.2017, Arb.Erf. 11/15 (www.dpma.de).

Ausweichmöglichkeiten für den Verletzer, begrenzter Benutzungszeitraum.[1604] Die Schiedsstelle sieht darartige Lizenzsätze weder als repräsentativ noch als hilfreich bei der Ermittlung marktüblicher Lizenzsätze an, insbesondere deshalb, weil solche Lizenzsätze üblicherweise bestimmte Sanktionsszenarien und zudem gewisse Gewinnabschöpfungen zum Ziel haben.[1605]

Scheidet eine konkrete Lizenzanalogie aus oder sind die in dem Lizenzvertrag über die Diensterfindung angegebenen Sätze nicht aussagekräftig, verbleibt es bei der abstrakten Lizenzanalogie für vergleichbare Erfindungen in dem betreffenden Produktmarkt.[1606] Hier ist der Lizenzsatz daran zu orientieren, was im freien Markt üblich ist. Zwar kann die einschlägige IPC-Klasse einen ersten Hinweis auf den zutreffenden Markt geben. Dies bedarf jedoch einer Einzelfallüberprüfung.[1607] Letztlich sind aber nicht der technische Ursprungsbereich einer Erfindung, die Patentansprüche, die technischen Herstellungsmethoden, die technische Beschaffenheit erfindungsgemäßer Produkte oder deren technische Eigenschaften als solche ausschlaggebend, sondern der konkrete Einsatzbereich im Markt.[1608] Die jeweilige Marktsituation für das Produkt bestimmt dessen Preiskalkulation. Abhängig vom jeweiligen technischen Produktmarkt ergeben sich Lizenzsatzrahmen, die die typischen Kalkulationsspielräume auf diesem Produktmarkt abbilden. 721

Anknüpfungspunkt für die Höhe des Lizenzsatzes ist die Gebühr für eine ausschließliche Lizenz,[1609] wobei den firmenüblichen Lizenzsätzen vor den branchenüblichen Lizenzsätzen der Vorrang eingeräumt werden sollte.[1610]

An die Stelle von firmenüblichen Sätzen können auch konzernübliche Lizenzsätze treten, wenn sie vom Markt her bestimmt sind. 722

Sowohl bei den firmen- als auch bei den konzernüblichen Lizenzverträgen ist eine Analyse dahin erforderlich, ob der vereinbarte Lizenzsatz dem entspricht, was vernünftige Lizenzvertragsparteien auf dem freien Markt unternehmensbezogen vereinbart hätten.[1611] Bei der Ermittlung des angemessenen Lizenzsatzes ist letztlich auf die Quelle abzustellen, die sich im konkreten Fall als am belastbarsten erweist, weil 723

1604 Bartenbach/Volz, § 9 ArbEG, Rn. 135 m.w.N.

1605 Schiedsstelle v. 30.3.2017, Arb.Erf. 11/15 u. v. 28.2.2018, Arb.Erf. 24/16 (beide www.dpma.de).

1606 Vgl. OLG Düsseldorf v. 4.3.2004, InstGE 4, 165 (174 [Tz. 75]) – *Spulkopf II*; so auch BGH v. 6.3.2012, Mitt. 2012, 285 [Tz. 18] – *Antimykotischer Nagellack I.*

1607 Schiedsstelle v. 18.12.2014, Arb.Erf. 61/10 (www.dpma.de).

1608 Stänel. Praxis der Schiedsstelle, vgl. nur v. 19.3.2013, Arb.Erf. 55/12; v. 3.7.2015, Arb. Erf. 18/13; v. 15.1.2016, Arb.Erf. 65/13; v. 4.7.2016, Arb.Erf. 03/14; v. 30.3.2017, Arb.Erf. 11/15; v. 11.4.2018, Arb.Erf. 27/16 u. v. 30.4.2019, Arb.Erf. 39/17 (alle www.dpma.de).

1609 BGH v. 16.4.2002, GRUR 2002, 801 (802 f. [Tz. 35]) – *Abgestuftes Getriebe.*

1610 Vgl. LG Düsseldorf v. 28.8.1997, Entsch. 4. ZK 1997, 75 (79) – *Craft-Spulkopf*; vgl. auch Hellebrand, GRUR 1993, 449 (454); Reimer/Schade/Schippel/Himmelmann, § 11 ArbEG/RL Nr. 8, Rn. 3.

1611 Vgl. allgemein OLG Düsseldorf v. 4.3.2004, InstGE 4, 165 (175 [Tz. 75]) – *Spulkopf II*

sie den wirtschaftlichen Rahmenbedingungen auf dem vom Unternehmen mit dem streitgegenständlichen Patent bedienten Produktmarkt am besten Rechnung trägt.[1612] Dazu gehört auch die Prüfung, welche Auswirkungen die Konzernverbundenheit auf die Höhe des Lizenzsatzes hat und die Frage, ob die vereinbarte Lizenzgebühr vom Markt her bestimmt ist, d.h. ob sie das Ergebnis von Angebot und Nachfrage ist oder es sich wegen der Konzernverbundenheit nur um eine geringe, mit einem unabhängigen Dritten üblicherweise nicht vereinbarte Lizenzgebühr handelt. Ist die Lizenzgebühr z.B. aus steuerrechtlichen oder sonstigen unternehmenspolitischen Aspekten bewusst niedrig angesetzt, könnte es gerechtfertigt sein, den Lizenzsatz unter Berücksichtigung anderweitiger wirtschaftlicher Vorteile anzuheben.[1613] Gleiches gilt im umgekehrten Fall.

724 Fehlen auch firmen- bzw. konzernübliche Lizenzsätze oder sind diese nicht aussagekräftig, ist auf branchenübliche Lizenzsätze zurückzugreifen. Hier ist zu beachten, dass der in RL Nr. 10 dargestellte Rahmen für solche branchenüblichen Lizenzsätze bereits seit Jahrzehnten kaum mehr aussagekräftig ist.[1614] Insoweit kommt es auf marktspezifische Erfahrungen an.[1615] Die im jeweiligen Vergütungsfall als marktüblich in Betracht zu ziehende Lizenzgebühr ist nach ständiger Schiedsstellenpraxis und der Rechtsprechung durch Rückgriff auf diese Erfahrungswerte und Auswertung der am Markt für gleichartige oder vergleichbare Erzeugnisse bekannt gewordenen Lizenzsätze zu ermitteln.[1616]

725 Besondere Zurückhaltung ist geboten, den Lizenzsatz aus dem mit der Diensterfindung gemachten Gewinn herzuleiten. Der BGH betont, dass der wirtschaftliche Wert einer Erfindung weder gleichgesetzt werden kann mit den Erträgen, die sich mit Herstellung und Vertrieb eines Produktes erzielen lassen, mit dem die technische Lehre der Erfindung verwirklicht wird, noch mit den Gewinnen, die auf diese Weise erwirtschaftet werden können.[1617] Folgerichtig spricht der BGH davon, der Erfindungswert stelle im Ausgangspunkt eine objektive Bewertung des Gewinnpotentials,

---

1612 Schiedsstelle v. 15.2.2023, Arb.Erf. 12/21 (www.dpma.de); siehe auch Schiedsstelle v. 7.8.2024, Arb.Erf. 19/22 (unveröffentl.).

1613 Bartenbach/Volz, Komm.RL, RL Nr. 6, Rn. 23 m.w.N.

1614 Grundlegend Fischer, Mitt. 1987, 104 ff.; vgl. auch BGH v. 30.5.1995, GRUR 1995, 578 (580) – *Steuereinrichtung II*; Schiedsstelle v. 18.1.1990, BlPMZ 1990, 336; v. 19.3.2013, Arb.Erf. 55/12; v. 22.5.2017, Arb.Erf. 21/15; v. 21.11.2017, Arb.Erf. 06/15; v. 26.11.2018, Arb.Erf. 12/17; v. 30.4.2019, Arb.Erf. 39/17 u. v. 9.3.2023, Arb. Erf. 20/21 (alle www.dpma.de); Bartenbach/Volz, Komm.RL, RL Nr. 10, Rn. 25 f.; Reimer/Schade/Schippel/Himmelmann, § 11/RL Nr. 6, Rn. 1.

1615 Zu neueren üblichen Lizenzsätzen siehe die zahlreiche Beispielsfälle aus der Schiedsstellenpraxis wiedergebende Sammlung Hellebrand/Rabe, Lizenzsätze für technische Erfindungen, 6. Aufl. 2020; Groß/Strunk, Lizenzgebühren, 5. Aufl. 2020; Reimer/Schade/Schippel/Himmelmann, § 11 ArbEG/RL Nr. 10, Rn. 3; Trimborn, Mitt. 2009, 257 ff. u. Mitt. 2019, 325 ff.; Bartenbach/Volz, Komm.RL, RL Nr. 10, Rn. 91 ff.; dies., Praxisleitfaden, Rn. 271 ff.; vgl. dazu auch Böcker, Steuerliche Betriebsprüfung 1991, 73 ff.

1616 Vgl. nur Schiedsstelle v. 9.3.2023, Arb.Erf. 20/21 (www.dpma.de).

1617 BGH v. 6.3.2012, Mitt. 2012, 285 (286 [Tz. 16]) – *Antimykotischer Nagellack I.*

das der Erfindung innewohnt, dar.[1618] Gegen die Orientierung anhand des erzielten Gewinns spricht, dass es weder eine eindeutige Definition des Gewinnbegriffs noch eine allgemein gültige bzw. eine überprüf- und nachweisbare Relation zwischen erzieltem Gewinn und vereinbartem Lizenzsatz gibt.[1619] Auch lässt sich regelmäßig nicht klären, inwieweit die Erfindung für einen Gewinn kausal war bzw. werden wird[1620]; angesichts ständig wechselnder, den Gewinn beeinflussender Marktverhältnisse ist dies letztlich nicht möglich.

Im Ausnahmefall kann allenfalls der vom Arbeitgeber vernünftigerweise zu erwar- 726
tende Gewinn ergänzend herangezogen werden, soweit dies der Sicht vernünftiger Lizenzvertragsparteien entspricht.[1621] In diesem Zusammenhang sieht die Schiedsstelle in neueren Einigungsvorschlägen ausnahmsweise die Möglichkeit, bei Fehlen marktüblicher Lizenzsätze den angemessenen Lizenzsatz über das Branchen-EBIT zu bestimmen.[1622] Dabei könne nach Auffassung des OLG Düsseldorf[1623] – wenn auch mit Vorbehalten – vom Erfahrungssatz ausgegangen werden, dass die Höchstbelastung mit Lizenzsätzen bei 20 % bis 25 % der EBIT-Marge liege.[1624]

cc) Abstaffelung des Lizenzsatzes

Ein Sonderproblem bei der Bestimmung des Lizenzsatzes ist die Frage der Abstaf- 727
felung, wenn mit dem erfindungsgemäßen Produkt bzw. Verfahren besonders hohe Gesamtumsätze erzielt werden. Für diesen Fall sieht RL Nr. 11[1625] als Kannbestimmung eine Staffel als Anhalt für eine Ermäßigung des Lizenzsatzes vor. Die Praxis bezieht diese Staffelung des Lizenzsatzes auf den Umsatz, was rechnerisch zum selben Ergebnis führt. Dies wirkt sich bei der Vergütung wesentlich stärker aus als andere Minderungsfaktoren der Erfindervergütung[1626] – ein Grund, warum dieser Aspekt in der betrieblichen Praxis im Konzernbereich wiederholt Anlass zu Meinungsverschiedenheiten mit den Erfindern ist.

1618 BGH v. 6.3.2012, Mitt. 2012, 285 (286 [Tz. 16]) – *Antimykotischer Nagellack I.*

1619 Kritisch bereits Hellebrand, GRUR 2001, 678 ff.; ders., Mitt. 2014, 494 ff.; Schiedsstelle v. 15.1.2016, Arb.Erf. 65/13 (www.dpma.de).

1620 So zutreffend Hellebrand, Mitt. 2014, 494, 496.

1621 So Bartenbach/Volz, § 9 ArbEG, Rn. 129.2 m.H.a. OLG Düsseldorf v. 9.10.2014, Düsseldorfer Entscheidungen Nr. 2027 – Scharniereinrichtung.

1622 Schiedsstelle v. 10.3.2016, Arb.Erf. 23/12; v. 15.11.2017, Arb.Erf. 30/16; v. 21.11.2017, Arb.Erf. 06/15; v. 19.4.2021, Arb.Erf. 66/18; v. 30.4.2021, Arb.Erf. 62/18; v. 23.11.2021, Arb.Erf. 27/18; v. 15.6.2022, Arb.Erf. 27/19 u. v. 5.7.2022, Arb.Erf. 64/20 (alle www.dpma.de).

1623 V. 9.10.2014, Düsseldorfer Entscheidungen Nr. 2027 – *Scharniereinrichtung*; zur Heranziehung als Hilfserwägung siehe Schiedsstelle v. 21.11.2017, Arb.Erf. 06/15 u. v. 24.1.2018, Arb.Erf. 39/16 (beide www.dpma.de).

1624 Schiedsstelle v. 10.3.2016, Arb.Erf. 23/12; v. 22.5.2017, Arb.Erf. 21/16; v. 23.11.2021, Arb.Erf. 27/18 u. v. 28.1.2022, Arb.Erf. 42/20 (alle www.dpma.de).

1625 RL Nr. 11 wurde neu gefasst durch Änderungsrichtlinie v. 1.9.1983, Bundesanzeiger Nr. 169 v. 9.9.1983 = BlPMZ 1983, 250.

1626 Bartenbach/Volz, Praxisleitfaden, Rn. 294.

728 Umstritten ist, ob es für die Anwendung der RL Nr. 11 nach deren Wortlaut darauf ankommt, inwieweit eine solche Abstaffelung bei Lizenzverträgen in den verschiedenen Industriezweigen üblich ist.[1627] Nach der Auffassung des BGH in seiner früheren »Vinylchlorid«-Entscheidung[1628] muss der Arbeitgeber einen solchen, in der Praxis schwierigen Nachweis der Üblichkeit führen, will er sich auf die Abstaffelung berufen. Zuvor hat der BGH allerdings in seinem Urteil »Absorberstabantrieb I«[1629] die Geltung der RL Nr. 11 »allgemein« für den Fall besonders hoher Umsätze anerkannt und dies im amtlichen Leitzsatz hervorgehoben, und zwar ohne die Frage der Üblichkeit zu untersuchen.[1630] Auch hat der BGH[1631] deutlich gemacht, dass die Frage der Abstaffelung von hohen Umsätzen eine Frage der Angemessenheit der Vergütung im Sinne von § 9 Abs. 1 ArbEG ist und RL Nr. 11 keine verbindliche Vorschrift darstellt, sondern ein Hilfsmittel, um die Angemessenheit zu erreichen.[1632] Die Frage, ob eine Abstaffelung hoher Umsätze bei Erreichung einer angemessenen Vergütung angezeigt ist, kann somit auch unabhängig von ihrer Üblichkeit entschieden werden.

729 Daher fordern die Schiedsstelle[1633] und die Instanzgerichte[1634] und ihnen folgend ein Teil des Schrifttums[1635] für eine Anwendung der Abstaffelung vom Arbeitgeber den Nachweis einer Kausalitätsverschiebung, der der RL Nr. 11 als typischer Sachverhalt zu Grunde liege. Eine Kausalitätsverschiebung ist dann gegeben, wenn bei hohen Umsätzen die Auswirkung der Erfindung gegenüber dem Einfluss und den Leistun-

1627 Siehe hierzu Bartenbach/Volz, GRUR 2016, 225 ff.

1628 Urteil v. 4.10.1988, GRUR 1990, 271 – *Vinylchlorid.*

1629 Urteil v. 31.1.1978, GRUR 1978, 430 (433).

1630 Vgl. auch BGH v. 17.5.1994, GRUR 1994, 898 (902) – *Copolyester I.*

1631 Urteil v. 4.10.1988, GRUR 1990, 271 (273) – *Vinylchlorid.*

1632 So Schiedsstelle v. 15.1.2016, Arb.Erf. 65/13 (www.dpma.de).

1633 Schiedsstelle in ständiger Praxis, etwa v. 22.6.1995, Mitt. 1996, 220 (221). Grundlegend Schiedsstelle v. 8.12.2010, Arb.Erf. 06/09; v. 11.7.2012, Arb.Erf. 03/11; v. 19.3.2013, Arb.Erf., 55/12; v. 3.7.2015, Arb.Erf. 18/13; v. 24.2.2016, Arb.Erf. 02/14; v. 19.2.2016, Arb.Erf. 28/13; v. 10.3.2016, Arb.Erf. 23/12; v. 19.9.2016, Arb.Erf. 05/14; v. 9.12.2016, Arb.Erf. 73/13; v. 22.5.2017, Arb.Erf. 21/15; v. 15.11.2017, Arb.Erf. 30/16; v. 11.4.2018; Arb.Erf. 27/16; v. 30.4.2019, Arb.Erf. 39/17; v. 23.1.2020, Arb.Erf. 06/19; v. 15.4.2020, Arb.Erf. 48/17; v. 28.1.2022, Arb.Erf. 42/20; v. 1.8.2022, Arb.Erf. 13/21 u. v. 9.10.2022, Arb.Erf. 36/18 (alle www.dpma.de).

1634 OLG Düsseldorf v. 9.10.2014, Düsseldorfer Entscheidungen Nr. 2027 – *Scharniereinrichtung*; OLG München v. 16.8.2012, 6 U 2572/11 (unveröffentl.) – *Elektronische Funktionseinheit*; so auch LG Frankfurt/Main v. 8.5.2019, 2–06 O 314/18 (unveröffentl.). Das LG München I v. 26.6.2020, 21 O 9709/17 (www.gesetze-bayern.de, Rn. 117 ff.) befürwortet auch ohne Kausalitätsverschiebung losgelöst von RL Nr. 11 eine (lineare) Absenkung des Analogielizenzsatzes bei hohen Umsatzzahlen mit Blick auf die in der allgemeinen Lizenzpraxis »für hohe Abnahmemengen« gebräuchlichen »Rabatte in Form eines Lizenzabschlages«, dort Abschlag von rd. 10,35 % vom Lizenzsatz bei Jahresumsätzen von rd. 400.000 bis zu rd. 31 Mio. Stück.

1635 Hellebrand, GRUR 1993, 449 ff.; zustimmend wohl auch Reimer/Schade/Schippel/Himmelmann, § 11 ArbEG/RL Nr. 11, Rn. 2.

gen des Arbeitgebers (der Ruf des Unternehmens, seine Werbung/Marketing[1636], seine Vertriebsorganisation[1637], Marktstellung (national und/oder international)[1638], langjährige Kundenbindung[1639], Kundendienst und Service[1640] usw.) zurücktritt.[1641] Dem liegt der Gedanke zu Grunde, dass bei hohen Umsätzen die Kausalität hierfür von der Erfindung weg zu anderen Faktoren verlagert sein kann. Dann wäre eine Erfindervergütung aus den ungekürzten vollen Umsätzen unangemessen, weil die Erfindung an sich hierfür nicht allein die Ursache war.[1642] Die Schiedsstelle nimmt eine solche Kausalitätsverschiebung zum Beispiel an, bei einem Massenprodukt ohne Vermittlung einer Vorzugsstellung gegenüber den Mitbewerbern[1643] (Hauptanwendungsfall der Abstaffelung) oder weil andere, ihrer Art nach erfindungsfremde Faktoren aus der Sphäre des Arbeitgebers Einfluss gewinnen, wie etwa eine verlässlich hohe Qualität der Produkte[1644], umfassende Produkt-Palette oder bekannte Produkt-Marken[1645]. Nicht nur bei einer Marktführerschaft des Arbeitsgebers[1646] bzw. dessen Zugehörigkeit zum Kreis der Hauptakteure auf dem Produktmarkt[1647] und einem umsatzstarken

1636 Z.B. Schiedsstelle v. 8.3.2021, Arb.Erf. 54/16 u. v. 5.7.2022, Arb.Erf. 64/20 (beide www.dpma.de).

1637 Z.B. Schiedsstelle v. 22.7.2013, Arb.Erf. 40/11 u. v. 3.7.2015, Arb.Erf. 18/13 (beide www.dpma.de).

1638 Z.B. Schiedstelle v. 10.12.2020, Arb.Erf. 63/18; v. 5.7.2022, Arb.Erf. 64/20 u. v. 19.8.2022, Arb.Erf. 47/21 (alle www.dpma.de).

1639 Z. B. Schiedsstelle v. 18.6.2021, Arb.Erf. 37/19; v. 22.11.2021, Arb.Erf. 22/20 u. v. 19.8.2022, Arb.Erf. 47/21 (alle www.dpma.de).

1640 Z.B. Schiedsstelle v. 27.10.2022, Arb.Erf. 32/19 (www.dpma.de).

1641 Schiedsstelle v. 9.4.2013, Arb.Erf. 30/12; v. 17.4.2013, Arb.Erf. 11/11; v. 22.7.2013, Arb.Erf. 40/11; v. 18.12.2014, Arb.Erf. 61/10; v. 3.7.2015, Arb.Erf. 18/13; v. 24.2.2016, Arb.Erf. 02/14 u. v. 28.1.2022, Arb.Erf. 42/20 (alle www.dpma.de); v. 24.2.2024, Arb. Erf. 22/22 (unveröffentl.).

1642 Schiedsstelle v. 18.12.2014, Arb.Erf. 61/10 (www.dpma.de). Vgl. grundsätzlich zur Kausalitätsverschiebung im Falle der Schadensberechnung nach der Herausgabe des (anteiligen) Verletzergewinns bei der Schutzrechtsverletzung BGH v. 24.7.2012, GRUR 2012, 1226 (1227 f. [Tz. 18 ff.]) – *Flaschenträger* u. v. 3.9.2013, GRUR 2013, 1212 – *Kabelschloss*; siehe auch BPatG v. 21.11.2017, GRUR 2018, 803 (810 [Tz. 71]) – *Isentress II.*

1643 Schiedsstelle v. 26.10.1994, Arb.Erf. 154/92 u. v. 13.10.2009, Arb.Erf. 38/06 (beide unveröffentl). So auch LG Düsseldorf v. 26.6.2024, 4b O 52/21 (unveröffentl., nicht rechtskräftig).

1644 Z.B. Schiedsstelle v. 5.7.2022, Arb.Erf. 64/20 (www.dpma.de).

1645 Z.B. Schiedsstelle v. 3.7.2015, Arb.Erf. 18/13 (www.dpma.de).

1646 Schiedsstelle v. 15.1.2016, Arb.Erf. 65/13; v. 24.2.2016, Arb.Erf. 2/14; v. 15.7.2016, Arb.Erf. 26/14; v. 9.12.2016, Arb.Erf. 73/13; v. 15.4.2020, Arb.Erf. 48/17; v. 19.4.2021, Arb.Erf. 66/18 u. v. 15.6.2022, Arb.Erf. 27/19 (alle www.dpma.de).

1647 Vgl. Schiedsstelle v. 10.3.2016, Arb.Erf. 23/12 u. v. 11.4.2018, Arb.Erf. 27/16 (beide www.dpma.de).

Traditionsunternehmen[1648], sondern insbesondere bei Konzernstrukturen[1649] geht die Schiedsstelle in der Regel immer von einer Kausalitätsverschiebung aus. Bei diesen Sachverhalten sei auch stets das Unternehmen kausal für so hohe Umsätze, dass eine solche Position immer wieder neu durch ständige Innovationen erarbeitet werden müsse, ändere an der Kausalitätsverschiebung nichts.[1650] Den Gedanken, der hinter der notwendigen Abstaffelung bei einer solchen Kausalitätsverschiebung liegt, stellt die Schiedsstelle wie folgt dar[1651]: Wo hohe Umsätze mit Produkten erzielt werden, lässt sich in der Praxis auch die Abstaffelung der Ausgangslizenzsätze beobachten. Dem liegt der Gedanke zugrunde, dass ein vernünftiger Lizenzgeber seine Erfindung schon im Eigeninteresse vorrangig an ein Unternehmen lizenzieren wird, das aufgrund seiner Marktposition hohe bis sehr hohe Umsätze erwarten lässt. Damit verbunden ist dann auch das Zugeständnis im Lizenzvertrag zu einer Reduzierung (Abstaffelung) des Lizenzsatzes ab bestimmten Umsatzgrenzen, da ein solches Unternehmen eben nicht nur aufgrund der neuen technischen Lehre, sondern auch aufgrund seiner Marktposition in der Lage ist, hohe Umsätze zu generieren. Denn letztlich wird ein Lizenzgeber auf diese Art und Weise im Ergebnis gleichwohl höhere Lizenzeinnahmen erzielen, als wenn er seine Erfindung an ein nicht entscheidend im Markt verhaftetes Unternehmen lizenziert und dafür keine Abstaffelung des Lizenzsatzes vereinbart.

Die Düsseldorfer Gerichte, also LG Düsseldorf und OLG Düsseldorf, greifen zwar den Gedanken der Kausalitätsverschiebung auf, gehen zwischenzeitlich aber mit Blick auf das Leitbild eines fiktiven Lizenzvertrages (Lizenzanalogie) und die Verhaltensweise vernünftiger Lizenzvertragsparteien davon aus, dass »ganz allgemein für den Fall besonders hoher Umsätze« eine Abstaffelung üblicherweise in Betracht kommt.[1652] Abweichend von der Tabelle gemäß RL Nr. 11 schlagen LG und OLG Düsseldorf allerdings eine lineare Herabsetzung des firmen- oder marktüblichen Lizenzsatzes vor.[1653] Allerdings hat das LG Düsseldorf in einer neueren Entscheidung zutreffend – in Abweichung von der »Düsseldorfer Praxis« – eine Abstaffelung nach der Tabelle in

1648 Schiedsstelle v. 6.3.2015, Arb.Erf. 09/13; v. 22.7.2020, Arb.Erf. 50/18 u. v. 4.12.2020, Arb.Erf. 34/19 (alle www.dpma.de).

1649 Schiedsstelle v. 18.12.2014, Arb.Erf. 61/10 (www.dpma.de). Im Ergebnis auch Schiedsstelle v. 24.6.2008, Arb.Erf. 04/07 (Datenbank Schiedsstellenpraxis).

1650 Schiedsstelle v. 15.6.2022, Arb.Erf. 27/19 (www.dpma.de).

1651 Schiedsstelle v. 19.9.2016, Arb.Erf. 05/14 (www.dpma.de).

1652 So OLG Düsseldorf v. 4.3.2004, InstGE 4, 165, 182 – Spulkopf II u. v. 9.10.2014, Düsseldorfer Entscheidungen Nr. 2027 – Scharniereinrichtung jeweils m.H.a. BGH v. 31.1.1978, GRUR 1978, 430 (433) – *Absorberstab-Antrieb I.* Vgl. auch LG Düsseldorf v. 26.6.2023, 4b O 52/21 (unveröffentl., nicht rechtskräftig).

1653 Siehe z.B. LG Düsseldorf v. 23.11.2010, Düsseldorfer Entscheidungen Nr. 1509 – Stahlbetontunnel (allerdings bzgl. Eingreifens einer Abstaffelung aufgehoben durch OLG Düsseldorf v. 20.12.2012, Düsseldorfer Entscheidungen Nr. 1969 – Stahlbetontunnel) u. v. 9.10.2014, Düsseldorfer Entscheidungen Nr. 2027 – Scharniereinrichtung; dagegen Schiedsstelle v. 31.1.2018, Arb.Erf. 53/15 (www.dpma.de).

RL Nr. 11 für den Fall zugelassen, in dem die Arbeitsvertragsparteien diese Abstaffelung vereinbart haben.[1654]

Der Auffassung der Schiedsstelle und der h.M. im Schrifttum ist zu folgen. Die Gegen- 730
ansicht verkennt die Bedeutung der Vergütungsrichtlinien, die nur unverbindliche Anhaltspunkte für die Angemessenheit geben.[1655] Der Nachweis der Üblichkeit einer Abstaffelung in der Lizenzpraxis ist angesichts der Vielgestaltigkeit der Verträge letztlich nicht zu führen, so dass ein solches Erfordernis im Ergebnis eine Abstaffelung im Grundsatz von vornherein ausschließen würde.[1656] Den Nachweis der Üblichkeit könnte nämlich dem Grunde nach nur eine Stelle erbringen, die alle im entsprechenden Industriezweig abgeschlossenen Lizenzverträge kennt; allerdings existiert eine solche Stelle nicht, da Lizenzverträge Geschäftsgeheimnisse darstellen und bei keiner Institution hinterlegt werden (müssen).[1657] Der Gedanke der Kausalitätsverschiebung ist zudem durch den allgemeinen Vergütungsgrundsatz vorgegeben. Danach ist der Arbeitnehmererfinder an allen wirtschaftlichen Vorteilen zu beteiligen, die seinem Arbeitgeber aufgrund der Diensterfindung (kausal) zufließen.[1658] Ist aber nicht die Erfindung für die hohen Gesamtumsätze des Arbeitgebers ursächlich, sind diese vielmehr auch auf andere Unternehmenseinflüsse zurückzuführen, ist eine Minderung der Lizenzsätze bzw. des Gesamtumsatzes bei der Ermittlung des Erfindungswertes gerechtfertigt. Wie sich diese Minderung konkret ausdrückt, also nach der Staffel der RL Nr. 11 oder nach einer linearen Minderung[1659], ist eine Frage der Umsetzung. Im Interesse einer transparenten Handhabung erscheint es angebracht, der in den Vergütungsrichtlinien vorgegebenen Abstaffelungstabelle der RL Nr. 11 den Vorrang zu geben. Nach dem eindeutigen Wortlaut der RL Nr. 11 Abs. 2 (»Gesamtumsatz«) erstreckt sich die Abstaffelungsberechtigung auf den Gesamtumsatz während der gesamten Nutzungszeit und nicht auf den jedes Jahr erneut anfallenden Jahresumsatz. Eine Abstaffelung anhand des jeweiligen Jahresumsatzes würde dem der Abstaffelung zugrunde liegenden Gedanken der Kausalitätsverschiebung widersprechen. Die Kausalitätsverschiebung kann nicht jährlich neu festgestellt werden und von Neuem einsetzen.[1660]

1654 LG Düsseldorf v. 1.3.2023, 4b O 105/19 (unveröffentl.) – Aminosäuren-Derivate III.

1655 Siehe oben Rdn. 651.

1656 So auch Schiedsstelle v. 8.12.2010, Arb.Erf. 06/09 u. v. 7.8.2024, Arb.Erf. 19/22 (beide unveröffentl.).

1657 Schiedsstelle v. 19.9.2016, Arb.Erf. 05/14 u. v. 22.5.2017, Arb.Erf. 21/15 (beide www.dpma.de).

1658 BGH v. 29.4.2003, GRUR 2003, 789 (790 [Tz. 16]) – *Abwasserbehandlung* m.H.a. Amtl. Begründung BT-Drucks. II/1648, S. 26 = BlPMZ 1957, 232; grundlegend Bartenbach/Volz, § 9 ArbEG, Rn. 2 m.w.N.

1659 Eine lineare Abstaffelung nehmen die Düsseldorfer Instanzgerichte vor: OLG Düsseldorf v. 9.10.2014, Düsseldorfer Entscheidungen Nr. 2027 – *Scharniereinrichtung*; LG Düsseldorf v. 28.8.1997, Entsch. 4. ZK 1997, 75 (81 f.) – *Craft-Spulkopf*; bestätigt durch OLG Düsseldorf v. 4.3.2004, InstGE 4, 165, 181 f. – *Spulkopf II.*

1660 Schiedsstelle v. 19.3.2013, Arb.Erf. 55/12 u. v. 19.9.2013, Arb.Erf. 29/13 (beide www.dpma.de); Bartenbach/Volz, GRUR 2016, 225; a.A. Boemke/Kursawe/Fegers/Göken/Heintz, § 9 ArbEG, Rn. 311 (Jahresumsatz).

In aktuellen Einigungsvorschlägen[1661] ist die Schiedsstelle mit Blick auf die konkrete Entwicklung der Geldentwertung dazu übergegangen, »als grundsätzliche Handreichung« eine Anpassung der Abstaffelungsgrenzen zu empfehlen, und zwar mit einem Einstiegswert von 3 Mio. €. Die Schiedsstelle weist in diesem Zusammenhang auf ihre Kenntnis hin, dass in der Industrie zumindest vereinzelt dazu übergegangen wurde, die DM-Beträge der Abstaffelungstabelle der RL Nr. 11 nicht mit dem amtlichen Kurs in EURO umzurechnen, sondern 1 zu 1 als EURO-Beträge anzuwenden, um zugunsten des Arbeitnehmers den Kaufkraftverlust seit 1983 auszugleichen.[1662] Wegen des Anpassungsbedarfs der Tabelle, den das BMAS aufgreifen müsste, welches voraussichtlich allerdings in absehbarer Zukunft nicht tätig werden wird, erachtet die Schiedsstelle eine solche Anwendung einer aktualisierten Staffelungstabelle nach eigenen Berechnungen für sachgerecht. Gleichzeitig betont die Schiedsstelle allerdings, dass diese Empfehlung schwerpunktmäßig nur für in die Zukunft gerichtete Vergütungsfälle ausgesprochen wird, so dass es bei solchen Fällen, in denen die Erfindervergütung die hauptsächlich in der Vergangenheit liegende erfindungsgemäße Nutzung betrifft, bei der Staffel in RL Nr. 11 bleiben muss.[1663] Insbesondere solange das BMAS diesen Aspekt nicht im Rahmen einer entsprechenden Reform aufgreift, ist der Empfehlung der Schiedsstelle über die Anpassung der Staffelungstabelle – zumindest als Übergangslösung – zu folgen.[1664]

731 Davon zu trennen ist die Frage, inwieweit bei einer Abstaffelung etwaige unternehmensübergreifende Konzernumsätze den Umsätzen des Arbeitgebers hinzugerechnet werden müssen. Diese Frage ist m.E. danach zu entscheiden, wie diese Konzernumsätze vergütungsrechtlich behandelt werden.[1665] Eine Hinzurechnung kommt nur insoweit in Betracht, als die Konzernumsätze den Eigenumsätzen des Arbeitgebers gleich gestellt werden, d.h. ebenfalls der Lizenzanalogie unterworfen werden. Kommen unterschiedliche Lizenzsätze zur Anwendung, hat eine Umrechnung und anteilige Hinzurechnung zu erfolgen. Erfolgt eine Hinzurechnung der Konzernumsätze zu den Umsätzen des Arbeitgebers, geht die Schiedsstelle bei Konzernumsätzen im Regelfall von einer Abstaffelung aus. Denn hier sei immer eine Kausalitätsverschiebung bezüglich des Umsatzes weg von der Erfindung hin zu anderen Faktoren wie Vertriebsnetz, Marktführerschaft, Qualität, Marke etc. anzunehmen.[1666]

1661 Schiedsstelle v. 15.6.2022, Arb.Erf. 27/19; v. 5.7.2022, Arb.Erf. 64/20; v. 19.8.2022, Arb.Erf. 47/21; v. 19.8.2022, Arb.Erf. 47/21 u. v. 17.10.2022, Arb.Erf. 41/19 (alle www.dpma.de); v. 24.2.2024, Arb.Erf. 22/22 u. v. 7.8.2024, Arb.Erf. 19/22 (unveröffentl.).

1662 Schiedsstelle v. 25.11.2021, Arb.Erf. 41/20; v. 5.7.2022, Arb.Erf. 64/20 u. v. 19.8.2022, Arb.Erf. 47/12, (www.dpma.de).

1663 Schiedsstelle v. 24.10.2023, Arb.Erf. 07/23 u. v. 31.1.2024, Arb.Erf. 59/20 (beide unveröffentl.).

1664 So auch Bartenbach/Volz, § 9 ArbEG, Rn. 145.1.

1665 Siehe dazu nachfolgend die Darstellungen unter Rdn. 732 ff.

1666 Schiedsstelle v. 18.12.2014, Arb.Erf. 61/10 (www.dpma.de).

dd) Rechnerische Bezugsgröße

Wie schon näher ausgeführt, wird zur Ermittlung des Erfindungswertes nach der Lizenzanalogie der mit dem erfindungsgemäßen Produkt tatsächlich erzielte Umsatz zugrunde gelegt. Die hierbei herangezogenen firmen- bzw. marktüblichen Lizenzsätze sind umsatzbezogen (vgl. RL Nr. 7 Sätze 3 und 4). 732

aaa) Tatsächlicher Umsatz

Wird – wie regelmäßig – der Erfindungswert durch Multiplikation von Lizenzsatz mit dem erfindungsgemäßen Umsatz ermittelt, ist nach RL Nr. 7 Satz 3 im Allgemeinen von dem tatsächlich erzielten Umsatz auszugehen. Gemeint ist der dem Arbeitgeber zufließende Netto-Umsatz[1667] (Nettofakturenwert). Das gilt auch für den Konzernbereich.[1668] Folglich sind vom Brutto-Umsatz (ohne Steuern) solche Kosten und Aufwendungen abzuziehen, die mit der Erfindung nicht unmittelbar zusammenhängen.[1669] Derartige Abzugsposten sind insbesondere Vertriebskosten (Provisionen sowie Kosten für Fracht, Verpackung, Versicherungen usw.),[1670] ferner Montagekosten und Preisnachlässe.[1671] 733

bbb) Hochrechnung auf fiktiven Umsatz

Gerade im Konzern ist es nicht selten, dass der Arbeitgeber zur Herstellung eines Gesamtprodukts erfindungsgemäße Zulieferteile/Halbfertigprodukte/Zwischenerzeugnisse von verbundenen Unternehmen oder außenstehenden Dritten (verlängerte Werkbank) erwirbt und diese dann im Endprodukt verarbeitet. Mit diesen »Einbauteilen« als Teil des Gesamtprodukts wird – von späteren Ersatzteillieferungen einmal abgesehen – kein eigenständiger Umsatz erzielt.[1672] Würde zur Ermittlung des Erfindungswertes lediglich auf den Einkaufpreis oder – vergleichbar auf die eigenen Herstellungskosten 734

1667 Keukenschrijver in Busse/Keukenschrijver, PatG, § 11 ArbEG, Rn. 12; Schiedsstelle v. 21.4.2009, Arb.Erf. 13/08 (unveröffentl.). Vgl. auch BGH v. 6.3.2012, Mitt. 2012, 285 (288 [Tz. 31]) – *Antimykotischer Nagellack I*; siehe auch Schiedsstelle v. 9.12.2013, Arb.Erf. 21/12 (unveröffentl.); v. 9.4.2013, Arb.Erf. 30/12; v. 17.6.2016, Arb.Erf. 57/13 u. v. 15.4.2020, Arb.Erf. 48/17 (alle www.dpma.de); OLG Düsseldorf v. 28.2.2014, Düsseldorfer Entscheidungen Nr. 2183 – *Feuerfester Formstein*.

1668 Vgl. etwa OLG München v. 8.2.2001, Mitt. 2001, 207 (210) – *Verwertung durch eine ausländische Muttergesellschaft* (dort im Zusammenhang mit einer Übertragung von Erfindungsrechten). So auch Schiedsstelle v. 22.4.2004, Arb.Erf. 43/02 (Datenbank Schiedsstellenpraxis) u. v. 12.9.2013, Arb.Erf. 21/12 (www.dpma.de).

1669 Vgl. Schiedsstelle v. 22.6.1995, Mitt. 1996, 220 (221) – *Bedienungseinrichtung*; v. 18.9.2012, Arb.Erf. 22/11 u. v. 22.7.2013, Arb.Erf. 40/11 (beide www.dpma.de).

1670 Vgl. dazu Reimer/Schade/Schippel/Himmelmann, § 11 ArbEG/RL Nr. 7, Rn. 2.

1671 Vgl. Bartenbach/Volz, Komm.RL, RL Nr. 7, Rn. 22 f.; siehe auch Boemke/Kursawe/Fegers/Göken/Heintz, § 9 ArbEG, Rn. 246; vgl. auch Schiedsstelle v. 15.4.2020, Arb. Erf. 48/17 (www.dpma.de).

1672 Vgl. z.B. Schiedsstelle v. 5.5.2020, Arb.Erf. 53/18 u. v. 27.10.2022, Arb.Erf. 32/19 (beide www.dpma.de).

(Selbstkosten) – abgestellt, wäre noch kein Bezug zu dem daraus resultierenden wirtschaftlichen Vorteil des Arbeitgebers gegeben. Da ein tatsächlicher erfindungsgemäßer Umsatz und Einkaufs- oder Herstellkosten nicht miteinander vergleichbar sind, ist deshalb zur Ermittlung der wirtschaftlichen Bezugsgröße ein im Wesentlichen Gemeinkosten und Gewinn umfassender Gewinnaufschlag (Hochrechnungsfaktor) auf die Einkaufs- oder Herstellkosten erforderlich, um einen vergleichbaren fiktiven Umsatz zu ermitteln, der dann die rechnerische Bezugsgröße im Sinne der RL Nr. 7 für die firmen- bzw. branchenübliche Umsatzlizenz bildet.[1673] Mittels dieses Hochrechnungsfaktors werden pauschal im Wesentlichen die kalkulatorischen Kosten erfasst, also die Gemeinkosten des Unternehmens sowie dessen Gewinn, d. h. Preisanteile, die regelmäßig in einem tatsächlich erzielten Umsatz und damit bei der Ermittlung des Erfindungswertes bei Umsatzlizenzen enthalten sind.[1674] Durch Multiplikation des Hochrechnungsfaktors mit dem Einkaufspreis bzw. den Herstellkosten wird der den Umsatz bildende fiktive Nettoverkaufspreis ermittelt.[1675] Insoweit kann die Ermittlung des Bezugsgrößenumsatzes auch Schwierigkeiten bereiten, wenn das Produkt teilweise verkauft und teilweise selbst weiterverarbeitet wird. Für den intern weiterverarbeiteten Teil kann der Nettoumsatz über die Herstellungskosten zuzüglich eines Aufschlags abgeschätzt oder über die Tonnage und den internen Verrechnungspreis ermittelt werden, während sich bei der Bestimmung der rechnerischen Bezugsgröße für den Verkauf der erfindungsgemäßen Produkte keine Besonderheiten ergeben.[1676]

735 Dabei ist im Regelfall der auf Einkaufspreise bezogene Hochrechnungsfaktor geringer als der Aufschlag bei reinen Selbstkosten. Die kalkulierten Kosten- und Gewinnansätze des Zulieferers sind im Einkaufspreis bereits enthalten, was es rechtfertigt, hier einen niedrigeren Hochrechnungsfaktor anzusetzen.[1677] Dies gilt auch dann, wenn in den eigenen Herstellkosten bereits die kalkulatorischen Kosten der Herstellung berücksichtigt sind, da die Gemeinkosten für die Herstellung eines Produktes regelmäßig höher liegen als die Gemeinkosten für den Einkauf eines Produktes.[1678]

1673 Schiedsstelle v. 11.3.2008, Arb.Erf. 24/07 (Datenbank Schiedsstellenpraxis); v. 20.1.2009, Arb.Erf. 40/06 (unveröffentl.); v. 9.4.2013, Arb.Erf. 30/12; v. 6.3.2015, Arb.Erf. 09/13; v. 27.11.2018, Arb.Erf. 44/17; v. 23.1.2020, Arb.Erf. 06/19; v. 13.3.2020, Arb.Erf. 49/18; v. 19.4.2021, Arb.Erf. 66/18 u. v. 27.10.2022, Arb.Erf. 32/19 (alle www.dpma.de).

1674 Schiedsstelle v. 19.5.2011, Arb.Erf. 04/10 (www.dpma.de); v. 2.7.2013, Arb.Erf. 25/12 (Datenbank Schiedsstellenpraxis); v. 9.4.2013, Arb.Erf. 30/12 u. v. 10.10.2013, Arb. Erf. 22/12 (beide www.dpma.de).

1675 Schiedsstelle v. 6.3.2015, Arb.Erf. 09/13; v. 23.1.2020, Arb.Erf. 06/19; v. 5.5.2020, Arb.Erf. 53/18; v. 19.8.2022, Arb.Erf. 47/21 u. v. 27.10.2022, Arb.Erf. 32/19 (alle www.dpma.de).

1676 Schiedsstelle v. 19.4.2021, Arb.Erf. 66/18 (www.dpma.de).

1677 Z. B. Schiedsstelle v. 24.7.2008, Arb.Erf. 5/07 (unveröffentl.), dort ca. 30 %; v. 9.4.2013, Arb.Erf. 30/12, (www.dpma.de), dort Hochrechnungsfaktor 1,3; v. 2.7.2013, Arb. Erf. 25/12 (Datenbank Schiedsstellenpraxis), dort ebenfalls 1,3; vgl. auch Schiedsstelle v. 27.11.2018, Arb.Erf. 44/17 (www.dpma.de).

1678 Schiedsstelle v. 13.10.2009, Arb.Erf. 38/06 (unveröffentl.) – dort Aufschlag von 15 % auf Einkaufspreis. Zur Ermittlung des Erfindungswerts für eine Erfindung, die zur Her-

Wird der fiktive Nettoverkaufspreis aus Einkaufspreisen errechnet, erscheint nach Ansicht der Schiedsstelle das 1,25 bis 1,5fache als Hochrechnungsfaktor angemessen.[1679] Bei einem Abstellen auf die Herstellkosten des Arbeitgebers bemisst die Schiedsstelle den Hochrechnungsfaktor häufig mit dem 1,3 bis 1,6fachen.[1680] Bei dieser Bestimmung des Hochrechnungsfaktors gilt vorrangig der für vergleichbare Produkte firmenübliche bzw. branchenübliche Gewinnaufschlag, erst bei Fehlen eines solchen konkreten Wertes ist auf diese abstrakten Hochrechnungsfaktoren abzustellen. 736

ccc) Erfindungswert bei Konzernnutzung

Als Ausfluss des dem ArbEG zugrunde liegenden Monopolprinzips ist der Arbeitnehmererfinder nach § 9 ArbEG grundsätzlich an allen wirtschaftlichen geldwerten Vorteilen zu beteiligen, die seinem Arbeitgeber als dem alleinigen Schuldner des Vergütungsanspruchs aufgrund der Diensterfindung (kausal) tatsächlich zufließen. Das bedeutet insbesondere, dass nur auf die wirtschaftlichen Auswirkungen beim konkreten Arbeitgeber des Arbeitnehmererfinders, nicht aber bei Dritten abgestellt werden kann. Der Erfindervergütungsanspruch des Arbeitnehmers ist deshalb begrenzt auf den Nutzen, den sein konkreter Arbeitgeber aus der Benutzung der Diensterfindung zieht. Irrelevant sind grundsätzlich die wirtschaftlichen Vorteile Dritter im Zusammenhang mit der (Weiter-)Nutzung der erfindungsgemäßen Produkte. 737

Die Schiedsstelle stellt ausdrücklich klar, dass die vorstehenden Grundsätze regelmäßig auch dann gelten, wenn die Erfindung des Arbeitnehmers im Rahmen eines Konzerns, dem der Arbeitgeber angehört, genutzt wird. Der Arbeitnehmer hat grundsätzlich keinen Anspruch auf Erfindervergütung gegenüber Konzernunternehmen, die zwar seine Erfindung benutzen, mit denen er aber nicht arbeitsvertraglich ver- 738

---

stellung eines weiterverarbeitenden Produkts genützt wird s. Schiedsstelle v. 16.3.2010, Arb.Erf. 31/08 (unveröffentl.). Siehe auch Schiedsstelle v. 20.1.1995, Arb.Erf. 12/94 u. v. 21.4.2009, Arb.Erf. 13/08 (beide unveröffentl.) – dort Aufschlag von 45 % für Automobil- und Automobilzuliefererindustrie; vgl. auch Schiedsstelle v. 19.5.2011, Arb.Erf. 04/10 (www.dpma.de); Reimer/Schade/Schippel/Himmelmann, § 11 ArbEG/RL Nr. 7, Rn. 2.

1679 Vgl. Schiedsstelle v. 24.7.2008, Arb.Erf. 05/07 (www.dpma.de LS 1) – dort 1,3; v. 13.10.2009, Arb.Erf. 38/06 (unveröffentl.) – dort 1,27; v. 9.4.2013, Arb.Erf. 30/12 (www.dpma.de) u. v. 2.7.2013, Arb.Erf. 25/12 (Datenbank Schiedsstellenpraxis) – dort 1, 3; v. 6.3.2015, Arb.Erf. 09/13 (www.dpma.de) – dort 1,1 bzw. 10 % Gewinnaufschlag für Automobilindustrie; vgl. auch Schiedsstelle v. 27.11.2018, Arb.Erf. 44/17 (www.dpma.de).

1680 Schiedsstelle v. 21.4.2009, Arb.Erf. 13/08 (www.dpma.de nur LS 2, dort 45 %); bestätigt u.a. durch Schiedsstelle v. 9.4.2013, Arb.Erf. 30/12 (www.dpma.de); siehe auch Schiedsstelle v. 19.4.2012, Arb.Erf. 23/10 (Datenbank Schiedsstellenpraxis); Schiedsstelle v. 10.10.2013, Arb.Erf. 22/12 (www.dpma.de, dort »regelmäßig 1,6«); siehe auch Schiedsstelle v. 27.10.2022, Arb.Erf. 32/19 u. v. 10.12.2020, Arb.Erf. 63/18 (beide www.dpma.de).

bunden ist.[1681] Benutzen die Konzernunternehmen die Erfindung auf der Grundlage einer Rechtsübertragung oder einer Lizenzvergabe seitens des Arbeitgebers, sind die von den verbundenen Unternehmen erzielten Umsätze für die Erfindervergütung des Arbeitnehmererfinders regelmäßig nur mittelbar als Basis z.B. zur Ermittlung der dem Arbeitgeber (fiktiv) zufließenden Lizenzeinnahmen relevant.[1682] In diesen Fällen kann der Arbeitnehmer – dies führt die Schiedsstelle zutreffend aus – nur an dem Kaufpreiserlös bzw. den Lizenzeinnahmen seines Arbeitgebers beteiligt werden.

ddd) Erfindungsgemäßer Umsatz bei konzernbezogenen Verrechnungspreisen

739 Vertreibt der Arbeitgeber von ihm oder in seinem Auftrag von Dritten hergestellte erfindungsgemäße Produkte nicht nur an unabhängige Dritte, sondern auch an Konzernunternehmen, kann sich die Situation unterschiedlicher Abgabepreise ergeben. Gerade im Konzernbereich ist es nicht selten, dass Produkte bzw. Halbfertigprodukte an verbundene Unternehmen nicht zu Marktpreisen, sondern zu ermäßigten internen Verrechnungspreisen[1683] abgegeben werden.

740 In ständiger Praxis hat die Schiedsstelle entschieden, den mit solchen Konzernverrechnungspreisen erzielten Ab-Werk-Umsatz des Arbeitgebers in der Regel als maßgebliche Bemessungsgröße für die Ermittlung des Erfindungswertes zugrunde zu legen.[1684] Die anschließend mit dem erfindungsgemäßen Produkt erzielten Umsätze der anderen Konzernunternehmen (Außenumsatz) lässt sie bei ihrer Berechnung unbeachtet und lehnt eine Erhöhung des Erfindungswertes ab.[1685]

741 Auch nach Auffassung des OLG München ist grundsätzlich allein der Ab-Werk-Netto-Umsatz des Arbeitgebers der Vergütungsbemessung zugrunde zu legen, ohne dass

1681 Schiedsstelle v. 20.1.2009, Arb.Erf. 40/06 u. v. 15.12.2009, Arb.Erf. 16/09 (beide unveröffentl.); Schiedsstelle v. 19.9.2013, Arb.Erf. 29/12; 6.6.2014, Arb.Erf. 54/12; v. 7.3.2016, Arb.Erf. 09/14 u. v. 10.3.2016, Arb.Erf. 23/12 (alle www.dpma.de); siehe auch Boemke/Kursawe/Fegers/Göken/Heintz, § 9 ArbEG, Rn. 338.

1682 So auch Schiedsstelle v. 1.12.2009, Arb.Erf. 48/08; v. 10.11.2011, Arb.Erf. 01/10; u. v. 15.11.2012, Arb.Erf. 01/12 (alle unveröffentl.). v. 12.10.2010, Arb.Erf. 23/09 u. v. 11.7.2012, Arb.Erf. 03/11 (beide www.dpma.de).

1683 Vgl. zum Begriff der Verrechnungspreise § 1 Abs. 1 Satz 1 AStG; siehe auch Hilber/Knorr/Müller/Schilling/Wurth, Konzerntochter, C., Rn. 29 ff.; Hahn/Hervé/Rubart/Saljanin, IStR 2023, 125 ff. u. 162 ff.

1684 Schiedsstelle v. 22.2.1991, GRUR 1992, 390 (391) – *Medikalprodukt*; v. 26.7.2006, Arb.Erf. 39/05 u. v. 28.7.2006, Arb.Erf. 05/05 (beide Datenbank Schiedsstellenpraxis) v. 12.9.2013, Arb.Erf. 21/12 u. v. 19.9.2013, Arb.Erf. 29/12 (beide www.dpma.de); ebenso OLG Frankfurt v. 27.9.2007, Az. 6 U 176/06 (unveröffentl.); Bartenbach/Volz, § 9 ArbEG, Rn. 186.1; Reimer/Schade/Schippel/Himmelmann, § 9 ArbEG, Rn. 1.

1685 Schiedsstelle v. 8.2.1989, Arb.Erf. 88/87, v. 14.8.1992, Arb.Erf. 55/91 (beide unveröffentl.) u. v. 28.7.2009, Arb.Erf. 05/05 (Datenbank Schiedsstellenpraxis); vgl. auch Schiedsstelle v. 22.2.1991, GRUR 1992, 390 (391) – *Medikalprodukt*; im Anschluss daran Reimer/Schade/Schippel/Himmelmann, § 11 ArbEG/RL Nr. 17, Rn. 1; so auch BGH v. 6.3.2012, Mitt. 2012, 285 ff. – *Antimykotischer Nagellack I.*

der anschließende Umsatz der belieferten Konzernunternehmen zu einer Anhebung des Erfindungswertes führt.[1686]

Der BGH betont, dass es in aller Regel nicht geboten ist, statt auf den Werksabgabepreis auf den Verkaufspreis beispielsweise einer in- oder ausländischen Tochtergesellschaft abzustellen, die das erfindungsgemäße Produkt vertreibt. Es sei nicht zu beanstanden, wenn der Arbeitnehmererfinder bei dem Vertrieb eines erfindungsgemäßen Produkts nicht von den höheren Verkaufspreisen eines konzernangehörigen Vertriebsunternehmens profitiere. Maßgeblich scheint damit vorrangig die Marktüblichkeit, also das tatsächliche Verhältnis zwischen Innen- und Außenumsätzen, zu sein.[1687] 742

Dem ist zu folgen.[1688] Zu Recht weist die Schiedsstelle darauf hin, dass nur in dem eigenen Umsatz des Arbeitgebers dessen wirtschaftlicher Nutzen liegt.[1689] Gleichgültig sei – so die Schiedsstelle –, ob der Arbeitgeber Drittunternehmen oder konzerneigene Unternehmen als Großhändler oder Unterlieferanten einsetzt; er realisiere nur den Gewinn, den er selbst durch den eigenen Umsatz mit den erfindungsgemäßen Produkten mache.[1690] Der Arbeitnehmer soll zwar durch die Konzernverbundenheit der beteiligten Unternehmen nicht schlechter gestellt werden, kann allerdings auch keine Besserstellung verlangen.[1691] Diese Auffassung entspricht letztlich dem allgemeinen Vergütungsgrundsatz, wonach der Erfinder nur an den seinem Arbeitgeber durch die Diensterfindung vermittelten wirtschaftlichen Vorteilen zu beteiligen ist,[1692] soweit dabei keine bewussten Gewinnverlagerungen erfolgen. 743

Vor diesem Hintergrund prüfen Schiedsstelle und Instanzgerichte[1693] zu Recht, ob der Arbeitgeber einen marktgerechten Abgabepreis abgefordert hat (»arms length-Prin- 744

1686 OLG München v. 8.2.2001, Mitt. 2001, 207 (210) – *Verwertung durch eine ausländische Muttergesellschaft.*

1687 BGH v. 6.3.2012, Mitt. 2012, 285 (287 [Tz. 32]) – *Antimykotischer Nagellack I*; vgl. auch BFH v. 11.10.2012, DB 2013, 266 ff. u. Andresen/Immenkötter/Frohn, DB 2013, 534 ff.

1688 Schiedsstelle v. 26.7.2006, Arb.Erf. 39/05 (Datenbank Schiedsstellenpraxis) u. v. 19.9.2013, Arb.Erf. 29/12 (www.dpma.de); ebenso Reimer/Schade/Schippel/Himmelmann, § 11 ArbEG/RL Nr. 7, Rn. 2; Bartenbach/Volz, Komm.RL, RL Nr. 7, Rn. 77 ff.

1689 Schiedsstelle v. 19.9.2013, Arb.Erf. 29/12 (www.dpma.de); siehe auch Reimer/Schade/Schippel/Himmelmann, § 11 ArbEG/RL Nr. 7, Rn. 2 m.H.a. die weitere Schiedsstellenpraxis.

1690 Schiedsstelle v. 8.2.1989, Arb.Erf. 88/87 (unveröffentl.); v. 20.4.2004, Arb.Erf. 70/02 u. 28.7.2006, Arb.Erf. 05/05 (beide Datenbank Schiedsstellenpraxis).

1691 So OLG München v. 8.2.2001, Mitt. 2001, 207 (210) – *Verwertung durch eine ausländische Muttergesellschaft.*

1692 Zum allgemeinen Vergütungsgrundsatz vgl. nur Schiedsstelle v. 19.12.1991, GRUR 1992, 847 – *Geschäftsaktivitäten-Veräußerung*; v. 18.1.1990, BlPMZ 1990, 336; v. 26.11.1992, EGR Nr. 70 zu § 9 ArbEG (Verg.Höhe).

1693 Vgl. Reimer/Schade/Schippel/Himmelmann, § 11 ArbEG/RL Nr. 7, Rn. 2 m.H.a. Schiedsstelle v. 14.8.1992, Arb.Erf. 55/91 (unveröffentl.); vgl. auch Schiedsstelle v. 26.7.2006, Arb.Erf. 39/05 (Datenbank Schiedsstellenpraxis) u. v. 19.9.2013, Arb.Erf. 29/12 (www.dpma.de) sowie OLG München v. 8.2.2001, Mitt. 2001, 207 (210) – *Verwertung durch*

zip«/Fremdvergleich),[1694] oder ob es sich aus konzernbedingten Gründen um einen unüblich niedrigen Abgabepreis handelt (Gewinnverlagerung, verdeckte Gewinnausschüttung).[1695] Allein die Tatsache, dass das abnehmende Unternehmen mit dem gelieferten Produkt höhere Preise erzielt, rechtfertigt noch nicht die Annahme eines zu niedrigen Abnahmepreises. Denn selbstverständlich muss jeder Zwischenhändler bereits mit Blick auf seine eigenen Vertriebs- und Werbekosten mit zusätzlichen Spannen kalkulieren.[1696]

745 Der BGH stellt klar, dass eine auf der Basis konzerninterner Abgabepreise getroffene Vergütungsregelung grundsätzlich wirksam und nicht unbillig im Sinne von § 23 ArbEG ist, es sei denn, der Abgabepreis entspricht offenkundig nicht dem Wert des erfindungsgemäßen (Zwischen-)Produkts, so dass sich daraus ein erhebliches Missverhältnis zur gesetzlich geschuldeten Vergütung ergibt.[1697]

746 Das OLG München unterstellt einen marktgerechten Abgabepreis dann, wenn die Preisstellung des Arbeitgebers auf einer Eigenkostenkalkulation zuzüglich eines angemessenen Gewinnzuschlags beruht, ohne dass besondere Rücksicht auf die Marktverhältnisse des belieferten verbundenen Unternehmens und dessen Rentabilitätssituation genommen wird.[1698] Andererseits ist der Arbeitgeber nach Auffassung der Schiedsstelle auch berechtigt, bei der Bestimmung der Abgabepreise die unterschiedlichen Marktverhältnisse in den verschiedenen Staaten, eigene Kosten und einen eigenen Gewinnanteil der Abnehmer zu berücksichtigen und der Kalkulation zugrunde zu legen.[1699] Beide Hinweise schließen sich nicht aus, sondern ergänzen sich wechselseitig. Der Arbeitgeber kann – wie auch bei Drittabnehmern – Marktbesonderheiten berücksichtigen, da sich ja das Geschäft auch für den Großabnehmer rechnen muss.

---

eine ausländische Muttergesellschaft; siehe auch LG Düsseldorf v. 18.2.2022, 4a O 22/20 (www.justiz.nrw.de/nrwe, Rn. 123) – *Schmiermittelinjektor*, partiell aufgehoben bezüglich Auskünfte über einen umfassenden Produktionskostenvergleich durch Berufungsurteil des OLG Düsseldorf v. 6.12.2022, 2 U 52/22 (juris, Rn. 49 ff.).

1694 Siehe § 1 Abs. 1 Satz 1 AStG. Vgl. hierzu auch BFH v. 11.10.2012, DB 2013, 266 ff.; Andresen/Immenkötter/Frohn, DB 2013, 534 ff.; Gosch, DStR 2019, 2441 ff.; siehe auch Boemke/Kursawe/Fegers/Göken/Heintz, § 9 ArbEG, Rn. 345; vgl. zum Zeitunkt des Fremdvergleichs die Schmalenbach-Gesellschaft für Betriebswirtschaft e.V., IStR 2024, 534 ff.

1695 Vgl. hierzu Popkes, RIW 1989, 369 ff. m.w.N.; siehe auch FG Düsseldorf v. 8.12.1998, DStRE 1999, 787; zum maßgeblichen »Fremdvergleichspreis« nach Körperschaftssteuerrecht s. BFH v. 6.4.2005, NZG 2005, 859 (860 ff.); krit. zur Angleichung von Verrechnungspreisen an Marktpreise, Schneider, DB 2003, 53 ff.; siehe auch Greinert, RIW 2006, 449 ff.; Boemke/Kursawe/Fegers/Göken/Heintz, § 9 ArbEG, Rn. 346.

1696 Vgl. Schiedsstelle v. 22.2.1991, GRUR 1992, 390 (391) – *Medikalprodukt*.

1697 BGH v. 6.3.2012, Mitt. 2012, 285 [Tz. 34 f.] – *Antimykotischer Nagellack I*.

1698 Vgl. OLG München v. 8.2.2001, Mitt. 2001, 207 (210) – *Verwertung durch eine ausländische Muttergesellschaft*; ebenso Schiedsstelle v. 26.7.2006, Arb.Erf. 39/05 (Datenbank Schiedsstellenpraxis).

1699 Schiedsstelle v. 22.2.1991, GRUR 1992, 390 (391) – *Medikalprodukt* u. v. 28.7.2006, Arb.Erf. 05/05 (Datenbank Schiedsstellenpraxis.).

Folglich kann ein marktgerechter Abgabepreis dann unterstellt werden, wenn dieser Preis auch nicht verbundenen Dritten in vergleichbarer Handelsstufe und vergleichbarer Situation berechnet würde.[1700] Nach ständiger Rechtsprechung des BFH sind Verrechnungspreise dann fremdvergleichskonform, wenn ein angemessener Gesamtgewinn bei vorsichtigen Prognosen innerhalb eines überschaubaren Kalkulationszeitraums erwartet werden kann.[1701]

Beispielsweise im Pharmabereich hat die Schiedsstelle einen konzerninternen Verrech- 747
nungspreis von 1/4 des Endverkaufspreises des verbundenen Vertriebsunternehmens als noch marktgerecht anerkannt.[1702] Eine solche Preisdifferenz lasse, so die Schiedsstelle, Raum sowohl für die Kostendeckung des Arbeitgebers einschließlich dessen Gewinnaufschlag wie auch für die Gewinnaufschläge auf der Handelsstufe der konzernverbundenen Weiterverkäufer.

Sollte sich bei dem Vergleich ergeben, dass der Abgabepreis an verbundene Unter- 748
nehmen (wesentlich) zu niedrig ist, ist der Umsatz durch entsprechenden Zuschlag (fiktiv) auf den ortsüblichen Betrag anzuheben.[1703] Anhaltspunkte hierfür können sein, dass die Gründe für den verminderten Verrechnungspreis nicht produkt-/erfindungsbedingt sind oder die Marktverhältnisse unter Wettbewerbsgesichtspunkten und Wahrung der Rentabilität für das verbundene Unternehmen mehr hergeben würden.[1704] Die Höhe des Zuschlags kann sich an der Differenz zum Abgabepreis des Arbeitgebers an unabhängige Drittabnehmer vergleichbarer Handelsstufe orientieren.[1705] Der Verkaufspreis des verbundenen Abnehmers kann allenfalls unter Abzug

1700 Darauf weisen Bartenbach/Volz, § 9 ArbEG, Rn. 186.1 hin; ebenso Schiedsstelle v. 26.7.2006, Arb.Erf. 39/05 (Datenbank Schiedsstellenpraxis).

1701 BFH v. 17.2.1993, BB 1993, 917; v. 17.10.2001, BB 2001, 2451 u. v. 6.4.2005, DStR 2005, 1307; zur Angemessenheitsdokumentation siehe Fischer/Looks/Im Schlaa, BB 2010, 157 (159 ff.); siehe hierzu auch § 1 Abs. 1 AStG (vgl. zur Abänderung des § 1 EStG im Rahmen des Unternehmensteuerreformgesetzes BT-Drucks. 16/4841, S. 85).

1702 EV v. 28.7.2006, Arb.Erf. 05/05 (Datenbank Schiedsstellenpraxis); siehe auch BGH v. 6.3.2012, Mitt. 2012, 285 [Tz. 35 ff.] – *Antimykotischer Nagellack I.*

1703 Vgl. OLG München v. 8.2.2001, Mitt. 2001, 207 (210) – *Verwertung durch eine ausländische Muttergesellschaft*; Schiedsstelle v. 26.7.2006, Arb.Erf. 39/05 (Datenbank Schiedsstellenpraxis) u. v. 19.9.2013, Arb.Erf. 29/12 (www.dpma.de); Jestaedt, Patentrecht, Rn. 413; Keukenschrijver in Busse/Keukenschrijver, PatG, § 11 ArbEG, Rn. 9; Boemke/Kursawe/Fegers/Göken/Heintz, § 9 ArbEG, Rn. 345; siehe zum steuerlichen Hintergrund auch BFH v. 6.4.2005, GmbHR 2005, 1139 u. v. 19.5.2005, GmbHR 2005, 1198 sowie Sidhu/Schemmel, BB 2005, 2549 ff.

1704 Schiedsstelle v. 8.12.1993, Arb.Erf. 11/92 (unveröffentl.); ähnl. Schiedsstelle v. 26.7.2006, Arb.Erf. 39/05 (Datenbank Schiedsstellenpraxis); LG Frankfurt v. 1.11.2006, Az. 2–06 O 647/05 (unveröffentl.); Keukenschrijver in Busse/Keukenschrijver, PatG, § 11 ArbEG, Rn. 9.

1705 Schiedsstelle v. 19.9.2013, Arb.Erf. 29/12 (www.dpma.de). Vgl. auch Schiedsstelle v. 26.7.2006, Arb.Erf. 39/05 u. v. 28.7.2006, Arb.Erf. 05/05 (beide Datenbank Schiedsstellenpraxis), jeweils mit dem Hinweis, dass Eigenkostenkalkulationen nebst angemessenem Gewinnzuschlag erforderlich sind.

eigener Marketingkosten und einer eigenen Gewinnspanne für dieses Unternehmen Orientierungsmaßstab sein.[1706]

749 Werden (erfindungsgemäße) Halbfertigprodukte/Zwischenerzeugnisse vom Arbeitgeber an verbundene Unternehmen veräußert, die ihrerseits den erfindungsgemäßen Gegenstand unter Verwirklichung der restlichen Erfindungsmerkmale fertigstellen und vertreiben, so ist ebenfalls vom Ab-Werk-Umsatz des Arbeitgebers mit den Halbfertigprodukten auszugehen; hierbei ist jedoch im Rahmen der Lizenzanalogie wegen der ggf. nicht ausreichenden technisch-wirtschaftlichen Bezugsgröße entweder der Lizenzsatz anzuheben oder der Umsatz des Arbeitgebers fiktiv zu erhöhen.[1707]

eee) Abstellen auf Konzernumsätze bei Aufteilung zwischen Herstellung und Vertrieb

750 Von der vorstehenden Fallgestaltung zu unterscheiden ist die im Konzernverbund häufig anzutreffende Situation, dass der Arbeitgeber die von ihm hergestellten Erfindungsprodukte ausschließlich an andere Konzernunternehmen (Drittunternehmer) liefert und allein diese Drittunternehmen den Vertrieb durchführen. Dann stellt sich Frage, inwieweit die Außenumsätze der Drittunternehmen (Konzernaußenumsatz) die Grundlage für die Vergütungsberechnung sind.

751 Rechtsprechung und Schrifttum lassen unter dem Aspekt der wirtschaftlichen Einheit eine Zurechnung des wirtschaftlichen Erfolgs anderer Konzernunternehmen (Vertriebsunternehmen) als vergütungspflichtige Nutzung durch den Arbeitgeber zu.[1708] Dies gilt dann, wenn eine arbeitsteilige Aufteilung der Entwicklungs-, Herstellungs- und Vertriebsvorgänge in jeweils selbständige Konzernunternehmen erfolgt ist.[1709] In solchen Fällen kann es im Einzelfall angemessen sein, bei der Erfindervergütung anstelle der Zugrundelegung eines ggfs. fiktiv angehobenen Verkaufspreises des Arbeitgebers (Verrechnungspreis) zur Ermittlung des Erfindungswertes nach der Lizenzanalogie auf den von den Vertriebsunternehmen erzielten Außenumsatz abzustellen.[1710]

1706 Schiedsstelle v. 26.7.2006, Arb.Erf. 39/05 (Datenbank Schiedsstellenpraxis); Bartenbach/Volz, Komm.RL, RL Nr. 7, Rn. 79; vgl. zum Joint-Venture auch LG Hamburg v. 7.5.2020, GRUR-RS 2020, 15486 Datenübertragungsprogramm für Luftfahrzeuge.

1707 Bartenbach/Volz, Komm.RL, RL Nr. 7, Rn. 79 m.H.a. Schiedsstelle v. 22.2.1991, GRUR 1992, 390 (392) – *Medikalprodukt*; s. auch Schiedsstelle v. 16.3.2010, Arb.Erf. 31/08 (unveröffentl.).

1708 So etwa LG Mannheim v. 4.7.2003, Az. 7 O 14/02 (unveröffentl.); OLG Frankfurt v. 27.9.2007, Az. 6 U 176/06 (unveröffentl.); Reimer/Schade/Schippel/Himmelmann, § 11 ArbEG/RL Nr. 17, Rn. 1; Keukenschrijver in Busse/Keukenschrijver, PatG, § 11 ArbEG, Rn. 9; siehe auch Schiedsstelle 21.10.2005, Arb.Erf. 18/04 u. v. 11.7.2012, Arb.Erf. 03/11 (beide www.dpma.de); v. 20.1.2009, Arb.Erf. 40/06; u. v. 15.11.2012, Arb.Erf. 01/12 (beide unveröffentl.).

1709 Siehe Rdn. 52 ff.

1710 So Schiedsstelle v. 20.1.2009, Arb.Erf. 40/06 u. v. 12.1.2012, Arb.Erf. 12/08 (beide unveröffentl.); v. 12.10.2010, Arb.Erf. 23/09 (www.dpma.de); vgl. auch Schiedsstelle v. 21.10.2005, Arb.Erf. 18/04 (www.dpma.de) m.w.N.

Eine Zurechnung zum eigenen Umsatz des Arbeitgebers sollte auch in dem Fall erfolgen, dass der Arbeitgeber im Nachgang zu einem Forschungs-Joint Venture, dessen einziges Ziel die Entwicklung einer neuen Produktionsmethode für eigene Zwecke ist, die Produktion für sich selbst in einem weiteren Joint Venture nur rein rechtlich, aber nicht tatsächlich ausgelagert hat, indem das neu erstellte Unternehmen zwar eine eigene Rechtsform erhalten hat, aber an den Arbeitgeber zu festen Preisen liefert. Gestützt auf das Urteil des BGH vom 16.4.2002[1711] greift die Schiedsstelle für die Berechnung der Erfindervergütung auf die Umsätze des benutzenden Konzernunternehmens zurück.[1712] Die Schiedsstelle sieht hier eine wirtschaftliche Einheit dergestalt, dass eine arbeitsteilige Aufspaltung der Forschungs- und Entwicklungsaufgaben einerseits und der Herstellung andererseits in einzelne Konzerngesellschaften vorgenommen wird. 752

Ob eine solche Betrachtung auch dann angemessen ist, wenn Entwicklung und Herstellung in einem Konzernunternehmen zusammenfallen und nur der Vertrieb verselbständigt ist, erscheint zweifelhaft. Das Rechtsbild der wirtschaftlichen Einheit knüpft entscheidend an die organisatorische Trennung zwischen den Bereichen Forschung/Entwicklung und Erfindungsverwertung in rechtlich zwar selbständigen Konzernunternehmen, die aber wie unselbständige Abteilungen eines einheitlichen Unternehmens geführt werden,[1713] an. Der in einer solchen rechtlich verselbständigten Forschungs-/Entwicklungsgesellschaft eingesetzte Erfinder wäre immer auf Vergütungen für den (fiktiven) Kaufpreis bei Übertragung der Erfindungsrechte beschränkt, da sein Unternehmen die Erfindung nicht tatsächlich nutzen kann. Die Überlegung, dass der Erfinder dies dann vergütungsrechtlich nicht uneingeschränkt hinnehmen muss, rechtfertigt sich bei einem Konzern dann, wenn dort bewusst eine organisatorische Aufteilung aus unternehmenspolitischen Gründen erfolgt.[1714] Vernünftige Lizenzvertragsparteien würden eine solche rein organisatorische Trennung im Regelfall zusammen betriebener Unternehmenseinheiten, die wegen des Ausschlusses der Verwertungsmöglichkeiten nach § 9 PatG stets zu einer Minderung der Höhe der Lizenzgebühr führen würde, üblicherweise nicht zur Grundlage ihrer Lizenzgebührenberechnung machen. 753

Eine solche Bewertung kann allerdings nur dann erfolgen, wenn die Entwicklungstätigkeit aus dem Unternehmensverband herausgelöst und verselbständigt wird.[1715] 754

Werden dagegen Entwicklung, Herstellung und Vertrieb im Konzern einheitlich im Arbeitgeberunternehmen ausgeübt, liegt regelmäßig keine Arbeitsteilung vor. Es erfolgt 755

1711 Urteil v. 16.4.2002, GRUR 2002, 801 (802 [Tz. 35]) – *Abgestuftes Getriebe.*
1712 Schiedsstelle v. 6.6.2014, Arb.Erf. 54/12 (www.dpma.de).
1713 Bejaht von Schiedsstelle im EV v. 20.1.2009, Arb.Erf. 40/06 (unveröffentl.).
1714 Vgl. auch BGH v. 16.4.2002, GRUR 2002, 801 (802 [Tz. 35]) – *Abgestuftes Getriebe.*
1715 Vgl. auch OLG München v. 8.2.2001, Mitt. 2001, 207 (210) – *Verwertung durch eine ausländische Muttergesellschaft*; Keukenschrijver in Busse/Keukenschrijver, PatG, § 11 ArbEG, Rn. 9. Siehe auch Reimer/Schade/Schippel/Himmelmann, § 11 ArbEG/RL Nr. 17, Rn. 1; Brandi-Dohrn, FS Pagenberg (2006), 375 (379).

vielmehr eine tatsächliche Nutzung der Diensterfindung im Sinne des § 9 PatG. Der Abgabepreis des Arbeitgebers gibt eine hinreichende Grundlage, um auf dieser Basis den Erfindungswert zu ermitteln. Werden dem Vertriebsunternehmen lediglich die Herstellungskosten berechnet, sind in Anwendung der RL Nr. 7 die Herstellkosten ggfs. mit einem Gewinnaufschlag zu versehen, um eine Gleichstellung mit Umsätzen und dadurch mit üblichen Lizenzsätzen zu erreichen.[1716]

756 Wie bereits dargestellt[1717], hat das OLG Frankfurt eine wirtschaftliche Einheit auch dann bejaht, wenn der konzernangehörige Arbeitgeber ausschließlich für andere Konzernunternehmen Entwicklungsarbeiten erbringt.[1718] Hintergrund war, dass die im Rahmen dieses Entwicklungsauftrags entstehenden Erfindungen jeweils im Voraus auf die auftraggebenden Gesellschaften übertragen wurden und die deutsche Forschungs- und Entwicklungsgesellschaft, der Arbeitgeber, für die einzelnen Projekte die kalkulierten Entwicklungskosten zuzüglich eines Gewinnzuschlags (»Mark up«) erhielt.

757 Das OLG Frankfurt stellt für die Frage der an einen Arbeitnehmererfinder zu zahlenden Vergütung – unter Zugrundelegung der diesbezüglichen BGH-Rechtsprechung[1719] – auf die Sichtweise vernünftiger Lizenzvertragsparteien ab und geht als deren Sichtweise davon aus, dass sie die Außenumsätze der Konzerngesellschaften als die geeignete Bemessungsgrundlage ansehen würden. Im Ergebnis nimmt es an, dass sich ein Lizenzgeber nicht mit einem pauschalen »Mark up« auf die Entwicklungskosten zufrieden geben würde. Insoweit stellt es fest:

758 »Hat ein ausschließlich für den eigenen Konzern tätiges Forschungs- und Entwicklungsunternehmen eine Diensterfindung seines Arbeitnehmers unbeschränkt in Anspruch genommen, entspricht der für die Ermittlung der angemessenen Arbeitnehmererfindervergütung maßgebliche Erfindungswert nicht dem – anhand der kalkulierten Entwicklungskosten zuzüglich eines Aufschlags (Mark up) – konzerninternen Abgabepreis für die Übertragung der Erfindung auf ein anderes Unternehmen. Der Erfindungswert ist vielmehr auf der Grundlage der einzelnen Verwertungshandlungen zu bestimmen, die die konzernangehörigen Unternehmen hinsichtlich der Diensterfindung vorgenommen haben. Der Arbeitnehmer hat daher einen Auskunfts- und Rechnungslegungsanspruch über diese Verwertungshandlungen, den der Arbeitgeber zu erfüllen hat, indem er die dazu erforderlichen Informationen bei den anderen Konzernunternehmen einholt.«

759 Selbst der Umstand, dass der Arbeitgeber mit anderen Konzerngesellschaften und externen Dienstleistern im Wettbewerb steht, lasse nach Ansicht des OLG Frankfurt den Ausnahmefall der wirtschaftlichen Einheit nicht entfallen. Die Entscheidung stellt eine retrospektive Betrachtung angesichts des Vorliegens einer fertigen Erfindung an und geht – rückblickend – davon aus, dass ein freier Erfinder dem Arbeitgeber die Erfindung nicht zu Konditionen überlassen hätte, wie sie regelmäßig anlässlich der Vorausabtretung von Entwicklungsergebnissen bei einer Auftragsforschung vereinbart werden. Hier wird übersehen, dass es nicht um die Bestimmung des Erfindungswerts

1716 Siehe dazu Rdn. 734 ff.
1717 Siehe Rdn. 65.
1718 OLG Frankfurt v. 7.12.2017, GRUR-RS 2017, 138234 – *Mark up.*
1719 BGH v. 16.4.2002, GRUR 2002, 801 (802 [Tz. 35]) – *Abgestuftes Getriebe.*

einer bereits fertigen Erfindung mit entsprechenden Nutzungsaussichten, sondern um die Bewertung der bei Forschungsbeginn noch völlig offenen Frage geht, ob aus einer (kostenaufwendigen) Forschungs- und Entwicklungstätigkeit überhaupt eine Erfindung entsteht. Zu diesem Zeitpunkt wäre auch ein freier Erfinder bereit, den finanziellen Regelungen zuzustimmen, wie sie bei solchen Auftragsentwicklungen üblich sind; andernfalls würde es tendenziell gar nicht erst zu einer Entwicklungskooperation kommen.

Das OLG Frankfurt spricht dem Arbeitgeber in der Entscheidung die Eigenschaft als unabhängiger Entwicklungsdienstleister ab, obwohl dieser zum Nachweis der Üblichkeit der streitigen Entgeltregelungen zahlreiche Verträge vorgelegt hatte, die er selbst im Rahmen von an Dritte vergebenen Aufträgen abgeschlossen hatte. Die diesbezügliche Argumentation des OLG Frankfurt ist jedoch nicht nachvollziehbar. So heißt es in den Entscheidungsgründen: 760

> »Es können Vergütungsvereinbarungen, die die Beklagte anlässlich der Erteilung von Forschungs- und Entwicklungsaufträgen mit anderen Unternehmen getroffen hat, schon deswegen keine geeignete Grundlage für die Ermittlung des Erfindungswertes sein, weil für die Berechnung der angemessenen Arbeitnehmererfindervergütung von der Gegenleistung auszugehen ist, die ein ..., d. h. nicht von der Beklagten hierzu beauftragter Erfinder für die Verwertung seiner Erfindung verlangt hätte. Ob und ggf. in welchem Umfang die Beklagte dem Kläger tatsächlich die zu lösende Aufgabe gestellt und ihm bei der Lösung unterstützt hat, wirkt sich dagegen erst bei der Ermittlung des Anteilsfaktors (RL Nrn. 30 ff.) aus.« 761

Das OLG Frankfurt vermengt hier die Frage nach der zutreffenden Ermittlung des Erfindungswertes (entweder die dem Arbeitgeber tatsächlich zugeflossenen wirtschaftlichen Vorteile oder Nutzungshandlungen anderer Konzernunternehmen) mit Aspekten des Anteilsfaktors des Erfinders. Letztere sollen nur den Anteil des Arbeitgebers am Zustandekommen der Erfindung im Rahmen der Vergütungsberechnung ausdrücken und sind von der Bestimmung des Erfindungswertes strikt zu trennen.[1720] 762

Ob die vom Arbeitgeber erhaltenen Gegenleistungen marktüblichen Konditionen entsprachen, sieht das OLG Frankfurt als unerheblich an. Es könne nicht angenommen werden, dass die Vergütung der Entwicklungsverträge den Erfindungswert hinreichend widerspiegele. Daher komme es auch nicht auf die Marktüblichkeit der Konditionen der Forschungs- und Entwicklungsverträge an. 763

Die rechtskräftige Entscheidung des OLG Frankfurt hat eine hohe praktische Relevanz für eine Vielzahl vergleichbarer Fälle. Sollte dessen Argumentation Bestand haben, könnte dies erheblichen Einfluss darauf haben, ob internationale Konzerne zukünftig noch Forschung und Entwicklung in deutschen Konzernunternehmen durchführen lassen. Denn dann würde faktisch kein Raum mehr bleiben, eine konzernverbundene Forschungs- und Entwicklungsgesellschaft auf der Ebene der Erfindervergütung mit der Situation gleichzustellen, die für ein nicht verbundenes Unternehmen gilt. 764

1720 Vgl. hierzu Rdn. 700.

ee) Technisch-wirtschaftliche Bezugsgröße

765 Diese zuvor dargestellte rechnerische Bezugsgröße im Sinne der RL Nr. 7 ist von der technisch-wirtschaftlichen Bezugsgröße im Sinne der RL Nr. 8 zu unterscheiden.

766 Häufig geht es darum, dass der Erfindungsgegenstand nicht identisch mit dem Handelsprodukt des Arbeitgebers ist, sondern nur einen Teil eines Gesamtproduktes/der Gesamtvorrichtung/des Gesamtverfahrens ausmacht.[1721] RL Nr. 8 nimmt dazu Stellung, ob Berechnungsgrundlage für den Erfindungswert das Gesamtprodukt ist oder nur ein Teil davon. In solchen Fällen ist die Bestimmung der Bezugsgröße stets erforderlich, um dem Wechselverhältnis zwischen Lizenzsatz und Bezugsgröße Rechnung zu tragen.[1722] Ist das Gesamtprodukt Bezugsgröße, liegen die Lizenzsätze im allgemeinen im unteren Bereich des üblichen Rahmens und können diesen auch unterschreiten; andererseits spricht die Wahl einer besonders kleinen Bezugsgröße bei umfassenden Produkten für einen höheren Lizenzsatz.[1723] Gleiches gilt für die Frage der Abstaffelung.[1724] Für die Feststellung der Bezugsgröße ist jede Erfindung gesondert zu betrachten.

767 Für die Bestimmung der technisch-wirtschaftlichen Bezugsgröße ist vorrangig darauf abzustellen, welche Teile eines Produkts/einer Vorrichtung durch die Erfindung wesentlich beeinflusst werden, d.h. welche Teile durch die geschützte Erfindung ihr kennzeichnendes Gepräge erhalten.[1725] Denn die Reichweite des Monopolschutzes bestimmt die Reichweite des Verbietungsrechts des Patentinhabers aus § 9 PatG. Der an einer Lizenznahme Interessierte wird deshalb nur insoweit bereit sein, eine

1721 Vgl. BGH v. 17.11.2009, GRUR 2010, 223 (226 [Tz. 36]) – *Türinnenverstärkung*; Schiedsstelle v. 4.7.2016, Arb.Erf. 03/14; v. 9.12.2016, Arb.Erf. 13/14 u. v. 9.5.2022, Arb.Erf. 53/20 (alle www.dpma.de).

1722 Schiedsstelle v. 17.4.2007, Arb.Erf. 07/06 (unveröffentl.).

1723 Vgl. z.B. OLG Frankfurt v. 30.4.1992, GRUR 1992, 852 – *Simulation von Radioaktivität* u. v. 30.4.2020, GRUR 2020, 839 (840 [Tz. 52]) – *Folien-PVB-Herstellungsverfahren*; Schiedsstelle v. 7.2.1983, BlPMZ 1984, 218 (219); siehe auch Schiedsstelle v. 10.10.2013, Arb.Erf. 22/12; v. 6.4.2016, Arb.Erf. 13/14 u. v. 22.11.2021, Arb.Erf. 22/20 (alle www.dpma.de).

1724 Siehe dazu Rdn. 727 ff.

1725 Schiedsstelle in ständ. Praxis, z.B. v. 3.02.1964, BlPMZ 1964, 375; v. 16.6.1983, BlPMZ 1984, 250 (251); v. 21.4.2009, Arb.Erf. 13/08 (unveröffentl.); v. 9.4.2013, Arb.Erf. 30/12; v. 10.10.2013, Arb.Erf. 22/12; v. 6.8.2014, Arb.Erf. 41/12; v. 18.12.2014, Arb. Erf. 61/10; v. 1.4.2015, Arb.Erf. 49/11; v. 3.7.2015, Arb.Erf. 18/13; v. 4.7.2016, Arb. Erf. 03/14; v. 21.11.2017, Arb.Erf. 06/15 u. v. 11.04.2018, Arb.Erf. 26/16 (alle www.dpma.de); alle im Anschl. an BGH v. 13.3.1962, GRUR 1962, 401 (402 f.) – *Kreuzbodenventilsäcke III*; im Ergebn. auch BGH v. 17.11.2009, GRUR 2010, 223 (227 [Tz. 36]) – *Türinnenverstärkung*; LG Düsseldorf v. 23.11.2010, Düsseldorfer Entscheidungen Nr. 1509; OLG Düsseldorf v. 20.12.2012, Düsseldorfer Entscheidungen Nr. 1969 – *Stahlbetontunnel*; ferner OLG Düsseldorf v. 9.10.2014, Düsseldorfer Entscheidungen Nr. 2027 – *Scharniereinrichtung*. Vgl. auch Schiedsstelle v. 21.7.2020, Arb.Erf. 22/19; v. 18.6.2021, Arb.Erf. 37/19; v. 17.10.2022, Arb.Erf. 44/21 u. v. 9.3.2023, Arb.Erf. 20/21 (alle www.dpma.de).

Lizenzgebühr zu bezahlen, als er durch die rechtliche Reichweite des Patents an der Lösung eines technischen Problems gehindert wird.[1726] Erhält das Gesamtprodukt/die Gesamtvorrichtung durch die Erfindung sein/ihr kennzeichnendes Gepräge, ist diese(s) Bezugsgröße; wird dagegen nur ein Teil durch die Erfindung wesentlich beeinflusst, ist nicht die Gesamtvorrichtung, sondern nur der Teil als Bezugsgröße heranzuziehen.[1727] Nach der Rechtsprechung und der Schiedsstellenpraxis ist es geboten, bei der Vergütungsermittlung den Weg zu wählen, der den technischen und/oder wirtschaftlichen Gegebenheiten am besten entspricht.[1728]

Der BGH empfiehlt eine zweistufige Vorgehensweise[1729].

Zunächst ist die übergeordnete Sacheinheit zu bestimmen, auf die z.B. im Falle eines 768
Lizenzvertrages vernünftige Lizenzvertragsparteien[1730] sinnvollerweise für die Bestimmung der lizenzpflichtigen Umsätze abgestellt hätten. Anschließend ist zu ermitteln, welcher Teil konkret der Erfindung zugeordnet werden kann. Hierzu ist zu prüfen, welchen Teil einer Gesamtvorrichtung die Diensterfindung beeinflusst und welche technisch-wirtschaftliche (funktionelle) Einheit noch von der Erfindung wesentlich geprägt bzw. in ihrer Funktion beeinflusst wird. Im Rahmen dieser Prüfung teilt die Schiedsstelle in ständiger Entscheidungspraxis das zu bewertende Produkt in die hierin verkörperten technischen Problemkreise auf, um festzustellen, welcher dieser Problemkreise durch den Gegenstand der Erfindung beeinflusst wird.[1731]

Zur Feststellung der Bezugsgröße im Sinne der RL Nr. 8 ist die Schutzrechtsanmel- 769
dung bzw. das erteilte Schutzrecht heranzuziehen.[1732] Auf der Grundlage der Schutzrechtsunterlagen werden das dem Schutzrecht zu Grunde liegende technische Problem (Aufgabe) und dessen Lösung geprüft. Entscheidend ist, welche Merkmale von

1726 Schiedsstelle v. 9.3.2023, Arb.Erf. 20/21 (www.dpma.de).

1727 Z. B. Schiedsstelle v. 18.12.2014, Arb.Erf. 61/10 u. v. 23.4.2015, Arb.Erf. 08/12 (beide www.dpma.de) m.H.a. OLG Düsseldorf v. 13.9.2007, InstGE 8, 147 ff. – *Türinnenverstärkung*.

1728 LG Düsseldorf v. 2.3.2021, Düsseldorfer Entscheidungen 3159, Rn. 33 – Aminosäuren-Derivate I; insoweit nicht thematisiert im bestätigenden Berufungsurteil OLG Düsseldorf v. 21.10.2021, GRUR-RR 2022, 156 – Lacosamid I; siehe auch Schiedsstelle v. 21.7.2020, Arb.Erf. 22/19 (www.dpma.de).

1729 Urteil v. 17.11.2009, GRUR 2010, 223 (226 [Tz. 25]) – *Türinnenverstärkung*; im Anschluss daran auch Schiedsstelle u. a. v. 18.12.2014, Arb.Erf. 61/10 u. v. 23.4.2015, Arb.Erf. 08/12 (beide www.dpma.de).

1730 Siehe dazu Rdn. 715.

1731 Schiedsstelle v. 18.12.1996, Arb.Erf. 34/95; v. 23.8.2001, Arb.Erf. 37/99 u. v. 9.10.2008, Arb.Erf. 44/06 (alle unveröffentl.); v. 30.7.2002, Arb.Erf. 38/00; v. 17.4.2007, Arb. Erf. 07/06 m.w.N.; v. 11.7.2012, Arb.Erf. 03/11; v. 30.4.2019, Arb.Erf. 39/17 u. v. 1.8.2022, Arb.Erf. 13/21 (alle www.dpma.de); Reimer/Schade/Schippel/Himmelmann, § 11 ArbEG/RL Nr. 8, Rn. 2.

1732 Schiedsstelle v. 22.7.2013, Arb.Erf. 40/11; v. 10.10.2013, Arb.Erf. 22/12; v. 21.11.2017, Arb.Erf. 06/15 u. v. 11.4.2018, Arb.Erf. 27/16 (alle www.dpma.de); zustimmend Reimer/Schade/Schippel/Himmelmann, § 11 ArbEG/RL Nr. 8 Rn. 2; OLG Düsseldorf v. 28.2.2014, Düsseldorfer Entscheidungen Nr. 2182 – *Feuerfester Formstein*.

dem erfindungswesentlichen funktionellen Zusammenwirken erfasst werden.[1733] Das Wesen der Erfindung erschöpft sich nicht in dem kennzeichnenden Teil der Schutzrechtsansprüche, sondern ergibt sich aus dem Gesamtanspruch.[1734]

Bei einer computerimplementierten Erfindung kann die kleinste technisch-wirtschaftliche funktionelle Einheit, welche von der Erfindung wesentlich geprägt bzw. in ihrer Funktion beeinflusst wird, auch kleiner als die angesteuerte »Hardware« sein, d. h. das reine Softwaremodul kann eine ausreichende Bezugsgröße darstellen.[1735] Es kommt allerdings auf eine Einzelfallbetrachtung an. Demgegenüber kann bei einer erfindungsgemäßen Software, die als Bestandteil einer Vorrichtung geliefert wird, zur Ermittlung des Erfindungswerts der Verfahrenserfindung die Wertsteigerung der Vorrichtung und der damit erzielte Gewinn auch dann herangezogen werden, wenn die Vorrichtung auch ohne die Software betrieben werden kann.[1736] Die Schiedsstelle schlägt in solchen Fällen eine Erhöhung des Softwareumsatzes vor.[1737] Erstreckt sich der Patentschutz nicht nur auf Software-, sondern auch auf Hardwarelösungen, so dass sich jede erfindungsgemäße Softwarelösung auch als Hardwarelösung gestalten lässt, erfasst die Schiedsstelle als Bezugsgröße zumindest teilweise den Hardwareanteil.[1738] Lasten auf der so ermittelten technisch-wirtschaftlichen Bezugsgröße weitere Erfindungen, liegt also ein Schutzrechtskomplex im Sinne der RL Nr. 19 vor, ist deren Wertigkeit festzustellen (Gewichtung).[1739]

770 Für die Wahl der Gesamtanlage/des Gesamtprodukts kann es sprechen, wenn durch die Erfindung ein Produkt neuen Typs entsteht, also grundlegende Eigenschaften oder Funktionen des gesamten Produkts (wesentlich) verbessert werden.[1740] Wird dagegen nur ein Teil verbessert, welches sich als nützlich erweist und den Wert steigert, jedoch den Charakter des Produkts nicht verändert, ist nur der anteilige Wert des verbesserten Teils der Vergütungsberechnung zugrunde zu legen, denn anderenfalls würde der Erfinder an Teilen beteiligt, die er nicht erfunden oder verbessert hat.[1741] In der Praxis ist es nicht unüblich, bei einem begrenzten Einfluss der Erfindung auf den

1733 BGH v. 20.1.1994, GRUR 1994, 357 (358) – *Muffelofen*; OLG Düsseldorf v. 2.12.1999, GRUR 2000, 599 (603) u. Meier-Beck, GRUR 2002, 967 (969).

1734 Schiedsstelle v. 10.10.1978, BlPMZ 1980, 60 (61) (vgl. auch § 14 PatG, Art. 69 EPÜ).

1735 Schiedsstelle v. 18.12.2014, Arb.Erf. 61/10 (www.dpma.de).

1736 So Keukenschrijver in Busse/Keukenschrijver, PatG, § 11 ArbEG, Rn. 13 m.H.a. BGH v. 13.11.1997, GRUR 1998, 684 (689) – *Spulkopf*.

1737 Schiedsstelle v. 4.3.2010, Arb.Erf. 59/08 (Datenbank Schiedsstellenpraxis), dort Zuschlag von 3 % des gesamten Hardware-Umsatzes. Siehe auch Schiedsstelle v. 3.7.2017, Arb.Erf. 22/16; v. 9.12.2016, Arb.Erf. 73/13 u. v. 16.4.2021, Arb.Erf. 21/19 (alle www.dpma.de).

1738 Schiedsstelle v. 4.3.2010, Arb.Erf. 59/08 (Datenbank Schiedsstellenpraxis).

1739 Siehe dazu Bartenbach/Volz, Komm.RL, RL Nr. 19 Rn. 54 ff.

1740 BGH v. 30.5.1995, GRUR 1995, 578; ständ. Praxis der Schiedsstelle, z.B. v. 8.10.2009, Arb.Erf. 50/08 u. v. 13.10.2009, Arb.Erf. 38/09 (beide unveröffentl.); v. 29.4.2010, Arb.Erf. 11/09 (www.dpma.de); vgl. auch LG Düsseldorf v. 23.11.2010, Düsseldorfer Entscheidungen Nr. 1509.

1741 Bartenbach/Volz, Praxisleitfaden, Rn. 286; ebenso Schiedsstelle v. 21.4.2009, Arb.Erf. 13/08; v. 6.4.2021, Arb.Erf. 60/18 u. v. 28.1.2022, Arb.Erf. 42/20 (alle www.dpma.de).

Gesamtgegenstand/die Gesamtvorrichtung Zu- bzw. Abschläge oder sonstige Korrekturfaktoren zu berücksichtigen,[1742] etwa, indem als Bezugsgröße für den Lizenzsatz lediglich ein prozentualer Anteil bzw. ein Bruchteil des zugrunde zu legenden (Produkt-) Umsatzes,[1743] des Wertes der Gesamtanlage[1744] bzw. des Verkaufsprodukts[1745] herangezogen wird.[1746]

Wurde nach den vorstehenden Grundsätzen die technisch-wirtschaftliche Bezugsgröße festgestellt, so ist in einem folgenden Prüfungsschritt zu ermitteln, ob an diesem Gegenstand weitere Erfindungen verwirklicht sind. Denn in den Fällen, in denen mehrere Erfindungen bei einem Verfahren bzw. einem Produkt gleichzeitig zum Einsatz kommen (Erfindungskomplex), ist es selbstverständlich, dass nicht die einzelnen Lizenzsätze einzeln bestimmt und dann addiert werden können; dadurch wurde eine Lizenzbelastung erreicht, die das Produkt regelmäßig wirtschaftlich nicht mehr verträgt und es unverkäuflich macht.[1747] Hier ist also festzustellen, welche Gesamtbelastung an Lizenzsätzen das erfindungsgemäße Produkt bzw. Teil (Bezugsgröße) im Markt verkraftet (Höchstbelastbarkeit/Höchstlizenzgrenze; RL Nr. 19)[1748] und sodann ist der Höchstlizenzsatz auf die einzelnen auf dieser Bezugsgröße eingesetzten Erfindungen entsprechend deren Wertigkeit, insbesondere deren Einfluss auf die Bezugsgröße, aufzuteilen.[1749] 771

Ob ein einheitlich zu wertender Gesamtkomplex im Sinne der RL Nr. 19 (dieser Begriff ist der technisch-wirtschaftlichen Bezugsgröße gleichzusetzen) vorliegt, ist nach wirtschaftlichen und technischen Gesichtspunkten zu entscheiden. Ein (einheitlicher) Komplex ist immer gegeben, wenn verschiedene Schutzrechte ein technisch einheitliches Verfahren oder Erzeugnis betreffen.[1750] Dies bestimmt sich ausschließlich auf 772

1742 Ständ. Praxis der Schiedsstelle, z.B. v. 10.3.2016, Arb.Erf. 23/12 u. v. 9.12.2016, Arb. Erf. 73/13 (beide www.dpma.de); v. 4.7.2016, Mitt. 2017, 366 (368) u. v. 3.5.2017, Mitt. 2018, 356 (358).

1743 Z. B. Schiedsstelle v. 11.4.2018, Arb.Erf. 27/16; v. 21.7.2020, Arb.Erf. 22/19; v. 6.4.2021, Arb.Erf. 60/18; v. 25.11.2021, Arb.Erf. 41/20; v. 28.1.2022, Arb.Erf. 42/20 u. v. 9.5.2022, Arb.Erf. 53/20 (alle www.dpma.de).

1744 Vgl. z.B. Schiedsstelle v. 10.3.2016, Arb.Erf. 23/12 u. v. 9.12.2016, Arb.Erf. 73/13 (beide www.dpma.de).

1745 So OLG Frankfurt v. 3.3.2022, GRUR-RR 2022, 309 (Rn. 24) – Vergütungsvereinbarung.

1746 So Schiedsstelle v. 7.1.2019, Arb.Erf. 33/17 u. v. 21.2.2020, Arb.Erf. 35/18 (beide unveröffentl.).

1747 Ständ. Praxis der Schiedsstelle, z.B. v. 8.10.2013, Arb.Erf. 69/11 u. v. 24.2.2016, Arb. Erf. 02/14 (beide www.dpma.de); siehe auch OLG Düsseldorf v. 9.5.1996, Mitt. 1998, 27, 31 f. – *Schadensersatz nach der Lizenzanalogie* u. v. 9.10.2014, Düsseldorfer Entscheidungen Nr. 2027 – *Scharniereinrichtung*.

1748 Schiedsstelle v. 3.7.2015, Arb.Erf. 41/13 (www.dpma.de).

1749 Schiedsstelle v. 8.10.2013, Arb.Erf. 69/11; v. 6.4.2021, Arb.Erf. 60/18 u. v. 30.4.2021, Arb.Erf. 62/18 (alle www.dpma.de); Keukenschrijver in Busse/Keukenschrijver, PatG, § 11 ArbEG, Rn. 29.

1750 Schiedsstelle v. 4.3.2010, Arb.Erf. 59/08 u. v. 6.7.2010, Arb.Erf. 20/09 (beide unveröffentl.).

der Grundlage der technisch-wirtschaftlichen Bezugsgröße im Sinne der RL Nr. 8.[1751] Daher ist stets zunächst zu prüfen, welche technisch-wirtschaftliche Bezugsgröße für die zu vergütende Erfindung angemessen ist; sodann ist zu klären, welche weiteren patent- oder gebrauchsmusterfähigen Erfindungen (einschließlich einlizenzierter Fremdrechte, Sperrpatente und betriebsgeheimer Erfindungen) – neben der zu vergütenden Erfindung – bei dieser Bezugsgröße tatsächlich zum Einsatz kommen. Anschließend ist für diese Bezugsgröße (Gesamtkomplex) der (einheitliche) Höchstlizenzsatz zu bilden, um daraus den Gesamterfindungswert zu berechnen. Sodann wird der Anteil des Höchstlizenzsatzes, der auf die zu vergütende Erfindung entfällt, ermittelt und anhand des sich daraus ergebenden Komplexanteils der Gesamterfindungswert aufgeteilt. Ergebnis ist der (Einzel-)Erfindungswert für die zu vergütende Erfindung.

773 Die Aufteilung des Höchstlizenzsatzes, der ggfs. nach der RL Nr. 11 abzustaffeln ist[1752], auf die verschiedenen Erfindungen (Komplexanteil) – und damit die anschließende Aufteilung des Gesamterfindungswertes – erfolgt entsprechend der funktionellen, patentrechtlichen, technischen und wirtschaftlichen Gewichtung der Erfindungen zueinander und entsprechend deren Einfluss auf den Gesamtkomplex (Bezugsgröße).[1753] Betrifft die Erfindung die Kern-/Hauptfunktionen des erfindungsgemäßen Produkts bzw. der Bezugsgröße, ist der Anteil selbstverständlich höher, als wenn sich die Erfindung nur in Neben- oder Ergänzungsfunktionen niederschlägt.[1754] Maßgeblich für die Gewichtung ist darüber hinaus, ob und in welchem Umfang die einzelnen Erfindungen eine Wertsteigerung des fertigen (Gesamt-)Produktes bewirkt haben.[1755] Ebenso sind die unterschiedliche Schutzdauer von Erfindungen wie deren rechtliche und tatsächliche Monopolwirkung im Markt zu berücksichtigen (Schutzumfang, Angreifbarkeit, Alternativlösungen usw.). Ist danach eine Erfindung das Grund-/Basispatent, gebührt ihr grundsätzlich der Hauptanteil, bei Gleichwertigkeit dagegen jeder Erfindung im Zweifel der gleiche Anteil.

b) Ermittlung des Erfindungswertes nach dem erfassbaren betrieblichen Nutzen

774 Nach den Amtlichen Vergütungsrichtlinien kann der Erfindungswert bei innerbetrieblichem Einsatz der Erfindung nach dem erfassbaren betrieblichen Nutzen, der dem Betrieb aus der Benutzung der Erfindung erwachsen ist, bestimmt werden (RL Nrn. 5 Abs. 2, 12).

1751 Siehe dazu Rdn. 765 ff.

1752 Siehe dazu Rdn. 727 ff.

1753 Vgl. nur Schiedsstelle v. 8.10.2013, Arb.Erf. 69/11; v. 24.4.2016, Arb.Erf. 02/14 u. v. 9.12.2016, Arb.Erf. 73/13 (alle www.dpma.de); siehe auch LG Berlin v. 20.6.2019, Az. 16 O 440/12 (unveröffentl.); Boemke/Kursawe/Fegers/Göken/Heintz, § 9 ArbEG, Rn. 253.

1754 Schiedsstelle v. 26.11.2018, Arb.Erf. 12/17 (www.dpma.de).

1755 BGH v. 30.5.1995, GRUR 1995, 578 (580) – *Steuereinrichtung II*; siehe auch Schiedsstelle v. 10.1.2020, Arb.Erf. 19/18 (www.dpma.de).

Grundsätzlich ist diese Berechnungsmethode auch im Konzernbereich gegenüber der Lizenzanalogie wegen ihrer Schätzungenauigkeit[1756] nachrangig.[1757] Dies betont der BGH in seiner Entscheidung »Antimykotischer Nagellack I«, in der er auf die für diese Methode typischen beträchtlichen praktischen Schwierigkeiten hinweist und zu dem Schluss kommt, dass diese Berechnungsmethode nur in Ausnahmefällen heranzuziehen ist, in denen keine hinreichenden Anknüpfungstatsachen für die Lizenzanalogie verfügbar sind.[1758] Sie kommt nur dann in Betracht, wenn sich die Diensterfindung ausschließlich innerbetrieblich auswirkt bzw. rein innerbetrieblich eingesetzt wird, ohne dass sich dies direkt in Umsatz oder Verkauf niederschlägt.[1759] Beispiele sind reine Ersparnis- und Verbesserungserfindungen, die sich durch die innerbetriebliche Ersparnis[1760] von Energie-, Investitions-, Lohn-, Material- oder Verwaltungskosten oder durch Steigerung der Lebensdauer von Maschinen innerbetrieblich auswirken, es sei denn, der Erfindungseinsatz ist notwendige Voraussetzung für die Herstellung bestimmter Produkte.[1761] Diese kausal vermittelten wirtschaftlichen Vorteile werden unter dem in RL Nr. 12 genannten Begriff der Erträge erfasst. Werden erfindungsgemäße Umsatzgeschäfte getätigt, ändert auch der Umstand, dass der Einsatz der Erfindung erhebliche Einsparungen im Produktionsprozess bewirkt, nichts an dem Vorrang der Lizenzanalogie.[1762] Mittelbar wird dieser Vorteil durch Anhebung des Lizenzsatzes berücksichtigt.[1763] 775

Dem Wortlaut der RL Nr. 12 zu Folge ist unter dem »erfassbarem betrieblichen Nutzen« die durch den Einsatz der Erfindung verursachte Differenz zwischen Kosten und Erträgen zu verstehen. Diese Berechnungsmethode kommt nicht ohne Schätzungen 776

1756 Schiedsstelle v. 3.3.2009, Arb.Erf. 09/07; v. 17.6.2016, Arb.Erf. 57/13; v. 4.7.2016, Arb.Erf. 03/14; v. 22.5.2017, Arb.Erf. 21/15 u. v. 11.1.2018, Arb.Erf. 41/16 (alle www.dpma.de) u. v. 26.6.2013, Arb.Erf. 14/11 (Datenbank Schiedsstellenpraxis); siehe auch OLG Düsseldorf v. 24.10.2013, Düsseldorfer Entscheidungen Nr. 2098 – *Kunststoffbeutel*; OLG München v. 14.9.2017, GRUR-RR 2018, 137 (140 [Tz. 59]) – *Spantenmontagevorrichtung*.

1757 Siehe oben Rdn. 717.

1758 BGH v. 6.3.2012, Mitt. 2012, 285 (287 [Tz. 19]) – *Antimykotischer Nagellack I*; siehe auch Schiedsstelle v. 27.2.2013, Arb.Erf. 20/10 (www.dpma.de); siehe auch OLG Düsseldorf v. 21.102.2021, GRUR-RR 2022, 156 (157 [Tz. 23 f.]) – Lacosamid I im Anschluss an LG Düsseldorf v. 2.3.2021, Düsseldorfer Entscheidungen Nr. 3159 – Aminosäuren-Derivate I; OLG Frankfurt v. 30.4.2020, GRUR 2020, 839 (840 [Tz. 34]) – Folien-PVB-Herstellungsverfahren.

1759 Reimer/Schade/Schippel/Himmelmann, § 11 ArbEG/RL Nr. 12 Rn. 3 m.H.a. die ständ. Schiedsstellenpraxis, so z.B. Schiedsstelle v. 1.7.1999, Arb.Erf. 49/97 u. v. 26.6.2013, Arb.Erf. 14/11 (beide Datenbank Schiedsstellenpraxis); v. 3.6.2005, Arb.Erf. 43/04 (unveröffentl.) u. v. 3.3.2009, Arb.Erf. 09/07 (www.dpma.de).

1760 Vgl. OLG Düsseldorf v. 4.3.2004, InstGE 4, 165 (170 [Tz. 66]) – *Spulkopf II*.

1761 Vgl. BGH v. 29.4.2003, GRUR 2003, 789 (790 [Tz. 16]) – *Abwasserbehandlung*.

1762 So aber LG Frankfurt/Main v. 8.7.2019, Az. 2–06 O 314/18 (unveröffentl.).

1763 Schiedsstelle v. 3.6.2005, Arb.Erf. 34/04 (Datenbank Schiedsstellenpraxis); v. 17.4.2007, Arb.Erf. 07/06 u. v. 19.10.2007, Arb.Erf. 14/06 (beide www.dpma.de).

aus;[1764] schon der notwendige Vergleich zwischen den tatsächlichen Gegebenheiten vor und nach Einsatz der Erfindung bringt Schätzungen und Ungenauigkeiten mit sich.[1765] Dass dies den Nachteil hat, dass der Nutzen oft schwer zu ermitteln und die Berechnung des Nutzens schwer überprüfbar ist, erwähnt schon RL Nr. 5. Potenziert werden diese Schwierigkeiten dadurch, dass Maßstab des Vergleichs der äußere Stand der Technik (einschließlich seiner naheliegenden Weiterentwicklungen) ist, der nicht notwendigerweise mit dem betrieblichen Ist-Zustand vor Einführung der Erfindung übereinstimmen muss und vielfach nicht mit ihm übereinstimmt.[1766] Eine Diensterfindung vermittelt dem Arbeitgeber nur insoweit eine rechtliche Monopolstellung, als sie über den jedermann zugänglichen, äußeren Stand der Technik hinausgeht,[1767] so dass regelmäßig eine in der Praxis schwierige Abgrenzung zwischen äußerem und internem Stand der Technik erfolgen muss.[1768] Besteht eine solche Differenz, muss mit hypothetischen Werten gerechnet werden, so dass ein realitätsnaher Kosten- und Ertragsvergleich mit angemessenem Aufwand regelmäßig nicht möglich ist.[1769]

777 Auch der Unterschied zwischen der hohen Belastung der Anfangsphase des Erfindungseinsatzes mit Investitionskosten und der günstigeren Kostensituation in der Folgezeit, kann bei dieser Berechnungsmethode zu Ungenauigkeiten führen.[1770] Das gilt erst recht, wenn der erhoffte wirtschaftliche Erfolg nicht eintritt. Schon dies rechtfertigt die Zurückhaltung bei der Anwendung der Methode.

778 Der Erfindungswert ist – entgegen des Wortlauts der RL Nr. 12 Abs. 1 a.E. – nicht die gesamte Differenz zwischen Kosten und Erträgen, sondern nur ein Bruchteil davon. Kein Unternehmer wäre bereit, dem freien Erfinder die gesamte Ersparnis, die mithilfe einer Erfindung erzielt worden ist, zu überlassen, sondern nur einen

1764 Schiedsstelle v. 4.8.1987, BlPMZ 1988, 171.

1765 Schiedsstelle v. 22.5.2017, Arb.Erf. 21/15; v. 25.7.2017, Arb.Erf. 13/16 u. v. 16.4.2021, Arb.Erf. 21/19 (alle www.dpma.de).

1766 BGH v. 6.3.2012, Mitt. 2012, 285 (287 [Tz. 20]) – *Antimykotischer Nagellack I.*

1767 Schiedsstelle v. 17.10.1997, Mitt. 1997, 373 – *Anlagensteuerung*; v. 1.7.1999, Arb. Erf. 49/97; v. 2.5.2002, Arb.Erf. 42/00 u. v. 26.6.2013, Arb.Erf. 14/11 (alle Datenbank Schiedsstellenpraxis); v. 3.3.2005, Arb.Erf. 09/07; v. 7.7.2005, Arb.Erf. 41/03 u. v. 7.11.2011, Arb.Erf. 28/10 (alle unveröffentl.); v. 18.7.2012, Arb.Erf. 30/10; v. 25.7.2013, Arb.Erf. 39/12; v. 27.2.2013, Arb.Erf. 20/10; v. 5.8.2015, Arb.Erf. 26/12; v. 27.11.2018, Arb.Erf. 44/17; v. 15.5.2019, Arb.Erf. 38/18 u. v. 16.4.2021, Arb.Erf. 21/19 (alle www.dpma.de).

1768 Schiedsstelle v. 25.2.1981, BlPMZ 1982, 57 (58); v. 4.8.1987, BlPMZ 1988, 171 (172); v. 30.9.1992, EGR Nr. 69 zu § 9 ArbEG (Verg.Höhe) u. v. 2.5.2002, Arb.Erf. 42/00 (Datenbank Schiedsstellenpraxis); v. 25.7.2013, Arb.Erf. 39/12 u. v. 3.5.2017, Arb.Erf. 09/16 (beide www.dpma.de). So auch BGH v. 6.3.2012, Mitt. 2012, 285 (287 [Tz. 20]) – *Antimykotischer Nagellack I.*

1769 Vgl. auch Schiedsstelle v. 3.5.2017, Mitt. 2018, 356 (358), die davon spricht, dass diese Berechnungen mit hypothetischen Werten die Methode »regelmäßig hochspekulativ« machen.

1770 Vgl. ausführlich Bartenbach/Volz, § 9 ArbEG, Rn. 164.

Bruchteil davon.[1771] Daher wird die Bruttoersparnis mit einem diesem Bruchteil entsprechenden Umrechnungsfaktor multipliziert.[1772] Der Umrechnungsfaktor wird bei patentfähigen Erfindungen mit 1/8 bis 1/3 des Bruttonutzens vor einem Abzug der Steuern angegeben,[1773] wobei die Grenzen jeweils entsprechend der Einsatzfähigkeit der Erfindungen und der mit ihnen zu erzielenden Vorteile verlaufen. Die Schiedsstelle geht im Regelfall von einem Umrechnungsfaktor von 20 % des Bruttonutzens aus, wenn hinsichtlich der zu vergütenden Erfindung ein normaler Schutzumfang und eine normale Rechtsbeständigkeit des Schutzrechts bestehen.[1774]

Bei hohen Ersparnissen gelten, beginnend bei einem Gesamtnutzen von über 779
306 775,12 € (0,6 Mio. DM), die in RL Nr. 11 geregelten Abstaffelungsgrundsätze entsprechend.[1775] Insoweit finden die oben dargestellten Regeln Anwendung.[1776] Auch die mit Blick auf die Geldentwertung seitens der Schiedsstelle empfohlene Aktualisierung der Abstaffelungstabelle[1777] könnte bei Berechnung der Erfindervergütung auf Basis des betrieblichen Nutzens (analog) berücksichtigt werden.

c) Schätzung des Erfindungswertes und sonstige Methoden

Bei der Methode der Schätzung (RL Nr. 13) wird regelmäßig der Preis geschätzt, 780
den der Arbeitgeber einem freien Erfinder für die Übertragung einer entsprechenden Erfindung hätte zahlen müssen (RL Nr. 13 Satz 3). Hier erfolgt also eine Globalschätzung des Erfindungswertes, typischerweise orientiert an den Investitionskosten

1771 Siehe auch Schiedsstelle v. 2.8.2019, Arb.Erf. 22/17 u. v. 28.5.2020, Arb.Erf. 47/17 (beide www.dpma.de).

1772 Ständ. Praxis der Schiedsstelle, z.B. v. 25.2.1981, BlPMZ 1982, 57 (58); v. 18.1.1990, BlPMZ 1990, 336; v. 26.11.1992, EGR Nr. 70 zu § 9 ArbEG (Verg. Höhe); v. 3.3.2009, Arb.Erf. 09/07 (unveröffentl.); v. 22.5.2017, Arb.Erf. 21/15 (www.dpma.de); ebenso das Schrifttum: z.B. Reimer/Schade/Schippel/Himmelmann, § 11 ArbEG/RL Nr. 12, Rn. 9 ff. m.w.N.; Bartenbach/Volz, Komm.RL, RL Nr. 12, Rn. 59 ff.

1773 Ständ. Praxis der Schiedsstelle, z.B. v. 25.2.1981, BlPMZ 1982, 57 (58); v. 3.3.2009, Arb.Erf. 09/07 (unveröffentl.); v. 18.7.2012, Arb.Erf. 30/10 (Datenbank Schiedsstellenpraxis); v. 22.5.2017, Arb.Erf. 21/15 u. v. 28.5.2020, Arb.Erf. 47/17 (beide www.dpma.de); zustimmend u.a. Reimer/Schade/Schippel/Himmelmann, § 11 ArbEG/RL Nr. 12, Rn. 9 ff.

1774 Schiedsstelle v. 8.5.1961, BlPMZ 1961, 434, v. 18.1.1990, BlPMZ 1990, 336, v. 19.9.1995, Mitt. 1996, 176 (177) – *Patentverkauf*; v. 17.10.1997, Mitt. 1997, 373 – *Anlagensteuerung*; v. 3.6.2005, Arb.Erf. 43/04 u. v. 21.10.2008, Arb.Erf. 34/07 (beide unveröffentl.); v. 14.10.2015, Arb.Erf. 03/14; v. 22.5.2017, Arb.Erf. 21/15 u. v. v. 28.5.2020, Arb.Erf. 47/17 (alle www.dpma.de); siehe auch LG Frankfurt/Main v. 8.5.2019, Az. 2 06 O 314/18 (unveröffentl.).

1775 Siehe hierzu die von Kaube (GRUR 1986, 572 [573]) entwickelte Nutzenstaffel-Tabelle in DM, umgerechnet in Euro von Bartenbach/Volz, Komm.RL, RL Nr. 11, Rn. 66.

1776 Siehe hierzu Rdn. 727 ff.

1777 Siehe Rdn. 730.

(Gesamtentwicklungsaufwand) zur Realisierung der Erfindung,[1778] weil diese Kosten verdeutlichen, was die Erfindung dem Arbeitgeber jedenfalls wert ist.[1779] Etwaige Kosten für Fehlinvestitionen haben außer Betracht zu bleiben, diese spiegeln nur den Erwartungswert des Arbeitgebers wieder, nicht aber den wirklichen wirtschaftlichen Wert.[1780] Zur Vermeidung eines Missverhältnisses zwischen geringen Investitionskosten und hohem Nutzen können rechnerische Zu- oder Abschläge auf die Investitionskosten und bei ungewöhnlichem Nutzen auch eine Vervielfältigung des Werts dieser Kosten angemessen sein.[1781] Solchen Umständen kann alternativ im Rahmen des Umrechnungsfaktors Rechnung getragen werden.

781 Von diesem geschätzten Preis ist zudem nur ein Bruchteil als Erfindungswert anzusetzen (Umrechnungsfaktor); dieser beträgt – wie bei RL Nr. 12[1782] – 1/3 bis 1/8, im Regelfall 20 %.[1783] Hat der Arbeitgeber die Erfindungsrechte zu marktüblichen Konditionen auf die Muttergesellschaft übertragen und sich lediglich ein Nutzungsrecht vorbehalten, ist mit Blick auf die Schutzrechtsinhaberschaft bei der Muttergesellschaft im Regelfall eine Halbierung des Umrechnungsfaktors angemessen.[1784]

782 Die Methode ist subsidiär zur Lizenzanalogie und zur Berechnung nach dem erfassbaren betrieblichen Nutzen (vgl. RL Nr. 13 Satz 1).[1785] Wegen der großen Unsicherheitsfaktoren kommt diese Methode nur als ultima ratio in Betracht.[1786]

Die Subsidiarität gilt auch für die sonstigen Bemessungsmethoden, von denen nur die Kaufpreisanalogie (RL Nr. 4) eine – wenn auch sehr begrenzte – praktische Bedeutung hat.[1787]

1778 Siehe die Nachweise bei Bartenbach/Volz, Komm.RL, RL Nr. 13, Rn. 10 ff; Schiedsstelle v. 25.7.2013, Arb.Erf. 39/12; v. 13.4.2016, Arb.Erf. 68/13; v. 25.1.2018, Arb. Erf. 66/16 u. v. 23.11.2021, Arb.Erf. 27/18 (alle www.dpma.de).

1779 Ständ. Praxis der Schiedsstelle z.B. v. 3.4.1974, Mitt. 1974, 137; v. 7.12.2011, Arb.Erf. 28/10 (Datenbank Schiedsstellenpraxis); v. 25.7.2013, Arb.Erf. 39/12; v. 14.10.2015, Arb.Erf. 25/13; 25.7.2017, Arb.Erf. 13/16; v. 15.5.2019, Arb.Erf. 38/18 u. v. 23.11.2021, Arb.Erf. 27/18 (alle www.dpma.de); Keukenschrijver in Busse/Keukenschrijver, PatG, § 11 ArbEG, Rn. 22.

1780 Schiedsstelle v. 23.7.2009, Arb.Erf. 10/05 (Datenbank Schiedsstellenpraxis).

1781 Schiedsstelle v. 5.8.2015, Arb.Erf. 26/12 u. v. 15.5.2019, Arb.Erf. 38/18 (beide www.dpma.de).

1782 Siehe dazu Rdn. 774 ff.

1783 Vgl. die Nachweise bei Bartenbach/Volz, § 9 ArbEG, Rn. 177.

1784 Schiedsstelle v. 25.7.2013, Arb.Erf. 39/12 (www.dpma.de).

1785 Allg. Ansicht, z.B. OLG Düsseldorf v. 4.3.2004, InstGE 4, 165 (170 [Tz. 66]) – *Spulkopf II*; so auch Schiedsstelle v. 9.12.2012, Arb.Erf. 39/11 (unveröffentl.) u. v. 5.8.2015, Arb.Erf. 26/12 (www.dpma.de).

1786 Schiedsstelle v. 5.8.2015, Arb.Erf. 26/12 u. v. 25.1.2018, Arb.Erf. 66/16 (beide www.dpma.de).

1787 Vgl. dazu Schiedsstelle v. 25.2.1981, BlPMZ 1982, 57 ff. u. v. 23.7.2009, Arb.Erf. 10/05 (www.dpma.de, nur LS Nr. 1); Bartenbach/Volz, Komm.RL, RL Nr. 4, Rn. 10 ff.

Häufiger Anwendungsfall einer Schätzung sind erfindungsgemäße Arbeitsschutzmittel und -vorrichtungen bzw. Maßnahmen zur Unfallverhütung, Erfindungen für Qualitätsprüfungen, für Prüf- und Messvorrichtungen,[1788] sowie Software-Erfindungen zum internen Informationsmanagement.[1789] Die Schiedsstelle schlägt die Schätzung des Erfindungswertes mit Hilfe der Investitionskosten nach RL Nr. 13 auch dann vor, wenn der Arbeitgeber eine Erfindung in einem innerbetrieblich eingesetzten Produkt verwendet, das er ansonsten weder herstellt noch vertreibt.[1790] 783

2. Ermittlung des Erfindungswertes bei nicht benutzten Erfindungen (RL Nrn. 20–24)

Den verwerteten Erfindungen steht eine Vielzahl der nicht verwerteten Erfindungen (vgl. RL Nrn. 20–24) gegenüber. Bei nicht verwerteten Erfindungen kommt eine Vergütung grundsätzlich erst nach rechtsbeständiger Schutzrechtserteilung in Betracht.[1791] Solche Schutzrechte werden als Vorratspatente (RL Nr. 21) eingestuft, also als solche unbenutzten Patente, deren konkrete Anwendungsmöglichkeiten nicht absehbar sind, so dass die Schutzwirkung gegenüber einem Wettbewerber zunächst von untergeordneter Bedeutung ist.[1792] Eine Vergütungspflicht besteht im Regelfall nach rechtsbeständiger Schutzrechtserteilung und dann erst mit dem 8. Patentjahr, gerechnet ab Patentanmeldung.[1793] Bei Gebrauchsmustern wird eine Vorratsvergütung ebenfalls ab dem 8. Laufjahr ab Eintragung geschuldet.[1794] 784

Zur Bestimmung des Erfindungswertes bei nicht benutzten patentrechtlich geschützten Erfindungen geht die Schiedsstelle im Wege der freien Schätzung regelmäßig von einem pauschalen Jahreserfindungswert von 640,00 € aus.[1795] Sind parallele unverwertete Auslandsschutzrechte vorhanden, erhöht die Schiedsstelle den Erfindungswert um 20 % auf 770,00 €, unabhängig davon, wie viele parallele Auslandsschutzrechte 785

1788 Vgl. Reimer/Schade/Schippel/Himmelmann, § 11 ArbEG/RL Nr. 13, Rn. 2 u. Bartenbach/Volz, Komm.RL, RL Nr. 13, Rn. 5 ff.; vgl. auch Schiedsstelle v. 31.1.2008, Arb. Erf. 01/07 (unveröffentl.), dort bei einer Erfindung zur Verhinderung von Explosionen und Bränden u. v. 25.1.2018, Arb.Erf. 66/16 (www.dpma.de), dort bei einer Erfindung zur Prüfung von Bodenstromgeräten.

1789 Schiedsstelle v. 15.5.2019, Arb.Erf. 38/18 (www.dpma.de).

1790 Schiedsstelle v. 25.7.2013, Arb.Erf. 39/12 (www.dpma.de).

1791 LG München v. 9.9.2010, Mitt. 2012, 413 (414) – *Kopfstütze*; Schiedsstelle v. 3.3.2009, Arb.Erf. 09/07 (unveröffentl.).

1792 Schiedsstelle v. 1.12.2015, Arb.Erf. 44/13 (www.dpma.de).

1793 Schiedsstelle v. 19.5.2005, Arb.Erf. 08/04 u. v. 23.3.2010, Arb.Erf. 13/09 (beide unveröffentl.); siehe auch Schiedsstelle v. 28.1.2022, Arb.Erf. 42/20 (www.dpma.de).

1794 Schiedsstelle v. 15.9.2016, Arb.Erf. 63/14 (www.dpma.de) u. v. 21.2.2020, Arb.Erf. 35/18 (unveröffentl.).

1795 Kaube, GRUR 1986, 15 ff.; ständ. Praxis der Schiedsstelle, z.B. v. 27.3.3012, Arb.Erf. 32/10 (Datenbank Schiedsstellenpraxis); v. 23.6.2015, Arb.Erf. 42/12; v. 1.12.2015, Arb. Erf. 44/13; v. 15.9.2016, Arb.Erf. 63/14; v. 18.1.2017, Arb.Erf. 67/14; v. 18.11.2018, Arb.Erf. 35/17 u. v. 27.11.2022, Arb.Erf. 32/19 (alle www.dpma.de); zust. Reimer/Schade/Schippel/Himmelmann, § 11 ArbEG/RL Nr. 21 Rn. 6.

bestehen.[1796] Eine Vorratsvergütung für ein nicht benutztes Gebrauchsmuster wird wie bei einem Patent ab dem 8. Laufjahr ab Anmeldung geschuldet.[1797] Die Schiedsstelle bestätigt auch, einem ungeprüften und unbenutzten Gebrauchsmuster bei der Vorratsvergütung nur den halben Jahreserfindungswert eines unbenutzten Patents zuzumessen, mithin 320,00 €[1798], denn auch einer zur Erteilung eines Patents angemeldeten Diensterfindung habe der Erfinder selbst im Falle der Benutzung nur einen vorläufigen Vergütungsanspruch von regelmäßig nur 50 % der eigentlich geschuldeten Vergütung.

786 Aus Gründen der Praktikabilität ist nach dem Vorschlag von Bartenbach/Volz[1799], unabhängig von der Laufzeit im achten Jahr von einem Gesamterfindungswert von 3.000,00 € bis max. 5.000,00 € auszugehen. Auch die Schiedsstelle schlägt gelegentlich eine pauschalierte Betrachtung vor und sieht ab dem 8. Patentjahr einen Einmalbetrag von 4.000,00 € als Erfindungswert vor.[1800] Bei dieser Summe ist noch kein 20 %iger Aufschlag für parallele Auslandschutzrechte berücksichtigt. Ebenso lässt die Schiedsstelle offen, ab dem 15. Patentjahr erneut auf einen pauschalen Erfindungswert von 4.000,00 € abzustellen.[1801]

787 Von dem Vorratspatent zu unterscheiden sind die Sperrpatente (RL Nr. 18), die nach den Amtlichen Vergütungsrichtlinien trotz tatsächlicher Nichtnutzung als verwertete Erfindungen angesehen werden. Nach RL Nr. 18 Satz 2 versteht man unter Sperrpatenten im Allgemeinen solche Patente, die nur deshalb angemeldet oder aufrechterhalten werden, um die Verwertung einer Erfindung durch Wettbewerber zu verhindern und dadurch sogleich die Beeinträchtigungen der eigenen laufenden oder bevorstehenden Erzeugung zu vermeiden. Kernaufgabe eines Sperrpatents ist also, über die originäre patentrechtliche Sperrwirkung nach §§ 9, 14 PatG hinaus einen derartigen technologischen Sperrbereich[1802] um ein im Betrieb des Patentinhabers bereits genutztes anderes Patent zu schaffen, dass ein bestimmtes technisches Gebiet insgesamt für

1796 Schiedsstelle v. 18.11.2005, Arb.Erf. 78/04 (unveröffentl.) u. v. 25.7.2007, Arb.Erf. 27/04 (Datenbank Schiedsstellenpraxis); v. 23.6.2015, Arb.Erf. 24/14; v. 18.1.2017, Arb.Erf. 667/14; v. 23.11.2021, Arb.Erf. 27/18 u. v. 28.1.2022, Arb.Erf. 42/20 (alle www.dpma.de).

1797 Schiedsstelle v. 15.9.2016, Arb.Erf. 63/14 (www.dpma.de) u. v. 21.2.2020, Arb.Erf. 35/18 (unveröffentl.).

1798 Schiedsstelle v. 15.9.2016, Arb.Erf. 63/14 (www.dpma.de) mit Bezug auf Bartenbach/Volz, § 9 ArbEG, Rn. 250.

1799 Komm.RL, RL Nr. 21, Rn. 49 ff.; siehe auch OLG Düsseldorf v. 9.10.2014, Düsseldorfer Entscheidungen Nr. 2027 – Scharniereinrichtung, wonach ein Gesamterfindungswert von 3.250,00 € für ein Vorratspatent gebilligt wurde.

1800 Schiedsstelle v. 26.11.2014, Arb.Erf. 65/09 u. v. 28.10.2022, Arb.Erf. 32/19 (beide www.dpma.de); siehe auch Schiedsstelle v. 15.7.2016, Arb.Erf. 26/14 (www.dpma.de).

1801 Schiedsstelle v. 26.11.2014, Arb.Erf. 65/09 (www.dpma.de).

1802 Siehe hierzu OLG Frankfurt v. 21.4.2016, Az. 6 U 58/05 (www.lareda.hessenrecht.hessen.de) – *Ramipril III*; Schiedsstelle v. 15.12.2009, Arb.Erf. 16/09 (unveröffentl.); v. 15.9.2016, Arb.Erf. 63/14; v. 11.1.2018, Arb.Erf. 41/16; v. 1.10.2021, Arb.Erf. 31/17; v. 28.1.2022, Arb.Erf. 42/20 u. v. 15.6.2022, Arb.Erf. 27/19 (alle www.dpma.de).

Wettbewerber blockiert wird.[1803] Da jedem Patent eine Sperrwirkung innewohnt, deren Umfang gemäß § 14 PatG durch die Patenansprüche bestimmt wird, muss die Wirkung eines Sperrpatents im arbeitnehmererfinderrechtlichen Sinne (vgl. RL Nr. 18) über diese Sperrwirkung hinausgehen.[1804] Das Sperrpatent steigert somit die Monopolsituation und damit den Erfindungswert des eigentlich benutzten Patents.

Eine Erfindervergütung aufgrund eines Sperrpatents nach RL Nr. 18 hat gemäß der 788
Schiedsstelle[1805] fünf Voraussetzungen, die vollumfänglich gegeben sein müssen; fehlt es auch nur an einem dieser Merkmale, liegt kein Sperrpatent vor:
- Korrespondierende monopolartige Erzeugung (RL Nr. 18 Sätze 2 und 3),
- vergleichbare wirtschaftliche Tragweite (RL Nr. 18 Satz 4),
- Sperrabsicht des Arbeitgebers (RL Nr. 18 Satz 2),
- objektive Eignung zur Sperrung und
- Monopolstärkung (RL Nr. 18 Satz 5).

Eine solche konkrete Sperrwirkung ist über den Betrieb des Arbeitgebers hinaus im 789
Hinblick auf die Erzeugnisse rechtlich verbundener Unternehmen denkbar, sofern entsprechende Abstimmungen zwischen Arbeitgeber und verbundenem Unternehmen erfolgt sind.[1806] Gleiches gilt auch, wenn eine Produktion erfindungsgemäßer Gegenstände im Rahmen einer verlängerten Werkbank durch verbundene Unternehmen für den Arbeitgeber erfolgt.

Der Erfindungswert orientiert sich an dem Umsatz bzw. Nutzen der abgesicherten 790
Erzeugung[1807] und ist durch Schätzung zu ermitteln. Als Faustregel gilt dabei, dass der Erfindungswert eines Sperrpatents nie den Erfindungswert der geschützten Erstlösung erreichen kann, vielmehr deutlich darunterliegen muss.

V. Die Vergütungsbemessung bei Rechtsübertragung und Einräumung von Nutzungsrechten an andere Konzernunternehmen

Bei konzerngebundenen Arbeitgebern ist erfindungsrechtlich die außerbetriebliche 791
Nutzung der Diensterfindung häufig. In Abgrenzung zur Eigennutzung sind die Ver-

1803 Schiedsstelle v. 18.11.2005, BlPMZ 2006, 185 (186); v. 9.10.2007, Arb.Erf. 40/05 (Datenbank Schiedsstellenpraxis); vgl. auch Schiedsstelle v. 1.12.2015, Arb.Erf. 44/13 (www.dpma.de).

1804 Ständ. Spruchpraxis der Schiedsstelle, z.B. grundlegend v. 18.11.2005, BlPMZ 2006, S. 185 ff.; Schiedsstelle v. 1.12.2015, Arb.Erf. 44/13 u. v. 15.9.2016, Arb.Erf. 63/14 (beide www.dpma.de).

1805 Schiedsstelle v. 1.12.2015, Arb.Erf. 44/13; v. 11.1.2018, Arb.Erf. 41/16; v. 18.6.2021, Arb.Erf. 37/19; v. 1.10.2021, Arb.Erf. 31/17 u. v. 28.1.2022, Arb.Erf. 42/20 (alle www.dpma.de).

1806 Bartenbach/Volz, Komm.RL, RL Nr. 18, Rn. 18.

1807 Bartenbach/Volz, Komm.RL, RL Nr. 18, Rn. 35 ff. u. Keukenschrijver in Busse/Keukenschrijver, PatG, § 11 ArbEG, Rn. 28.

wertungshandlungen durch Rechtsübertragungen und Lizenzvergaben gemeint.[1808] Es liegt im Interesse einer möglichst umfassenden Verwertung einer Diensterfindung, wenn ein konzernverbundener Arbeitgeber die Diensterfindung im Konzernverbund anderen Unternehmen zur Verfügung stellt. Da der Umfang der Benutzung den Erfindungswert[1809] maßgeblich beeinflusst, ist eine möglichst umfassende Nutzung der Diensterfindung auch im Interesse des Arbeitnehmers, zumal der Erfinder keinen Anspruch auf eine optimale Verwertung einer in Anspruch genommenen Diensterfindung hat.[1810]

1. Vergütungsbemessung bei Rechtsübertragung im Konzern

792 Die Übertragung der Erfindungsrechte vollzieht sich – wie dargestellt[1811] – auf unterschiedliche Weise, insbesondere mittels Voraus- bzw. Einzelabtretung aller oder bestimmter Erfindungsrechte bzw. Schutzrechtspositionen. Eine solche Rechtsübertragung ist erfinderrechtlich auch im Konzern eine vergütungspflichtige Verwertungshandlung.[1812] Unterbleibt zukünftig eine Eigennutzung durch den übertragenden Arbeitgeber, beschränkt sich die Vergütungspflicht des Arbeitgebers auf die an die Konditionen dieser Rechtsübertragung anknüpfende Vergütungspflicht.[1813]

793 Schuldner des Vergütungsanspruchs bleibt – trotz Konzernbindung – grundsätzlich der Arbeitgeber;[1814] eine Nutzung der übertragenen Erfindungsrechte durch den Rechtserwerber oder andere verbundene Unternehmen führt nicht zu deren Vergütungspflicht.[1815]

794 Erklärt sich der Erwerber der Erfindungsrechte zur Übernahme der Vergütungspflicht des rechtsübertragenden Konzernunternehmens bereit, wird hierin nur in Ausnahmefällen ein Vertrag zugunsten Dritter nach § 328 Abs. 1 BGB, also zugunsten des Erfinders, liegen. Im Regelfall liegt hierin eine nur im Innenverhältnis der Vertragsparteien

---

1808 Die Belieferung von Konzernunternehmen mit erfindungsgemäßen Produkten, die der Arbeitgeber selbst herstellt (siehe dazu Rdn. 739 ff.) fällt nicht darunter, sondern ist Teil der Eigennutzung des Arbeitgebers.

1809 Siehe dazu Rdn. 698.

1810 Schiedsstelle v. 7.3.2016, Arb.Erf. 10/14 u. v. 1.12.2015, Arb.Erf. 44/13 (beide www.dpma.de).

1811 Siehe Rdn. 468 ff.

1812 Allg. Ansicht, etwa OLG München v. 8.2.2001, Mitt. 2001, 207 – *Verwertung durch eine ausländische Muttergesellschaft*; Schiedsstelle v. 22.2.1991, GRUR 1992, 390 – *Medikalprodukt* sowie v. 6.4.2006, Arb.Erf. 98/04 (unveröffentl.).

1813 Schiedsstelle v. 6.4.2006, Arb.Erf. 98/04 (unveröffentl.).

1814 OLG Düsseldorf v. 13.9.2007, InstGE 8, 147 (149 [Tz. 27]) – *Türinnenverstärkung*; LG Düsseldorf v. 28.4.2016, 4a O 154/14 (www.justiz.nrw.de, Rn. 148) – *Glasplatte*; LG Braunschweig v. 26.4.2017, 9 O 1722/16, BeckRS 2017, 131326 – *Schwenkfüße*; vgl. hierzu bereits Rdn. 682 ff.

1815 Ebenso Schiedsstelle v. 6.4.2006, Arb.Erf. 98/04 (unveröffentl.) u. v. 24.6.2008, Arb. Erf. 04/07 (Datenbank Schiedsstellenpraxis).

geltende Übernahme der Vergütungspflichten des Arbeitgebers.[1816] Ein Grund hierfür liegt schon darin, dass sich der Rechtserwerber gegenüber dem Erfinder insbesondere nicht den umfassenden Auskunfts- und Rechnungslegungspflichten im Zusammenhang mit einem Vergütungsanspruch gegenüber dem Arbeitgeber[1817] unterwerfen will.

a) Verkauf der Erfindungsrechte zum Marktpreis

Liegt ein Verkauf der Diensterfindung oder des hierauf bezogenen Schutzrechts an ein anderes Konzernunternehmen vor und stellt sich das Geschäft wie ein solches unter nicht gebundenen Kaufvertragsparteien dar, bestimmt sich die Vergütung des Arbeitnehmererfinders nach den allgemeinen Grundsätzen. Alle daraus resultierenden geldwerten Vorteile sind vergütungspflichtig; ihr Erfindungswert ist nach Maßgabe der RL Nr. 16 zu ermitteln.[1818] 795

aa) Die Ermittlung des Erfindungswertes (RL Nr. 16 Abs. 1)

Einzelheiten zur Bemessung der Vergütung bei Verkauf der Erfindungsrechte an einen Dritten regelt RL Nr. 16. RL Nr. 16 Abs. 1 Satz 1 stellt klar, dass der auf die Diensterfindung entfallende Brutto-Kaufpreis nicht den Erfindungswert darstellt. Vielmehr ist der Brutto-Kaufpreis zunächst um die in RL Nr. 16 Sätze 2 ff. genannten Abzugsfaktoren zu mindern (Entwicklungskosten nach Fertigstellung, Kosten für die Herbeiführung der Betriebsreife, Kosten der Schutzrechtserlangung und -verwaltung sowie der Schutzrechtsübertragung einschließlich der Vertragskosten, etwa für Rechtsberatung, Dokumentation usw., ferner Steuern und anteilige Gemeinkosten des Arbeitgebers sowie der Kaufpreisanteil bei einer Know-how-Übermittlung).[1819] Auch die erfindungsfremden bzw. erfindungsneutralen Leistungen, wie zum Beispiel Kaufpreisanteile für Übertragungen von Marken oder Designs, sind abzuziehen.[1820] 796

bb) Mitverkauf von Know-how (RL Nr. 16 Abs. 2) und sonstigen (Schutzrechts-) Positionen

Wird gleichzeitig Know-how, also nicht geschütztes besonderes Erfahrungswissen,[1821] mitverkauft, ist zur Ermittlung des Nettokaufpreises auch der darauf entfallende Kauf- 797

1816 Vgl. auch Schiedsstelle v. 2.4.2009, Arb.Erf. 58/07 (unveröffentl.).

1817 Siehe hierzu Rdn. 910 ff.

1818 Siehe nachfolgend Rdn. 796 ff.

1819 Vgl. dazu im Einzelnen Bartenbach/Volz, Komm.RL, RL Nr. 16, Rn. 20 sowie Schiedsstelle v. 13.4.2016, Arb.Erf. 68/13; v. 25.4.2016, Arb.Erf. 24/13; v. 11.12.2018, Arb. Erf. 30/17 u. v. 4.6.2019, Arb.Erf. 02/18 (alle www.dpma.de).

1820 Vgl. hierzu Schiedsstelle v. 2.9.2021, Arb.Erf. 70/18 (www.dpma.de).

1821 Zum Begriff siehe RL Nr. 16 Abs. 2 Satz 1; siehe im Übrigen Ann, Patentrecht, § 3, Rn. 38; Bartenbach, Patent- und Know-how-Vertrag, Rn. 147 m.w.N.; Jestaedt, Patentrecht, Rn. 770; vgl. auch Erwägungsgrund Nr. 47 der Leitlinien zur GruppenfreistellungsVO Technologietransfer (Abl. EG C 101/29).

preisanteil abzuziehen,[1822] sofern der Arbeitgeber hierfür keinen gesonderten Preis in Rechnung gestellt hat. Der Anteil bestimmt sich nach den tatsächlichen Wertverhältnissen.[1823] Nach den Erfahrungen der Schiedsstelle kann der Anteil des Know-hows bei Schutzrechtsverkäufen je nach technischem Gebiet bis zu 80 % des Kaufpreises ausmachen, wobei die Schiedsstelle üblicherweise von 50 bis 70 % des Kaufpreises als Know-how-Anteil ausgeht und demzufolge für Know-how als Mittelwert etwa 60 % ansetzt.[1824] Wird lediglich das schriftlich Dokumentierte – »Identifizierte«[1825] – mit verkauft, wird der Anteil deutlich reduziert.[1826]

798 Werden neben (prozesstechnischem bzw. herstellungstechnischem) Know-how im Rahmen des Verkaufs von Intellectual Property auch Urheberrechte, Marken, Designs, Internetdomains und Datenbestände übertragen, ist zunächst zu prüfen, ob die damit erzielten Umsätze belastbare Anhaltspunkte für eine Kaufpreisermittlung geben. Maßgebend ist bei dieser Wertanalyse der einzelnen Bestandteile für die Bewertung und Gewichtung auf die konkreten Umstände des zugrunde liegenden Sachverhalts und die Wertvorstellungen der Vertragsparteien zum Zeitpunkt des Kaufvertrages abzustellen.[1827] Erfolgt keine Nutzung dieser Rechtspositionen, muss eine Schätzung des Kaufpreises erfolgen. Dabei kann es nach Auffassung der Schiedsstelle sachgerecht sein, eine Aufteilung anhand der Anzahl der jeweiligen Schutzrechtsfamilien vorzunehmen oder ggf. auch nach Einzelschutzrechten.[1828]

cc) Berücksichtigung eines Umrechnungsfaktors

799 Der nach diesen Abzugsfaktoren verbleibende Netto-Ertrag stellt nach ganz h.M. – entgegen dem Wortlaut der RL Nr. 16 Abs. 1 Satz 1 – noch nicht den Erfindungs-

---

1822 Siehe dazu insbesondere Reimer/Schade/Schippel/Himmelmann, § 11 ArbEG/RL Nr. 16, Rn. 2 mit Nachweisen zur Schiedsstellenpraxis.

1823 Schiedsstelle v. 19.12.1991, GRUR 1992, 847 (848 f.) – *Geschäftsaktivitäten-Veräußerung* u. v. 26.2.1993, GRUR 1996, 49 (51 f.) – *Gießereimaschinen*; siehe auch Schiedsstelle v. 13.4.2016, Arb.Erf. 68/13; v. 25.4.2016, Arb.Erf. 24/14; v. 11.12.2018, Arb. Erf. 30/17 u. v. 4.6.2019, Arb.Erf. 02/18 (alle www.dpma.de).

1824 Schiedsstelle v. 19.9.1995, Mitt. 1996, 176 (177) – *Patentverkauf*; v. 15.10.2009, Arb. Erf. 44/08 (unveröffentl.), dort Wertanteil von 60 % u. v. 24.4.2016, Arb.Erf. 24/13 (www.dpma.de), dort 50 % als Erfahrung der Schiedsstelle.

1825 Vgl. Art. 1 lit. i – Gruppenfreistellungsverordnung Technologietransfer 2004.

1826 Schiedsstelle v. 19.9.1995, Mitt. 1996, 176 (177) – *Patentverkauf*, dort 30% des Kaufpreises; Bartenbach/Volz, Komm.RL, RL Nr. 16, Rn. 21 gehen bei üblichen Kaufverträgen von einem Know-how-Anteil von 30–60% aus.

1827 Vgl. OLG Karlsruhe v. 13.10.2021, Az. 6 U 130/19 (juris, Rn. 74, 77) – Planetengehäuse, so auch Schiedsstelle v. 25.4.2016, Arb.Erf. 24/14; v. 11.12.2018, Arb.Erf. 30/17; v. 4.6.2019, Arb.Erf. 02/18 u. v. 2.9.2021, Arb.Erf. 70/18 (alle www.dpma.de).

1828 Schiedsstelle v. 24.4.2016, Arb.Erf. 24/13 (www.dpma.de); siehe auch Schiedsstelle v. 11.12.2018, Arb.Erf. 30/17 u. v. 5.8.2019, Arb.Erf. 02/18 (beide www.dpma.de) zur Ermittlung des Erfindungswertes bei Verkauf im Rahmen eines Patentportfolios.

wert dar.[1829] Kein Unternehmer wäre bereit, Erfindungsrechte mit der Maßgabe zu erwerben, später den gesamten, aus einem anschließenden Weiterverkauf erzielten Gewinn (Nettoertrag) an den Erfinder abführen zu müssen. Folglich ist – im Sinne einer »Gewinnaufteilung« zwischen Erfinder und Unternehmer – der Netto-Ertrag mit dem den Gewinnanteil des Erfinders ausdrückenden Umrechnungsfaktor[1830] zu multiplizieren, den die Schiedsstelle üblicherweise mit einem Regelwert von 40 % ansetzt.[1831]

b) Übertragung der Erfindungsrechte unter Wert/unentgeltlich

Häufig werden im Konzern Erfindungsrechte – ohne vorherige Wertbestimmung – unentgeltlich oder unter »Marktpreis« an andere Konzernunternehmen übertragen, sei es im Wege der globalen Vorausabtretung oder durch Einzelabtretung nach Inanspruchnahme.[1832] 800

Von diesen Fallgestaltungen ist die Situation zu unterscheiden, dass die Erfindungsrechte lediglich zur zentralen Schutzrechtsverwaltung an anderer Stelle (quasi treuhänderisch) gehalten und verwaltet werden, deren wirtschaftliche Verwertung aber durch andere Konzernunternehmen erfolgt.[1833] Maßgebend kommt es dann auf die tatsächliche Nutzungssituation und die hieraus dem Arbeitgeber zufließenden wirtschaftlichen Vorteile an.[1834] 801

Wie sich eine derartige konzernbezogene Veräußerung von Erfindungsrechten in der Vergütung des Arbeitnehmererfinders auswirkt, ist bislang noch nicht höchstrichterlich geklärt.[1835] 802

1829 Vgl. etwa Schiedsstelle v. 19.9.1995, Mitt. 1996, 176 (177) – *Patentverkauf*; v. 24.6.2008, Arb.Erf. 04/07 (Datenbank Schiedsstellenpraxis) u. v. 25.11.2008, Arb.Erf. 03/08 (unveröffentl.); im Ergebnis auch Keukenschrijver in Busse/Keukenschrijver, PatG, § 11 ArbEG, Rn. 26; Reimer/Schade/Schippel/Himmelmann, § 11 ArbEG/RL Nr. 16, Rn. 2.

1830 So Bartenbach/Volz, Komm.RL, RL Nr. 16, Rn. 23 ff.; abweichend will Keukenschrijver (in Busse/Keukenschrijver, PatG, § 11 ArbEG, Rn. 26) den Brutto-Ertrag mit einem Netto-Verkaufsfaktor multiplizieren; siehe auch Schiedsstelle v. 2.9.2021, Arb. Erf. 70/18 (www.dpma.de).

1831 Schiedsstelle v. 19.9.1995, Mitt. 1996, 176 – *Patentverkauf* im Anschluss an Bartenbach/Volz, Komm.RL, RL Nr. 16, Rn. 23 ff.; Schiedsstelle v. 6.11.2001, Arb.Erf. 33/99; v. 24.6.2008, Arb.Erf. 04/07 (beide Datenbank Schiedsstellenpraxis); v. 25.11.2008, Arb. Erf. 03/08; v. 10.2.2009, Arb.Erf. 30/07; v. 2.4.2009, Arb.Erf. 58/07 u. v. 23.3.2010, Arb.Erf. 37/08 (alle unveröffentl.); v. 28.5.2014, Arb.Erf. 49/12 u. v. 13.4.2016, Arb. Erf. 68/13 (beide www.dpma.de); zustimmend auch Keukenschrijver in Busse/Keukenschrijver, PatG, § 11 ArbEG, Rn. 26; Reimer/Schade/Schippel/Himmelmann, § 11 ArbEG/RL Nr. 16, Rn. 2.

1832 Siehe oben Rdn. 476 ff.

1833 Schiedsstelle v. 31.1.2002, Arb.Erf. 90/99 (Datenbank Schiedsstellenpraxis).

1834 Schiedsstelle v. 17.3.1994, Arb.Erf. 177/92 (unveröffentl.); siehe (aber) auch OLG Düsseldorf v. 13.9.2007, InstGE 8, 147 ff. – *Türinnenverstärkung* (dazu keine explizite Stn. von BGH v. 17.11.2009, GRUR 2010, 223 ff. – *Türinnenverstärkung*).

1835 Ausführlich hierzu Bartenbach/Volz, Komm.RL, RL Nr. 16, Rn. 42 ff.

803 Soweit keine sog. wirtschaftliche Einheit des Konzerns vorliegt,[1836] bieten die Schiedsstelle wie auch das OLG Düsseldorf als Lösungsansatz sowohl bei fehlendem als auch bei zu niedrigem Entgelt an, den »Kaufpreis nach marktüblichen Sätzen fiktiv zu berechnen«.[1837] Dies wird damit begründet, dass der Arbeitnehmer verlangen kann, so gestellt zu werden, wie er stehen würde, wenn die Nutzungsrechte einem dritten, nicht verbundenen Unternehmen gegen eine angemessene Gegenleistung überlassen worden wären.[1838] Dieser Lösungsansatz läuft folglich darauf hinaus, dass dann, wenn der Arbeitgeber lediglich ein zu niedriges Entgelt erhält, die Tatsache einer wirtschaftlichen Gegenleistung im Ergebnis unbeachtet bleibt. Dies führt letztlich dazu, in allen Fällen einer Konzernverwertung eine bloße Vergleichsberechnung zwischen wirklichem Wert der Erfindung und wirtschaftlichem Wert der Gegenleistung durchzuführen.

804 Dies ist nicht nur unpraktikabel, sondern m.E. auch mit dem Begriff des Erfindungswertes nicht vereinbar. Der Erfindungswert ist nicht abstrakt nach allgemeinen Marktwerten zu ermitteln, sondern unternehmensbezogen.[1839] Würde man hier auf abstrakte Marktwerte zurückgreifen, würde auch das wirtschaftliche Umfeld solcher Vereinbarungen zwischen den Konzernunternehmen unberücksichtigt bleiben. Auch hier ist unternehmensbezogen zu würdigen, welche Gegenleistungen vernünftige Vertragsparteien mit Blick auf die sonstigen Umstände des konkreten Einzelfalls vereinbart hätten.[1840]

805 Deshalb ist m.E. zwischen den beiden Fallgestaltungen zu differenzieren, also danach, ob überhaupt eine Gegenleistung erbracht wird oder nicht.

aa) Übertragung mit (zu geringer) Gegenleistung

806 Ausgangspunkt muss sein, welche Gegenleistungen der Arbeitgeber für die Rechtsübertragung erhält:

807 Besteht die Gegenleistung in der Hergabe einer bzw. mehrerer gleichwertiger Erfindungen, so liegt quasi ein Austauschvertrag vor. Diese Vergütungsbemessung unterliegt dann den Maßstäben der RL Nr. 17.[1841]

1836 Siehe hierzu Rdn. 60 ff.

1837 Schiedsstelle v. 15.12.1987, Arb.Erf. 54/87 (unveröffentl.); v. 23.6.2005, Arb.Erf. 26/04; v. 24.6.2008, Arb.Erf. 04/07 (beide Datenbank Schiedsstellenpraxis); v. 20.1.2009, Arb. Erf. 40/06; v. 15.12.2009, Arb.Erf. 16/09; v. 17.6.2010, Arb.Erf. 14/09 u. v. 12.10.2010, Arb.Erf. 23/09 (alle unveröffentl.); OLG Düsseldorf v. 13.9.2007, InstGE 8, 147 (149) – *Türinnenverstärkung*; siehe ferner OLG Frankfurt v. 7.12.2017, GRUR-RS 2017, 138234 – *Mark up.*

1838 Ständ. Schiedsstellenpraxis, z.B. EV. v. 15.12.2009, Arb.Erf. 16/09 u. v. 17.6.2010, Arb.Erf. 14/09 (beide unveröffentl.); v. 7.5.2015, Arb.Erf, 71/11 (www.dpma.de); siehe auch OLG Düsseldorf v. 13.9.2007, InstGE 8, 147 (149) – *Türinnenverstärkung.*

1839 Siehe hierzu Rdn. 698.

1840 Vgl. allgemein die Wertung bei BGH v. 16.4.2002, GRUR 2002, 801 (802 [Tz. 35]) – *Abgestuftes Getriebe* u. v. 29.4.2003, GRUR 2003, 789 [Tz. 10] – *Abwasserbehandlung.*

1841 Siehe dazu nachfolgend Rdn. 884 ff.

Drückt sich die Gegenleistung in vom Rechtserwerber bzw. anderen Konzernunternehmen dem Arbeitgeber im Zusammenhang mit der Übertragung der Erfindungsrechte erteilten Fertigungsaufträgen aus, kann der Erfindungswert aus dem sich auf Basis dieses Auftrags ergebenden Eigenumsatz des Arbeitgebers nach den allgemeinen Grundsätzen der Lizenzanalogie ermittelt werden.[1842] Maßgeblich ist hierbei auf die Kausalität der übertragenen Erfindungen für die Auftragserteilung abzustellen. 808

Bei sonstigen dem Arbeitgeber für die Übertragung der Erfindungsrechte zufließenden wirtschaftlichen Gegenleistungen, die sich in einem bestimmten (Verkehrs-) Wert ausdrücken, liegt es nahe, sie wie einen Kaufpreis im Sinne der RL Nr. 16 zu behandeln.[1843] 809

Erfolgt die Rechtsübertragung als Verpflichtung aus einem dem Arbeitgeber von einem Konzernunternehmen für die Entwicklung dieser Erfindung erteilten Entwicklungsauftrag, und wird hierfür über die Kostenerstattung hinaus ein Gewinnzuschlag gezahlt, bildet letzterer die Berechnungsgrundlage. Ist der Zuschlag für einen solchen Entwicklungsauftrag nicht marktüblich, soll nach Ansicht des OLG München lediglich eine Anhebung des Gewinnzuschlags auf das Übliche erfolgen.[1844] Eine Orientierung an einem üblichen Marktpreis käme nicht in Betracht. 810

Im Rahmen solcher Entwicklungsaufträge differenziert die Schiedsstelle in ihrer Entscheidungspraxis danach, ob der Auftraggeber vorrangig an der Überlassung eines Entwicklungsergebnisses, der Erstellung eines technischen Konzeptes, interessiert ist oder (zusätzlich) an einer vollen Übertragung aller Rechte an etwaigen Diensterfindungen. So hat die Schiedsstelle bereits in ihrem Einigungsvorschlag vom 4.4.1995[1845] Folgendes ausgeführt: 811

> »Ist der Auftraggeber lediglich an dem Entwicklungsergebnis als solchem, nicht aber an einer Ausschlussmöglichkeit der Wettbewerber hiervon interessiert, so wird ein neues und zudem patentfähiges Entwicklungsergebnis im Verhältnis der beiden Vertragspartner des Entwicklungsvertrages einen geringeren Wert aufweisen als in dem Fall, in dem der Auftraggeber auch an einem solchen Ausschlussrecht interessiert ist.«

Ergänzend hat sie in ihrem Einigungsvorschlag vom 12.8.1997[1846] Folgendes ausgeführt: 812

> »Insbesondere dann, wenn die Entwicklung einer patentfähigen technischen Lösung für den Auftraggeber nicht im Vordergrund steht, sind nach den Erfahrungen der Schiedsstelle höchstens etwa 1 % der Auftragssumme als Kaufpreisanteil anzusehen.«

1842 Siehe oben Rdn. 715 ff.; vgl. auch Schiedsstelle v. 23.7.1991, Mitt. 1993, 114 (115) – *Mischer*; Bartenbach/Volz, Komm.RL, RL Nr. 16, Rn. 45.

1843 Siehe dazu oben Rdn. 796 ff.

1844 Im Ergebnis so OLG München v. 8.2.2001, Mitt. 2001, 207 (210) – *Verwertung durch eine ausländische Muttergesellschaft*.

1845 Arb.Erf. 53/93 (unveröffentl.).

1846 Arb.Erf. 84/95 (unveröffentl.).

813 Diese Einschätzung hat die Schiedsstelle in ständiger und gefestigter Schiedsstellenpraxis beibehalten.[1847] Steht bei dem Entwicklungsauftrag dagegen die auf (schutzfähige) Erfindungen ausgerichtete Forschungstätigkeit im Vordergrund, legt die Schiedsstelle einen Anteil von 5 % der Auftragssumme als angemessenen Kaufpreis zu Grunde.[1848]

814 Fließt die Gegenleistung für die Übertragung eines Diensterfindungsschutzrechts nicht dem Arbeitgeber zu, sondern einer konzernverbundenen Unternehmensgruppe, dann ist es nach Ansicht der Schiedsstelle richtig, den Kaufpreis, der der konzernverbundenen Unternehmensgruppe gezahlt worden ist, für die Bestimmung des Erfindungswertes anzusetzen, sofern sich der Konzern bei wirtschaftlicher Betrachtung als Einheit darstellt.[1849] Ohne näher auf die Marktangemessenheit des Kaufpreises für die Übertragung eines Geschäftsbereichs mitsamt Schutzrechtspositionen an eine 100 %ige Tochtergesellschaft des Arbeitgebers einzugehen, stellt die Schiedsstelle in einem neueren Einigungsvorschlag darauf ab, was vernünftige Lizenzvertragsparteien vereinbart hätten.[1850] Sie kommt zu dem Ergebnis, dass vernünftige Lizenzvertragsparteien bei Benutzung einer Vielzahl technischer Schutzrechte durch zahlreiche konzernabhängige Unternehmen bei der Herstellung komplexer technischer Produkte mit Blick auf die tatsächlichen und rechtlichen Schwierigkeiten bei der Ermittlung erfindungsgemäßer Umsätze durch den Hauptlizenznehmer bei Abschluss des Hauptlizenzvertrages die Höhe der Lizenzentgelte nicht davon abhängig machen würden, ob die einzelnen Konzernunternehmen von der lizenzierten Erfindung Gebrauch machen. Deswegen würden vernünftige Lizenzvertragsparteien das Entgelt für die Lizenzierung nicht an die wirtschaftlichen Vorteile eines der benutzenden verbundenen Unternehmen knüpfen.[1851]

815 Weitergehende Ansprüche bestehen grundsätzlich nicht,[1852] auch wenn im Einzelfall Wertunterschiede nicht auszuschließen sind. In keinem Fall hat der Arbeitnehmererfinder einen Anspruch darauf, besser gestellt zu werden, wie er stehen würde, wenn die Erfindungsrechte dritten, vom Konzernverbund unabhängigen Unternehmen überlassen worden wären.[1853] In einer derartigen Gegenleistung liegt der wirtschaftliche Nutzen für den Arbeitgeber. Diese Wertung entspricht letztlich wiederum dem allgemeinen Vergütungsgrundsatz, wonach der Erfinder nur an den seinem Arbeitgeber

1847 Bestätigt durch EV v. 30.3.2017, Arb.Erf. 11/15 (www.dpma.de); weitere Nachweise bei Bartenbach/Volz, Komm.RL, RL Nr. 16 Rn. 58.

1848 Schiedsstelle v. 24.10.2002, Arb.Erf. 29/01 (unveröffentl.).

1849 Schiedsstelle v. 15.10.2009, Arb.Erf. 44/08 (unveröffentl.).

1850 Schiedsstelle v. 6.12.2012, Arb.Erf. 34/10 (unveröffentl.).

1851 Schiedsstelle v. 6.12.2012, Arb.Erf. 34/10 (unveröffentl.).

1852 Vgl. auch BGH v. 16.4.2002, GRUR 2002, 801 (803 [Tz. 31]) – *Abgestuftes Getriebe.*

1853 Vgl. OLG München v. 8.2.2001, Mitt. 2001, 207 (210) – *Verwertung durch eine ausländische Muttergesellschaft*; ähnlich LG Düsseldorf v. 23.7.1998, Az. 4 O 82/97 (unveröffentl.); vgl. Schiedsstelle v. 7.7.2023, Arb.Erf. 40/21 (www.dpma.de); siehe auch Boemke/Kursawe/Fegers/Göken/Heintz, § 9 ArbEG, Rn. 350.

durch die Diensterfindung vermittelten wirtschaftlichen Vorteilen zu beteiligen ist, soweit keine bewussten Gewinnverlagerungen erfolgt sind.[1854]

Besteht ein offenkundiges Missverhältnis zwischen Leistung und Gegenleistung, ist 816
auf andere Maßstäbe zurückzugreifen, d.h. auf dasjenige, was vernünftige Kaufvertragsparteien fallbezogen vereinbart hätten. So hat die Schiedsstelle in einem neueren Einigungsvorschlag bei einer Veräußerung eines Betriebsteils auf Seiten des Verkäufers durch zwei Konzernunternehmen in der Zahlung eines auffällig niedrigen Preises für IP an einen der beiden Verkäufer zumindest dann ein Indiz dafür gesehen, dass dieser ausgewiesene Preis lediglich eine der Konzernstruktur geschuldete Zahlungsmodalität darstellt, wenn sich ein großer Teil des Vertrags detailliert dem IP widmet.[1855] In einem solchen Fall bestimmt die Schiedsstelle den fiktven Kaufpreis für das IP insbesondere durch eine andere Gewichtung des Anteils des Kaufpreises für das ebenfalls veräußerte Know-how.

Bei einem anderen Sachverhalt über die Übertragung von Erfindungsrechten auf ein konzernverbundenes Unternehmen hat die Schiedsstelle die für die Ermittlung des Erfindungswertes bei konzerninternen Übertragungssachverhalten maßgebliche Frage aufgeworfen, ob ein freier Erfinder vernünftiger Weise gefordert hätte, dass die ihm für seine Erfindung geschuldete Gegenleistung von der Art und dem Umfang der Nutzung der Erfindung durch das verbundene Unternehmen abhängig sein soll.[1856] Hier hatte der Arbeitgeber zur Ermittlung der Gegenleistung ein Verfahren gewählt, welches den Nachteil hatte, nicht den zukünftigen, aus der Verwertung des Patents resultierenden Nutzen zu erfassen, obwohl er die Erfindung mit dem Ziel des Vertriebs erfindungsgemäßer Produkte an ein für die Vermarktung erfindungsgemäßer Produkte geschaffenes Schwesterunternehmen übertragen hat, mithin bereits selbst in der Erfindung einen hohen ökonomischen Nutzen vermutet hat. Daher sah die Schiedsstelle es im Einklang mit der gefestigten Rechtsprechung des BGH zur Nutzung einer Diensterfindung in verbundenen Unternehmen[1857] für sachgerecht an, die erfindungsgemäßen Produkterlöse durch die Schwestergesellschaft der Ermittlung des Marktpreises und damit des Erfindungswertes zugrunde zu legen. Denn ein vernünftiger freier Erfinder hätte bei einer solchen Unternehmenskonstellation nur eine Vertragsgestaltung akzeptiert, die ihn am wirtschaftlichen Gesamtpotential der Nutzung der Erfindung im Unternehmensverbund partizipieren lässt.

Sonderfälle – auf die noch einzugehen ist – sind die sog. wirtschaftliche Einheit des 817
Konzerns sowie die Einbringung der Erfindung in einen globalen Schutzrechtspool des Konzerns.[1858]

1854 Siehe oben Rdn. 656 ff.

1855 Schiedsstelle v. 7.7.2023, Arb.Erf. 40/21 (www.dpma.de).

1856 Schiedsstelle v. 12.10.2022, Arb.Erf. 45/19 (www.dpma.de).

1857 BGH v. 16.4.2002, GRUR 2002, 801 (803) – Abgestuftes Getriebe; v. 17.11.2009, GRUR 2010, 223 – Türinnenverstärkung u. v. 6.3.2012, Mitt. 2012, 285 – Antimykotischer Nagellack I.

1858 Siehe Rdn. 832 ff.

bb) Übertragung ohne Gegenleistung

818 Erhält der Arbeitgeber für die Rechtsübertragung keine Gegenleistung, betont die Schiedsstelle in ihrer jüngsten Praxis[1859], dass einseitige Übertragungshandlungen innnerhalb des Konzerns ohne entsprechende Gegenleistung dem Arbeitnehmer gegenüber nach den §§ 22 ArbEG, 134 BGB keine Wirksamkeit entfalten, soweit sie in seine Rechte aus dem ArbEG eingreifen. Arbeitnehmererfinderrechtlich sei es zwar möglich, dass eine Übertragung einer Diensterfindung auf einen Dritten ein abschließendes Ereignis für die Ansprüche eines Arbeitnehmers darstellt. Das setze aber voraus, dass die Übertragung unter »realen Wettbewerbsbedingungen« erfolgt, da dann der Arbeitgeber für die Übertragung den realen Marktwert der Erfindung erhalten habe, der wiederum Grundlage der Erfindungsvergütung ist. Wie konkret diese »realen Wettbewerbsbedingungen« in einem solchen Fall aussehen sollen, lässt die Schiedsstelle in diesem Einigungsvorschlag, der sich vorwiegend mit den Auswirkungen der Übertragung der Erfindungsrechte auf die Pflichten des Arbeitgebers aus §§ 13 ff. ArbEG beschäftigt[1860], offen. Jedenfalls findet die Forderung der Schiedsstelle nach »realen Wettbewerbsbedingungen« für eine solche Übertragung der Erfindungsrechte im ArbEG keine Stütze.

819 Ein anderer Lösungsansatz bei einer Rechtsübertragung ohne Gegenleistung läge darin, den mit der übertragenen Erfindung erzielten Umsatz der verbundenen Unternehmen dem Arbeitgeber für die Ermittlung des Erfindungswertes als Eigennutzung zuzurechnen,[1861] so dass letztlich der gesamte Konzernaußenumsatz Basis der Vergütungsberechnung wäre.

Dieser Ansatz wird – soweit nicht der Fall einer sog. wirtschaftlichen Einheit vorliegt[1862] – von der Schiedsstelle[1863] und vom OLG München[1864] im Regelfall abgelehnt. Er wäre nicht mit dem allgemeinen Vergütungsgrundsatz vereinbar, wonach der Arbeitnehmererfinder nur an dem wirtschaftlichen Nutzen seines Arbeitgebers zu beteiligen ist. Wie schon die Abgrenzung zwischen Rechtskauf und Lizenzvertrag

1859 Schiedsstelle v. 17.10.2022, Arb.Erf. 44/21 (www.dpma.de).

1860 Vgl. die Ausführungen in Rdn. 487 ff.

1861 In der Unternehmenspraxis wird vereinzelt mit dem Arbeitnehmererfinder nach Erfindungsmeldung auf freiwilliger Basis und ohne Anerkennung einer Rechtspflicht vereinbart, dass in die Vergütungsbemessung bei Rechtsübertragung bzw. Einräumung von Nutzungsrechten die Umsätze der anderen Konzernunternehmen wie Eigenumsätze des Arbeitgebers einbezogen werden (so etwa im Fall bei der Schiedsstelle v. 22.4.2004, Arb.Erf. 43/02 (Datenbank Schiedsstellenpraxis). Eine derartige Vereinbarung ist unbedenklich zulässig. Hierdurch wird der Vergütungsanspruch des Arbeitnehmererfinders im Regelfall ausgeweitet. Ein Anspruch auf eine derartige Einbeziehung besteht jedoch nicht; vgl. BGH v. 6.3.2012, Mitt. 2012, 285 ff. – *Antimykotischer Nagellack I.*

1862 Siehe dazu nachfolgend Rdn. 826 ff.

1863 Schiedsstelle v. 17.3.1994, Arb.Erf. 177/92 (Datenbank Schiedsstellenpraxis).

1864 OLG München v. 8.2.2001, Mitt. 2001, 207 (210) – *Verwertung durch eine ausländische Muttergesellschaft.*

zeigt,[1865] entspräche eine Beteiligung des Verkäufers an den laufenden Umsätzen des Rechtserwerbers nicht dem üblichen Erscheinungsbild der Kaufpreisbemessung bei einer Rechtsübertragung. Insoweit wäre eine solche Abrede auch vernünftigen Vertragsparteien eines Rechtskaufs fremd. Unter gewissen Umständen geht die Schiedsstelle aber davon aus, dass sich der Arbeitgeber bei einer unentgeltlichen konzerninternen Übertragung von Schutzrechtspositionen den Erfindungswert der sich daran anschließenden konzerninternen Umsatzgeschäfte zurechnen lassen muss.[1866] Diese Konzernumsätze sind dann Anknüpfungspunkt für den Erfindungswert.[1867]

Bartenbach/Volz[1868] verweisen darauf, dass bei einer kostenlosen Übertragung im Kon- 820
zernverbund der Arbeitnehmer verlangen könne, so gestellt zu werden, wie er stehen würde, wenn die Nutzungsrechte dritten, nicht verbundenen Unternehmen überlassen worden wären.[1869] Sie gehen einzelfallbezogen von einer »fiktiven« Kaufpreisbestimmung nach marktüblichen Sätzen aus, ein Ansatz, der – wie aufgezeigt[1870] – dem Erfindungswert nicht gerecht wird.

Demgegenüber schlägt die Schiedsstelle die Ermittlung eines fiktiven marktüblichen 821
Kaufpreises auf der Grundlage des voraussichtlichen prognostizierten Gesamtumsatzes des erwerbenden Konzernunternehmens mit den erfindungsgemäßen Gegenständen nach Erfindungsübernahme vor.[1871]

Liegen Angaben hierüber im Zeitpunkt der Vergütungsberechnung nicht vor oder 822
sind diese nicht verfügbar, orientiert sich die Schiedsstelle alternativ an dem erfindungsgemäßen Umsatz des veräußernden Arbeitgebers bis zum Zeitpunkt des Schutzrechtsverkaufs und rechnet diesen in Orientierung an der durchschnittlichen Laufzeit benutzter Schutzrechte in dieser Branche[1872] hoch.[1873] Auf dieser Basis wird der Net-

1865 Siehe oben Rdn. 476 ff.

1866 Schiedsstelle v. 7.5.2015, Arb.Erf. 72/11 (www.dpma.de).

1867 Vgl. hierzu und zu verschiedenen dann möglichen Berechnungsmethoden Schiedsstelle v. 24.6.2008, Arb.Erf. 04/07 (Datenbank Schiedsstellenpraxis).

1868 Komm.RL, RL Nr. 16, Rn. 49.

1869 Siehe auch OLG Düsseldorf v. 13.9. 2007, InstGE 8, 147 ff. – Türinnenverstärkung (insoweit im Ergebnis bestätigt durch BGH v. 17.11.2009, GRUR 2010, 223 (227 [Tz. 37 ff.]) – *Türinnenverstärkung)*; Schiedsstelle v. 24.6.2008, Arb.Erf. 04/07; v. 12.10.2010, Arb.Erf. 23/09; v. 10.11.2011, Arb.Erf. 01/10; v. 11.7.2012, Arb.Erf. 03/11 u. v. 6.12.2012, Arb.Erf. 34/10 (alle Datenbank Schiedsstellenpraxis).

1870 Siehe vorstehend Rdn. 800 ff.

1871 Z. B. Schiedsstelle v. 18.10.2001, Arb.Erf. 37/00 (unveröffentl.); v. 24.6.2008, Arb. Erf. 04/07 u. v. 29.10.2009, Arb.Erf. 51/05 (beide Datenbank Schiedsstellenpraxis); vgl. auch Schiedsstelle v. 2.7.2015, Arb.Erf. 60/12; v. 30.7.2015, Arb.Erf. 03/13 u. v. 1.8.2022, Arb.Erf. 13/21 (alle www.dpma.de); in diesem Sinne wohl auch OLG Düsseldorf v. 13.9.2007, InstGE 8, 147 – *Türinnenverstärkung* u. LG Düsseldorf v. 23.7.1998, Az. 4 O 82/97 (unveröffentl.).

1872 Siehe hierzu die Ergebnisse der BDI/BDA-Umfrage der Jahre 1995–1997, GRUR 1999, 134 f.; ausführl. hierzu Bartenbach/Volz, Komm.RL, RL Nr. 41, Rn. 14, 68; Schiedsstelle v. 24.6.2008, Arb.Erf. 04/07 (Datenbank Schiedsstellenpraxis).

1873 Einzelheiten hierzu siehe bei Bartenbach/Volz, Komm.RL, RL Nr. 16, Rn. 44 ff.

tokaufpreis aus dem prognostizierten (fiktiven, hypothetischen) zukünftigen Umsatz des Erwerbers während einer ebenfalls prognostizierten Benutzungsdauer anhand der Lizenzanalogie abgeleitet.[1874] Dabei multipliziert die Schiedsstelle den auf die geschätzte Patentlaufdauer hochgerechneten Gesamtumsatz des Erwerbers bzw. des veräußernden Arbeitgebers zur Kaufpreisschätzung mit der Hälfte des für die übertragenen Erfindungsrechte üblichen Lizenzsatzes.[1875] Der so ermittelte Betrag entspricht dem fiktiven Kaufpreis (einschließlich Entwicklungs- und Schutzrechtskosten). Zur Ermittlung des Erfindungswertes ist dieser Kaufpreis dann mit dem bei RL Nr. 16 zu handhabenden Umrechnungsfaktor[1876] (von regelmäßig 40 %) zu multiplizieren.

823 Die von der Schiedsstelle vorgeschlagene Methode zur Ermittlung eines fiktiven Kaufpreises bringt nicht unerhebliche Probleme in tatsächlicher Hinsicht mit sich. Die Methode der Schiedsstelle verlangt Prognosen, die dadurch, dass sie auf den gesamten Konzern ausgedehnt werden müssen, zusätzliche Unsicherheitsmomente in sich bergen, sei es bezüglich der Klärung, welche einzelnen konzernverbundenen Unternehmen Nutzungsrechte für welchen Zeitraum erhalten, sei es hinsichtlich des potentiellen Umfangs ihrer tatsächlichen Nutzung. Fehlen solche Angaben oder lassen sie sich nur mit besonderen Schwierigkeiten ermitteln, dürfte auch das Abstellen auf die bisherigen Arbeitgeberumsätze nicht unproblematisch sein. Eine solche Überlegung wäre allenfalls dann zweckmäßig, wenn in der zukünftigen Eigennutzung des Arbeitgebers mit der übertragenen Erfindung der Nutzungsschwerpunkt läge.

824 Vor der Aufgabe, mit fiktiven Daten und Schätzungen zu arbeiten, stehen aber auch sonstige Patentbewertungsmethoden.[1877] Letztlich liegt allen Methoden eine Schätzung des Kaufpreises zugrunde, die dann über RL Nr. 16 zur Ermittlung des Erfindungswertes führt.

825 Angesichts dieser Schätzunsicherheiten wäre daran zu denken, den Erfindungswert auch unmittelbar im Wege der Schätzung nach RL Nr. 13 zu bestimmen, und zwar unter Ausrichtung darauf, was vernünftige Vertragsparteien fallbezogen vereinbart hätten.

cc) Wirtschaftliche Einheit des Konzerns

826 Werden die Erfindungsrechte im Konzernbereich von einer Konzern-Forschungs-/Entwicklungsgesellschaft auf das produzierende Konzernunternehmen übertragen und stellt sich der Konzern unter Einbeziehung der Vertriebsgesellschaft bei wirt-

1874 Schiedsstelle v. 1.8.2022, Arb.Erf. 13/21 (www.dpma.de).

1875 Schiedsstelle v. 27.7.1999, Arb.Erf. 31/98; v. 21.10.2003, Arb.Erf. 89/00; 24.6.2008, Arb.Erf. 04/07 (alle Datenbank Schiedsstellenpraxis) u. v. 13.7.2004, Arb.Erf. 12/03 (unveröffentl.). Zu den alternativen Berechnungsmethoden der Schiedsstelle siehe Bartenbach/Volz, Komm.RL, RL Nr. 16, Rn. 45 ff.

1876 Siehe dazu Rdn. 797.

1877 Zu den einzelnen Methoden siehe z.B. Jestaedt, Patentrecht, Rn. 1014 ff.; siehe auch Schiedsstelle v. 12.10.2022, Arb.Erf. 45/19 (www.dpma.de).

schaftlicher Betrachtung als wirtschaftliche Einheit dar[1878], gehen die Schiedsstelle,[1879] die Instanzgerichte[1880] und ein Teil des Schrifttums[1881] von der Möglichkeit aus, den gesamten Konzernaußenumsatz für die Vergütung heranzuziehen. Dies erfolgt dann auf der Grundlage der Lizenzanalogie.

Den zusätzlichen Marketing- und Vertriebskosten der in den Absatz der erfindungs- 827
gemäßen Gegenstände eingeschalteten verbundenen Unternehmen kann ggf. dadurch Rechnung getragen werden, dass der firmen- bzw. marktübliche Lizenzsatz gemindert wird.[1882] Erhält der Arbeitgeber von den verbundenen Unternehmen zusätzliche Zahlungen (z.B. Lizenzgebühren), sind diese bei einem Abstellen auf den gesamten Außenumsatz des Konzerns nicht gesondert vergütungspflichtig.[1883]

Wie aufgezeigt,[1884] kann von einer wirtschaftlichen Einheit des Konzerns aber nur 828
dann gesprochen werden, wenn arbeitsteilig die Bereiche Forschung/Entwicklung einerseits, Herstellung und/oder Vertrieb andererseits auf mehrere rechtlich selbständige Konzernunternehmen aufgeteilt sind.

Der BGH hat sich dieser Lehre für den Bereich der Lizenzvergabe nicht uneinge- 829
schränkt angeschlossen.[1885] Er weist darauf hin, dass solches nicht von Gesetzes wegen gilt, sondern einzelfallbezogen danach zu beurteilen ist, was vernünftige Vertragsparteien vereinbart hätten. Er hält eine Zuordnung der Konzernumsätze zum Arbeitgeber dann für denkbar, wenn die rechtliche Verselbständigung des Entwicklungsbereichs aus steuerlichen oder unternehmensorganisatorischen Gründen erfolgt ist und die Nutzung des Erfindungsgegenstandes durch das herstellende bzw. vertreibende Unternehmen der Hauptzweck der Rechtseinräumung gewesen ist. Maßgebend müsse sein, was vernünftige Lizenzvertragsparteien im konkreten Einzelfall vereinbart hätten.

1878 Siehe Rdn. 60 ff.

1879 Vgl. u.a. Schiedsstelle v. 26.1.1993, EGR Nr. 68 zu § 9 ArbEG (Verg.Höhe), v. 21.10.2005, Arb.Erf. 18/04 u. v. 6.4.2006, Arb.Erf. 98/04 (beide Datenbank Schiedsstellenpraxis); v. 15.10.2009, Arb.Erf. 44/08; v. 15.12.2009, Arb.Erf. 16/09; v. 1.12.2009, Arb.Erf. 48/08 u. v. 17.6.2010, Arb.Erf. 14/09 (alle unveröffentl.) – dort wirtschaftliche Einheit bejaht; siehe auch Schiedsstelle v. 12.1.2011, Arb.Erf. 12/08 u. v. 6.6.2014, Arb.Erf. 54/12 (beide www.dpma.de) – dort zur wirtschaftlichen Einheit bei rechtlich selbständigem Joint-Venture-Unternehmen zweier Konzernunternehmen.

1880 Vgl. OLG Frankfurt v. 7.12.2017, GRUR-RS 2017, 138234 – *Mark up*; LG Braunschweig v. 1.7.1975, GRUR 1976, 585 – *Polyisocyanatgemisch*; OLG München v. 8.2.2001, Mitt. 2001, 207 (210) – *Verwertung durch eine ausländische Muttergesellschaft*; siehe auch OLG Düsseldorf v. 13.9.2007, InstGE 8, 147 ff. – *Türinnenverstärkung*; LG Düsseldorf v. 28.4.2016, Düsseldorfer Entscheidungen Nr. 2518 – *Elektrische Glühlampen*.

1881 Bartenbach/Volz, Komm.RL, RL Nr. 16, Rn. 50 m.w.N.; wohl auch Keukenschrijver in Busse/Keukenschrijver, PatG, § 11 ArbEG, Rn. 9; Schade GRUR 1978, 569 (572); vgl. auch Reimer/Schade/Schippel/Himmelmann, § 11 ArbEG/RL Nr. 17, Rn. 1.

1882 Bartenbach/Volz, Komm.RL, Einl., Rn. 146.

1883 Schiedsstelle v. 6.6.2014, Arb.Erf. 54/12 u. v. 10.3.2016, Arb.Erf. 23/12 (beide www.dpma.de).

1884 Siehe oben Rdn. 60 ff.

1885 BGH v. 16.4.2002, GRUR 2002, 801 (804 [Tz. 35]) – *Abgestuftes Getriebe*.

830 Dieser Wertung ist zuzustimmen. Gerade unter wirtschaftlichen Gesichtspunkten rechtfertigt eine solche gezielte, bloß formale Aufteilung von Unternehmensfunktionen es nicht, den Arbeitnehmererfinder auf eine (einmalige) Beteiligung am Übertragungserlös zu beschränken. Denn bei einer nicht durch solche unternehmenspolitischen Maßnahmen geprägten Unternehmensstruktur würde der Erfinder an den laufenden Umsätzen über § 9 Abs. 2 ArbEG beteiligt, ein Maßstab, der entsprechend bei von erfindungsfremden Überlegungen geprägten Konzernstrukturen ebenfalls gelten sollte.

831 Demgegenüber geht der BGH in seinem Urteil vom 17.11.2009[1886] in Bestätigung des OLG Düsseldorf[1887] für den dort entschiedenen Einzelfall davon aus, dass die Einbringung von Erfindungsrechten in einen konzernweiten Patentpool eine »letztlich nur der arbeitsteiligen, optimalen Verwertung der Erfindung dienende Maßnahme« sei und daher der Arbeitgeber auch Auskünfte (und damit auch Vergütung) über die Verwertungshandlungen der anderen Konzernunternehmen schulde.[1888]

Gleichzeitig ist allerdings in den letzten Jahre bei einzelnen Instanzgerichten die Tendenz zu beobachten, dass – nicht zuletzt mit Hinweis auf die vernünftigen Lizenzvertragsparteien und deren schwer verifizierbare Sicht – generell, also auch ohne Festellung einer wirtschaftlichen Einheit im Konzern, auf die erfindungsgemäßen Umsätze aller die konkrete Erfindung nutzenden konzernverbundenen Unternehmen abzustellen sei, jedenfalls dann, wenn sich solche Umsätze ohne besonderen Aufwand feststellen lassen.[1889] Hierzu ist auf eine aktuelle Entscheidung des OLG Düsseldorf hinzuweisen, wonach der Arbeitnehmererfinder grundsätzlich Auskünfte über Nutzungen konzernverbundener Unternehmen verlangen kann, auch wenn die Frage, ob und in welchem Umfang diese konzernweiten Nutzungen für die Höhe der Erfindervergütung relevant sein werden, erst in der späteren Höhestufe zu klären wäre.[1890] Dies erscheint allerdings mit Blick auf den Grundsatz, dass der Arbeitnehmererfinder im Rahmen des Auskunftsanspruchs nur solche Informationen verlangen kann, die er für die Berechnung des ihm zustehenden Vergütungsanspruchs benötigt, und daher der Auskunftsanspruch in seinem Umfang nicht über den auf der Auskunft aufbauenden Vergütungsanspruch hinausgehen kann, nicht angemessen. Eine konzernweite Auskunft, die für den Arbeitgeber regelmäßig eine große Belastung darstellt, macht eine zu weitgehende Ausnahme zum allgemeinen Vergütungsgrundsatz, wonach bei der Ermittlung der Erfindervergütung ausschließlich auf den wirtschaftlichen Vorteil des Arbeitgebers abzustellen ist.

1886 GRUR 2010, 223 (227 [Tz. 39]) – *Türinnenverstärkung.*

1887 OLG Düsseldorf v. 13.9.2007, InstGE 8, 147 (149 ff. [Tz. 28 ff.]) – *Türinnenverstärkung.*

1888 Vgl. nachfolgend Rdn. 832 ff.

1889 So im Ergebnis LG München I v. 26.6.2020, 21 O 9709/17 (www.gesetze-bayern.de, Rn. 146); keine Stellungnahme hierzu im Berufungsurteil des OLG München v. 22.6.2023, 6 U 4165/20 (unveröffentl.).

1890 OLG Düsseldorf v. 17.5.2023, GRUR-RS 2023, 13971 (Rn. 84 f.) – Sanitärarmatur.

dd) Einbringung in einen Patent-(Schutzrechts-)pool

Bei Einbringung der Erfindung in einen Schutzrechtspool des Konzerns[1891] besteht die Gegenleistung im Grundsatz darin, dass jedes am Pool beteiligte Konzernunternehmen und damit auch der Arbeitgeber, alle darin befindlichen Erfindungsrechte bzw. Schutzrechtspositionen unentgeltlich nutzen kann.[1892] 832

Bei einer solchen vollständigen Übertragung der Erfindungsrechte auf den Pool kann die theoretische Möglichkeit der Nutzung von Fremdrechten noch nicht als Gegenleistung im Sinne der RL Nrn. 16 bzw. 17 angesetzt werden. Wie *Keukenschrijver* zu Recht hervorhebt, partizipiert der Arbeitnehmer an den (theoretischen) Nutzungsvorteilen, die der Arbeitgeber aus dem Pool zieht, zunächst nicht.[1893] Hierzu müsste ermittelt werden, welchen konkreten Wert die Nutzungsmöglichkeiten der von den Konzernunternehmen in den Pool eingebrachten Schutzrechte für das einbringende Unternehmen haben. Insbesondere bei größeren Pools steht einer solchen Lösung die Realisierbarkeit der Bemessung im Wege.[1894] Liegt – wie im Regelfall – keine (vertretbare) Bewertung der Erfindung bei Einbringung in den Patentpool vor, muss nach der BGH-Entscheidung »Abgestuftes Getriebe« alsdann geprüft werden, wie vernünftige Vertragsparteien einer solchen Konstellation Rechnung getragen hätten.[1895] Angesichts der Schwierigkeiten, in einem Konzern Nutzungen kleineren Umfangs tatsächlich feststellen zu können, lässt der BGH diese vergütungsrechtlich außer Betracht und stellt allein darauf ab, wo der Hauptzweck der Nutzung (Schwerpunkt) liegt. So geht die Schiedsstelle von der Bildung fiktiver Lizenzeinnahmen für den Fall aus, dass die erfindungsgemäße Lehre in einem weltweiten Verbund von einer Vielzahl von Unternehmen in unterschiedlichem Umfang in unterschiedlichen Produkten genutzt wird, die Hauptnutzung aber in Produkten des Hauptlizenznehmers liegt. Liegt der Hauptzweck der Nutzung nicht beim Arbeitgeber, sondern bei einem anderen Konzernunternehmen als »wirtschaftlichem Lizenznehmer«, ist an dessen Umsätze im Rahmen der Lizenzanaloge anzuknüpfen und hierauf der Vergütungsanspruch zu beziehen, aber auch zu beschränken. Nutzt der Arbeitgeber (daneben) selbst, kann es eine Alternative dazu sein, die Nutzungen der anderen Konzernunternehmen den Eigenumsätzen des Arbeitgebers zuzurechnen oder durch Anhebung des Lizenzsatzes den Erfindungswert in Bezug auf die Eigennutzungen des Arbeitgebers zu erhöhen. Auch die Schiedsstelle betont, dass es in solchen Fällen maßgeblich darauf ankommt, ob die geschuldete Lizenzgebühr auch von der Art und dem Umfang der Nutzung der 833

1891 Siehe oben Rdn. 476 ff.

1892 BGH v. 16.4.2002, GRUR 2002, 801 (803 [Tz. 34]) – *Abgestuftes Getriebe.*

1893 Keukenschrijver in Busse/Keukenschrijver, PatG, § 11 ArbEG, Rn. 9; Schiedsstelle v. 9.3.2016, Arb.Erf. 39/13 (www.dpma.de); ähnlich BGH v. 16.4.2002, GRUR 2002, 801 (803 [Tz. 34]) – *Abgestuftes Getriebe*, dort für den Fall der Lizenzvergabe.

1894 So zutreffend Schiedsstelle v. 10.3.2016, Arb.Erf. 23/12 (www.dpma.de).

1895 BGH v. 16.4.2002, GRUR 2002, 801 (802) – *Abgestuftes Getriebe*, dort für den Fall der Lizenzvergabe. Vgl. auch OLG Düsseldorf v. 13.9.2007, InstGE 8, 147 (150 f.) – *Türinnenverstärkung.*

Erfindung durch konzernangehörige Unternehmen abhängig sein soll[1896] und wenn ja, wie »vernünftige Lizenzvertragsparteien dieser Konzernkonstellation Rechnung getragen hätten«.[1897] Welchen Lösungsansatz vernünftige Lizenzvertragsparteien hierbei wählen würden, hängt im Wesentlichen von den verfügbaren Lösungsalternativen und vom Umfang der Schwierigkeiten bei der tatsächlichen Abwicklung eines solchen Lizenzvertrages ab. Hier ist eine Vielzahl von Szenarien denkbar, welche anhand dieser Maßstäbe einer Einzelfallbewertung zu unterziehen wären. Die Schiedsstelle hat in einem Fall, in dem der Arbeitgeber (als Muttergesellschaft) einem verbundenen Unternehmen die Benutzung nicht nur gestattet, sondern auf dessen Nutzungssituation unmittelbar Einfluss genommen hat, die Zusammenrechnung der Umsätze der konzernverbundenen Unternehmen und eine Ermittlung des Erfindungswerts im Wege der Lizenzanalogie vorgeschlagen.[1898]

834 Ist dem Arbeitgeber aus der Einbringung der Diensterfindung in den Patentpool der Konzernmutter demgegenüber kein geldwerter Vorteil zugeflossen und wird die eingebrachte Erfindung auch von den weiteren konzernangehörigen Unternehmen nicht benutzt, resultiert nach Auffassung der Schiedsstelle aus dieser Einbringung (zunächst) noch kein Erfindungswert.[1899] Es verbleibt bei der vom Arbeitgeber ab dem achten Patentjahr geschuldeten Vorratsvergütung nach RL Nr. 21.[1900]

835 Eine Alternative liegt auch darin, der im Einzelnen nicht bekannten Nutzung durch verbundene Gesellschaften durch einen prozentualen Aufschlag auf die vom Arbeitgeber für eine Eigennutzung geschuldete Vergütung Rechnung zu tragen.[1901]

ee) Vergütungsrechtliche Behandlung von Rücklizenzen

836 Wie dargestellt,[1902] behält sich der Arbeitgeber bei Übertragung von Erfindungsrechten auf andere Konzernunternehmen häufig Rücklizenzen vor, sei es durch Vollrechtsübertragung mit der Pflicht des Rechtserwerbers zur Rücklizenzierung oder durch ein bereits vorbehaltenes Eigennutzungsrecht.

837 Behält der Arbeitgeber eine umfassende ausschließliche Eigenlizenz, erwirbt das Konzernunternehmen nur noch das seines Nutzungsrechts entkleidete formale Schutzrecht.[1903] Es handelt sich also nur um eine formale Übertragung der Erfindungsrechte, durch die andere Konzernunternehmen keinerlei Nutzungsrechte erwerben. In diesem Fall

---

1896 Schiedsstelle v. 9.3.2016, Arb.Erf. 39/13 (www.dpma.de).

1897 Schiedsstelle v. 18.12.2014, Arb.Erf. 61/10 u. v. 9.3.2016, Arb.Erf. 39/13 (beide www.dpma.de).

1898 Schiedsstelle v. 10.3.2016, Arb.Erf. 23/12 (www.dpma.de).

1899 Schiedsstelle v. 9.3.2016, Arb.Erf. 39/13 (www.dpma.de).

1900 Schiedsstelle v. 9.3.2016, Arb.Erf. 39/13 (www.dpma.de); siehe hierzu einschränkend Bartenbach/Volz, Komm.RL, RL Nr. 17, Rn. 70 f. Zur Vorratsvergütung siehe Rdn. 712 ff.

1901 Schiedsstelle v. 23.6.2005, Arb.Erf. 26/04 (Datenbank Schiedsstellenpraxis).

1902 Siehe oben Rdn. 476 ff.

1903 So Benkard/Ullmann/Deichfuß, § 15 PatG, Rn. 89 m.H.a. BGH v. 20.1.1961, Az. I ZR 8/59 (unveröffentl.).

liegt – bei wirtschaftlicher Betrachtung – kein Verkauf vor, der vergütungspflichtig ist, es sei denn, der Arbeitgeber erhält auch hierfür eine Gegenleistung. Die Nutzung der Erfindung durch den Arbeitgeber (Eigenumsatz) wird nach der Lizenzanalogie vergütet;[1904] Einnahmen aus einer (einfachen) Lizenzvergabe werden auf der Grundlage der RL Nrn. 14 und 15 bewertet.

Ist dagegen – wie regelmäßig – die Rücklizenz nur eine einfache (kostenlose) Lizenz 838
zugunsten des Arbeitgebers, mindert sich im Rahmen der RL Nr. 16 der Umrechnungsfaktor, da der Arbeitnehmererfinder über die Beteiligung an dem Kaufpreiserlös hinaus noch einen zusätzlichen Vergütungsanspruch erhält.[1905] Denn die im Rahmen dieser Rücklizenz erfolgenden Eigennutzungen des Arbeitgebers sind aufgrund des Nutzungsrechts zusätzlich nach der Lizenzanalogie zu vergüten.

In Ausnahmefällen beurteilt die Schiedsstelle die Benutzung der vom Arbeitgeber an 839
die Konzernmutter im Rahmen einer engen arbeitsteiligen Zusammenarbeit der Konzernunternehmen übertragenen Diensterfindungen als (lizenzgebührenfreie) Rücklizenzierung der übertragenen Erfindungsrechte in vergütungsrechtlicher Hinsicht nach ihrem wirtschaftlichen Ergebnis, als hätten einzelne Abteilungen des Unternehmens miteinander zusammengearbeitet, und nur ergänzend nach ihrer rechtlichen Konstruktion.[1906] Diese Konstellation macht das Zusammenspiel zwischen Rücklizenzierung und der Wertung einer wirtschaftlichen Einheit im Konzern deutlich.

Erhält der Arbeitgeber für die Übertragung des gesamten Erfindungsrechts einen 840
marktüblichen (ggf. fiktiv zu berechnenden) Kaufpreis, bildet dieser die alleinige Grundlage für die Vergütung des Arbeitnehmererfinders; der Erfindungswert wird nach RL Nr. 16 berechnet. Nimmt der Arbeitgeber eine vergütungspflichtige Rücklizenz an dieser Erfindung bzw. hierauf erteilten Schutzrechtsposition, erhält der Arbeitnehmer keine Vergütung in Bezug auf die Eigennutzung durch seinen Arbeitgeber.[1907] Hier erwirbt der Arbeitgeber sein Benutzungsrecht wie jeder außenstehende dritte Lizenznehmer. Müsste er zusätzlich zu der Lizenzgebühr für die Rücklizenz eine Erfindervergütung zahlen, würde er insoweit schlechter behandelt.

Ist die Rücklizenz mit einem vorbehaltenen Nutzungsrecht vergleichbar, hat der Arbeit- 841
nehmer auch hinsichtlich der Eigennutzung des Arbeitgebers einen Vergütungsanspruch.[1908] Eine solche Vergleichbarkeit bejaht die Schiedsstelle dann, wenn bereits bei Übertragung eine spätere Eigennutzung der Erfindung durch den Arbeitgeber

1904 Schiedsstelle v. 22.4.2004, Arb.Erf. 43/02 (Datenbank Schiedsstellenpraxis); v. 5.3.2013, Arb.Erf. 57/11 u. v. 25.7.2013, Arb.Erf. 39/12 (beide www.dpma.de); ferner Keukenschrijver in Busse/Keukenschrijver, PatG, § 11 ArbEG, Rn. 6.

1905 Vgl. Bartenbach/Volz, Komm.RL, RL Nr. 16, Rn. 5.

1906 Schiedsstelle v. 6.4.2006, Arb.Erf. 98/04 (unveröffentl.).

1907 Zustimmend Schiedsstelle v. 25.7.2013, Arb.Erf. 39/12 (www.dpma.de); im Ergebnis auch Schiedsstelle v. 27.3.2012, Arb.Erf. 32/10 (Datenbank Schiedsstellenpraxis); siehe dazu auch Trimborn, Mitt. 2014, 74 (77) u. v. 5.3.2013, Arb.Erf. 57/11 (www.dpma.de).

1908 Schiedsstelle v. 27.3.2012, Arb.Erf. 32/10 (Datenbank Schiedsstellenpraxis); v. 3.5.2012, Arb.Erf. 26/11 (unveröffentl.) u. v. 25.7.2013, Arb.Erf. 39/12 (www.dpma.de).

feststeht.[1909] Die Schiedsstelle betont, dass der Arbeitnehmererfinder einer entwickelnden Tochtergesellschaft dann auch hinsichtlich der Eigennutzung des Arbeitgebers einen Vergütungsanspruch hat, wenn die entwickelnden konzernverbundenen Unternehmen regelmäßig zur Übertragung ihrer Erfindungen an die Konzernmutter verpflichtet sind und die Konzernmutter die an sie übertragenen Technologien »sternförmig« zugunsten der produzierenden Gesellschaften lizenziert.[1910]

842 Bezogen auf die wirtschaftlichen Leistungen des Rechtserwerbers an den Arbeitgeber (Kaufpreis etc.) führt ein solcher Benutzungsvorbehalt des Arbeitgebers bei der Ermittlung des Erfindungswertes nach RL Nr. 16 regelmäßig zu einer Minderung des Umrechnungsfaktors, und zwar noch unterhalb des Regelwertes.[1911] Denn der Arbeitgeber teilt sich über seinen Benutzungsvorbehalt die durch das übertragene Schutzrecht vermittelte Monopolposition mit dem Rechtserwerber. Eine Eigennutzung des Arbeitgebers ist gemäß der Lizenzanalogie nach den allgemeinen Grundsätzen über die betriebliche Eigennutzung durch den Arbeitgeber zusätzlich vergütungspflichtig.[1912] Wegen des geteilten Monopolrechts erfolgt auch insoweit im Regelfall eine Minderung des Lizenzsatzes.[1913]

2. Vergütungsbemessung bei Lizenzvergaben im Konzern

843 Im Konzern erfolgt eine Vergabe von Nutzungsrechten an einer Diensterfindung – wie dargestellt[1914] – auch in den typischen Erscheinungsformen der ausschließlichen, einfachen oder negativen Lizenz. Der Arbeitgeber bleibt jeweils Rechtsinhaber. Erfinderrechtlich stellen derartige Nutzungsrechtseinräumungen auch im Konzern vergütungspflichtige Verwertungshandlungen dar.[1915] Alleiniger Schuldner des Vergütungsanspruchs ist auch hier – trotz Konzernbindung – grundsätzlich der Arbeitgeber.[1916]

844 Eine besondere Form der Nutzungsrechtseinräumung bildet der sog. Austauschvertrag, bei dem die Konzernauswirkungen gesondert geprüft werden.[1917]

1909 Schiedsstelle v. 27.3.2012, Arb.Erf. 32/10 u. v. 5.3.2013, Arb.Erf. 57/11 (beide Datenbank Schiedsstellenpraxis) u. v. 25.7.2013, Arb.Erf. 39/12 (www.dpma.de).

1910 Schiedsstelle v. 25.7.2013, Arb.Erf. 39/12 (www.dpma.de).

1911 Schiedsstelle v. 27.3.2012, Arb.Erf. 32/10 (Datenbank Schiedsstellenpraxis); v. 5.3.2013, Arb.Erf. 57/11 u. v. 25.7.2013, Arb.Erf. 39/12 (beide www.dpma.de).

1912 Schiedsstelle v. 6.4.2006, Arb.Erf. 98/04; v. 21.10.2005, Arb.Erf. 18/04 (beide Datenbank Schiedsstellenpraxis) u. v. 5.3.2012, Arb.Erf. 57/11 (www.dpma.de); Volz, Öffentlicher Dienst (1985), S. 127 (129).

1913 Ständige Praxis der Schiedsstelle u. a. v. 25.7.2013, Arb.Erf. 39/12 (www.dpma.de).

1914 Siehe hierzu Rdn. 515 ff.

1915 Allg. Ansicht, etwa BGH v. 16.4.2002, GRUR 2002, 801 (803 [Tz. 31]) – *Abgestuftes Getriebe*; Schiedsstelle v. 22.4.2004, Arb.Erf. 43/02 (Datenbank Schiedsstellenpraxis); Bartenbach/Volz, Komm.RL, RL Nr. 14, Rn. 31 f. m.H.a. die Schiedsstellenpraxis; Keukenschrijver in Busse/Keukenschrijver, PatG, § 11 ArbEG, Rn. 24.

1916 Vgl. hierzu bereits Rdn. 682 ff.

1917 Siehe nachfolgend Rdn. 884 ff.

a) Lizenzvergabe zu marktüblichen Konditionen

Vergibt der Arbeitgeber (Lizenzgeber) an ein verbundenes Unternehmen (Lizenznehmer) 845
eine ausschließliche, einfache oder negative Lizenz zu marktüblichen Vertragsbedingungen und stellt sich diese wie ein Geschäft mit nicht verbundenen Lizenznehmern dar (»klassische Fallkonstellation«[1918]), erfolgt die Vergütung des Arbeitnehmererfinders nach den allgemeinen Grundsätzen.

aa) Die Ermittlung des Erfindungswertes nach RL Nrn. 14, 15

Ist eine Diensterfindung Gegenstand eines Lizenzvertrages, sind die Lizenzeinnahmen, 846
wie in RL Nr. 14 Abs. 1 ausdrücklich erwähnt, nach § 9 ArbEG vergütungspflichtig. Die Vergütungsbemessung bei dieser besonderen Form der tatsächlichen Verwertung der Diensterfindung im Wege der außerbetrieblichen Nutzung bestimmt sich nach RL Nrn. 14 und 15. Diese beiden Richtlinien geben unterschiedliche Ansätze zur Bemessung des Erfindungswertes und sind bei allen drei Grundformen der Lizenzvergabe einschlägig. Dabei soll RL Nr. 14 Vorrang vor RL Nr. 15 zukommen (vgl. RL Nr. 15 Satz 1).[1919] Mit der Sonderform des Austauschvertrages befasst sich RL Nr. 17.

aaa) Die Bruttolizenzeinnahme des Arbeitgebers als Berechnungsgrundlage

Sowohl RL Nr. 14 als auch RL Nr. 15 gehen zur Bestimmung des Erfindungswertes 847
von der sog. Bruttolizenzeinnahme aus. Maßgeblich ist die gesamte, während des lizenzierten Nutzungszeitraums dem Arbeitgeber für die lizenzierte Diensterfindung tatsächlich zufließende Bruttolizenzeinnahme.[1920]

Bruttolizenzeinnahme ist damit die Summe der vom Lizenznehmer an den Lizenzgeber 848
für die Überlassung der Nutzungsrechte geleisteten Lizenzgebühren oder sonstigen geldwerten Gegenleistungen.[1921] Diese können auch im Konzernbereich unterschiedlich ausfallen. Üblicherweise handelt es sich um Geldzahlungen, wobei sich die Höhe der Zahlung durch Multiplikation des Lizenznehmer-Umsatzes – im Ausnahmefall auch des Wertes der Erzeugung – mit einem bestimmten Lizenzsatz ergibt (vgl. RL

1918 Schiedsstelle v. 10.3.2016, Arb.Erf. 43/12 [www.dpma.de].

1919 Ausführlich dazu Bartenbach/Volz, Komm.RL, RL Nr. 15, Rn. 13 ff.; Schiedsstelle v. 7.5.2004, Arb.Erf. 30/03 (unveröffentl.); v. 17.3.2005, BlPMZ 2005, 324 (325); ähnlich Schiedsstelle v. 1.10.2007, Arb.Erf. 53/04 u. v. 11.3.2008, Arb.Erf. 29/07 (beide Datenbank Schiedsstellenpraxis); siehe auch Schiedsstelle v. 9.10.2012, Arb.Erf. 39/11 (www.dpma.de); OLG München v. 16.8.2012, Az. 6 U 2572/11 (unveröffentl.) – *Elektronische Funktionseinheit.* Nach Keukenschrijver in Busse/Keukenschrijver, PatG, § 11 ArbEG, Rn. 25 m.H.a. Schiedsstelle v. 16.5.1995, Arb.Erf. 92/93 (Datenbank Schiedsstellenpraxis) (nur Leitsatz) soll die Berechnung nach RL Nr. 15 nur zulässig sein, wenn der Arbeitgeber die Diensterfindung nicht selbst nutzt.

1920 OLG Frankfurt v. 17.1.1985, GRUR 1985, 436 (437) – *Chlorolyse-Verfahren.*

1921 BGH v. 5.2.2013, Mitt. 2013, 244 [Tz. 14 ff.] – *Genveränderungen*; Schiedsstelle v. 2.9.2021, Arb.Erf. 70/18 (www.dpma.de).

Nr. 3 lit. a).[1922] Denkbar sind auch andere Gegenleistungen, etwa Gegengeschäfte oder sonstige Kompensationen, wie beispielsweise die Erstattung bzw. Übernahme von Schutzrechtskosten.[1923] Den Lizenzeinnahmen stehen Schadensersatzleistungen Dritter aufgrund von Schutzrechtsverletzungen gleich.[1924]

849 Fließen einem Konzernunternehmen als ausschließlichem Lizenznehmer zusätzlich Unterlizenzeinnahmen zu, so sind nur die Anteile der Unterlizenzeinnahmen, die der Hauptlizenznehmer (Konzernunternehmen) an den Arbeitgeber als Hauptlizenzgeber abzuführen hat, ebenfalls der Bruttolizenzeinnahme zuzurechnen. Der Arbeitnehmer hat insoweit keinen Anspruch darauf, dass der dem Hauptlizenznehmer verbleibende Anteil an den Unterlizenzeinnahmen in die Bruttolizenzeinnahme eingerechnet wird.[1925]

850 Werden vom Konzern nach Fertigstellung der Diensterfindung für die danach anfallenden Entwicklungskosten Ausgleichszahlungen geleistet, erhöht diese die vergütungspflichtige Bruttolizenzeinnahme,[1926] da insoweit die Diensterfindung auch hierfür kausal war.

bbb) Konkrete Berechnung der Nettolizenzeinnahme nach RL Nr. 14

851 RL Nr. 14 gibt – im Unterschied zum Pauschalierungsansatz der RL Nr. 15 – eine konkrete Ermittlung der für den Erfindungswert ausschlaggebenden Nettolizenzeinnahme vor.

852 Diese wird aus der Bruttolizenzeinnahme dadurch abgeleitet, dass von der Bruttolizenzeinnahme – vergleichbar der Abzugsmethode bei Verkauf von Erfindungsrechten nach RL Nr. 16[1927] – bestimmte erfindungs- und lizenzbezogene Unternehmerkosten abgezogen werden (z.B. Entwicklungskosten nach Fertigstellung der Erfindung, Kosten für die Herbeiführung der Betriebsreife, Kosten der Patent- und Lizenzverwaltung, Vertragskosten, etwa für Rechtsberatung, Reisekosten, Dokumentation usw., ferner Steuern und anteilige Gemeinkosten des Arbeitgebers). Dieser in RL Nr. 14 Abs. 1 enthaltene Katalog der abzugsfähigen Kosten ist nicht abschließend.[1928] Damit können auch konzernbezogene Aufwendungen für die Diensterfindung abgezogen werden, wie etwa von einer zentralen Konzern-Patentabteilung in Rechnung gestellte Kosten

1922 Siehe auch allgemein Bartenbach/Volz, Komm.RL, RL Nr. 14, Rn. 54 ff.

1923 Vgl. dazu Bartenbach/Volz, Komm.RL, RL Nr. 14, Rn. 64; BGH v. 5.2.2013, Mitt. 2013, 244 [Tz. 14 ff.] – *Genveränderungen*; LG Düsseldorf v. 18.1.2011, InstGE 12, 264 – *Krankheitsvorhersage*; Schiedsstelle v. 2.9.2021, Arb.Erf. 70/18 (www.dpma.de).

1924 Schiedsstelle v. 16.5.2001, Arb.Erf. 59/98 (unveröffentl.) u. v. 14.2.2012, Arb.Erf. 02/11 (www.dpma.de); Reimer/Schade/Schippel/Himmelmann, § 11 ArbEG/RL Nr. 15, Rn. 4 m.H.a. Schiedsstelle v. 8.9.1986, BlPMZ 1987, 306 (307) u. v. 15.5.2001, Arb. Erf. 59/98 (unveröffentl.).

1925 Schiedsstelle v. 22.4.2004, Arb.Erf. 43/02 (Datenbank Schiedsstellenpraxis).

1926 Vgl. allgemein Reimer/Schade/Schippel/Himmelmann, § 11 ArbEG/RL Nr. 15, Rn. 4.

1927 Siehe hierzu Rdn. 796 f.

1928 Schiedsstelle v. 22.4.2004, Arb.Erf. 43/02 (Datenbank Schiedsstellenpraxis); Bartenbach/Volz, § 9 ArbEG, Rn. 224.

für die Schutzrechtsverwaltung. Gemäß RL Nr. 14 Abs. 2 wird auch der Anteil für mitlizenzierte erfindungsfremde Leistungen des Arbeitgebers (Know-how, Marken usw.) in Abzug gebracht.

Die Möglichkeit des Kostenabzugs ist durch die Art der Lizenz beeinflusst. Insoweit 853 können selbstverständlich nur solche Kosten in Ansatz gebracht werden, die auch bei der betreffenden Lizenzvergabe tatsächlich anfallen. So können bei der einfachen und erst Recht bei der negativen Lizenz bestimmte Kostenpositionen nicht in Ansatz gebracht werden, weil sie dort nicht vom Leistungsumfang des Lizenzgebers umfasst sind.[1929] Zudem können bestimmte Abzugsposten bei mehreren parallelen Lizenzverträgen an unterschiedliche Konzernunternehmen bzw. Lizenznehmer in der Gesamtsumme nur einmal berücksichtigt werden.[1930] Gleiches gilt bei paralleler Eigennutzung der Erfindung durch den Arbeitgeber.[1931]

Ebenso wie bei RL Nr. 16[1932] stellt auch bei RL Nr. 14 – abweichend von deren 854 Wortlaut in Absatz 1 Satz 1 – die nach den Abzugsfaktoren verbleibende Nettolizenzeinnahme nach ganz h.M. noch nicht den Erfindungswert dar.[1933] Folglich wird die Nettolizenzeinnahme noch mit einem Umrechnungsfaktor[1934] multipliziert, der nach der Schiedsstellenpraxis üblicherweise mit einem Regelwert von 30 % anzusetzen ist.[1935]

ccc) Pauschale Berechnung des Erfindungswertes nach RL Nr. 15

Anstelle dieser konkreten Berechnungsmethode steht in RL Nr. 15 die Pauschalisierung 855 des Erfindungswertes im Mittelpunkt. Für den Fall, dass die konkrete Berechnung der abzugsfähigen Unkosten Schwierigkeiten bereitet, sei es, dass sie nicht feststellbar

1929 Vgl. zur negativen Lizenz B. Bartenbach, Mitt. 2002, 503 ff.

1930 Siehe dazu Bartenbach/Volz, Komm.RL, RL Nr. 14, Rn. 102 f.

1931 Siehe hierzu Bartenbach/Volz, Komm.RL, RL Nr. 14, Rn. 96 f.

1932 Siehe oben Rdn. 796 f.

1933 Das entspricht im Ergebnis der ganz h.M., vgl. etwa Schiedsstelle v. 12.12.1995, Mitt. 1997, 91 – *Apparatebau*; v. 22.1.2004, Arb.Erf. 69/02 (Datenbank Schiedsstellenpraxis) u. v. 22.12.2004, BlPMZ 2004, 324 (325); Reimer/Schade/Schippel/Himmelmann, § 11 ArbEG/RL Nr. 14, Rn. 5; Rosenberger, GRUR 1990, 238 (241 f.).

1934 So Bartenbach/Volz, Komm.RL, RL Nr. 16, Rn. 23 ff.; siehe auch OLG München v. 16.8.2012, Az. 6 U 2572/11 (unveröffentl.) – *Elektronische Funktionseinheit* im Anschluss an LG München I v. 7.3.2011, Az. 7 O 9760/05 (unveröffentl.); abweichend will Keukenschrijver (in Busse/Keukenschrijver, PatG, § 11 ArbEG, Rn. 26) den Brutto-Ertrag mit einem Netto-Verkaufsfaktor multiplizieren.

1935 Schiedsstelle v. 12.12.1995, Mitt. 1997, 91 – *Apparatebau*; v. 11.10.2001, Arb.Erf. 61/99 (Datenbank Schiedsstellenpraxis) im Anschluss an Bartenbach/Volz, Komm.RL, RL Nr. 14, Rn. 157 f.; ferner Schiedsstelle v. 1.10.2007, Arb.Erf. 53/04 u. v. 23.4.2009, Arb.Erf. 51/06 (beide unveröffentl.); v. 14.2.2012, Arb.Erf. 02/11; v. 9.10.2012, Arb. Erf. 39/11; v. 4.7.2013, Arb.Erf. 46/12; v. 4.8.2017, Arb.Erf. 21/13; v. 6.3.2019, Arb. Erf. 08/18; v. 8.3.2021, Arb.Erf. 13/19 u. v. 28.1.2022, Arb.Erf. 42/20 (alle www.dpma.de); v. 11.3.2008, Arb.Erf. 24/07 (Datenbank Schiedsstellenpraxis); LG Düsseldorf v. 3.11.2016, Düsseldorfer Entscheidungen Nr. 2582 – *Retardtablette I*; Reimer/Schade/Schippel/Himmelmann, § 11 ArbEG/RL Nr. 14, Rn. 5

oder nicht quantifizierbar sind,[1936] kann hier der Erfindungswert von Lizenzeinnahmen auf der Grundlage der Bruttolizenzeinnahme pauschalisiert werden. Zugrunde gelegt wird die gesamte Bruttolizenzeinnahme (ohne Umsatzsteuer) ohne Abzug der Kosten im Sinne der RL Nr. 14 Abs. 1. Auch ein eventuell mitlizenzierter Know-how-Anteil ist nicht abzuziehen.[1937] Nach RL Nr. 14 Abs. 2 Satz 1 zählt das Know-how mit zur Bruttolizenzeinnahme (vgl. auch RL Nr. 15 Satz 6). Ein (über das übliche hinausgehender) Know-how-Anteil findet erst Berücksichtigung bei der Bestimmung der Höhe des Umrechnungsfaktors.[1938]

856 Der Umrechnungsfaktor, mit dem die gesamte erfindungsbezogene Bruttolizenzeinnahme zur Ermittlung des Erfindungswertes multipliziert wird, beträgt nach der Praxis der Schiedsstelle im Regelfall 20 %.[1939] Dieser Regelumrechnungsfaktor ist grundsätzlich dann angemessen, wenn sich die den Arbeitgeber treffenden Kosten und Vertragspflichten im Rahmen des Üblichen bewegen.[1940] Eine Differenzierung zwischen der Art des Benutzungsrechts erfolgt dabei – entgegen RL Nr. 15 Sätze 4 ff. – regelmäßig nur eingeschränkt, da dem üblicherweise bereits die Lizenzeinnahmen Rechnung tragen.[1941]

1936 Vgl. etwa Schiedsstelle v. 17.3.2005, BlPMZ 2005, 324 (325); ähnl. Schiedsstelle v. 1.10.2007, Arb.Erf. 53/04 (Datenbank Schiedsstellenpraxis); Schiedsstelle v. 20.4.2021, Arb.Erf. 67/18 (www.dpma.de); siehe auch LG Düsseldorf v. 24.11.2013, Düsseldorfer Entscheidungen Nr. 2010 – *Betonschutzwände II.*

1937 Schiedsstelle v. 23.4.2009, Arb.Erf. 51/06 u. v. 29.4.2010, Arb.Erf. 11/09 (beide unveröffentl.); v. 15.6.2016, Arb.Erf. 60/13 (www.dpma.de); anders dagegen Schiedsstelle v. 28.1.2022, Arb.Erf. 42/20 (www.dpma.de), dort 20 % des Bruttoertrags, wobei der Know-how-Anteil bereits abgezogen wurde.

1938 Ebenso LG Düsseldorf v. 20.3.2013, Düsseldorfer Entscheidungen Nr. 2024 – *Rückhalteprofil*; ferner Schiedsstelle v. 4.7.2013, Arb.Erf. 46/12 (www.dpma.de); dort Umrechnungsfaktor von 25 % wegen fehlender Know-how-Einräumung; siehe auch Schiedsstelle v. 15.6.2016, Arb.Erf. 60/13 (www.dpma.de).

1939 Schiedsstelle v. 8.9.1986, BlPMZ 1987, 306 (308); Schiedsstelle v. 11.10.2001, Arb. Erf. 61/99 (Datenbank Schiedsstellenpraxis); v. 2.7.2003, Arb.Erf. 44/01 (unveröffentl.); v. 17.3.2005, BlPMZ 2005, 324 (325); v. 11.3.2008, Arb.Erf. 24/07 (Datenbank Schiedsstellenpraxis); v. 14.2.2012, Arb.Erf. 02/11; v. 4.7.2013, Arb.Erf. 46/12; v. 15.6.2016, Arb.Erf. 60/13; v. 4.8.2017, Arb.Erf. 21/13; v. 20.4.2021, Arb.Erf. 67/18 u. v. 28.1.2022, Arb.Erf. 42/20 (alle www.dpma.de); vgl. auch OLG Frankfurt v. 26.6.1986, EGR Nr. 10 zu § 23 ArbEG – *Vinylchlorid*; bzgl. des wirtschaftlichen Ergebnisses bestätigt durch BGH v. 4.10.1988, GRUR 1990, 271 – *Vinylchlorid*; OLG Frankfurt v. 17.1.1985, GRUR 1985, 436 – *Chlorolyse-Verfahren*; vgl. auch Brandi-Dohrn, FS Pagenberg (2006), 375 (379), der 30–40 % vorschlägt.

1940 Bartenbach/Volz, Komm.RL, RL Nr. 15, Rn. 52; Schiedsstelle v. 8.10.1991, BlPMZ 1993, 406 (408).

1941 Reimer/Schade/Schippel/Himmelmann, § 11 ArbEG/RL Nr. 15, Rn. 4; Bartenbach/Volz, Komm. RL, RL Nr. 15, Rn. 43 ff.

bb) Mit-Lizenzierung von Know-how

857 Wird – wie in der allgemeinen Lizenzpraxis verbreitet – technisches Know-how[1942] in Form eines gemischten Patent-Lizenz- und Know-how-Vertrages mitübermittelt, so ist der hierauf entfallende Anteil im Rahmen der RL Nr. 14 abzuziehen,[1943] sofern die Know-how-Überlassung von der Gesamtlizenzgebühr mitumfasst ist, der Arbeitgeber hierfür also keine gesonderte Gebühr in Rechnung gestellt hat. Der in der Betriebspraxis häufig nicht leicht zu ermittelnde Anteil bestimmt sich auch hier nach den tatsächlichen Wertverhältnissen bei technisch-wirtschaftlicher Betrachtung.[1944] Es ist Sache des Arbeitgebers, darzulegen, dass bei einer Schutzrechtslizenzierung auch hierauf bezogenes Know-how tatsächlich mit übertragen worden ist.[1945]

858 Das LG Düsseldorf hat die Entscheidungspraxis der Schiedsstelle und deren Erfahrung zur Feststellung des Wertes des Know-how-Anteils anerkannt, die diesen Anteil innerhalb einer Bandbreite von 30–60 % bestimmt.[1946] Für einen umfangreichen Know-how-Anteil spricht etwa, dass im Lizenzvertrag vereinbarte Meilenstein-Zahlungen nicht vorrangig an die Inhaberschaft an Schutzrechtspositionen anknüpfen, sondern schwerpunktmäßig an die Erlangung von Know-how und die Gewährung der Nutzung dieses Know-hows an die Lizenznehmerin, nämlich an die Erlangung von Forschungs- und Entwicklungsergebnissen, z.B. einer US-amerikanischen Zulassung und an die Erlangung einer Zulassung innerhalb der Europäischen Union. Enthält der Lizenzvertrag eine Regelung über die Fortgeltung des Vertrages und die eingeschränkte Fortzahlung der Lizenzgebühr nach Ablauf der lizenzierten Schutzrechte, kann auch die dort vorgesehene fortbestehende Lizenzgebühr für die Know-how-Nutzung Maßstab sein. Maßgebend ist, dass die Lizenzvertragsparteien im Lizenzvertrag ausreichende Hinweise über das tatsächliche Wertverhältnis der Lizenzleistungen bei technisch-wirtschaftlicher Betrachtungsweise vermitteln.[1947] Wesentliche Anhaltspunkte bieten regelmäßig der Vertragszweck sowie der Einfluss des Know-hows auf die technische Ausführbarkeit der patentgeschützten Lehre und auf deren (wirtschaftliche) Einsatzmöglichkeit.[1948]

1942 Zum Begriff siehe RL Nr. 14 Abs. 2 Satz 1. Siehe hierzu auch LG Düsseldorf v. 14.3.2013, Düsseldorfer Entscheidungen Nr. 2010 – Betonschutzwände II.

1943 Siehe dazu auch Rdn. 798; ferner Reimer/Schade/Schippel/Himmelmann, § 11 ArbEG/RL Nr. 14, Rn. 7; vgl. auch Schiedsstelle v. 12.12.1995, Mitt. 1997, 91 f. – *Apparatebau.*

1944 Bartenbach/Volz, Komm.RL, RL Nr. 14, Rn. 141; Schiedsstelle v. 21.4.2009, Arb.Erf. 51/06 u. v. 29.4.2010, Arb.Erf. 11/09 (beide unveröffentl.).

1945 Schiedsstelle v. 19.3.2009, Arb.Erf. 24/06; v. 10.11.2011, Arb.Erf. 01/10 (beide unveröffentl.); v. 9.10.2010, Arb.Erf. 39/11 u. v. 14.3.2013, Arb.Erf. 20/11 (beide www.dpma.de).

1946 LG Düsseldorf v. 3.11.2016, Düsseldorfer Entscheidungen Nr. 2582 – *Retardtablette I*; zur Schiedsstellenpraxis siehe etwa EV v. 12.1.2011, Arb.Erf. 12/08 (Datenbank Schiedsstellenpraxis; dort 50 %); Bartenbach/Volz, Komm.RL, RL Nr. 14, Rn. 136 ff., 142.

1947 Schiedsstelle v. 14.3.2013, Arb.Erf. 20/11 (www.dpma.de).

1948 Siehe auch Schiedsstelle v. 22.1.2004, Arb.Erf. 69/02 (Datenbank Schiedsstellenpraxis).

859 Bei der Pauschalierung nach RL Nr. 15 wird das Know-how bei der Bestimmung des Umrechnungsfaktors berücksichtigt,[1949] also nicht von der Bruttolizenzeinnahme in Abzug gebracht. Zur Rechtfertigung dieser Kombination von RL Nrn. 14 und 15 verweist die Schiedsstelle auf den Anspruch des Arbeitnehmers auf angemessene Vergütung. So hat die Schiedsstelle in ihrem Einigungsvorschlag vom 1.10.2007[1950] vorgeschlagen, wegen des dortigen 60 %igen Know-how-Anteils den Regelumrechnungsfaktor von 20 % auf 12 % abzusenken. Handelt es sich um einen Know-how-Anteil im üblichen Umfang, verbleibt es bei dem Regelumrechnungsfaktor von 20 %.[1951] Wird kein Know-how eingeräumt, erhöht die Schiedsstelle den Umrechnungsfaktor vielfach auf 25 %[1952], ggf. auch bis auf 30 %[1953].

b) Lizenzvergabe im Konzern unter Wert/unentgeltlich

860 Gestattet der Arbeitgeber anderen Konzernunternehmen unentgeltlich eine Benutzung der Diensterfindung oder duldet er sie, ist auch dies nach dem ArbEG ein vergütungspflichtiger Vorgang. Eine solche Gestattung bzw. Duldung der Konzernnutzung, die ein Arbeitgeber gegenüber nicht verbundenen Drittunternehmen ja nicht ohne Gegenleistung vornehmen würde, darf nicht zu Lasten des Vergütungsanspruchs des Arbeitnehmererfinders gehen.[1954]

861 Allerdings sind bisher die erfinderrechtlichen Auswirkungen einer konzernbezogenen Lizenzierung von Rechten an einer Diensterfindung, bei der vom Konzernlizenznehmer keine oder keine marktgerechte Gegenleistung erbracht wird, auf die Vergütung des Arbeitnehmererfinders noch nicht abschließend höchstrichterlich entschieden worden.[1955]

1949 Die Einzelheiten sind streitig, vgl. Reimer/Schade/Schippel/Himmelmann, § 11 ArbEG/RL Nr. 15, Rn. 4 u. Bartenbach/Volz, Komm.RL, RL Nr. 15, Rn. 24, 37; zur neueren Schiedsstellenpraxis (kein Know-how-Abzug) siehe Schiedsstelle v. 17.3.2005, BlPMZ 2005, 324 (325) u. v. 11.3.2008, Arb.Erf. 24/07 (Datenbank Schiedsstellenpraxis); siehe auch LG Düsseldorf v. 20.3.2013, Düsseldorfer Entscheidungen Nr. 2024 – *Rückhalteprofil*, dort allerdings im Ergebnis 30 % aufgrund vorherigen Know-how-Abzugs im Rahmen einer Komplexbetrachtung; siehe aber auch Schiedsstelle v. 28.1.2022, Arb. Erf. 42/20 (www.dpma.de), dort 20 % des Bruttoertrags, wobei der Know-how-Anteil bereits abgezogen wurde.

1950 Arb.Erf. 53/04 (Datenbank Schiedsstellenpraxis).

1951 Schiedsstelle v. 4.7.2013, Arb.Erf. 46/12 (www.dpma.de); siehe auch Schiedsstelle v. 15.6.2016, Arb.Erf. 60/13 (www.dpma.de).

1952 Schiedsstelle v. 4.7.2013, Arb.Erf. 46/12 (www.dpma.de); im Ergebnis auch LG Düsseldorf v. 14.3.2013, Düsseldorfer Entscheidungen Nr. 2010 – *Betonschutzwände II*.

1953 Schiedsstelle v. 5.2.1976, BlPMZ 1977, 200 (202); vgl. auch OLG Frankfurt v. 17.1.1985, GRUR 1985, 436 – *Chlorolyse-Verfahren*.

1954 Schiedsstelle v. 5.8.1993, Arb.Erf. 129/92 (unveröffentl.).

1955 Die Entscheidung des BGH v. 16.4.2002, GRUR 2002, 801 ff. – *Abgestuftes Getriebe* befasst sich mit dem Auskunfts- und Rechnungslegungsanspruch und enthält zugleich Hinweise zur Vergütungsbemessung, ohne allerdings abschließende Vorgaben zu treffen.

Im Ausgangspunkt ist es ohne Belang, ob es sich bei der konzernbezogenen Lizenzvergabe um eine ausschließliche, einfache oder negative Lizenz[1956] handelt. 862

aa) Lizenzierung mit Gegenleistung

Soweit keine sog. wirtschaftliche Einheit des Konzerns vorliegt, bieten *Bartenbach/Volz* auch für die Fallsituation der ganz oder teilweise unentgeltlichen Lizenzierung als Lösungsansatz an, die vergütungspflichtige Gegenleistung bei Nutzung nach marktüblichen Sätzen unter Zugrundelegung der konkreten Verhältnisse des betreffenden Arbeitgebers fiktiv zu bestimmen.[1957] Dabei wollen sie bei einer konzernweiten Lizenzierung eine Differenzierung nach den einzelnen Lizenzverhältnissen und den Bedingungen des jeweiligen Marktes vornehmen. 863

Auch vor dem Hintergrund eines Lizenzvertrages erscheint dieser Lösungsansatz zu schematisch.[1958] Denn auch hier bedeutet der Rückgriff auf fiktive Marktwerte letztlich, dass bei Erbringung von Gegenleistungen durch den Lizenznehmer die Tatsache eines im Einzelfall vereinbarten Ausgleichs keine ausreichende Beachtung findet. Insoweit kann hier die Kritik an dieser Auffassung nicht anders ausfallen, als in Bezug auf die Übertragung der Erfindungsrechte ohne eine marktübliche Gegenleistung. Dabei ändert auch die stärkere Orientierung an den jeweiligen Marktverhältnissen der einzelnen Lizenznehmer nichts daran, dass die Gegenleistung letztlich nur in eine abstrakte Vergleichsberechnung einfließt und den konkreten Lizenzfall unberücksichtigt lässt. 864

Deshalb muss m.E. auch hier danach unterschieden werden, ob die Nutzungsrechtseinräumung durch den Arbeitgeber an verbundene Unternehmen mit oder ohne Gegenleistung erfolgt. Dabei hat es allerdings auf die Vergütungsverpflichtung bei einer Lizenzvergabe im Grundsatz keinen Einfluss, ob die Lizenzvergabe auf eigenem Entschluss des Arbeitgebers beruht, oder ob sie auf Weisungen des beherrschenden Unternehmens zurückgeht.[1959] 865

Ausgangspunkt ist auch hier die Frage, welche Gegenleistungen der Arbeitgeber für die Rechtseinräumung erhält.[1960] Dabei ergibt sich für die üblichen Fallgestaltungen im Konzernbereich wiederum Folgendes: 866

1956 Zu den Gestaltungsformen im Konzern siehe oben Rdn. 476 ff.

1957 Bartenbach/Volz, Komm.RL, RL Nr. 14, Rn. 38 ff.; im Anschluss daran Schiedsstelle v. 15.12.1987, Arb.Erf. 54/87 (unveröffentl.); vgl. auch Schiedsstelle v. 26.1.1993, EGR Nr. 68 zu § 9 ArbEG (Verg.Höhe); v. 24.6.2008, Arb.Erf. 04/07 (Datenbank Schiedsstellenpraxis); v. 6.12.2012, Arb.Erf. 34/10 (unveröffentl.) u. v. 7.3.2016, Arb. Erf. 09/14 (www.dpma.de); Volmer/Gaul, § 9 ArbEG/RL Nr. 14, Rn. 564; Keukenschrijver in Busse/Keukenschrijver, PatG, § 11 ArbEG, Rn. 9, 24 m.H.a. Schiedsstelle v. 29.10.1997, Arb.Erf. 13/96 (Datenbank Schiedsstellenpraxis).

1958 Zur Bewertung bei der parallelen Situation der Rechtsübertragung siehe oben Rdn. 806 ff.

1959 Schiedsstelle v. 29.10.1997, Arb.Erf. 13/96 (Datenbank Schiedsstellenpraxis); siehe im Übrigen oben Rdn. 487 ff.

1960 Dabei soll auch hier der anschließend zu behandelnde Austauschvertrag ausgeklammert werden (siehe dazu nachfolgend Rdn. 884 ff.).

867 Liegt die Gegenleistung z.B. in Fertigungsaufträgen des Lizenznehmers bzw. anderer Konzernunternehmen an den Arbeitgeber, kann der Erfindungswert für diesen sich daraus ergebenden Eigenumsatz des Arbeitgebers nach den allgemeinen Grundsätzen der Lizenzanalogie festgestellt werden.[1961]

868 Bei sonstigen wirtschaftlichen Gegenleistungen, die sich in einem bestimmten, dem Arbeitgeber zufließenden (marktüblichen) Geldwert ausdrücken, kann der Erfindungswert für diese Lizenzeinnahme nach den Regeln der RL Nrn. 14, 15 bestimmt werden.[1962]

869 Allerdings kann nach Auffassung der Schiedsstelle auch bei einer Lizenzvergabe an ein nach Abschluss der Entwicklung eigens für die Produktion gegründetes Tochterunternehmen, hinsichtlich dessen Führung und Eigentümerstruktur absolute Identität mit der Arbeitgeberin besteht, der Erfindungswert nicht ausgehend von den Lizenzeinnahmen ermittelt werden.[1963] Dazu führt die Schiedsstelle aus, dass sich das dadurch von der Arbeitgeberin geschaffene Konstrukt – bezogen auf das ArbEG – als ein Modell erweisen würde, das den Vergütungsanspruch der Arbeitnehmererfinder ausschließlich durch seine Gestaltung und deshalb nach den §§ 9 Abs. 2 ArbEG, 242 BGB in unzulässiger Weise verkürze, wollte man die Erfindervergütung lediglich auf Grundlage der Lizenzeinnahmen berechnen. In einem solchen Fall sei wiederum auf die vernünftigen Lizenzvertragsparteien abzustellen, die bei einer solchen Konstellation den Erfindungswert so ermitteln, als ob die vom verbundenen Tochterunternehmen mit der Erfindung erzielten Umsätze im eigenen Betrieb der Arbeitgeberin angefallen wären.

870 Ist die Nutzungsrechtseinräumung des Arbeitgebers Bestandteil eines Entwicklungsauftrags aus dem Konzernbereich, und erhält er hierfür vom Auftraggeber einen über die Kostenerstattung hinausgehenden Gewinnzuschlag, bildet dieser auch hier die Berechnungsgrundlage; ist dieser Gewinnzuschlag oder der darin enthaltene Anteil für die Nutzungsrechtseinräumung nicht marktüblich, kann nach Ansicht des OLG München eine Anhebung des Gewinnzuschlags auf das Übliche erfolgen.[1964]

871 Auch hier gilt also nichts anderes als bei der bereits untersuchten Rechtsübertragung mit Gegenleistung,[1965] d.h.:

872 Weitergehende Ansprüche bestehen im Falle einer Gegenleistung grundsätzlich nicht,[1966] und zwar auch dann nicht, wenn im Einzelfall Wertunterschiede nicht auszuschließen

---

1961 Siehe oben Rdn. 715 ff.; vgl. Bartenbach/Volz, Komm.RL, RL Nr. 14, Rn. 32, 64 ff. m.H.a. Schiedsstelle v. 28.10.1996, Arb.Erf. 58/96 (unveröffentl.); siehe auch Schiedsstelle v. 23.7.1991, Mitt. 1993, 114 (115) – *Mischer*.

1962 Vgl. allg. Bartenbach/Volz, Komm.RL, RL Nr. 14, Rn. 66; vgl. auch Schiedsstelle v. 2.9.2021, Arb.Erf. 70/18 (www.dpma.de); siehe im Übrigen oben Rdn. 846 ff.

1963 Schiedsstelle v. 21.11.2017, Arb.Erf. 06/15 (www.dpma.de).

1964 Siehe oben Rdn. 810.

1965 Siehe oben Rdn. 806 ff.

1966 Vgl. auch BGH v. 16.4.2002, GRUR 2002, 801 (803 [Tz. 23]) – *Abgestuftes Getriebe* (unter IV. 2. der Gründe).

sind, es sei denn, es liegt eine bewusste Gewinnverlagerung vor; besteht ein offenkundiges Missverhältnis zwischen Leistung und Gegenleistung, ist in Anlehnung an die Rechtsprechung des BGH[1967] als Maßstab darauf zurückzugreifen, was vernünftige Lizenzvertragsparteien fallbezogen für die Einräumung der konkret in Rede stehenden Nutzungsrechte vereinbart hätten.

bb) Lizenzierung ohne Gegenleistung

Zunächst ist zu berücksichtigen, dass nach der Ansicht des BGH die Einräumung von Nutzungsrechten ohne unmittelbare Gegenleistung auch im Konzernverbund noch keine Umgehung des ArbEG darstellt.[1968] 873

Erhält der Arbeitgeber für die Einräumung des Benutzungsrechts keine Gegenleistung seitens des Konzernunternehmens, gilt auch hier im Grundsatz, dass – soweit keine Sondersituation wie bei einer sog. wirtschaftlichen Einheit[1969] bzw. keine entsprechende Vertragsabsprache[1970] vorliegt – der mit der Diensterfindung erzielte Lizenzumsatz der verbundenen Konzernunternehmen vergütungsrechtlich nicht wie Eigenumsatz des Arbeitgebers zu behandeln ist.[1971] Davon geht letztlich auch das Urteil des BGH »Abgestuftes Getriebe« aus.[1972] Im Ergebnis finden hier keine anderen Regeln als im Falle einer Rechtsübertragung Anwendung.[1973] 874

Die Lösung kann auch nicht – wie aufgezeigt[1974] – in der von *Bartenbach/Volz* vorgeschlagenen fiktiven Lizenzeinnahme nach marktüblichen Sätzen[1975] liegen. Die von *Bartenbach/Volz* geforderte Berücksichtigung sämtlicher Nutzungssituationen bei den verbundenen Unternehmen und der jeweiligen Marktverhältnisse zur Bestimmung der jeweils üblichen Lizenzgebühr ist für den Arbeitgeber praktisch und unter Umständen auch rechtlich nicht durchführbar.[1976] 875

In Anerkennung dieser tatsächlichen und rechtlichen Schwierigkeiten einer Ermittlung von Ob, Art und Umfang einer Nutzung und der Vielschichtigkeit der Fall- 876

1967 Vgl. u.a. BGH v. 16.4.2002, GRUR 2002, 801 (803 [Tz. 25]) – *Abgestuftes Getriebe.*

1968 BGH v. 6.3.2012, Mitt. 2012, 285 – *Antimykotischer Nagellack I.*

1969 Vgl. dazu Rdn. 60 ff. u. Rdn. 826 ff.

1970 Wie bereits dargestellt, wird in der Unternehmenspraxis vereinzelt auch bei der Einräumung von Nutzungsrechten vereinbart, die Umsätze der anderen Konzernunternehmen in die Eigenumsätze des Arbeitgebers einbeziehen (siehe Rdn. 731).

1971 Vgl. OLG München v. 8.2.2001, Mitt. 2001, 207 (210) – *Verwertung durch eine ausländische Muttergesellschaft* (zur Rechtsübertragung); Schiedsstelle v. 22.4.2004, Arb.Erf. 43/02, (unveröffentl.); Bartenbach/Volz, § 9 ArbEG, Rn. 188 m.w.N.

1972 BGH v. 16.4.2002, GRUR 2002, 801 ff. – *Abgestuftes Getriebe.*

1973 Siehe oben Rdn. 818 ff.

1974 Siehe vorstehend Rdn. 820.

1975 Siehe Bartenbach/Volz, Komm.RL, RL Nr. 14, Rn. 39; vgl. auch Reimer/Schade/Schippel/Himmelmann, § 11 ArbEG/RL Nr. 24, Rn. 2 mit Hinweis auf Schiedsstelle v. 9.5.1995, Arb.Erf. 62/92 (unveröffentl.); siehe auch Schiedsstelle v. 7.3.2016, Arb.Erf. 09/14 (www.dpma.de).

1976 Vgl. auch BGH v. 16.4.2002, GRUR 2002, 801 (804 [Tz. 36]) – *Abgestuftes Getriebe.*

gestaltungen geht der BGH davon aus, dass es für die Frage, welche Nutzungen im Konzern in welcher Weise vergütungspflichtig sind, darauf ankommt, wie vernünftige Lizenzvertragsparteien einer solchen Konstellation Rechnung getragen hätten.[1977] Dabei soll die geschuldete Lizenzgebühr nicht von dem Gesamtumfang der Nutzung der Erfindung durch verbundene Unternehmen abhängig sein.[1978] Der BGH stellt vielmehr auf den Umfang der jeweiligen Benutzung im Konzernbereich ab. Hat die Benutzung bei einzelnen Konzernunternehmen eine derartige Bedeutung, dass sie sich gleichsam als Hauptzweck der Verwertung der Diensterfindung darstellt, kann es gerechtfertigt sein, für den Erfindungswert unmittelbar und ausschließlich auf diese Nutzung abzustellen. Vernünftige Lizenzparteien hätten die Verpflichtung zur Zahlung der Lizenzgebühren gegebenenfalls auch nur an die Umsätze dieses »wirtschaftlichen Lizenznehmers« geknüpft, und zwar mit der Folge, dass demgegenüber unbedeutende Verwertungshandlungen anderer Konzernunternehmen bei der Vergütung unberücksichtigt bleiben können. Je nach Umfang der Schwierigkeiten bei der Feststellung der einzelnen Umsätze im Konzern und der Alternativen zur Bestimmung des Erfindungswertes sieht der BGH eine Lösungsalternative auch darin, auf die Eigenumsätze des Arbeitgebers abzustellen und den zusätzlichen Konzernumsätzen durch einen bestimmten Multiplikator oder durch eine Anhebung des Lizenzsatzes Rechnung zu tragen.[1979]

877 Die Schiedsstelle schließt sich dieser Entscheidungspraxis des BGH an. Sie formuliert dies dahin, dass bei dieser Fallkonstellation

> »der Erfindungswert von der Frage abhängig (sei), ob ein vernünftiger freier Erfinder als Lizenzgeber bei der Einräumung einer ausschließlichen Lizenz an einen einem Konzernverbund angehörenden vernünftigen Lizenznehmer mit diesem üblicherweise vereinbart hätte, dass die geschuldete Lizenzgebühr auch von der Art und dem Umfang der Nutzung der Erfindung durch konzernangehörige Unternehmen abhängig sein soll und wenn ja, wie sie als vernünftige Lizenzvertragsparteien einer solchen Konstellation Rechnung getragen hätten.«[1980]

878 Auf dieser Grundlage würden sie dann nach einem Maßstab suchen, der in irgendeiner Weise das wirtschaftliche Gesamtpotential der Nutzung der Erfindung im Konzern wiedergibt. Welchen Lösungsansatz vernünftige Lizenzvertragsparteien hierbei wählen würden, hinge im Wesentlichen von den verfügbaren Lösungsalternativen und vom Umfang der Schwierigkeiten bei der tatsächlichen Abwicklung eines solchen Lizenzvertrages ab.

879 Diesen Überlegungen ist zuzustimmen. Die bislang vorgeschlagenen Lösungsmöglichkeiten zur Vergütung der Konzernnutzungen überzeugen nicht. Sie überwinden

1977 BGH v. 16.4.2002, GRUR 2002, 801 (803 f. [Tz. 25]) – *Abgestuftes Getriebe.*

1978 BGH v. 16.4.2002, GRUR 2002, 801 (804 [Tz. 36]) – *Abgestuftes Getriebe.*

1979 Vgl. auch Schiedsstelle v. 23.6.2005, Arb.Erf. 26/04 (unveröffentl.), die für die im Einzelnen nicht feststellbaren Konzernumsätze einen Aufschlag auf die Vergütung für den Eigenumsatz des Arbeitgebers vorschlägt.

1980 Schiedsstelle v. 7.3.2016, Arb.Erf. 09/14 (www.dpma.de).

bei konzernweiter Nutzungsmöglichkeit nicht die aufgezeigten tatsächlichen und rechtlichen Feststellungs-, Kontroll- und Nachweisprobleme. Der Arbeitgeber kann nicht aus eigener Kompetenz die konzernweiten Konzernumsätze ermitteln; er ist auf die Mithilfe sämtlicher Lizenznehmer angewiesen und kann dies bei Weigerung nicht bzw. nur schwerlich gerichtlich durchsetzen.[1981]

Allerdings ist zu beachten, dass der BGH mit seinem Urteil vom 17.11.2009[1982] dem Arbeitnehmererfinder bei einer solchen konzernbezogenen Nutzung relativ weitgehende Rechte einräumt.[1983] Er betont, dass die Nutzung von Erfindungsrechten im Konzernverbund (dort Einbringung in einen konzernweiten Patentpool) nach Treu und Glauben (§ 242 BGB) nicht dazu führen darf, dass die berechtigten Interessen des Arbeitnehmererfinders an Auskunft über den Umfang der Nutzung konzerninternen Zuständigkeitsverlagerungen zum Opfer fallen. Der BGH verweist ausdrücklich auf die Pflicht des Arbeitgebers zur konzerninternen Aufklärung »in zumutbarer Weise«. Bei fehlender Kooperation von Konzernunternehmen habe sich der Arbeitgeber mit Nachdruck, auch über die Geschäftsleitungen und notfalls über die Einschaltung von Entscheidungsträgern auf im Konzern übergeordneten Hierarchieebenen, um Aufklärung zu bemühen. Offen gelassen hat der BGH, ob dem Arbeitgeber sogar eine gerichtliche Durchsetzung seines Anspruchs auf konzernweite Informationen gegen andere Konzernunternehmen zugemutet werden kann.[1984] 880

Das Bild des BGH, von vernünftigen Lizenzvertragsparteien auszugehen, steht mit dem Leitbild des ArbEG in Einklang. Danach stellt die Vergütung den wirtschaftlichen Ausgleich für den Wert der überlassenen Erfindungsrechte dar. Dies drückt sich im Erfindungswert darin aus, was einem freien Erfinder vom Arbeitgeber in der konkreten Situation gezahlt worden wäre.[1985] Das zeigt sich gerade bei der Berechnungsmethode der Lizenzanalogie, die auf das Austauschverhältnis zwischen üblichen Lizenzvertragsparteien abstellt.[1986] Der Tatbestand einer wirtschaftlichen Einheit des Konzerns steht damit nicht in Widerspruch.[1987] 881

Abschließend weist der BGH darauf hin, dass dann, wenn die eigenen Umsätze beim Arbeitgeber gering sind oder gar gänzlich fehlen, es näher liegen kann, einen Maßstab zu verwenden, »der in irgendeiner Weise zumindest das wirtschaftliche Gesamtpotential der Nutzung der Erfindung im Konzern wiedergibt.«[1988] Sollten sich diese Überlegungen des BGH auf die Situation beziehen, dass nicht nur beim 882

1981 Vgl. den Hinweis von Keukenschrijver in Busse/Keukenschrijver, PatG, § 12 ArbEG, Rn. 41 auf BFH v. 10.5.2001, NJW 2001, 3286 (3287) zu der Problematik der Beschaffung von Kalkulationsunterlagen einer ausländischen Muttergesellschaft durch die inländische Konzerntochter.

1982 GRUR 2010, 223 (227 [Tz. 39]) – *Türinnenverstärkung.*

1983 Siehe auch Rdn. 831.

1984 BGH v. 17.11.2009, GRUR 2010, 223 (227 [Tz. 40]) – *Türinnenverstärkung.*

1985 Zum Begriff des Erfindungswertes siehe oben Rdn. 697 ff.

1986 Vgl. BGH vom 13.11.1997, GRUR 1998, 689 (692) – *Copolyester II.*

1987 Siehe dazu oben Rdn. 826 ff.

1988 BGH v. 16.4.2002, GRUR 2002, 801 (804 [Tz. 37]) – *Abgestuftes Getriebe.*

Arbeitgeber, sondern ebenso bei den übrigen Konzernunternehmen keine bzw. nur geringe Umsätze anfallen, erscheint dieser Ansatz kritisch. Während der BGH für den Fall der Nutzung im Konzernbereich bereit ist, außerhalb einer Schwerpunktnutzung liegende geringe Nutzungen wegen ihrer Geringfügigkeit zu vernachlässigen und auf das Schwergewicht einer Nutzung beim Arbeitgeber oder bei einem sonstigen lizenznehmenden Konzernunternehmen abzustellen, soll bei Nichtnutzung der Erfindung ein Bezug auf potentielle Konzernnutzungen maßgeblich sein. Hier liegt m.E. ein gewisser Widerspruch vor. Denn es kann nicht angehen, dass zuvor auf die tatsächlichen und rechtlichen Schwierigkeiten der konzernbezogenen Informationsbeschaffung abgestellt wird, und dann, wenn mangels konkret feststellbarer Schwerpunktnutzung keine anderen Kriterien für eine Vergütungsbemessung gefunden werden, doch wieder eine Konzernöffnung und damit eine Bewertung nach potentiellen Nutzungsmöglichkeiten erfolgt.

883 Im Ergebnis liegt m.E. dann eine pauschalierende Bewertung nahe, etwa in Anlehnung an die Vergütung von Vorratspatenten (siehe RL Nr. 21). Nach Auffassung der Schiedsstelle ist allenfalls eine Vergütung auf Basis eines Vorratspatents zu berücksichtigen, wenn weder der Arbeitgeber geldwerte Vorteile aus einer Nutzung in Form des Einbringens der Erfindung in einen konzernweiten Patentpool zieht, noch die anderen Konzernunternehmen die eingebrachte Diensterfindung nutzen.[1989]

c) Austauschvertrag

884 Im Konzernbereich ist der auf konkrete Erfindungen bezogene Austauschvertrag die Ausnahme, einerseits mit Blick auf die Konzernlizenz,[1990] deren Vergütung sich nach den Regeln der Lizenzvergabe bestimmt, und andererseits bezogen auf den Patentpool, für den regelmäßig die Regelungen zur Rechtsübertragung oder ausschließlichen Lizenz zum Tragen kommen.

885 Beim Austauschvertrag besteht die jeweilige Gegenleistung darin, die eingetauschten Fremdrechte bzw. die darauf bezogenen Schutzrechtspositionen nach eigenen Vorstellungen und wirtschaftlichen Möglichkeiten nutzen zu können; folgerichtig knüpft RL Nr. 17 zur Bestimmung des Erfindungswertes an die wirtschaftlichen Vorteile des jeweiligen Vertragspartners aus der Nutzung der Fremdrechte an.[1991]

886 Da es – wie RL Nr. 17 Abs. 1 Satz 1 betont – auf die wirtschaftliche Nutzungssituation des jeweiligen Arbeitgebers ankommt, sind die wirtschaftlichen Vorteile des Austauschpartners nicht zu berücksichtigen.[1992] Für den Fall, dass der Arbeitgeber durch die Nutzung der eingetauschten Erfindung Umsätze macht, ist deren Erfindungswert

1989 Schiedsstelle v. 9.3.2016, Arb.Erf. 39/13 (www.dpma.de).

1990 Siehe dazu Rdn. 476 ff.

1991 Vgl. Schiedsstelle, ZB v. 12.3.1974, BlPMZ 1974, 295; v. 2.8.2005, Arb.Erf. 88/04; v. 20.1.2009, Arb.Erf. 40/06 u. v. 6.12.2012, Arb.Erf. 34/10 (alle Datenbank Schiedsstellenpraxis).

1992 Allg. A., vgl. nur Reimer/Schade/Schippel/Himmelmann, § 11 ArbEG/RL Nr. 17, Rn. 2.

nach der Lizenzanalogie nach den Maßstäben des Eigenumsatzes zu bestimmen.[1993] Erfolgt dagegen keine Nutzung des eingetauschten Fremdschutzrechts durch den Arbeitgeber, kommt grundsätzlich keine Vergütung in Betracht, und zwar auch nicht unter dem Aspekt des Vorratspatents (RL Nr. 21)[1994]. Eine Bemessung der Erfindervergütung nach den Grundsätzen der Vorratsschutzrechte bietet sich indes dann an, wenn der Arbeitgeber von den ihm eingeräumten Nutzungsbefugnissen an einer Vielzahl von Fremdrechten generell keinen Gebrauch macht.[1995]

Räumen sich mehrere Schutzrechtsinhaber im Konzern gegenseitig Gratis-Lizenzen ein 887
(cross-licensing), gehen sie regelmäßig von der Gleichwertigkeit der Nutzungsmöglichkeiten aus, so dass zusätzliche Lizenzzahlungen nicht erfolgen.[1996] Diese Situation wird im Konzernbereich im Falle des Austauschvertrages regelmäßig gegeben sein. Wird dagegen ausnahmsweise zusätzlich ein Wertausgleich als ergänzende Lizenzgebühr vereinbart und bezahlt, ist der Arbeitnehmer hieran nach Maßgabe der RL Nrn. 14, 15 zu beteiligen.[1997]

3. Einfluss des Konzernverbundes auf die Vergütung wegen bloßer Verwertbarkeit

Da nach § 9 Abs. 2 ArbEG die »wirtschaftliche Verwertbarkeit« der Erfindung ein 888
maßgebliches Kriterium für die Vergütung ist, kommt der Ausfüllung dieses Begriffs im Zusammenhang mit dem Konzern Bedeutung zu, d.h. es ist zu prüfen, inwieweit auch auf bloße Nutzungsmöglichkeiten im Konzern abzustellen ist.

Auf den ersten Blick verleitet der Begriff der »wirtschaftlichen Verwertbarkeit« auf- 889
grund seines Wortlauts zu der Fehlinterpretation, dass das theoretische Potential einer Erfindung deren Wert bestimme. Der Gesetzgeber wollte mit dieser Begrifflichkeit jedoch lediglich zum Ausdruck bringen, dass es eine große Bandbreite an Verwertungsformen für Diensterfindungen geben kann. Tatsächlich hat er nur die Vorteile als wertbestimmend angesehen, die dem Arbeitgeber durch eine realisierte Verwertung der Erfindung zugeflossen sind, und zwar begrenzt auf die Vorteile, die der Reichweite des Rechts auf das Patent, also der Reichweite des rechtlichen Monopolschutzes

1993 Vgl. Reimer/Schade/Schippel/Himmelmann, § 11 ArbEG/RL Nr. 17, Rn. 3; Schiedsstelle v. 14.10.2010, Arb.Erf. 34/08 (unveröffentl.).

1994 Siehe hierzu Rdn. 712 ff.

1995 Vgl. Schiedsstelle v. 26.1.1988, BlPMZ 1988, 351 (353) u. v. 23.6.2015, Arb.Erf. 42/12 (www.dpma.de).

1996 Schiedsstelle v. 19.6.1997, Arb.Erf. 93/95 (unveröffentl.); Keukenschrijver in Busse/Keukenschrijver, PatG, § 11 ArbEG, Rn. 27 m.H.a. Schiedsstelle v. 26.1.1988, BlPMZ 1988, 351 (353); vgl. auch Schiedsstelle v. 16.2.2006, Arb.Erf. 21/03 (nicht veröffentl.), wonach der Erfindungswert insgesamt nach der Methode der Lizenzanalogie zu ermitteln und für jeden der beiden beteiligten Partner zu halbieren ist, wenn einer der Kooperationspartner die erfindungsgemäßen Vorrichtungen herstellt und an seinen Partner verkauft, die dieser dann innerbetrieblich nutzt.

1997 Siehe dazu Rdn. 846 ff.

geschuldet sind.[1998] Neben der tatsächlichen Verwertung der Diensterfindung umfasst dieser Begriff – nach dem Willen des Gesetzgebers[1999] – auch vom Arbeitgeber nicht genutzte Verwertungsmöglichkeiten.

890 Diesem Grundsatz trägt RL Nr. 24 Rechnung. Diese sieht vor, dass bei der Ermittlung des Erfindungswertes unausgenutzte Verwertungsmöglichkeiten dann zu berücksichtigen sind, wenn solche bei verständiger Würdigung der wirtschaftlichen Gegebenheiten des Arbeitgebers[2000] bestehen. Dies setzt nach ständiger Schiedsstellenpraxis die objektive und wirtschaftliche Verwertbarkeit der Diensterfindung voraus.[2001] An einer solchen objektiven Verwertbarkeit einer Erfindung fehlt es bereits, wenn dem Einsatz der Diensterfindung öffentlich-rechtliche Bestimmungen entgegenstehen, so dass aus objektiver Sicht erhebliche Zweifel bestehen, ob das erfindungsgemäße Verfahren einer Prüfung durch die Regulierungsbehörde standgehalten hätte. Die Entscheidung über die Verwertung gehört zudem zum Kernbereich der unternehmerischen Entscheidungsfreiheit; hieran ist der Arbeitnehmererfinder nicht beteiligt.[2002] Dabei ist es nach der zutreffenden Ansicht der Schiedsstelle[2003] nicht Sache des Arbeitnehmers, dem Arbeitgeber eine »bessere« oder »richtigere« Unternehmenspolitik vorzugeben und damit in die Kostenkalkulation und die Unternehmensstrategie des Arbeitgebers einzugreifen. Die Gestaltung des Betriebs und die wirtschaftliche Betätigung des Arbeitgebers sind Bestandteil der grundrechtlich geschützten unternehmerischen Freiheit, (Art. 2 Abs. 1, Art. 12 und Art. 14 GG).[2004] Andererseits ist es folgerichtig, wenn der Verzicht des Arbeitgebers auf eine objektiv und wirtschaftlich vertretbare Erfindungsnutzung vergütungsrechtliche Konsequenzen haben kann.

891 Wie RL Nr. 24 zeigt, kommt es bei der Beurteilung der Verwertbarkeit nicht auf jede beliebige Verwertungsmöglichkeit bei irgendeinem Unternehmen an.[2005] Maßstab ist auch hier die Unternehmensbezogenheit des Erfindungswertes.[2006] Demnach sind nur die Verwertungsmöglichkeiten vergütungsrelevant, deren Ausnutzung dem

---

1998 Vgl. hierzu Schiedsstelle v. 1.8.2022, Arb.Erf: 13/21 (www.dpma.de).

1999 Das zeigt nicht nur der Gesetzeswortlaut, sondern auch die Amtl. Begr. BT-Drucks. II/1648, S. 26 f. = BlPMZ 1957, 218 (232 f.).

2000 OLG Düsseldorf v. 20.12.2012, Düsseldorfer Entscheidungen Nr. 1969 – *Stahlbetontunnel.*

2001 Schiedsstelle v. 9.3.2016, Arb.Erf. 39/13 (www.dpma.de).

2002 Siehe Rdn. 499 ff.; vgl. auch Rosenberger, GRUR 1986, 782 ff. u. Schiedsstelle v. 31.1.2002, Arb.Erf. 90/99 (unveröffentl.); v. 6.7.2016, Arb.Erf. 23/13 u. v. 9.3.2016, Arb.Erf. 39/13 (beide www.dpma.de).

2003 Schiedsstelle v. 9.3.2016, Arb.Erf. 39/13 u. v. 11.1.2018, Arb.Erf. 41/16 (beide www.dpma.de).

2004 Schiedsstelle v. 28.1.2022, Arb.Erf. 42/20 (www.dpma.de).

2005 OLG Düsseldorf v. 20.12.2012, Düsseldorfer Entscheidungen Nr. 1969 – *Stahlbetontunnel*; Schiedsstelle v. 15.2.1991, Arb.Erf. 48/90 u. v. 19.2.1991, Arb.Erf. 44/90 (beide unveröffentl.).

2006 Schiedsstelle v. 21.2.1969, BlPMZ 1970, 139; vgl. auch Rosenberger, GRUR 1986, 782 ff., der sich kritisch mit den Lösungsvorschlägen der Schiedsstelle hinsichtlich der Vergütung von nicht benutzten Schutzrechten auseinandersetzt. Zur Unternehmensbezogenheit siehe hier Rdn. 698 ff.

Arbeitgeber unter Berücksichtigung der Umstände des Einzelfalls wirtschaftlich und technisch möglich und zumutbar ist.[2007]

Damit ist noch nicht die Ausgangsfrage beantwortet, inwieweit unternehmensüber- 892
greifend auch Verwertungsmöglichkeiten innerhalb des Konzernverbundes einzubeziehen sind. Dafür könnte sprechen, dass der Arbeitnehmer im Rahmen der Vergütung auch Einschränkungen, die sich aus der Konzernbindung ergeben, im Einzelfall hinnehmen muss, und insoweit eine »Gleichbehandlung« angebracht sein könnte.[2008] Unternehmensübergreifend kann sich auch die Fallsituation der wirtschaftlichen Einheit des Konzerns[2009] auswirken; hier wäre es bedenklich, wenn bei der Erfindung eines Arbeitnehmers der Konzern-Entwicklungsgesellschaft nicht die Verwertungsmöglichkeit in der aus konzernpolitischen Gründen ausgegliederten Produktionsgesellschaft geprüft würde.

Allerdings kann der Konzernbezug nicht dazu führen, dass der Arbeitnehmer erfinder- 893
rechtlich bevorzugt wird. Für ihn muss der gleiche Maßstab gelten, wie für Arbeitnehmererfinder ohne Einbindung in einen Konzern. Für letztere bejaht die Schiedsstelle in ständiger Praxis einen Vergütungsanspruch nach RL Nr. 24 nur dann, wenn die Überlegungen des Arbeitgebers zur Nichtverwertung einer Diensterfindung absolut unbegründet sind und jeglicher wirtschaftlichen Vernunft widersprechen würden.[2010] Hiervon kann allenfalls dann ausgegangen werden, wenn der Arbeitgeber – aus der ex ante-Sicht in dem Zeitpunkt, zu dem die unternehmerische Entscheidung getroffen werden musste[2011] – Verwertungsmöglichkeiten ohne sachlichen Grund – da »unternehmerisch völlig risikolos«[2012] – eindeutig vorwerfbar unterlässt, obschon sich für sein Unternehmen eine sichere Gewinnmöglichkeit gezeigt hätte.[2013] Von einer »absoluten

2007 Schiedsstelle v. 21.2.1969, BlPMZ 1970, 139, v. 28.1.1970, BlPMZ 1970, 454 (456), v. 8.8.1975, BlPMZ 1977, 173; v. 25.4.1983, BlPMZ 1984, 378 (379); v. 9.3.2016, Arb.Erf. 39/13 u. v. 13.4.2016, Arb.Erf. 68/13 (beide www.dpma.de); Keukenschrijver in Busse/Keukenschrijver, PatG, § 9 ArbEG, Rn. 32; Rosenberger, GRUR 1986, 782 (783); Reimer/Schade/Schippel/Himmelmann, § 9 ArbEG, Rn. 40; Bartenbach/Volz, § 9 ArbEG, Rn. 86; siehe auch BGH v. 31.1.1978, GRUR 1978, 430 (432) – *Absorberstab-Antrieb I.*

2008 Vgl. etwa zur Einräumung von Nutzungsrechten unter Wert oben Rdn. 800 ff.

2009 Siehe dazu oben Rdn. 826 ff.

2010 Schiedsstelle v. 29.1.2013, Arb.Erf. 05/11 (unveröffentl.); v. 4.7.2013, Arb.Erf. 46/12; v. 7.4.2017, Arb.Erf. 05/15 u. v. 11.1.2018, Arb.Erf. 41/16 (alle www.dpma.de); einschränkend OLG Düsseldorf v. 20.12.2012, Düsseldorfer Entscheidungen Nr. 1969 – *Stahlbetontunnel.*

2011 Schiedsstelle v. 9.3.2016, Arb.Erf. 39/13 (www.dpma.de).

2012 Schiedsstelle v. 18.6.2021, Arb.Erf. 37/19; v. 22.11.2021, Arb.Erf. 22/20 u. v. 28.1.2022, Arb.Erf. 42/20 (alle www.dpma.de).

2013 Schiedsstelle v. 12.6.2008, Arb.Erf. 23/06 u. v. 15.11.2011, Arb.Erf. 01/12 (beide Datenbank Schiedsstellenpraxis); v. 19.6.2012, Arb.Erf. 35/11; v. 9.3.2016, Arb.Erf. 39/13 v. 4.7.2013, Arb.Erf. 46/12; v. 7.4.2017, Arb.Erf. 05/15 (alle www.dpma.de); v. 6.7.2017, Arb.Erf. 51/16 (unveröffentl.); Bartenbach/Volz, Komm.RL, RL Nr. 24, Rn. 34 f.; Keukenschrijver in Busse/Keukenschrijver, PatG, § 9 ArbEG, Rn. 32.

Unbegründetheit« kann nicht gesprochen werden, wenn der Arbeitgeber nicht alle Verwertungsmöglichkeiten im Konzern prüft, da ihm eine solche Prüfung im Regelfall weder zumutbar noch tatsächlich und rechtlich möglich ist.[2014] Hinzukommt, dass auch den anderen Konzernunternehmen ein unternehmerischer Entscheidungsspielraum, einschließlich einer Kosten-Nutzen-Analyse[2015], zusteht, den er zu beachten hat. Deshalb ist grundsätzlich allein auf das Unternehmen des Arbeitgebers und nicht auf andere Konzernunternehmen abzustellen. Die Darlegungs- und Beweislast dafür, dass die Nichtverwertung durch den Arbeitgeber entgegen den bei ihm bestehenden Möglichkeiten und Zumutbarkeiten erfolgt, trägt der Arbeitnehmererfinder.[2016]

894 Etwas anderes gilt nur im bereits angesprochenen Fall der wirtschaftlichen Einheit. Hier kann ein Vergütungsanspruch wegen RL Nr. 24 in Betracht kommen, wenn eine Prüfung der Verwertungsmöglichkeit in der Produktionsgesellschaft unterbleibt. Gleiches gilt, wenn eine im Sinne der RL Nr. 24 wirtschaftlich sinnvolle Verwertung beim Arbeitgeber aufgrund einer Weisung der Muttergesellschaft aus konzernpolitischen Gründen oder wegen vertraglicher oder gesellschaftsrechtlicher Bindungen als verbundenes Unternehmen unterbleibt. In solchen Fällen könnten mit dem passiven Verhalten des Arbeitgebers eventuell doch mittelbare, vergütungspflichtige Verwertungshandlungen verbunden sein. Als Berechnungsgrundlage kommen beispielsweise der Wert eines Fertigungs- bzw. Lieferungsauftrages, der Vorteil von Preisnachlässen bei anderen Produkten wie auch aus einer Lizenzeinräumung usw. in Betracht, die der Arbeitgeber als Ausgleich für die unterlassene Nutzung vom Vertragspartner erhält. So kann etwa bei arbeitsteiliger Aufteilung innerhalb eines Konzernverbundes in dem Verzicht auf eine Eigennutzung zugunsten der Verwertung in einem Schwesterunternehmen eine stillschweigende Lizenzierung liegen, die dann entsprechend vergütungspflichtig wäre.[2017] Auch das wegen der Konzernverbundenheit unterlassene Vorgehen gegen eine die patentierte Diensterfindung verletzende Nutzung durch ein anderes Konzernunternehmen kann unter RL Nr. 24 fallen.[2018] Zu diesem Komplex rechnet auch der Sachverhalt, dass der Arbeitgeber eine mögliche Eigennutzung nur deshalb unterlässt, weil er bewusst die laufende Nutzung einer Alternativlösung bei einem verbundenen Unternehmen nicht stören oder gegenüber Wettbewerbern mit Hilfe seiner Schutzrechtspositionen sperren will.[2019] Die unternehmenspolitische Entscheidung, die Diensterfindung ausschließlich selbst bzw. innerhalb eines Konzerns innerbetrieblich zu nutzen und den Markt nicht mit Dritten zu teilen, ist weder zu

2014 Vgl. auch Schiedsstelle v. 22.12.2004, BlPMZ 2005, 326.

2015 Schiedsstelle v. 9.3.2016, Arb.Erf. 39/13; v. 13.4.2016, Arb.Erf. 68/13; v. 15.9.2016, Arb. Erf. 63/14; v. 11.1.2018, Arb.Erf. 41/16; v. 23.1.2020, Arb.Erf. 06/19 u. v. 1.10.2021, Arb.Erf. 31/17 (alle www.dpma.de).

2016 OLG Karlsruhe v. 25.11.2009, Az. 6 U 13/09 (unveröffentl.).

2017 So Bartenbach/Volz, Komm.RL, RL Nr. 24, Rn. 40.

2018 Vgl. Reimer/Schade/Schippel/Himmelmann, § 11 ArbEG/RL Nr. 24, Rn. 2 m.H.a. Schiedsstelle, Arb.Erf. 38/70 (unveröffentl.); vgl. auch allg. Bartenbach/Volz, Komm. RL, RL Nr. 24, Rn. 47.

2019 Zur Sperrwirkung siehe oben Rdn. 786.

beanstanden noch begründet dies eine unausgenutzte Verwertbarkeit im Sinne der RL Nr. 24.[2020]

VI. Die Wirksamkeit von Vergütungsregelungen unter konzernrelevanten Aspekten

Ist zwischen den Arbeitsvertragsparteien die Vergütung der Diensterfindung verbindlich geregelt – sei es einvernehmlich durch Vergütungsvereinbarung (§ 12 Abs. 1 ArbEG) oder sei es mittels unwidersprochen gebliebener Vergütungsfestsetzung durch den Arbeitgeber (§ 12 Abs. 3 ArbEG) – kommt erfinderrechtlich[2021] ein Wegfall der Bindungswirkung nur unter zwei Aspekten in Betracht: 895

Die Vergütungsregelung ist von Anfang an wegen grober Unbilligkeit unter den Voraussetzungen des § 23 ArbEG unwirksam oder es besteht wegen wesentlich geänderter Umstände ein Anpassungsanspruch nach § 12 Abs. 6 ArbEG. Im Hinblick auf § 23 ArbEG sind im Rahmen des § 12 Abs. 6 Satz 1 ArbEG solche Umstände bedeutungslos, die bereits ein Leistungsmissverhältnis zum Zeitpunkt des Zustandekommens der Vergütungsregelung begründet haben können. Fehlbewertungen der Vergütungsregelungen können nicht nach § 12 Abs. 6 ArbEG, sondern nur nach § 23 ArbEG geltend gemacht werden.[2022] 896

Für beide Regelungen sind konzernbezogene Fallgestaltungen von besonderer Bedeutung: 897

1. Unbilligkeit einer Vergütungsregelung (§ 23 ArbEG)

Dem Unbilligkeitseinwand des § 23 Abs. 1 ArbEG liegt der Gedanke zugrunde, dass der Erfinder davor geschützt werden soll, dass er einer ihn erheblich benachteiligenden Regelung zustimmt, weil er andernfalls Nachteile von Seiten des Arbeitgebers befürchtet.[2023] § 23 ArbEG erfasst daher nur Fälle, in denen eine Vertragspartei in der Vereinbarung bereits zum Zeitpunkt ihres Abschlusses erkennbar erheblich benachteiligt wird. Ist eine Vergütungsvereinbarung bzw. eine verbindlich gewordene Festsetzung in erheblichem Maße unbillig[2024], führt dies gemäß § 23 Abs. 1 ArbEG zur Unwirksamkeit der Regelung, vorausgesetzt, dies wird spätestens bis zum Ablauf von sechs Monaten nach Beendigung des Arbeitsverhältnisses in Textform geltend gemacht (§ 23 Abs. 2 ArbEG). 898

2020 Vgl. Schiedsstelle v. 6.6.2014, Arb.Erf. 54/12 (www.dpma.de).

2021 Zu den allgemeinen zivilrechtlichen Nichtigkeitsgründen vgl. u.a. Reimer/Schade/Schippel/Trimborn, § 12 ArbEG, Rn. 32.

2022 Schiedsstelle v. 8.10.2009, Arb.Erf. 50/08 (unveröffentl.).

2023 Vgl. nur Schiedsstelle v. 31.7.2024, Arb.Erf. 50/21 (unveröffentl.).

2024 Zu diesem unbestimmten Rechtsbegriff vgl. Schiedsstelle v. 23.1.2020, Arb.Erf. 06/19 (www.dpma.de).

a) Voraussetzungen

899 Eine erhebliche Unbilligkeit im Sinne dieser Vorschrift liegt vor, wenn ein erhebliches objektives Missverhältnis zwischen der vereinbarten bzw. verbindlich festgesetzten Vergütung und der gesetzlich nach den §§ 9 ff. ArbEG in Verbindung mit den Amtlichen Vergütungsrichtlinien geschuldeten Vergütung besteht.[2025] Es genügt, wenn die Unbilligkeit objektiv gegeben ist; auf subjektive Momente, insbesondere einen Schuldvorwurf, kommt es nicht an.

900 Die Darlegungs- und Beweislast für die Kriterien der Unbilligkeit hat diejenige Partei, die sich hierauf beruft.[2026]

901 Im Regelfall ist eine erhebliche Unbilligkeit zu Lasten des Arbeitnehmererfinders gegeben, wenn die vereinbarte bzw. festgesetzte Vergütung in beträchtlichem Maße unter der gesetzlich geschuldeten Vergütung liegt. Insoweit hat der BGH den in der Praxis geltenden Maßstab bestätigt, dass die Unterschreitung des gesetzlich geschuldeten Vergütungsbetrages um mehr als 50% zu einer Unbilligkeit führt[2027] oder umgekehrt zu Lasten des Arbeitgebers mindestens das Doppelte der gesetzlich geschuldeten Vergütung vereinbart oder festgesetzt worden ist.[2028]

902 Die Erheblichkeitsschwelle kann sich mit Ansteigen der Vergütungsbeträge senken. Hier kommt es maßgeblich auf den absoluten Unterschiedsbetrag zwischen vereinbarter und gesetzlich geschuldeter Vergütung an.[2029]

903 Bei einer Pauschalvergütungsvereinbarung geht die Schiedsstelle im Hinblick auf deren besonderen Risikocharakter von einer Unbilligkeit im Sinne des § 23 Abs. 1 ArbEG

2025 BGH v. 4.10.1988, GRUR 1990, 271 (272) – *Vinylchlorid* u. v. 22.6.2012, GRUR 2012, 959 (960 [Tz. 8]) – *Antimykotischer Nagellack II*; Schiedsstelle v. 28.1.1970, BlPMZ 1970, 454; v. 23.10.1969, BlPMZ 1971, 141; siehe auch Schiedsstelle v. 10.7.2019, Arb.Erf. 03/17 u. v. 23.1.2020, Arb.Erf. 06/19 (beide www.dpma.de) sowie LG Mannheim v. 14.1.2020, 2 O 76/18 (unveröffentl.).

2026 Schiedsstelle v. 16.12.2011, Arb.Erf. 63/08 (unveröffentl.); LG Düsseldorf v. 24.2.2012, 4a O 286/10 (unveröffentl.) – *Kälteanlage*.

2027 BGH v. 4.10.1988, GRUR 1990, 271 – *Vinylchlorid*; v. 6.3.2012, Mitt. 2012, 285 – *Antimykotischer Nagellack I* u. v. 22.6.2012, GRUR 2012, 959 (960 [Tz. 8]) – *Antimykotischer Nagellack II*; Volz, FS Bartenbach (2005), 199 ff.; vgl. auch Bartenbach/Volz, § 23 ArbEG, Rn. 21 f. m.H.a. OLG Düsseldorf v. 7.5.1992, 2 U 117/91 (unveröffentl.) sowie Schiedsstelle v. 30.12.1983, Arb.Erf. 1(B)/82 (unveröffentl.); v. 17.3.1994, Arb.Erf. 177/92 u. v. 14.6.1994, Arb.Erf. 03/94 (beide Datenbank Schiedsstellenpraxis); v. 4.4.1995, Arb.Erf. 53/93 (unveröffentl.); v. 19.12.1995, Arb.Erf. 3 (B)/94 u. v. 20.1.1997, Arb.Erf. 34/93 (beide Datenbank Schiedsstellenpraxis); v. 18.4.2002, Arb.Erf. 60/99 (unveröffentl.) u. v. 16.5.2003, BlPMZ 2003, 400.

2028 Ständ. Praxis der Schiedsstelle, z.B. v. 16.5.2003, BlPMZ 2003, 400; v. 11.3.2008, Arb. Erf. 24/07; v. 1.4.2008, Arb.Erf. 52/05; v. 17.4.2008, Arb.Erf. 49/06; v. 29.4.2010, Arb. Erf. 11/09 u. v. 22.7.2013, Arb.Erf. 40/11 (alle www.dpma.de); siehe auch OLG Frankfurt v. 3.3.2022, GRUR-RR 2022, 309 (310 [Tz. 19 ff.]) – Vergütungsvereinbarung.

2029 BGH v. 4.10.1988, GRUR 1990, 271 – *Vinylchlorid*; Schiedsstelle v. 16.3.1993, Arb. Erf. 23/93 (unveröffentl.).

aus, wenn die gesetzlich geschuldete Erfindervergütung die in der Pauschalvereinbarung vereinbarte Vergütung um etwa das Dreifache übersteigt.[2030]

Im Konzernbereich können diese Schwellenwerte vielfach schnell überschritten werden. Das gilt zumindest dann, wenn eine Erfindung über den Unternehmensbereich des Arbeitsgebers hinaus genutzt wird und damit konzernspezifische Bewertungskriterien greifen.[2031] Dies betrifft einmal schwierige rechtliche Bewertungen, zumal hier eine höchstrichterliche Klärung noch aussteht. Hinzu kommen zahlreiche tatsächliche Schwierigkeiten der Sachaufklärung von Nutzungstatbeständen im Konzernbereich.[2032] Nicht auszuschließen sind auch leitungsbezogene Vorgaben von ausländischen Konzerngesellschaften, die in Unkenntnis des deutschen Erfinderrechts konzerneinheitliche Regeln über die Abfindung von Arbeitnehmererfindungen vorschreiben.[2033] Hierzu kann auch ein einem leitenden Angestellten abgeforderter Verzicht auf seine Vergütungsansprüche gehören.[2034] 904

b) Geltendmachung und Ausschlussfrist

Die 6-monatige Ausschlussfrist des § 23 Abs. 2 ArbEG zur Geltendmachung der Unbilligkeit knüpft an die rechtliche Beendigung des Arbeitsverhältnisses an.[2035] Wechselt ein Arbeitnehmer zu einer anderen Konzerngesellschaft, so ändert dies nichts am Lauf der Frist. Grundsätzlich handelt es sich bei den beiden Konzernunternehmen um unterschiedliche juristische Personen.[2036] Insoweit ist allein das rechtliche Ende des Arbeitsverhältnisses maßgebend, in dem die Arbeitnehmererfindung entstanden ist. Dabei muss allerdings eine genaue arbeitsrechtliche Differenzierung zwischen den einzelnen Fallgestaltungen eines Konzerneinsatzes vorgenommen werden, ob also eine Entsendung zu einem anderen Konzernunternehmen eine den Bestand des Arbeitsverhältnisses unverändert lassende Abordnung darstellt oder eine Versetzung mit Beendigung des bisherigen und Begründung eines neuen Arbeitsverhältnisses vorliegt.[2037] 905

§ 23 Abs. 2 ArbEG ist keine Sonderregelung zum Verjährungsrecht. Vielmehr ist Voraussetzung für § 23 Abs. 2 ArbEG, dass bislang keine Verjährung eingetreten ist.[2038] 906

2030 Schiedsstelle v. 19.10.2010, Arb.Erf. 03/09 u. v. 16.12.2011, Arb.Erf. 63/08 (beide Datenbank Schiedsstellenpraxis); v. 17.12.2014, Arb.Erf. 52/13 (www.dpma.de); v. 10.7.2019, Arb.Erf. 03/17 (www.dpma.de); Bartenbach/Volz, § 23 ArbEG, Rn. 22.5.

2031 Siehe dazu oben u.a. Rdn. 843 ff.

2032 Vgl. etwa BGH v. 16.4.2002, GRUR 2002, 801 (804 [Tz. 37]) – *Abgestuftes Getriebe.*

2033 Zu Konzernrichtlinien vgl. Rdn. 936 ff.

2034 Vgl. dazu allgemein Volz, FS Bartenbach (2005), 199 (221 ff.) m.H.a. LG Frankfurt v. 22.11.2000, 2/6 O 239/00 (unveröffentl.).

2035 Allg. A., z.B. Reimer/Schade/Schippel/Rother, § 23 ArbEG, Rn. 9; vgl. hierzu auch Schiedsstelle v. 8.10.2009, Arb.Erf. 50/06 (unveröffentl.).

2036 So auch Schiedsstelle v. 25.7.2019, Arb.Erf. 04/19 (www.dpma.de); abweichend LG Mannheim v. 14.1.2020, 2 O 76/18 (unveröffentl.).

2037 Vgl. zu den einzelnen Formen des Arbeitseinsatzes im Konzern u.a. Maschmann, RdA 1996, 24 ff. sowie die Ausführungen in Rdn. 110 ff.

2038 Schiedsstelle v. 11.12.2014, Arb.Erf. 31/10 (www.dpma.de).

Bei § 23 Abs. 2 ArbEG handelt es sich um eine von Verjährungsregeln unabhängige Regelung eigener Art. Sie knüpft nicht wie die Verjährung an eine länger zurückliegende Fälligkeit eines Anspruchs an, sondern daran, dass die Arbeitsvertragsparteien künftig getrennte Wege gehen.[2039]

2. Vergütungsanpassung wegen veränderter Umstände (§ 12 Abs. 6 ArbEG)

907 Sollten sich nachträglich die Umstände, die der ursprünglichen Vergütungsregelung zugrunde lagen, wesentlich ändern, kann jeder Beteiligte gemäß § 12 Abs. 6 ArbEG vom anderen eine Anpassung der Vergütungsregelung verlangen. Sie betrifft Vergütungsvereinbarungen ebenso wie Vergütungsfestsetzungen (§ 12 Abs. 6 Satz 1 ArbEG). Diese Regelung stellt einen gesetzlich normierten Anwendungsfall der Lehre vom Wegfall der Geschäftsgrundlage (§ 313 Abs. 1 BGB) dar.[2040] Voraussetzung für diesen Anspruch ist, dass tatsächliche Veränderungen der von den (früheren) Arbeitsvertragsparteien bei der Vergütungsregelung zugrunde gelegten Umstände nachträglich objektiv zu einem auffälligen groben Missverhältnis von Leistung und Gegenleistung geführt haben.[2041] Hiermit soll den besonders unsicheren und schwer vorhersehbaren Entwicklungs- und Verwertungsmöglichkeiten bei Erfindungen Rechnung getragen werden.[2042] Für die Beurteilung einer Änderung sind die tatsächlichen Umstände und möglichen Entwicklungen festzustellen, die die Parteien bei ihrer Vergütungsregelung berücksichtigt haben.[2043] Realisieren sich später Umstände, deren möglicher Eintritt den Beteiligen bereits beim Zustandekommen der Vergütungsregelung bekannt war und die zwangsläufig ins Auge gefasst werden mussten, können derartige Ereignisse keine anpassungsbedürftigen Veränderungen darstellen.[2044] § 12 Abs. 6 Satz 1 ArbEG will vielmehr die Erfindervergütung an unerwartete Nutzungsentwicklungen anpassen.[2045] Veränderungen, die sich in den Grenzen eines üblichen Risikos bewegen, sind hinzunehmen.[2046]

908 Diese Vorschrift gewinnt ebenfalls besondere Bedeutung, wenn eine Diensterfindung im Konzern unternehmensübergreifend verwertet wird.

909 Sie greift beispielsweise dann, wenn sich nachträglich die Verwertungsmöglichkeiten wesentlich erweitert haben, etwa indem die Diensterfindung nunmehr konzernweit

2039 Schiedsstelle v. 11.12.2014, Arb.Erf. 31/10 (www.dpma.de).
2040 BGH v. 17.4.1973, GRUR 1973, 649 (651) – *Absperrventil*; Schiedsstelle v. 20.6.2013, Arb.Erf. 32/12 u. v. 9.7.2013, Arb.Erf. 45/12 (beide www.dpma.de); LG Düsseldorf v. 20.3.2013, Düsseldorfer Entscheidungen Nr. 2024 – *Rückhalteprofil*.
2041 Schiedsstelle v. 22.9.2010, Arb.Erf. 94/04 (unveröffentl.).
2042 BGH v. 17.4.1973, GRUR 1973, 649 (651) – *Absperrventil*.
2043 BGH v. 17.4.1973, GRUR 1973, 649 (652) – *Absperrventil*.
2044 Schiedsstelle v. 9.7.2013, Arb.Erf. 45/12 (www.dpma.de).
2045 Schiedsstelle v. 20.6.2013, Arb.Erf. 32/12 u. v. 9.7.2013, Arb.Erf. 45/12 (beide www.dpma.de). Siehe auch Schiedsstelle v. 25.7.2019, Arb.Erf. 04/19; v. 5.2.2020, Arb.Erf. 57/18 u. v. 4.12.2020, Arb.Erf. 34/19 (alle www.dpma.de).
2046 Bartenbach/Volz, § 12 ArbEG, Rn. 97 ff.

eingesetzt werden kann.[2047] Andererseits kann sich auch der Arbeitgeber auf eine wesentliche Veränderung berufen, wenn sich z.B. konzernbezogene Schutzrechtserwartungen nicht realisiert haben bzw. Schutzrechtspositionen versagt worden sind, ferner, wenn später über einen Patentpool neue Alternativlösungen zur Verfügung stehen, die einen Verzicht auf die bisherige Erfindungsnutzung mit sich bringen. Wesentliche Veränderungen können sich (auch im Hinblick auf RL Nr. 26) bei einem im Konzern beschlossenen Übergang von einer Inlands- zur Auslandsherstellung dann ergeben, wenn diese Nutzungshandlungen im nunmehr schutzrechtsfreien Ausland erfolgen.[2048] In ständiger Praxis geht die Schiedsstelle davon aus, dass ein Anpassungsanspruch des Arbeitsnehmers bei einer Pauschalvergütung erst dann greifen kann, wenn das Nutzungsvolumen das Dreifache der ursprünglichen Prognose überschreitet.[2049]

VII. Die Auskunfts- und Rechnungslegungspflichten im Konzern

Damit der Arbeitnehmererfinder sich selbst ein hinreichendes Bild über die wirtschaft- 910
lichen Vorteile, die sein Arbeitgeber aus der Diensterfindung zieht, machen kann, wird ihm nach Treu und Glauben ein vom Bestand des Arbeitsverhältnisses unabhängiger (vgl. § 26 ArbEG) Anspruch auf Auskunftserteilung zuerkannt.[2050] Der Anspruch kann auch eine Pflicht zur Rechnungslegung nach § 259 BGB zum Inhalt haben.[2051] Angesichts der spezifischen Verwertungssituationen im Konzernbereich haben diese

2047 Vgl. z.B. den Fall bei Schiedsstelle v. 14.12.1995, Arb.Erf. 41/94 (Datenbank Schiedsstellenpraxis).

2048 Vgl. auch Schiedsstelle v. 13.1.1986, BlPMZ 1991, 201 (203).

2049 Schiedsstelle v. 17.12.2014, Arb.Erf. 52/13 (www.dpma.de).

2050 Im Ergebnis ständ. Rspr., vgl. nur BGH v. 16.4.2002, GRUR 2002, 801 (802 f. [Tz. 24]) – *Abgestuftes Getriebe*; v. 29.4.2003, GRUR 2003, 789 [Tz. 7] – *Abwasserbehandlung*; vgl. auch v. 21.12.2005, GRUR 2006, 401 (405 [Tz. 33]) – *Zylinderrohr*; v. 17.11.2009, GRUR 2010, 223 (224 ff. [Tz. 14 f.]) – *Türinnenverstärkung*; OLG Düsseldorf v. 12.4.2012, Mitt. 2012, 463 (464) – *Verwendung einer Genveränderung*; OLG Düsseldorf v. 28.2.2014, Düsseldorfer Entscheidungen Nr. 2183 – Technischer Geschäftsführer; OLG Frankfurt v. 7.12.2017, GRUR-RS 2017, 138234 – *Mark up*; OLG München v. 14.9.2017, GRUR-RR 2018, 137 (139 [Tz. 58]) – *Spantenmontagevorrichtung*; LG Braunschweig v. 26.4.2017, BeckRS 2017, 131326 – *Schwenkfüße*; LG Düsseldorf v. 20.4.2017, 4c O 67/16 – *Hydraulikhammer* (www.justiz.nrw.de) u. v. 18.1.2018, Düsseldorfer Entscheidungen Nr. 2741 – *Photovoltaikanlage I*; siehe auch allg BGH v. 26.3.2019, GRUR 2019, 496 (497 [Tz. 12]) – *Spannungsversorgungsvorrichtung*; Keukenschrijver in Busse/Keukenschrijver, PatG, § 12 ArbEG, Rn. 41; Bartenbach/Volz, § 12 ArbEG, Rn. 162 ff.; Meier-Beck, FS Tilmann (2003), 539 (543 ff.); Kunzmann, FS Bartenbach (2005), 175 ff.; Reimer/Schade/Schippel/Trimborn, § 12 ArbEG, Rn. 59 ff.

2051 Ständ. Rspr., vgl. nur BGH v. 26.2.1986, BGHZ 97, 188 (192) u. v. 19.3.1987, GRUR 1987, 647 – *Briefentwürfe*; vgl. auch BGH v. 17.11.2009, X ZR 60/07 (unveröffentl.) – *Türbänder*; OLG Karlsruhe v. 13.10.2019, GRUR-RR 2022, 108 – *Planetengetriebe*. Siehe auch OLG Düsseldorf v. 17.5.2023, GRUR-RS 2023, 13971 – Sanitärarmatur, wonach nur im Ausnahmefall eine Belegvorlage verlangt werden kann.

Ansprüche in der Betriebspraxis besondere Bedeutung für Arbeitnehmererfinder von verbundenen Unternehmen.[2052]

1. Rechtsnatur als Hilfsanspruch

911 Der Anspruch auf Auskunftserteilung und gegebenenfalls auf Rechnungslegung beruht auf §§ 9, 12 ArbEG i.V.m. § 242 BGB[2053] und ist ein Hilfsanspruch zum Hauptanspruch auf angemessene Vergütung der Diensterfindung.[2054] Die Schiedsstelle geht inzwischen von einer gewohnheitsrechtlichen Anerkennung aus.[2055]

912 Ohne Ansprüche auf Auskunftserteilung und gegebenenfalls Rechnungslegung kann der Arbeitnehmer weder das Bestehen eines Vergütungsanspruches feststellen, noch die Höhe eventuell gezahlter Vergütungsansprüche überprüfen, noch den Umfang seiner ihm gesetzlich oder aufgrund einer Vergütungsregelung zustehenden Vergütungsansprüche berechnen.[2056] Es wäre mit Treu und Glauben unvereinbar, dem Arbeitnehmererfinder die erforderliche Aufklärung über solche vergütungsrelevanten Umstände zu versagen, über die er in entschuldbarer Weise im Ungewissen ist und die er sich nicht selbst auf zumutbare Weise verschaffen kann, die andererseits aber vom Arbeitgeber unschwer gegeben werden können, ohne unbillig belastet zu sein.[2057] Der Anspruch

2052 Vgl. etwa BGH v. 16.4.2002, GRUR 2002, 801 ff. – *Abgestuftes Getriebe* u. v. 17.11.2009, GRUR 2010, 223 (224 ff. [Tz. 13 ff.]) – *Türinnenverstärkung*; OLG München v. 8.2.2001, Mitt. 2001, 207 ff. – *Verwertung durch eine ausländische Muttergesellschaft*.

2053 BGH v. 20.11.1962, GRUR 1963, 315 – *Pauschalabfindung*; v. 13.11.1997, GRUR 1998, 684 (687) – *Spulkopf*; v. 13.11.1997, GRUR 1998, 689 (692) – *Copolyester II*; v. 23.10.2001, GRUR 2002, 149 (153 [Tz. 27]) – *Wetterführungspläne II*; v. 16.4.2002, GRUR 2002, 801 (804 [Tz. 24]) – *Abgestuftes Getriebe*; LG Düsseldorf v. 24.9.1974, EGR Nr. 13 zu § 12 ArbEG u. v. 10.4.1984, 4 O 55/83 (unveröffentl.); Schiedsstelle v. 25.2.1999, Arb.Erf. 03/97 (unveröffentl.).

2054 BGH v. 17.5.1994, GRUR 1994, 898 (900) – *Copolyester I* u. v. 20.11.1962, GRUR 1963, 315 (316) – *Pauschalabfindung*; vgl. auch LG München I v. 10.1.2013, Arb.Erf. 7 O 29691/11 (unveröffentl.); OLG Düsseldorf v. 28.2.2014, Düsseldorfer Entscheidungen Nr. 2183 – *Technischer Geschäftsführer*; OLG Frankfurt v. 7.12.2017, GRUR-RS 2017, 138234 – *Mark up*; OLG München v. 14.9.2017, GRUR-RR 2018, 137 (Rn. 58 ff.) – *Spantenmontagevorrichtung*; LG Braunschweig v. 26.4.2017, BeckRS 2017, 131326 – *Schwenkfüße*; LG Düsseldorf v. 20.4.2017, 4c O 67/16 – *Hydraulikhammer* (www.justiz.nrw.de); Schiedsstelle v. 9.1.2013, Arb.Erf. 16/10 u. v. 15.1.2013, Arb.Erf. 44/11 (beide www.dpma.de); Keukenschrijver in Busse/Keukenschrijver, PatG, § 12 ArbEG, Rn. 41.

2055 Schiedsstelle v. 15.9.2016, Arb.Erf. 61/14 (www.dpma.de); so auch BGH v. 26.3.2019, GRUR 2019, 496 (Rn. 12) – *Spannungsversorgungsvorrichtung* m.H.a. BGH v. 17.11.2009, GRUR 2010, 223 (Rn. 21) – *Türinnenverstärkung*.

2056 BGH v. 6.2.2002, GRUR 2002, 609 (611 [Tz. 18]) – *Drahtinjektionseinrichtung* m.w.N.; siehe auch OLG Düsseldorf v. 24.10.2013, 2 U 63/12 (unveröffentl.).

2057 So im Ergebnis BGH v. 26.2.1986, BGHZ 97, 188 (192), v. 19.3.1987, GRUR 1987, 647 – *Briefentwürfe*, v. 6.2.2002, GRUR 2002, 609 (611 [Tz. 18]) – *Drahtinjektionseinrichtung*; v. 16.4.2002, GRUR 2002, 801 (804 [Tz. 24]) – *Abgestuftes Getriebe* u. v. 26.3.2019, GRUR 2019, 496 (Rn. 12) – *Spannungsversorgungsvorrichtung*; OLG Düsseldorf v. 24.10.2013, Az. 2 U 63/12 (unveröffentl.) u. v. 6.10.2022, GRUR-RS 2022,

auf Auskunft soll es dem Arbeitnehmer ermöglichen, das Bestehen eines Vergütungsanspruchs festzustellen, die Höhe gezahlter Vergütungsansprüche überprüfen und den Umfang seiner Vergütungsansprüche berechnen zu können.[2058]

Ein Anspruch auf Auskunft bzw. Rechnungslegung setzt folglich das Bestehen eines Vergütungsanspruchs zumindest dem Grunde nach voraus.[2059] Den Arbeitnehmer trifft insoweit eine Darlegungs- und Beweislast dafür, dass eine gewisse Wahrscheinlichkeit für den Vergütungsanspruch besteht.[2060] Wird eine angemessene Vergütung nach § 9 ArbEG geschuldet, reicht in der Regel der Nachweis der Inanspruchnahme der Diensterfindung aus.[2061] 913

2. Schuldner des Anspruchs

Schuldner des Anspruchs auf Auskunft und Rechnungslegung ist grundsätzlich das Unternehmen, mit dem der Arbeitnehmererfinder seinen Arbeitsvertrag abgeschlossen hat und welches aufgrund dieses Arbeitsvertrages auch Gläubiger der Arbeitsleistung ist.[2062] Ein unmittelbarer Anspruch des Arbeitnehmererfinders gegenüber der Konzernmutter oder anderen Konzernunternehmen besteht nicht.[2063] Das gilt selbst dann, wenn die dortigen Verwertungshandlungen vergütungsrelevant sind und der 914

34795 – Schmiermittelinjektor; BAG v. 30.1.1960, v. 7.7.1960 u. v. 15.6.1972, AP Nr. 1, 2 u. 14 zu § 242 BGB – *Auskunftspflicht.*

2058 BGH v. 6.2.2002, GRUR 2002, 609 (610) – *Drahtinjektionseinrichtung*; vgl. ferner BGH v. 29.4.2003, GRUR 2003, 789 (791) – *Abwasserbehandlung* u. v. 21.12.2005, GRUR 2006, 401 (406 [Tz. 33]) – Zylinderrohr; OLG Düsseldorf v. 12.4.2012, Mitt. 2012, 463 (464 [Tz. 32]) – Verwendung von Genveränderungen.

2059 Siehe BGH v. 17.5.1994, GRUR 1994, 898 (899) – *Copolyester I* m.H.a. BGH v. 11.4.1989, GRUR 1989, 411 (413) – *Offenend-Spinnmaschine*, v. 24.10.2000, GRUR 2001, 155 (157 [Tz. 10]) – *Wetterführungspläne I* u. v. 21.12.2005, GRUR 2006, 401 (405 [Tz. 33]) – *Zylinderrohr*.

2060 BGH v. 17.5.1994, GRUR 1994, 898 (900) – *Copolyester I*; im Anschluss daran OLG Frankfurt v. 14.05.2009, 6 U 68/08 (unveröffentl.); LG Düsseldorf v. 24.2.2012, 4a O 286/10 (juris, Rn. 125) – *Kälteanlage*; LG München v. 9.9.2010, Mitt. 2012, 413, 414 – *Kopfstütze*.

2061 Bartenbach/Volz, § 12 ArbEG, Rn. 164 m.H.a. BGH v. 17.5.1994, GRUR 1994, 898 (900) – *Copolyester I* u. OLG München v. 14.10.1999, 6 U 3558/98 (unveröffentl.); OLG Düsseldorf v. 28.2.2014, Düsseldorfer Entscheidungen Nr. 2182 – *Feuerfester Formstein*.

2062 BGH v. 16.4.2002, GRUR 2002, 801 (802) – Abgestuftes Getriebe; v. 17.11.2009, GRUR 2010, 223 (227 [Tz. 27 ff.]) – Türinnenverstärkung; so auch OLG Frankfurt v. 7.12.2017, GRUR-RS 2017, 138234 – Mark up; LG Braunschweig v. 26.4.2017, BeckRS 2017, 131326 – Schwenkfüße; OLG Düsseldorf v. 6.10.2022, GRUR-RS 2022, 34795 – Schmiermittelinjektor u. v. 17.5.2023, GRUR-RS 2023, 13971 – Sanitärarmatur.

2063 Vgl. BGH v. 16.4.2002, GRUR 2002, 801 (802) – *Abgestuftes Getriebe*; v. 17.11.2009, GRUR 2010, 223 (227 [Tz. 27 ff.]) – *Türinnenverstärkung*; ebenso Bartenbach/Volz, § 12 ArbEG, Rn. 296; wohl auch Keukenschrijver in Busse/Keukenschrijver, PatG, § 12 ArbEG, Rn. 43; siehe auch OLG Frankfurt v. 7.12.2017, GRUR-RS 2017, 138234 – *Mark up*; LG Braunschweig v. 26.4.2017, BeckRS 2017, 131326 – *Schwenkfüße*.

Arbeitgeber weder über entsprechende Kenntnisse verfügt, noch diese rechtlich und tatsächlich in zumutbarer Weise selbst beschaffen kann,[2064] noch der Ausnahmefall einer wirtschaftlichen Einheit des Konzern vorliegt.[2065] Für den Hilfsanspruch kann nichts anderes gelten als für den Vergütungsanspruch selbst, der nicht kraft Gesetzes auf Rechtserwerber übergeht; auch im Konzernbereich ist und bleibt der Arbeitgeber gesetzlich alleiniger Vergütungsschuldner[2066] und damit auch alleiniger Schuldner des Auskunftsanspruchs.[2067]

915 Allein der Umstand, dass der Arbeitgeber Informationen aus dem Bereich anderer konzernverbundener Unternehmen zu geben hat, macht die Auskunftspflicht des Arbeitgebers noch nicht unmöglich.[2068] Nach Ansicht des BGH muss sich der Arbeitgeber konzernintern in zumutbarer Weise um Aufklärung bemühen; und dies bei mangelnder Kooperationsbereitschaft der in Betracht kommenden Konzernunternehmen »mit Nachdruck, auch über die Geschäftsleitungen und notfalls über die Einschaltung von Entscheidungsträgern auf im Konzern übergeordneten Hierarchieebenen«.[2069] Das OLG Düsseldorf[2070] betont die Notwendigkeit der Einschaltung der geschäftsführenden Ebene. Während bei einer Schutzrechtsverletzung der BGH den Verletzer auf Basis des § 888 ZPO als verpflichtet ansieht, Informationen aus dem Konzernbereich zu verschaffen und gegen die nicht kooperationsbereiten konzernverbundenen Unternehmen notfalls gerichtlich vorzugehen, lässt der BGH dies bezogen auf den Auskunftsanspruch nach dem ArbEG mit dem Hinweis offen, dass dies »möglicherweise eine Frage des Einzelfalls« sei.[2071] Hier erscheint es angemessen, die für die Schutzrechtsverletzung angelegten Maßstäbe erheblich zurückzuführen, da der Arbeitgeber ja berechtigterweise über die in Anspruch genommenen Erfindungsrechte verfügt.

2064 So im Ergebnis wohl BGH v. 16.4.2002, GRUR 2002, 801 (803 [Tz. 28]) – *Abgestuftes Getriebe*; einschränkend wohl BGH v. 17.11.2009, GRUR 2010, 223 (227 [Tz. 40]) – *Türinnenverstärkung*. Vgl. zur konzernbezogenen Auskunft bei Patentverletzung OLG Düsseldorf v. 23.1.2013, GRUR-RR 2013, 273 ff. – *Scheibenbremse*.

2065 So wohl auch OLG München v. 8.2.2001, Mitt. 2001, 207 (210) – *Verwertung durch eine ausländische Muttergesellschaft*; siehe auch Rdn. 826 ff.

2066 Vgl. hierzu bereits Rdn. 682 ff.

2067 Siehe Bartenbach/Volz, § 12 ArbEG, Rn. 170.3; siehe auch LG Braunschweig v. 26.4.2017, BeckRS 2017, 131326 – *Schwenkfüße*.

2068 OLG Düsseldorf v. 13.9.2007, InstGE 8, 147 (151 f.) – *Türinnenverstärkung*; bestätigt durch BGH v. 17.11.2009, GRUR 2010, 223 (227 [Tz. 27 ff.]) – *Türinnenverstärkung*; OLG Frankfurt v. 7.12.2017, GRUR-RS 2017, 138234 – *Mark up*; LG Düsseldorf v. 28.4.2016, Düsseldorfer Entscheidungen Nr. 2518 – *Elektrische Glühlampen*.

2069 BGH v. 17.11.2009, GRUR 2010, 223 (227 [Tz. 39]) – *Türinnenverstärkung*; siehe auch OLG Frankfurt v. 7.12.2017, GRUR-RS 2017, 138234 – *Mark up*; LG Düsseldorf v. 28.4.2016, Düsseldorfer Entscheidungen Nr. 2518 – *Elektrische Glühlampen*; a.A. LG Braunschweig v. 26.4.2017, BeckRS 2017, 131326 – *Schwenkfüße*.

2070 V. 3.7.2012, I-2 W 6/11 (unveröffentl.).

2071 BGH v. 17.11.2009, GRUR 2010, 223 (227 [Tz. 39]) – *Türinnenverstärkung*.

3. Inhalt des Anspruchs

Nach der höchstrichterlichen Rechtsprechung bestimmen sich Inhalt und Umfang des Auskunfts- und Rechnungslegungsanspruchs – unter Beachtung des Grundsatzes von Treu und Glauben (§ 242 BGB) – nach den Umständen des Einzelfalls unter Berücksichtigung der Verkehrsübung und unter Abwägung der beiderseitigen Interessen aus dem Zweck der Rechnungslegung.[2072] 916

a) Allgemeine Grundsätze zu Inhalt und Umfang

Grundsätzlich ist der Arbeitgeber verpflichtet, dem Arbeitnehmer alle Angaben zur Verfügung zu stellen, die dieser benötigt, um seine Erfindervergütung zu berechnen.[2073] Dabei bestimmt grundsätzlich die zutreffende Berechnungsmethode auch den Umfang der Auskunft. Die Auskunftspflicht ist auf eine reine Wissenserklärung gerichtet.[2074] Ihr ist dann Genüge getan, wenn die für die Durchsetzung der Gläubigeransprüche notwendigen Informationen gegeben wurden.[2075] Auch die Erklärung des Arbeitgebers, eine Diensterfindung nicht zu verwerten (»Negativauskunft«), ist grundsätzlich geeignet, der Auskunftspflicht Genüge zu tun, wenn diese Erklärung ernst gemeint, vollständig und nicht von vornherein unglaubhaft ist. Dies richtet sich aber nicht nach der Einschätzung des Arbeitnehmers, sondern ist nach den objektiven Umständen unter Berücksichtigung der Lebenserfahrung zu beurteilen.[2076] Die bloße Tatsache, dass ein Arbeitgeber eine Schutzrechtsposition lange aufrechterhält, ist nicht geeignet, die Auskunft des Arbeitgebers, die Diensterfindung nicht verwertet zu haben, als unvollständig oder unglaubhaft erscheinen zu lassen.[2077] 917

Schuldet der konzerngebundene Arbeitgeber eine Vergütung für eigene Umsatzgeschäfte, sind auf der Grundlage der dann maßgeblichen Lizenzanalogie jedenfalls die Umsatzerlöse anzugeben.[2078] Im Übrigen haben sich die Auskunftsansprüche naturgemäß auf die Kriterien zu beschränken, die nach der gesetzlichen Regelung für den durchzusetzenden Anspruch maßgeblich sind.[2079] Damit sind vorrangig die Kriterien des § 9 Abs. 2 ArbEG gemeint. Selbstverständlich ist auch nach der Art der Verwer- 918

2072 BGH v. 17.5.1994, GRUR 1994, 898 (900) – *Copolyester I*; v. 13.11.1997, GRUR 1998, 689 (692) – *Copolyester II*; v. 13.11.1997, GRUR 1998, 684 (687) – *Spulkopf* u. v. 23.10.2001, GRUR 2002, 149 (153 [Tz. 27]) – *Wetterführungspläne II*; vgl. auch Stjerna, GRUR 2011, 789 ff.

2073 BGH v. 21.12.1989, GRUR 1990, 515 (516) – *Marder*; OLG Düsseldorf v. 12.4.2012, Mitt. 2012, 463 (464) – *Genveränderungen*; insoweit bestätigt durch BGH v. 5.2.2013, Mitt. 2013, 244 (245 f. [Tz. 22 ff., 28]) – *Genveränderungen*.

2074 Schiedsstelle v. 7.7.2023, Arb.Erf. 04/22 (www.dpma.de).

2075 Schiedsstelle v. 10.3.2016, Arb.Erf. 23/12 (www.dpma.de); Grüneberg/Grüneberg, § 242 BGB, Rn. 1, § 260 BGB, Rn. 4, 6, 14.

2076 Vgl. nur Schiedsstelle v. 10.11.2020, Arb.Erf. 26/19 (unveröffentl.).

2077 Schiedsstelle v. 7.7.2023, Arb.Erf. 04/22 (www.dpma.de).

2078 BGH v. 16.4.2002, GRUR 2002, 801 (803 [Tz. 28]) – *Abgestuftes Getriebe*.

2079 BGH v. 17.11.2009, GRUR 2010, 223 (225 [Tz. 22]) – *Türinnenverstärkung*; ebenso BGH v. 17.11.2009, X ZR 60/07 (juris) [Tz. 8] – *Türbänder*; siehe auch OLG Frank-

tung der Diensterfindung zu differenzieren, also danach, ob es sich um die Vergütung einer betrieblichen Eigennutzung der Erfindung (RL Nrn. 3 ff.) oder um die Vergütung einer außerbetrieblichen Verwertung (RL Nrn. 14 ff.) handelt.

919 Kommt nur die Methode der Lizenzanalogie zur Berechnung des Erfindungswertes in Betracht, beschränkt sich der Umfang der Auskunft auf die Angaben, die üblicherweise für diese Berechnungsmethode im konkreten Einzelfall erforderlich sind.[2080]

920 Mit seinem Urteil vom 17.11.2009[2081] hat der BGH ausdrücklich seine frühere Rechtsprechung[2082] zur Gewinnauskunft aufgegeben. Der Arbeitgeber schuldet zur Vorbereitung des Vergütungsanspruchs nach der Lizenzanalogie keine Auskunft über den erfindungsgemäßen Gewinn mehr.[2083] Folgerichtig lehnt der BGH auch Auskunftsansprüche über Gestehungs- und Vertriebskosten ab.[2084] Im Rahmen der Angabe der erzielten Umsätze ist der Arbeitgeber auch zu Angaben über Liefermengen, Lieferpreise und Lieferzeiten verpflichtet.[2085] Ebenso hat der Arbeitnehmer Anspruch auf namentliche Nennung von Abnehmern unter Zuordnung der einzelnen Lieferungen.[2086] Hier bestehen im Hinblick auf Geheimhaltungsinteressen dieser Abnehmer, u.U. existierende strafbewehrte Geheimhaltungsverpflichtungen etc., Bedenken.[2087]

921 Ein Anspruch auf Rechnungslegung umfasst neben der Wissenserklärung des Auskunftsanspruchs zusätzlich nach § 259 Abs. 1 BGB eine Pflicht, eine geordnete Zusammenstellung der Einnahmen und – soweit erforderlich – der Ausgaben mitzu-

---

furt v. 7.12.2017, GRUR-RS 2017, 138234 – *Mark up*; LG Düsseldorf v. 28.4.2016, Düsseldorfer Entscheidungen Nr. 2518 – *Elektrische Glühlampen*.

2080 BGH v. 17.5.1994, GRUR 1994, 898 (900 f.) – *Copolyester I*; v. 13.11.1997, GRUR 1998, 864 (867) – *Spulkopf*; v. 16.4.2002, GRUR 2002, 801 (803 [Tz. 28]) – *Abgestuftes Getriebe* u. v. 29.4.2003, GRUR 2003, 789 – *Abwasserbehandlung*; siehe auch LG Braunschweig v. 26.4.2017, BeckRS 2017, 131326 – *Schwenkfüße*.

2081 GRUR 2010, 223 (224 f. [Tz. 31 ff.]) – *Türinnenverstärkung*; bestätigend BGH v. 17.11.2009, Az. X ZR 60/07 – *Türbänder* (unveröffentl.); zust. Dahl, BB 2010, 468; krit. Jesgarzewski, BB 2011, 2933 (2935).

2082 Siehe etwa BGH v. 13.11.1997, GRUR 1998, 689 – *Copolyester II*; v. 16.4.2002, GRUR 2002, 801 (803 [Tz. 24]) – *Abgestuftes Getriebe*.

2083 Ebenso Schiedsstelle v. 28.7.2006, Arb.Erf. 05/05 (unveröffentl.); OLG Düsseldorf v. 24.10.2013, Düsseldorfer Entscheidungen Nr. 2098 – *Kunststoffbeutel*; Volz, GRUR 2010, 223 ff.

2084 BGH v. 17.11.2009, GRUR 2010, 223 (226 f. [Tz. 34]) – *Türinnenverstärkung*.

2085 BGH v. 17.11.2009, GRUR 2010, 223 (227 f. [Tz. 37 f.]) – *Türinnenverstärkung*; OLG Düsseldorf v. 24.10.2013, Düsseldorfer Entscheidungen Nr. 2098 – *Kunststoffbeutel*.

2086 BGH v. 13.11.1997, GRUR 1998, 684 (688) – *Spulkopf* u. v. 17.5.1994, GRUR 1994, 898 (900) – *Copolyester I*; LG Düsseldorf v. 28.4.2016, Düsseldorfer Entscheidungen Nr. 2518 – *Elektrische Glühlampen*; kritisch auch im Hinblick auf das Gesetz zum Schutz von Geschäftsgeheimnissen (GeschGehG) v. 18.4.2019, BGBl. I, S. 466.

2087 Zu dem Geheimhaltungsanspruch der Abnehmer siehe Bartenbach/Volz, § 12 ArbEG, Rn. 195; siehe hierzu auch OLG Düsseldorf v. 24.10.2013, Düsseldorfer Entscheidungen Nr. 2098 – *Kunststoffbeutel*.

teilen.[2088] Eine Pflicht des Arbeitgebers zur Auskunftserteilung hat nicht zwangsläufig eine Rechnungslegungspflicht zur Folge, sondern nur bei besonderen Umständen[2089], etwa bei einer vom Arbeitgeber verursachten Situation wachsenden Misstrauens[2090] bzw. bei Grund zur Annahme, dass die Arbeitgeberauskunft nicht mit der erforderlichen Sorgfalt gemacht worden ist.[2091] Im Rahmen der Rechnungslegung kann der Arbeitgeber im Einzelfall auch verpflichtet sein, dem Arbeitnehmer die erforderlichen Unterlagen zur Einsicht zur Verfügung zu stellen.[2092] Nach § 259 Abs. 1 BGB sind auch Belege vorzulegen, »soweit Belege erteilt zu werden pflegen«. Zutreffend lehnt das OLG Düsseldorf[2093] eine Belegvorlage ab, wenn der Anspruchsinhaber nicht den Nachweis führt, dass dies im betroffenen Geschäftsfeld der Üblichkeit entspricht. In seiner darauf bezogenen Revisionsentscheidung[2094] betont der BGH, dass gemäß § 259 Abs. 1 BGB der Anspruch auf Vorlage von Belegen grundsätzlich nicht davon abhängt, ob die Vorlage von Belegen im Rahmen der geschuldeten Rechnungslegung üblich ist. Maßgeblich sei vielmehr, ob die Erteilung von Belegen bei demjenigen Vorgang üblich ist, den der Beleg dokumentieren soll. Bei einem Anspruch auf Rechnungslegung aus § 242 BGB bestehe ein Anspruch auf Vorlage von Belegen grundsätzlich nur dann, wenn in vergleichbaren vertraglichen Beziehungen üblicherweise Belege vorgelegt werden. Insbesondere könne im Falle einer Lizenzerteilung und sich daran anschließender rechtmäßiger Benutzung nicht eine Präsentation von Belegen zu Art und Umfang der Benutzung verlangt werden, so dass sich dann die Pflicht zur Rechnungslegung in einer geordneten Zusammenstellung der auskunftspflichtigen Daten erschöpft.

Die Kriterien der Erforderlichkeit und der Zumutbarkeit sind nicht nur für die Frage 922
bedeutsam, ob überhaupt ein Auskunftsanspruch besteht, sondern begrenzen auch den Umfang der mitzuteilenden Angaben.[2095] Der Arbeitnehmererfinder kann von seinem

2088 BGH v. 17.11.2009, X ZR 60/07 – *Türbänder* (juris, Rn. 14).

2089 Volz, GRUR 2010, 865 (870 f.); vgl. auch Schiedsstelle v. 9.1.2016, Arb.Erf. 16/10; v. 15.1.2013, Arb.Erf. 44/11; v. 10.3.2016, Arb.Erf. 23/12 u. v. 30.4.2019, Arb.Erf. 39/17 (alle www.dpma.de); v. 19.2.2020, Arb.ERf. 20/17 (unveröffentl.).

2090 Schiedsstelle v. 10.3.2016, Arb.Erf. 23/12; v. 13.7.2018, Arb.Erf. 43/16 u. v. 30.4.2019, Arb.Erf. 39/17 (alle www.dpma.de) m.H.a. BGH v. 17.11.2009, GRUR 2010, 223 – Türinnenverstärkung.

2091 Schiedsstelle v. 15.4.2010, Arb.Erf. 36/08 u. v. 6.5.2010, Arb.Erf. 46/08 (beide www.dpma.de).

2092 BGH v. 21.12.1989, GRUR 1990, 515 – *Marder* u. v. 17.5.1994, GRUR 1994, 898 (900) – Copolyester I; LG Mannheim v. 10.3.2015, 2 O 98/14 (unveröffentl.) betont mit Bezug auf BGH das bloße Einsichtsrecht.

2093 Urteil v. 07.08.2014, GRUR 2014, 1190, 1195 – *Sektionaltorantrieb*; siehe auch LG Hamburg v. 7.5.2020, GRUR-RS 2020, 15486 – *Datenübertragungssystem für Luftfahrzeuge.* Vgl. auch OLG Düsseldorf v. 17.5.2023, GRUR-RS 2023, 13971 – Sanitärarmatur, wonach ein Anspruch auf Belegvorlage grundsätzlich nicht besteht.

2094 Urteil v. 16.5.2017, GRUR 2017, 890 (893 [Tz. 62]) – *Sektionaltor II.*

2095 Vgl. hierzu OLG Düsseldorf v. 6.10.2022, GRUR-RS 2022, 34795 – Schmiermittelinjektor; siehe hierzu auch A. Bartenbach, GRUR Patent 2023, 274 (278).

Arbeitgeber nicht unbeschränkt alle Angaben verlangen, die zur Bestimmung und Überprüfung der angemessenen Erfindervergütung irgendwie hilfreich und nützlich sind oder sein können, sondern nur solche Angaben einfordern, die zur Ermittlung der angemessenen Vergütung unter Berücksichtigung seiner berechtigten Interessen notwendig sind.[2096] Darüber hinaus kann der Arbeitgeber insbesondere Angaben verweigern, die für ihn mit einem unverhältnismäßigen Aufwand verbunden wären, der in keinem vernünftigen Verhältnis zu der dadurch erreichten genauen Bemessung der dem Arbeitnehmer zustehenden angemessenen Vergütung steht, oder die zu geben ihm wegen eines berechtigten Geheimhaltungsinteresses nicht oder nicht ohne besondere Schutzvorkehrungen zuzumuten ist.[2097] Dabei besteht zwischen den Kriterien der Erforderlichkeit und der Zumutbarkeit eine Wechselwirkung: je bedeutsamer die Angaben für den Vergütungsanspruch des Arbeitnehmers sind, desto intensivere Bemühungen um Aufklärung sind dem Arbeitgeber zumutbar; umgekehrt, je stärker der Arbeitgeber durch das Auskunftsbegehren belastet wird, desto sorgfältiger muss geprüft werden, inwieweit die Angaben zur Ermittlung einer angemessenen Vergütung unumgänglich, also erforderlich sind.[2098]

b) Inhalt und Umfang bei Konzernnutzung

923 Auch bei einer Nutzung der Diensterfindung im Konzern erstreckt sich die Auskunftspflicht grundsätzlich nur auf solche Umstände, die im Bereich des Arbeitgebers liegen.[2099] Folglich müssen Auskünfte über die Verwertung der Diensterfindung bei anderen Konzernunternehmen nur erteilt werden, als diese für die Bemessung der Vergütung relevant sind.[2100]

924 Die Auskunft wird auch vom konzernverbundenen Arbeitgeber nur in dem Maße geschuldet, wie die Informationen für die Vergütungsbemessung maßgeblich sind.[2101] Fehlt eine Verkehrsübung, stellt der BGH für die Beantwortung der Frage nach

2096 BGH v. 13.11.1997, GRUR 1998, 689 (692) – Copolyester II; v. 16.4.2002, GRUR 2002. 801 (803 [Tz. 28]) – Abgestuftes Getriebe.

2097 Vgl. OLG Düsseldorf v. 6.10.2022, GRUR-RS 2022, 34795 – Schmiermittelinjektor.

2098 BGH v. 16.4.2002, GRUR 2002, 801 (803 [Tz. 24]) – *Abgestuftes Getriebe*; OLG Düsseldorf v. 24.10.2013, Az. 2 U 63/12 (unveröffentl.) u. v. 6.10.2022, GRUR-RS 2022, 34795 – Schmiermittelinjektor; Meier-Beck, FS Tilmann (2003), 539 (545).

2099 So allgemein Bartenbach/Volz, § 12 ArbEG, Rn. 170.3 m.H.a. LG Düsseldorf v. 18.6.1991, Az. 4 O 254/90 (unveröffentl.).

2100 BGH v. 16.4.2002, GRUR 2002, 801 (803 [Tz. 28]) – *Abgestuftes Getriebe*; vgl. auch OLG München v. 8.2.2001, Mitt. 2001, 207 (210) – *Verwertung durch eine ausländische Muttergesellschaft*. Vgl. auch BGH v. 17.11.2009, GRUR 2010, 223 (224 [Tz. 13]) – *Türinnenverstärkung*; LG Braunschweig v. 26.4.2017 (BeckRS 2017, 131326) – *Schwenkfüße*.

2101 So im Ergebnis wohl auch BGH v. 16.4.2002, GRUR 2002, 801 (803 [Tz. 31]) – *Abgestuftes Getriebe* sowie OLG München v. 8.2.2001, Mitt. 2001, 207 (210) – *Verwertung durch eine ausländische Muttergesellschaft*; vgl. BGH v. 29.4.2003, GRUR 2003, 789 (792 [Tz. 21]) – *Abwasserbehandlung* u. v. 21.12.2005, GRUR 2006, 401 (405 [Tz. 33]) – *Zylinderrohr*; siehe auch Meier-Beck, FS Tilmann (2003), 539 (545). Siehe auch Trimborn, Mitt. 2012, 70 f.

Inhalt und Umfang des Auskunfts- bzw. Rechnungslegungsanspruchs im Zweifel darauf ab, was vernünftige Lizenzvertragsparteien unter angemessener Berücksichtigung der beiderseitigen Interessen vereinbart haben würden, wenn sie den gegebenen Benutzungssachverhalt zum Gegenstand einer vertraglichen Übereinkunft gemacht hätten.[2102] Entscheidend ist, ob eine konzernweite Nutzung, die über die Verwertung beim Arbeitgeber hinausgeht und von vornherein auch in dieser Weise vorgesehen war, für die Bemessung der Erfindervergütung relevant werden soll.

Stellt sich der Konzern als arbeitsteilige wirtschaftliche Einheit dar, schuldet der Arbeitgeber nach Auffassung des LG Düsseldorf[2103] Angaben über die Nutzung der Diensterfindung bei allen mit dem Arbeitgeber verbundenen Unternehmen. Bei dem vom LG Düsseldorf entschiedenen Sachverhalt hatte der Arbeitgeber die streitigen Erfindungen in einen Schutzrechtspool eingebracht, auf den konzernangehörige Unternehmen lizenzgebührenfrei zugreifen konnten. Im Gegenzug durfte der Arbeitgeber in diesem Pool befindliche Schutzrechte anderer Unternehmen nutzen, ohne hierfür eine Gegenleistung erbringen zu müssen. Für die Annahme der wirtschaftlichen Einheit stellt das LG Düsseldorf maßgeblich darauf ab, dass die Produktion der erfindungsgemäßen Produkte arbeitsteilig im Konzern erfolgte, und zwar derart, dass der Arbeitgeber bestimmte Teile herstellte und die Endfertigung dann durch andere verbundene Unternehmen in Auslandsstaaten erfolgte. Für das LG Düsseldorf war auch nicht erkennbar, dass die Einholung der erforderlichen Informationen mit großen tatsächlichen oder rechtlichen Schwierigkeiten verbunden wäre, so dass vernünftige Vertragsparteien von diesen als Bemessungsgrundlage Abstand genommen hätten.[2104] Es erscheint zweifelhaft, ob allein der Umstand, dass ein Konzernunternehmen Halbfertigprodukte herstellt, die dann in anderen Konzernunternehmen weiterverarbeitet werden, ausreicht, um eine »wirtschaftliche Einheit« bzw. ein »arbeitsteiliges Handeln« anzunehmen. 925

Demgegenüber stellt sich das LG Braunschweig[2105] auf den Standpunkt, dass bei einer Konzernverbundenheit des Arbeitgebers regelmäßig die Nutzungshandlungen der anderen Konzernunternehmen vergütungsrelevant seien und hierüber Auskunft zu erteilen sei. Es betont, dass die Nutzung innerhalb der vielschichtigen Konzernstruktur allein auf unternehmerische Entscheidungen des konzernangehörigen Arbeitgebers zurückgingen und dem Erfinder »nicht zum Nachteil gereichen« könnten. Stelle das Unternehmen des Arbeitgebers die Arbeitnehmererfindung im Konzernverbund anderen Konzernunternehmen zur Verwertung zur Verfügung, so könne einerseits diese letztlich nur der arbeitsteiligen optimalen Verwertung der Erfindung dienende Maßnahme nach Treu und Glauben (§ 242 BGB) nicht dazu führen, dass die berech- 926

2102 Vgl. BGH v. 16.4.2002, GRUR 2002, 801 (803 f. [Tz. 26]) – *Abgestuftes Getriebe*; OLG Frankfurt v. 7.12.2017, GRUR-RS 2017, 138234 – *Mark up*; LG Düsseldorf v. 28.4.2016, Düsseldorfer Entscheidungen Nr. 2518 – *Elektrische Glühlampen*.

2103 Urteil v. 28.4.2016, Düsseldorfer Entscheidungen Nr. 2518 – *Elektrische Glühlampen*.

2104 LG Düsseldorf, a.a.O. m.H.a. BGH v. 16.4.2002, GRUR 2002, 801 (803 f.) – *Abgestuftes Getriebe*.

2105 Urteil v. 26.4.2017, BeckRS 2017, 131326 – *Schwenkfüße*.

tigten Interessen des Arbeitnehmererfinders an Auskunft über den Umfang der Nutzung konzerninternen Zuständigkeitsverlagerungen zum Opfer fallen. Andererseits werde dem Arbeitgeber mit dieser Verpflichtung »nichts unmöglich zu Leistendes abverlangt«. Der Inhalt der Auskunftspflicht sei vielmehr den Gegebenheiten angepasst und bestehe darin, dass die Beklagte sich konzernintern in zumutbarer Weise um Aufklärung bemühen müsse.

927 Mit der Überlegung, dass diese Ansicht dem Vergütungsgrundsatz widerspricht, nach dem für die Erfindervergütung grundsätzlich nur der wirtschaftliche Nutzen des Arbeitgebers maßgeblich ist, und dass eine Abweichung von diesem Grundsatz nur ausnahmsweise geboten sein kann, setzt sich das LG Braunschweig nicht auseinander. Ebenso wenig vertieft es die Frage, ob dem beklagten Arbeitgeber die verlangten Auskünfte überhaupt möglich sind. Vielmehr stellt das LG Braunschweig lediglich fest, dass der Arbeitgeber alleiniger Schuldner der Vergütungs- und Auskunftsansprüche sei und er daher umfassend Auskunft geben könne und müsse. Es sei nicht ersichtlich, dass die Auskunft dem Arbeitgeber bei seiner Konzernstruktur nicht möglich ist.

Insgesamt ist in den letzten Jahren eine Tendenz der Instanzgerichte zu erkennen, den konzerverbundenen Arbeitgeber zu einer Auskunft auch über die Umsäze von nutzenden Konzernunternehmen zu verpflichten, auch wenn die Frage, ob der Ausnahmefall der wirtschaftlichen Einheit vorliegt, nicht geklärt worden ist. Die Tendenz scheint jedenfalls dann zu bestehen, wenn die konzernweiten Umsätze ohne große Schwierigkeiten zu ermitteln sind.[2106] Wie zuvor dargestellt[2107], erscheint dies mit Blick auf den allgemeinen Vergütungsgrundsatz und den darauf basierenden ausschließlichen Anspruch des Arbeitnehmererfinders auf eine Beteiligung an den wirtschaftlichen Vorteilen seines eigenen Arbeitgebers nicht angemessen.

928 Der Auskunfts- und Rechnungslegungsanspruch erfasst selbstverständlich nicht nur Verwertungshandlungen im Inland, sondern auch im Ausland,[2108] es sei denn, die dortigen Nutzungshandlungen sind mangels Auslandsschutzes vergütungsfrei.[2109]

929 Bei Lizenzvergaben beschränkt sich der Auskunftsanspruch grundsätzlich auf die aus Drittverwertungen dem Arbeitgeber zufließenden Vermögensvorteile. Fließen dem Arbeitgeber für die Konzernnutzung umsatzabhängige Lizenzzahlungen der verbunde-

2106 So – neben dem zuvor dargestellten LG Braunschweig – OLG Düsseldorf v. 17.5.2023, GRUR-RS 2023, 13971 Rn. 84 f. – Sanitärarmatur; LG Düsseldorf v. 2.3.2021, Düsseldorfer Entscheidungen Nr. 3159, Rn. 37) – Aminosäuren-Derivate I, insoweit nicht thematisiert im bestätigenden Berufungsurteil des OLG Düsseldorf v. 21.10.2021, GRUR-RR 2022, 156 – Lacosamid I; vgl. auch LG Düsseldorf v. 18.1.2022, Az. 4a O 22/20 (www.justiz.nrw.de/nrwe, Rn. 123 ff.) – Schmiermittelinjektor, insoweit unstreitig im Berufungsurteil des OLG Düsseldorf v. 6.10.2022, GRUR-RS 2022, 34795 – Schmiermittelinjektor.

2107 Siehe Rdn. 655.

2108 OLG Düsseldorf v. 6.3.2003, GRUR-RR 2004, 163 (169), insoweit bestätigt durch BGH v. 4.4.2006, GRUR 2006, 754 (759 [Tz. 41]) – *Haftetikett.*

2109 OLG Düsseldorf v. 8.6.2006, Mitt. 2006, 471 – *Strangpressprofil.*

nen Unternehmen zu, schlagen sich deren Umsätze in seinen Lizenzumsätzen nieder; insoweit reicht die Angabe des Arbeitgebers über seine Lizenzeinnahmen, gegebenenfalls aufgeschlüsselt nach ihrer Zusammensetzung, aus.[2110]

Bei nicht umsatzabhängigen Zahlungen, etwa einmaligen oder regelmäßigen Festbeträgen, sind diese mitzuteilen.[2111] Ein Anspruch auf Mitteilung von Umsätzen der anderen Konzernunternehmen besteht grundsätzlich nicht, da – so *Kunzmann*[2112] – es sehr viel näher liegt, dass die verbundenen Lizenzvertragsparteien die Angemessenheit der Gegenleistung an andere Parameter binden würden, wie etwa Größe und Marktgegebenheiten des Lizenzgebietes und des Lizenznehmers – also an allgemein zugängliche Faktoren, die letztlich unschwer belegbar und überprüfbar sind. 930

Wie oben dargelegt,[2113] besteht bei der Lizenzierung mit Gegenleistungen ein darüber hinausgehender Vergütungsanspruch und damit ein Auskunftsanspruch nur, wenn ein offenkundiges Missverhältnis zwischen Leistung und Gegenleistung besteht. Hierfür muss der Arbeitnehmer eine konkrete Wahrscheinlichkeit darlegen. Erfolgt dies im Einzelfall, ist es Sache des Arbeitgebers, das Missverhältnis mit dem Maßstab, was vernünftige Lizenzvertragsparteien im konkreten Einzelfall vereinbart hätten, auszuschließen. 931

Wird anderen Konzernunternehmen die Nutzung der Diensterfindung lizenzgebührenfrei oder sonst ohne bezifferte Gegenleistung gestattet, entscheidet sich die Frage, ob und in welchem Umfang der Arbeitgeber Auskunft über die Konzernnutzung zu geben hat, danach, wie vernünftige Lizenzvertragsparteien einer solchen Konstellation im Einzelfall Rechnung getragen hätten.[2114] Insbesondere bei Einbringung in einen Patentpool[2115] können Schwierigkeit und Aufwand der Bewertung des Pools, des Wertanteils der Diensterfindung sowie der Feststellung von konzernweiten Nutzungshandlungen dazu führen, den Auskunftsanspruch unter dem Aspekt der Zumutbarkeit deutlich einzuschränken.[2116] 932

2110 BGH v. 16.4.2002, GRUR 2002, 801 (803 [Tz. 31]) – *Abgestuftes Getriebe*; siehe auch OLG Frankfurt v. 7.12.2017, GRUR-RS 2017, 138234 – *Mark up*.

2111 Sowohl im Ergebnis BGH v. 16.4.2002, GRUR 2002, 801 (803 [Tz. 31]) – *Abgestuftes Getriebe*.

2112 Kunzmann, FS Bartenbach (2005), 175 (192 f.).

2113 Siehe Rdn. 816 u. Rdn. 872.

2114 BGH v. 16.4.2002, GRUR 2002, 801 (Leitsatz 2) – *Abgestuftes Getriebe*; siehe auch Schiedsstelle v. 10.3.2016, Arb.Erf. 23/12 (www.dpma.de) u. Kunzmann, FS Bartenbach (2005), 175 (191 ff.); siehe auch OLG Frankfurt v. 7.12.2017, GRUR-RS 2017, 138234 – *Mark up*; LG Düsseldorf v. 28.4.2016, Düsseldorfer Entscheidungen Nr. 2518 – *Elektrische Glühlampen*.

2115 Vgl. dazu auch den vergleichbaren Begriff des Technologiepools in den Erwägungsgründen Nrn. 210 ff. der Leitlinien zur GruppenfreistellungsVO Technologietransfer (Abl. EG C 101/29).

2116 Vgl. im Übrigen BGH v. 16.4.2002, GRUR 2002, 801 (804 [Tz. 24]) – *Abgestuftes Getriebe*; vgl. auch Kunzmann, FS Bartenbach (2005), 175 (193 f.); siehe auch Schieds-

c) Einsichtsrecht des Arbeitnehmers

933 Der Arbeitnehmer kann gegebenenfalls vom Arbeitgeber auch Einsicht in die im Einzelfall erforderlichen Unterlagen verlangen.[2117] Ein Anspruch auf Einsicht in die dem Arbeitgeber nicht vorliegenden Unterlagen von Konzernunternehmen besteht grundsätzlich nicht. Selbst wenn solche dem Arbeitgeber verfügbar sind, kann gegen eine Einsicht in solche Drittunterlagen ein berechtigtes Geheimhaltungsbedürfnis sprechen.

934 Auch darüber hinaus können sonstige berechtigte Geheimhaltungsinteressen[2118] den Auskunfts- und Rechnungslegungsanspruch begrenzen.[2119] Hierbei sind insbesondere das Gesetz zum Schutz von Geschäftsgeheimnissen (GeschGehG) beachtlich, und zwar nicht nur bezüglich der eigenen Geschäftsgeheimnisse des Arbeitgebers, sondern auch bezüglich der Geschäftsgeheimnisse Dritter, wie Abnehmern, Lieferanten und sonstigen Vertragspartnern. Ziel des GeschGehG ist der Schutz von Geschäftsgeheimnissen vor rechtswidriger Erlangung, Nutzung und Offenlegung.[2120] Die im Rahmen einer Auskunft bzw. Rechnungslegung zu erteilenden Informationen, in Form von zum Beispiel (erfindungsbezogenen) Angaben über Umsätze, Liefer-/Angebotsmengen, -zeiten und -preise, können Geschäftsgeheimnisse im Sinne dieses Gesetzes darstellen.[2121] Insbesondere Kunden- und Lieferantenlisten mit Kunden-/Lieferantendaten (Name, Kontaktdaten, Liefer-/Absatzmengen und Umsätze usw.) gehören schon angesichts deren Bedeutung für den Wettbewerb regelmäßig zu den klassischen Geschäftsgeheimnissen eines Arbeitgebers sowie gleichzeitig auch der Kunden bzw. Lieferanten.[2122] Die Offenlegung solcher Geschäftsgeheimnisse, d. h. die Preisgabe der Kundendaten gegenüber Dritten, ist grundsätzlich nur aufgrund gesetzlicher oder rechtsgeschäftlicher Gestattung gemäß § 3 Abs. 2 GeschGehG zulässig. Allerdings stellt § 3 Abs. 2 GeschGehG keinen generellen Erlaubnistatbestand zur Offenbarung von Geschäftsgeheimnissen Dritter zugunsten von Auskünften bei Arbeitnehmererfindungen dar,[2123] da die Vorschrift im Wesentlichen klarstellenden Charakter zu

---

stelle v. 10.3.2016, Arb.Erf. 23/12 (www.dpma.de) sowie LG Düsseldorf v. 28.4.2016, Düsseldorfer Entscheidungen Nr. 2518 – *Elektrische Glühlampen*.

2117 Vgl. BGH v. 21.12.1989, GRUR 1990, 515 (516) – *Marder* u. v. 17.5.1994, GRUR 1994, 898 (900) – *Copolyester I*; abweichend Keukenschrijver in Busse/Keukenschrijver, PatG, § 12 ArbEG, Rn. 43; dieses Recht erheblich einschränkend auch OLG Düsseldorf v. 17.5.2023, GRUR-RS 2023, 13971 (Rn. 84 f.) – Sanitärarmatur.

2118 Vgl. hierzu ausführlich Rdn. 954 ff.

2119 BGH v. 17.5.1994, GRUR 1994, 898 (900) – *Copolyester I*; v. 13.11.1997, GRUR 1998, 689 (692) – *Copolyester II*.

2120 Siehe Amtl. Begründung zum GeschGehG-E in BR-Drucks. 382/18, S. 14.

2121 Vgl. etwa LG Mannheim v. 13.10.2021, Az. 2 O 73/20 ZV II (lrbw.juris.de, Rn. 98 f.); vgl. auch Schiedsstelle v. 15.12.2021, Arb.Erf. 04/21 (www.dpma.de), die sogar davon ausgeht, dass diejenigen Tatsachen, die einen Erfindungswert der Diensterfindung begründen, »regelmäßig« Geschäftsgeheimnisse darstellen.

2122 Vgl. Amtl. Begründung zum GeschGehG-E in BT-Drucks. 19/4724, S. 24.

2123 In diesem Sinne aber möglicherweise LG Mannheim v. 19.11.2019, BeckRS 2019, 29036 Rn. 53 – *Planetengetriebe*. Abweichend OLG Karlsruhe v. 13.10.2021, GRUR-RR 2022, 108 – Planetengetriebe, wonach es einerseits einer ausnahmslosen, auch für

Sonderregelungen zu Geschäftsgeheimnissen in anderen Gesetzen hat[2124] und damit nicht den sich aus § 242 BGB ergebenden Umfang der Auskunftspflicht kennzeichnet. Insoweit erfüllen die Auskunfts- und Rechnungslegungspflichten im Arbeitnehmererfindungsrecht nicht die Voraussetzungen des § 3 Abs. 2 GeschGehG.[2125] Dennoch muss hier die vom Gesetz eröffnete Ermessensentscheidung bzw. Interessenabwägung unter Beachtung der Kriterien der Erforderlichkeit und Zumutbarkeit berücksichtigt werden. Dem bloßen Kontrollinteresse des Arbeitnehmererfinders muss m.E. jedenfalls dann das Interesse des Arbeitgebers an der Wahrung des Geschäftsgeheimnisschutzes Dritter entgegengehalten werden, wenn die geforderte Auskunft nicht nur die vertraulichen Informationen einzelner Geschäftspartner und einzelner Geschäfte betrifft, sondern eine Mehrzahl von geschützten Geheimnisinhabern und vertraulichen Geschäftsvorgängen.[2126]

Verstärkt werden berechtigte Geheimhaltungsinteressen Dritter durch die mit Gesetzeskraft geltende DSGVO, soweit es sich bei den Kunden um natürliche Personen handelt[2127] (vgl. Art. 5 Abs. 1 lit. f. DSGVO). Dem Interesse des Arbeitgebers an der Geheimhaltung kann im Einzelfall mit einer vertragsstrafenbewehrten Unterlassungsverpflichtungserklärung des Arbeitnehmererfinders dahin begegnet werden, die betreffenden Unterlagen Dritten – ausgenommen den an einem Rechtsstreit beteiligten und zur Berufsverschwiegenheit verpflichteten Personen – nicht zur Kenntnis zu geben.[2128] Der Arbeitgeber kann bei berechtigtem Geheimhaltungsinteresse seiner Auskunfts- und Rechnungslegungspflicht auch durch Vorlage der Unterlagen an eine unabhängige, von Berufs wegen zur Verschwiegenheit verpflichtete Person (Wirtschaftsprüfervorbehalt) entsprechen.[2129] Nach Ansicht des OLG Düsseldorf ist eine Auskunftserteilung dem Arbeitgeber ohne einen solchen Wirtschaftsprüfervorbehalt in den Fällen nicht zumutbar, in denen ein inzwischen ausgeschiedener Arbeitneh-

den Fall der Verurteilung geltenden Vertraulichkeitsvereinbarung bedarf und andererseits eine Abwägung zwischen Zumutbarkeit für den Arbeitgeber und Erforderlichkeit für den Arbeitnehmer zu erfolgen hat, wobei Versäumnisse des Arbeitgebers zu dessen Lasten gehen.

2124 Vgl. Amtl. Begr. zum GeschGehG in BR-Drucks. 382/18, S. 24; vgl. auch Erwägungsgrund 18 EU-GeschäftsgehRL.

2125 So auch Bartenbach/Volz, § 12 ArbEG, Rn. 195.1.

2126 Vgl. auch OLG Düsseldorf v. 27.4.2023, GRUR-RS 2023, 13971 (Rn. 80) – Sanitärarmatur.

2127 Ablehnend mangels »unrechtmäßiger Verarbeitung« durch den Arbeitgeber: LG Mannheim v. 19.11.2019, BeckRS 2019, 29036 Rn. 53 – *Planetengetriebe*; dieser Ansatz bedarf mit Blick auf eine Zweckbindung personenbezogener Daten und die daraus folgenden Einschränkungen einer Weitergabe möglicerweise einer Überprüfung.

2128 Vgl. BGH v. 17.5.1994, GRUR 1994, 898 (900) – *Copolyester I* u. v. 21.12.1989, GRUR 1990, 515 (516) – *Marder*; OLG Düsseldorf v. 24.10.2013, Düsseldorfer Entscheidungen Nr. 2098 – *Kunststoffbeutel* u. v. 28.2.2014, Düsseldorfer Entscheidungen Nr. 2183 – *Technischer Geschäftsführer*.

2129 BGH v. 17.5.1994, GRUR 1994, 898 (900) – *Copolyester I*; OLG Düsseldorf v. 24.10.2013, Düsseldorfer Entscheidungen Nr. 2098 – *Kunststoffbeutel*; siehe hierzu auch BGH v. 14.11.2023, GRUR 2024, 454 (460 [Tz. 111 ff.]) – *Kunststoffsack*.

mererfinder bei einem Wettbewerber des Arbeitgebers tätig ist.[2130] Handelt es sich um arbeitgeberübergreifende Konzernunterlagen, kann im Einzelfall – trotz Unterlassungsverpflichtungserklärung des Arbeitnehmers – das Geheimhaltungsinteresse der Drittunternehmen Vorrang haben.

935 Soweit der Arbeitgeber Angaben über Umsatzerlöse bzw. Gewinne schuldet, trifft ihn – soweit zumutbar und erforderlich – eine Aufbewahrungspflicht hinsichtlich der vergütungsrelevanten Unterlagen, und zwar gegebenenfalls über handels- und steuerrechtliche Aufbewahrungsfristen hinaus solange, wie Vergütungsansprüche noch zu erwarten sind.[2131]

VIII. Zulässigkeit unternehmens-/konzerneigener Richtlinien

936 Gerade bei internationalen Konzernen zeigt sich in der Praxis ein Bestreben nach einer konzerneinheitlichen Regelung des Erfindungswesens, gegebenenfalls unter Anpassung an die jeweiligen Lohn- und Lebenshaltungskosten in den einzelnen Staaten. Dieses Bestreben wird sicherlich auch dadurch beeinflusst, dass in Deutschland ein gesetzlich kodifiziertes Arbeitnehmererfindungsrecht mit detaillierten und zugleich differenzierten Vorgaben gilt, eine spezialgesetzliche Regelung, die im internationalen Vergleich eine Ausnahme darstellt.[2132] Auch in größeren nationalen Konzernen, in denen eine Zentralisierung des Patentwesens stattgefunden hat, soll über eigene Richtlinien eine Vereinheitlichung des gesamten Erfindungswesens/Vergütungssystems innerhalb des Konzerns erreicht werden. Die Vorteile eines Rechteverzichts- und Incentive-Systems liegen arbeitgeberseitig in der Schaffung eines innovationsfreundlichen Rahmens, innerhalb dessen Arbeitnehmererfinder zu einem frühen Zeitpunkt eine besondere Anerkennung für ihre erfinderische Leistung erhalten, während zugleich formale Rechtspositionen abbedungen werden, um den personal- und kostenintensiven Verwaltungsaufwand für die Handhabung des Erfindungswesens zu reduzieren. Auf Seiten der Arbeitnehmererfinder besteht der Vorteil der Annahme des Rechteverzichts- und Incentive-Angebots darin, bereits zu einem sehr frühen Zeitpunkt eine finanzielle Anerkennung der Leistungen zu erhalten, während der Rechtsverzicht jedenfalls dann, wenn das System ausgewogen ausgestaltet ist, keine nachhaltige Schlechterstellung des Erfinders bewirkt, weil lediglich formale Rechtspositionen, an deren Geltendmachung in der Regel kein Interesse besteht, betroffen sind.

2130 OLG Düsseldorf v. 24.10.2013, Düsseldorfer Entscheidungen Nr. 2098 – *Kunststoffbeutel*. Siehe auch OLG Düsseldorf v. 17.5.2023, GRUR-RS 2023, 13971 (Rn. 84 f.) – Sanitärarmatur.

2131 BGH v. 13.11.1997, GRUR 1998, 689 (692) – *Copolyester II*; einschränkend BGH v. 23.10.2001, GRUR 2002, 149 (153 [Tz. 28]) – *Wetterführungspläne II*, dort zum Urheberrecht; vgl. auch zum Auskunftsanspruch des Wirtschaftsausschusses auf Konzernebene Lerch/Weinbrenner, NZA 2013, 355.

2132 Zum internationalen Vergleich siehe u.a. Straus, GRUR Int. 1984, 1 ff.; ders., GRUR Int. 1990, 353 ff.; Goetzmann, ArbNErfR in der EU, 2007, Fabry/Trimborn, ArbNErfR im internationalen Vergleich 2007; Bartenbach/Volz, Komm. ArbEG, Einl., Rn. 11 ff.

1. Zulässigkeit

Da die Amtlichen Vergütungsrichtlinien – wie aufgezeigt[2133] – keine verbindlichen Vorschriften darstellen, widerspricht die Möglichkeit des Arbeitgebers, solche unternehmenseigenen Regelungen einzuführen, nicht der Wertung des Richtliniengebers.[2134] 937

Bei solchen Regelungen ist allerdings zwischen umfassenden unternehmenseigenen Vergütungsrichtlinien, die an die Stelle der Amtlichen Vergütungsrichtlinien treten sollen, einerseits und Incentive-Systemen und Abkaufregelungen andererseits zu unterscheiden. 938

Unternehmenseigene Vergütungsrichtlinien haben das Ziel, ein in sich geschlossenes unternehmenseigenes Vergütungssystem zu schaffen.[2135] Derartige umfassende Systeme sind kaum geeignet, die rechtlichen Schranken der §§ 22, 23 ArbEG durch allgemein gültige Regelungen im Voraus zu überwinden.[2136] Sie müssen sich stets an dem gesetzlichen Gebot der angemessenen Vergütung (§ 9 ArbEG) orientieren. Die Schiedsstelle geht davon aus, dass solche Unternehmensrichtlinien nur dann rechtswirksam sind, wenn sie für alle Arbeitnehmererfinder zweifelsfrei rechtlich und wirtschaftlich günstiger ausfallen als die gesetzlichen Vergütungsbestimmungen.[2137] 939

Demgegenüber verfolgen auf das Erfinderrecht bezogene Unternehmensrichtlinien nicht das Ziel einer alternativen unternehmensinternen Regelung des Erfindungswesens. Sie bauen vielmehr auf den gesetzlichen Vorgaben und den Amtlichen Vergütungsrichtlinien auf. Hiermit sollen – im Regelfall in Verbindung mit Hinweisen und Erläuterungen zum ArbEG und dem Amtlichen Richtlinien – bestimmte Standards für Einzelvereinbarungen mit den Arbeitnehmererfindern nach Meldung der einzelnen Diensterfindungen aufgestellt werden. Auf ihrer Grundlage werden üblicherweise Rechteverzichts- und Incentivesysteme mit den Arbeitnehmererfindern vereinbart; die Unternehmensrichtlinien dienen als deren erläuternde Grundlage. 940

Inzwischen umfassend verbreitet sind sog. Rechteverzichts- und Incentive-Systeme.[2138] 941
Solche Systeme gehen bei der Vergütungsbemessung von den Amtlichen Vergütungs-

2133 Siehe Rdn. 649 ff.

2134 Vgl. Schiedsstelle v. 30.10.2008, Arb.Erf. 20/07; v. 8.2.2011, Arb.Erf. 56/09; u. v. 3.5.2012, Arb.Erf. 26/11 (alle unveröffentl.); v. 25.9.2008, Arb.Erf. 36/07; v. 13.3.2012, Arb.Erf. 19/11; v. 18.9.2012, Arb.Erf. 22/11 u. v. 15.6.2022, Arb.Erf. 27/19 (alle www.dpma.de); siehe auch Schreiben des BMAS v. März 2023, abgedruckt bei Bartenbach/Volz, KommArbEG, § 11 ArbEG, Rn. 3.1.

2135 Siehe dazu Bartenbach/Volz, § 11 ArbEG, Rn. 13 ff.; dies., Komm.RL, Einl., Rn. 136 ff.

2136 Schiedsstelle v. 26.6.2003, Arb.Erf. 46/01 u. v. 25.9.2008, Arb.Erf. 36/07 (beide unveröffentl.). Siehe auch Schiedsstelle v. 13.3.2012, Arb.Erf. 19/11 u. v. 15.6.2016, Arb. Erf. 60/13 (beide www.dpma.de).

2137 Schiedsstelle v. 15.6.2016, Arb.Erf. 60/13 (www.dpma.de).

2138 Siehe dazu Franke/Steiling, FS 50 Jahre VPP (2005), 281 ff.; Trimborn, Mitt. 2006, 160 u. ders., Mitt. 2015, 116 ff.; Franke, FS Bartenbach (2005), 127 (138 ff.); von Falckenstein, FS Bartenbach (2005), 73 (82 f.); Hohagen/Burghart, GRUR-Prax 2014, 317 ff.; Boemke/Kursawe/Fegers/Göken/Heintz, § 9 ArbEG, Rn. 136 ff.; Bartenbach/

richtlinien aus. Ihr Ziel ist es, die einzelnen Vergütungsparameter für eine Erfindung durch Vereinbarung nach der jeweiligen Erfindungsmeldung zu pauschalieren, in dem man an die Stelle einer Detailbetrachtung ggf. differenzierende Erfahrungs- bzw. Regelwerte setzt.[2139]

942 Im Rahmen solcher Systeme werden mit den Arbeitnehmern auch Rechteverzichtsregelungen getroffen. Weit verbreitete Praxis ist dabei der Abkauf gesetzlicher »Formalpflichten«, insbesondere die Pflicht des Arbeitgebers zur Schutzrechtsanmeldung (§ 13 ArbEG), zur Freigabe von Auslandsanmeldungen (§ 14 ArbEG) und zum Anbieten einer Schutzrechtsposition vor deren Fallenlassen (§ 16 ArbEG).[2140] Nach den Erfahrungen der Schiedsstelle beruhen die Abkaufregelungen auf der grundsätzlichen Annahme beider Arbeitsvertragsparteien, dass bei einer Schutzrechtsaufgabe bzw. einer Auslandsfreigabe eine Weiterbenutzung durch den Arbeitgeber realitätsfern ist, da der Arbeitgeber das Schutzrecht andernfalls gar nicht aufgeben würde. Gleichzeitig wird keine realistische Chance einer eigenen gewinnbringenden Verwertung der Diensterfindung durch den Arbeitnehmer gesehen, so dass die Abkaufregelungen lediglich als Anreiz dienen, einen finanziellen Ausgleich dafür zu erhalten, dass der Arbeitgeber von Verwaltungsaufwand und damit verbundenen Kosten befreit wird.[2141] Auch diese Systeme unterliegen uneingeschränkt den Grenzen der §§ 22, 23 ArbEG.[2142]

943 Nach § 22 Satz 1 ArbEG können die gesetzlichen Regelungen – soweit sie sich auf zukünftige, noch nicht gemeldete Arbeitnehmererfindungen beziehen (vgl. § 22 Satz 2 ArbEG) – nicht zuungunsten des Arbeitnehmers abgedungen werden. Ausgeschlossen und über § 134 BGB nichtig sind damit alle »Regelungen zuungunsten eines Arbeitnehmers«. Dafür reicht bereits die Eignung aus, den Arbeitnehmererfinder – gemessen an den gesetzlichen Vorschriften des ArbEG – rechtlich schlechter zu stellen, also dessen gesetzliche Rechtsposition nachteilig zu beeinflussen.[2143] Wegen dieses Verschlechterungsverbots kann eine Konzernrichtlinie den gesetzlichen Vergütungsanspruch nicht einschränken. Sie muss sich an dem durch § 9 ArbEG vorgegebenen Gebot der Angemessenheit der Erfindervergütung orientieren.[2144]

Volz, GRUR Beil. I 4/2008, 1 (19 f.); Schiedsstelle v. 23.1.2008, Arb.Erf. 13/07; v. 15.1.2008, Arb.Erf. 23/07 u. v. 4.3.2010, Arb.Erf. 59/08 (alle unveröffentl.).

2139 Bartenbach/Volz, Praxisleitfaden, Rn. 247.

2140 Bartenbach/Volz, GRUR Beil. I 4/2008, 1 (19 f.); siehe auch Schiedsstelle v. 24.1.2006, Arb.Erf. 02/05 (unveröffentl.).

2141 Schiedsstelle v. 3.5.2017, Arb.Erf. 09/16 (www.dpma.de).

2142 Siehe auch Schiedsstelle v. 9.10.2020, Arb.Erf. 36/18 u. v. 15.6.2022, Arb.Erf. 27/19 (beide www.dpma.de) und hier Rdn. 898 ff.

2143 Schiedsstelle v. 30.6.1972, BlPMZ 1973, 289 (290); Bartenbach/Volz, § 22 ArbEG, Rn. 17 m.H.a. Schiedsstelle v. 20.5.1994, Arb.Erf. 149/92 (Datenbank Schiedsstellenpraxis); Schiedsstelle v. 22.2.2017, Arb.Erf. 45/15 (www.dpma.de); im Ergebnis so auch Reimer/Schade/Schippel/Rother, § 22 ArbEG, Rn. 3.

2144 Bartenbach/Volz, § 11 ArbEG, Rn. 15 m.H.a. Schiedsstelle v. 11.5.1999, Arb.Erf. 68/97 u. 69/97 (beide Datenbank Schiedsstellenpraxis); vgl. auch Schiedsstelle v. 19.10.2010, Arb.Erf. 03/09 (unveröffentl.).

Mit Blick auf § 22 Satz 1 ArbEG wird in der Praxis allerdings die Verbindlichkeit einer Konzernvergütungsrichtlinie bzw. eines Incentive-Systems auch nur jeweils gesondert für eine Diensterfindung nach deren jeweiliger Meldung vereinbart. Ein solches Verfahren ist nach § 22 Satz 2 ArbEG zulässig. Gleiches könnte gelten, wenn zwar eine innerbetriebliche Vergütungsrichtlinie nach § 22 Satz 1 ArbEG unwirksam ist, die dortigen Bemessungskriterien aber später Inhalt einer zwischen dem Arbeitgeber und dem Arbeitnehmererfinder getroffenen Vergütungsvereinbarung für eine konkrete, gemeldete Diensterfindung geworden sind.[2145] Der Arbeitnehmererfinder ist frei darin, das Abkaufangebot des Arbeitgebers nach der jeweiligen Erfindungsmeldung anzunehmen. 944

Im Hinblick auf die Unbilligkeitsschranke des § 23 ArbEG werden dem Arbeitnehmererfinder für den Verzicht auf die vorgenannten Rechte aus dem ArbEG Abkaufprämien angeboten. Bei einer Miterfinderschaft erfolgt eine Aufteilung, häufig allerdings verbunden mit dem Angebot einer Mindestprämie. Wichtig ist der ausdrückliche Hinweis, dass solche Abkaufprämien nicht auf einen Erfindervergütungsanspruch angerechnet werden, da es sich ja um die Gegenleistung für den Verzicht auf diese Rechte handelt. Nach Auffassung der Schiedsstelle im Einigungsvorschlag vom 18.7.2012[2146] ist eine wirtschaftliche Gegenleistung des Arbeitgebers grundsätzlich nicht erforderlich. Entscheidend sei, ob die Verzichtsregelung den Billigkeitsanforderungen des § 23 ArbEG genüge.[2147] Eine in erheblichem Maße gegebene Unbilligkeit im Sinne des § 23 Abs. 1 ArbEG sieht die Schiedsstelle dann, wenn die nach dem ArbEG angemessene Gegenleistung für den Verzicht mindestens doppelt so hoch ist wie der vereinbarte Abkaufbetrag. Eine solche Situation kann insbesondere dann gegeben sein, wenn zum Zeitpunkt des Vertragsabschlusses über den Rechteverzicht eine zukünftige Verwertung der Erfindung absehbar ist und der hierauf bezogene Vergütungsanspruch das Doppelte des Abkaufbetrages übersteigen würde.[2148] Nunmehr ist die Schiedsstelle von diesen Überlegungen wieder abgerückt und macht die Wirksamkeit solcher Abkaufregelungen von dem Gegenstand des Abkaufs abhängig.[2149] Insbesondere den Abkauf der Pflicht zur Schutzrechtsanmeldung im Inland nach § 13 Abs. 1 ArbEG sieht die Schiedsstelle im Hinblick auf die damit verbundenen weitreichenden Folgen für den Arbeitnehmererfinder als kritisch an. Unbilligkeit bzw. Unwirksamkeit bestimmen sich danach, ob der Arbeitgeber im Zeitpunkt der Vereinbarung eine spätere Nutzung der 945

2145 Schiedsstelle, ZB v. 1.6.1995, Arb.Erf. 34/93 (unveröffentl.); vgl. auch Schiedsstelle v. 26.5.1992, EGR Nr. 32 zu § 13 ArbEG.

2146 Arb.Erf. 30/10 (Datenbank Schiedsstellenpraxis); siehe auch Schiedsstelle v. 12.9.2013, Arb.Erf. 21/12 (www.dpma.de); siehe auch Hellebrand, Stolpersteine in der Praxis des Arbeitnehmererfinderrechts (2007) – Datenbank Schiedsstellenpraxis.

2147 Siehe auch Trimborn, Mitt. 2014, 74 (79) u. ders., Mitt. 2015, 116 (117).

2148 Schiedsstelle v. 18.7.2012, Arb.Erf. 30/10 u. v. 15.11.2012, Arb.Erf. 01/12 (beide Datenbank Schiedsstellenpraxis); v. 12.9.2013, Arb.Erf. 21/12 (www.dpma.de).

2149 Schiedsstelle v. 9.10.2020, Arb.Erf. 36/18 (www.dpma.de).

Erfindung ausschließen kann und einen Abkaufbetrag zahlt, durch den eine etwaige spätere Vorratsvergütung angemessen abgegolten wird.[2150]

Die im Rahmen solcher Rechteverzichtsregelungen angebotenen Abkaufprämien bewegen sich bei umfangreichem Rechteabkauf (§§ 13, 14 und 16 ArbEG) zwischen 400,00 € bis 700,00 € pro Erfindung. Häufig werden solche Regelungen mit einer »Incentive-Prämie« kombiniert, die einerseits eine Anerkennung der erfinderischen Leistung darstellt und zum anderen eine zukünftige eventuelle Vorratswirkung und den darauf bezogenen Vergütungsanspruch[2151] abdeckt.

946 Wegen dieser speziellen erfinderrechtlichen Vorschriften der §§ 22, 23 ArbEG, in denen die Schutzfunktion des Arbeitsrechts zugunsten des Arbeitnehmers im Bereich des Arbeitnehmererfindungsrechts ihren Ausdruck findet,[2152] wird davon ausgegangen, dass damit im Arbeitsrecht geltende Besonderheiten im Sinne des § 310 Abs. 4 Satz 2 BGB[2153] gegeben sind und folglich eine Inhaltskontrolle nach den Bestimmungen über Allgemeine Geschäftsbedingungen (§§ 307–309 BGB) ausgeschlossen ist.[2154] Allerdings ist dieser – insbesondere mit Blick auf die Inhaltskontrolle nach §§ 307–309 BGB – wichtige Problemkreis noch nicht höchstrichterlich geklärt.

947 Im Rahmen internationaler Konzernrichtlinien bleiben diese rechtlichen Schranken immer dann zu beachten, wenn die Richtlinie (auch) in Deutschland gelten soll und daraus abgeleitete Vereinbarungen mit den deutschem Recht unterliegenden Arbeitnehmererfindern getroffen werden (vgl. Art. 8 Abs. 1 Satz 2 ROM I-VO).

948 Aufgrund des Gesetzesvorranges des § 9 ArbEG besteht, wie § 87 Abs. 1 Einleitungssatz BetrVG zeigt, ein Mitbestimmungsrecht des Betriebsrates nicht.[2155]

2. Inhalt

949 Mit Blick auf § 22 Satz 1, § 23 ArbEG sind selbstverständlich alle Regelungen unbedenklich zulässig, die überobligatorisch dem Arbeitnehmererfinder eine günstigere Vergütung als die gesetzlichen Bestimmungen des ArbEG vermitteln.

950 Dies gilt insbesondere, soweit in solchen Konzernrichtlinien konzerneinheitlich und staatenübergreifend typischer Weise gesetzlich nicht geschuldete Incentive-Leistungen geregelt werden,[2156] etwa Pauschalbeträge für Erfindungsmeldungen, Vorabzahlungen bei Inanspruchnahme bzw. bei Schutzrechtsanmeldung oder Schutzrechtserteilung.

2150 Hierzu sowie zur Position der Schiedsstelle in Bezug auf den Abkauf der übrigen Pflichten aus dem ArbEG vgl. ausführlich Bartenbach/Volz, § 11 ArbEG, Rn. 50 ff.

2151 Siehe Rdn. 715 f.

2152 Reimer/Schade/Schippel/Rother, § 22 ArbEG, Rn. 1 u. § 23 ArbEG, Rn. 1.

2153 Vgl. dazu grundlegend BAG v. 4.3.2004, NZA 2004, 727 ff. m. Anm. Morgenroth/Leder, NJW 2004, 2797 ff. u. Joost, ZIP 2004, 1981 ff.

2154 Bartenbach/Volz, FS Tilmann (2003), 431 (442 ff.); dies., Praxisleitfaden, Rn. 374; a.A. Schwab, ArbNErfR, § 22 Rn. 7.

2155 Bartenbach/Volz, § 11 ArbEG, Rn. 14.

2156 Vgl. etwa Teufel, FS Bartenbach (2005), 97 (100, 103 Fn. 23).

Streitig ist, ob auch solche Vereinbarungen des Arbeitgebers von § 22 ArbEG erfasst sind, die dieser mit Dritten abschließt. Innerhalb des Konzernverbunds sind dies insbesondere konzerninterne Vereinbarungen, die der Arbeitgeber mit anderen verbundenen Unternehmen eingeht bzw. eingegangen ist. So ergreift die Vorschrift des § 22 ArbEG die eigene Verpflichtung des Arbeitgebers, die dieser über zukünftige Diensterfindungen im Verhältnis zu Dritten eingeht, etwa die Vorausabtretung eines im Auftragsverhältnis geschaffenen Forschungs- und Entwicklungsergebnisses, die Verpflichtung zur Einräumung unentgeltlicher Nutzungsrechte an künftigen Diensterfindungen sowie die Einräumung von entsprechenden Kaufoptionen, nicht. Denn hier ist zu berücksichtigen, dass solche – bei einer Auftragsforschung und auch in Konzernen üblichen und patentrechtlich unbedenklichen[2157] – Übertragungsvereinbarungen das »Außenverhältnis« zwischen dem Arbeitgeber und dem Dritten regeln und nicht das für das ArbEG maßgebliche Verhältnis zwischen Arbeitgeber und Erfinder. Mit Inanspruchnahme entsprechen solche Abreden der freien Verfügungsbefugnis des Arbeitgebers aus § 7 Abs. 1 ArbEG. Im Übrigen bleiben insbesondere die Vorgaben der §§ 5 bis 9, 12 ArbEG von einer solchen Regelung unberührt, d. h. in solchen Fällen besteht der Vergütungsanspruch des Arbeitnehmers gegenüber dem Arbeitgeber fort. Wie bereits dargestellt[2158], ist eine solche kostenlose oder gering honorierte Übertragung von Erfindungsrechten innerhalb des Konzerns zulässig.[2159]

Soweit die Schiedsstelle solche Regelungen über Vorausverfügungen des Arbeitgebers über Diensterfindungen als einen – unabhängig von § 22 Satz 1 ArbEG – unzulässigen und unwirksamen »Vertrag zu Lasten Dritter« einstufen will,[2160], ist dem nicht zu folgen. Die Schiedsstelle übersieht, dass es bei diesen Vorausabtretungen des Arbeitgebers über Diensterfindungen an einem unmittelbaren Eingriff in die Rechtsstellung des Arbeitnehmererfinders nach dem ArbEG fehlt; hierzu ist nicht ausreichend, wenn sich aus der Arbeitgeberverfügung lediglich als Reflex nachteilige Auswirkungen für den Arbeitnehmererfinder ergeben können.[2161] Soweit die Schiedsstelle eine bewusste Schädigungsabsicht zum Nachteil von Arbeitnehmererfindern, insbesondere eine gezielte Verkürzung von Vergütungsansprüchen, unterstellt[2162], kann dem mit Blick auf die Konzernsituation im Regelfall nicht zugestimmt werden. Die Schiedsstelle nimmt im Ergebnis einen unwirksamen »Vertrag zu Lasten Dritter« für eine konzernbezogene Regelung an, nach der Diensterfindungen (im Wege der Vorausabtretung) automatisch auf die Konzernmutter unter Zuerkennung eines kostenpflichtigen Nutzungsrechts

---

2157 Vgl. z.B. OLG Düsseldorf v. 13.1.2022, GRUR-RR 2022, 213 – Schienentransportsystem m.w.N.

2158 Siehe Rdn. 488 ff.

2159 A.A. Schiedsstelle v. 17.10.2022, Arb.Erf. 44/21 sowie v. 10.12.2020, Arb.Erf. 63/18 (beide www.dpma.de).

2160 So die Schiedsstelle v. 10.12.2020, Arb.Erf. 63/18 (www.dpma.de).

2161 So auch Bartenbach/Volz, § 22 ArbEG, Rn. 10; vgl. hierzu Grüneberg/Grüneberg, Vor § 328 BGB, Rn. 10 m.H.a. BGH 29.6.2004, NJW 2004, 3326 (3327).

2162 Schiedsstelle v. 10.12.2020, Arb.Erf. 63/18 (www.dpma.de).

für den Arbeitgeber übergehen. Auch die Rechtsprechung geht (stillschweigend) von der Zulässigkeit konzernbezogener Vorausabtretungen aus.[2163]

2163 Vgl. etwa BGH v. 17.11.2009, GRUR 2009, 223 – Türinnenverstärkung für eine Vorausabtretung von Diensterfindungen an die Konzernmutter und deren anschließende Übertragung an eine andere, einen Patentpool verwaltende Konzerntochter; s. ferner BGH v. 16.04.2002, GRUR 2002, 801 (803 f.) – Abgestuftes Getriebe, dort bei »kostenfreier« Einbringung von Erfindungen in einen Konzern-Patentpool; im Ergebn. ebenfalls bei Vorausabtretung an ein anderes Konzernunternehmen unausgesprochen u. a. LG Braunschweig v. 26.4.2017, BeckRS 2017, 131326 – Schwenkfüße; s. ferner OLG Frankfurt v. 7.12.2017, GRUR-RS 2017, 138234 – Mark up.

H. Auswirkungen des Konzernverbundes auf die sonstigen Pflichten der Arbeitsvertragsparteien

Übersicht Rdn.

I. Geheimhaltungspflichten

Um die Arbeitsvertragsparteien vor einer neuheitsschädlichen Offenbarung der Erfindung zu schützen,[2164] sieht § 24 ArbEG weitgehende Geheimhaltungspflichten vor.[2165] Das betrifft nicht nur Arbeitgeber (Absatz 1) und Arbeitnehmer (Absatz 2), sondern auch Dritte, die aufgrund des ArbEG Kenntnis von einer Erfindung erlangt haben (Absatz 3). Die Geheimhaltungspflicht entfällt in allen Fällen spätestens mit Offenlegung einer Schutzrechtsanmeldung (§ 31 Abs. 2 Nr. 2, § 32 Abs. 5 PatG).[2166] Das gilt auch für die von § 24 Abs. 3 ArbEG erfassten Dritten.[2167] 951

Eine Verletzung des § 24 ArbEG begründet Schadensersatz- und Unterlassungsansprüche (§ 280 BGB, § 823 Abs. 2 BGB in Verbindung mit § 24 ArbEG). 952

Im Konzernbereich hat die Geheimhaltungspflicht in zahlreichen unternehmensübergreifenden Fallsituationen Bedeutung. 953

1. Geheimhaltungspflicht des Arbeitgebers

Zu der Geheimhaltungspflicht des Arbeitgebers gehören aktive Geheimhaltungs- und Schutzmaßnahmen.[2168] 954

2164 Vgl. Schiedsstelle v. 21.8.2001, Arb.Erf. 66/99 (Datenbank Schiedsstellenpraxis).

2165 Zum Schutzzweck vgl. u.a. Gaul, Mitt. 1981, 207 (209 f.); Reimer/Schade/Schippel/Rother, § 24 ArbEG, Rn. 1; zum neuen Gesetz zum Schutz von Geschäftsgeheimnissen (GeschGehG) siehe Rdn. 958 ff.

2166 Die Benutzung des Gegenstandes der offengelegten Patentanmeldung durch Dritte ist nach § 33 Abs. 1 PatG ab diesem Zeitpunkt nicht als unbefugt oder rechtswidrig anzusehen (vgl. BGH v. 11.4.1989, GRUR 1989, 411 (412) – *Offenend-Spinnmaschine*).

2167 Vgl. Reimer/Schade/Schippel/Rother, § 24 ArbEG, Rn. 15, wonach die Pflicht ab Offenkundigkeit der Erfindung endet.

2168 Beispielsweise in Form von Vorkehrungen zur IT-Sicherheit durch Sicherung vor dem Zugriff durch Unbefugte bzw. Berechtigung des zugriffsberechtigten Personenkreises, so zum GeschGehG LG Mannheim v. 13.10.2021, GRUR-RR 2022, 301 – Geheimnisschutzanordnung.

Über die bereits dargestellte Problematik der Beauftragung eines anderen Konzernunternehmens bzw. einer zentralen Patentstelle mit der Entgegennahme der Erfindungsmeldung[2169] und der Anmeldung der Diensterfindung zum Schutzrecht[2170] bzw. der Inanspruchnahmeerklärung hinaus wird die Geheimhaltung bei der Frage relevant, ob der Arbeitgeber die Muttergesellschaft oder andere Konzernunternehmen in die Prüfung der Erfindungsmeldung einbeziehen kann. Ein Interesse besteht häufig darin, die Möglichkeiten einer zukünftigen konzernweiten Nutzung zu untersuchen und auch die damit im Zusammenhang stehende Frage, in welchen Staaten Schutzrechte angemeldet werden sollen. Verbunden ist dies nicht zuletzt mit der Überlegung, den Erfindungsgegenstand gegebenenfalls konzernbezogen weiterzuentwickeln und dazu auch andere Entwicklungsbereiche des Konzerns hinzuzuziehen.

955 Auszugehen ist von dem Grundsatz der Schiedsstelle, dass die Geheimhaltungspflicht des Arbeitgebers auch gegenüber den Angehörigen anderer Konzerngesellschaften gilt.[2171] Eine ungeschützte Weitergabe der gemeldeten Diensterfindung bzw. einzelner Informationen hierüber ist grundsätzlich nicht mit § 24 Abs. 1 ArbEG vereinbar. Davon zu trennen ist die Frage, ob auch hier eine vertragliche Geheimhaltungsverpflichtung des Konzernunternehmens, dem der Erfindungsgegenstand zugänglich gemacht wird, ausreicht. Zwar unterscheidet sich die Situation von der Beauftragung Dritter mit der Schutzrechtsanmeldung dadurch, dass es dort um die Erfüllung einer gesetzlichen Pflicht des Arbeitgebers geht. Geheimhaltung für den Arbeitgeber bedeutet, dass er eine patentrechtliche Neuheitsschädlichkeit zu verhindern hat. Ausgehend vom Zweck der Geheimhaltungspflicht wird man generell eine diese Pflicht verletzende Offenbarung dann ausschließen können, wenn der Arbeitgeber – etwa durch eine Geheimhaltungsabrede – eine Weitergabe von geheimen Informationen vertraglich und faktisch verhindert.[2172] Das gilt jedenfalls dann, wenn die Einschaltung Dritter nicht willkürlich erfolgt, sondern durch sachgerechte Gründe veranlasst ist.

956 Auf dieser Linie liegt die Wertung der Schiedsstelle, dass der Arbeitgeber seine Geheimhaltungspflicht dann verletze, wenn er einem anderen Konzernunternehmen Mitteilungen über eine von ihm freigegebene Diensterfindung macht.[2173] Ausgehend davon, dass die Geheimhaltungspflicht grundsätzlich auch gegenüber verbundenen Unternehmen gilt, betont die Schiedsstelle, dass bei freigewordenen Diensterfindungen eine Weitergabe auch dann nicht zulässig sei, wenn das mit einem Geheimhaltungsvorbehalt verbunden wird.[2174] Dies widerspräche dem Willen des Gesetzgebers, da in unzulässiger Weise in die Rechte des Arbeitnehmererfinders eingegriffen würde, der mit dem

2169 Siehe Rdn. 420 ff.

2170 Siehe Rdn. 540 ff.

2171 Schiedsstelle v. 10.10.1989, Arb.Erf. 37/89 (unveröffentl.); dem zustimmend Bartenbach/Volz, § 24 ArbEG, Rn. 8.

2172 Vgl. allgemein BGH v. 6.2.2002, GRUR 2002, 609 (611 [Tz. 32]) – *Drahtinjektionseinrichtung*; siehe im Übrigen Rdn. 542 ff.

2173 Schiedsstelle v. 10.10.1989, Arb.Erf. 37/89 (unveröffentl.).

2174 Schiedsstelle v. 10.10.1989, Arb.Erf. 37/89 (unveröffentl.).

Freiwerden seiner Diensterfindung eine eigenständige Wettbewerbsstellung gegenüber seinem Arbeitgeber und damit natürlich auch gegenüber dem Konzernverbund erhält.

2. Geheimhaltungspflicht des Arbeitnehmers

Nach § 24 Abs. 2 ArbEG hat der Arbeitnehmer eine Diensterfindung so lange geheim 957 zu halten, als sie nicht frei geworden ist (§ 8 Satz 1 ArbEG). Zweck der Geheimhaltungspflicht ist die Sicherung des wirtschaftlichen Wertes der Diensterfindung, die der Arbeitgeber durch die Inanspruchnahme auf sich überleiten und zu einem späteren Zeitpunkt zu seinen Gunsten nutzen kann; diese Pflicht erfasst nur Diensterfindungen.[2175] Bestehen Zweifel, ob eine gebundene oder eine freie Erfindung vorliegt, muss der Arbeitnehmer den Erfindungsgegenstand bis zur Klärung bzw. Einigung über den Charakter der Erfindung nach § 24 Abs. 2 ArbEG geheim halten.[2176]

Von § 24 Abs. 2 ArbEG unberührt bleiben anderweitige gesetzliche Geheimhal- 958 tungspflichten, namentlich aus §§ 823 Abs. 1, 826 BGB und der arbeitsrechtlichen Rücksichtnahmepflicht (§ 241 Abs. 2 BGB).[2177] Daneben steht das zum 26.4.2019 in Kraft getretene Gesetz zum Schutz von Geschäftsgeheimnissen (GeschGehG[2178]; früher §§ 17 ff. UWG), mit dem die EU-Richtlinie 2016/943[2179] (sog. EU-GeschäftsgeheimnisRL/GeschGehRL) umgesetzt worden ist. Mit diesem Gesetz soll der umfassende Schutz von Geschäftsgeheimnissen vor rechtswidriger Erlangung, Nutzung und Offenlegung erreicht werden.[2180] Aufgrund der unterschiedlichen Normzwecke ist davon auszugehen, dass das GeschGehG das ArbEG unberührt lässt[2181] und gleichzeitig das ArbEG das GeschGehG nicht als spezialgesetzliche Regelung verdrängt. Vielmehr stehen beide Gesetze nebeneinander und können sich in Bezug auf Arbeitnehmererfindungen und technische Verbesserungsvorschläge ergänzen und damit auch wechselseitig beeinflussen.[2182] Da der Geheimnischarakter einer patentfähigen Erfindung mit der Offenlegung der Schutzrechtsanmeldung entfällt, gilt dies nur bis zu diesem Zeitpunkt. Vor diesem Hintergrund könnte in einer Geheimnisverletzung nach § 24 ArbEG auch eine verbotene Nutzung oder Offenlegung eines Geschäftsgeheimnisses nach § 4 Abs. 2 Nr. 3 GeschGehG liegen. Zugleich ist zu berücksichtigen, dass das

---

2175 Vgl. nur Keukenschrijver in Busse/Keukenschrijver, PatG, § 24 ArbEG, Rn. 4.

2176 Reimer/Schade/Schippel/Rother, § 24 ArbEG, Rn. 9.

2177 Siehe nur BAG v. 3.7.2003, NZA 2004, 427 (429); v. 23.10.2008, NZA 2009, 855 (858 [Tz. 23]) u. v. 8.5.2014, NZA 2014, 1258 (1260 [Tz. 26]).

2178 BGBl. I 2019, 466. Vgl. zu den allgemeinen arbeitsrechtlichen Auswirkungen des Gesetzes Preis/Seiwerth, RdA 2019, 351 ff.; Naber/Peukert/Seeger, NZA 2019, 583 ff.; Holthausen, NZA 2019, 1377 ff.

2179 Richtlinie (EU) v. 8.6.2016 über den Schutz vertraulichen Know-hows und vertraulicher Geschäftsinformationen (Geschäftsgeheimnisse) vor rechtswidrigem Erwerb sowie rechtswidriger Nutzung und Offenlegung – ABl. L 157 v. 15.6.2016, S. 1.

2180 Siehe auch Ohly, GRUR 2019, 441 ff.; Rehaag/Straszewski, Mitt. 2019, 249 ff.

2181 Ebenso Keukenschrijver in Busse/Keukenschrijver, PatG, § 24 ArbEG, Rn. 2.

2182 Bartenbach/Volz, § 24 ArbEG, Rn. 38.1. Vgl. auch OLG Düsseldorf v. 21.10.2019, GRUR-RS 33225 – Spritzgießwerkzeuge.

ArbEG ein dem Arbeitsrecht zuzuordnendes Schutzgesetz darstellt und vom Anwendungsbereich des § 1 Abs. 3 Nr. 4 GeschGehG erfasst ist, so dass die sich aus dem ArbEG ergebenden Rechte und Pflichten der Arbeitsvertragsparteien unberührt bleiben. Das ArbEG geht damit partiell dem GeschGehG in dem Umfang vor, in dem das ArbEG eine spezielle gesetzliche Regelung trifft.

Die Diensterfindung ist vom Arbeitnehmer so lange geheim zu halten, wie sie nicht freigeworden ist (§ 24 Abs. 2 ArbEG). Die Geheimhaltungspflicht erlischt ferner, wenn und insoweit die technische Lehre offenkundig geworden ist oder der Arbeitgeber auf eine weitere Geheimhaltung verzichtet hat. Gleiches gilt ab dem Zeitpunkt der (ersten) Offenlegung einer Schutzrechtsanmeldung des Arbeitgebers.[2183] Bestehende Geheimhaltungspflichten bleiben durch die Beendigung des Arbeitsverhältnisses unberührt.[2184] Demgegenüber ist der Arbeitnehmer nach Ausscheiden aus dem Arbeitsverhältnis bei Fehlen einer entsprechenden vertraglichen Absprache (z.B. nachvertragliches Wettbewerbsverbot) nicht gehindert, seine rechtmäßig erlangten beruflichen Kenntnisse und Erfahrungen unbeschränkt zu offenbaren und zu verwerten.[2185] Erfasst sind indessen nur solche Informationen, die der ausgeschiedene Mitarbeiter in seinem Gedächtnis bewahrt hat oder auf die er dann aufgrund anderer, ihm befugtermaßen zugänglicher Quellen zugreifen kann.[2186] Die Berechtigung, erworbene Kenntnisse nach Beendigung des Dienstverhältnisses auch zum Nachteil des früheren Arbeitgebers einzusetzen, bezieht sich nicht auf vertrauliche Informationen bzw. Betriebsgeheimnisse, über die der ausgeschiedene Mitarbeiter nur durch (unbefugten) Zugriff auf seine früheren Unterlagen (z.B. Konstruktionsunterlagen) verfügt.[2187]

959 Die Geheimhaltungspflicht besteht gegenüber allen Dritten, soweit diese nicht vom Arbeitgeber zur Entgegennahme von erfindungsrelevanten Daten ermächtigt sind. Demzufolge muss sich der Arbeitnehmer auch im Konzernbereich der Weitergabe enthalten. Das betrifft nicht nur Arbeitskollegen aus dem Unternehmen des Arbeitgebers,[2188] sondern erst recht Arbeitnehmer anderer Unternehmen, auch wenn es sich um Konzerngesellschaften handelt. Die gesellschaftsrechtliche Verbindung dieser Unternehmen genügt allein nicht, eine ausreichende Verschwiegenheit zu erwarten.[2189] Bei einer unternehmensübergreifenden Tätigkeit eines Arbeitnehmers im Konzern können sich hinsichtlich der den Arbeitnehmer treffenden Verschwiegenheitspflicht Besonderheiten ergeben, da der Arbeitnehmer für mehrere Unternehmen tätig ist und ihm Betriebs- und Geschäftsgeheimnisse unterschiedlicher Unternehmen zur Kenntnis

---

2183 BGH v. 11.4.1989, GRUR 1989, 411 (412) – *Offenend-Spinnmaschine.*

2184 BGH v. 27.4.2006, GRUR 2006, 1044 (1045 [Tz. 6]) – *Kundendatenprogramm* u. v. 3.5.2001, GRUR 2002, 91 (92) – *Spritzgießwerkzeuge.*

2185 BGH v. 27.4.2006, GRUR 2006, 1044 (1045 [Tz. 6]) – *Kundendatenprogramm*; BAG v. 11.12.1967, AP Nr. 4 zu § 242 BGB – *Nachvertragliche Treuepflicht*; v. 19.5.1988, NZA 1999, 200 (betr. Entwicklungsleiter).

2186 BGH v. 26.2.2009, GRUR 2009, 603 (604 [Tz. 15]) – *Versicherungsuntervertreter.*

2187 BGH v. 19.12.2002, GRUR 2003, 453 (454) – *Verwertung von Kundenlisten.*

2188 Reimer/Schade/Schippel/Rother, § 24 ArbEG, Rn. 9.

2189 Ausführlich zu solchen Fallgestaltungen Schulte/Moufang, § 3 PatG, Rn. 31 ff. m.w.N.

gelangen. Während seines Einsatzes bei einem anderen Konzernunternehmen treffen den Arbeitnehmer insbesondere auch die Pflicht zur Verschwiegenheit hinsichtlich der Betriebs- und Geschäftsgeheimnisse, die dem Arbeitnehmer bei einem anderen Konzernunternehmen aufgrund seiner Tätigkeit und seiner Eingliederung in die betrieblichen Abläufe des Drittunternehmens zur Kenntnis gelangen.[2190] Soweit ein Arbeitnehmer mehrere Arbeitsverhältnisse mit verschiedenen Konzernunternehmen hat, gilt gegenüber jedem Arbeitgeber eine vertragliche Nebenpflicht zur Verschwiegenheit. Dies gilt auch dann, wenn eines der Arbeitsverhältnisse während der Dauer des Einsatzes in einem anderen Unternehmen ruhend gestellt wurde, da in diesem Fall für die Dauer des Ruhens nur die vertraglichen Hauptpflichten suspendiert sind. Die vertraglichen Nebenpflichten, und somit auch die Pflicht zur Verschwiegenheit, bleiben auch während des Ruhens bestehen.[2191] Allein der Umstand, dass der Arbeitgeber Teil eines Konzerns ist, führt nicht dazu, dass der Arbeitnehmer Betriebs- und Geschäftsgeheimnisse innerhalb des Konzerns auch an andere Konzernunternehmen weitergeben darf. Allerdings kann sich aus der konkreten Gestaltung des unternehmensübergreifenden Einsatzes des Arbeitnehmers im Konzern auch etwas anderes ergeben, wenn insbesondere die Weitergabe von Informationen und Know-how innerhalb des Konzerns Gegenstand und Zweck des Einsatzes ist.[2192]

Die Geheimhaltungspflicht umfasst sämtliche technischen Kenntnisse des Arbeitneh- 960
mers, die die gemeldete Diensterfindung betreffen und die sich für die Schutzrechtsanmeldung nutzen lassen. Dies gilt auch für solche Entwicklungsergebnisse, die in der Erfindungsmeldung nicht bzw. nur unvollkommen zum Ausdruck gekommen sind.[2193] Nach der Legaldefinition des Geschäftsgeheimnisses in § 2 Nr. 1 GeschGehG sind sowohl Betriebsgeheimnisse als auch (vom Arbeitgeber geheimgehaltenes) Know-how umfasst. Diensterfindungen, die gemäß § 13 ArbEG der unverzüglichen Pflicht zur Schutzrechtsanmeldung unterliegen, erfüllen bereits aufgrund der Vorgaben des ArbEG jedenfalls bis zur patentamtlichen Offenlegung den Gesetzesbegriff des Geschäftsgeheimnisses (geheim, wirtschaftlicher Wert, angemessene Geheimhaltungsmaßnahmen[2194] und berechtigtes Geheimhaltungsinteresse des Arbeitgebers).[2195] Eine Verletzung i.S.d. § 24 Abs. 2 ArbEG stellt damit zugleich eine verbotene Offenlegung bzw. Nutzung nach § 4 Abs. 2 Nr. 3 GeschGehG dar.

3. Geheimhaltungspflicht sonstiger Personen des Konzernverbundes

Sonstige Personen, die aufgrund des ArbEG von einer Erfindung Kenntnis erlangt 961
haben, sind nach § 24 Abs. 3 ArbEG ebenfalls zur Geheimhaltung verpflichtet. Dazu

2190 Braun/Wisskirchen/Braner/Ceruti, Konzernarbeitsrecht, Teil I, Kap. 3, Rn. 21 m.H.a. Windbichler, Arbeitsrecht im Konzern, S. 89.

2191 Windbichler, Arbeitsrecht im Konzern, S. 134.

2192 Braun/Wisskirchen/Braner/Ceruti, Konzernarbeitsrecht, Teil I, Kap. 3, Rn. 21.

2193 Vgl. BGH v. 5.10.2005, GRUR 2006, 141 (142 [Tz. 19]) – *Ladungsträgergenerator*.

2194 BT-Drs. 19/4724 S. 24 f.; ErfK/Preis, § 611a BGB, Rn. 712; Ohly GRUR 2019, 441 ff.

2195 Darauf weisen Bartenbach/Volz, § 24 ArbEG, Rn. 38 f. mit Verweis auf die Rechtsprechung zum durch § 2 Nr. 1 GeschGehG abgelösten Straftatbestand des § 17 UWG hin.

gehören auch die Mitarbeiter einer zentralen Patentstelle im Konzern, die der Arbeitgeber mit der Entgegennahme der Erfindungsmeldung[2196] und sonstiger Erklärungen des Arbeitnehmererfinders bzw. der Durchführung von Aufgaben nach dem ArbEG beauftragt hat (Schutzrechtsanmeldung, Inanspruchnahme, Vergütungsregelung usw.).

II. Auswirkungen des Konzernverbundes auf die wechselseitigen Nebenpflichten der Arbeitsvertragsparteien

962 § 25 ArbEG stellt klar, dass die aus dem Arbeitsverhältnis resultierenden gegenseitigen Pflichten neben denen, die sich erfindungsspezifisch aus dem ArbEG ergeben, bestehen bleiben.[2197] Besonders hervorzuheben sind dabei die auf Seiten des Arbeitgebers bestehenden Nebenpflichten sowie die dem Arbeitnehmer obliegende Rücksichtnahmepflicht.

963 Allerdings verdrängt das ArbEG als sondergesetzliche Regelung die allgemeinen arbeitsrechtlichen Vorschriften insoweit, als hierin für Arbeitnehmererfindungen spezielle (abschließende) Normen enthalten sind.[2198] Jedoch können gerade die Schutzpflicht einerseits und die Rücksichtnahmepflicht andererseits bei der Ausfüllung der erfinderrechtlichen Beziehungen der Arbeitsvertragsparteien wertend herangezogen werden.[2199] Eine Verletzung dieser beiden Pflichten kann bei Verschulden im Sinne des § 276 BGB einen Schadensersatzanspruch wegen Pflichtverletzung gemäß § 280 Abs. 1, § 241 Abs. 2, § 619a BGB sowie eventuell einen Unterlassungsanspruch auslösen.[2200]

1. Schutzpflicht des Arbeitgebers

964 Die Schutzpflicht wirkt sich grundsätzlich bereits unmittelbar bei der Handhabung von Hauptpflichten nach dem ArbEG aus; so enthalten einige Normen, wie etwa § 5 Abs. 1 Satz 3, § 5 Abs. 3 Satz 2, § 8, § 13 Abs. 1, § 14 Abs. 2, § 15 Abs. 1 sowie § 24 Abs. 1 ArbEG Mitwirkungs- bzw. Unterstützungspflichten des Arbeitgebers als Ausfluss des Fürsorgegedankens.

965 Die Schutzpflicht des Arbeitgebers stellt eine Hauptpflicht dar und wird aus § 241 Abs. 2, § 242 BGB hergeleitet. Der Arbeitgeber ist hiernach bei allen seinen Maßnahmen, auch soweit er Rechte ausübt, gehalten, auf das Wohl und die berechtigten Interessen seines Arbeitnehmers bedacht zu sein.[2201] Die Schutzpflicht hilft darüber

2196 Siehe Rdn. 420 ff.

2197 Vgl. hierzu Amtl. Begr. BT-Drucks. II/1648, S. 40 = BlPMZ 1957, 218 (240), wo von einer Selbstverständlichkeit gesprochen wird.

2198 Volmer/Gaul, § 25 ArbEG, Rn. 16; Boemke/Kursawe/Boemke, § 25 ArbEG, Rn. 3; weitergehend OLG Frankfurt v. 19.12.1991, GRUR 1993, 910 (911) – *Bügelverschließmaschinen.*

2199 Vgl. z.B. BGH v. 13.11.1997, GRUR 1998, 689 – *Copolyester II*, dort zur aus der Fürsorgepflicht hergeleiteten Auskunftspflicht.

2200 BAG v. 27.11.1974, AP Nr. 82 zu § 611 BGB – *Fürsorgepflicht.*

2201 BAG v. 9.7.1977, u. v. 27.11.1985, AP Nrn. 83, 93 zu § 611 BGB – *Fürsorgepflicht*; OLG Frankfurt v. 19.12.1991, GRUR 1993, 910 (911) – *Bügelverschließmaschinen*; siehe auch BAG v. 25.10.2007, AP Nr. 6 zu § 611 BGB – *Mobbing.*

hinaus als nützliches Instrument zur Beeinflussung und konkreteren Ausgestaltung einzelner, sich aus dem Arbeitsverhältnis und damit auch aus dem ArbEG ergebender Verpflichtungen.[2202]

Konkretisierung und Inhaltsbestimmung der Schutzpflicht des Arbeitgebers erfolgen grundsätzlich anhand einer Interessenabwägung, wobei dem Arbeitgeber nur das zuzumuten ist, was nach Treu und Glauben unter Berücksichtigung der Umstände des Einzelfalls von ihm erwartet werden kann.[2203] Je selbständiger die Position des Arbeitnehmers innerhalb des Betriebes ist, desto weniger bedarf er des Schutzes und damit entsprechender Unterstützung des Arbeitgebers.[2204] Demgegenüber besteht eine umfassendere Pflicht des Arbeitgebers zur Fürsorge, je mehr er die näheren Einzelheiten des Arbeitsverhältnisses durch seine Weisungsbefugnis bestimmen kann. 966

Vor dem erfinderrechtlichen Hintergrund können dem Arbeitgeber besondere Unterstützungshandlungen, z.B. bei laufenden Forschungs- und Entwicklungsarbeiten seines Arbeitnehmers, obliegen. Bei einem eventuellen Streit unter mehreren Miterfindern über die Miterfinderanteile kommt dem Arbeitgeber eine Vermittlungsfunktion zu. Die Unterstützungspflicht wirkt sich vor allem dahin aus, dass der Arbeitgeber eine sachgerechte Behandlung von Erfindungsmeldungen gewährleisten muss. 967

Andererseits verpflichtet sie den Arbeitgeber nicht dazu, den Arbeitnehmererfinder über dessen sich aus dem ArbEG ergebenden Rechte und Pflichten zu unterrichten und zu belehren.[2205] Er ist auch nicht gehalten, dem Arbeitnehmer alle anspruchsbegründenden bzw. – vernichtenden Tatsachen mitzuteilen.[2206] Dies gilt erst recht, wenn es um für den Arbeitnehmer nachteilige Folgen aus eigenen Versäumnissen (z.B. Fristversäumnis) geht; der Arbeitgeber ist nicht zu einem Handeln gegen eigene 968

2202 BAG v. 1.7.1965, AP Nr. 75 zu § 611 BGB – *Fürsorgepflicht*.

2203 BAG v. 22.11.1963, AP Nr. 6 zu § 611 BGB – *Öffentlicher Dienst*; BGH v. 4.4.2006, GRUR 2006, 754 (759 [Tz. 41]) – *Haftetikett* u. BAG v. 5.2.2009, AP Nr. 69 zu § 4 KSchG 1969.

2204 BAG v. 11.6.1958, AP Nr. 2 zu § 611 BGB – *Direktionsrecht*.

2205 OLG Düsseldorf v. 25.8.2005, GRUR-RR 2006, 118 (119 f.) – *Drehschwingungstilger*; v. 9.8.2007, Az. 2 U 41/06 – *Ummantelung von Stahlröhren I* u. v. 25.8.2005, Az. I-2 U 52/04 (beide unveröffentl.); Schiedsstelle v. 23.4.1979, BlPMZ 1980, 233; v. 8.6.1973, BlPMZ 1973, 366 (367); v. 2.2.1981, BlPMZ 1981, 420 (421); v. 18.11.1994, Arb.Erf. 97/93; v. 15.1.1997, Arb.Erf. 39/95 (beide Datenbank Schiedsstellenpraxis); v. 29.4.2010, Arb.Erf. 11/09; v. 14.10.2010, Arb.Erf. 34/08 u. v. 15.11.2012, Arb.Erf. 01/12 (alle unveröffentl.); v. 27.2.2013, Arb.Erf. 20/10 (www.dpma.de); siehe allg. BAG v. 15.6.1972, DB 1972, 1780 sowie v. 20.6.2017, NJW 2018, 1835 (1838 [Tz. 36]); einschränkend BAG v. 17.10.2000, NZA 2001, 206 u. BGH v. 4.4.2006, GRUR 2006, 754 (758 f. [Tz. 26]) – *Haftetikett*; vgl. aber auch Schiedsstelle v. 12.8.1966, BlPMZ 1967, 131 (132); BGH v. 23.5.1952, GRUR 1952, 573 – *Zuckerdiffuseur*; abweichend Schwab, ArbNErfR, § 25 Rn. 5.

2206 Siehe allg. BAG v. 23.1.2003, AP Nr. 5 zu § 2 NachwG; Schiedsstelle v. 15.11.2012, Arb.Erf. 01/12 (unveröffentl.).

Interessen verpflichtet.[2207] Der Arbeitgeber muss seinen Arbeitnehmer auch nicht bei der Geltendmachung gegen ihn selbst gerichteter Ansprüche unterstützen.[2208] Eine Belehrungspflicht unter dem Gesichtspunkt der Fürsorgepflicht kann sich im Einzelfall indes beispielsweise dann ergeben, wenn sich der Arbeitnehmer erkennbar über die wahre Rechtslage irrt oder den Arbeitgeber ausdrücklich um Auskunft bittet oder ein außergewöhnliches Informationsbedürfnis besteht, weshalb der Arbeitnehmer berechtigterweise Hinweise des Arbeitgebers erwarten darf.[2209]

969 Nach Auffassung des BGH besteht eine solche Informationspflicht im Ergebnis unter dem Gesichtspunkt der anderenfalls erfolgenden Verletzung der Fürsorgepflicht auch dann, wenn der Arbeitgeber mit seinem Verhalten einen Rechtsschein gesetzt und damit den Arbeitnehmer davon abgehalten hat, bestimmte erfinderrechtliche Ansprüche geltend zu machen.[2210]

970 Über den Unternehmensbereich hinaus kann auch der Konzernverbund bei besonderer Fallgestaltung eine Beachtung der Schutzpflicht bedingen. Zwar gilt im Grundsatz, dass der Gesetzgeber durch die Vorschrift des § 25 ArbEG nur verdeutlichen will, dass das ArbEG nicht in die Verpflichtungen, die aufgrund des Arbeitsvertrages zwischen Arbeitgeber und Arbeitnehmer bestehen, eingreift. Die Schutzpflicht, die als Nebenpflicht dem Arbeitsvertrag entspringt, verpflichtet nur den Arbeitgeber, also das Konzernunternehmen, das den Arbeitsvertrag mit dem betreffenden Arbeitnehmer geschlossen hat.[2211] Andere Konzernunternehmen sind dem Arbeitnehmer – allein aufgrund des Konzerntatbestandes – deshalb nicht zur Fürsorge verpflichtet.[2212]

971 Anders ist dies aber dann zu beurteilen, wenn der Arbeitgeber andere Konzernunternehmen in die Entgegennahme der Erfindungsmeldungen, die Inanspruchnahme, die Schutzrechtsanmeldung etc. durch Bevollmächtigung einbindet. Gleiches kann gelten, wenn durch den Abschluss eines weiteren Arbeitsvertrages ein zusätzliches Arbeitsverhältnis mit einem anderen Konzernunternehmen zustande kommt oder ein anderes konzernangehöriges Unternehmen mittels einer Entsendungsvereinbarung vorübergehend Pflichten des ursprünglichen Arbeitgebers übernimmt.[2213] In einem solchen Fall kann die andere Konzerngesellschaft ebenfalls Arbeitgeberpflichten übernehmen und ist daher auch an die arbeitsrechtliche Schutzpflicht gebunden.

2207 OLG Düsseldorf v. 25.8.2005, GRUR-RR 2006, 118 (119 f.) – *Drehschwingungstilger*; siehe aber auch BGH v. 4.4.2006, GRUR 2006, 754 (760 [Tz. 41]) – *Haftetikett*.

2208 OLG Düsseldorf v. 17.5.2023, GRUR-RS 2023, 13971 – Sanitärarmatur.

2209 Schiedsstelle v. 29.4.2010, Arb.Erf. 11/09 (unveröffentl.).

2210 So im Ergebn. BGH v. 4.4.2006, GRUR 2006, 754 (759 f. [Tz. 40 ff.]) – *Haftetikett* im Anschl. an OLG Düsseldorf v. 18.9.2003, GRUR-RR 2004, 163 (169).

2211 Kreil, S. 99 m. Kritik an Windbichler, Arbeitsrecht im Konzern, S. 92, die von einer »Basis der Schutzpflicht aufgrund der rein tatsächlichen Bindung des Arbeitnehmers an den Betrieb« spricht.

2212 Konzen, RdA 1984, 65 (73); Kreil, S. 100; Windbichler, Arbeitsrecht im Konzern, S. 205.

2213 Vgl. hierzu Rdn. 110 ff. u. Rdn. 196 ff.

Bei Nutzungshandlungen im Konzernverbund kann die Schutzpflicht die übrigen, die Erfindung nutzenden Konzernunternehmen zur Aufklärung über den Nutzungsumfang weder unmittelbar gegenüber dem Arbeitnehmer zwingen, noch zu weitergehenden Informationen des Arbeitgebers. Umfang und Grenzen solcher Auskunftspflichten ergeben sich allein auf vertraglicher Grundlage z.B. zwischen den Lizenzvertragsparteien, können aber nicht durch arbeitsvertragliche Nebenpflichten eine Steigerung erfahren.[2214] 972

2. Rücksichtnahmepflicht des Arbeitnehmers

Korrespondierend zur Schutzpflicht des Arbeitgebers steht als Nebenpflicht die über die Arbeitspflicht hinausgehende Rücksichtnahmepflicht des Arbeitnehmers (vgl. auch § 241 Abs. 2 BGB). Der Arbeitnehmer hat sich für die Interessen seines Arbeitgebers und für das Gedeihen des Unternehmens einzusetzen und alles zu unterlassen, was dem Arbeitgeber oder dem Unternehmen abträglich ist.[2215] Auch hier bestimmt sich der Umfang der Pflicht durch die Stellung des Arbeitnehmers im Betrieb, wobei im Einzelfall die Dauer der Betriebszugehörigkeit, die Vertrauensposition des Arbeitnehmers und sein Tätigkeitsbereich Berücksichtigung finden.[2216] Das bedeutet für die erfinderrechtliche Tätigkeit des Arbeitnehmererfinders, dass von diesem im Zusammenhang mit Entwicklung und Fertigstellung technischer Neuerungen bestimmte Verhaltensweisen erwartet werden können. Die Rücksichtnahmepflicht soll die Rechte und Pflichten aus dem ArbEG im Einzelfall ergänzen und konkretisieren. 973

So kann der Arbeitnehmer aufgrund dieser Verpflichtung gehalten sein, seinem Arbeitgeber eventuelle Störungen oder Unregelmäßigkeiten während der Forschungs- und Entwicklungsarbeiten mitzuteilen. Auch hat er auf Anfrage über Stand und Fortgang der Entwicklungstätigkeit und deren Erfolgsaussichten zu berichten.[2217] Der Arbeitgeber kann von seinem Arbeitnehmer darüber hinaus Einblick in die dem Arbeitnehmer übertragenen Aufgaben und Entwicklungsergebnisse verlangen.[2218] Da die Geheimhaltungspflicht des Arbeitnehmers nach § 24 Abs. 2 ArbEG erst durch dessen Erfindungsmeldung ausgelöst wird, kann eine Geheimhaltungspflicht für die Vorstufe einer Erfindungsentwicklung durch die Rücksichtnahmepflicht begründet werden. 974

Der Konzernverbund hat auch im Hinblick auf den Umfang der Rücksichtnahmepflicht keine unmittelbaren Auswirkungen. Eine Ausdehnung der Pflicht auf den gesamten Konzernverbund kann nicht angenommen werden. Dies würde für den Arbeitnehmer andernfalls bedeuten, dass er gegenüber allen Konzernunternehmen 975

2214 Siehe aber auch Rdn. 910 ff.

2215 BAG v. 17.10.1969, AP Nr. 7 zu § 611 BGB – *Treuepflicht*; OLG Düsseldorf v. 27.2.2003, Mitt. 2004, 418 [Tz. 198 ff.] – *Hub-Kipp-Vorrichtung*.

2216 Bartenbach/Volz, § 25 ArbEG, Rn. 29; BAG v. 9.2.2006, BAGE 117, 81.

2217 LAG Stuttgart v. 30.12.1966, AP Nr. 1 zu § 25 ArbEG; allg. BAG v. 18.1.1996, NZA 1997, 41 (42).

2218 LAG Stuttgart v. 30.12.1966, AP Nr. 1 zu § 25 ArbEG; vgl. zu weiteren Einzelheiten der Rücksichtnahmepflicht Bartenbach/Volz, § 25 ArbEG, Rn. 32.

an die Rücksichtnahmepflicht und dadurch auch an die einzelnen damit verbundenen Verhaltenspflichten gebunden wäre. Andere als das Konzernunternehmen des Arbeitgebers sind daher als unabhängige Dritte zu behandeln. Eine Ausdehnung der Treuepflicht im Zusammenhang mit Arbeitnehmererfindungen würde eine Unzumutbarkeit für den Arbeitnehmer darstellen, die – würde sie Gegenstand einer Vereinbarung – nach § 23 ArbEG unbillig wäre. Aus dem Aspekt der Rücksichtnahmepflicht heraus kann vom Arbeitnehmer grundsätzlich auch nicht verlangt werden, dass er auf gesetzliche Rechte aus dem ArbEG verzichtet. Nur ausnahmsweise können sich besondere Nebenpflichten für den Arbeitnehmer ergeben, wenn seine Erfindungsentwicklung (z.B. bei Entsendung) oder deren spätere Handhabung in den Konzernverbund eingebettet ist.

I. Verbesserungsvorschläge und Ideenmanagement im Konzernverbund

Übersicht Rdn.

I. Qualifizierte und einfache technische Verbesserungsvorschläge

976 Als maßgebliches Abgrenzungskriterium zur Bestimmung des sachlichen Anwendungsbereichs des ArbEG stellen die §§ 2 und 3 ArbEG auf die Schutzfähigkeit einer technischen Neuerung ab. Liegen die Schutzfähigkeit (Patent- oder Gebrauchsmusterfähigkeit) und damit eine Diensterfindung vor, greifen die allgemeinen Regelungen des ArbEG. Bei mangelnder Schutzfähigkeit wird die technische Neuerung als technischer Verbesserungsvorschlag behandelt, zu dem Patent und Gebrauchsmuster in einem Stufenverhältnis stehen.[2219] Der Anwendungsbereich des ArbEG beschränkt sich auf die qualifizierten technischen Verbesserungsvorschläge im Sinne des § 20 Abs. 1 ArbEG. Die demgegenüber einfachen technischen Verbesserungsvorschläge bleiben der Behandlung durch Tarifvertrag oder Betriebsvereinbarung überlassen (vgl. § 20 Abs. 2 ArbEG). Dazu normiert § 87 Abs. 1 Nr. 12 BetrVG, dass der Betriebsrat ein Mitbestimmungsrecht hinsichtlich der Grundsätze über das betriebliche Vorschlagswesen hat. Erfasst ist damit im Grundsatz zugleich das betriebliche Ideenmanagement, sofern dieses – wie im Regelfall – auf dem Verbesserungsvorschlagswesen basiert.

977 Auch ein konzerneinheitlich flexibel und effizient ausgestaltetes System zum Vorschlagswesen bzw. Ideenmanagement gewinnt wegen der fortschreitenden nationalen und internationalen Konzernierung zunehmend an Bedeutung. Nach der (allerdings nicht repräsentativen) BDI/BDA-Umfrage aus dem Jahr 2019[2220] verfügten damals bereits nahezu 80 % der Unternehmen, die sich an der Umfrage beteiligt haben, über ein betriebliches Vorschlagswesen. Wie groß die praktische Bedeutung des Vorschlagswesens bzw. Ideenmanagements in Deutschland ist, belegen die früheren jährlichen Untersuchungen des dib (Deutsches Institut für Betriebswissenschaft): So wurden bereits im Jahr 2015 bei den 136 befragten Unternehmen und öffentlichen Einrich-

---

2219 Schultz-Süchting, GRUR 1973, 291 (299); Reimer/Schade/Schippel/Rother, § 3 ArbEG, Rn. 3, streitig.

2220 Danach gilt bei 77,4 % der Unternehmen ein Vorschlagswesen. Das dürfte nahezu 95 % der größeren Unternehmen (250–499 Beschäftigte) und Großunternehmen (> 500 Beschäftigte) entsprechen, die sich an der Umfage beteiligt haben.

tungen insgesamt 1,6 Mio. Verbesserungsvorschläge eingereicht. Je 100 Mitarbeiter kamen im Branchenmittel 149 Ideen zusammen. Die Unternehmen erzielten durch Verbesserungsvorschläge einen Gesamtnutzen in Höhe von rund 812 Mio €. Nach einer neueren Studie aus dem Jahr 2023 steckt durchschnittlich rund 6.500,00 € rechenbarerer Erstjahresnettonutzen hinter einem Verbesserungsvorschlag.[2221]

978 Üblicherweise bezieht sich das Ideenmanagement in Anlehnung an den Mitbestimmungstatbestand des § 87 Abs. 1 Nr. 12 BetrVG auf Verbesserungsvorschläge der Arbeitnehmer, zu deren Entwicklung diese nach dem Inhalt ihres Arbeitsvertrages nicht verpflichtet sind. Dabei werden regelmäßig nicht allein Verbesserungsvorschläge auf technischem Gebiet, sondern gleichermaßen Vorschläge kaufmännischer, organisatorischer, ökologischer und sozialer Art erfasst.[2222] Entscheidend ist im Kern grundsätzlich, dass ein von einem Arbeitnehmer eingebrachter Vorschlag auf die Verbesserung der unternehmerischen Arbeit bzw. auf die Lösung eines betrieblichen Problems gerichtet ist.[2223]

1. Abgrenzung zwischen qualifizierten technischen und einfachen technischen Verbesserungsvorschlägen

979 Vom unmittelbaren Regelungsbereich des ArbEG umfasst sind ausschließlich die qualifizierten technischen Verbesserungsvorschläge und deren Vergütung. Wegen der strengen Voraussetzungen sind qualifizierte Verbesserungsvorschläge im Sinne von § 20 Abs. 1 ArbEG in der Betriebspraxis die Ausnahme. Darunter fallen solche technischen Verbesserungsvorschläge, die dem Arbeitgeber eine ähnliche Vorzugsstellung gewähren wie ein gewerbliches Schutzrecht, d.h. wie ein Patent oder Gebrauchsmuster (vgl. § 3 ArbEG).[2224] Demgegenüber sind einfache technische Verbesserungsvorschläge nach der Negativabgrenzung in § 20 Abs. 1 ArbEG solche, die zwar – im Verhältnis zum innerbetrieblichen Stand der Technik – eine Verbesserung bedeuten, gleichzeitig allerdings keine schutzrechtsähnliche Vorzugsstellung vermitteln. Sie sind kein Aliud, sondern ein Minus zum qualifizierten technischen Verbesserungsvorschlag.[2225]

980 Für qualifizierte technische Verbesserungsvorschläge gilt wegen des Ausnahmecharakters ein strenger Prüfungsmaßstab.[2226] Der Arbeitgeber muss durch den technischen Verbesserungsvorschlag eine faktische Monopolstellung gegenüber dem Wettbewerb

2221 Deutscher Ideenmanagement Report 2023, abrufbar über www.zentrum-ideenmanagement.de/report#sprungmarke1.

2222 Vgl. Wollwert, NZA 2012, 89.

2223 Einsele, FS Bartenbach (2005), 89 (91).

2224 Vgl. Schiedsstelle v. 19.12.2014, Arb.Erf. 48/12; v. 1.4.2015, Arb.Erf. 49/11; v. 3.12.2020, Arb.Erf. 09/19 u. v. 10.2.2023, Arb.Erf. 25/22 (alle www.dpma.de).

2225 OLG Düsseldorf v. 5.3.1998, WRP 1998, 1202 (1211) – *Wetterführungspläne.*

2226 Zust. ArbG Hamburg v. 4.9.2019, 17 Ca 548/18 (unveröffentl.); ebenso Schiedsstelle v. 19.12.2014, Arb.Erf. 48/12; v. 1.4.2015, Arb.Erf. 49/11 u. v. 1.12.2016, Arb.Erf. 42/14 (alle www.dpma.de). Siehe auch Schiedsstelle v. 21.7.2022, Arb.Erf. 16/21 (www.dpma.de).

erhalten, die der Stärke einer patentrechtlichen Monopolstellung nahekommt.[2227] Im Gegensatz zur rechtlichen Monopolposition bei erteilten Schutzrechten geht es hier um eine tatsächliche wirtschaftliche Monopolstellung, die der Arbeitgeber durch die geistige Leistung des Arbeitnehmers erwirbt.[2228] Die Ähnlichkeit mit einem gewerblichen Schutzrecht liegt nicht in der Befugnis, Dritten die Benutzung zu verbieten; sie besteht vielmehr in der tatsächlichen Möglichkeit – bei Einsatz der Verbesserung – den Gegenstand des Vorschlags unter Ausschluss der Mitbewerber allein zu verwerten.[2229] Vorausgesetzt wird also letztlich, dass die Verbesserung von Dritten mangels näherer Kenntnis nicht nachgeahmt werden kann.[2230] Die Vorzugsstellung muss in dem technischen Verbesserungsvorschlag als solchem begründet sein.[2231] Der Vorschlag muss grundsätzlich eine technische Qualität aufweisen, die so weit über den allgemeinen Stand der Technik hinausgeht, dass seine Verwertung dem Arbeitgeber gegenüber seinen Wettbewerbern bzw. im Markt eine technisch begründete, monopolähnliche wirtschaftliche Vorzugsstellung verschaffen kann.[2232] Setzen die Wettbewerber das Verfahren nicht ein[2233] oder es existiert kein Wettbewerb auf dem speziellen Gebiet der technischen Neuerung, für den die Verbesserung technisch und/oder wirtschaftlich von Interesse sein könnte[2234], besteht kein faktischer Wettbewerbsvorteil und dem Arbeitnehmer steht keine Vergütung zu.

2. Mitteilungspflicht des Arbeitnehmers

Der Arbeitnehmer ist seinem Arbeitgeber zur Mitteilung eines technischen Verbesserungsvorschlags verpflichtet, um diesem die »faktische« Position des darin enthaltenen Wissens um technische Vorgänge zu vermitteln. Diese Pflicht ergibt sich zumindest aus allgemeinen arbeitsrechtlichen Grundsätzen[2235] und wird vom Gesetz für qualifizierte technische Verbesserungsvorschläge vorausgesetzt (vgl. § 22 Satz 2 ArbEG).[2236] 981

Für qualifizierte technische Verbesserungsvorschläge enthält das ArbEG keine besonderen Anforderungen an die Mitteilung, so dass sich zur Mitteilung dieser Verbesserungsvorschläge bestimmte Vorgaben ausschließlich aus dem Arbeitsvertrag oder 982

2227 Schiedsstelle v. 3.12.2020, Arb.Erf. 09/19 u. v. 10.2.2023, Arb.Erf. 25/22 (beide www.dpma.de).
2228 BAG v. 19.5.2015, NZA 2015, 1468 (1471) – *Legierungskonzept für Stähle*; siehe auch Boemke/Kursawe/Kursawe, § 20 ArbEG, Rn. 8.
2229 BGH v. 26.11.1968, GRUR 1969, 341 (343) – *Räumzange*; siehe auch Schiedsstelle v. 20.3.2003, Arb.Erf. 43/01 u. v. 1.4.2015, Arb.Erf. 49/11 (beide www.dpma.de).
2230 BGH v. 26.11.1968, GRUR 1969, 341 (343) – *Räumzange*; OLG Düsseldorf v. 5.3.1998, WRP 1998, 1202 (1211) – *Wetterführungspläne*; Schiedsstelle v. 1.4.2015, Arb.Erf. 49/11 (www.dpma.de).
2231 Schiedsstelle v. 14.11.2000, Arb.Erf. 13/97 (unveröffentl.) u. v. 27.2.2013, Arb.Erf. 20/10 (www.dpma.de); Bartenbach/Volz, § 20 ArbEG, Rn. 22 m.w.N.
2232 Schiedsstelle v. 10.2.2023, Arb.Erf. 25/22 (www.dpma.de).
2233 BGH v. 26.11.1968, GRUR 1969, 341 (343) – *Räumzange*.
2234 Vgl. allg. zu den Voraussetzungen Bartenbach/Volz, § 20 ArbEG, Rn. 11 ff.
2235 Schiedsstelle v. 24.1.2018, Arb.Erf. 39/16 (www.dpma.de).
2236 Siehe Schiedsstelle v. 27.2.2013, Arb.Erf. 20/10 (www.dpma.de).

in kollektivrechtlichen Regelungen ergeben können.[2237] Fehlen solche Vorgaben, ist zumindest von einer unverzüglichen Mitteilungspflicht auszugehen, sobald der Vorschlag fertiggestellt ist. Das rechtfertigt sich auch aus der Sicherung des monopolartigen Charakters eines solchen Verbesserungsvorschlags. Auch wenn gesetzliche Formerfordernisse fehlen, sollte darüber hinaus zur Beweissicherung die Textform herangezogen werden. Nur durch die ordnungsgemäße Mitteilung, insbesondere unter Kenntlichmachung der Qualifizierung der vorgeschlagenen technischen Neuerung,[2238] wird dem Arbeitgeber eine Grundlage für seine Verwertungsentscheidung ermöglicht; daher ist die Mitteilung durch den Arbeitnehmer die Voraussetzung für den diesbezüglichen Vergütungsanspruch.[2239]

983 Gewisse inhaltliche Anforderungen ergeben sich sowohl aus dem Interesse des Arbeitgebers an einer eindeutigen und für ihn erkennbaren Einordnung in die Vergütungspflichten aus dem ArbEG als auch aus seinem Interesse an der Sicherung der Monopolstellung. Daher sollte der Arbeitnehmer den Vorschlag – ähnlich wie bei einer Erfindungsmeldung – als genügend konkrete Darstellung einer genau umrissenen, erfindungsähnlichen, einheitlichen technischen Aufgabe und Lösung formulieren.[2240] Auch sollte er den Arbeitgeber auf seine Vergütungspflicht nach § 20 Abs. 1 ArbEG wegen der seiner Ansicht nach bestehenden besonderen Qualität des Vorschlags aufmerksam machen.[2241]

984 Soweit keine speziellen Regelungen im Arbeitsvertrag oder in kollektivrechtlichen Regelungen getroffen sind, werden an die Mitteilung eines einfachen Verbesserungsvorschlags keine besonderen Anforderungen gestellt.[2242] Sie muss jedoch im Ergebnis so deutlich sein, dass über eine Neuerung informiert wird und die neue technische Lehre für den Arbeitgeber nachvollziehbar ist.[2243]

3. Vergütung von Verbesserungsvorschlägen

985 Da ausschließlich qualifizierte technische Verbesserungsvorschläge dem ArbEG unterliegen, sind auch bei der Vergütung die qualifizierten von den einfachen technischen Verbesserungsvorschlägen abzugrenzen.

2237 Bartenbach/Volz, § 20 ArbEG, Rn. 30.

2238 Schiedsstelle v. 27.2.2013, Arb.Erf. 20/10 (www.dpma.de).

2239 Schiedsstelle, z.B. v. 11.12.2012, Arb.Erf. 46/11; v. 27.2.2013, Arb.Erf. 20/10 u. v. 21.7.2022, Arb.Erf. 16/21 (alle www.dpma.de).

2240 Ähnl. Schiedsstelle v. 24.7.2001, Arb.Erf. 32/99 u. v. 14.2.2002, Arb.Erf. 77/99 (beide unveröffentl.); v. 27.2.2013, Arb.Erf. 20/10 (www.dpma.de).

2241 Schiedsstelle v. 26.2.1997, Arb.Erf. 56/95 u. v. 14.2.2002, Arb.Erf. 77/99 (beide unveröffentl.); v. 27.2.2012, Arb.Erf. 36/16 (www.dpma.de).

2242 Ebenso Schiedsstelle v. 7.3.2016, Arb.Erf. 09/14; v. 24.1.2018, Arb.Erf. 39/16 u. v. 30.1.2018, Arb.Erf. 36/16 (alle www.dpma.de).

2243 Vgl. LAG Köln v. 16.10.2014, BeckRS 2015, 70903.

a) Vergütung von qualifizierten technischen Verbesserungsvorschlägen

Im Gegensatz zu Diensterfindungen eines Arbeitnehmers gibt es für einfache Verbesserungsvorschläge keine vergütungsrechtliche Regelung. Nur bei einem qualifizierten technischen Verbesserungsvorschlag ist die Vergütungspflicht in § 20 Abs. 1 ArbEG gesetzlich kodifiziert. 986

Allgemeine Voraussetzung für den Vergütungsanspruch ist nach § 20 Abs. 1 ArbEG die tatsächliche Verwertung durch den Arbeitgeber.[2244] Der Begriff der Verwertung, der weit zu verstehen ist, umfasst sowohl den Einsatz der technischen Lösung bzw. der Hauptidee des Vorschlags im Unternehmen als auch eine außerbetriebliche Nutzung durch Lizenz-/Know-how-Vertrag,[2245] nicht dagegen eine bloße Verwertbarkeit.[2246] Ein Anspruch auf Verwertung des Vorschlags durch den Arbeitgeber hat der Arbeitnehmer nicht; ein solcher Anspruch ergibt sich auch nicht aus einer arbeitsvertraglichen Nebenpflicht.

Im Rahmen einer konzernweiten Nutzung muss ggfs. ein fiktiver Erlös zugunsten des Arbeitnehmers berücksichtigt werden; ein Anspruch auf Vergütung des mit diesem qualifizierten Verbesserungsvorschlag erzielten gesamten Konzernnutzen kann dagegen grundsätzlich nicht geltend gemacht werden.[2247] Insofern gelten hier die gleichen Kriterien wie bei der Verwertung einer Erfindung.[2248] Maßgeblich für diese Frage kann auch die diesbezügliche Regelung nach der (Konzern-/Gesamt-)Betriebsvereinbarung sein, ob etwa der Nutzen eines anderen Konzernunternehmens oder der Nutzen des Gesamtkonzerns zu berücksichtigen ist.[2249] Allerdings sind Verwertungen einfacher Verbesserungsvorschläge bei ausländischen Konzerntöchtern bei einer Gesamtbetriebsvereinbarung wegen des Territorialitätsprinzips des BetrVG nicht vergütungspflichtig.[2250]

Der Vergütungsanspruch entsteht mit Verwertungsaufnahme (vgl. RL Nr. 29 Satz 1 987
u. 5). Ihrer Dauer nach besteht die Vergütungspflicht so lange, wie der Arbeitgeber den Verbesserungsvorschlag tatsächlich verwertet und zugleich die Vorzugsstellung andauert.[2251] Die Vergütungspflicht ist unabhängig vom Fortbestand des Arbeitsver-

2244 Vgl. nur Schiedsstelle v. 11.12.2013, Arb.Erf. 46/11 (www.dpma.de).

2245 Boemke/Kursawe/Kursawe, § 20 ArbEG, Rn. 12; MünchArbR/Bayreuther, § 98, Rn. 57.

2246 Bartenbach/Volz, § 20 ArbEG, Rn. 29 m.H.a. Schiedsstelle v. 24.1.1990, Arb.Erf. 21/89 (unveröffentl.).

2247 Darauf weisen Bartenbach/Volz, § 20 ArbEG, Rn. 27 hin. Siehe auch Wollwert, NZA 2012, 889 (890). Abweichend LAG Hamm v. 16.1.1985, 14 Sa 676/83 (unveröffentl.), welches wegen der »Betriebsbezogenheit« eines Verbesserungsvorschlags ausschließlich auf eine betriebsbezogene Nutzung des Arbeitgebers abgestellt hat.

2248 Siehe Rdn. 737 ff.

2249 So zum Beispiel der Sachverhalt bei VG Bayreuth v. 7.6.2016, B 5 K 14.701 (www.gesetze-bayern.de); LAG Köln v. 17.7.2014, BeckRS 2015, 68494; siehe auch LAG Hamm v. 26.5.2021, BeckRS 2021, 15997.

2250 LAG Köln v. 17.7.2014, BeckRS 2015, 68494; siehe auch Wollwert, NZA 2012, 889 ff.

2251 BGH v. 26.11.1968, GRUR 1969, 341 (343) – *Räumzange*; BAG v. 30.4.1965, AP Nr. 1 zu § 20 ArbEG – Abdampfverwertung.; vgl. auch ArbG Hamburg v. 4.9.2019, 17 Ca 548/18 (unveröffentl.).

hältnisses (§ 26 ArbEG). Mit Wegfall der faktischen Monopolstellung oder Einstellung der Verwertung endet der Vergütungsanspruch selbst dann, wenn der wirtschaftliche Vorsprung des Arbeitgebers gegenüber seinen Wettbewerbern noch andauert.[2252]

988 Anhaltspunkte für die Bemessung der Vergütung, insbesondere des Wertes des qualifizierten Verbesserungsvorschlags, gibt RL Nr. 29. In der betrieblichen Praxis wird in der Regel auf die Vergütungsansätze für Gebrauchsmuster zurückgegriffen. Dies ist sachgerecht und hat in der Praxis den Vorteil, dass damit auf betriebs- bzw. branchenübliche Erfahrungswerte zurückgegriffen werden kann. Das bedeutet, dass bei Umsatzgeschäften im Rahmen der Lizenzanalogie der Lizenzsatz regelmäßig mit der Hälfte (bis zu zwei Dritteln) des für Patente üblichen Lizenzsatzes angesetzt wird.[2253] Soweit sich der Verbesserungsvorschlag ausschließlich innerbetrieblich auswirkt und deshalb der Erfindungswert nach der Methode des erfassbaren betrieblichen Nutzens (RL Nr. 12)[2254] ermittelt wird, wird der durch den Vorschlag vermittelte betriebliche Nutzen (bislang) mit einem Umrechnungsfaktor zwischen 1/16 und 1/6 des Bruttonutzens angesetzt, im Regelfall 1/10 (= 10 %) bis zu 2/15 (= 13,5 %).[2255] Letztlich muss der so ermittelte Erfindungswert mit dem individuellen Anteilsfaktor des Vorschlagenden multipliziert werden. Auch hierfür gelten die allgemeinen Grundsätze.[2256]

b) Vergütung von einfachen technischen Verbesserungsvorschlägen

989 § 20 Abs. 1 ArbEG ordnet nur für qualifizierte Verbesserungsvorschläge eine Vergütungspflicht an. Gleichwohl besteht auch häufig für einfache Verbesserungsvorschläge eine Vergütungspflicht, die ihre Rechtsgrundlage regelmäßig in Tarifverträgen oder – im Regefall – in einer entsprechenden Betriebsvereinbarung findet. Fehlt eine kollektivrechtliche Regelung, so kann eine Vergütungspflicht nur nach allgemeinen arbeitsrechtlichen Prinzipien, wie etwa dem Sonderleistungsprinzip, bestehen.

Nach herrschender Auffassung umfasst die unternehmerische Entscheidungsfreiheit des Arbeitgebers auch die Frage, ob und in welcher Höhe er Mittel für die Prämierung von Verbesserungsvorschlägen zur Verfügung stellt. Dementsprechend unterliegen der Mitbestimmung des Betriebsrats/Personalrats weder die Annahme eines Verbesserungsvorschlags durch den Arbeitgeber noch die Höhe des Prämienrahmens. Der Arbeitgeber ist auch frei darin, ob er einen einfachen Verbesserungsvorschlag verwerten will oder nicht.[2257] Voraussetzung für die Vergütung (Prämierung) eines Verbesserungsvorschlags ist es, dass er vom Arbeitgeber im Betrieb/Unternehmen genutzt bzw. durchgeführt wird. Meldet der Arbeitnehmer eine zunächst als Verbesserungsvorschlag behandelte technische Neuerung im Anschluss als Diensterfindung,

2252 Reimer/Schade/Schippel/Rother, § 20 ArbEG, Rn. 12.
2253 Siehe oben Rdn. 718 ff.
2254 Siehe hierzu Rdn. 774 ff.
2255 Vgl. Schiedsstelle v. 27.2.2013, Arb.Erf. 20/10 (www.dpma.de).
2256 Siehe oben Rdn. 700 ff.
2257 BAG v. 16.3.1982, AP Nr. 2 zu § 87 BetrVG 1972 – *Vorschlagswesen* u. v. 30.4.1965, GRUR 1966, 88 – *Abdampfverwertung.*

ist eine Nutzung nach dem ArbEG nach Auffassung der Schiedsstelle erst dann vergütungspflichtig, wenn sie über die bereits nach § 611 BGB rechtmäßige Nutzung hinaus zu einem Zufluss geldwerter Vorteile beim Arbeitgeber führt, der gerade auf der durch die Erfindungsmeldung vermittelten Monopolstellung basiert.[2258]

Eine betriebliche Ordnung des Vorschlagswesens bestimmt üblicherweise auch die 990
Höhe der Vergütung (Prämie).[2259] Ist eine Vergütung zu gewähren, hängt deren Höhe vom tatsächlichen wirtschaftlichen Vorteil ab, den die Verwertung des Verbesserungsvorschlags dem Unternehmen bringt. Dabei wird regelmäßig eine Beteiligung des Vorschlagenden an dem Nutzen des Arbeitgebers aus der Verwertung des Vorschlags innerhalb eines bestimmten Zeitraums zugrunde gelegt.[2260] Als Bezugsgröße dient in der Praxis meist der einjährige Netto-Nutzen, den der Arbeitgeber bei der Verwirklichung eines genutzten Verbesserungsvorschlags durch ersparte Kosten, gesteigerte Produktion, verbesserte Qualität usw. erzielt hat. Der Nutzen kann beispielsweise in Einsparungen an Material-, Verarbeitungs-, Lager- oder Transportkosten liegen.[2261]

Inwieweit im Konzern über den Arbeitgeber hinaus ein Nutzen anderer Konzernun- 991
ternehmen bzw. der Nutzen des Gesamtkonzerns zu berücksichtigen ist, bestimmt sich nach der in diesem Konzern geltenden (Konzern-/Gesamt-)Betriebsvereinbarung über das Ideenmanagement.[2262] Danach bestimmt sich dann, ob und in welchem Umfang Verwertungen anderer Konzernunternehmen in die Prämienbemessung einbezogen werden sollen.[2263] Zusätzlich ist zu berücksichtigen, dass es durchaus möglich und in der Praxis verbreitet ist, gemäß einer Konzernbetriebsvereinbarung im Ideenmanagement für Verbesserungsvorschläge gezahlte Prämien auf Ansprüche auf Arbeitnehmererfindervergütung anzurechnen. Solche Regelungen begegnen nach der zustimmenden Ansicht der Schiedsstelle keinen rechtlichen Bedenken, denn sie beschränken weder die Rechte aus dem ArbEG im Sinne des § 22 ArbEG noch treffen sie Regelungen über die Höhe der Erfindervergütung im Sinne von § 23 ArbEG.[2264] Demgegenüber sind Verwertungen bei ausländischen Konzerntöchtern

2258 Schiedsstelle v. 7.12.2020, Arb.Erf. 46/19 (www.dpma.de).

2259 Vgl. z.B. LAG Köln v. 14.12.1998, Mitt. 2000, 72 (73).

2260 Bartenbach/Volz, § 20 ArbEG, Rn. 61 m.w.N.

2261 Vgl. etwa LAG Berlin-Brandenburg v. 8.4.2008, 5 Sa 2008/07 (juris).

2262 Vgl. etwa den Sachverhalt bei VG Bayreuth v. 7.6.2016, B 5 K 14.701 (www.gesetze-bayern, de); LAG Köln v. 16.10.2014, BeckRS 2015, 70903 u. Thür. LAG v. 16.1.2007, 7/1/7 Sa 212/04 (juris). Siehe hierzu auch Wollwert, NZA 2012, 889 (892 f.).

2263 Vgl. etwa den Sachverhalt bei LAG Köln v. 17.7.2014, BeckRS 2015, 68494 u. bei LAG Hamm v. 26.5.2021, 10 Sa 213/21 (juris)/ArbG Dortmund v. 3.11.2020, 5 Ca 565/20 (juris). Siehe auch Wollwert, NZA 2012, 889 (892 f.), der sich für eine Grundprämie bei Nutzungen durch den eigenen Arbeitgeber und eine Zusatzprämie bei Nutzungen durch andere Konzernunternehmen ausspricht, sofern auf freiwilliger Basis konzernweite Nutzungen einbezogen werden sollen.

2264 Schiedsstelle v. 10.11.2020, Arb.Erf. 26/19 (www.dpma.de).

bei einer Gesamtbetriebsvereinbarung wegen des Territorialitätsprinzips des BetrVG grundsätzlich nicht einzubeziehen.[2265]

992 Für Vorschläge, die einen errechenbaren betrieblichen Nutzen vermitteln, erhält der Vorschlagende eine einmalige Prämie, die auch heute in der betrieblichen Praxis – trotz der großen Unterschiede in den einzelnen Branchen und Unternehmen – durchschnittlich 15 bis 20 % des einjährigen Nettonutzens aus der Verwertung des einfachen Verbesserungsvorschlags ausmachen dürfte.[2266] Im Unterschied zu RL Nr. 12[2267] erfolgt keine Bereinigung des Nutzens nach dem Vergleich zwischen innerbetrieblichem und fortschrittlicherem allgemeinen Stand der Technik; vielmehr werden hier die innerbetrieblichen Vorteile des Einsatzes der Neuerung gegenüber dem bisherigen innerbetrieblichen Stand der Technik bewertet.[2268] Vielfach wird ein Höchstrahmen für die Vorschlagsprämie festgelegt.[2269]

II. Mitbestimmungsrecht des Konzernbetriebsrates

993 § 87 Abs. 1 Nr. 12 BetrVG normiert, dass der Betriebsrat ein Mitbestimmungsrecht hinsichtlich der Grundsätze über das betriebliche Vorschlagswesen hat. Erfasst ist damit im Grundsatz zugleich das betriebliche Ideenmanagement, sofern dieses – wie im Regelfall – auf dem Verbesserungsvorschlagswesen basiert. Soweit keine einschlägige tarifliche Regelung besteht, greift das volle Mitbestimmungsrecht des Betriebsrats nach § 87 Abs. 1 Nr. 12 BetrVG.

994 Durchgeführt wird die Mitbestimmung regelmäßig in Form einer Betriebsvereinbarung nach Maßgabe des § 77 Abs. 1 BetrVG, wobei auch der Gesamtbetriebsrat (§ 50 BetrVG) oder der Konzernbetriebsrat (§ 58 Abs. 1 BetrVG) zuständig sein kann.

995 Das berechtigte Interesse sowohl von Konzernen, als auch von Konzernarbeitnehmern begründet die Notwendigkeit des konzerneinheitlichen Ideenmanagements. Durch ein konzerneinheitliches Ideenmanagement wird gewährleistet, dass weitere Konzernunternehmen von einem erfolgsversprechenden Verbesserungsvorschlag Kenntnis erlangen und dessen Umsetzbarkeit für das eigene Unternehmen überprüfen können.[2270] Um ein konzerneinheitliches Ideenmanagement einzuführen, empfiehlt es sich, eine Konzernbetriebsvereinbarung abzuschließen. Entsprechend § 77 Abs. 4 Satz 1 BetrVG gelten solche Vereinbarungen konzernweit unmittelbar und zwingend. Das heißt, dass sie für alle Arbeitsverhältnisse in den Betrieben des herrschenden und der abhängigen

2265 Zur nicht vergütungspflichtigen Verwertung einfacher Verbesserungsvorschläge bei ausländischen Konzerntöchtern wegen des Territorialitätsprinzips des BetrVG s. LAG Köln v. 17.7.2014, BeckRS 2015, 68494.

2266 So Schiedsstelle v. 20.11.2008, Arb.Erf. 27/07 (unveröffentl.); Schaub/Koch, Arbeitsrechts-Handbuch, § 114, Rn. 44.

2267 Vgl. hierzu Rdn. 774 ff.

2268 Schiedsstelle v. 7.7.2005, Arb.Erf. 41/03 (unveröffentl.).

2269 Vgl. hierzu LAG Hamm v. 4.9.1996, NZA-RR 1997, 258 f. – Zahlungsziel oder Obergrenzen der Prämien.

2270 Wollwert, NZA 2012, 889 (890).

Unternehmen Wirkung entfalten, vorausgesetzt, dass eine Beschränkung des Geltungsbereichs nicht vereinbart wurde.[2271] Entsprechend § 58 Abs. 1 Satz 1 Halbs. 2 BetrVG gelten sie auch in den Konzernunternehmen, in denen ein Gesamtbetriebsrat pflichtwidrig nicht errichtet worden ist, und in allen betriebsratlosen Betrieben im Konzern. Durch die erweiterte Zuständigkeitsregelung des Konzernbetriebsrats wird gewährleistet, dass eine Konzernbetriebsvereinbarung tatsächlich im gesamten Konzern gilt.[2272]

Nach der Auffassung des BAG ist es Sinn und Zweck des Mitbestimmungsrechts des Betriebsrats, die Behandlung betrieblicher Verbesserungsvorschläge durchschaubar zu gestalten, um so der Entfaltung der Persönlichkeit des Arbeitnehmers zu dienen, ihn zum Mitdenken und damit zur Teilnahme an der Gestaltung der Arbeit und der Entwicklung des Betriebs zu motivieren und zugleich sicherzustellen, dass die Arbeitnehmer des Betriebs insoweit gleichmäßig und nach den Grundsätzen von Recht und Billigkeit behandelt werden.[2273] Aus dieser Zielsetzung leitet das BAG ein Initiativrecht des Betriebsrats für die Fälle ab, in denen ein innerbetriebliches Bedürfnis für ein Vorschlagswesen besteht.[2274] 996

Nach der Rechtsprechung des BAG steht dem Konzernbetriebsrat ein Initiativrecht zur Einführung eines konzerneinheitlichen Vorschlagswesens gemäß § 87 Abs. 1 Nr. 12 BetrVG zu, sobald im Konzern ein Bedürfnis für eine allgemeine Regelung besteht.[2275] Ein derartiges Bedürfnis ist spätestens dann gegeben, wenn die Konzernleitung sich dazu entschließt, eingereichte Verbesserungsvorschläge unter den Konzernunternehmen auszutauschen bzw. weiterzugeben.[2276] In der Praxis wird die sich im Einzelfall eventuell ergebende Frage, ob das Initiativrecht von einem betrieblichen Bedürfnis abhängig sein könnte, dadurch relativiert, dass jedenfalls der Arbeitgeber nach fast einhelliger Auffassung frei darin ist, ob und ggf. in welchem Umfang er finanzielle Mittel für das Vorschlagswesen bereitstellt.[2277] 997

Die Auslegung des Begriffs der »Grundsätze über das betriebliche Vorschlagswesen« erfolgt anhand von Sinn und Zweck des Mitbestimmungsrechts, nämlich ein betriebliches Vorschlagwesen für die Arbeitnehmer einerseits transparent, gleichmäßig sowie 998

2271 Braun/Wisskirchen/Braun/Schreiner, Konzernarbeitsrecht, Teil I, Kap. 2, Rn. 139.

2272 Zur Errichtung eines Konzernbetriebsrates (§ 54 BetrVG) siehe allgemein BAG v. 29.7.2020, BB 2020, 2490 sowie Braun/Wisskirchen/Braun/Schreiner, Konzernarbeitsrecht, Teil I, Kap. 2, Rn. 90 ff.

2273 BAG v. 28.4.1981, AP Nr. 1 zu § 87 AP Nr. 2 zu § 87 BetrVG 1972 – *Vorschlagswesen*; bestätigt durch BAG v. 16.3.1982, AP Nr. 2 zu § 87 AP Nr. 2 zu § 87 BetrVG 1972 – *Vorschlagswesen*.

2274 Keukenschrijver in Busse/Keukenschrijver, PatG, § 20 ArbEG, Rn. 16; Bartenbach/Volz, § 20 ArbEG, Rn. 56 m.w.N.

2275 Vgl. zum Initiativrecht des Betriebsrats BAG v. 28.4.1981, AP Nr. 1 zu § 87 AP Nr. 2 zu § 87 BetrVG 1972 – *Vorschlagswesen*.

2276 Darauf weist Wollwert, NZA 2012, 889 (892) hin.

2277 BAG v. 28.4.1981, AP Nr. 1 zu § 87 AP Nr. 2 zu § 87 BetrVG 1972 – *Vorschlagswesen*; siehe auch ErfK/Kania, § 87 BetrVG, Rn. 131.

der Billigkeit entsprechend zu gestalten und andererseits individuell zu fördern und zugleich im Unternehmensinteresse motivierend zu gestalten[2278] und damit den Zielen des Vorschlagswesens Rechnung zu tragen.[2279] Dementsprechend umfasst das Mitbestimmungsrecht unterschiedliche Regelungsinhalte.[2280] Die »Grundsätze« umfassen namentlich solche zu Geltungsbereich sowie Einreichung, Bearbeitung, Anerkennung und Bewertung von Verbesserungsvorschlägen.[2281] Dementsprechend unterliegen der Mitbestimmung des Betriebsrats weder die Annahme von Verbesserungsvorschlägen durch den Arbeitgeber noch die Höhe des Prämienrahmens.[2282]

2278 Vgl. BAG v. 28.4.1981, AP Nr. 1 zu § 87 AP Nr. 2 zu § 87 BetrVG 1972 – *Vorschlagswesen*.
2279 S. hierzu Rieble/Gistel, DB 2005, 1382; Bartenbach in FS Bauer (2010), 85 (101 f.).
2280 S. dazu die Übersichten von Schwab, NZA-RR 2015, 225, 226 ff u. ders. Rn. 64 Anh. zu § 20; ausf. zur Betriebspraxis Bechmann, Ideenmanagement (2013), S. 17 ff.
2281 S. Bartenbach/Volz, § 20 ArbEG, Rn. 57 m.w.N.
2282 Vgl. BAG v. 28.4.1981, AP Nr. 1 zu § 87 AP Nr. 2 zu § 87 BetrVG 1972 – *Vorschlagswesen* u. v. 30.4.1965, GRUR 1966, 88 – *Abdampfverwertung*.

J. Die Behandlung freier Arbeitnehmererfindungen im Konzern

Übersicht Rdn.

Eine freie Erfindung liegt nach der Negativabgrenzung des § 4 Abs. 3 ArbEG in solchen Fällen vor, in denen eine während der Dauer des Arbeitsverhältnisses gemachte Erfindung nicht die Voraussetzungen einer Diensterfindung im Sinne des § 4 Abs. 2 ArbEG erfüllt. Freie Erfindungen sind solche Erfindungen, die ein Arbeitnehmer zwar während eines Arbeitsverhältnisses entwickelt hat, die jedoch weder aus seinem Aufgabenbereich im Betrieb des Arbeitgebers entstanden sind, noch maßgeblich auf betrieblichen Erfahrungen oder Arbeiten beruhen.[2283] Der Arbeitnehmer kann über eine freie Erfindung unbeschränkt verfügen und diese verwerten, solange er seine ihm durch §§ 18, 19 ArbEG auferlegten Pflichten nicht verletzt und er – wie bei einer frei gewordenen Erfindung[2284] – durch die Verwertung der Erfindung nicht in Konkurrenz zu seinem Arbeitgeber tritt.[2285] 999

I. Die Mitteilungspflicht des Arbeitnehmers (§ 18 ArbEG)

Auch wenn freie Erfindungen grundsätzlich dem außerbetrieblichen Lebensbereich des Arbeitnehmers zuzuordnen sind,[2286] ist dieser nach § 18 Abs. 1 ArbEG verpflichtet, das Vorliegen einer solchen freien Erfindung dem Arbeitgeber unverzüglich – zumindest in Textform – mitzuteilen. Der Arbeitnehmer muss dabei über die Erfindung und, soweit erforderlich, auch über ihre Entstehung so viel mitteilen, dass der Arbeitgeber beurteilen kann, ob es sich um eine freie Erfindung handelt oder nicht (§ 18 Abs. 1 Satz 2 ArbEG). Eine solche Vorgehensweise soll vorrangig der Erhaltung des Arbeitsfriedens dienen und Streitigkeiten zwischen den Arbeitsvertragsparteien von Anfang an vermeiden.[2287] Der Gesetzgeber will darüber hinaus den Arbeitnehmer schützen, der sich bei einer falschen Beurteilung der Erfindung als freie oder 1000

2283 Siehe BAG v. 30.7.2009, NZA 2009, 747 (751 [Tz. 34]).

2284 Vgl. hierzu Rdn. 455 ff.

2285 BGH v. 29.11.1984, NJW 1985, 1031 (1032) – *Fahrzeugsitz*; Röpke, Arbeitsverh. u. ArbNErf., S. 81.

2286 Keukenschrijver in Busse/Keukenschrijver, PatG, Vor § 18 ArbEG, Rn. 1 m.H.a. BGH v. 29.11.1984, NJW 1985, 1031 (1032) – *Fahrzeugsitz*.

2287 Amtl. Begr. BT-Drucks. II/1648, S. 36 = BlPMZ 1957, 218 (238); siehe auch BGH v. 25.2.1958, AP Nr. 1 zu § 43 ArbEG m. Anm. Volmer.

Diensterfindung und eventuell damit verbundenen Fristversäumnissen nachteiligen Folgen ausgesetzt sieht.[2288]

1. Grundsätze

1001 Der Arbeitnehmer muss in seiner Erfindungsmitteilung zum Ausdruck bringen, dass er die Erfindung als eine freie ansieht.[2289] Diese Mitteilung muss – entsprechend den Umständen des Einzelfalls – so umfangreich sein, dass eine zuverlässige Beurteilung durch den Arbeitgeber, ob es sich tatsächlich um eine freie oder eine gebundene Erfindung handelt, gewährleistet ist.[2290]

1002 Bei Zweifeln des Arbeitgebers an einer freien Erfindung hat er innerhalb einer Frist von drei Monaten nach Zugang der Mitteilung dies gegenüber dem Arbeitnehmer durch Erklärung in Textform zu bestreiten (§ 18 Abs. 2 ArbEG). Das bloße Bestreiten stellt noch keine Inanspruchnahmeerklärung im Sinne des § 6 Abs. 1 ArbEG n.F. dar; eine solche (vorsorgliche) ausdrückliche Inanspruchnahme kann der Arbeitgeber aber gleichzeitig mit dem Bestreiten der Einstufung als freie Erfindung erklären.[2291] Nimmt der Arbeitgeber allerdings innerhalb der 3-Monats-Frist die Erfindung ausdrücklich gemäß § 6 Abs. 1 ArbEG n.F. in Anspruch, so liegt darin regelmäßig zugleich ein (konkludentes) Bestreiten.[2292] Versäumt der Arbeitgeber ein Bestreiten innerhalb der Frist von drei Monaten, ist ihm eine Inanspruchnahme verwehrt. Damit greift auch nicht die Inanspruchnahmefiktion des § 6 Abs. 2 ArbEG n.F. ein. Liegt tatsächlich keine Diensterfindung, sondern eine freie Erfindung vor, ist eine vom Arbeitgeber erklärte Inanspruchnahme nach §§ 6, 7 ArbEG zwangsläufig gegenstandslos.[2293]

2. Entfallen der Mitteilungspflicht bei offensichtlicher Nichtverwertbarkeit – Einfluss der Konzernbindung des Arbeitgebers

1003 Die Mitteilungspflicht entfällt gemäß § 18 Abs. 3 ArbEG, wenn die Erfindung offensichtlich im Arbeitsbereich des Betriebes des Arbeitgebers nicht verwendbar ist. Der Auslegung dieser Begriffe ist eine wirtschaftliche Betrachtungsweise zugrunde zu legen. Dabei ist der Begriff »Verwendbarkeit im Arbeitsbereich« weit zu fassen und geht bis hin zu vorbereiteten und geplanten Aktivitäten sowie solchen, die nach dem Charakter des Unternehmens wirtschaftlich nahe liegen.[2294] »Verwendbar« ist die Erfindung, deren Gegenstand im Unternehmen des Arbeitgebers hergestellt oder benutzt wird

2288 Amtl. Begr. BT-Drucks. II/1648, S. 36 = BlPMZ 1957, 218 (238); siehe auch BGH v. 25.2.1958, AP Nr. 1 zu § 43 ArbEG m. Anm. Volmer.

2289 Schiedsstelle v. 18.4.2005, Arb.Erf. 41/04 (unveröffentl.).

2290 BGH v. 25.2.1958, AP Nr. 1 zu § 43 ArbEG m. Anm. Volmer; LG Düsseldorf v. 16.10.1990, Az. 4 O 126/90 (unveröffentl.); Keukenschrijver in Busse/Keukenschrijver, PatG, § 18 ArbEG, Rn. 3.

2291 Reimer/Schade/Schippel/Trimborn, § 18 ArbEG, Rn. 17.

2292 Bartenbach/Volz, § 18 ArbEG, Rn. 35; zustimmend Schiedsstelle v. 18.4.2005, Arb. Erf. 41/04 sowie v. 13.2.2019, Arb.Erf. 18/18 (beide www.dpma.de).

2293 Schiedsstelle v. 13.2.2019, Arb.Erf. 18/18 (www.dpma.de).

2294 Krit. hierzu Reimer/Schade/Schippel/Rother, § 18 ArbEG, Rn. 11.

bzw. werden kann.[2295] Dieser Begriff geht weiter als eine bloße Verwertbarkeit.[2296] Die »offensichtliche Nichtverwendbarkeit« muss für die Beteiligten außerhalb jedes vernünftigen Zweifels liegen, also offen zutage treten.[2297]

Zu klären ist indes, ob der in § 18 Abs. 3 ArbEG gewählte Begriff des »Betriebes 1004
des Arbeitgebers« auf den Konzernbereich übertragen werden kann. Grundsätzlich ist unter einem »Betrieb« im Sinne des ArbEG nicht die organisatorisch-technische Einheit, sondern das Unternehmen des Arbeitgebers als solches zu verstehen.[2298] Der Zusammenschluss mehrerer juristisch selbständiger Unternehmen im Rahmen eines Konzerns oder einer Unternehmensgruppe geht mangels Arbeitgeberstellung über den Begriff eines Unternehmens hinaus und fällt nicht mehr unter § 18 Abs. 3 ArbEG.[2299]

Würden auch die übrigen Konzerngesellschaften unter den Betriebsbegriff fallen, 1005
so hätte dies zur Folge, dass die Mitteilungspflicht des Arbeitnehmers immer nur dann entfiele, wenn die freie Erfindung offensichtlich im gesamten Arbeitsbereich des Konzerns keine Verwendung findet. Eine offensichtliche Nichtverwertbarkeit einer Erfindung käme insbesondere innerhalb eines internationalen und hinsichtlich der Produktionszweige breit gefächerten Konzerns so gut wie nie vor; es würde sich im Zweifel immer eine Verwendung für die Erfindung in einer der Konzerngesellschaften finden, so dass den Arbeitnehmer immer eine Mitteilungspflicht nach § 18 ArbEG treffen würde. Darüber hinaus liefe der Arbeitnehmer Gefahr, seine Mitteilungspflicht zu verletzen, wenn sich die wirtschaftliche Verwendbarkeit innerhalb des Konzerns für ihn als nicht durchschaubar darstellt und er fahrlässig eine Mitteilung an seinen Arbeitgeber unterlassen würde.

Eine solche ausdehnende Bewertung ist mit dem Schutzzweck des § 18 ArbEG nicht 1006
zu vereinbaren. § 18 Abs. 3 ArbEG stellt zugunsten des Arbeitnehmererfinders einen Ausnahmetatbestand zu der grundsätzlich bestehenden Mitteilungspflicht des Arbeitnehmers bei freien Erfindungen dar. Dieser Rechtsvorteil würde ihm bei einer »konzernbezogenen« Ausdehnung des Unternehmensbegriffs entzogen.[2300] Demnach kann eine Verwendbarkeit der Erfindung im gesamten Konzernverbund für die Abgrenzung im Rahmen des § 18 Abs. 3 ArbEG nicht maßgeblich sein.[2301]

2295 Amtl. Begr. BT-Drucks. II/1648, S. 36 = BlPMZ 1957, 218 (238).

2296 Reimer/Schade/Schippel/Rother, § 18 ArbEG, Rn. 13; siehe auch Boemke/Kursawe/Ulrici, § 18 ArbEG, Rn. 21.

2297 Keukenschrijver in Busse/Keukenschrijver, PatG, § 18 ArbEG, Rn. 2.

2298 Bartenbach/Volz, § 18 ArbEG, Rn. 28.

2299 So zutreffend zu § 19 Abs. 1 ArbEG Keukenschrijver in Busse/Keukenschrijver, PatG, § 19 ArbEG, Rn. 5; unklar Boemke/Kursawe/Ulrici, § 18 ArbEG, Rn. 19, wenn dem Arbeitgeber innerhalb des Konzerns eine »dienende Funktion«, wie etwa eine konzernweite F&E-Gesellschaft, zukommt und dies unmittelbar den Geschäftsbereich des Unternehmens prägt und hierdurch die Interessen des Konzerns partiell inkorporiert.

2300 So zutreffend Reimer/Schade/Schippel/Rother, § 18 ArbEG, Rn. 10.

2301 Keukenschrijver in Busse/Keukenschrijver, PatG, § 19 ArbEG, Rn. 5 m.H.a. Bartenbach/Volz, § 18 ArbEG, Rn. 28; vgl. auch Ann, Patentrecht, § 21, Rn. 120, der ausdrücklich vom »Arbeitsbereich des Unternehmens des Arbeitgebers« spricht. Einschränkend

II. Die Anbietungspflicht des Arbeitnehmers (§ 19 ArbEG)

1. Grundsätze

1007 Die nach § 19 ArbEG während der Dauer des Arbeitsverhältnisses bestehende Pflicht des Arbeitnehmers, eine freie Erfindung vorrangig seinem Arbeitgeber zur Benutzung anzubieten, findet ihren Ursprung in der arbeitsrechtlichen Rücksichtnahmepflicht.[2302] Das Vorrecht zur Benutzung erlischt nach § 19 Abs. 2 ArbEG, wenn der Arbeitgeber das Angebot nicht innerhalb von drei Monaten annimmt, so dass der Arbeitnehmer über seine Erfindung frei verfügen kann. Das Angebot des Arbeitnehmers muss zumindest die Einräumung einer nicht ausschließlichen[2303] Nutzung der Erfindung durch den Arbeitgeber beinhalten, also zumindest auf den Erwerb einer einfachen Lizenz gerichtet sein.[2304]

1008 Die vom Arbeitnehmer angebotenen Vertragsbedingungen müssen angemessen sein, wobei sich die Angemessenheit nach den Marktverhältnissen und der Stellung des Arbeitgebers auf dem Markt beurteilt. Bei Streit über die Angemessenheit der Bedingungen sind diese auf Antrag seitens des Gerichts festzusetzen (§ 19 Abs. 3 ArbEG).

2. Einfluss der Konzernbindung des Arbeitgebers

1009 Die Pflicht des Arbeitnehmers zur Anbietung setzt neben der Fortdauer eines bestehenden Arbeitsverhältnisses voraus, dass die freie Erfindung in den vorhandenen oder vorbereiteten Arbeitsbereich des Betriebs des Arbeitgebers fällt. Der Begriff »Betrieb« deckt sich – wie im gesamten ArbEG – mit dem des »Unternehmens«.[2305]

1010 Ein »vorhandener« Arbeitsbereich ist die gegenwärtige, tatsächliche wirtschaftliche Betätigung des Arbeitgebers, welche sich beispielsweise anhand seines Lieferprogramms erklärt.[2306] »Vorbereitet« ist ein Arbeitsbereich, wenn innerhalb des Unternehmens konkrete Vorarbeiten für die Aufnahme einer neuen Produktion oder eines neuen Fab-

---

Boemke/Kursawe/Ulrici, § 18 ArbEG, Rn. 22 m.H.a. Marquardt, Freie Erfindung im Arb.Verh. 2002, S. 85, für den Fall, in dem sich die Einbindung eines Unternehmens in einen Konzern auf dessen Arbeitsbereich mit einer »dienenden Funktion«, z.B. in Form einer konzernweiten F&E-Gesellschaft auswirkt.

2302 Vgl. hierzu Röpke, Arbeitsverh. u. ArbnErf., S. 37.

2303 Vgl. zur Verpflichtung, zumindest ein nicht ausschließliches Benutzungsrecht anzubieten Ausschussbericht zu BT-Drucks. II/1648, S. 57 = BlPMZ 1957, 249 (253) (zu § 18 des Entwurfs).

2304 BGH v. 23.4.1974, GRUR 1974, 463 (464) – *Anlagengeschäft*; daran anschließend ganz h.M., vgl. nur Reimer/Schade/Schippel/Rother, § 19 ArbEG, Rn. 9.

2305 Für eine grundsätzliche Deckung der Begriffe des Betriebes mit dem des Unternehmens in den Vorschriften des ArbEG vgl. nur: Volmer, GRUR 1978, 393 (396); Gaul, GRUR 1977, 686 (693); Ann, Patentrecht, § 21, Rn. 42; Schiedsstelle v. 10.10.1989, Arb.Erf. 37/89 (unveröffentl.).

2306 Bartenbach/Volz, § 19 ArbEG, Rn. 41.

rikationsverfahrens bestehen, wobei die bloße Möglichkeit einer zukünftigen Arbeitsaufnahme nicht ausreicht.[2307]

Da diese Vorschrift lediglich auf das Unternehmen des Arbeitgebers Bezug nimmt, kann daraus abgeleitet werden, dass ein Zusammenschluss juristisch selbständiger Unternehmen, wie ein Konzern, das Tatbestandsmerkmal des Arbeitsbereichs nicht ausfüllt und daher eine Verwertungsmöglichkeit in einem Konzern bzw. bei Kooperationspartnern oder bei einem Verleihunternehmen außer Betracht bleibt.[2308] Aufgrund des engen Zusammenhangs zwischen den Pflichten in § 18 ArbEG und § 19 ArbEG sind hier die gleichen Maßstäbe zu setzen wie bei der Mitteilungspflicht.[2309] 1011

Der Arbeitgeber kann hinsichtlich des nach § 19 Abs. 1 Satz 1 ArbEG ihm einzuräumenden Nutzungsrechts keine Ausschließlichkeit mit dem Hinweis geltend machen, damit könne er Unterlizenzen im Konzernverbund vergeben. Nach dem Gesetz schuldet der Arbeitnehmer nur ein »mindestens nicht ausschließliches Recht zur Benutzung der Erfindung«. Zwar mag es im Einzelfall durch Treu und Glauben (§ 242 BGB) geboten sein, dass der Arbeitnehmer seinem Arbeitgeber auch ein weitergehendes Nutzungsrecht einräumt.[2310] In jedem Fall kann es dabei aber nur auf besonders gelagerte Ausnahmesituationen im Unternehmen des Arbeitgebers ankommen; eine weitergehende Rücksichtnahme auf Konzerninteressen kann nicht verlangt werden. 1012

Übermittelt der Arbeitgeber den Inhalt einer freien Erfindung konzernverbundenen Unternehmen zur Prüfung, ob dort ein Nutzungsinteresse besteht, kann dies selbst bei vertraglich auferlegter Geheimhaltungspflicht seine Geheimhaltungspflicht nach § 24 Abs. 1 ArbEG verletzen, da solche konzernweiten Nutzungsinteressen – wie zuvor dargestellt – unbeachtlich sind. 1013

2307 So Reimer/Schade/Schippel/Rother, § 19 ArbEG, Rn. 12; Keukenschrijver in Busse/Keukenschrijver, PatG, § 19 ArbEG, Rn. 5 weist darauf hin, dass zur Klärung dieser Frage die Grundsätze, die zum Vorbenutzungsrecht nach § 12 PatG entwickelt worden sind, herangezogen werden können.

2308 So Keukenschrijver in Busse/Keukenschrijver, PatG, § 19 ArbEG, Rn. 5; Bartenbach/Volz, § 19 ArbEG, Rn. 38.

2309 Siehe dazu Rdn. 1003 ff.

2310 Siehe die Ausnahmefälle bei Bartenbach/Volz, § 19 ArbEG, Rn. 16 f.

K. Der Einfluss der Konzernbindung auf erfinderrechtliche Streitfälle

Übersicht Rdn.

I. Schiedsstellenverfahren (§§ 28 ff. ArbEG)

1014 Nach § 28 ArbEG kann in allen Streitfällen zwischen Arbeitgeber und Arbeitnehmer aufgrund dieses Gesetzes jederzeit die beim Deutschen Patent- und Markenamt (DPMA) eingerichtete Schiedsstelle angerufen werden, die sich um eine gütliche Einigung zu bemühen hat (§ 28 Satz 2 ArbEG).[2311] Als unabhängiges Organ soll sie nicht Recht sprechen, sondern neutral streitschlichtend eingreifen.[2312] Sie soll ein Gerichtsverfahren nicht ersetzen, sondern dieses vermeiden.[2313] Die Schiedsstelle kann sowohl vom Arbeitgeber wie auch vom Arbeitnehmererfinder jederzeit durch einen schriftlichen Antrag angerufen werden (§ 31 Abs. 1 Satz 1 ArbEG).

1015 Die Anrufung der Schiedsstelle ist gemäß § 37 Abs. 1 ArbEG eine von Amts wegen zu beachtende Prozessvoraussetzung, soweit nicht einer der Ausnahmetatbestände des § 37 Abs. 2–5 ArbEG vorliegt. Dies bedeutet, dass eine Klage erst nach erfolglos beendetem Schiedsstellenverfahren anhängig gemacht werden kann.[2314]

1016 Die Schiedsstelle ist gemäß § 28 Satz 1 ArbEG zuständig für Streitigkeiten zwischen Arbeitgeber und Arbeitnehmer aufgrund des ArbEG.[2315] Dagegen ist die Schiedsstelle nicht zuständig für Streitigkeiten zwischen den Arbeitnehmern – z.B. zwischen Miterfindern untereinander[2316] – oder für solche zwischen dem Betriebsrat und dem

---

2311 Vgl. nur Schiedsstelle v. 21.7.2022, Arb.Erf. 16/21 (www.dpma.de).

2312 Ständige Praxis der Schiedsstelle: vgl. nur v. 8.9.1986, BlPMZ 1987, 306 (307), v. 18.11.1994, Arb.Erf. 97/93 u. v. 23.11.2004, Arb.Erf. 24/03 (beide unveröffentl.); v. 11.8.2014, Arb.Erf. 45/11; v. 23.5.2014, Arb.Erf. 38/12; v. 5.3.2015, Arb.Erf. 27/08 u. v. 15.6.2016, Arb.Erf. 60/13 (alle www.dpma.de); v. 6.7.2012, Arb.Erf. 51/16 (unveröffentl.); siehe auch BGH v. 26.11.2013, GRUR 2014, 357 (359 [Tz. 25]) – *Profilstrangpressverfahren*.

2313 Ständ. Praxis der Schiedsstelle, z.B. v. 23.5.2014, Arb.Erf. 38/12 u. v. 3.5.2017, Arb. Erf. 09/16 (beide www.dpma.de).

2314 BGH v. 26.11.2013, GRUR 2014, 357 (359 [Tz. 25]) – *Profilstrangpressverfahren*; Bartenbach/Volz, § 37 ArbEG, Rn. 3 weisen darauf hin, dass § 37 ArbEG auch im Mahnverfahren zu beachten ist.

2315 Vgl. hierzu Schiedsstelle v. 12.5.2016, Arb.Erf. 41/13 (www.dpma.de).

2316 Schiedsstelle v. 6.8.1982, Arb.Erf. 62/81 (unveröffentl.), v. 25.7.1995, Arb.Erf. 98/93, v. 8.2.1996, Arb.Erf. 61/94 u. v. 18.12.2001, Arb.Erf. 57/98 (Datenbank Schiedsstellenpraxis); v. 11.8.2014, Arb.Erf. 45/11; v. 15.6.2016, Arb.Erf. 60/13; v. 6.7.2016, Arb. Erf. 23/13; v. 21.11.2017, Arb.Erf. 06/15; v. 30.4.2019, Arb.Erf. 39/17; v. 18.6.2021, Arb.Erf. 37/19; v. 12.10.2022, Arb.Erf. 46/15 u. v. 2.11.2022, Arb.Erf. 40/20 (alle www.dpma.de).

Arbeitgeber. Die Schiedsstelle ist auch nicht zuständig für die Frage des Bestehens eines Arbeitsverhältnisses zwischen einem Erfinder und einem Unternehmen[2317] oder die Prüfung der Wirksamkeit einer Anfechtung einer Vergütungsvereinbarung nach § 123 BGB.[2318] Auch freien Erfindern oder Organmitgliedern bleibt die Zuständigkeit der Schiedsstelle verwehrt, da diese Personengruppen nicht in den Anwendungsbereich des ArbEG fallen.[2319]

Dementsprechend besitzt innerhalb eines Konzernverbundes nur das Unternehmen eine Anrufungsberechtigung bzw. Passivlegitimation, welches bezüglich des betroffenen Arbeitnehmers die Arbeitgeberfunktion ausübt. Es können also grundsätzlich nur diejenigen Parteien ein Schiedsstellenverfahren anhängig machen bzw. an einem solchen Verfahren beteiligt sein, die in einem Arbeitsverhältnis zueinander stehen. Andere Konzernunternehmen gelten als Dritte, wenn nicht ausnahmsweise eine wirtschaftliche Einheit besteht. Auch die Übertragung von Rechten an einer Erfindung lässt Dritte grundsätzlich nicht beteiligtenfähig im Sinne des § 28 ArbEG werden.[2320] 1017

Eine Ausnahme erkennt die Schiedsstelle bei Übertragung der Erfindungsrechte auf ein Unternehmen im Konzernverbund an.[2321] Nach ihrer Auffassung wäre es unbillig, den Beteiligten eine Anrufung der Schiedsstelle zu entziehen, zumal die sozialen Gesichtspunkte materieller Belastungen des Arbeitsverhältnisses durch die Bereitstellung des Schiedsstellenverfahrens sich mittelbar über den Konzernverbund auch auf das eigentliche Verhältnis des Erfinders zu seinem Arbeitgeber auswirken können.[2322] 1018

Zuständig ist die Schiedsstelle auch im Falle der Betriebsnachfolge nach § 613a BGB,[2323] da hierbei eine Auswechslung des Arbeitgebers stattfindet.[2324] Bei Auslandsberührung ist die Zuständigkeit der Schiedsstelle dann zu bejahen, wenn das Arbeitsverhältnis deutschem Recht und damit dem ArbEG unterliegt. Ist auf das Arbeitsverhältnis ausländisches Recht anwendbar, ist die Schiedsstelle mangels eines Streitfalls aufgrund des ArbEG nicht zuständig.[2325] 1019

2317 Schiedsstelle v. 3.8.2017, Arb.Erf. 12/15 (www.dpma.de).

2318 Schiedsstelle v. 2.5.2017, Arb.Erf. 37/15 u. v. 22.7.2020, Arb.Erf. 50/18 (beide www.dpma.de).

2319 Vgl. hierzu Rdn. 225 ff. u. Rdn. 246 ff.

2320 Schiedsstelle v. 6.5.1996, Arb.Erf. 01/95 u. v. 9.1.2001, Arb.Erf. 69/00 (beide Datenbank Schiedsstellenpraxis); siehe auch Schiedsstelle v. 22.5.2017, Arb.Erf. 21/15 (www.dpma.de); Reimer/Schade/Schippel/Trimborn, § 28 ArbEG, Rn. 5; Bartenbach/Volz, § 28 ArbEG, Rn. 15.

2321 Schiedsstelle v. 27.1.1998, Arb.Erf. 49/96 (Datenbank Schiedsstellenpraxis).

2322 Schiedsstelle v. 27.1.1998, Arb.Erf. 49/96 (Datenbank Schiedsstellenpraxis).

2323 Siehe dazu Rdn. 158 ff.

2324 Ständige Praxis der Schiedsstelle; siehe die Nachweise bei Reimer/Schade/Schippel/Trimborn, § 28 ArbEG, Rn. 3; Bartenbach/Volz, § 28 ArbEG, Rn. 14; a.A. Volmer/Gaul, § 28 ArbEG, Rn. 78.

2325 Schiedsstelle v. 11.12.2014, Arb.Erf. 05/13 u. v. 4.8.2017, Arb.Erf. 21/13 (beide www.dpma.de).

1020 Aufgrund ihrer freien Entscheidungsfähigkeit hinsichtlich der Verfahrensgestaltung (vgl. § 33 Abs. 2 ArbEG) bejaht die Schiedsstelle ihre Zuständigkeit auch dann, wenn die geltend gemachten Ansprüche in einem engen sachlichen und rechtlichen Zusammenhang zu den von der Schiedsstelle zuständigkeitshalber zu klärenden Fragen stehen und mit dem bisher vorliegenden Sachstand ohne weiteres aufgeklärt werden können,[2326] was bei einem Konzernzusammenhang der Fall sein kann.

1021 In einem Fall mit Konzernbezug hatte eine Partei die Arbeitgebereigenschaft einer konzernabhängigen Tochtergesellschaft und damit auch ein Rechtsverhältnis im Sinne des ArbEG bezweifelt, jedoch erklärte sich die Schiedsstelle für die Prüfung der Arbeitgebereigenschaft aufgrund des engen Zusammenhangs für zuständig, bejahte ein einheitliches Arbeitsverhältnis zwischen dem Erfinder und zwei Tochtergesellschaften des Konzerns und teilte die Arbeitgeberfunktion beiden Gesellschaften zu.[2327]

1022 Auch die bereits dargestellte[2328] Situation der mehrpersonalen Arbeitsverhältnisse, die innerhalb eines Konzerns auftreten kann, spielt bei der Frage der Zuständigkeit der Schiedsstelle eine Rolle. So war in einem der Schiedsstelle vorgetragenen Fall die Zuständigkeit nach § 28 ArbEG fraglich, da der Antragsteller zwar als Direktor mit dem Aufgabenbereich Forschung und Entwicklung Arbeitnehmer der Antragsgegnerin war, gleichzeitig jedoch als Geschäftsführer einer Tochtergesellschaft der Antragsgegnerin tätig war.[2329] Die Schiedsstelle hat ihre Zuständigkeit danach beurteilt, welche Tätigkeit des Antragstellers zu den zu beurteilenden Diensterfindungen geführt hat und ob der Antragsteller in diesem Rechtsverhältnis als Arbeitnehmer im Sinne des ArbEG zu sehen war.[2330]

1023 Von diesen Sonderfällen abgesehen, kann bei einer Konzernsituation regelmäßig die gesetzliche Zuständigkeit der Schiedsstelle nicht angenommen bzw. nicht vereinbart werden.[2331]

II. Klageverfahren (§§ 37 ff. ArbEG)

1024 Rechte und Rechtsverhältnisse, die im ArbEG geregelt sind, können nach § 37 Abs. 1 ArbEG im Wege der Klage grundsätzlich erst geltend gemacht werden, nachdem ein Verfahren vor der Schiedsstelle vorausgegangen ist. Die Nichtanrufung der Schiedsstelle stellt eine besondere, von Amts wegen zu berücksichtigende Prozessvorausset-

2326 Vgl. Schiedsstelle v. 11.12.2014, Arb.Erf. 31/10; v. 30.4.2019, Arb.Erf. 39/17; v. 15.4.2020, Arb.Erf. 41/18; v. 8.3.2021, Arb.Erf. 54/16 u. v. 9.5.2022 (alle www.dpma.de).

2327 Schiedsstelle v. 5.7.1991, GRUR 1992, 499 (501) – *Einheitliches Arbeitsverhältnis*; vgl. ausführlich zum einheitlichen Arbeitsverhältnis Rdn. 183 ff.

2328 Siehe Rdn. 182 ff.

2329 Schiedsstelle v. 1.7.1999, Arb.Erf. 49/97 (unveröffentl.).

2330 Schiedsstelle v. 1.7.1999, Arb.Erf. 49/97 (unveröffentl.).

2331 Schiedsstelle v. 29.10.1958, BlPMZ 1959, 16; v. 22.1.1985, BlPMZ 1985, 195; v. 4.2.1986, BlPMZ 1986, 346 (347) u. v. 25.9.2001, Arb.Erf. 96/99 (unveröffentl.).

zung dar,[2332] sofern nicht einer der Ausnahmetatbestände des § 37 Abs. 2–5 ArbEG gegeben ist.

Auch im Klageverfahren ist der in § 37 Abs. 1 ArbEG gewählte und mit dem Wortlaut des § 28 ArbEG identische Begriff der »Rechte und Rechtsverhältnisse« grundsätzlich weit auszulegen. Darunter sind nicht nur die im ArbEG ausdrücklich genannten Rechte und die dazu korrespondierenden Pflichten zu verstehen, sondern auch die zwischen Arbeitgeber und Arbeitnehmer bezüglich einer Erfindung getroffenen Vereinbarungen, soweit sie auf der Grundlage des ArbEG bestehende Rechtsverhältnisse einschränken, erweitern oder modifizieren.[2333] 1025

Damit gilt die Prozessvoraussetzung eines vorangegangenen Schiedsstellenverfahrens gemäß § 37 Abs. 1 ArbEG nur im Verhältnis der Arbeitsvertragsparteien. Soweit also auch für Sachverhalte im Konzernverbund eine Zuständigkeit der Schiedsstelle zu bejahen ist, bleibt diese Voraussetzung auch hier beachtlich. Allerdings sollten die Fälle, in denen die Schiedsstelle eher aus sozialen Überlegungen ihre Zuständigkeit bejaht,[2334] im Rahmen des § 37 Abs. 1 ArbEG nicht beachtlich sein, so dass ein Klageverfahren sofort eingeleitet werden kann. 1026

Darüber hinaus hat die besondere Konzernsituation keine unmittelbaren Auswirkungen auf das Klageverfahren nach den §§ 37 ff. ArbEG. 1027

2332 Vgl. nur Amtl. Begr. BT-Drucks. II/1648 S. 47 = BlPMZ 1957, 244; MünchArbR/Bayreuther, § 98, Rn. 64.

2333 Bartenbach/Volz, § 37 ArbEG, Rn. 4; Schiedsstelle v. 12.5.2016, Arb.Erf. 41/13 (www.dpma.de).

2334 Vgl. etwa Schiedsstelle v. 27.1.1998, Arb.Erf. 49/96 (Datenbank Schiedsstellenpraxis).

L. Multinationale Konzerne und Internationales Privatrecht der Arbeitnehmererfindung

Übersicht Rdn.

I. Gestaltungsmöglichkeiten für den Auslandseinsatz von Arbeitnehmern

1028 Der Einsatz von Arbeitnehmern im Ausland gehört zu den alltäglichen Betätigungen von Unternehmen, die grenzüberschreitend tätig sind.[2335] Auslandseinsätze von Mitarbeitern fördern die Dynamik und Innovationsfähigkeit eines Konzerns und dienen dem Know-how-Transfer.[2336] Insbesondere die zunehmende Globalisierung

2335 Seit dem 30.7.2020 gelten neue Regeln für die Arbeitnehmerentsendung von und nach Deutschland, die auf die EU-Richtlinie 2018/957 zurückgehen, welche die Arbeitnehmerentsenderichtlinie 96/71/EG änderte. Durch die europäische Arbeitnehmer-Entsenderichtlinie wurden bislang Mindestarbeitsbedingungen festgelegt für Arbeitnehmer, die zur Ausführung eines Auftrages für eine begrenzte Zeit in einen anderen Mitgliedstaat entsandt werden. Die nationale Umsetzung erfolgt durch das Arbeitnehmer-Entsendegesetz (AEntG). Durch die revidierte Arbeitnehmer-Entsenderichtlinie und das deutsche Umsetzungsgesetz profitieren nach Deutschland entsandte Arbeitnehmer künftig stärker als bisher von Arbeitsbedingungen, die in deutschen Rechts- und Verwaltungsvorschriften sowie in allgemeinverbindlichen Tarifverträgen geregelt sind.

2336 Braun/Wisskirchen/Barein, Konzernarbeitsrecht, Teil II, Kap. 7, Rn. 458.

sorgt für eine steigende Zahl von Auslandseinsätzen.[2337] Dieser Aspekt ist gerade im Hinblick auf Konzernsituationen bedeutsam: Zum einen halten sich Konzerne nicht an Ländergrenzen,[2338] zum anderen sind bei der grenzüberschreitenden Mobilität von Arbeitnehmern Konzernsachverhalte überproportional gegeben.[2339]

Eine einheitliche Terminologie zur Kennzeichnung des Auslandseinsatzes eines Arbeit- 1029
nehmers existiert nicht; je nach den gewählten vertraglichen Konstruktionen ist von Entsendung, Delegation,[2340] Abordnung, Konzernleihe und Versetzung die Rede.[2341] Die Gestaltungen können durchaus ineinander übergehen; die Übergänge sind fließend.[2342]

Nachfolgend soll – wie bereits dargestellt[2343] – unter Entsendung ein von vornherein 1030
zeitlich begrenzter, beschäftigungsbedingter Ortswechsel eines Arbeitnehmers aus einem Staat in einen anderen verstanden werden.[2344] Demgegenüber umschreibt der Begriff der Versetzung eine dauerhafte Beschäftigung eines Arbeitnehmers in einem anderen Konzernunternehmen.[2345] Bei einem kurzfristigen, vorübergehenden Auslandseinsatz, der sog. Abordnung,[2346] wie sie z.B. bei Baustellen- oder Montageeinsätzen bzw. zeitlich befristeter Entwicklungstätigkeit vorkommt, treten in der Regel mangels Wechsels des Arbeitgebers keine kollisionsrechtlichen Probleme auf.[2347]

Die Einsätze von Arbeitnehmern in ausländischen Konzernunternehmen unterschei- 1031
den sich durch die Auslandsberührung und damit durch den internationalrechtlichen Bezug von den inländischen Konzerneinsätzen, so dass insbesondere hinsichtlich der

2337 So schon Reiserer, NZA 1994, 673; vgl. auch Birk, RdA 1999, 13 (15); Wisskirchen/Goebel, DB 2004, 193 ff.; Herfs-Röttgen, NZA 2017, 873; Hördt, ArbRAktuell 2020, 485; vgl. auch Pesch, KSzW 2012, 114 ff., zum sog. »Offshoring«, der Betriebsverlagerung ins Ausland.

2338 Junker, ZIAS 1995, 564 (565); Eser, BB 1994, 1191.

2339 So bereits Birk, RabelsZ 46 (1982), 384 (417), mit dem Hinweis, dass sich im grenzüberschreitenden Konzern die meisten Probleme des internationalen Arbeitsrechts stellen.

2340 Pohl, NZA 1998, 735 (738) u. Eser, S. 187 nennen eine Versetzung eine Delegation, wobei zwischen den Konzernunternehmen Delegationsverträge geschlossen werden.

2341 Vgl. bezüglich der Definitionsversuche: Windbichler, RdA 1988, 95 (97 ff.); Gerauer, S. 24; Braun/Wisskirchen/Barein, Konzernarbeitsrecht, Teil II, Kap. 7, Rn. 462 ff.; siehe auch bereits die Ausführungen in Rdn. 110 ff.

2342 Schliemann, BB 2001, 1302 (1303); vgl. auch Trimborn, Mitt. 2006, 498.

2343 Siehe Rdn. 110 ff.

2344 Herfs-Röttgen, NZA 2017, 873 (876); Gerauer, BB 1999, 2083; Junker, S. 207; Müller, Entsendung von AN, S. 81.

2345 Vgl. nur Maschmann, RdA 1996, 24 (26).

2346 Anlehnung an den beamtenrechtlichen Begriff, vgl. § 27 BBG. In der Protokollerklärung Nr. 1 zu § 4 Abs. 1 TVöD und sinngemäß zu § 4 Abs. 1 TV-L wird die Abordnung als »die Zuweisung einer vorübergehenden Beschäftigung bei einer anderen Dienststelle oder einem anderen Betrieb desselben oder eines anderen Arbeitgebers unter Fortsetzung des bestehenden Arbeitsverhältnisses« definiert. Siehe auch Schulze/Schmidl, ArbRAktuell 2020, 442.

2347 Gerauer, BB 1999, 2083; Lingemann/v. Steinau-Steinrück, DB 1999, 2161.

Abgrenzung der unterschiedlichen Konstellationen auch auf die dortigen ausführlichen Darstellungen verwiesen werden kann.[2348]

1032 Durch eine Entsendung oder Versetzung des Arbeitnehmers ins Ausland kommt es für das Arbeitsverhältnis zu einer solchen rechtlich bedeutsamen Auslandsberührung,[2349] so dass das internationale Arbeitsrecht eingreift. In solchen Fällen, also bei zivilrechtlichen Schuldverhältnissen mit grenzüberschreitendem Bezug ist die Rom I-VO[2350] einschlägig, die auch auf arbeitsvertragliche Regelungen anwendbar ist. Diese Auslandsberührung kann von den Parteien durch eine ausdrückliche Wahl der für ihre Vertragsbeziehung maßgeblichen Rechtsordnung auch bewusst und abweichend von der Sachlage geschaffen werden (Grundsatz der freien Rechtswahl, Art. 3 Abs. 1 S. 1 ROM I-VO).[2351]

1033 Der gemäß Art. 1 Abs. 1 Satz 1 ROM I-VO erforderliche Auslandsbezug, die Verbindung zum Recht verschiedener Staaten, kann bei Arbeitnehmererfindungen dann auftreten, wenn das Einstellungsunternehmen und das Konzernunternehmen, in dem die Erfindung gemacht wird, in verschiedenen Staaten ihren Sitz haben.[2352] Außerdem kann eine solche Auslandsberührung gegeben sein, wenn eine Erfindung nicht nur im Inland, sondern auch im Ausland benutzt und geschützt werden soll.[2353]

1. Entsendung

1034 Eine Entsendung zum Arbeitseinsatz in einem ausländischen (Konzern-) Unternehmen ist nicht vom allgemeinen Direktionsrecht des Arbeitgebers gedeckt; es bedarf – insbesondere aufgrund des Umstandes, dass die konzernrechtliche Leitungsmacht kein arbeitsrechtliches Weisungsrecht gegenüber Arbeitnehmern begründet – einer ausdrücklichen vertraglichen Vereinbarung.[2354]

1035 Bei einer Entsendung, d.h. der vorübergehenden Auslandstätigkeit bei einem anderen Unternehmen, bleibt der Vertrag des Arbeitnehmers mit seinem Stammunternehmen – häufig auch »Rumpfvertragsverhältnis« genannt[2355] – auch bei Abschluss eines

2348 Vgl. Rdn. 110 ff.

2349 Gerauer, S. 15; zum Begriff des Arbeitsverhältnisses mit Auslandsberührung: Hickl, NZA 1987, Beil. 1, 10 f.

2350 Verordnung (EG) Nr. 593/2008 über das auf vertragliche Schuldverhältnisse anzuwendende Recht v. 17.6.2008.

2351 Schlachter, NZA 2000, 57 (58); Birk, RdA 1989, 201 (203); Feudner, NZA 1999, 1184 (1185).

2352 Bartenbach/Volz, § 1 ArbEG, Rn. 37; Sack, FS Steindorff (1990), 1333.

2353 Sack, FS Steindorff (1990), 1333.

2354 Birk, Die arbeitsrechtliche Leitungsmacht, S. 408; Windbichler, Arbeitsrecht im Konzern, S. 70; Maschmann, RdA 1996, 24 (30); Freckmann, RIW 2012, 662 ff.; Reichel/Spieler, BB 2011, 2741 ff.; vgl. auch die Ausführungen in Rdn. 110 ff.

2355 So z.B. Heilmann, S. 149; Reiter, NZA 2004, 1246 (1247); ders. in Maschmann/Fritz, Matrixorganisationen, Rn. 857; Mankowski, RIW 2004, 133 (134) m.H.a. Lingemann/v. Steinau-Steinrück, DB 1999, 2161; so auch Rohrbach, AE 2016, 193 (195).

(Orts-) Vertrages mit dem aufnehmenden Unternehmen regelmäßig unberührt.[2356] Entweder erfolgt die Auslandstätigkeit im Rahmen des aktiv fortbestehenden Arbeitsverhältnisses, wobei neben dem Vertrag mit dem ursprünglichen Arbeitgeber eine Zusatzvereinbarung (»Entsendevereinbarung«) abgeschlossen wird, die die Rahmenbedingungen für die Tätigkeit im Ausland festlegt. Alternativ ist es auch möglich, das Arbeitsverhältnis im Inland durch eine entsprechende Vereinbarung ruhend zu stellen und ein zusätzliches Arbeitsverhältnis im Zielland der Entsendung zu begründen. Oft wird in solchen Fällen ein sog. Stammhausbindungsvertrag mit dem bisherigen Arbeitgeber geschlossen, in dem das Ruhen des inländischen Arbeitsverhältnisses für den Zeitraum der Entsendung festgelegt werden kann.[2357] Dies wird insbesondere bei Einsätzen der Mitarbeiter in einem ausländischen Konzernunternehmen aufgrund von aufenthaltsrechtlichen Besonderheiten so gehandhabt.[2358] Während des Ruhens sind die Hauptleistungspflichten aus diesem Stammarbeitsverhältnis suspendiert, während die vertraglichen Nebenpflichten, insbesondere Wettbewerbsverbote, Vertraulichkeitsgebote sowie Unterlassungs- und Schutzpflichten weiterhin gelten.

Unabhängig davon, ob das deutsche Arbeitsverhältnis ruhend gestellt wurde, sind 1036 in diesem Zusatzvertrag regelmäßig eine Rückkehrgarantie und die Möglichkeit der fortdauernden Einflussnahme des Einstellungsunternehmens auf den Auslandseinsatz des Arbeitnehmers enthalten.[2359] Diese Vertragsgestaltung hat aus der Sicht des Arbeitnehmers den Vorteil, dass die Rückkehrabsicht und das Rückkehrrecht durch das fortbestehende Rumpfvertragsverhältnis mit der entsendenden Konzerngesellschaft untermauert werden, während die Arbeitgeberseite den Vorteil hat, dass der ins Ausland geschickte Arbeitnehmer arbeitsrechtlich in das aufnehmende, ausländische Konzernunternehmen integriert wird.[2360]

Fraglich ist in diesem Zusammenhang – insbesondere bei kollisionsrechtlicher Betrach- 1037 tung –, ob dieser Stammhausbindungsvertrag als ein Arbeitsvertrag zu bewerten ist und dadurch mit beiden Konzernunternehmen eine arbeitsvertragliche Beziehung und damit auch eine Aufspaltung der Arbeitgeberfunktionen zwischen diesen beiden Unternehmen zustande kommt.[2361] Der 2. Senat des BAG hat sich mit dieser Frage im Jahre 1999 befassen müssen und bejahte den Charakter eines Arbeitsvertrages, wenn

2356 Junker, S. 207; Lingemann/v. Steinau-Steinrück, DB 1999, 2161 (2162); Reiter, NZA-Beil. 2014, 22 (23).

2357 Pietras/Thomas, RIW 2001, 691 (692) weisen darauf hin, dass bei diesem Zusatzvertrag oft nicht nur der ausländische Arbeitgeber und der Arbeitnehmer, sondern auch der ursprüngliche Arbeitgeber Vertragsparteien sind; bei Mauer, Personaleinsatz im Ausland, Rn. 370, wird dieser Vertrag deshalb auch dreiseitiger Konzernarbeitsvertrag genannt.

2358 Falder, NZA 2000, 868; Junker, ZIAS 1995, 564 (577); Windbichler, RdA 1988, 95 (97); Lingemann/v. Steinau-Steinrück, DB 1999, 2161 (2162).

2359 Falder, NZA 2000, 868 und Mauer, Personaleinsatz im Ausland, Rn. 369 nennen eine solche Vereinbarung bezüglich der Option zur Rückkehr »Re-Entry-Klausel«. Siehe auch das praktische Beispiel bei Gnann/Gerauer, S. 153 f.

2360 Junker, ZIAS 1995, 564 (577); siehe auch Falder, NZA 2016, 401 ff.

2361 Vgl. ausführlich zur Aufspaltung der Arbeitgeberposition: Rdn. 77 ff. u. Rdn. 110 ff.

sich der Vertragspartner durch den Stammhausbindungsvertrag ein Weisungsrecht bezüglich des entsendeten Arbeitnehmers vorbehält.[2362] In dem zu überprüfenden Vertrag hatte sich die entsendende Konzerngesellschaft ein eigenes Direktionsrecht vorbehalten und damit war das ausschlaggebende Kriterium für die Annahme eines Arbeitsvertrages gegeben.[2363] Auch die in einem Konzerngefüge denkbare Gestaltung, dass die Arbeitsleistung des betroffenen Arbeitnehmers nur einem der beiden Konzernunternehmen unmittelbar zukommt, stehe der Annahme eines Arbeitsvertrages nicht entgegen.[2364]

1038 Regelmäßig wird ein inländischer Arbeitgeber nicht darauf verzichten, sich bei der Entsendung seiner Arbeitnehmer in ein ausländisches Konzernunternehmen die Einflussnahme auf das neue Arbeitsverhältnis durch eine Vereinbarung der Weisungsbefugnis im Stammhausbindungsvertrag vorzubehalten.[2365] Auch die Verpflichtung des Arbeitnehmers zur Einhaltung der typischen Nebenpflichten spricht für den Fortbestand des Arbeitsverhältnisses im Rahmen des Stammhausbindungsvertrages.[2366] Ein Stammhausbindungsvertrag kann aber nur dann als (fortbestehender) Arbeitsvertrag nach deutschem Recht qualifiziert werden, wenn die Parteien die Geltung deutschen Rechts ausdrücklich (oder konkludent) vereinbart haben.[2367] Demnach ist es eine Frage des Einzelfalls, ob ein Stammhausbindungsvertrag besteht und wenn, ob dieser als Arbeitsvertrag zu qualifizieren ist und dadurch bei einem Auslandseinsatz zu einer Aufspaltung der Arbeitgeberposition führen kann.[2368]

1039 Bei einer bloß vorübergehenden Dauer der Auslandstätigkeit (Abordnung) findet in der Regel kein Statutenwechsel statt.[2369] Es kommt lediglich zu einer Ausstrahlung des bisherigen Arbeitsverhältnisses; mangels endgültiger Verlagerung des gewöhnlichen Arbeitsortes bleiben die Rechte des Arbeitnehmers unberührt.[2370] In diesem Fall wird am deutschen Arbeitsrecht als Grundlage der Vertragsbeziehung zwischen Arbeitgeber und Arbeitnehmer festgehalten, wobei nur die Arbeitspflicht in einem

2362 BAG v. 21.1.1999, NZA 1999, 539 (541).

2363 Vgl. zum Direktionsrecht u. dessen Auswirkung auf den Arbeitgeberbegriff Staudinger/Richardi, Vorbem. zu §§ 611 BGB ff., Rn. 136 ff.

2364 BAG v. 21.1.1999, NZA 1999, 539 (541).

2365 Falder, NZA 2000, 868 (869).

2366 BAG v. 21.1.1999, NZA 1999, 539 (541); zust. Lingemann/v. Steinau-Steinrück, DB 1999, 2161 (2164).

2367 So Windbichler, RdA 1988, 95 (97); siehe auch Falder, NZA 2016, 401, wonach bei fehlender Rechtswahl grundsätzlich das Recht des gewöhnlichen Arbeitsortes anwendbar sein soll; vgl. aber auch Mauer, Personaleinsatz im Ausland, Rn. 369, der auch bei fehlender Rechtswahl von der (Fort-) Geltung deutschen Rechts ausgeht.

2368 Vgl. auch Junker, ZIAS 1995, 564 (578 f.) m.H.a. Windbichler, RdA 1988, 95 (97) u. BAG v. 6.8.1985, AP Nr. 24 zu § 7 BetrAVG; zu den Konsequenzen hinsichtlich der Rechtswahl bei Verlust des Arbeitsvertragscharakters vgl. Mankowski, RIW 2004, 133 (136 ff.).

2369 So Eichenhofer, ZIAS 1996, 55 (68); Lingemann/v. Steinau-Steinrück, DB 1999, 2161; Reiserer, NZA 1994, 673 (675).

2370 Gerauer, S. 24; Eser, RIW 1992, 1 (2).

anderen Konzernunternehmen bzw. im Ausland erfüllt werden muss.[2371] Auch im Ausland richtet sich die Ausübung des Weisungsrechts nach den Grundsätzen der Billigkeit und kann unter Berücksichtigung regionaler Besonderheiten nach § 315 Abs. 3 BGB überprüft werden.[2372] Die Bestimmungen des Einsatzlandes können darüber hinaus zusätzlich an Bedeutung gewinnen, z.B. bei Arbeitszeiten und bei Arbeitssicherheitsvorschriften.[2373]

Für die Frage des anzuwendenden Rechts ist daher stets zu differenzieren, ob mit der 1040
aufnehmenden Konzerngesellschaft ein gesondertes Arbeitsverhältnis begründet worden ist oder nicht. Ist dies nicht der Fall, bleibt es bei dem alleinigen Arbeitsverhältnis mit dem deutschen Arbeitgeber.[2374] Wird demgegenüber mit dem ausländischen Konzernunternehmen ein weiterer Arbeitsvertrag (Ortsvertrag) abgeschlossen, stellt sich die Rechtslage nicht so eindeutig dar.[2375]

Gleichzeitig ist zu berücksichtigen, dass bei einer konzerninternen internationalen Arbeitnehmerentsendung vom Ausland in das Inland die deutschen Vorschriften greifen. In einem solchen Fall wird das aufnehmende inländische Unternehmen zum wirtschaftlichen Arbeitgeber im Sinne des § 38 Abs. 1 EStG, wenn dieses Unternehmen den Arbeitslohn für die ihm geleistete Arbeit wirtschaftlich trägt, der Einsatz des Arbeitnehmers bei dem aufnehmenden Unternehmen in dessen Interesse erfolgt, der Arbeitnehmer in den Arbeitsablauf des aufnehmenden Unternehmens eingebunden und dessen Weisungen unterworfen ist.[2376]

2. Versetzung

Demgegenüber findet bei einer Versetzung eines Arbeitnehmers in ein anderes Kon- 1041
zernunternehmen typischerweise ein Arbeitgeberwechsel statt.[2377] Um den Verlust der Rechtsstellung des Arbeitnehmers aus seinem bisherigen Arbeitsvertrag zu verhindern, wird allerdings in vielen Fällen – vergleichbar mit den Entsendungsfällen – das inländische Arbeitsverhältnis nicht beendet, sondern für ruhend erklärt. Damit kommt es wegen des mit der ausländischen Konzerngesellschaft abgeschlossenen eigenen Arbeitsvertrages[2378] wiederum zu der bereits dargestellten Problematik der Aufspaltung der Arbeitgeberposition.[2379]

2371 Pohl, NZA 1998, 735 (738); siehe allg. auch BAG v. 30.11.2022, NZA 2023, 429 (430).
2372 Mayer in Kittner/Zwanziger, § 158, Rn. 34 m.H.a. BAG v. 12.12.1990, DB 1991, 865.
2373 Gentz, NZA 2000, 3 (4).
2374 Vgl. hierzu auch Mankowski, RIW 2004, 133 (138 f.).
2375 Siehe hierzu weiter unten Rdn. 1063 ff.
2376 BFH v. 4.11.2021, IStR 2022, 288 ff.
2377 Pohl, NZA 1998, 735 (738); Maschmann, RdA 1996, 24 (32).
2378 Lingemann/v. Steinau-Steinrück, DB 1999, 2161 (2162).
2379 Vgl. hierzu bereits Rdn. 84 ff. u. Rdn. 182 ff.

II. Kollisionsrechtliche Probleme des Arbeitnehmererfindungsrechts

1042 Vor jeder Auseinandersetzung mit den bisher aufgezeigten materiellen Problemen des Arbeitnehmererfindungsrechts innerhalb des grenzüberschreitenden Konzerns ist zunächst das anzuwendende Recht zu bestimmen. Die Frage des anzuwendenden Rechts stellt sich insbesondere bei der zuordnungs- und vergütungsmäßigen Behandlung von Erfindungen, die während eines Auslandseinsatzes des Arbeitnehmererfinders entstehen.

1043 Für Erfindungen oder miterfinderische Beiträge, die vor dem Zeitpunkt eines Auslandseinsatzes im Sinne des § 4 Abs. 2 ArbEG fertiggestellt worden sind, gelten uneingeschränkt die Vorschriften des ArbEG und die Vergütungsrichtlinien. Für während des Auslandseinsatzes entwickelte Erfindungen und miterfinderische Beiträge stellt sich stets die Frage des einschlägigen materiellen in- oder ausländischen Rechts, nach dem diese Erfindungen in zuordnungs- und vergütungsmäßiger Hinsicht zu behandeln sind.

1044 Eine international verbindliche Regelung des Arbeitnehmererfindungsrechts existiert zum heutigen Zeitpunkt nicht. Auch in internationalen Patentrechtsabkommen wie dem TRIPS,[2380] dem PVÜ[2381] oder dem PCT[2382] finden sich keine entsprechenden Bestimmungen, obwohl das Patentrecht das einschlägige – weil übergreifende – Rechtsgebiet für das Recht der Arbeitnehmererfindung ist.[2383] Lediglich im Europäischen Patentübereinkommen (EPÜ) findet sich eine eigene arbeitnehmererfindungsrechtliche Kollisionsregelung, die für europäische Patente gilt (Art. 60 EPÜ).[2384]

1. Position des Arbeitnehmererfindungsrechts innerhalb des Internationalen Privatrechts

1045 Unabhängig davon ist für Erfindungen aus dem Arbeitsverhältnis außerhalb des Anwendungsbereichs des Art. 60 Abs. 1 Satz 2 EPÜ auf das Internationale Privatrecht zurückzugreifen.[2385]

2380 Trade Related Aspects of Intellectual Property.

2381 Pariser Verbandsübereinkunft für das Patent- und Warenzeichenrecht.

2382 Patent Co-Operation Treaty.

2383 Vgl. auch die Kritik der Europäischen Kommission am derzeitigen Stand des Innovationsschutzes innerhalb Europas im Grünbuch v. 24.6.1997 über das Gemeinschaftspatent und das Patentschutzsystem in Europa, Dok. KOM (1997) 314 endgültig. Die Kommission prüft darin auch die Frage, ob zum einheitlichen Schutz von Innovationen in der EU neue Gemeinschaftsmaßnahmen erforderlich sind. Diese 1997 angelaufenen Harmonisierungsbemühungen wurden bereits 1999 wieder eingestellt (Erklärung v. 5.2.1999 COM (1999) 42, AB. 1999, 197 (214 ff.). Vgl. auch Abschlussnote AIPPI Summary Report Q 183 (2004), 6 ff.

2384 Siehe hierzu Rdn. 1113 ff.

2385 Goetzmann, ArbNErfR in der EU, S. 58.

a) Anknüpfung anhand des Territorialitätsprinzips oder des Arbeitsvertragsstatuts

Die Feststellung des anwendbaren Rechts bereitet vor allem deshalb Schwierigkei- 1046
ten, weil das Arbeitnehmererfindungsrecht – wie bereits dargestellt[2386] – einerseits die Rechtsbeziehungen zwischen Arbeitgeber und Arbeitnehmererfinder regelt, andererseits dabei auch vorwiegend dem Immaterialgüterrecht zugerechnete Fragen erfasst. Aufgrund der engen Verbindung des Arbeitnehmererfindungsrechts sowohl zum Arbeitsrecht wie auch zum Gewerblichen Rechtsschutz[2387] stellt sich nun die Frage, ob für die betroffenen Erfindungen das patentrechtliche Territorialitätsprinzip,[2388] d.h. die Rechtsordnung des jeweiligen Staates, in dem Schutzrechte angemeldet werden,[2389] einschlägig ist oder ob die Anknüpfung, wie bei den übrigen Fragen des Arbeitsrechts, nach dem Arbeitsvertragsstatut,[2390] also nach dem für das jeweilige Arbeitsverhältnis anwendbaren Recht, erfolgt.

Für Arbeitsverträge, die ab dem 17.12.2009 abgeschlossen worden sind, gilt die 1047
Rom I-VO.

Eine Geltung des patentrechtlichen Territorialitätsprinzips für Arbeitnehmererfindun- 1048
gen würde der Handhabung vieler Staaten entsprechen, in denen die Vorschriften bezüglich des Arbeitnehmererfindungsrechts in die patentrechtlichen Regelungen eingebunden sind.[2391]

Dieses patentrechtliche Territorialitätsprinzip regelt die mit dem Patentschutz im 1049
Zusammenhang stehenden Fragen, wie insbesondere das Recht auf Erteilung des Patents und das Recht aus dem Patent sowie die Erfinderpersönlichkeitsrechte (Erfindernennung usw.).

Allerdings lässt allein der Standort einer Vorschrift in einem bestimmten Gesetz, hier 1050
also der Regelungen für das Arbeitnehmererfindungsrecht, keinen Rückschluss auf ihre rechtliche Einordnung zu. Eine Einbeziehung der Regelungen des Arbeitnehmererfindungsrechts in das Patentrecht darf nicht darüber hinwegtäuschen, dass das Patentrecht selbst die Fragen, ob es sich um eine Arbeitnehmererfindung handelt und ob diese eine Diensterfindung oder freie Erfindung ist, ebenso wenig regelt, wie die materielle Zuordnung der Erfindervermögensrechte, also der materiellen Verwertungs- und Verfügungsbefugnisse. Nicht berührt von dem Territorialitätsprinzip werden schließlich Fragen des Bestehens, der Fälligkeit und der Höhe von Vergü-

2386 Siehe bereits Rdn. 16 ff.

2387 Ausführl. hierzu Bartenbach/Volz, FS Melullis, GRUR 2009, 220 ff.

2388 Vgl. zur internationalen Anerkennung des Territorialitätsprinzips für Immaterialgüterrechte im Internationalen Privatrecht Reithmann/Martiny/Hiestand, Int. Vertragsrecht, Rn. 1740; Benkard/Kolle, Art. 3 EPÜ, Rn. 6 ff.; Mes, § 9 PatG, Rn. 9.

2389 So Drobnig, RabelsZ 40 (1976), 195 (206); Wolff, IPR Deutschlands, S. 183.

2390 Vgl. hierzu EuGH v. 12.9.2013, NZA 2013, 1163 ff.

2391 Vgl. etwa Frankreich, Großbritannien, Italien, Niederlande, Österreich, Polen, Portugal, Spanien und Ungarn (siehe hierzu im Einzelnen Goetzmann, ArbNErfR in der EU, S. 53 f.).

tungsansprüchen. Das Patentrecht kann durch die ihm zugrunde liegende Auffassung über die Erfinderleistung letztlich nur die Art des Rechtserwerbs an der Erfindung und hierauf bezogener Schutzrechte beeinflussen.[2392]

1051 Die Anknüpfung an das Territorialitätsprinzip würde darüber hinaus auch die Gleichsetzung einer Erfindung mit einem für sie erteilten Schutzrecht bedeuten.[2393] Dies ist jedoch aus mehreren Gründen nicht möglich. Zunächst ist der Anknüpfungspunkt für das Wirksamwerden des ArbEG schon die Fertigstellung der Erfindung als solche und nicht erst ein darauf zu erwerbendes oder erworbenes Schutzrecht.[2394] Eine Erfindung ist ein innerer, schöpferischer Vorgang, der auch durch eine Schutzrechtsanmeldung nicht als solcher nach außen dokumentiert werden kann.[2395] Hinzu kommt, dass – aus unterschiedlichen Gründen[2396] – nicht für jede Erfindung eines Arbeitnehmers ein Schutzrecht erteilt wird. Auch Vorschriften wie die §§ 14 und 16 ArbEG, die den Erwerb von Schutzrechten auch für das Ausland regeln, sprechen gegen ein Eingreifen des Territorialitätsprinzips, da sich eine Inanspruchnahme der Erfindungsrechte durch den Arbeitgeber auch auf den Erwerb und die Aufrechterhaltung von Schutzrechten im Ausland erstreckt, ohne dass eine weitere Überprüfung des Sachverhalts anhand der jeweils betroffenen ausländischen Rechtsordnung notwendig ist.[2397]

1052 Übertrüge man eine Geltung des Territorialitätsprinzips auf einen erfinderrechtlichen Sachverhalt innerhalb eines internationalen Konzerns, würde dies zu einem Nebeneinander mehrerer Rechtsordnungen führen. Entwickelt beispielsweise ein dem deutschen Arbeitsrecht unterworfener Arbeitnehmererfinder eine schutzfähige technische Neuerung und beschließt der deutsche Arbeitgeber, diese Erfindung in den ausländischen Tochterunternehmen zu verwerten und für das jeweilige Nutzungsland Schutzrechte anzumelden, so würde dies bedeuten, dass für die Nutzung der Erfindung in Deutschland das ArbEG und in den übrigen Staaten die dortige Rechtsordnung gelten würde. Allein schon die Zuordnung des Arbeitsergebnisses könnte sich nach den einzelnen Rechtsordnungen unterschiedlich gestalten. Während beispielsweise das deutsche Gesetz – ebenso wie das Recht der USA und etwa Österreichs – die Erfindungsrechte zunächst dem Arbeitnehmer zuordnet und erst später ein derivativer Rechtserwerb durch den Arbeitgeber erfolgt, würden diese Rechte etwa in Frankreich, in der Schweiz oder in den Niederlanden von Beginn an originär dem Arbeitgeber gehören.

1053 Auch die Vergütungspflicht – neben der Zuordnung der Erfindungsrechte der zweite wichtige Komplex innerhalb des Arbeitnehmererfindungsrechts und die synallagma-

2392 Bauer, IPR der ArbNErf., S. 57.

2393 Darauf weisen Bartenbach/Volz, § 1 ArbEG, Rn. 36; Bauer, IPR der ArbNErf., S. 59 ff. hin.

2394 BFH v. 26.8.1993, DB 1994, 258 (zur Zuordnung der Erfindungsrechte zum Inlandsbetrieb); vgl. auch BGH v. 18.5.2010, GRUR 2010, 817 (819 [Tz. 28, 30]) – *Steuervorrichtung*; Goetzmann, ArbNErfR in der EU, S. 42.

2395 Vgl. Bartenbach/Volz, § 2 ArbEG, Rn. 2.

2396 Vgl. hierzu Rdn. 568 ff.

2397 Sack, FS Steindorff (1990), 1333 (1335 f.).

tische Hauptleistungspflicht des Arbeitgebers – würde durch eine uneingeschränkte Geltung des Territorialitätsprinzips unterschiedlich zu beurteilen sein. Ein Anspruch des Arbeitnehmererfinders auf eine gesonderte Vergütung – neben seinem Arbeitsentgelt – existiert in vielen Staaten, beispielsweise in den USA und der Schweiz, nicht.

Im Ergebnis bleibt festzuhalten, dass Erfindungen, die ein bei einem inländischen Unternehmen beschäftigter Arbeitnehmer im Ausland fertigstellt, mangels abweichender Rechtswahl nicht dem Recht des jeweiligen Staates, in dem Schutzrechte angemeldet bzw. erworben werden (patentrechtliches Territorialitätsprinzip), unterliegen.[2398] 1054

Demgegenüber sprechen mehrere Gründe für eine Geltung des Arbeitsvertragsstatuts.[2399] 1055

Sinn und Zweck des ArbEG als Kollisionsnorm[2400] ist der Interessenausgleich zwischen Arbeitnehmererfinder und Arbeitgeber bei einem Konflikt, der seine Wurzeln im bestehenden Arbeitsverhältnis hat:[2401] Nach arbeitsrechtlichen Vorgaben gebührt jedes Ergebnis der Arbeit – also auch eine im Arbeitsverhältnis geschaffene Erfindung – dem Arbeitgeber,[2402] während das Patentrecht auch solche Erfindungen ausschließlich dem Arbeitnehmererfinder selbst zuordnet (vgl. § 6 Satz 1 PatG). Insoweit bewirkt das ArbEG eine vermittelnde Regelung in diesem Interessenwiderstreit. Außerdem besteht eine untrennbare Verbindung zwischen dem Arbeitsverhältnis und der darin geschaffenen Arbeitnehmererfindung.[2403] Demnach steht die im Vorfeld des Gewerblichen Rechtsschutzes liegende Zuordnung einer Erfindung arbeitsrechtlichen Zusammenhängen näher als dem Recht des Schutzrechtslandes.[2404] Zusätzlich ist zu berücksichtigen, dass das Erfinderrecht, wie in § 14 ArbEG zum Ausdruck kommt, territorial nicht begrenzt ist, sondern das Recht an der Diensterfindung unabhängig 1056

2398 MünchKommBGB/Martiny, Art. 8 ROM I-VO, Rn. 116; vgl. auch BFH v. 26.8.1993, DB 1994, 258 (zur Zuordnung der Erfindungsrechte zum Inlandsbetrieb). Siehe auch BGH v. 22.2.2022, Mitt. 2022, 336 (339) [Tz. 47 ff.]) – Aminosäurenproduktion.

2399 So die h.M.: BGH v. 4.9.2018, GRUR 2019, 271 (276 [Tz. 65]) – *Drahtloses Kommunikationsnetz*; OLG Karlsruhe v. 13.4.2018, GRUR 2018, 1030 (1031 [Tz. 23]) – *Rohrleitungsprüfung*; OLG Frankfurt v. 22.7.2021, GRUR 2021, 1504 – Kunststoffsack; dem folgend auch BGH v. 14.11.2023, GRUR 2024, 454 (456 [Tz. 36 ff.]) – Kunststoffsack; vgl. auch BGH v. 17.12.2019, GRUR 2020, 388 – Fesoterodinhydrogenfumarat; Schiedsstelle v. 16.1.1991, Arb.Erf. 70/90 (unveröffentl.); Bartenbach/Volz, § 1 ArbEG, Rn. 36; Bauer, IPR der ArbNErf., S. 59 ff.; Reimer/Schade/Schippel/Rother, § 1 ArbEG, Rn. 14; Staudinger/Firsching, Art. 12 EGBGB, Rn. 43; Birk, RabelsZ 46 (1982), 384 (400); ders. in MünchArbR, 2. Aufl., § 101, Rn. 98 ff. m.w.N.; MünchArbR/Bayreuther, § 98, Rn. 46 m.w.N.; Schippel, Mitt. 1971, 229 f.; wohl auch Junker, S. 268.

2400 BVerfG v. 24.4.1998, NJW 1998, 3704 – *Induktionsschutz von Fernmeldekabeln.*

2401 Bauer, IPR der ArbNErf., S. 57; vgl. auch Amtl. Begr. BT-Drucks. II/1648, S. 12 = BlPMZ 1957, 218 (224); BGH v. 23.4.1974, GRUR 1974, 463 (464) – *Anlagengeschäft.*

2402 Siehe MünchArbR/Bayreuther, § 97, Rn. 1 ff.

2403 Bartenbach/Volz, § 1 ArbEG, Rn. 36; BFH v. 26.8.1993, DB 1994, 258 (zur Zuordnung der Erfindungsrechte zum Inlandsbetrieb); vgl. auch BGH v. 27.11.1975, GRUR 1976, 385 – *Rosenmutation.*

2404 So MünchKommBGB/Martiny, Art. 8 ROM I-VO, Rn. 116; siehe auch Bartenbach/Volz, FS Melullis, GRUR 2009, 220 (223).

von den hiervon zu differenzierenden, aufgrund der getätigten Diensterfindung später angemeldeten und erteilten Schutzrechten besteht.[2405]

1057 Aufgrund dessen muss für eine Arbeitnehmererfindung mit Auslandsbezug grundsätzlich auf die für das Arbeitsverhältnis maßgeblichen Anknüpfungsregelungen und auf das Arbeitsvertragsstatut (Art. 8 ROM I-VO) zurückgegriffen werden.[2406] Der BGH hat ausdrücklich klargestellt, dass sich die Rechte und Pflichten, die sich aus einer Diensterfindung ergeben, nach demselben Recht bestimmen, an das auch sonst für das Arbeitsverhältnis zwischen dem Arbeitnehmererfinder und dem Arbeitgeber anzuknüpfen ist und sich daher entsprechend auch arbeitnehmererfinderrechtliche Fragestellungen nach dem Arbeitsvertragsstatut beurteilen.[2407] Folgerichtig ist das ArbEG solange anwendbar, wie sich das Arbeitsverhältnis nach deutschem Recht richtet,[2408] also insbesondere bei vorübergehenden Auslandseinsätzen.[2409]

b) Einschränkungen des Arbeitsvertragsstatuts

1058 Jedoch gilt das Arbeitsvertragsstatut nicht uneingeschränkt.[2410] Der Umstand, dass das Arbeitnehmererfindungsrecht an einer Schnittstelle zwischen dem gewerblichen Rechtsschutz und dem Arbeitsrecht liegt, bringt es mit sich, dass weder dem Arbeitsvertragsstatut noch der Anknüpfung an das Territorialitätsprinzip der generelle Vorrang gegeben werden kann.[2411] Vielmehr muss die Frage, ob das Arbeitsvertragsstatut oder das Territorialitätsprinzip gilt, anhand des jeweiligen Einzelfalls geklärt werden.

1059 So wird etwa nach dem durch das Arbeitsvertragsstatut festgelegten Arbeitnehmererfindungsrecht geprüft, ob es sich bei der zu beurteilenden Erfindung um eine Arbeitnehmererfindung handelt, ob diese eine freie Erfindung oder eine Diensterfindung ist[2412] und wem das Recht auf das Patent insoweit zusteht.[2413] Das Arbeitsstatut ent-

2405 So OLG Karlsruhe v. 13.4.2018, GRUR 2018, 1030 (1031 [Tz. 23]) – *Rohrleitungsprüfung*; siehe auch OLG Frankfurt v. 22.7.2021, GRUR 2021, 1504 – *Kunststoffsack*; dem folgend BGH v. 14.11.2023, GRUR 2024, 454 (456 [Tz. 36 ff.]) – Kunststoffsack.

2406 Zust. Straus, GRUR Int. 1984, 1 (2).

2407 BGH v. 4.9.2018, GRUR 2019, 271 (276 [Tz. 65]) – *Drahtloses Kommunikationsnetz* m.H.a. OLG Karlsruhe v. 13.4.2018, GRUR 2018, 1030 (1031 [Tz. 23]) – *Rohrleitungsprüfung*; Keukenschrijver in Busse/Keukenschrijver, PatG, Einl. ArbEG, Rn. 12; siehe auch Schiedsstelle v. 4.8.2017, Arb.Erf. 21/13 (www.dpma.de) zu Art. 30 Abs. 2 EGBGB.

2408 Keukenschrijver in Busse/Keukenschrijver, PatG, § 1 ArbEG, Rn. 2.

2409 Vgl. hierzu auch Kather, FS 80 Jahre Düsseldorf (2016), 231 (237 f.).

2410 Darauf weisen sowohl Sack, FS Steindorff (1990), 1333 (1334 f.); Bartenbach/Volz, § 1 ArbEG, Rn. 36; Bauer, IPR der ArbNErf., S. 59 sowie Birk, RabelsZ 46 (1982), 384 (400) hin.

2411 Sack, FS Steindorff (1990), 1333 (1337) ist der Ansicht, dass alle Versuche der Entwicklung einer Einheitstheorie für alle mit dem internationalen Arbeitnehmererfindungsrecht verbundenen Fragen zum Scheitern verurteilt sind.

2412 Gamillscheg, Internat. ArbeitsR, S. 237; Staudinger/Firsching, Vor. Art. 12 EGBGB, Rn. 439, 514.

2413 Sack, FS Steindorff (1990), 1333 (1335).

scheidet einschließlich der materiellen Verwertungs- und Verfügungsbefugnisse auch über das Recht auf Benutzung der Erfindung, über grundsätzliche Fragen der Übertragung von Erfindungsrechten sowie über das Bestehen, die Höhe und die Fälligkeit der Vergütungsansprüche.[2414]

Demgegenüber greift das patentrechtliche Territorialitätsprinzip, also die jeweils 1060 maßgebliche nationale bzw. internationale Schutzrechtsordnung, bei Fragen ein, die im Zusammenhang mit dem Patentschutz stehen. Dies gilt einmal hinsichtlich der persönlichkeitsrechtlichen Aspekte wie etwa dem Anspruch auf Erfinderbenennung (vgl. im deutschen Recht §§ 37, 63 PatG); zum anderen werden hiervon die vermögensrechtlichen Fragen berührt, und zwar Fragen der Erteilungsvoraussetzungen, des Inhalts und des Erlöschens des Patentschutzes, ferner hinsichtlich der Frage, welche Rechte ein Erfinder bezogen auf Schutzrechtsanmeldungen geltend machen kann (insbesondere das Recht auf Erteilung sowie Vindikationsansprüche).[2415] Insofern definiert jeweils die nationale (bzw. regionale) Schutzrechtsordnung, welche Stellung ein Erfinder für die jeweilige nationale Schutzrechtsanmeldung hat und welche nicht.

Das Territorialitätsprinzip entzieht sich einer Rechtsvereinbarung. Erfindungsrechte 1061 entstehen bei natürlichen Personen, also vorliegend in der Person der Arbeitnehmer der einzelnen Konzernunternehmen (Erfinderprinzip, vgl. § 6, Satz 1 PatG). Nur soweit nach einer nationalen Schutzrechtsordnung auch im Arbeitsverhältnis geschaffene schöpferische Leistungen dem Arbeitgeber originär zugeordnet werden oder solche Regelungen über die Zuordnung von Erfindungsrechten nicht zwingend, sondern abdingbar sind, können auch abweichende Zuordnungsregelungen getroffen werden.

Eine solche grundsätzliche Geltung des Arbeitsvertragsstatuts mit dem schutzrechts- 1062 bezogenen Rückgriff auf das Territorialitätsprinzip soll vorrangig der Rechtssicherheit der Parteien dienen, die dadurch nur auf eine Rechtsordnung zurückgreifen müssen.[2416] Eine solche Vorgehensweise entspricht auch dem Sinn und Zweck des Arbeitnehmererfindungsrechts, das den Interessenkonflikt zwischen Arbeitgeber und Arbeitnehmererfinder regeln soll.

c) Rechtswahl bei der Gestaltung des Arbeitsvertrages

Für die Geltung des Arbeitsvertragsstatuts sind die Regelungen des deutschen Inter- 1063 nationalen Privatrechts einschlägig.

2414 Vgl. nur Bauer, IPR der ArbNErf., S. 57 ff.; Portmann, S. 41; Birk, RabelsZ 46 (1982), 384 (400); Däubler, RIW 1987, 249 (254); MünchKommBGB/Martiny, Art. 8 ROM I-VO, Rn. 116.

2415 OLG Karlsruhe v. 13.4.2018, GRUR 2018, 1030 (1031 [Tz. 23]) – *Rohrleitungsprüfung*; Bartenbach/Volz, § 1 ArbEG, Rn. 33; Gamillscheg, Internat. ArbeitsR, S. 329; MünchArbR I/Sack, 2. Aufl., § 101, Rn. 106 f. m.w.N.; Birk, RabelsZ 46 (1982), 384 (400); Portmann, S. 41, 43; Deinert, Int. ArbeitsR, § 12, Rn. 10.

2416 Vgl. hierzu Goetzmann, ArbNErfR in der EU, S. 57 f.

aa) Grundsatz der freien Rechtswahl, Art. 3 Rom I-VO

1064 Welche Rechtsordnung auf ein Arbeitsverhältnis mit Auslandsberührung anzuwenden ist, bestimmt – wie bei anderen Schuldverhältnissen – in erster Linie der Wille der Vertragsparteien. Nach dem Grundsatz der freien Rechtswahl des Art. 3 ROM I-VO können die Parteien des Arbeitsvertrages grundsätzlich selbst bestimmen, welcher Rechtsordnung sie ihr Vertragsverhältnis unterstellen wollen. Damit soll dem Grundsatz der Privatautonomie Rechnung getragen werden.[2417] Die Rechtswahl muss ausdrücklich erfolgen oder sich eindeutig aus den Umständen des Falles ergeben (Art. 3 Abs. 1 Satz 2 ROM I-VO).[2418] Letzteres kann z.B. auch durch Bezug auf deutsche Rechtsvorschriften erfolgen.[2419] Die Rechtswahl kann sich auch nur auf einen Teil des Arbeitsvertrages beziehen (Art. 3 Abs. 1 Satz 3 ROM I-VO)[2420] oder z.B. durch eine umfassende Formularabrede festgelegt sein.[2421] Die Freiheit der Rechtswahl geht sogar so weit, dass eine objektive Beziehung zur vereinbarten Rechtsordnung im Schuldvertragsrecht – und damit auch bei Arbeitsverträgen – nicht erforderlich ist (vgl. auch Art. 2 ROM I-VO).[2422] Allerdings sind im Einzelfall – bezogen auf Individualarbeitsverhältnisse – die Einschränkungen des Art. 8 Abs. 1 Satz 2 ROM I-VO zu beachten.[2423]

1065 Die Rechtswahl bezieht sich nur auf die Sachvorschriften des gewählten Rechts; die Beachtung einer Rück- oder Weiterverweisung ist ausgeschlossen (vgl. Art. 20 ROM I-VO).[2424]

2417 Vgl. statt aller Grüneberg/Thorn, Art. 3 ROM I-VO, Rn. 2; Braun/Wisskirchen/Liebig, Konzernarbeitsrecht, Teil II, Kap. 5, Rn. 14.

2418 Zur konkludenten Rechtswahl vgl. Birk, RdA 1989, 201 (204 f.); Schlachter, NZA 2000, 57 (59); Junker, RIW 2001, 94 (96 f.) m.H.a. BAG v. 26.7.1995, AP Nr. 7 zu § 157 BGB; BAG v. 27.7.1997, AP Nr. 13 zu § 38 ZPO – *Internationale Zuständigkeit*; BAG v. 15.12.2016, NZA 2017, 502 (505); siehe auch Deinert, Int. ArbeitsR, § 9, Rn. 26 m.w.N.; Herfs-Röttgen, NZA 2017, 873 (74); Grüneberg/Thorn, Art. 3 ROM I-VO, Rn. 7; ErfK/Schlachter, Art. 3 ROM I-VO, Rn. 6 m.w.N.; Wagner, IPRax 2008, 377; siehe auch Erwägungsgrund 12 ROM I-VO.

2419 BAG v. 9.10.2002, NZA 2003, 339 u. v. 28.5.2014, NZA 2014, 1264 (1265 [Tz. 12]); siehe auch Schiedsstelle v. 4.8.2017, Arb.Erf. 21/13 (www.dpma.de) zur Bezugnahme auf Schweizer Recht.

2420 Die Zulässigkeit einer Teilrechtswahl bejahend: BAG v. 19.6.1986, NZA 1987, 21 (22) u. v. 20.4.2004, NZA 2005, 2978; MünchKommBGB/Martiny, Art. 3 ROM I-VO, Rn. 66 ff.; abl. Gamillscheg, ZfA 1983, 307 (328); differenzierend: Krebber, IPRax 1999, 164 (166); Deinert, Int. ArbeitsR, § 9, Rn. 35 m.w.N.

2421 Vgl. hierzu ausführlich Gerauer, S. 16 ff.; Oppertshäuser, NZA-RR 2000, 393 (394); AnwK/Doehmer, Art. 30 EGBGB, Rn. 13.

2422 Reiserer, NZA 1994, 673; siehe auch MünchKommBGB/Martiny, Art. 3 ROM I-VO, Rn. 23; Gnann/Gerauer, S. 148 m.w.N.; Grüneberg/Thorn, Art. 3 ROM I-VO, Rn. 4 u. Art. 8 ROM I-VO, Rn. 7.

2423 Zur rechtl. Situation bei Fehlen einer Rechtswahl (vgl. Art. 4 Abs. 2 ROM I-VO) siehe nachfolgend Rdn. 1096 ff.

2424 Grüneberg/Thorn, Art. 3 ROM I-VO, Rn. 2.

Besteht ein einheitliches Arbeitsverhältnis mit einem den Arbeitnehmer aufnehmenden ausländischen Konzernunternehmen, ist die von den Arbeitsvertragsparteien ausdrücklich oder konkludent getroffene Rechtswahl für die Zuordnung und Vergütung der vom Arbeitnehmer geschaffenen Erfindungen maßgeblich. Bei einem Doppelarbeitsverhältnis mit einem ausländischen Konzernunternehmen tritt zu der Klärung der Rechtswahlfrage noch die Frage der Zuordnung der Erfindung nach der Sphärentheorie hinzu.[2425] 1066

Soweit eine Schutzrechtsordnung das sog. Erfinderprinzip zugrunde legt (vgl. etwa § 6 Satz 1 PatG), bedeutet dies, dass Erfindungsrechte bei der jeweiligen die Erfindung entwickelnden Person entstehen, bei Personen, die in einem Arbeitsverhältnis tätig sind, also bei den entsprechenden Arbeitnehmern. Dieses Erfinderprinzip ist selbstverständlich auch dann zu beachten, wenn mehrere Personen gemeinsam eine Erfindung gemacht haben, also Miterfinder sind. Gemäß § 6 Satz 2 PatG steht den Miterfindern das mit der Erfindung entstehende Recht auf das Patent gemeinschaftlich zu. Es ist bereits ein echtes Vermögensrecht[2426] zugunsten jedes einzelnen Miterfinders. 1067

Das Verhältnis der Miterfinder zueinander bestimmt sich mangels ausdrücklicher Regelung in PatG und ArbEG und im Regelfall mangels einer Vereinbarung im Sinne der §§ 705 ff. BGB nach den Vorschriften des Bürgerlichen Rechts über die Bruchteilsgemeinschaft (§§ 741 ff. BGB).[2427] Im Rahmen einer solchen Bruchteilsgemeinschaft kann der jeweilige Miterfinder gemäß § 747 Satz 1 BGB über seinen Anteil verfügen, es sei denn, dieser Anteil unterliegt – wie nach den Regeln des deutschen Arbeitnehmererfindungsrechts (§§ 6, 7 ArbEG) – dem Zugriffsrecht des Arbeitgebers. 1068

Im Hinblick auf diese jeweils eigenständige Rechtsposition eines jeden Miterfinders hat folgerichtig die Prüfung, welches Arbeitsvertragsstatut gilt, bei jedem einzelnen an einer Erfindung beteiligten Arbeitnehmer (Miterfinder) zu erfolgen. Dies kann bedeuten, dass insbesondere bei einer konzern- und länderübergreifenden Forschungs- und Entwicklungssituation unterschiedliche Arbeitsvertragsstatute wirksam werden können. 1069

bb) Grenzen der freien Rechtswahl

Dem Grundsatz der freien Rechtswahl sind auch Grenzen gesetzt. 1070

So darf – wie der in Art. 21 ROM I-VO vorgegebene Grundsatz des ordre public zeigt (vgl. auch Erwägungsgründe 35 und 37 ROM I-VO) – durch die Wahl einer fremden Rechtsordnung nicht von Grundprinzipien des sonst geltenden nationalen Rechts 1071

2425 Vgl. hierzu die Ausführungen in Rdn. 200 ff.

2426 BGH v. 19.6.1962, Blatt 1962, 280 (283) – *Drahtseilverbindung.*

2427 BGH v. 27.9.2016, GRUR 2016, 1256 (1258 [Tz. 17]) – Beschichtungsverfahren; v. 14.2.2017, GRUR 2017, 504 (508 [Tz. 67]) – Lichtschutzfolie; v. 16.5.2017, GRUR 2017, 890 (892 [Tz. 34]) – Sektionaltor II; v. 9.6.2020, GRUR 2020, 986 (987 [Tz. 22]) – Penetrometer; OLG Frankfurt am Main v. 30.4.1992, GRUR 1992, 852 (854) – Simulation von Radioaktivität u. v. 22.7.2021, GRUR 2021, 1504 (1505 [Tz. 12]) – Kunststoffsack; Schiedsstelle v. 15.6.2016, Arb.Erf. 60/13 (www.dpma.de).

abgewichen werden.[2428] Unter den ordre public fallen »alle nationalen Vorschriften, deren Einhaltung als so entscheidend für die Wahrung der politischen, sozialen oder wirtschaftlichen Organisationen des betreffenden Mitgliedsstaats angesehen wird, dass ihre Beachtung für alle Personen, die sich im nationalen Hoheitsgebiet dieses Mitgliedsstaats befinden und für jedes dort lokalisierte Rechtsverhältnis vorgeschrieben ist«.[2429] Insoweit verdrängt im Anwendungsbereich der ROM I-VO deren Art. 21 die Anwendung des Grundsatzes der öffentlichen Ordnung.[2430]

1072 Für die Anwendung von Art. 21 Rom I-VO bleibt praktisch nur ein geringer Raum – nur wenige, von anderen Kollisionsregeln nicht umfasste Ausnahmefälle fallen unter diese Vorschrift (vgl. Erwägungsgrund 37 zur Rom I-VO).[2431] Angesichts der speziellen Kollisionsregelung des Art. 8 Abs. 1 Satz 2 ROM I-VO bleibt auch in Bezug auf das Arbeitnehmererfindungsrecht für einen Rückgriff auf Art. 21 ROM I-VO nur eingeschränkte Anwendung.[2432] Vorrangig ist von Art. 8 Abs. 1 Satz 2 ROM I-VO auszugehen. Allerdings bleibt eine Überprüfung des vereinbarten fremden Rechts am Maßstab des Art. 21 ROM I-VO unberührt.[2433] Eine Sonderanknüpfung zwingender deutscher Eingriffsnormen gemäß Art. 9 Abs. 2 ROM I-VO dürfte hingegen nur dann in Betracht kommen, wenn die in Art. 8 Abs. 1 ROM I-VO vorgesehene Sonderanknüpfung zwingender Vorschriften des nach Art. 8 Abs. 2–4 ROM I-VO maßgebenden Arbeitsvertragsstatuts dafür Raum lässt.[2434]

aaa) Kein Abweichen von zwingenden Schutzbestimmungen zuungunsten des Arbeitnehmers (Art. 8 Abs. 1 Satz 2 Rom I-VO)

1073 Art. 8 Abs. 1 Satz 2 ROM I-VO enthält eine Sonderregelung für Arbeitsverträge im Interesse des Arbeitnehmers als dem schwächeren Vertragspartner.[2435]

1074 Gemäß Art. 8 Abs. 1 Satz 2 ROM I-VO darf die Rechtswahl der (Arbeitsvertrags-) Parteien nicht dazu führen, dass dem Arbeitnehmer der Schutz entzogen wird, der ihm durch Bestimmungen gewährt wird, von denen nach dem Recht, das nach den Absätzen 2 bis 4 des Art. 8 ROM I-VO mangels einer Rechtswahl anzuwenden

2428 Vgl. hierzu Hönsch, NZA 1988, 113 (116); Grüneberg/Thorn, Art. 3 ROM I-VO, Rn. 5; Reithmann/Martiny, Int. VertragsR, Rn. 4844; Kegel/Schurig, S. 516.

2429 EuGH v. 14.10.1999, RIW 2000, 237; MünchKommBGB/Martiny, Art. 21 Rom I-VO, Rn. 3 f.; vgl. auch Leible, RIW 2008, 257 (263); Leible/Lehmann, RIW 2007, 721 (734).

2430 Grüneberg/Thorn, Art. 21 ROM I-VO, Rn. 3.

2431 Braun/Wisskirchen/Domke, Konzernarbeitsrecht, Teil II, Kap. 7, Rn. 100.

2432 Vgl. dazu Sack, FS Steindorff (1990), 1333 (1347, 1353); siehe auch Birk, RabelsZ 46 (1982), 384 (400); Bartenbach/Volz, § 1 ArbEG, Rn. 32.5; Braun/Wisskirchen/Domke, Konzernarbeitsrecht, Teil II, Kap. 7, Rn. 100; Weiss, GRUR Int. 1956, 99 (100); kritisch Gaum, GRUR 1991, 805 f.; siehe auch Boemke/Kursawe/Boemke, § 1 ArbEG, Rn. 54.

2433 Vgl. zum früheren Recht BVerfG v. 1.10.1995, BVerfGE 92, 26 (41); Mankowski, IPRax 1996, 409.

2434 Vgl. dazu Grüneberg/Thorn, Art. 8 ROM I-VO, Rn. 14 u. Art. 9 ROM I-VO, Rn. 9.

2435 Schneider, NZA 2010, 1380 (1381); siehe auch Junker, NZA 2005, 199 (204) m.w.N. zum früheren Recht (Art. 30 Abs. 1 EGBGB).

wäre, nicht durch Vereinbarung abgewichen werden darf. Mit dieser Regelung soll verhindert werden, dass durch eine Rechtswahlklausel im Arbeitsvertrag die an sich maßgebenden (einfach) zwingenden arbeitsrechtlichen Schutzvorschriften umgangen werden.[2436] Durch die Rechtswahl und das damit verbundene Abweichen von zwingenden Rechtsnormen darf kein dem Arbeitnehmer ungünstigeres materielles Ergebnis eintreten. Vielmehr sind die arbeitsrechtlichen Schutzvorschriften des abbedungenen Rechts – trotz der erfolgten Wahl eines anderen (ausländischen) Rechts – weiterhin anzuwenden.

Haben die Parteien keine Rechtswahl getroffen, unterliegt nach Art. 8 Abs. 2 ROM 1075
I-VO der Arbeitsvertrag dem Recht des Staates, in dem der Arbeitnehmer in Erfüllung des Vertrages gewöhnlich seine Arbeit verrichtet (Satz 1). Dabei wechselt der Staat, in dem die Arbeit gewöhnlich verrichtet wird, nicht, wenn der Arbeitnehmer seine Arbeit vorübergehend in einem anderen Staat verrichtet (Satz 2). Maßgebend ist also hier das Recht des normalen Arbeitsortes, also des tatsächlichen Mittelpunkts der Berufstätigkeit des Arbeitnehmers.[2437] Somit kann sich der in Deutschland tätige Mitarbeiter auch dann auf das deutsche ArbEG berufen, wenn in seinem Arbeitsvertrag mit der ausländischen Gesellschaft ausländisches Recht vereinbart sein sollte.[2438] Bei Einsatz an wechselnden Orten innerhalb eines Landes ist Arbeitsort das gesamte Staatsgebiet.[2439]

Ob die Rechtsordnung, welche die Parteien gewählt haben, zugunsten zwingender 1076
Vorschriften wieder verworfen werden muss, ist durch einen Vergleich der beiden Rechtsordnungen zu entscheiden (kollisionsrechtlicher Günstigkeitsvergleich). Hiernach sind die in Frage kommenden Rechtsordnungen, also einmal die von den Parteien (ausdrücklich oder stillschweigend) gewählte sowie die nach Art. 8 Abs. 2 Ziff. 4 ROM I-VO objektiv bestimmte Rechtsordnung, miteinander zu vergleichen und die für den Arbeitnehmer günstigere Rechtsordnung anzuwenden.[2440]

Aufgrund der zunehmenden Komplexität solcher Rechtsordnungen sind im Rahmen 1077
dieses Günstigkeitsvergleichs indes nicht die gesamten (Arbeits-) Rechtsordnungen miteinander zu vergleichen (Gesamtvergleich). Vielmehr ist der für die zu entscheidende Sachfrage einschlägige Normenkomplex (Sachgruppenvergleich) heranzuziehen.[2441]

2436 Grüneberg/Thorn, Art. 8 ROM I-VO, Rn. 7; Deinert, Int. ArbeitsR, § 9, Rn. 53; vgl. auch BAG v. 24.8.1989, DB 1990, 1666 ff.

2437 EuGH v. 9.1.1997, IPRax 1999, 365 ff., v. 15.3.2011, NZA 2011, 625 (627 [Tz. 39]); v. 12.9.2013, NZA 2013, 1163 (1165 [Tz. 31]) u. v. 14.8.2017, RIW 2017, 749 (753); BAG v. 15.12.2016, NZA 2017, 502 (507); vgl. auch BAG v. 20.12.2012, RIW 2013, 565 (567) m.H.a. EuGH v. 10.4.2003, Slg. 2003, I-3573. Siehe auch Reiter, NZA-Beil. 2014, 22 (24) u. Braun/Wisskirchen/Domke, Konzernarbeitsrecht, Teil II, Kap. 7, Rn. 12.

2438 Braun/Wisskirchen/Domke, Konzernarbeitsrecht, Teil II, Kap. 7, Rn. 14.

2439 BAG v. 29.10.1992, IPRax 1994, 123 (127) u. v. 12.12.2001, NZA, 2002, 734 ff.

2440 Junker, IPRax 1989, 69 (71); Heilmann, Das Arbeitsvertragsstatut, S. 101 ff.; Grüneberg/Thorn, Art. 8 ROM I-VO, Rn. 8.

2441 Staudinger/Magnus, Art. 8 ROM I-VO, Rn. 81; Bartenbach/Volz/Goetzmann, FS Straus (2009), 307 (309); Reiter, NZA-Beil. 2014, 22 (24).

Allerdings darf dabei der entsprechende Teilbereich nicht zu klein gewählt werden, um nicht die Einzelschutzbestimmungen zu »atomisieren« bzw. besonders günstige Einzelschutzbedingungen »herauszupicken«.[2442] Denn der Arbeitnehmerschutz des Art. 8 Abs. 1 ROM I-VO geht nicht soweit, dem Arbeitnehmer (gleichsam im Wege der sog. »Rosinentheorie«) eine gezielte Auswahl der jeweils für ihn günstigen Einzellösungen zu ermöglichen. Vielmehr sind Einheiten, d.h. Regelungskomplexe, die einen sinnvoll abgrenzbaren Teilbereich des Arbeitsverhältnisses mit einem System von Normen regeln, die für den Arbeitnehmer Vor- und Nachteile mit sich bringen, miteinander zu vergleichen.[2443]

1078 Für den Bereich des Arbeitnehmererfindungsrechts sind demnach jeweils die gesamten Regelungskomplexe miteinander zu vergleichen, also das deutsche ArbEG mit dem (vereinbarten) ausländischen Arbeitnehmererfindungsgesetz bzw. mit dem gesamten erfindungsrechtlichen Komplex einer ausländischen (Patent-)Rechtsordnung.[2444]

1079 Bei dieser den Arbeitsvertragsparteien gemäß Art. 8 Abs. 1 Satz 1 i.V.m. Art. 3 Abs. 1 ROM I-VO auch hinsichtlich eines Arbeitsvertrages zugewiesenen Rechtswahl sind auch die Sonderanknüpfungen zugunsten international zwingender Vorschriften deutschen Rechts (Art. 9 Abs. 2 ROM I-VO) sowie die Fälle des Binnensachverhalts (Art. 3 Abs. 3 ROM I-VO) und des Binnenmarktsachverhalts (Art. 3 Abs. 4 ROM I-VO) zu beachten. Dies bedeutet, dass unabhängig von der von den Parteien getroffenen Rechtswahl kraft Sonderanknüpfung nach Art. 9 Abs. 2 ROM I-VO in jedem Fall die international zwingenden Vorschriften des deutschen Rechts, die den Sachverhalt ohne Rücksicht auf das Vertragsstatut regeln (Eingriffsnormen), gelten.[2445] Gemessen an der Begriffsbestimmung des Art. 9 Abs. 1 ROM I-VO handelt es sich bei den Normen des Arbeitnehmererfindungsrechts zwar um einfach zwingende Normen,[2446] nicht aber um Normen mit nationalem Geltungsanspruch, die unabhängig vom Vertragsstatut Anwendung finden sollen. Etwa vergleichbar § 32 b) UrhG ist eine solche

2442 Reithmann/Martiny/Martiny, Int. Vertragsrecht, Rn. 4846; Sack, FS Steindorff (1990), 1333 (1343); Junker, IPRax 1989, 69 (72); krit. zur sog. »Rosinentheorie« im internationalen Arbeitsvertragsrecht: Gamillscheg, ZfA 1983, 307 (338); Hohloch, RIW 1987, 353 (355, 358); Lorenz, RIW 1987, 569 (577); Kettenberger, RIW 2013, 702 (704).

2443 BAG v. 10.4.2014, AP Nr. 8 zu § 20 GVG; Hönsch, NZA 1988, 113 (116); Birk, RdA 1989, 201 (206); Braun/Wisskirchen/Domke, Konzernarbeitsrecht, Teil II, Kap. 7, Rn. 76; bei Junker, IPRax 1989, 69 (72) »Gruppenvergleich« genannt; ders., RIW 2001, 94 (98); differenzierend Borgmann, S. 112; vgl. auch BAG v. 29.10.1992, IPRax 1994, 123 (126); vgl. auch Staudinger/Magnus, Art. 8 ROM I-VO, Rn. 84; Deinert, RdA 2009, 144 (149); ErfK/Schlachter, Art. 8 ROM I-VO, Rn. 19; dies., NZA 2000, 57 (61); Grüneberg/Thorn, Art. 8 ROM I-VO, Rn. 8; Schneider, NZA 2010, 1380 (1382).

2444 Bartenbach/Volz/Goetzmann, FS Straus, 307 (310); Hohloch, RIW 1987, 353 (358); Staudinger/Magnus, Art. 8 ROM I-VO, Rn. 84.

2445 Grüneberg/Thorn, Art. 3 ROM I-VO, Rn. 4; ErfK/Schlachter, Art. 3 – Art. 9 ROM I-VO, Rn. 21.

2446 Siehe nachfolgend auch Rdn. 1082 ff.

überindividuelle Zielrichtung, also ein entscheidendes Gewicht für die Wahrung des öffentlichen Interesses, nicht erkennbar.[2447]

Der bloße Umstand, dass Gesetzesbestimmungen unabdingbar sind (vgl. § 22 Satz 1 ArbEG), macht diese Bestimmungen noch nicht zu Eingriffsnormen, da die Unabdingbarkeit auch für einfache zwingende Normen gilt.[2448] Ob im Sinne der Art. 3 Abs. 3 und 4 ROM I-VO einer der dort geschilderten Binnensachverhalte vorliegt, ist eine Frage des Einzelfalls. 1080

Schützt das von den Arbeitsvertragsparteien gewählte Recht mit seinen zwingenden Vorschriften den Arbeitnehmer im Ergebnis genauso oder besser als das bei Fehlen einer Rechtswahl berufene Recht, bewendet es bei der Anwendung der gewählten Vorschrift; soweit es hinter dem Schutz des objektiven Vertragsstatuts zurückbleibt, finden stattdessen die dem Arbeitnehmer günstigeren zwingenden Vorschriften dieser Rechtsordnung Anwendung.[2449] Dies bedeutet, dass das Arbeitsverhältnis u.U. unterschiedlichen zwingenden Schutzvorschriften verschiedener nationaler Rechtsordnungen unterliegt.[2450] 1081

bbb) Vorschriften des ArbEG als zwingende Bestimmungen

Wird durch eine Rechtswahl von sonst geltenden nationalen Regeln des Arbeitnehmererfindungsrechts abgewichen, ist jeweils zu prüfen, ob damit zugleich zwingende Rechtsnormen des Arbeitnehmerschutzes abbedungen worden sind.[2451] Dies sei nachfolgend beispielhaft an den Regeln des deutschen ArbEG überprüft: 1082

Nach h.M. ist das deutsche ArbEG ein arbeitsrechtliches Schutzgesetz zugunsten des Arbeitnehmers,[2452] da in Anbetracht der durch das Arbeitsverhältnis vorgegebenen Abhängigkeit des Arbeitnehmers ein gerechter Ausgleich vor allem durch soziale Gesichtspunkte bestimmt wird.[2453] 1083

Mit Rücksicht auf die Unabdingbarkeitsregelung des § 22 Satz 1 ArbEG – kein Abweichen vom Gesetz zuungunsten des Arbeitnehmers vor der jeweiligen Erfin- 1084

2447 Vgl. BGH v. 13.12.2005, NJW 2006, 762 zu Art. 34 EGBGB; Mankowski, RIW 2006, 326; Pütz, IPRax 2005, 13.

2448 LAG Düsseldorf v. 7.12.1990, RIW 1992, 402; LAG Köln v. 6.4.1992, RIW 1992, 933; Grüneberg/Thorn, Art. 9 ROM I-VO, Rn. 5 m.w.N.

2449 So zutreffend Grüneberg/Thorn, Art. 8 ROM I-VO, Rn. 8.

2450 Grüneberg/Thorn, Art. 8 ROM I-VO, Rn. 8.

2451 Vgl. hierzu auch Deinert, Int. ArbeitsR, § 9, Rn. 62 ff.

2452 Schiedsstelle v. 26.1.1988, BlPMZ 1989, 349 (352); Grüneberg/Thorn, Art. 8 ROM I-VO, Rn. 9; Staudinger/Magnus, Art. 8 ROM I-VO, Rn. 79; Bartenbach/Volz, Einl. Rn. 3 m.w.N.; dies., FS Mellulis, GRUR 2009, 220 (223); MünchKommBGB/Martiny, Art. 8 ROM I-VO, Rn. 116; Sack, FS Steindorff (1990), 1333 (1343); Volmer/Gaul, Einl., Rn. 29 ff.; Gerauer, S. 20.

2453 Vgl. auch BVerfG v. 24.4.1998, NJW 1998, 3704 (3705) – *Induktionsschutz von Fernmeldekabeln*; siehe auch BGH v. 4.9.2018, GRUR 2019, 271 – *Drahtloses Kommunikationsnetz.*

dungsmeldung – sind die Normen des ArbEG auch zwingender Natur[2454] (vgl. auch §§ 23, 27, 28 ff. ArbEG[2455]).

1085 Damit können die Normen des ArbEG durch eine von der einzelnen Erfindungsmeldung unabhängige (vgl. § 22 Satz 2 ArbEG) Rechtswahl nicht zugunsten einer ausländischen Rechtsordnung abbedungen werden.[2456] In seiner Gesamtheit stellt das ArbEG auch eine beim Günstigkeitsvergleich vorrangige Regelungseinheit und einen Rechtsschutz dar, der vergleichbar durch eine ausländische Rechtsordnung nicht gewährt wird. Das deutsche ArbEG vermittelt im internationalen Vergleich einen besonders ausgeprägten Schutz des Arbeitnehmers,[2457] womit sich das deutsche ArbEG auch im Zweifelsfall als die günstigere Rechtsordnung für den Arbeitnehmer darstellt.[2458]

1086 Die Auffassung,[2459] dass die Vorschriften des ArbEG trotz ihres Charakters als zwingende Bestimmungen dennoch zugunsten einer ausländischen Rechtsordnung abbedungen werden könnten, soweit dies im Einzelnen nicht gegen die guten Sitten oder gegen den Sinn und Zweck des ArbEG verstoße, geht fehl. Die als Beleg hierfür angeführte Entscheidung des BAG aus dem Jahre 1967 beschäftigt sich mit der alten Fassung des Art. 30 EGBGB, in der der (negative) ordre public – in Art. 6 EGBGB festgelegt – geregelt war. Der in Art. 6 EGBGB verankerte ordre public hat die Funktion, fremdes Recht abzuwehren, soweit dessen Anwendung im Einzelfall zu Ergebnissen führt, die den Kernbestand der inländischen Rechtsordnung antasten.[2460] Demgegenüber hat Art. 8 ROM I-VO (= Ex-Art. 30 EGBGB) die (positive) Aufgabe, zumindest einen Grundbestand an Schutznormen für Arbeitsverträge zu garantieren.[2461] In dieser Vorschrift ist eine allgemein wirkende Sonderanknüpfung im Hinblick auf diesen Vertragstyp verwirklicht worden. Demnach kann bei der Frage, ob das ArbEG zwingende Bestimmungen enthält, die eine abweichende Rechtswahl ausschließen, nicht mit den Voraussetzungen des ordre public argumentiert werden.

2454 Schiedsstelle v. 26.1.1988, BlPMZ 1989, 349 (352); Grüneberg/Thorn, Art. 8 ROM I-VO, Rn. 9; Staudinger/Magnus, Art. 8 ROM I-VO, Rn. 79; MünchKommBGB/Martiny, Art. 8 ROM I-VO, Rn. 116; Sack, FS Steindorff (1990), 1333 (1343); Gaum, GRUR 1991, 805 (806); Volmer/Gaul, Einl., Rn. 29 ff.; Gerauer, S. 20; siehe auch Deinert, Int. ArbeitsR, § 12, Rn. 9.

2455 Siehe hierzu Bartenbach/Volz, § 22 ArbEG, Rn. 35; ebenso Schiedsstelle, z.B. v. 9.2.1995, Arb.Erf. 65/93 (unveröffentl.); vgl. auch Schiedsstelle v. 22.8.1969, EGR Nr. 1 zu § 23 ArbEG.

2456 Vgl. OLG Karlsruhe v. 13.4.2018, GRUR 2018, 1030 (1031 [Tz. 23]) – Rohrleitungsprüfung; hierzu allg. auch Braun/Wisskirchen/Domke, Konzernarbeitsrecht, Teil II, Kap. 7, Rn. 69 ff.

2457 Reimer/Schade/Schippel/Rother, § 1 ArbEG, Rn. 14; Bartenbach/Volz, § 1 ArbEG, Rn. 32.2; Schippel, Mitt. 1971, 229 (231).

2458 Bartenbach/Goetzmann, VPP-Rundbrief 2006, 73 (80).

2459 Reimer/Schade/Schippel/Rother, § 1 ArbEG, Rn. 14 m.H.a. BAG v. 20.7.1967, AWD 1967, 411 ff.; so wohl auch Benkard/Melullis, Art. 60 EPÜ, Rn. 23.

2460 Vgl. nur Grüneberg/Thorn, Art. 8 ROM I-VO, Rn. 9.

2461 Reithmann/Martiny, Int. Vertragsrecht, Rn. 4846.

Ausgangspunkt muss sein, dass Art. 8 Abs. 1 ROM I-VO die Wirkungen einer von den Parteien getroffenen Rechtswahl insoweit einschränkt, als dadurch dem Arbeitnehmer der Schutz entzogen wird, den ihm die (einfach) zwingenden Vorschriften der Rechtsordnung gewähren, die ohne die Rechtswahl maßgebend gewesen wäre. Durch eine Rechtswahlklausel sollen nicht die an sich maßgebenden einfach zwingenden arbeitsrechtlichen Schutzvorschriften umgangen werden. Ist diese Rechtswahl unwirksam, ist die maßgebliche Rechtsordnung nach Art. 8 Abs. 2 bis 4 ROM I-VO zu bestimmen.[2462] 1087

Soweit das vereinbarte Recht hinter dem Schutz des objektiven Vertragsstatuts zurückbleibt, finden stattdessen die dem Arbeitnehmer günstigeren zwingenden Vorschriften dieser Rechtsordnung Anwendung. 1088

Es ist eine Frage des Einzelfalls, ob auch die Sonderanknüpfung zugunsten internationaler zwingender Vorschriften deutschen Rechts (Art. 9 Abs. 2 ROM I-VO) greift bzw. ob Fälle eines Binnensachverhalts (Art. 3 Abs. 3 ROM I-VO) bzw. eines Binnenmarktsachverhaltes (Art. 3 Abs. 4 ROM I-VO) gegeben sind. 1089

ccc) Die Arbeitnehmererfindung im ausländischen Recht

Diese Überprüfung der Unabdingbarkeit der ohne Rechtswahl anwendbaren Regeln des nationalen Arbeitnehmererfindungsrechts ist jeweils einzelfallbezogen durchzuführen; insbesondere ist für die jeweilige nationale Rechtsordnung zu prüfen, inwieweit sie zwingende Schutznormen im Hinblick auf Arbeitnehmererfindungen enthält. Sind dagegen die entsprechenden nationalen Vorschriften dispositiv, könnten sie eine Rechtswahl der Parteien nicht verhindern. 1090

Ein Vergleich der Rechtsordnungen der wesentlichen Industrieländer zeigt, dass das Recht der Arbeitnehmererfindung im Ausland über unterschiedliche Rechtsgrundlagen geregelt wird. 1091

Teilweise ist in einigen europäischen Ländern eine – dem deutschen ArbEG vergleichbare – spezialgesetzliche Regelung anzutreffen.[2463] In anderen Staaten sind die Regelungen zum Arbeitnehmererfindungsrecht als ein Bestandteil der geltenden Patentgesetze verankert.[2464] Eine weitere Variante ist die Einbindung der Regelungen als Schutzbestimmungen im allgemeinen bürgerlichen Recht.[2465] Darüber hinaus gibt es Länder, in denen die erfinderrechtlichen Vorschriften im Rahmen eines Tarifvertrages geregelt werden. In anderen Ländern existieren diese Bestimmungen als Teil einer Betriebsvereinbarung oder können im individuellen Arbeitsvertrag geregelt werden. Wiederum andere Staaten haben diese Fragen weitgehend der Rechtsprechung 1092

2462 Siehe zum alten Recht: BAG v. 24.8.1989, DB 1990, 1666.

2463 Bezogen auf Europa sind dies Dänemark, Finnland, Norwegen, Schweden und Slowenien; s. hierzu im Einzelnen Bartenbach/Goetzmann, VPP-Rundbrief 2006, 73 ff.

2464 So Großbritannien, Frankreich, Italien, Luxemburg, die Niederlande, Österreich, Portugal, Polen, Griechenland, Spanien und Ungarn.

2465 So die Schweiz oder Irland.

überlassen und nur für bestimmte Bereiche, wie etwa für den öffentlichen Dienst, (Verwaltungs-) Vorschriften erlassen.[2466]

1093 Dem deutschen Recht entsprechende Unabdingbarkeitsregelungen befinden sich beispielsweise im ungarischen, griechischen und italienischen Recht, worin ein umfassender Schutz des Arbeitnehmers stattfindet. Zwingende Bestimmungen, die einer freien Rechtswahl des deutschen Arbeitnehmererfindungsrechts entgegenstehen könnten, existieren auch in Österreich: Dort können gemäß § 17 des österreichischen PatG die Rechte, die dem Arbeitnehmer nach §§ 6–16 des österreichischen PatG hinsichtlich Arbeitnehmererfindungen zustehen, durch eine Vereinbarung weder aufgehoben noch beschränkt werden.[2467] Dagegen existiert in einigen Ländern die Möglichkeit, eine abweichende Rechtswahl zu vereinbaren, soweit diese nicht den Vergütungsanspruch des Arbeitnehmererfinders oder andere Teilbereiche betrifft. Etwa in Portugal, Spanien, Frankreich, den Niederlanden, Dänemark und in Schweden ist der Vergütungsanspruch durch eine Parteivereinbarung nicht abdingbar.[2468] In Großbritannien besteht eine einer freien Rechtswahl entgegenstehende Bestimmung dahingehend, dass zwingend eine Anmeldung eines Schutzrechtes im Inland erfolgen muss, wenn die Erfindung von einem in Großbritannien beschäftigten Arbeitnehmer entwickelt worden ist.[2469] Anders sieht die Rechtslage in Irland, Belgien, Luxemburg und Polen aus; dort herrscht weitestgehend Vertragsfreiheit.

1094 Somit existieren in zahlreichen Ländern vergleichbare Regelungen, nach denen eine von den gesetzlichen Vorschriften zum Arbeitnehmererfindungsrecht abweichende Rechtswahl nicht zulässig ist.

1095 Zusammenfassend ist festzustellen, dass in einem Konzernverbund nur eingeschränkt eine rechtliche Möglichkeit besteht, durch vereinheitlichende Rechtswahlregelungen dem internationalen Arbeitseinsatz von Arbeitnehmern und den hierbei entstehenden Arbeitnehmererfindungen Rechnung zu tragen. Soweit sich die in einzelnen Staaten geltenden erfindungsrechtlichen Bestimmungen als zwingende arbeitsrechtliche Schutzgesetze darstellen, sind sie nicht abdingbar, sondern im Einzelfall beachtlich. (Nachträgliche) Abhilfe kann nur getroffen werden, soweit eine solche zwingende Rechtsordnung an das Vorliegen bestimmter Sachverhalte (vgl. z.B. die Regelung des § 22 Satz 2 ArbEG, die nach Zugang einer Erfindungsmeldung vom Gesetz abweichende Regelungen zuungunsten des Arbeitnehmererfinders zulässt) die Möglichkeit abweichender Vereinbarungen anknüpft.

2466 Dies ist in Belgien der Fall. Auch die USA und Kanada verfahren auf diese Weise.

2467 § 17 des Patentgesetzes vom 11.1.1897 in der Fassung vom 1.12.1984 (BlPMZ 1976, 357 f., weitgehend unverändert durch Bundesgesetz v. 17.6.1977, BlPMZ 1977, 323); siehe hierzu ausführlich Bartenbach/Volz, Mitt. 2016, 31 ff.

2468 In Finnland kann durch einen Vertrag hinsichtlich der Grundregeln nicht von den gesetzlichen Regelungen abgewichen werden.

2469 Das Recht der Arbeitnehmererfindungen ist durch Art. 39–43 des Patents Act 1977 (Fassung 1989) gesetzlich geregelt.

d) Rechtliche Situation bei Fehlen einer Rechtswahl

Wenn die Parteien keine ausdrückliche oder konkludente Rechtswahl getroffen haben, 1096
unterliegt der Arbeitsvertrag nach Art. 8 Abs. 2 Satz 1 Rom I-VO dem Recht des Staates, in dem der Arbeitnehmer gewöhnlich seine Arbeit verrichtet (Recht des gewöhnlichen Arbeitsortes). Der Begriff ist weit auszulegen.[2470] Darunter wird grundsätzlich der Ort verstanden, in dem der tatsächliche Mittelpunkt der Beschäftigung liegt.[2471] Verrichtet der Arbeitnehmer seine Arbeit nicht nur in einem Staat, ist der gewöhnliche Arbeitsort der Ort, an dem der Arbeitnehmer den größten Teil seiner Arbeit verrichtet.[2472]

Nach Art. 8 Abs. 2 Satz 2 ROM I-VO wechseln der Staat und damit die vereinbarte Rechtsordnung nicht, wenn der Arbeitnehmer seine Arbeit vorübergehend in einem anderen Staat verrichtet (vgl. auch § 2 Abs. 2 NachwG).[2473] Derartige Sachverhalte sind denkbar bei Kooperations- oder sonstigen Forschungstätigkeiten, bei Abordnungen zu Ausbildungs- oder Schulungszwecken oder bei Unterweisung eines ausländischen Vertragspartners im Rahmen einer Anlagenerstellung.

Nach Erwägungsgrund 36 Satz 1 der ROM I-VO gilt die Erbringung der Arbeitsleis- 1097
tung in einem anderen Staat als vorübergehend, wenn von dem Arbeitnehmer erwartet wird, dass er nach einem Arbeitseinsatz im Ausland seine Arbeit im Herkunftsstaat wieder aufnimmt. Dabei ist nach Satz 1 der Abschluss eines neuen Arbeitsvertrages mit dem ursprünglichen Arbeitgeber oder einem Arbeitgeber, der zur selben Unternehmensgruppe gehört wie der ursprüngliche Arbeitgeber, unschädlich; dies schließt nicht aus, dass der Arbeitnehmer als seine Arbeit vorübergehend in einem anderen Staat verrichtend gilt.

Wann eine nur »vorübergehende« Entsendung im Sinne des Art. 8 Abs. 2 Satz 2 1098
ROM I-VO vorliegt, ist stets anhand des Einzelfalls zu überprüfen.[2474] Die Abgrenzung zwischen einer »vorübergehenden« Entsendung zu einem endgültig gewollten Wechsel des Arbeitnehmers kann entsprechend den Grundsätzen erfolgen, die bereits bei der Frage eines vorübergehenden Einsatzes innerhalb eines nationalen Konzerns dargelegt worden sind.[2475]

2470 BAG v. 15.12.2016, 6 AZR 430/15 (juris, Rn. 57 f.); siehe auch EuGH v. 14.8.2017, RIW 2017, 749.

2471 So BAG v. 15.12.2016, 6 AZR 430/15 (juris, Rn. 57 f.); vgl. auch Grüneberg/Thorn, Art. 8 ROM I-VO, Rn. 10.

2472 BAG v. 15.12.2016, 6 AZR 430/15 (juris, Rn. 57 f.); abweichend Braun/Wisskirchen/Domke, Teil II, Kap. 7, Rn. 12; MünchKommBGB/Martiny, Art. 8 ROM I-VO, Rn. 52 m.H.a. EuGH NZA 1997, 225, wonach der Ort maßgeblich ist, »von dem der Arbeitnehmer seine Tätigkeit plant und wohin er von Auslandsreisen zurückkehrt«.

2473 Vgl. zur Vertragsgestaltung bei Auslandsentsendungen Reichel/Spieler, BB 2011, 2741 ff.

2474 Eser, S. 25.; Reiter, NZA Beil. 2014, 22 (24); ausführlich Heilmann, S. 142 ff.; vgl. auch Borgmann, S. 105; Junker, JZ 2005, 481; Junker, RIW 2014, 2 (15) m.H.a. EuGH v. 12.9.2013, RIW 2013, 870.

2475 Vgl. hierzu bereits Rdn. 110 ff.

1099 Wie der genannte Erwägungsgrund 36 der ROM I-VO deutlich macht, ändert sich das maßgebliche Recht nur dann, wenn der gewöhnliche Arbeitsort dauerhaft wechselt. Solange also eine Rückkehr des Arbeitnehmers von seinem Arbeitseinsatz im Ausland und die Wiederaufnahme seiner Arbeit im Herkunftsstaat erwartet werden (Herkunftslandprinzip), liegt eine »vorübergehende« Entsendung ins Ausland vor und es kommt zu keinem Statutenwechsel.[2476] Dabei ist es unerheblich, ob mit dem neuen Arbeitgeber im Ausland ein neuer Arbeitsvertrag abgeschlossen wird (vgl. Erwägungsgrund 36 Satz 2 ROM I-VO). Erst wenn der gewöhnliche Arbeitsort dauerhaft wechselt und die Anknüpfung an den neuen (ausländischen) Arbeitsort endgültig ist, ändert sich auch das maßgebliche Recht.[2477] Hier kann die Auslegungsregel des Art. 8 Abs. 4 ROM I-VO eingreifen, dass dann, wenn sich aus der Gesamtheit der Umstände ergibt, dass der Vertrag eine engere Bindung zu einem anderen als dem in Absatz 2 oder 3 des Art. 8 ROM I-VO bezeichneten Staates aufweist, das Recht dieses anderen Staates anzuwenden ist.[2478]

1100 Wie bereits dargelegt, werden bei der Entsendung eines Arbeitnehmers in der Regel ein Rumpfarbeitsverhältnis mit dem ursprünglichen Arbeitgeber und ein zweites, aktuelles Arbeitsverhältnis mit dem übernehmenden Auslandsunternehmen geschlossen. Dabei tritt die Frage auf, wie diese beiden voneinander unabhängigen Verträge kollisionsrechtlich zu behandeln sind.

1101 Zunächst ist klarzustellen, dass auch das Rumpfvertragsverhältnis als ein Arbeitsvertrag zu qualifizieren ist,[2479] der von der objektiven Regelanknüpfung des Art. 8 Abs. 2 ROM I-VO vorausgesetzt wird.[2480] Für dieses Rumpfarbeitsverhältnis ist grundsätzlich eine Rechtswahl gestattet.[2481]

1102 Hat der Arbeitnehmer keinen gewöhnlichen Arbeitsort in einem Staat, wird an das Recht der einstellenden Niederlassung, also des einstellenden Konzernunternehmens, angeknüpft (Art. 8 Abs. 3 ROM I-VO).[2482] Dies gilt auch für solche Arbeitnehmer,

2476 Junker, FS Heldrich, 736; siehe auch Deinert, Int. ArbeitsR, § 9, Rn. 102 m.w.N.; Kettenberger, RIW 2013, 702 (705); Reiter, NZA-Beil. 2014, 22 (24); Braun/Wisskirchen/Domke, Konzernarbeitsrecht, Teil II, Kap. 7, Rn. 20.

2477 Reithmann/Martiny, Int. Vertragsrecht, Rn. 1345 a.E. m.H.a. MünchArbR I/Birk, 2. Aufl. § 19, Rn. 55; Grüneberg/Thorn, Art. 8 ROM I-VO Rn. 11; vgl. auch BAG v. 26.5.2011, NZA 2011, 1143 (1147).

2478 Vgl. MünchArbR I/Birk, 2. Aufl., § 19, Rn. 52; Gerauer, BB 1999, 2083.

2479 V. Hergenröder, ZfA 1999, 1 (21); Deinert, Int. ArbeitsR, § 9, Rn. 116; Kettenberger, RIW 2013, 702 (708); siehe auch Junker, ZIAS 1995, 564 (578 f.) von seiner früheren Meinung abweichend.

2480 Däubler, RIW 1987, 249 (254); MünchKommBGB/Martiny, Art. 8 ROM I-VO, Rn. 69; Braun/Wisskirchen/Domke, Konzernarbeitsrecht, Teil II, Kap. 7, Rn. 24; siehe auch Reiter, NZA-Beil. 2014, 22 (26) m.H.a. Erwägungsgrund Nr. 36 S. 2 der ROM I-VO.

2481 BAG v. 21.1.1999, AP Nr. 9 zu § 1 KSchG 1969 Konzern; Lingemann/Steinau-Steinrück, DB 1999, 2161.

2482 Vgl. zum Problem der Bestimmung der einstellenden Niederlassung, Heilmann, S. 60 sowie Braun/Wisskirchen/Domke, Konzernarbeitsrecht, Teil II, Kap. 7, Rn. 27 ff.

die ihre Arbeit gewöhnlich nicht in ein und demselben Staat verrichten.[2483] Hierunter fallen unter anderem Monteure oder exterritorial tätige Arbeitnehmer (z.B. auf Bohrinseln) wie auch die im Rahmen gewerbsmäßiger Arbeitnehmerüberlassung nach Deutschland entliehenen Leiharbeitnehmer.[2484]

Bei fehlender Rechtswahl ist somit eine kollisionsrechtliche Trennung vorzunehmen, 1103 wobei das Rumpfarbeitsverhältnis mit dem Einstellungsunternehmen in der Regel weiterhin dem Recht am Sitz des Einstellungsunternehmens unterliegt.[2485] Das aktive Arbeitsverhältnis mit der Tochtergesellschaft ist grundsätzlich dem Recht des jeweiligen Arbeitsortes zuzuordnen (Art. 8 Abs. 2 Satz 2 ROM I-VO).[2486]

2. Arbeitnehmerüberlassung

Der Auslandseinsatz eines Arbeitnehmers im Konzern kann in einzelnen Fällen auch 1104 eine Arbeitnehmerüberlassung darstellen. Dies hängt von der vertraglichen Konstellation ab. Bei einer konzerninternen Arbeitnehmerüberlassung mit Auslandsberührung ist zwischen den unterschiedlichen Rechtsbeziehungen von Verleiher, Arbeitnehmer und Entleiher zu differenzieren, da nicht automatisch alle Regelungen des AÜG anwendbar sind:

Das Verhältnis von Arbeitnehmer und Verleiher unterliegt aufgrund des nach wie vor 1105 bestehenden Arbeitsvertrages Art. 1, 8 ROM I-VO und damit dem Arbeitsvertragsstatut.[2487] Wird der Arbeitnehmer zumindest vorübergehend in Deutschland tätig, finden die Vorschriften des AÜG Anwendung.[2488] Das Konzernprivileg greift dabei auch bei einer grenzüberschreitenden Arbeitnehmerüberlassung, soweit das entsendende Konzernunternehmen (Verleiher) seinen Sitz in Deutschland hat. Zwischen Verleiher und Entleiher entsteht durch den Arbeitnehmerüberlassungsvertrag ein vertragliches Schuldverhältnis im Sinne der Art. 1, 4 ROM I-VO, wobei bei fehlender Rechtswahl auf das Recht des Staates abzustellen ist, in dem die Partei, welche die charakteristische Leistung – hier also die Überlassung durch den Verleiher – zu erbringen hat, ihren Sitz hat (Art. 4 Abs. 2 ROM I-VO).[2489] Die Vorschriften des

2483 Mauer, Personaleinsatz im Ausland, Rn. 358.

2484 Bittner, NZA 1993, 161 (162).

2485 MünchArbR I/Birk, 2. Aufl., § 20, Rn. 60; MünchKommBGB/Martiny, Art. 8 ROM I-VO, Rn. 69.

2486 MünchKommBGB/Martiny, Art. 8 ROM I-VO, Rn. 69; vgl. auch Pietras/Thomas, RIW 2001, 691 (692).

2487 Junker, RIW 2001, 94 (102); Hergenröder, ZfA 1999, 1 (21 f.); Schüren/Hamann/Brors, AÜG, Einl., Rn. 639 f. siehe auch BAG v. 26.4.2022, NZA 2022, 1257 (1262 [Tz. 35 ff.]) m.Anm. Ulrici, EuZA 2024, 121 ff.; vgl. zum Arbeitsvertragsstatut auch Rdn. 1046 ff.

2488 Lembke, NZA 2024, 153 (156); Bissels/Alles/Prokop, DB 2022, 1513 (1514); Blumauer/Niemeyer, NZA 2023, 263 (265).

2489 LAG Frankfurt v. 28.3.1994, EWiR 1994, 967; Hergenröder, ZfA 1999, 1 (21); Münch-KommBGB/Martiny, Art. 8 ROM I-VO, Rn. 71; Junker, S. 225; ders., RIW 2001, 94 (102).

AÜG stellen international zwingende Normen im Sinne des Art. 8 ROM I-VO dar, so dass Arbeitsschutzbestimmungen alle drei Rechtsbeziehungen erfassen können.[2490]

3. Besonderheiten bei mobilem Arbeiten und Telearbeitsplätzen

1106 Durch die zunehmende Digitalisierung der Arbeitswelt kommt mobilem Arbeiten und Telearbeitsplätzen in einem multinationalen Konzern – auch im Bereich des Arbeitnehmererfindungsrechts – eine besondere Bedeutung zu. Die Digitalisierung ermöglicht es den Mitarbeitern, Tätigkeiten außerhalb der Betriebsstätte des Arbeitgebers mittels dezentraler Informationsverarbeitungs- bzw. Kommunikationstechnik wie Laptop, Tablet bzw. Smartphone und deren Anbindung an den Betrieb zum Beispiel mittels Internets ohne räumliche bzw. zeitliche Grenzen zu erbringen. Mit Hilfe moderner Kommunikationstechnologien ist es im Laufe der Jahre möglich geworden, eine Konzerneinheit auch über Landesgrenzen hinweg noch enger miteinander zu verbinden. Die damit verbundenen Arbeitsformen prägen den Begriff der Telearbeit. Seit 2016 findet sich für den Bereich des Arbeitsschutzrechts in § 2 Abs. 7 S. 1 ArbStättV eine Legaldefinition des Telearbeitsplatzes. Darunter fallen vom Arbeitgeber fest eingerichtete Bildschirmarbeitsplätze im Privatbereich der Beschäftigten, für die der Arbeitgeber eine mit den Beschäftigten vereinbarte wöchentliche Arbeitszeit und die Dauer der Einrichtung festgelegt hat und für welche er in eigener Verantwortung die Ausstattung einschließlich Mobiliar, Arbeitsmitteln und Kommunikationseinrichtungen hat installieren lassen.

1107 Dabei wird zwischen ausschließlicher, alternierender und mobiler Telearbeit differenziert.[2491] Die ausschließliche Telearbeit zeichnet sich dadurch aus, dass der Mitarbeiter seine Arbeitsleistung an einem außerhalb der Betriebsstätte gelegenen festen Arbeitsplatz erbringt, der regelmäßig in der Wohnung des Mitarbeiters eingerichtet ist.[2492] Wird die Arbeitsleistung dagegen teilweise in der Betriebsstätte und teilweise am häuslichen Arbeitsplatz erbracht, liegt sog. alternierende Telearbeit vor.[2493] Da der Mitarbeiter in beiden Fallgestaltungen, jedenfalls zeitweise, an einem in seiner Wohnung befindlichen festen Arbeitsplatz tätig wird, spricht man vom sog. Homeoffice.[2494] Auch nach der Corona-Pandemie arbeitet eine Vielzahl der Arbeitnehmer ausschließlich oder überwiegend im Home Office.[2495] Demgegenüber wird die mobile Telearbeit davon geprägt, dass der Mitarbeiter zwar außerhalb der Betriebsstätte, aber nicht an einem

2490 Birk, RdA 1989, 201 (203); siehe auch BAG v. 26.4.2022, NZA 2022, 1257 (1266 [Tz. 61 ff.]); offengelassen von LAG Frankfurt v. 28.3.1994, EWiR 1994, 967; siehe hierzu auch Reiter in Maschmann/Fritz, Matrixorganisationen, Rn. 885 ff.

2491 Müller, Homeoffice in der arbeitsrechtlichen Praxis, Rn. 2.

2492 Boemke, BB 2000, 147 ff.; Wiese, RdA 2009, 344 ff.

2493 Müller, Homeoffice in der arbeitsrechtlichen Praxis, Rn. 2.

2494 Oberthür, NZA 2013, 246.

2495 Nach einer Statistik aus dem Jahr 2021 knapp ¼ der befragten Erwerbstätigen, abrufbar im Internet über de.statista.com/statistik/daten/studie/1204173/umfrage/befragung-zur-homeoffice-nutzung-in-der-corona-pandemie; siehe auch Bayer, ArbRAktuell 2022, 165 ff.

festen Arbeitsplatz, sondern an wechselnden Orten (zum Beispiel auf Reisen im Zug, bei Kunden bzw. im Hotel) tätig ist.[2496]

Ein Arbeitnehmer an einem Telearbeitsplatz erbringt seine Arbeitsleistung zwar ausgegliedert außerhalb eines eigentlichen räumlichen Betriebes; sein Arbeitsverhältnis besteht aber fort[2497] und er übermittelt dem Arbeitgeber das Ergebnis seiner Arbeit mittels moderner Informations- und Kommunikationstechniken, damit dieser es in den Gesamtprozess einordnet und mit den Beiträgen der anderen Arbeitnehmer koordiniert und zusammenfügt.[2498] Soll hingegen nicht lediglich die betriebliche Räumlichkeit eingespart werden, sondern eine andere Art der Beschäftigung erfolgen, ist kritisch zu prüfen, ob nicht eine echte Form der Selbständigkeit gegeben ist.[2499] 1108

Wie bereits dargestellt, finden eine Auslandsberührung und damit das Eingreifen des internationalen Arbeitsrechts dann statt, wenn der Arbeitnehmer in einem anderen Staat lebt und arbeitet als in demjenigen, in welchem sein Arbeitgeber seinen Sitz oder die relevante Niederlassung hat.[2500] Diese Ausgliederung der individuellen Arbeitsstätte aus dem räumlichen Verbund des Unternehmens[2501] beim mobilen Arbeiten könnte bezüglich der Vorschrift des Art. 8 Abs. 2 Satz 1 Rom I-VO zu Definitionsschwierigkeiten führen. So fehlt beispielsweise eine Auslandsberührung dann, wenn der Betriebssitz des Arbeitgebers sich im Ausland befindet und der Arbeitnehmer für einen selbstständigen inländischen Betrieb tätig ist.[2502] Haben die Parteien von der Möglichkeit einer Rechtswahl gemäß Art. 3 Rom I-VO keinen Gebrauch gemacht, ist – wie zuvor dargestellt[2503] – aufgrund objektiver Anknüpfung nach Art. 8 Abs. 2 Satz 1 Alt. 1 Rom I-VO grundsätzlich das Recht des Staates maßgebend, »in dem der Arbeitnehmer in Erfüllung des Vertrages gewöhnlich seine Arbeit verrichtet«, d.h. das Recht des »gewöhnlichen Arbeitsortes«. Wie das Beispiel der Telearbeit zeigt, ist dieser Begriff immer auf den individuellen Arbeitnehmer bezogen und nicht immer im räumlichen Sinne eines Betriebes zu verstehen.[2504] Auf die Betriebszuordnung greift 1109

2496 Boemke, BB 2000, 147 ff.

2497 Gaul, FS Bartenbach (2005), 505 (528); Deinert, Int. ArbeitsR, § 9, Rn. 97; Aligbe, ArbRAktuell 2016, 132; vgl. auch BFH v. 26.2.2014, NJW 2014, 2142 f.

2498 Wedde, NJW 1999, 527. Vgl. auch die Begriffsbestimmung zu den gleichgesetzten Telearbeitsplätzen in § 2 Abs. 7 der im Jahr 2016 reformierten Arbeitsstättenverordnung (BGBl. I S. 2179, zul. geänd. durch Art. 5 Abs. 1 VO v. 18.10.2017 (BBl. I S. 3584)), wonach Telearbeitsplätze solche sind, welche vom Arbeitgeber im Privatbereich eines Beschäftigten fest eingerichtet wurden, also für welche er in eigener Verantwortung die Ausstattung einschließlich Mobiliar, Arbeitsmitteln und Kommunikationseinrichtungen hat installieren lassen.

2499 Gaul, FS Bartenbach (2005), 505 (528).

2500 Collardin, S. 192.

2501 So Hohmeister/Küper, NZA 1998, 1206; siehe auch Oppertshäuser, NZA-RR 2000, 393 (395).

2502 Braun/Wisskirchen/Domke, Konzernarbeitsrecht, Teil II, Kap. 7, Rn. 106.

2503 Siehe Rdn. 1096 ff.

2504 Mankowski, DB 1999, 1854 (1856).

das internationale Arbeitsvertragsrecht mit Art. 8 Abs. 3 ROM I-VO vielmehr erst zurück, wenn sich kein gewöhnlicher Arbeitsort feststellen lässt.

1110 Um das Arbeitsvertragsstatut bestimmen zu können, muss somit zunächst festgestellt werden, wo der betroffene Arbeitnehmer an seinem Computer gewöhnlich arbeitet. Bei der Telearbeit lässt sich regelmäßig der Standort des heimischen Computers des Arbeitnehmers bzw. der Ort der Dateneingabe als gewöhnlicher Arbeitsort bestimmen, wobei dieser Standort meistens mit dem gewöhnlichen Aufenthaltsort des Arbeitnehmers identisch sein wird.[2505] Denn gerade eine solche räumliche Nähe zwischen dem Standort des Computers und dem gewöhnlichen Aufenthaltsort des Arbeitnehmers soll dem wesentlichen Zweck der Telearbeit, die Tätigkeit in der häuslichen Umgebung zu ermöglichen, dienen. Auch für Mitarbeiter, die ohne »einstellende Niederlassung« unmittelbar bei einer ausländischen Konzerngesellschaft angestellt sind und innerhalb Deutschlands zum Beispiel ihre Kunden besuchen, kann auf das Homeoffice als Ausgangspunkt der Tätigkeit abgestellt werden.[2506] Eine eventuell engere Verbindung zu einer anderen Rechtsordnung und damit auch ein Eingreifen des Art. 8 Abs. 4 ROM I-VO kann nicht in der organisatorischen Betreuung durch die Unternehmensleitung an einem anderen Ort – wie es häufig in einem Konzernverbund geschieht – gesehen werden, da diese Betreuung lediglich der Ausübung des arbeitgeberseitigen Weisungsrechts gleichzusetzen ist.[2507] Das BAG hat über diese Frage bisher noch nicht ausdrücklich entschieden,[2508] aber die Gesamtlinie in diesem Urteil zeigt, dass das BAG die Stellung der Konzernobergesellschaft für nicht ausreichend hält, um eine Arbeitgeberbeziehung zu begründen.

1111 Im Hinblick auf die besondere Konzernsituation ist an dieser Stelle nochmals zu betonen, dass die Internationalität der Telearbeit und damit die für das Eingreifen des Art. 8 Abs. 4 ROM I-VO erforderliche Auslandsberührung fehlt, wenn eine Computerarbeitskraft bei einer lokalen Tochtergesellschaft einer im Ausland ansässigen Mutter beschäftigt wird.[2509] Das Arbeitsverhältnis weist dann keinen relevanten Bezug zu einem zweiten Staat auf. Nach dem oben Gesagten übt das lokale Tochterunternehmen die Arbeitgeberfunktion aus, während der internationale Bezug erst im Verhältnis zwischen der Mutter- und der in einem anderen Staat ansässigen Tochtergesellschaft entsteht. Demgegenüber liegt ein Fall echter internationaler Telearbeit vor, wenn in einer einzigen Abteilung ohne rechtliche Untergliederung mit Zugehörigkeit zu verschiedenen Konzerngesellschaften – wie z.B. einer zentral fungierenden Forschungs-

2505 Collardin, S. 193; Grüneberg/Thorn, Art. 8 ROM I-VO, Rn. 10; Braun/Wisskirchen/Domke, Konzernarbeitsrecht, Teil II, Kap. 7, Rn. 14; Mankowski, DB 1999, 1854 (1856); Hördt, ArbRAktuell 2020, 485 (48); siehe auch Fenski, FA 2000, 41 (43), der ausdrücklich zwischen dem Standort des Rechners und dem gewöhnlichen Aufenthaltsort des Arbeitnehmers trennt.

2506 Braun/Wisskirchen/Domke, Konzernarbeitsrecht, Teil II, Kap. 7, Rn. 26 ff.

2507 Mankowski, DB 1999, 1854 (1856).

2508 Vgl. BAG v. 20.5.2014, NZA 2015, 225; siehe auch Rolfs, NZA 2015, 213 (214).

2509 Vgl. ausführlich Mankowski, DB 1999, 1854 (1857).

und Entwicklungsabteilung – mehrere Arbeitnehmer unterschiedlicher Nationalität in ihren jeweiligen Heimatländern online an demselben Projekt arbeiten.[2510]

Zur Ermittlung des anzuwendenden Rechts in den Fällen der Arbeitnehmermobilität innerhalb des internationalen Konzerns und der hierbei geschaffenen Erfindungen wird auf die zuvor dargestellten Ausführungen über die Grundsätze der Rechtswahl verwiesen. 1112

4. Sonderregelung des Art. 60 EPÜ

Lediglich im Europäischen Patentübereinkommen (EPÜ)[2511] findet sich für europäische Patente mit Art. 60 Abs. 1 EPÜ eine eigene arbeitnehmererfindungsrechtliche Kollisionsregelung.[2512] 1113

Nach Satz 2 dieser Vorschrift, die zwingendes Recht enthält,[2513] bestimmt sich bei einem Arbeitnehmererfinder das Recht auf das europäische Patent, d.h. ein Patent, das durch ein europäisches Patenterteilungsverfahren vom Europäischen Patentamt erteilt worden ist (Art. 2 EPÜ), nach dem Recht des Staates, in dem der Arbeitnehmer überwiegend beschäftigt ist. Ist dies nicht festzustellen, soll das Recht des Staates gelten, in dem der Arbeitgeber den Betrieb, dem der Arbeitnehmererfinder angehört, unterhält. Erfinder ist dabei auch hier diejenige Person, die die erfinderische Lehre – nach dem tatsächlichen Kausalverlauf – durch eigene Überlegungen entwickelt hat, und zwar unabhängig von deren Patentfähigkeit.[2514] 1114

Nach dieser im Gesetz bestimmten Rangfolge kommt es für die Geltung des maßgeblichen Rechts nicht primär auf eine Zuordnung des Arbeitnehmers zu einem bestimmten Betrieb an, sondern darauf, wo er (für diesen Betrieb) tatsächlich tätig ist.[2515] 1115

Bei Abschluss des Europäischen Patentübereinkommens war eine Harmonisierung der zum Teil erheblich voneinander abweichenden Vorschriften in den Vertragsstaaten nicht zu erreichen, so dass das Abkommen auf eine eigene Regelung des Rechts der Arbeitnehmererfindung verzichtet und stattdessen auf die nationalen Gesetze verweist.[2516] 1116

2510 Dieses Beispiel bringt Mankowski, DB 1999, 1854 (1856).

2511 Europäisches Patentübereinkommen v. 5.10.1973, BGBl. 1976 II 649, 826.

2512 Hierzu i. Ergeb. Goetzmann, ArbNErfR in der EU, S. 37; Ann, Patentrecht, § 21 Rn. 31; Kather, FS 80 Jahre Düsseldorf (2016), 231 (233); vgl. aber auch Krahforst, Mitt. 2019, 207 (209).

2513 Sack, FS Steindorff (1990), 1333 (1346); siehe auch Singer/Stauder, Art. 60 EPÜ, Rn. 13.

2514 BGH v. 15.5.2001, GRUR 2001, 823 (824 f.) – *Schleppfahrzeug*.

2515 Benkard/Mellulis, Art. 60 EPÜ, Rn. 32; vgl. auch BGH v. 14.11.2023, GRUR 2024, 454 (457 [Tz. 38 ff.]) – Kunststoffsack.

2516 Benkard/Melullis, Art. 60 EPÜ, Rn. 32; Cronauer, S. 130 ff. m.w.N.; Straus, GRUR Int. 1984, 1; Gaul/Schmelcher, ZfA 1983, 401 (403); Vgl. auch die Übersicht über die Bewertung der Regelung durch die Literatur bei Straus in Holl/Klinke, 323 (324) sowie Beier/Haertel/Schricker/Straus/Haeth, Art. 60 EPÜ, Rn. 19.

a) Umfang der Verweisung

1117 Zu klären ist, in welchem Umfang Art. 60 Abs. 1 Satz 2 EPÜ auf eine bestimmte Rechtsordnung verweist. Durch eine Gesamtnormverweisung wird auf die gesamte Rechtsordnung eines Staates, damit also auch auf sein Internationales Privatrecht, verwiesen, während eine Sachnormverweisung nur das materielle Recht einer Rechtsordnung für anwendbar erklärt und damit eine Rechtswahl ausschließt.[2517] Diese Abgrenzung ist hier deshalb erforderlich, weil der Wortlaut des Art. 60 Abs. 1 Satz 2 EPÜ hinsichtlich des Begriffes »Recht des Staates« mehrdeutig ist,[2518] so dass dies sowohl im Sinne einer Sachnormverweisung als auch einer Gesamtnormverweisung verstanden werden kann.

aa) Auslegung als Sachnormverweisung

1118 Eine Interpretation als eine Sachnormverweisung[2519] hätte zur Folge, dass das materielle Arbeitnehmererfindungsrecht des Staates anwendbar wäre, in dem der betroffene Arbeitnehmererfinder überwiegend beschäftigt ist. Eine weitere Konsequenz wäre, dass aufgrund Art. 60 Abs. 1 Satz 2 EPÜ eine von dieser Regelung abweichend vereinbarte Rechtswahl der Parteien unbeachtlich wäre.[2520] Dies steht jedoch in Widerspruch zu der – zumindest innerhalb der EU – anerkannten grundsätzlichen Rechtswahlfreiheit bei Arbeitsverträgen (vgl. Art. 8 Abs. 1 Satz 1 i.V.m. Art. 3 ROM I-VO).[2521] Somit wäre eine Auslegung des Art. 60 Abs. 1 Satz 2 EPÜ als Sachnormverweisung nicht praxisgerecht und würde dem Grundgedanken des Art. 60 EPÜ, die Erleichterung der Zuordnung der Rechte auf das Patent, nicht entsprechen.

1119 Ein von *Straus*[2522] dargestellter Beispielsfall lässt die praktischen Probleme erkennen, zu denen eine solche Auslegung führen würde:

1120 Ein durch ausdrückliche Vereinbarung mit der deutschen Konzernmuttergesellschaft als Arbeitgeber deutschem Arbeitsrecht unterliegender Arbeitnehmer, der als Laborleiter der niederländischen Tochtergesellschaft des international tätigen deutschen Konzerns beschäftigt ist, entwickelt in den Niederlanden eine Erfindung. Im Falle einer europäischen Schutzrechtsanmeldung der gemeldeten Erfindung durch den Arbeitgeber nach dem EPÜ würde nach Art. 60 Abs. 1 Satz 2 EPÜ – und entgegen der zwischen den Arbeitsvertragsparteien getroffenen Vereinbarung – niederländisches Recht gelten.

2517 Kegel/Schurig, S. 338 f.; v. Bar/Mankowski, S. 684 ff., 691 f.
2518 Straus, GRUR Int. 1984, 1 (3); Sack, FS Steindorff (1990), 1333 (1347).
2519 So Ulmer, Immaterialgüterrechte im IPR, S. 79 f.; Weinmiller, GRUR Int. 1975, 381; Troller, Immaterialgüterrecht II, S. 640; Drobnig, RabelsZ 40 (1976), 195 (207); vgl. auch Singer/Stauder, Art. 60 EPÜ, Rn. 14 sowie Beier/Haertel/Schricker/Straus/Heath, Art. 60 EPÜ, Rn. 25; so auch Krahforst, Mitt. 2019, 207 (209 f.) in krit. Anm. zu OLG Karlsruhe v. 13.4.2018, GRUR 2018, 1039 – Rohrprüfsystem; siehe hierzu auch Goetzmann, ArbNErfR in der EU, S. 59 ff.
2520 So insbesondere Straus, GRUR Int. 1984, 1 (4).
2521 Vgl. Art. 6 EVÜ.
2522 In Holl/Klinke, 1985, 323 (329).

Während die Erfindungsrechte nach niederländischem Arbeitnehmererfindungsrecht originär dem Arbeitgeber gehören würden, müsste dieser nach deutschem Recht – um die Rechte an der Erfindung auf sich überzuleiten –, die Erfindung innerhalb der Frist des § 6 Abs. 2 ArbEG durch entsprechende Erklärung in Anspruch nehmen oder den Ablauf der Inanspruchnahmefrist bis zum Wirksamwerden der Inanspruchnahmefiktion abwarten. Demgegenüber hat der niederländische Arbeitgeber aufgrund der Regelung des Art. 60 Abs. 2 Satz 2 EPÜ das Recht, die Erfindung innerhalb des Geltungsbereichs des EPÜ unmittelbar nach Erfindungsmeldung in seinem Namen anzumelden.[2523] Noch gravierender ist die Situation im Hinblick auf sog. Alterfindungen, also gemäß der ArbEG-Reform 2009 vor dem 1.10.2009 gemeldete Diensterfindungen. Würde in diesen Fällen der deutsche Arbeitgeber die Inanspruchnahmefrist ungenutzt verstreichen lassen, verblieben – entsprechend der Vorgabe des deutschen Rechts in § 8 Abs. 1 Nr. 3 ArbEG a.F. – die Rechte an der Erfindung für Schutzrechtsanmeldungen außerhalb des Geltungsbereichs der vom Arbeitgeber benannten Vertragsstaaten des EPÜ beim Erfinder. 1121

Dieses Beispiel zeigt, dass ein solches Nebeneinander zweier unterschiedlicher Rechtsordnungen zu widersprüchlichen Ergebnissen hinsichtlich der Zuordnung der Erfindungsrechte führen kann. Dies ist vor allem deshalb unangemessen, weil sich Art. 60 Abs. 1 Satz 2 EPÜ nur zur Zuordnung der Erfindungsrechte im Falle einer europäischen Patentanmeldung äußert, nicht aber zur Zuordnung der Erfindungsrechte, wenn der Arbeitgeber eine europäische Patentanmeldung unterlässt, z.B. bei bloß nationalen Patentanmeldungen, bei einer Hinterlegung als Gebrauchsmuster oder einer Behandlung der Erfindung als Betriebsgeheimnis unter Verzicht auf jegliche Schutzrechtsanmeldung (vgl. § 17 ArbEG). Zudem werden alle sonstigen mit einer Arbeitnehmererfindung zusammenhängenden Fragen nicht behandelt, wie etwa die der Erfindervergütung. Hier bewendet es bei den allgemeinen Grundsätzen des Internationalen Privatrechts, insbesondere also der von den Arbeitsvertragsparteien getroffenen Rechtswahl.[2524] 1122

Eine bloße Sachnormverweisung durch Art. 60 Abs. 1 Satz 2 EPÜ würde die Gefahr eines unter Umständen widersprüchlichen Nebeneinanders zweier Rechtsordnungen in Bezug auf dieselbe Erfindung begründen.[2525] 1123

Ein weiterer Grund gegen eine Auslegung als Sachnormverweisung der Vorschrift liegt in der Intention des Normgebers: Mit der Schaffung des EPÜ sollte ein Eingriff in materiell-rechtliche Fragen des Arbeitnehmererfindungsrechts vermieden und 1124

2523 Darauf weist Sack, FS Steindorff (1990), 1333 (1348) hin.

2524 Vgl. beispielsweise zu der Frage der materiell-rechtlichen Berechtigung an einer Schutzrechtsanmeldung bei grenzüberschreitenden Vorgängen Kather, FS 80 Jahre Düsseldorf (2016), 231 (234 ff.).

2525 So auch Reithmann/Martiny, Int. VertragsR, Rn. 4926; Deinert, Int. ArbeitsR, § 12, Rn. 12.

das Vertragsverhältnis zwischen Arbeitgeber und Arbeitnehmererfinder nicht gestört werden.[2526]

bb) Auslegung als Gesamtnormverweisung

1125 Die dargestellte Auslegung des Art. 60 Abs. 1 Satz 2 EPÜ als Sachnormverweisung kann somit nicht zu einem überzeugenden Ergebnis führen, so dass alternativ an die Auslegung als Gesamtnormverweisung zu denken ist.[2527] Eine solche Vorgehensweise hat den Vorteil, dass eine Gesamtnormverweisung nicht nur auf das materielle Recht einer Rechtsordnung verweist, sondern gleichzeitig auch den Verweis auf das jeweilige Kollisionsrecht der Rechtsordnung umfasst,[2528] damit also eine Anknüpfung an das Arbeitsvertragsstatut erfolgt und auch zulässige Rechtswahlvereinbarungen berücksichtigt werden können.

1126 Teilweise wollen einige Stimmen in der Literatur[2529] die Gesamtnormverweisung in der Weise einschränken, dass zwar auf die jeweilige nationale Rechtsordnung verwiesen wird, aber keine umfassende Gesamtnormverweisung erfolge, um die Gefahr von Weiterverweisungen im Rahmen getroffener Rechtswahlvereinbarungen auszuschließen. Wird eine von den sonst geltenden Rechtsregeln abweichende Rechtswahlvereinbarung der Arbeitsvertragsparteien anerkannt, soweit diese nicht gegen zwingende Bestimmungen verstößt, muss auch die (regelmäßig theoretische) Gefahr einer Weiterverweisung nach den Regeln des gewählten Kollisionsrechts hingenommen werden. Insoweit ist also den Überlegungen einer eingeschränkten Gesamtnormverweisung nicht zu folgen, vielmehr von einer umfassenden Gesamtnormverweisung auszugehen. Damit bleibt eine eventuell zwischen den Parteien getroffene, abweichende Rechtswahlvereinbarung mit allen hieran anknüpfenden Rechtsfolgen maßgeblich, soweit eine solche Rechtswahlregelung nicht gegen zwingende Bestimmungen verstößt.

1127 Ohnehin kann regelmäßig die Entscheidung, ob einer eingeschränkten oder umfassenden Gesamtnormverweisung der Vorrang zu geben ist, offen bleiben. Führt die Anwendung des Art. 60 Abs. 1 Satz 2 EPÜ zu einer Verweisung, z.B. auf das deutsche ArbEG, ist eine davon abweichende Rechtswahl der Parteien dennoch nicht zu berücksichtigen, da das ArbEG wegen seiner zwingenden Wirkung (vgl. § 22 Satz 1 ArbEG) in vollem Umfang gelten würde und dadurch dieser Rechtswahl zwingende Bestimmungen entgegenstehen würden (vgl. auch Art. 8 Abs. 1 Satz 2 ROM I-VO).

1128 Durch die Auslegung des Art. 60 Abs. 1 Satz 2 EPÜ als Gesamtnormverweisung können die Rechtsbeziehungen zwischen Arbeitgebern und Arbeitnehmererfindern einheitlich beurteilt werden.[2530] *Straus* weist mit Recht darauf hin, dass ansonsten

2526 Vgl. Straus, GRUR Int. 1984, 1 (6); Sack, FS Steindorff (1990), 1333 (1348).

2527 Reithmann/Martiny, Int. VertragsR, Rn. 4926; Deinert, Int. ArbeitsR, § 12, Rn. 12.

2528 Vgl. hierzu allg. Kegel/Schurig, S. 338 f.

2529 So Cronauer, S. 139 f.; Singer/Stauder/Stauder, Art. 60 EPÜ, Rn. 14; Benkard/Melullis, Art. 60 EPÜ, Rn. 32.

2530 So Straus, GRUR Int. 1984, 1 (4); Sack, FS Steindorff (1990), 1333 (1348); Bartenbach/Volz, § 1 ArbEG, Rn. 34; Reithmann/Martiny, Int. Vertragsrecht, Rn. 4926; Ben-

eine Zersplitterung des Arbeitnehmererfindungsrechts,[2531] die der mit Art. 60 EPÜ bezweckten Vereinheitlichung und der Vereinfachung des Patentrechts widerspricht, eintreten würde. Die Zielsetzung des Patentübereinkommens liegt gerade nicht in der Regelung der materiell-rechtlichen Fragen in der Beziehung des Arbeitgebers zu seinem Arbeitnehmererfinder, sondern soll lediglich verfahrensrechtlicher Art sein.[2532]

Ohnehin kommt der Verweisungsregelung des Art. 60 Abs. 1 Satz 2 EPÜ keine große praktische Bedeutung zu. Sie kann immer nur dann greifen, wenn eine europäische Patentanmeldung erfolgt, und sie kann dann auch nur hinsichtlich der Zuordnung der Rechte an dieser europäischen Patentanmeldung Wirkung entfalten. Bedenkt man, dass z.B. nach § 6 ArbEG innerhalb der viermonatigen Inanspruchnahmefrist die Entscheidung des Arbeitgebers über eine (ausdrückliche) Inanspruchnahme getroffen ist bzw. die Inanspruchnahmefiktion mit Ablauf der Inanspruchnahmefrist wirksam wird, sofern keine ausdrückliche Freigabe der Erfindung in Textform erfolgt (vgl. § 6 Abs. 2 ArbEG), wird die Entscheidung über die Zuordnung der Erfindungsrechte regelmäßig vor der Entscheidung über die Schutzrechtsanmeldung getroffen. Der Arbeitgeber wird diese Entscheidung nicht von der eventuell erst zeitlich später angestellten Überlegung abhängig machen, ob für diese Erfindung eine europäische Patentanmeldung erfolgen soll (dann Wirksamwerden der Verweisung des Art. 60 Abs. 1 Satz 2 EPÜ) oder nicht (dann Geltung der – zulässigen – Rechtswahlvereinbarung oder bei deren Fehlen oder Unwirksamkeit Geltung des für das Arbeitsverhältnis maßgeblichen nationalen IPR sowie Art. 4 ROM I-VO). Insoweit muss er immer den »sicheren Weg« der vorherigen »Bestimmung« des anwendbaren Rechts gehen. Eine vorgegebene Rechtsordnung kann nicht dadurch eine Veränderung erfahren, dass es zeitlich später (zufällig) zu einer europäischen Patentanmeldung kommt. Die Verweisungsregelung des Art. 60 Abs. 1 Satz 2 EPÜ »haftet« einer Arbeitnehmererfindung nicht von vornherein wie eine »dingliche Belastung« an. 1129

Durch dieses Verständnis des Art. 60 Abs. 1 Satz 2 EPÜ als Gesamtnormverweisung ist jedenfalls eine abweichende Rechtswahl durch die Vertragsparteien in dem Umfang möglich, wie dies vom nationalen Kollisionsrecht zugelassen wird.[2533] 1130

b) Recht auf das Patent

Problematisch ist in diesem Zusammenhang auch, dass Art. 60 Abs. 1 Satz 2 EPÜ nur für das »Recht auf das Patent«, also die Zuordnung der Erfindungsrechte, eine Regelung trifft, während die anderen Fragen des Arbeitnehmererfindungsrechts, insbesondere 1131

kard/Ullmann, PatG, Int. Teil, Rn. 111; wohl auch Reimer/Schippel/Schade/Rother, § 1 ArbEG, Rn. 14 a.E.

2531 GRUR Int. 1990, 353 (363, Nr. 30).

2532 Straus, GRUR Int. 1984, 1 (6) m.H.a. die Berichte der Münchener Diplomatischen Konferenz über die Einführung eines Europäischen Patenterteilungsverfahrens, hrsg. v. der Regierung der BRD, Rn. 247, S. 40/41.

2533 Vgl. Benkard/Ullmann/Tochtermann, PatG, Int. Teil, Rn. 111.

die Beurteilung des Rechts auf Benutzung der Diensterfindung sowie des Anspruchs auf eine angemessene Vergütung des Arbeitnehmers, keine Berücksichtigung finden.

1132 Diese Überlegungen und die unterschiedliche Ausgestaltung des Arbeitnehmererfindungsrechts in der EU zeigen deutlich, dass Art. 60 Abs. 1 Satz 2 EPÜ lediglich eine Minimallösung darstellt, die mehr Fragen aufwirft als sie Antworten gibt.[2534]

2534 Darauf weisen Bartenbach/Volz, § 1 ArbEG, Rn. 34 hin.

Entscheidungsregister

Entscheidungsname	Gericht	Rdn.
		189, 192, 194, 655, 691, 744, 746, 799
Abdampfverwertung	BAG	989, 998
Abfallsammelbehälter	LG Düsseldorf	278, 283
Abgestuftes Getriebe	BGH	43, 58, 60, 61, 68, 69, 72, 341, 487, 492, 517, 525, 689, 692, 697, 698, 712, 715, 717, 720, 721, 753, 757, 804, 815, 829, 832, 833, 843, 861, 872, 874, 875, 876, 882, 904, 910, 912, 914, 918, 919, 920, 922, 923, 924, 925, 929, 930, 932
Absorberstab-Antrieb I	BGH	607, 608, 891
Absorberstab-Antrieb II	BGH	591, 608
Absperrventil	BGH	907
Abwasserbehandlung	BGH	660, 698, 804, 919
Abwasserbehandlung	BGH	665, 715, 717, 730, 775, 910, 924
Allwettertrittschicht	OLG Thür.	352, 354
Anlagengeschäft	BGH	518, 611, 613, 647, 1007, 1056
Antimykotischer Nagellack I	BGH	658, 688, 689, 698, 712, 717, 719, 721, 725, 733, 740, 742, 745, 747, 775, 776, 819, 873
Antimykotischer Nagellack II	BGH	899, 901
Arbeitgebergruppe	BAG	185, 187, 189, 691
Atemgasdrucksteuerung	BGH	268, 269, 270, 272
Auto-Kindersitz	BGH	251, 252
Beschichtung für Solarabsorber	LG Düsseldorf	176, 178, 293, 404
Betonschutzwände II	LG Düsseldorf	719, 859
Biedermeiermanschetten	BGH	285, 286, 316, 354, 709
Blendschutzbehang	BGH	267, 285
Blitzlichtgeräte	BGH	442, 678
Brillenglas	LG Mannheim	38, 172
Brustimplantat	BGH	267, 270
Bügelverschließmaschinen	OLG Frankfurt	963, 965

Entscheidungsname	Gericht	Rdn.
Chlormethylierung	BGH	316, 317
Chlorolyse-Verfahren	OLG Frankfurt	856, 859
Copolyester I	BGH	920, 933
Copolyester I	BGH	408, 728, 913, 916, 934
Copolyester II	BGH	698, 717
Copolyester II	BGH	916, 934, 935, 963
Cromegal	BGH	670, 671, 678
Demonstrationsschrank	BGH	553, 554
Dentalabdruckmasse	OLG München	298, 304
DNA-Methylierungsgradbestimmung	LG Düsseldorf	267, 355
Drahtinjektionseinrichtung	BGH	37, 678
Drahtinjektionseinrichtung	BGH	545, 646, 678, 912, 955
Drahtloses Kommunikationsnetz	BGH	1057, 1083
Drehschwingungstilger	OLG Düsseldorf	291, 292, 298, 968
Ecosoil	BGH	516, 518
Einbettungsmasse	BGH	347, 640
Einbettungsmasse		660, 678
Einbettungsmasse	BGH	647, 678
Elektrische Glühlampen	LG Düsseldorf	60, 692, 826, 915, 918, 920, 924, 932
Elektronische Funktionseinheit	LG München I	717, 719
Elektronische Funktionseinheit	OLG München	717, 729
Elektronische Funktionseinheit	OLG München	846, 854
Entwässerungsanlage	BGH	664, 683
Erfindungsmeldung	OLG Frankfurt	391, 397, 402, 404
Fahrzeugsitz	BGH	999, 1000
Fesoterodinhydrogenfumarat	BGH	399, 408, 409, 421, 434, 628, 681
Fesoterodinhydrogenfumarat II	OLG Düsseldorf	398, 399
Feuerfester Formstein	OLG Düsseldorf	733, 769, 913
Flammpunktprüfungsvorrichtung	OLG Düsseldorf	329, 434
Flexibles Verpackungsbehältnis	BGH	267, 268
Formatkreissäge	OLG Karlsruhe	427, 445, 566
Freier Mitarbeiter	OLG Frankfurt	225, 232
Freigabeanspruch	LG Düsseldorf	607, 608
Füllstoff	BGH	229, 463
Gehäusekonstruktion	BGH	391, 405, 406
Genveränderungen	BGH	848, 917
Geschäftsführer-Erfindung	OLG Düsseldorf	253, 255, 257, 258
Gleichstromsteuerschaltung	BGH	257, 258

Entscheidungsname	Gericht	Rdn.
Gummielastische Masse I	BGH	393, 398, 401, 456
Gummielastische Masse II	BGH	293, 298
Haftetikett	BGH	233, 273, 286, 292, 341, 390, 395, 402, 405, 433, 438, 453, 463, 536, 586, 669, 928, 966, 968, 969
Haftetikett	BGH	391, 442
Hausmeister	BAG	107, 187
Hub-Kipp-Vorrichtung	OLG Düsseldorf	463, 973
Hydraulikhammer	LG Düsseldorf	910, 911
Imidazol	OLG Hamburg	60, 614
Induktionsschutz von Fernmeldekabeln	BVerfG	17, 24, 26, 428, 658, 660, 698, 1056, 1083
Initialidee	BGH	391, 409
Initialidee	BGH	337, 386, 389, 390, 399, 401, 402, 409, 438
Klebemittel	BGH	229, 232
Konzern	BAG	108, 109
Korrosionsschutzmittel	LG Düsseldorf	352, 355
Kunststoffbeutel	OLG Düsseldorf	920, 934
Ladungsträgergenerator	BGH	273, 405, 407, 408, 409, 412, 434, 439, 709, 960
Lichtschutzfolie	BGH	389, 390, 407, 438, 710
Marder	BGH	917, 933
Mark up	OLG Frankfurt	756, 803, 826, 910, 911, 914, 915, 918, 924, 929, 932
Mark Up	OLG Frankfurt	61, 65, 66
Messrolle	LG Düsseldorf	283, 316
Mischröhre	LG Düsseldorf	363, 367
Mitralklappenprothese	BGH	267, 292
Mitralklappenprothese	BGH	267, 316
Motorkettensäge	BGH	268, 440
Objektträger	BGH	258, 477
Offenend-Spinnmaschine	BGH	951, 958
Penetrometer	BGH	285, 288
Penetrometer	BGH	287, 305
Profilstrangpressverfahren	BGH	680, 1014, 1015
Ramipril I	BGH	667, 671
Ramipril II	BGH	317, 537, 710
Räumzange	BGH	980, 987

Entscheidungsname	Gericht	Rdn.
Retardtablette I	LG Düsseldorf	398, 399, 401, 854, 858
Rohranfasgerät	LG Düsseldorf	679, 680
Rohrleitungsprüfung	OLG Karlsruhe	273, 391, 433, 438, 443, 1055, 1056, 1057, 1060
Rollenantriebseinheit I	BGH	268, 285, 286, 305, 316, 709, 710
Rollenantriebseinheit II	BGH	234, 255, 258, 259, 267, 700, 709
Rückhalteprofil	LG Düsseldorf	855, 859, 907
Ruhegehalt-Konzern	BAG	100, 103
Scharniereinrichtung	OLG Düsseldorf	701, 719, 729, 730, 767
Schellenreibungskupplung	BGH	234, 251, 258
Schnellkopiergerät	BGH	254, 477
Schweißheizung	BGH	252, 354
Schweißheizung für Kunststoffrohrmatten	BPatG	374, 442
Schwenkfüße	LG Braunschweig	911, 914, 915, 919
Schwermetalloxidationskatalysator	BGH	537, 590
Sektionaltor II	BGH	298, 680
Sektionaltor II	BGH	292, 298, 299, 300, 303, 304
Selbststabilisierendes Kniegelenk	BGH	18, 546, 554
Simulation von Radioaktivität	OLG Frankfurt	285, 321, 326, 690
Spannungsversorgungsvorrichtung	BGH	910, 911
Spantenmontagevorrichtung	OLG München	663, 665, 775, 910, 911
Spulkopf	BGH	698, 717, 769, 911, 916, 920
Spulkopf II	OLG Düsseldorf	721, 723, 775, 782
Stahlbetontunnel	OLG Düsseldorf	767, 890, 891, 893
Steuereinrichtung II	BGH	724, 773
Steuervorrichtung	BGH	21, 266, 395, 463, 646, 664, 719, 1051
Transportwerkzeuge	OLG Frankfurt	258, 261
Türbänder	OLG Düsseldorf	348, 679
Türbänder	BGH	918, 921
Türinnenverstärkung	BGH	64, 494, 496, 525, 683, 688, 689, 692, 698, 717, 766, 767, 880, 910, 911, 914, 915, 918, 920, 923

Entscheidungsname	Gericht	Rdn.
Türinnenverstärkung	OLG Düsseldorf	69, 75, 692, 767, 793, 801, 821, 826, 831, 833, 915
Türinnenverstärkung	BGH	715, 717, 831, 880, 910, 920
Türinnenverstärkung)	BGH	801, 820
Verankerungsmittel	OLG München	61, 689
Verankerungsteil	BGH	517, 519
Verkranzungsverfahren	BGH	270, 710
Verstellbarer Lufteinlauf	OLG München	273, 276, 278, 397
Verwertung durch eine ausländische Muttergesellschaft	OLG München	493, 733, 741, 743, 744, 746, 748, 754, 792, 810, 815, 819, 826, 874, 910, 914, 923, 924
Vinylchlorid	BGH	651, 660, 856, 899, 901, 902
Vorschlagswesen	BGH	996, 997, 998
Wetterführungspläne	OLG Düsseldorf	979, 980
Wetterführungspläne II	BGH	655, 911
Zuckerdiffuseur	BGH	363, 968
Zündlanze	OLG Karlsruhe	434, 446
Zylinderrohr	BGH	292, 293, 910
Zylinderrohr	BGH	913, 924

Stichwortverzeichnis

Die Ziffern verweisen auf die Randnummern.